애프터 이펙트로 완성하는
모션 그래픽 실전서 [기본+활용]

바로바로 할수있는

애프터이펙트
CS5

바로바로 할 수 있는
애프터 이펙트 CS5

초판 1쇄 2010년 12월 2일
초판 3쇄 2013년 11월 4일
글쓴이 배현수
펴낸이 서인석
펴낸곳 (주)제우미디어
출판등록 제 3-429호
등록일자 1992년 8월 17일
주소 서울시 마포구 상수동 324-1 한주빌딩 5층
전화 02-3142-6845
팩스 02-3142-0075
홈페이지 www.jeumedia.com
ISBN 978-89-5952-221-7 13000
값은 뒤표지에 있습니다.
파본은 본사나 구입하신 서점에서 교환해 드립니다.

만든 사람들

출판사업부총괄 손대현
기획 한혜영, 신소연, 이은숙
영업 김한호, 김소영, 이창배, 설종원
제작 김금남
표지디자인 디박스
내지디자인 디자인 결
표지일러스트 백윤화
인쇄·제본 신우 D.P.K, 정민제본

애프터 이펙트로 완성하는
모션 그래픽 실전서 [기본+활용]

바로바로 할수있는

애프터이펙트 CS5

배현수 지음

제우미디어

처음 책을 써보지 않겠느냐는 제의가 들어왔을 때, 많은 분께 도움받고 배웠던 만큼, 다시 돌려드려야겠다는 생각으로 시작했습니다. After Effects를 처음 시작하시는 분께 조금이나마 도움이 되어 드리고자 하겠노라고 했지만, 책을 쓰면서 오히려 제가 많은 것을 배운 듯합니다.

책을 쓰게 되면 꼭 해보고 싶었던, 지인 분들께 감사의 말씀 한마디 적어봅니다. 원고 늦게 넘겨드리는데도 항상 밝게 맞아주시는 담당이신 은숙씨, 책을 쓸 수 있게 기회를 주신 제우미디어 팀장님 이하 임직원분들, 책 쓰는 데 많은 지원을 해주신 마루인터내셔널의 김 종효 대표님 이하 직원 분들, 모션 그래픽 디자이너를 위해 항상 최선을 다해 노력하는 리드미컬 이미지 카페의 김영덕 당주님 이하 카페 운영진 및 유저분들, 스터디 장소를 제공해주시는 시네마 포디 아카데미의 박희철 실장님과 비욘드 이펙트의 노준모 실장님, 서울방송고등학교의 이재남 선생님, Vdas의 김성일 선생님, 손경락 선생님, 박정현 선생님, 15기 동기들, 바쁜 시간 짬 내서 베타테스트 및 원고자료 도와주신 유송씨, 미혜씨, 박창씨, 태용씨 모두 정말 진심으로 감사드립니다. 힘들 때 항상 든든한 도움 되어주는 류운, 유정, 상욱, 현정, 그리고 부산에서 항상 든든하게 정신적으로 지원해 주는 부모님과 근호형과 형수님 사랑합니다. 그리고 먼저 하늘에 가서 항상 우리를 지켜봐 주는 규안아..잘 있지? 마지막으로 그들은 저를 잘 모르지만 많은 도움을 주시는 Andrew Kramer, Nick Campbell, 藤井彩人, Dan Ebbert, Peder Norrby, Lloyd Alvarez, Chris Meyer, Trish Meyer, Chad Perkins, Mark Chirstiansen, Marcus Geduld, Jerzy Drozda Jr., 그리고 After Effects를 만든 CoSa 회사 분들 모두 Thanks a lot!!!

책을 쓰는 동안에 계절이 2번 바뀌고, 하루에 3~4시간씩 잠을 자면서, 조금이라도 더 담아내고자 노력했습니다. 지면상의 이유로 작성한 원고를 덜어내는 아쉬움도 남고, 부족하다고 생각하는 부분도 많지만, 정말 최선을 다했기에 여러분들에게 어떻게 보일지 기대 반 걱정 반 두근두근거립니다. 7개월 남짓의 원고 작업을 통해 나온 이 책이, 영상이라는 꿈을 향해 나아가는 여러분의 길에 진심으로 조금이나마 도움이 되었으면 좋겠습니다. 항상 건강하시고, 여러분이 하고 싶은 작업 즐겁게 하시길 바라며...

저자 배현수

모션 그래픽 커뮤니티에 항상 올라오는 초심자들의 질문은 "모션 그래픽을 하려는데 무엇부터 해야 할까요?"입니다. 디자인 이론 공부와 좋은 작품을 많이 보는 것도 중요하지만, 무엇보다 방법적으로 만드는 도구를 익히는 것이 중요한 일입니다. After Effects는 모션 그래픽 작업에 가장 효율적인 도구로, After Effects의 사용법을 익히는 것은 기본 중의 기본이라고 할 수 있습니다. 요즘은 예전보다 튜토리얼이나 활용예제들을 많이 접할 수 있는 환경이 되었지만 이를 활용하기 위해서라도 After Effects 기본서 한 권을 독파해야 한다는 것은 변함없는 사실입니다. 그런 의미에서 이번에 출간된 '바로바로 할 수 있는 애프터 이펙트 CS5'는 초심자분들께 추천합니다.

After Effects의 A부터 Z까지 기능들을 이해하기 쉽고 자세하게 잘 정리된 것은 물론, 실무자들도 잘 모를 수 있는 내용까지 After Effects의 전반적인 기능과 옵션들을 세세하게 다루고 있습니다. 특히 저자는 커뮤니티의 기초 스터디 반을 운영하면서 맨 처음 After Effects를 접하는 사람들이 어려워하는 개념을 초심자의 입장에서 알기 쉽게 설명해주는 것에 익숙하신 분이라 그런 장점이 책에서도 보입니다. 기본서를 바탕으로 많은 작품을 만들어 보고, 활용예제를 공부하여 좋은 모션 그래픽 디자이너가 되시길 진심으로 바랍니다.

모션 그래퍼/리드미컬 이미지 운영자 김영덕

숙련된 작업자일수록 공부하는 것을 게을리하지 않고, 책을 사는데 돈을 아끼지 말아야 한다는 신념을 지니고 살았습니다. 헤아릴 수 없을 정도로 많은 컴퓨터 관련 서적들이 출판되고, 무수히 많은 전문서적을 집안 곳곳에 쌓아두고 불철주야 공부했지만. 그런 와중에 자신만의 이익이 아닌, 독자들을 위해 집필한 책은 과연 얼마나 될까, 헤아려 보고 생각해 보곤 합니다.

이 책의 저자는 남에게 자신의 지식을 나누어주고, 배우는 사람의 입장을 생각하여 초보자들이 어려움을 느끼는 부분을 누구나 쉽게 따라 할 수 있도록 설명하고, After Effects의 초심자를 배려했음을 곳곳에서 보입니다. 공부하는 사람을 생각하며 많은 것을 알려주고자 한 저자의 그간의 노고와 봉사의 첫 번째 결과물에 진심 어린 격려의 박수를 보내드립니다.

Cinema 4d academy 박희철 실장

 베타테스트로 참여하면서 After Effects CS5에 많은 발전이 있었다는 것을 알게 되었습니다. 디자이너에게 시간과 퀄리티는 생명입니다. 이 책에서 배운 CS5의 새로운 기능과 After Effects의 중요한 기능에 대해서 알게 되면서 이 모든 점들이 디자이너를 편하게 만들어 주고 있는 것 같습니다. After Effects의 중요한 요소, 알고 싶었던 많은 부분을 예제와 함께 이해하기 쉽도록 설명되어 있어서 많은 도움이 되었습니다.

박창 / 모션 그래퍼

 애프터이펙트의 다양한 기본기를 탄탄히 다질 수 있는 내용으로 구성되어 있습니다. 단순히 예제만 따라 하는 책이 아니라 어떤 모션 그래픽이든 접목시킬 수 있게 다양한 방법을 제시해 줍니다. 세심하게 설명이 되어 있어서 기존 사용자들도 몰랐던 사실을 알 수 있고, 처음 After Effects를 접하게 된 초보자들은 자신이 원하는 모션을 표현할 수 있는 기능을 배울 수 있습니다. CS5에 대해선 몰랐던 점이 많았는데 책을 보면서 많은 도움이 되었습니다. 특히 After Effects를 처음 접하는 학생들에게 추천합니다.

유송/ 디자이너

베타테스터로 참여하면서 알고 싶은 부분을 자세하게 찾아서 배울 수 있어서 매우 좋았습니다. 자세한 설명으로 바로바로 궁금증을 풀 수 있었고, 거기에 알찬 팁들까지 있어서 After Effects를 자세히 공부할 수 있는 기회가 되었습니다. After Effects의 기본적인 툴들을 단순히 외우는 것이 아니라, 시작하는 분들에게 맞게 체계적으로 설명되어 있어서 차근차근 배워나가기에 좋고, After Effects를 이미 사용하시는 분들에게는 이런 기능, 이런 방법이 있다는 것을 쉽게 알 수 있기 때문에 컴퓨터 옆에 두고 그냥 읽기만 해도 도움이 되는 좋은 책입니다.

김미혜/ 디자이너

 기본서라는 점을 충실히 반영하였습니다. After Effects를 처음 접하는 초보자를 위해서 기본적인 개념에 대한 설명과 예제를 통해 더욱 쉽게 배울 수 있도록 구성이 되어있습니다. 많은 사람들이 궁금해 하는 CS5의 새로운 기능을 비롯하여 After Effects에서 중요하게 생각되는 기능도 설명하여 CS5뿐만 아니라 이전 버전의 After Effects를 다루는 사람에게도 많은 도움이 될 것입니다.

기본서라는 너무 뻔한 내용의 한계를 넘어, 모션 그래픽 분야에서 많은 관심을 받고 있는 CINEMA 4D와의 연동 부분을 봤을 때는. 실무에서 큰 도움이 되는 부분이라고 생각합니다. 이런 부분은 실무자라고 해도 스스로 찾아보지 않으면 알기 어려운 부분입니다. 이 책을 보시는 분들이 읽고 실력을 쌓아서 좋은 작품을 만드셨으면 좋겠습니다.

박상욱 / 모션 그래퍼

이 책은 기본 기능과 핵심 기능을 설명하고, 배운 내용을 바로 실습해 볼 수 있도록 필수예제로 구성된 Part 01과 실무에서 활용할 수 있는 활용예제 따라하기인 Part 02로 구성되어 있습니다.

이론 페이지

1. 개념/기능 설명
해당 챕터에서 배울 개념과 기능을 이해하기 쉽고 자세하게 정리했습니다.

2. 필수예제
핵심 기본 기능을 학습하고 바로 실습해 볼 수 있습니다.

Tip 알아두면 좋은 정보, 참고할 내용을 짚습니다.
Special Note 주의할 점과 참고할 내용을 짚어 알면 힘이 되는 내용을 자세히 다룹니다.

활용 페이지

1. 활용
활용예제에서 배울 수 있는 내용과 기능을 간략히 정리했습니다.

2. Step 구성
번호 순서대로 따라만 해도 작품이 만들어집니다.

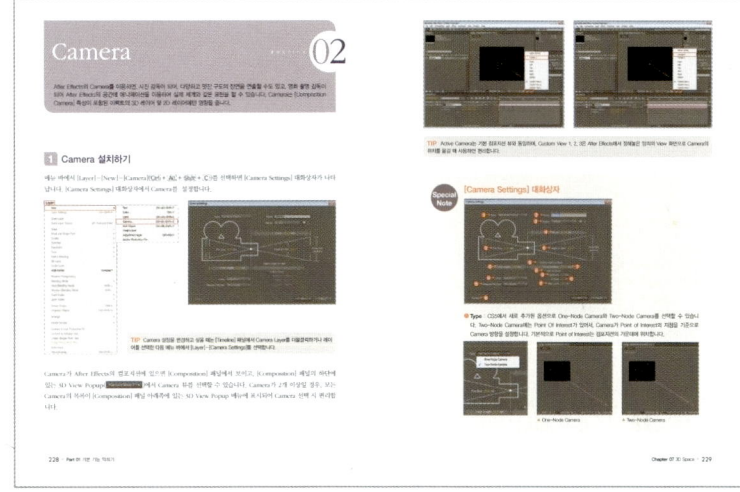

| 부록CD 구성 | 본문 속 예제파일 | 본문에 있는 예제를 따라 하는데 필요한 예제파일과 완성파일이 담겨져 있습니다. |

본문 속 예제파일

본문에 있는 예제를 따라 하는데 필요한 예제파일과 완성파일이 담겨져 있습니다.
* 맥 사용자들의 편의를 위해 예제파일 폴더에 wmv 파일 포맷과 함께 mov 파일 포맷을 함께 제공하고 있습니다.

동영상 강의

3D채널_01 Z-Depth ▮ 3D채널_02 Depth Matte ▮ 3D채널_03 Normal Channel ▮ 3D채널_04 OpenEXR ▮ Camera Moving ▮ CC Sphere Effect ▮ Flip Book ▮ Motion Tracking ▮ Oriental Text ▮ proxy ▮ Reflection ▮ Shape Layer ▮ Typo Animation ▮ Vanishing point

동영상 강의 예제파일

동영상 강의를 들으면서 따라 할 수 있는 예제파일이 수록되어 있습니다.

PDF 파일

① 메뉴 설명 ▮ ② 블렌딩 모드 리스트 ▮ ③ 이펙트 리스트

● 묻고 답하기 : kanton7@naver.com ▮ http://blog.naver.com/kanton7

목차 Contents

PART 01

애프터
이펙트의
핵심 기능
익히기

01. After Effects CS5 시작하기

01. After Effects 소개 ● 31
After Effects의 역사 ● 31
시스템 사양 ● 32

02. After Effects CS5의 새로운 기능 ● 34
CS5의 새로운 기능 ● 34
향상된 다양한 기능 ● 37

03. 작업 화면 자유자재로 다루기 ● 39
인터페이스 마음대로 다루기 ● 39

04. 불러오기 및 푸티지(Footage) 관리하기 ● 44
푸티지 항목 불러오기(Import) ● 44
포토샵 파일 불러오기 ● 46
시퀀스 파일 불러오기 ● 48
알파 값 불러오기 ● 50
코덱(Codec) ● 51
Still 이미지 ● 52
일러스트레이터/PDF/SWF/EPS ● 53
프로젝트 불러오기 ● 53
Interpret footage items(푸티지 항목 해석) ● 54
푸티지 관리하기 ● 54
프로젝트에서 푸티지 항목 제거하기 ● 55
푸티지 항목 반복(Looping) ● 56
프로젝트 파일 관리하기 ● 56

05. After Effects 기초 익히기 ● 59
Project 시작하기 ● 59
프로젝트 저장하기 ● 60
새로운 컴포지션 만들기 ● 61
푸티지 불러오기 ● 63

Contents

렌더링하기 ● 64

06. 레이어 관리하기 ● 67
레이어 기능 소개 ● 67
레이어 만들기 ● 68
레이어 선택하기 ● 69
레이어 관리하기 ● 72
레이어 트리밍하기 ● 76
레이어 스타일 적용하기 ● 77
Time Stretch ● 80
블렌딩 모드(Blending Mode) ● 80

07. View and Preview ● 83
View 활용하기 ● 83
Preview 보기 ● 84

02. 애니메이션 익히기

01. 애니메이션 기초 익히기 ● 87
애니메이션 원리 ● 87
레이어의 속성 ● 90
키프레임 제어하기 ● 95
Auto Bezier ● 96
Auto-keyframe ● 97
필수예제 모션 패스 알아보기 ● 98
필수예제 Rotation으로 컬러 차트 회전하기 ● 100

02. 애니메이션 응용하기(영상 속도 조절하기) ● 104
Easy Ease(가속, 감속 운동) ● 104
Graph Editor ● 106
Value와 Velocity ● 108
Hold Interpolation(키프레임의 모션 멈추기) ● 113

Contents

**PART
01**

애프터
이펙트의
핵심 기능
익히기

필수예제 애니메이션 속도 일정하게 만들기(Roving Keyframes) ● 113

03. 애니메이션 보조하기 ● 116

Motion Sketch ● 116

Wiggler ● 116

Time-Reverse Keyframes ● 117

Exponential Scale(지수 스케일) ● 118

필수예제 Motion Sketch 이용하기 ● 119

03. 투명도 이야기

01. 알파 채널 ● 123

채널 ● 123

알파 채널 ● 124

02. 마스크(Mask) 이해하기 ● 126

마스크 만들기 ● 126

Mask 툴 이용하여 마스크 만들기 ● 126

마스크 수정하기 ● 130

마스크 삭제하기 ● 131

마스크 속성 알아보기 ● 133

마스크 모드(Mode) 알아보기 ● 134

Pen 툴 이용하여 마스크 만들기 ● 136

03. Shape Layer ● 139

Shape Layer 이해하기 ● 139

04. 마스크 활용하기 ● 141

RotoBezier ● 141

필수예제 RotoBezier 이용하여 로토스코핑하기 ● 141

Auto-trace ● 143

필수예제 Auto_trace로 로토스코핑 작업하기 ● 144

텍스트를 마스크 만들기 ● 146

PART
01

애프터
이펙트의
핵심 기능
익히기

필수예제 텍스트에서 Shape 추출하기 ● 147

필수예제 Text Layer에서 마스크 추출하기 ● 148

필수예제 마스크 형태 변형하기 ● 149

다른 프로그램에서 마스크 가져오기 ● 151

05. Track Matte & Stencil ● 154

Track Matte ● 154

필수예제 Track Matte로 합성하기 ● 154

Stencil ● 158

필수예제 Stencil 활용하기 ● 158

04. 모션 그래픽을 살리는 Type and Music

01. 텍스트(Type) ● 161

Text Layer 만들기 ● 161

Text Layer에서 텍스트 선택하기 ● 163

포토샵 텍스트를 편집 가능한 텍스트로 변환하기 ● 165

02. 텍스트 관련 패널 알아보기 ● 166

[Paragraph] 패널 알아보기 ● 166

[Character] 패널 알아보기 ● 168

03. 사운드(Sound) ● 172

Audio Basic ● 172

마커(Marker) ● 174

04. 텍스트에 애니메이션 적용하기 ● 176

Text Animation Presets ● 176

Text Animator 익히기 ● 177

필수예제 Text Animation 적용하기 ● 178

Per-character 3D text 속성 ● 184

필수예제 Text 3D 개별 문자 사용하기 ● 184

Path Animation 만들기 ● 187

필수예제 Mask Path를 따라 텍스트 배치하기 ● 187

Contents

PART 01

애프터
이펙트의
핵심 기능
익히기

05. 효율적인 관리를 위한 Parenting & Pre-compose

01. Parenting ● 191
Parenting 이해하기 ● 191
필수예제 Parenting으로 연동하기 ● 191
Parent와 Child의 속성의 관계 ● 195
Null Object Layer 알아보기 ● 196
필수예제 Null Object Layer를 이용한 Parenting ● 199
필수예제 Parenting 응용하기 ● 202

02. Nesting과 Pre-compose ● 204
Nesting ● 204
Pre-compose ● 204
필수예제 연산 순서 변경하기 ● 206

06. 표현의 자유를 위한 Expression & Time

01. Expression ● 209
Expression 이해하기 ● 209
Expression 추가/삭제하기 ● 209
필수예제 Expression으로 시계 애니메이션 만들기 ● 211
필수예제 Expression 활용하기(Looping) ● 213

02. 시간 제어하기 ● 216
Time Stretch ● 216
필수예제 영상 길이 늘이기 ● 216
Time Remapping ● 218
필수예제 영상의 속도 조절하기 ● 218

07. 3D Space

01. Basic 3D ● 221
3D 레이어 ● 221

PART 01

애프터
이펙트의
핵심 기능
익히기

3D 레이어 제어하기 ● 222
Composition View로 3D 레이어 보기(view layout/3D View Popup) ● 225

02. Camera ● 228
Camera 설치하기 ● 228
3D Camera 제어하기 ● 231
필수예제 3D 공간을 카메라로 여행하기 ● 233

03. Light & Shadow ● 237
3D Light ● 237
필수예제 특정 레이어에만 Light 적용하기 ● 241
Shadow ● 243

08. 영상 합성의 유용한 기능

01. Tracking을 이용한 영상 합성하기 ● 247
Stabilization(안정화) ● 247
필수예제 카메라 흔들림 제어하기 ● 247
Motion Tracking ● 251

02. Keying ● 254
Keying 이해하기 ● 254
필수예제 그린 스크린에서 Keying하기 ● 254

03. Roto Brush & Refine Matte ● 260
Roto Brush(로토 브러쉬) ● 260
필수예제 Roto Brush 툴로 배경과 분리 ● 260

09. 스타일을 살리는 그리기 기능

01. Paint ● 267
Paint 툴 ● 267
Eraser 툴 ● 268

Contents

PART
01

애프터
이펙트의
핵심 기능
익히기

필수예제 Paint 그리기 ● 269
필수예제 Paint 수정하기 ● 271
필수예제 Stroke 애니메이션 만들기 ● 273
필수예제 Brush Stroke 변형하기 ● 276

02. Clone Stamp 툴 ● 278
Clone Stamp 툴 익히기 ● 278
필수예제 영상에서 물체 복사하기 ● 278

03. Puppet Pin 툴 ● 280
Puppet Pin 툴 익히기 ● 280
필수예제 Puppet Pin 툴을 이용하여 2D 캐릭터에 애니메이션 주기 ● 280

10. 화려한 영상을 위한 이펙트 익히기

01. 이펙트의 모든 것 ● 287
이펙트 적용하기 ● 287

02. Effect Preset ● 290
Effect Preset 사용하기 ● 290
Adobe Bridge에서 Effect Presets 관리하기 ● 291
이펙트를 이용한 Brainstorm 활용하기 ● 292

11. Import & Export

01. 3D 파일 불러오기 ● 295
포토샵을 이용해서 3D 파일 불러오기 ● 295
필수예제 포토샵을 이용해서 3D 파일 불러오기 ● 295

02. Pre-rendering ● 299
Pre-rendering 이해하기 ● 299
필수예제 Pre-rendering을 통한 효율적인 프로젝트 작업하기 ● 299

03. Export & Rendering ● 302

Export ● 302

Rendering(렌더링) ● 302

필수예제 렌더링 기본 익히기 ● 303

네트워크 렌더링 ● 307

필수예제 네트워크 렌더링 EK 따라하기(서버/클라이언트 설정) ● 307

PART 02

실무 감각을 위한 모션 그래픽

01. 이펙트를 이용한 채널 아이디 만들기

Solid Layer로 날개 만들기 ● 313

배경 만들기 ● 318

3D 이펙트 적용하기 ● 320

텍스트 입체로 만들기 ● 325

텍스트 색상 변경하기 ● 330

02. 입체감이 느껴지는 3D 타이틀 만들기

반사 느낌 만들기 ● 335

텍스트에 Shatter 이펙트 적용하기 ● 339

Camera를 추가하여 영상 구도 잡기 ● 345

Contents

PART
02

실무 감각을
위한
모션 그래픽

03. 통통 튀는 공 만들기

공 만들기 ● 349
랜덤하게 공 움직임 주기 ● 352
Expression을 Expression Controls 이펙트로 제어하기 ● 354

04. 3D 지구 만들기

CC Sphere 이펙트로 입체감 있는 3D 지구 만들기 ● 361
지구 회전시키기 ● 363
3D 입체감의 지구 만들기 ● 368

05. 3차원 막대 그래프 만들기

그래프 기둥 만들기 ● 371
막대 그래프 만들기 ● 374

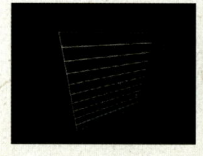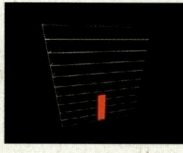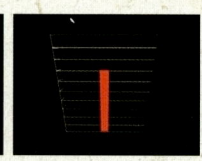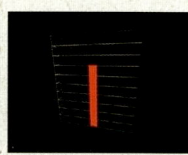

PART 02

실무 감각을
위한
모션 그래픽

06. 카메라가 밀림을 뚫고 지나가는 영상 만들기

PSD 파일을 After Effects에서 3D 공간 배치하기 ● 379
카메라가 내려갔다 올라오는 영상 만들기 ● 383
서드 파티 플러그인인 Optical Flares 이펙트를 적용 ● 387

07. 박스가 열리는 애니메이션 만들기

정육면체 만들기 ● 391
Box가 펼쳐지는 애니메이션 만들기 ● 397
Box에 텍스트 만들기 ● 401
정육면체에 Light 적용하기 ● 408
Null Object Layer로 정육면체 만들기 ● 410

08. CINEMA 4D와 After Effects 연동하기

CINEMA 4D에서 데이터 내보내기 ● 417
3D 데이터 After Effects에서 불러오기 ● 422

PART 02

실무 감각을
위한
모션 그래픽

09. 아트웍 애니메이션 만들기

글자가 생성되는 애니메이션 만들기 ● 429
배경 만들기 ● 436

10. Stop-Motion 애니메이션 만들기

Particular 이펙트 적용하기 ● 441
움직이는 성냥개비 만들기 ● 442

Contents **Special Note**

패널과 툴 관련 Note

[Graph Editor] 패널 알아보기 ● 107

[Smoother] 패널 알아보기 ● 121

Pen 툴 모드 변경하기 ● 138

3D View Popup 살펴보기 ● 226

Camera 툴 옵션 이해하기 ● 232

[Track] 패널 자세히 알아보기 ● 248

[Render Queue] 패널 ● 303

대화상자와 속성 관련 Note

[Composition Settings] 대화상자 ● 62

[Fill/Stroke Options] 대화상자 알아보기 ● 140

[Auto-trace] 대화상자 알아보기 ● 146

Animator 좀 더 살펴보기 ● 181

Text Layer의 Path 속성 ● 189

[Pre-compose] 대화상자 자세히 보기 ● 205

Axis Mode 살펴보기 ● 224

[Camera Settings] 대화상자 ● 229

[Light Settings] 대화상자 알아보기 ● 239

Material Options 알아보기 ● 244

Motion Tracker Options 속성 ● 249

KeyLight(1.2) 알아보기 ● 255

Roto Brush 좀 더 알아보기 ● 264

Roto Brush의 속성 살펴보기 ● 265

유익한 기능 관련 Note

Preferences(환경 설정하기) ● 42

푸티지를 항상 컴포지션으로 불러오기 ● 47

시퀀스 파일 Import할 때 주의할 점 ● 49

Straight vs Premultiplied Alpha ● 50

Audio Import할 때 ● 52

Import 지원되는 파일 포맷들 ● 57

Composition View 관리하기 ● 65

용어 알아보기 ● 63

레이어 선택하기 단축키 ● 70

[Timeline] 패널에서 레이어의 시간대 이동하기 단축키 ● 70

스택에서 레이어 이동하기 단축키 ● 71

레이어 스타일 추가, 제거 및 변환 ● 79

블렌딩 모드 조절하기 ● 81

Ram 용량 초과 시 이용하는 방법 ● 85

정보 값 데이터 확인하기 ● 88

애니메이션을 줄 때 주의할 점 ● 89

모션 패스(Motion Path) ● 93

Rotation 자유자재로 다루기 ● 93

Auto Bezier ● 99

Easy Ease 살펴보기 ● 105

일러스트레이터에서 색상 모드 확인하기 ● 124

마스크를 변형하는 키보드 단축키 ● 129

마스크 자유자재로 다루기 ● 132

마스크 색상 변경하기 ● 145

Set Matte 이펙트 적용하기 ● 157

텍스트 선택 및 편집 ● 164

Text Stroke Line Join 변경하기 ● 171

Text Selector ● 181

Child 레이어와 Parent 레이어의 관계 ● 194

Frame Blend 적용하기 ● 217

3D 레이어를 2D 레이어로 변환 ● 222

Two-Node Camera 제어하기 ● 233

Camera 항상 보이게 하기 ● 234

[Warning] 대화상자가 나타날 경우 ● 261

[Effects & Presets] 패널로 이펙트 적용 ● 288

Missing Effect 이해하기 ● 289

다양한 포맷으로 Output을 출력하는 방법 ● 305

렌더링 시 주의할 점 ● 306

Brainstorm 활용하기 ● 333

CINEMA 4D와 연동을 위한 플러그인 설치 방법 ● 421

애프터 이펙트 CS5 패널 미리 보기

전 체 인 터 페 이 스

[Project] 패널
불러온 소스 파일들을 관리하고, 간단한 정보들
도 확인할 수 있는 패널입니다.

[Tool] 패널 미리보기
After Effects에서 가장 자주 사용하는 부분으로, 다양한 효
과 등의 기능들을 사용할 때 이용하는 도구입니다. 단축키를
사용하면 작업을 하는 데 아주 효율적입니다.

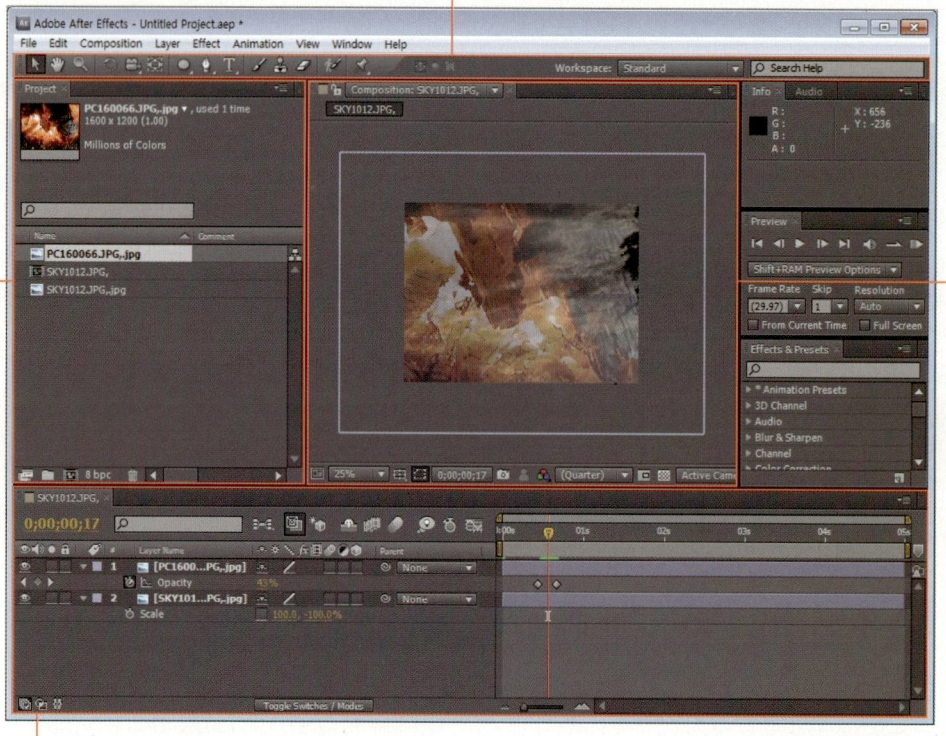

[Timeline] 패널
작업 소스를 가져와서 속성값을 설정하고, 키프
레임을 생성하면서 필요한 애니메이션 작업이
이루어집니다.

[Composition] 패널
실제 작업이 이루어지는 공간으로, 화면에 보이는 작
업을 할 수 있습니다.

Project 패널

• **Source Thumbnail** : 불러온 파일의 섬네일 이미지를 볼 수 있습니다.

• **Source Info** : 선택한 파일의 사이즈, 러닝 타임, 코덱 등 세부 정보를 얻을 수 있습니다.

• **Import Source Area** : [Project] 패널에 불러온 소스들의 정보를 한눈에 볼 수 있습니다.

패널 버튼

❶ **Interpret Footage** : 푸티지의 설정을 관리합니다. 알파 값을 가진 시퀀스 및 필드가 있는 영상들의 정보를 수정할 수 있습니다.

❷ **Create a new Folder** : 새 폴더를 만듭니다. 폴더를 만들어서 푸티지들을 관리하는 습관을 들이는 것이 좋습니다.

❸ **Create a new Composition** : 새로운 컴포지션을 만듭니다.

❹ **Project color depth** : 프로젝트의 color depth를 정합니다. 최대 32bit까지 설정할 수 있습니다.

❺ **Delete** : 푸티지 및 컴포지션을 삭제합니다.

Tool 패널 미리보기

❶ **Selection 툴(Ⅴ)** : 오브젝트를 선택할 때 사용합니다.

❷ **Hand 툴(Ⅱ)** : [Composition] 패널에서 화면을 이동할 때 사용합니다. 포토샵과 마찬가지로 Space Bar 키를 누르고 있으면 Hand 툴로 바뀝니다.

❸ **Zoom 툴(Ⅱ)** : [Composition] 패널의 화면을 확대/축소할 때 사용합니다. 마우스 휠 버튼이나 '.'와 '.' 를 이용해도 같은 역할을 합니다.

❹ **Rotation 툴(Ⅷ)** : [Composition] 패널에서 오브젝트를 회전할 때 사용합니다.

❺ **Camera 툴(Ⅽ)** : 카메라를 움직일 때 사용합니다.

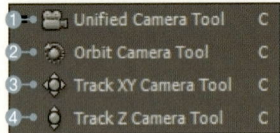

  ❶ Unified Camera 툴: 마우스 2버튼을 이용하여 Orbit, Track XY, Z를 쉽게 사용하게 합니다.

  ❷ Orbit Camera 툴 : 3D View 또는 카메라를 Point of Interest 주위로 이동하여 회전합니다.

  ❸ Track XY Camera 툴: 3D View 또는 카메라를 가로 또는 세로로 움직입니다(상하좌우로 이동).

  ❹ Track Z Camera 툴 : 3D View 또는 카메라를 Point of Interest 선을 따라 앞뒤로 움직입니다(줌 인/ 아웃을 설정).

❻ **Pan Behind 툴(Ⅴ)** : Layer의 Anchor Point를 이동할 때 사용합니다.

❼ **Mask/Shape 툴(Ⅹ)** : 레이어에 마스크를 적용하거나, Shape를 만들 때 사용합니다.

  ❶ Rectangle 툴 : 사각형의 마스크를 만듭니다.

  ❷ Rounded Rectangle 툴 : 모서리가 둥근 사각형 마스크를 만듭니다.

  ❸ Ellipse 툴 : 타원형 마스크를 만듭니다.

  ❹ Polygon 툴 : 다각형 마스크를 만듭니다.

  ❺ Star 툴 : 별 모양의 마스크를 만듭니다.

❽ **Pen 툴**(G) : Point를 만들어서 마스크를 만들거나, 모션 패스를 그립니다.

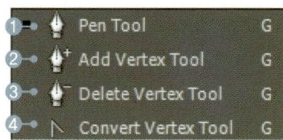

  ❶ Pen 툴 : 패스를 만듭니다.

  ❷ Add Vertex 툴 : 마스크나 패스에 정점을 추가합니다.

  ❸ Delete Vertex 툴 : 마스크나 패스에 정점을 삭제합니다.

  ❹ Convert Vertex 툴 : 정점을 Linear로 하거나 Bezier 형태로 바꿔줍니다.

❾ **Type 툴**(Ctrl + T) : 텍스트를 입력할 때 사용합니다.

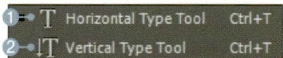

  ❶ Horizontal Type 툴 : 가로로 텍스트를 만듭니다.

  ❷ Vertical Type 툴 : 세로로 텍스트를 만듭니다.

❿ **Brush 툴**(Ctrl + B) : 그림을 그릴 때 사용합니다.

⓫ **Clone Stamp 툴**(Ctrl + B) : 이미지를 복제할 때 사용합니다.

⓬ **Eraser 툴**(Ctrl + B) : 이미지를 삭제할 때 사용합니다.

⓭ **Roto Brush 툴**(Ctrl + W) : 푸티지를 로토스코핑할 때 사용합니다.

⓮ **Puppet Pin 툴**(Ctrl + P) : 2D 이미지에 자유롭게 왜곡을 줄 수 있게 합니다.

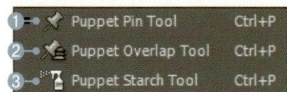

  ❶ Puppet Pin 툴 : 이미지에 고정시킬 부분을 지정하는 툴입니다.

  ❷ Puppet Overlap 툴 : 이미지가 겹쳐질 때, 영역을 지정하는 툴입니다.

  ❸ Puppet Starch 툴 : 인접해 있는 영역이 움직이지 않도록 고정시키는 툴입니다.

⓯ **Local/World/View Axis Mode** : [Composition] 패널에서 Axis 모드를 다양하게 보여줍니다.

  ❶ Local Axis Mode : 3D 레이어의 표면에 따라 축을 정렬합니다.

  ❷ World Axis Mode : 컴포지션의 절대 좌표에 따라 축을 정렬합니다.

  ❸ View Axis Mode : [Composition] 패널에서 항상 레이어를 바라보는 방향을 중심으로 축을 정렬합니다.

Composition 패널

버튼 메뉴

❶ **Always Preview This View** : 2개 이상의 View를 사용할 때 이 설정을 선택하면, RAM Preview할 때 항상 이 설정이 선택된 View를 보여줍니다.

❷ **Magnification ratio popup** : [Composition] 패널의 화면 크기를 조절합니다. Fit up to 100%를 선택하면 [Composition] 패널에서 100% 이미지로 보여줍니다.

❸ **Choose grid and guide options** : Title/Action Safe, Grid, Guide, Ruler를 [Composition] 패널에서 보이게 합니다.

❹ **Toggle Mask and Shape path Visibility** : 마스크와 셰이프의 형태를 [Compositon] 패널에서 보이게 합니다.

❺ **Current Time** : [Timeline] 패널의 현재 시점을 나타냅니다. 클릭한 후에 위치를 직접 입력해서 이동할 수 있습니다.

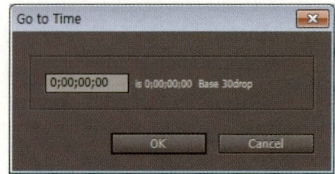

❻ **Take Snapshot** : [Composition] 패널의 이미지를 저장해서 비교, 확인할 때 사용합니다.

❼ **Show Snapshot** : 저장한 스냅샷을 보여줍니다.

❽ **Show Channel and Color Management Settings** : Red, Green, Blue, Alpha Straight 채널을 보여주고, Color 관리 및 Project의 설정 관리를 할 수 있습니다.

❾ **Resolution/Down Sample Factor Popup** : [Composition] 패널에 보여지는 레이어의 해상도를 조절합니다.

❿ **Region of Interest** : [Composition] 패널에서 선택한 영역만 보여줍니다.

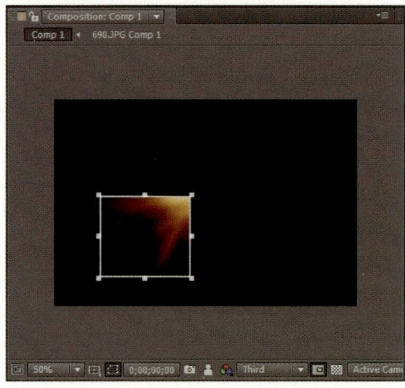

⑪ **Toggle Transparency Grid** : 비어 있는 부분을 투명하게 보여줍니다.

⑫ **3D View Popup** : [Composition] 패널에서 각 View별로 선택해서 보여줍니다.

⑬ **Select view layout** : [Composition] 패널에서 View를 4개까지 선택할 수 있습니다.

 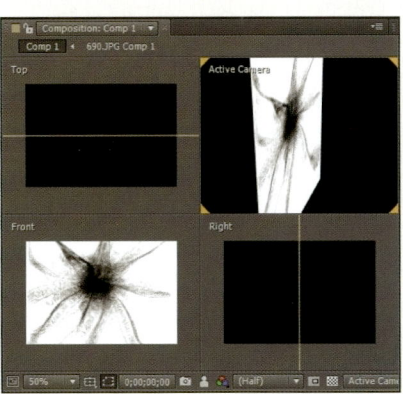

⑭ **Toggle pixel Aspect Ratio Correction** : NTSC의 경우 0.91 화면비율이어서 [Composition] 패널에서 정확한 비율 확인이 안 될 때 이 기능을 설정하면 정비율로 보여줍니다.

⑮ **Fast Preview** : 프리뷰를 가볍게 설정할 수 있습니다.

⑯ **Timeline** : 현재 보이는 [Composition] 패널의 [Timeline] 패널을 선택합니다. Composition Flowchart : [Timeline] 패널에서 [Comp]의 구조를 노드 형태로 보여주고, 선택할 수 있습니다.

⑰ **Composition Flowchart** : [Timeline] 패널에서 [Comp]의 구조를 노드 형태로 보여주고, 선택할 수 있습니다.

⑱ **Reset Exposure**( ) : 노출 값을 조절합니다. 단, 이 설정은 [Composition] 패널에서만 확인이 가능하고, 렌더링 시에는 적용되지 않습니다.

[T i m e l i n e] 패널

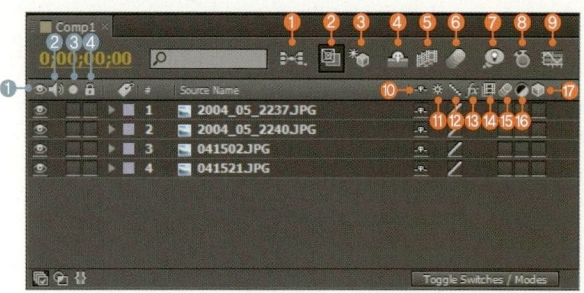

❶ **Mini-Flowchart**(Shift) : 조금 더 손쉽게 프로젝트 내의 흐름 파악할 수 있게 도와주는 기능으로, 클릭하면 흐름도를 보여줍니다.

❷ **Live Update** : 작업하고 있을 때 [Composition] 패널에 실시간으로 보여주는 기능입니다. 무거운 작업을 할 때는 이 옵션을 끄고 움직이면 와이어 형태로 보여져서 편리하지만, 움직임을 주고 난 뒤 마우스 포인터를 뗀 이후에 적용이 되어 작업 시 확인이 느려지는 단점이 있습니다.

❸ **Draft 3D** : 레이어가 3D일 경우 Live Update와 마찬가지로 가볍게 작업할 때 사용합니다.

❹ **Shy** : 체크를 켜면 레이어가 Hide됩니다. Video가 켜져 있는 상태에서 Hide되면 레이어만 보이지 않고 [Composition] 패널에서는 영상이 그대로 보입니다.

❺ **Frame Blend** : Time Stretch 등을 통해 영상의 길이를 인위적으로 늘렸을 때, 프레임 사이를 좀 더 부드럽게 해주는 역할을 합니다.

❻ **Motion Blur** : 움직임이 있는 레이어에 모션블러를 적용하면 좀 더 사실적인 움직임을 표현해냅니다.

❼ **Brainstorm** : After Effects가 다양한 의견을 제시하여 여러가지 결과물을 보여주는 기능입니다.

❽ **Auto-Keyframe** : CS5에서 새로 추가된 기능으로, 버튼을 클릭하고 속성값을 조절하면 자동으로 키프레임이 생성됩니다.

❾ **Graph Editor** : 애니메이션에 대한 정보 값을 각 레이어의 프레임에 저장하여 그래프로 보여줍니다.

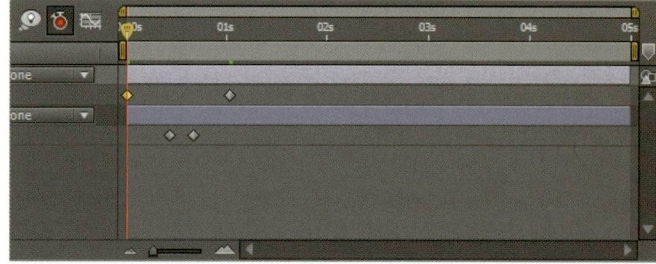

▲ Auto-Keyframe 버튼 클릭시 키프레임 자동 생성

A/V Features Column

❶ **Video** : 체크 표시하면 이미지가 보이고, 체크를 끄면 이미지가 보이지 않습니다.

❷ **Audio** : 사운드가 있는 레이어에서 체크를 해제하면 사운드가 나오지 않습니다.

❸ **Solo** : 체크 표시하면 다른 레이어는 보이지 않고 solo가 켜져 있는 레이어만 보입니다.

❹ **Lock** : 작업할 때 설정을 건드리지 않기 위해 자물쇠 역할을 합니다.

- 선택된 레이어에 Lock 적용하기 : Ctrl + L
- 모든 레이어 Lock 해제하기 : Ctrl + Shift + L

[Timeline] 패널에 Column이 많이 있기에 작업의 편의를 위해 Column이 나뉘어져 있습니다.

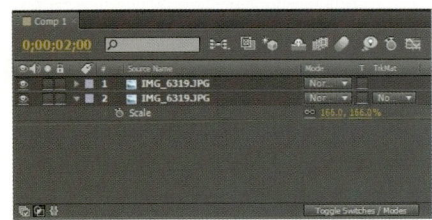

❿ **Hide Shy Layers** : 숨기고 싶은 레이어에 적용합니다.

⓫ **Collapse** : 프리콤프나 벡터이미지(텍스트, shape, solid, illustrator file 등)를 제대로 보여주는 역할을 합니다.

⓬ **Quality** : 기본값은 Best로 되어 있는데, 무거운 작업을 할 때, Draft로 설정하고 프리뷰를 하거나 하면 작업을 좀 더 가볍게 할 수 있습니다.

⓭ **Effects** : 체크를 해제하면 적용한 이펙트가 나타나지 않습니다.

⓮ **Enable Frame Blending** : 프레임을 Time Stretch로 늘렸을 때 프레임과 프레임 사이를 부드럽게 연결시켜줍니다.

⓯ **Enable Motion Blur** : 움직임이 있는 레이어일 경우 Motion Blur 효과를 줘서 사실적인 움직임을 나타냅니다.

⓰ **Adjustment Layer** : 체크 표시하면 일반 레이어가 Adjustment Layer 역할을 하게 되고, Adustment Layer에서 체크 해제하면 일반 레이어가 됩니다.

⓱ **3D Layer** : 2D 레이어를 3D 레이어로 변환시켜줍니다.

01 Part

애프터 이펙트의
핵심 기능 익히기

Part 01에서는 애프터 이펙트의 기본 인터 페이스와 영상 작업하는데 알아야 하는 기 본 기능을 짚어봅니다. 가장 많이 쓰는 기 능을 중심으로 살펴보기에 다양한 곳에 활 용할 수 있는 발판을 마련해 드립니다.

After Effects CS5 시작하기	01
애니메이션 익히기	02
투명도 이야기	03
모션 그래픽을 살리는 Type and Music	04
효율적인 관리를 위한 Parenting & Pre-compose	05
표현의 자유를 위한 Expression & Time	06
3D Space	07
영상 합성의 유용한 기능	08
스타일을 살리는 그리기 기능	09
화려한 영상을 위한 이펙트 익히기	10
Import & Export	11

After Effects CS5 시작하기

After Effects는 PC기반에서 영상 편집 및 합성을 하는 데 탁월한 프로그램입니다. 다양한 기능과 플러그인 등을 통해서 방송 OAP, 광고, 영화 오프닝, 뮤직비디오, 게임, 홍보영상, 홈쇼핑 영상, 기업이미지 영상 등 다양한 분야에서 사용되고 있습니다.

After Effects 소개

After Effects는 새로운 버전이 출시될 때마다 향상된 기능과 기존 버전에서의 문제점들을 보완하여 더 강력하게 업그레이드 하였으며, 호환성과 안정성이 보다 좋아졌습니다. CS5는 32비트 기반을 벗어나 64비트 OS를 지원하였으며, 이는 앞으로 After Effects가 HD 기반의 영상 작업에 발 맞추기 위한 시작점이라고 볼 수 있습니다.

1 After Effects의 역사

영상을 다루는 이들에게 사랑받고 있는 Adobe사의 After Effects는 영상 후반 작업 프로그램으로 처음에는 COSA(The Company of Science and Art)라는 회사에서 1993년 1.0을 출시하게 되면서 영상 업계에 혁명을 일으켰습니다.

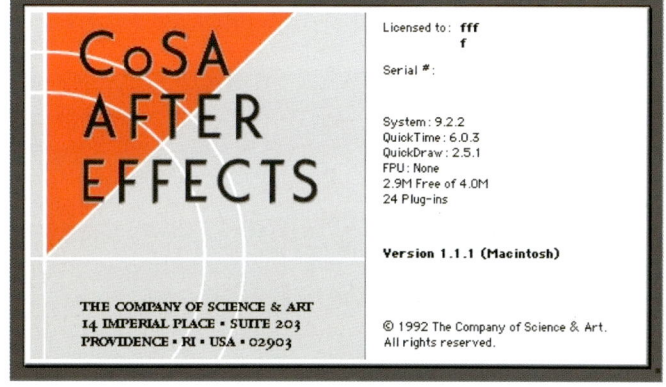

CS 제품군으로 통합되면서 지금은 없어졌지만, After Effects의 실행 초기 화면에서 항상 보였던 안테나가 여기서부터 시작인 것을 알 수 있습니다.

COSA라는 회사의 이름에서 알 수 있듯이 After Effects라는 프로그램은 과학적(Science)이면서 또한 예술적인(Art) 영상제작을 추구하며 여기에 여러분들의 창의적인 아이디어가 첨가되어 멋진 모션 그래픽 영상으로 태어나게 됩니다.

현재 After Effects는 무한한 가능성을 인정받아 Adobe에서 인수하여 Adobe 제품군인 포토샵과 프리미어 프로 등과 완벽하게 호환을 이루며 CS 제품군으로 발전해 나아가고 있으며, 업계 표준의 솔루션으로 모션 그래픽 및 다양한 시각 효과 제작에 사용되고 있습니다.

The After Effects Timeline	
June 1990	CoSA Incorporates
September 1990	PACo Starts
May 1991	PACo 1.0 and QuickPICS 1.0 Ships
February 1992	PACo Producer 2.0 Ships
April 1992	*Lort* Starts
June 1992	*Egg* Starts
January 1993	After Effects 1.0 Ships
May 1993	After Effects 1.1 Ships
July 1993	Aldus Buys CoSA (fifteen employees)
January 1994	After Effects 2.0 (*Teriyaki*) Ships
April-June 1994	10 CoSA employees move to Seattle
July 1994	After Image 1.0 Ships
October 1995	After Effects 3.0 (*Nimchow*) Ships
April 1996	After Effects 3.1 Ships
May 1997	After Effects 3.1 Windows (*Dancing Monkey*) Ships
January 1999	After Effects 4.0 (*ebeer*) Ships
September 1999	After Effects 4.1 (*Batnip*) Ships
April 2001	After Effects 5.0 (*Melmet*) Ships

2 시스템 사양

After Effects CS5는 이전 버전과 다르게 64비트 운영체제가 필요합니다. 32비트에서는 설치가 되지 않습니다.

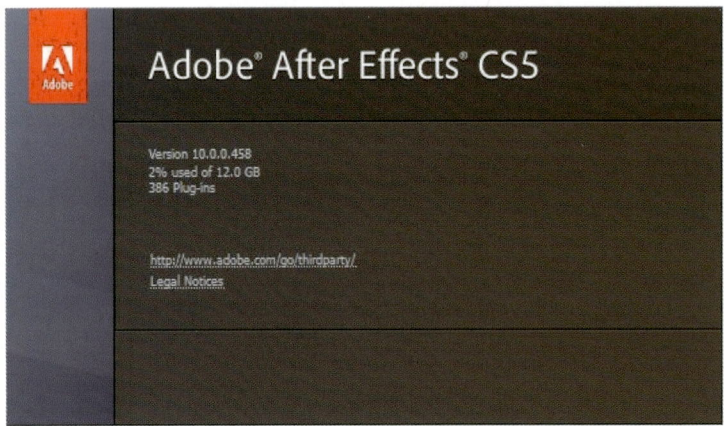

1. Windows

• Intel® Pentium® 4 또는 AMD Athlon® 64 프로세서(Intel Core™2 Duo 또는 AMD Phenom® II 권장)(64비트 지원 필요)

• 64비트 운영 체제 필요 : Microsoft® Windows Vista® Home Premium, Business, Ultimate 또는 Enterprise(서비스 팩 1), Windows® 7

• 2GB RAM

• 3GB의 하드 디스크 여유 공간 및 추가적인 컨텐츠를 위한 2GB의 하드 디스크 여유 공간(설치 시 추가 여유 공간 필요)(플래시 메모리 기반의 이동식 디스크에 설치할 수 없음)

• OpenGL 2.0 호환 그래픽 카드가 장착된 1280x1024 디스플레이

- DVD-ROM 드라이브
- QuickTime 기능에 필요한 QuickTime 7.6.2 소프트웨어
- 온라인 서비스 이용 시 필요한 인터넷 연결

2. Mac OS

- 멀티코어 Intel 프로세서 (64비트 지원)
- Mac OS X v10.5.7 또는 v10.6
- 2GB RAM
- 4GB의 하드 디스크 여유 공간 및 추가적인 컨텐츠를 위한 2GB의 하드 디스크 여유 공간(설치 시 추가 여유 공간 필요)(대소문자를 구분하는 파일 시스템을 사용하는 볼륨 또는 플래시 메모리 기반의 이동식 디스크에 설치할 수 없음)
- OpenGL 2.0 호환 그래픽 카드가 장착된 1280x900 디스플레이
- DVD-ROM 드라이브
- QuickTime 기능에 필요한 QuickTime 7.6.2 소프트웨어
- 온라인 서비스 이용 시 필요한 인터넷 연결

After Effects CS5의 새로운 기능

After Effects CS5는 기본 64비트 OS를 지원하며, 효율적인 메모리 관리와 작업을 위해 다양한 기능 등을 추가하여 보다 효율적인 작업 흐름을 만들어주었습니다. 작업자의 편의를 돕는 CS5의 새로운 기능에 대해서 살펴보겠습니다.

1 CS5의 새로운 기능

1. 64비트 OS 지원으로 확대된 작업 환경

32비트 OS를 사용할 때에는 RAM 사용에 제한이 있었지만, CS5는 64비트 기반에서 작동되면서 모든 RAM을 활용하여 HD, 2K 및 4K 프로젝트 작업을 보다 수월하고 효율적으로 작업할 수 있게 되었습니다. 또한 RAM 미리보기 및 더욱 확대된 캐싱(Caching)으로 더 이상 디스크에 캐싱(Caching)할 필요 없이 작업 전체를 확인할 수 있습니다.

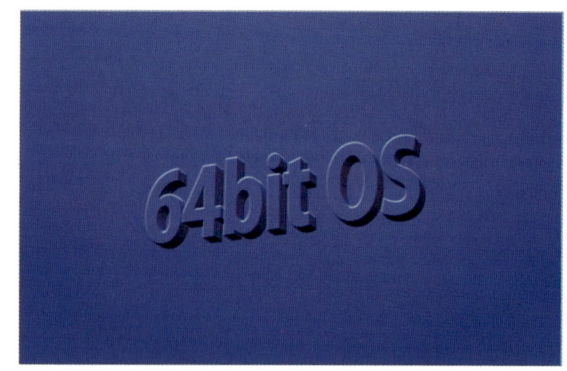

2. Roto Brush로 배경에서 대상 쉽게 분리

혁신적인 툴 Roto Brush를 사용하여 움직이는 전경 요소를 신속하게 배경에서 분리할 수 있습니다. 전경 요소와 배경 요소를 구분하면 After Effects에서 자동으로 전경 요소 주위를 투명하게 만듭니다. 또한 빠르고 손쉽게 선택 항목 가장자리를 세밀하게 조정하여 정확한 결과를 얻을 수 있습니다.

3. After Effects v2용 mocha

mocha는 After Effects 내에 설치되어 있는 모션 트
레킹 전문 플러그인입니다. 직접 그린 Mask에 동작
추적 기능을 적용할 수 있고 가변 폭 마스크 페더를
가져올 수 있습니다. 또한, 강력한 mocha 모양 플
러그인도 포함되어 있습니다.

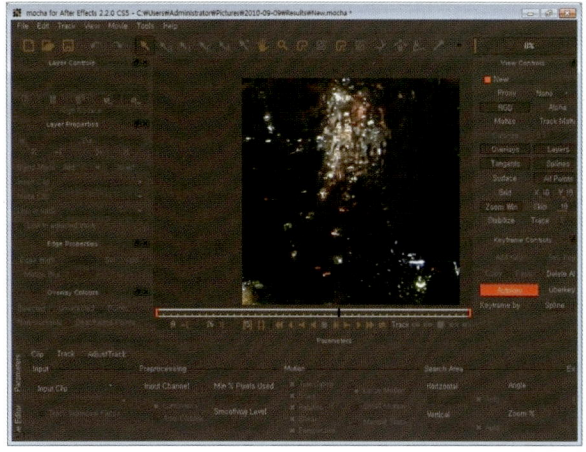

4. AVC-Intra 및 향상된 RED 지원

AVC-Intra 50 및 AVC-Intra 100 지원 덕분에 고화질의 최신형
Panasonic 카메라에서 테이프리스 영상을 사용하여 작업할 수 있습니
다. 또한 RED R3D 포맷에 대한 향상된 지원을 이용할 수 있고 Raw 영
상 작업에 추가적인 컨트롤을 활용할 수 있습니다.

5. RAM 할당 조정

여러 개의 Adobe 제품 구성 요소를 사용할
때 Preferences에서 통합 메모리를 관리하
여 RAM 사용량을 조정할 수 있습니다. 복잡
한 메모리 관리 설정을 배우지 않더라도 사
용 중인 시스템 리소스를 최대한 활용할 수
있습니다.

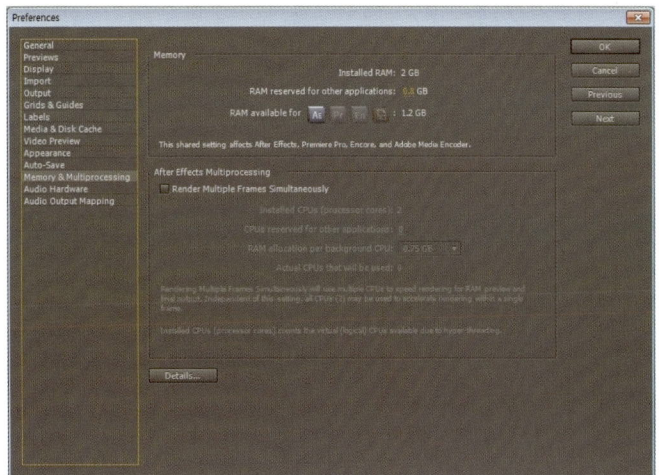

6. Digieffects FreeForm

많이 사용하고 있는 3D 메쉬 비틀기(3D Mesh Warp) 플러그인을 사용하여 평평한 개체를 3D 모양으로 탈바꿈시킬 수 있습니다.

7. 색상 검색표(LUT: Look-Up Table) 지원 기능

널리 사용되는 색상 LUT 포맷을 사용하여 색상 관리 옵션을 확장할 수 있으므로 영화나 다른 디바이스를 시뮬레이션하거나 영상에 다른 모습을 적용할 수 있습니다. LUT를 이용해서 보다 일관되고 예측 가능한 색상을 얻을 수 있습니다.

> **TIP** 업계 표준의 3DL 및 CUBE 검색표를 사용하여 워크플로우에서 일관된 색상을 얻을 수 있습니다.

8. 키프레임의 자동 생성(Auto-keyframe)

자동으로 시작 키프레임을 설정하여 stop watch(⏱) 버튼을 클릭하지 않아도 키프레임이 추가되어 신속하게 애니메이션을 적용할 수 있습니다.

9. 색상 처리(Color Finesse LE 3)

Color Finesse LE 3의 새로운 기능, 더욱 정교해진 색조 및 채도 컨트롤, 색상 검색표(LUT : Lookup Table)로 설정을 내보낼 수 있는 기능 등 향상된 색상 교정 워크플로우를 경험할 수 있습니다.

2 향상된 다양한 기능

1. 컴포지션 정렬하기

컴포지션 안에 다른 컴포지션 파일들을 배치할 때, [Align] 패널에서 레이어들을 정렬하듯이 컴포지션을 정렬을 할 수 있게 되었습니다.

2. 선택한 레이어로 카메라 정렬하기

3D 레이어에서 공간감을 표현할 때, 각 레이어의 위치로 카메라를 이동시켜서 레이어들이 3D 공간에 각각 배치되어 있을 때 그 레이어들을 좀 더 쉽게 보여줄 수 있게 되었습니다.

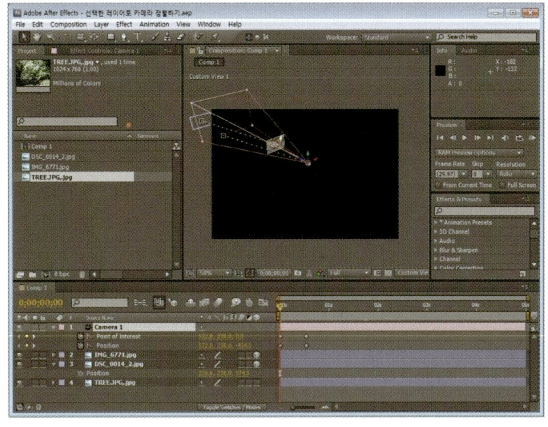

3. 추가된 Adjustment Layer 속성 가져오기

포토샵에서 Adjustment Layer에 추가된, Selective Color, Black & White, Vibrance를 After Effects로 가져올
수 있게 되었습니다.

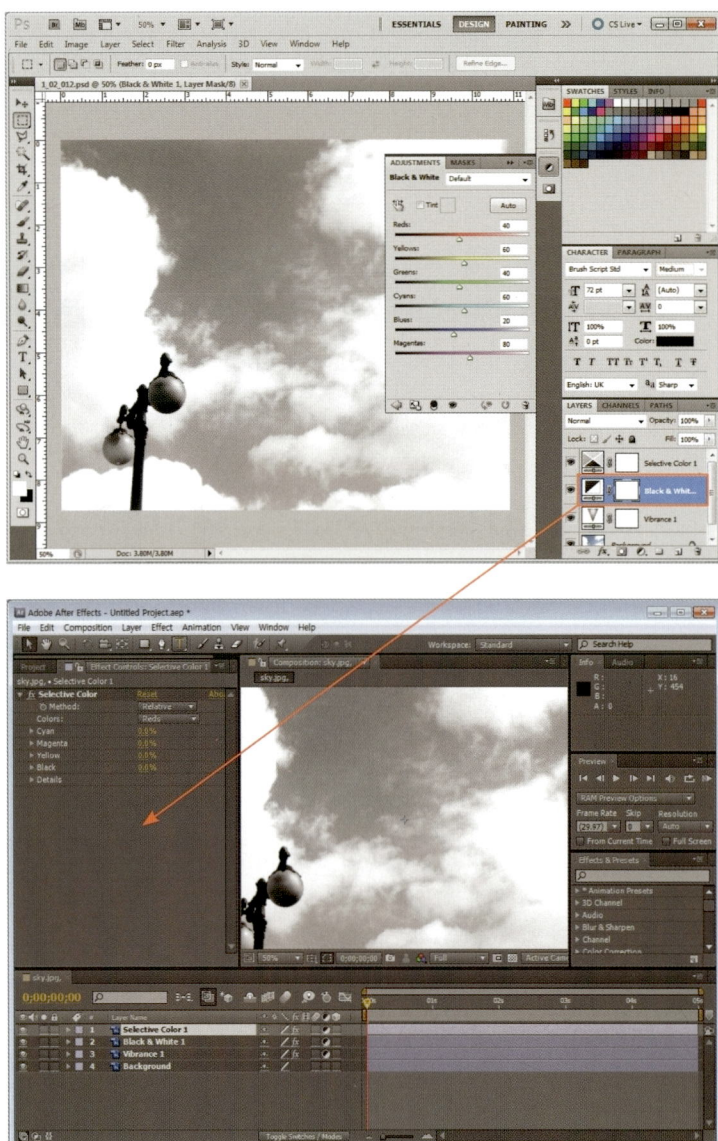

작업 화면 자유자재로 다루기

Affter Effects로 작업을 하다 보면 기본 인터페이스가 불편할 때가 있습니다. 반대로 여러 작업을 하다보면 인터페이스가 처음과 달리 복잡해지는 경우도 있습니다. 이럴 때는 기본 인터페이스로 돌아오거나, 자신에게 맞는 인터페이스를 만드는 방법을 알아보겠습니다.

1 인터페이스 마음대로 다루기

1. 패널 크기 조절하기

패널의 크기를 원하는 형태로 바꾸어서 자신만의 인터페이스를 만들 수 있습니다. 마우스를 패널과 패널 사이의 경계로 가져가면 마우스 형태가 바뀌고, 이때 클릭하고 움직이면 패널의 크기를 조절할 수 있습니다.

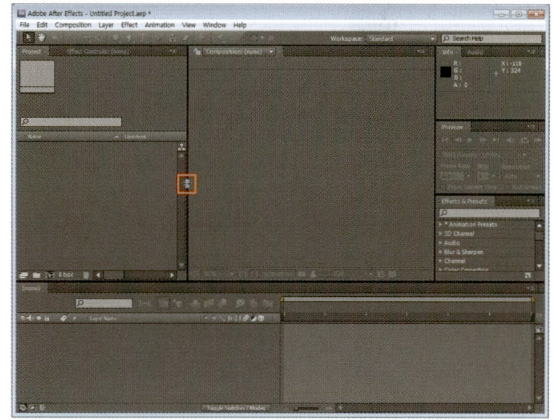

2. 패널 위치 이동하기

패널의 위치도 손쉽게 이동할 수 있습니다. [Info] 패널을 클릭한 상태에서 [Composition] 패널의 우측으로 드래그하면 패널이 들어갈 영역이 파랗게 표시되고, 표시되는 부분으로 드래그해서 놓으면 됩니다.

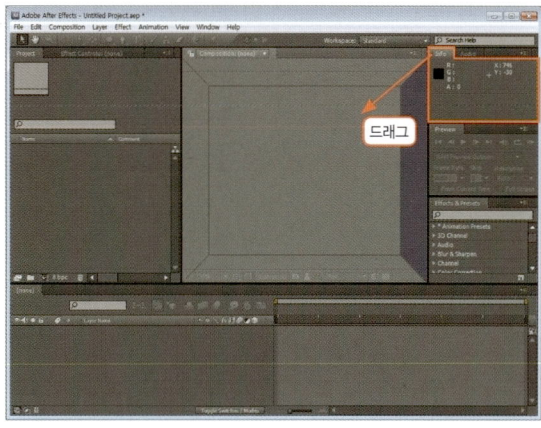

> **TIP** 눈으로 배우고 익히는 **PDF 제공** : 메뉴에 대한 보다 자세한 내용은 [부록CD\PDF\메뉴 설명]을 참고하세요.

[Info] 패널을 다시 원래 위치로 옮겨보겠습니다. [Audio] 패널과 같은 그룹으로 묶기 위해서 [Info] 패널의 윗 부분을 클릭해서 원래 위치쪽으로 드래그해서 옮깁니다. 드래그할 위치를 잘못 선택해서 놓이게 될 영역이 녹색으로 보이면 상위 탭에 위치하게 됩니다.

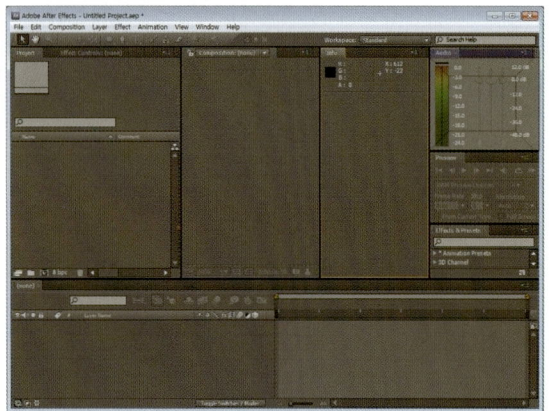 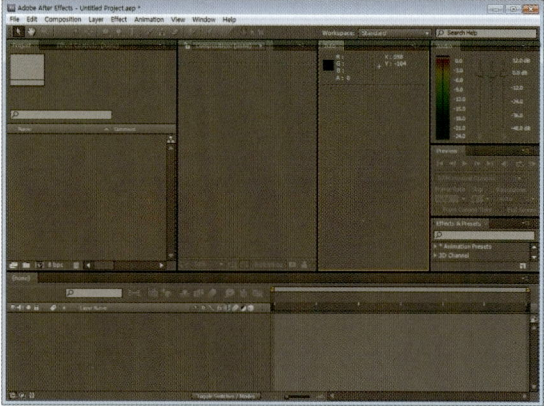

3. 패널 보이게 하기

패널을 이동하거나, 실수로 패널을 닫아서 패널이 사라질 수도 있습니다. 그럴 때는 메뉴 바의 [Window]를 선택하여 필요한 패널을 선택합니다.

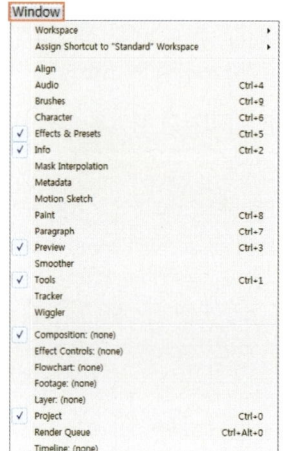

4. 내가 만든 인터페이스 저장하기

자신이 원하는 형태로 인터페이스가 정해졌으면 이 인터페이스를 저장할 수 있습니다. 메뉴 바에서 [Window]−[Workspace]−[New Worspace]를 선택합니다. 인터페이스 이름을 설정하는 [New Workspase] 대화상자가 나타나면. 'my workspace'로 입력하고 [OK] 버튼을 클릭합니다.

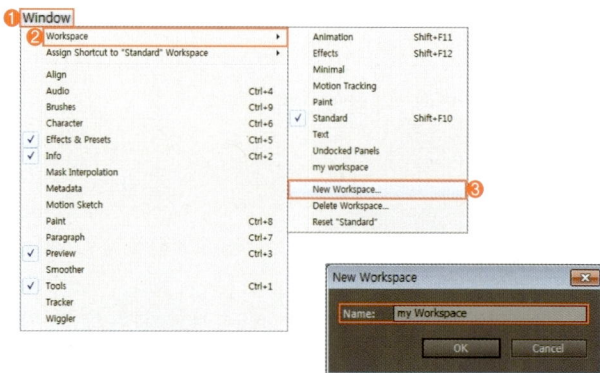

이제 메뉴 바에서 [Window]-[Workspace]를 선택하면 저장한 'my Workspace'를 확인할 수 있습니다.

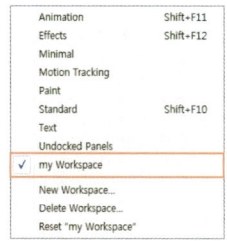

5. 프로젝트의 흐름 파악하기

• Flow Chart

Flow Chart( )는 프로젝트의 흐름을 파악할 수 있게 도와주는 기능으로, [Composition] 패널 하단에서 선택할 수 있습니다. Flow Chart는 조직도 형태로 프로젝트 파일 내의 정보(컴포지션, 레이어, 적용한 이펙트 등)를 보여줍니다.

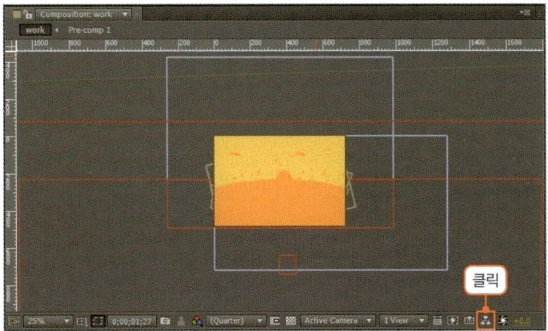 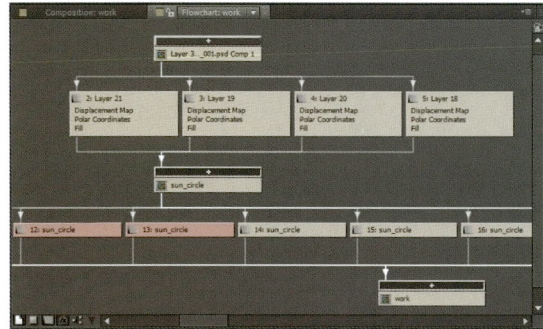

TIP 작업한 프로젝트 파일 중에서 일부만 선택해서 Collect하고 싶을 때 이 기능을 이용하면 편리합니다. 이 Flow Chart에서 필요한 컴포지션을 선택하면, [Project] 패널에서 푸티지들이 선택됩니다. 선택된 푸티지를 하나의 폴더에 넣은 다음, 나머지는 삭제한 후 Collect File로 Collect합니다.

• Mini-Flowchart

Mini-Flowchart( )는 조금 더 손쉽게 프로젝트 내의 흐름 파악을 도와줍니다. [Timeline] 패널에서 Mini-Flowchart(Shift)를 클릭하면 흐름도를 보여줍니다. Pre-compose를 이중삼중으로 했을 때, 이 기능을 이용하면 손쉽게 이동이 가능합니다.

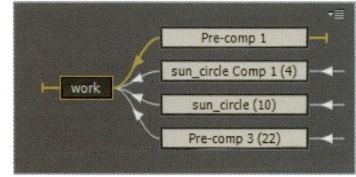

Preferences(환경 설정하기)

After Effects 작업을 시작하기에 앞서 기본적으로 환경 설정에서 설정해야 할 부분들이 있습니다. 메뉴 바에서 [Edit]-[Preferences]-[General](Ctrl + Alt + ;)을 선택하면 [Preferences] 대화상자가 나타납니다.

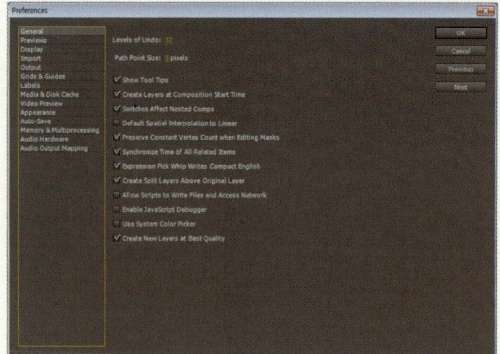

❶ Media&Disk Cache

Media&Disk Cache를 선택하여 Disk Cache를 설정하겠습니다.

After Effects는 Ram을 많이 사용하는 프로그램으로, 우리가 사용하는 Ram에는 한계가 있기에 Ram보다 많은 용량의 작업을 하면, 메모리 관련 오류가 나는 경우가 많습니다. 이때, 이 Disk Cache를 이용하면 Ram만으로 부족할 때 작업하고 있는 컴퓨터의 하드 디스크의 빈 공간을 사용해서 작업할 수 있습니다.

Enable Disk Cache에 체크 표시를 하면 하드 디스크를 선택하는 [폴더 찾아보기] 대화상자가 나타납니다. 이때 하드 디스크의 Root 폴더(최상위 폴더)를 선택하면 오류 메시지가 나타나므로 Root 폴더 하위의 다른 폴더를 선택합니다.

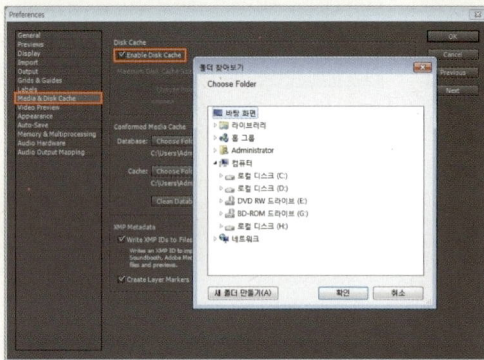

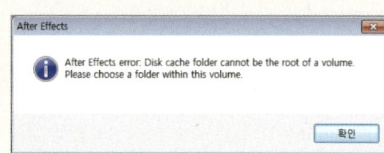

▲ Root 폴더 선택 시 오류 메시지

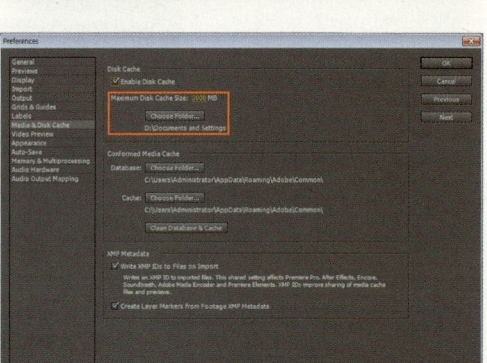

이와 같이 설정하면 작업을 할 때 하드 디스크의 빈 공간도 사용할 수 있기 때문에 작업 시 램 프리뷰를 좀 더 오래 할 수 있으며, 메모리 관련 에러를 많이 줄일 수 있습니다. 될 수 있으면 하드 디스크를 선택할 때에는 Window와 After Effects가 설치되어 있지 않은 다른 하드 디스크를 선택하는 것이 좋습니다. 그리고, 하드 디스크를 파티션으로 나누었을 때에는 큰 의미가 없습니다. 물리적으로 다른 하드 디스크를 선택하기 바랍니다.

❷ Appearance

Appearance는 인터페이스를 설정하는 기능으로, 인터페이스의 색상을 수정할 수 있고, 마스크를 그릴 때 마스크의 색상을 랜덤하게 보여줄 수 있도록 설정할 수 있습니다.

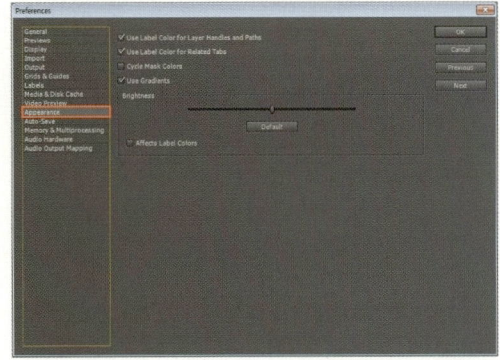

❸ Auto-Save

Auto-Save는 작업 중인 프로젝트를 자동으로 저장해 주는 기능을 합니다. 기본값은 Auto-Save가 비활성화되어 자동으로 저장되지 않습니다. 작업 도중에 After Effects에 오류가 발생하여 프로그램이 종료될 때 이 옵션이 선택되어 있지 않으면 프로젝트 파일을 저장하지 않아서 난감한 경우를 많이 겪게 됩니다.
하지만, Auto-Save를 활성화하면 주기적으로 자동 저장을 하기 때문에 작업 도중 After Effects가 멈추는 경우가 있습니다. 이를 프로그램이 멈춘 것으로 생각하는 분들이 많은데, 이 때에는 [Info] 패널에서 Auto-Save인지 확인합니다.

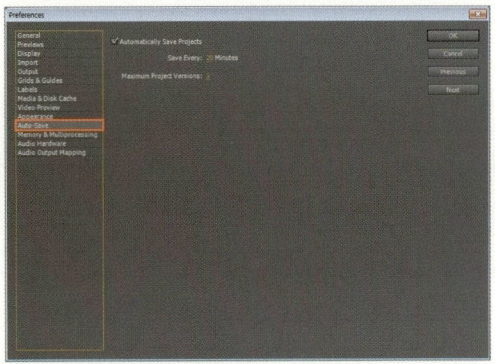

❹ Memory & Multiprocessing

Memory & Multiprocessing에서는 컴퓨터에 장착된 Ram 용량을 After Effects에 얼마나 할당할지를 정할 수 있습니다.

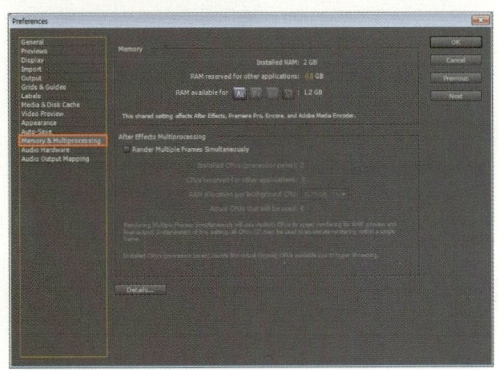

불러오기 및 푸티지 (Footage) 관리하기

After Effects에서 영상 제작을 할 때 필요한 이미지 및 동영상 파일을 불러오는(Import) 방법에 대해 알아보겠습니다. 영상 작업을 할 때, 푸티지를 관리를 잘해 놓으면 작업을 효율적으로 할 수 있습니다. After Effects에서 다양한 소스 파일을 불러와 푸티지로 사용하는 방법에 대해 이해하고, 푸티지를 관리하는 방법에 대해 알아보겠습니다.

1 푸티지 항목 불러오기(Import)

[Project] 패널에서 푸티지 파일을 불러오는 것을 Import라고 합니다. 작업에 사용할 영상 소스를 불러오는 방법은 다음과 같습니다.

1. 파일 불러오기

❶ **방법 1** : 메뉴 바에서 [File]−[Import]−[File...]([Ctrl]+[I])을 선택해서 소스를 불러옵니다.

❷ **방법 2** : [Project] 패널에서 마우스 오른쪽 버튼을 클릭하여 [Import]−[File...]을 선택합니다.

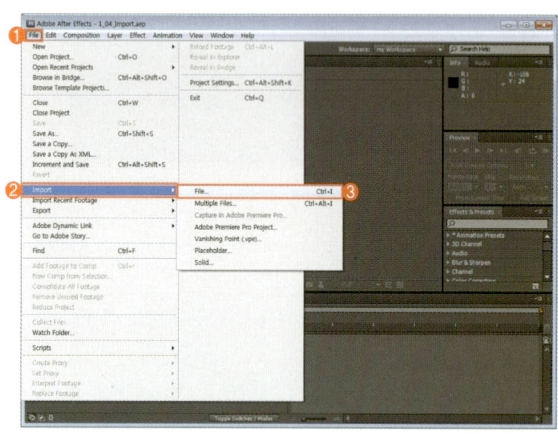
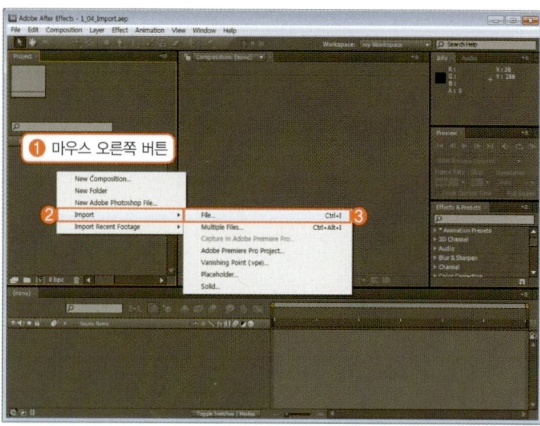

❸ **방법 3** : [Project] 패널을 더블클릭하면 [Import File] 대화상자가 나타납니다. 파일을 복수 선택해도 됩니다.

❹ **방법 4** : 폴더에서 이미지를 선택하고 [Project] 패널로 드래그해서 불러올 수 있습니다.

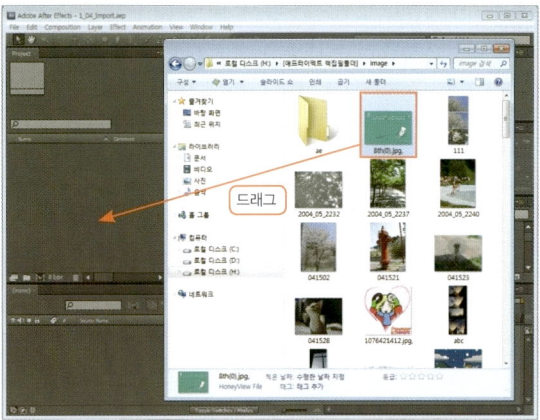

2. 2개 이상의 파일 및 폴더 불러오기

❶ [Import File] 대화상자에서 Shift 키를 누른 상태로 파일들을 선택합니다(Ctrl 키를 누른 상태에서도 가능합니다. Shift 키를 누른 상태에서는 선택한 파일들 사이의 파일들이 모두 선택되고, Ctrl 키를 누르고 선택하면 선택한 파일들만 선택이 가능합니다.) 혹은, 마우스를 드래그하여 다중 선택도 가능합니다.

❷ 메뉴 바에서 [File]-[Import]-[Multiple Files]을 선택하면 여러 곳에서 파일을 불러올 수 있습니다. 파일을 Import한 후에도 [Import File] 대화상자에서 [Done] 버튼을 클릭하기 전까지 파일을 계속 불러올 수 있습니다.

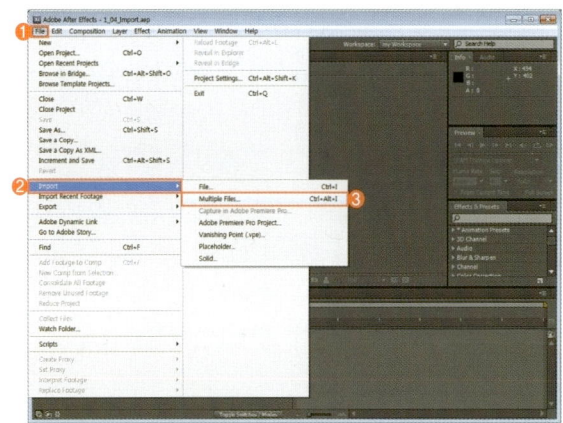

❸ [Import File] 대화상자에서 폴더를 선택하고, [폴더 가져오기] 버튼을 클릭하여 폴더를 불러올 수 있습니다.

❹ Import하고 싶은 파일을 [Project] 패널로 드래그하여 넣거나, After Effects 아이콘으로 드래그하여 불러옵니다. 폴더를 드래그해서 [Project] 패널로 넣을 때는 Alt 키를 누르고 드래그해야 합니다. Alt 키를 누르지 않고 넣으면 폴더 안 데이터를 시퀀스로 인식하게 됩니다. 작업할 소스들을 Import하면 [Project] 패널에 배치됩니다.

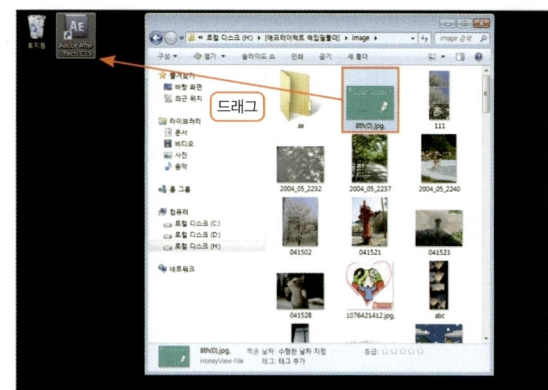

Special Note

• 폴더의 콘텐츠를 개별 푸티지 항목으로 가져와 [Project] 패널에 폴더로 표시하려면 Windows 탐색기에서 Alt 키를 누른 상태에서 [Project] 패널로 폴더를 드래그합니다

• 푸티지 파일을 반복해서 사용할 경우, Import를 다시 할 필요 없이 [Project] 패널에 Import한 푸티지 파일을 [Composition] 패널이나 [Timeline] 패널에 드래그해서 넣어 반복해서 사용이 가능합니다.

• [Render Queue] 패널에서 렌더링된 출력 파일을 가져오려면 상응하는 출력 모듈을 [Render Queue] 패널에서 [Project] 패널로 드래그합니다.

• 렌더링하기 전의 출력 모듈을 [Render Queue] 패널에서 [Project] 패널로 드래그하면 After Effects에서 Placeholder 푸티지 항목이 만들어집니다. Placeholder 푸티지 항목에 대한 참조는 출력 모듈을 렌더링할 때 자동으로 대체되지만 Placeholder 푸티지 항목 자체는 대체되지 않습니다.

2 포토샵 파일 불러오기

레이어가 있는 포토샵 파일을 Import할 때는 각 레이어별로 불러올 수도 있고, 레이어들을 하나의 컴포지션으로도 불러올 수 있습니다.

❶ [Project] 패널에서 PSD 파일을 Import할 때, [Import File] 대화상자에서 PSD 파일을 선택하면 가져오기 항목에서 Composition과 Composition-Retain Layer Sizes가 활성화됩니다.

TIP ❶ **Footage** : psd 파일의 모든 레이어를 통합한 1장의 이미지 형태로 Import됩니다.
❷ **Composition** : 레이어들이 모두 포함된 컴포지션을 만들어서 불러옵니다. 단, 포토샵의 작업 영역 바깥쪽에 있는 이미지는 잘려진 상태로 Import됩니다.
❸ **Composition - Retain Layer Sizes** : 컴포지션과 마찬가지로 레이어들을 포함한 컴포지션으로 불러오고, 포토샵 작업 영역 바깥에 있는 이미지들도 모두 Import됩니다.

❷ [Import File] 대화상자에서 Composition – Retain Layer Sizes를 선택하고, [열기] 버튼을 클릭하면 오른쪽과 같은 대화상자가 나타납니다.

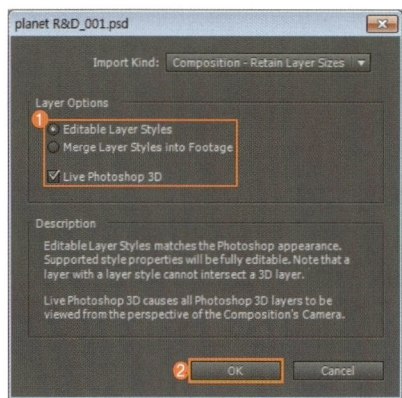

TIP Composition – Retain Layer Sizes를 선택하여 굳이 컴포지션으로 불러올 필요가 있을까 생각할 수도 있지만, 컴포지션으로 불러오면 이미지 크기가 작아져서 렌더링 시간이 줄어들고, 각 레이어들의 Anchor point가 컴포지션의 중심이 아닌, 각 레이어의 중심으로 선택되어서 개별 레이어에 애니메이션을 주기가 편합니다.

❸ [OK] 버튼을 클릭하면 [Project] 패널에 PSD 파일이 컴포지션 형태로 Import되기에 'Planet R&D_001' 컴포지션을 더블클릭하면 열립니다.

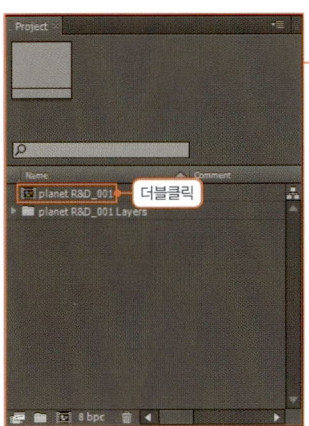

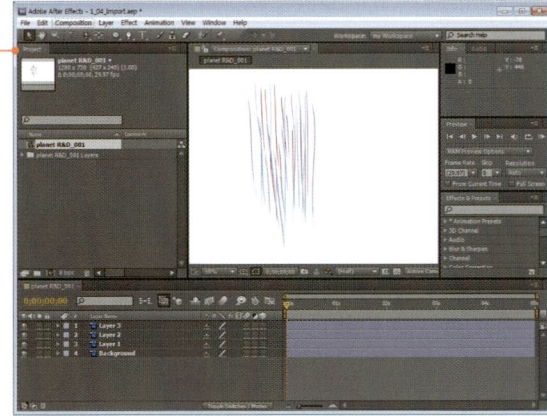

푸티지를 항상 컴포지션으로 불러오기

Special Note

PSD 파일과 같이 레이어가 있는 푸티지를 After Effects로 드래그할 때 해당 푸티지를 항상 컴포지션으로 가져오려면 메뉴 바에서 [Edit]–[Preferences] –[Import]를 선택하고 Drag Import Multiple Items As의 내림 버튼을 클릭하여 Composition 또는 Composition – Retain Layer Sizes를 선택합니다.

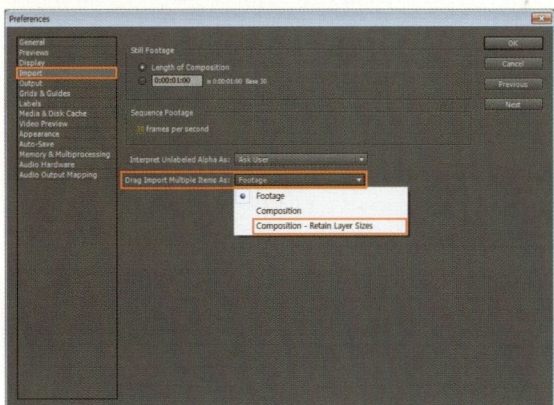

3 시퀀스 파일 불러오기

특정 파일 포맷(TIFF, Targa, PNG)은 스틸 이미지들을 연속해서 하나의 동영상처럼 묶을 수 있는 시퀀스 파일로 사용할 수 있습니다. 시퀀스 파일은 동일한 폴더에 파일이 있어야 되고, Seq 1, Seq 2, Seq 3과 같이 이름으로 되어 있고, 숫자가 연속적으로 연결되어 있어야 합니다.

시퀀스 파일을 Import할 때에는 [Import File] 대화상자 하단에 있는 JPEG Sequence에 체크 표시하여 연속된 파일명의 이미지들을 시퀀스로 인식해서 하나의 동영상처럼 불러옵니다.

> **TIP** Window 탐색기에서 시퀀스 파일들을 가져올 때에는 파일을 선택하지 않고, 그 파일이 있는 폴더를 선택해서 드래그하면 시퀀스 파일로 [Project] 패널에 Import됩니다.

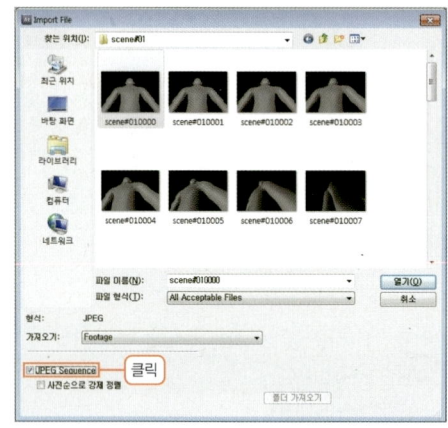
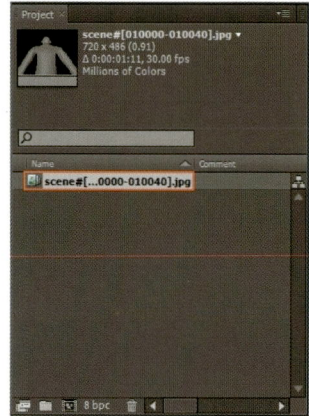

▲ 시퀀스 파일 형식으로 불러오기

• 스틸 이미지의 시퀀스를 가져올 때는 [Edit]−[Preferences]−[Import]의 Sequence Footage에서 지정한 프레임 속도가 적용됩니다. 기본 속도는 30fps(초당 프레임 수)입니다.

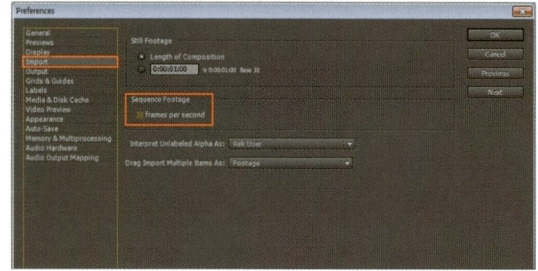

• 시퀀스를 가져온 다음 푸티지 항목을 다시 해석하여 프레임 속도를 변경할 수 있습니다. [Project] 패널에서 시퀀스를 선택하고 [File]−[Interpret Footage]−[Main Options] 선택한 다음, [Interpret Footage] 대화상자에서 Frame Rate 항목의 Assume this frame rate에 새로운 값을 설정합니다.

시퀀스 파일 Import할 때 주의할 점

시퀀스 파일을 Import할 때 주의해야 할 점에 대해 알아보겠습니다.

❶ 시퀀스 파일 중에 중간에 빠진 파일이 있거나, 시퀀스 파일을 만들기 위해 렌더링할 때 렌더링이 잘못되어 파일에 문제가 있을 때는 missing frame이 있다는 오류 메시지가 나타나고, 해당 파일이 Placeholder로 대체됩니다.

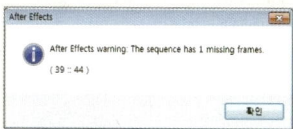

이런 경우에는 [Import File] 대화상자에서 사전 순으로 강제 정렬 옵션에 체크 표시하여 파일 이름에 빠진 번호가 있는 시퀀스를 불러올 수 있습니다.

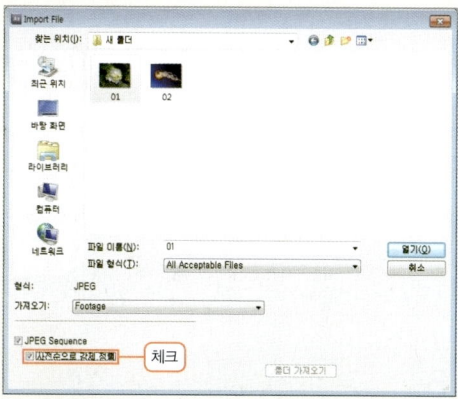

❷ 작업할 소스 파일을 불러올 때, JPEG Sequence에 체크 표시가 되어 있으면 이름이 같은 파일을 시퀀스로 인식하기 때문에 시퀀스 파일이 아니어도 묶어서 불러올 수 있으므로 주의를 해야 합니다.

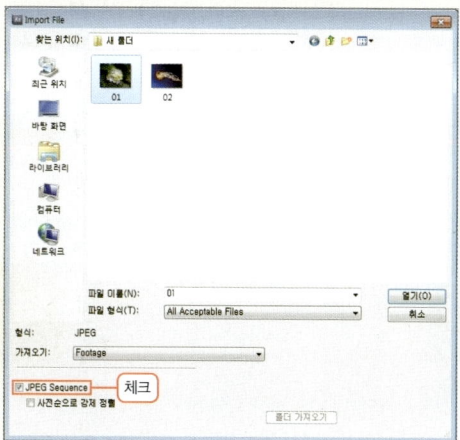

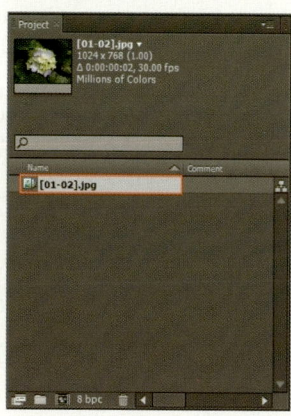

4 알파 값 불러오기

알파 채널이 있는 푸티지를 Import할 때, 알파 채널을 선택할 수 있습니다. 푸티지를 Import하면 [Interpret Footage] 대화상자가 나타납니다.

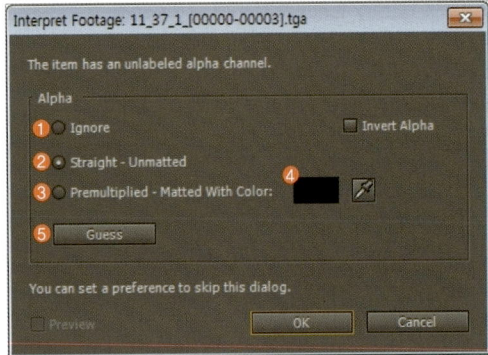

❶ **Ignore** : 알파 값을 무시하고 100%의 전체 이미지를 보여줍니다.

❷ **Straight-Unmatted** : Straight 알파 값을 가진 푸티지를 Import할 때 사용합니다.

❸ **Premultiplied - Matted With Color** : Premultiplied 알파 값을 가진 푸티지를 불러올 때 선택합니다.

❹ **Color** : 배경이 되는 색상(즉, 알파로 투명하게 되는)을 지정해줍니다.

❺ **Guess** : 정확하게 어떤 알파 값을 가졌는지 알 수 없을 때 선택합니다.

Straight vs Premultiplied Alpha

합성 작업을 할 때 필수적으로 사용되는 알파 채널은 2가지 종류가 있습니다. 알파 채널이 포함된 이미지 파일에는 Straight 또는 Premultiplied라는 두 가지 방식 중 하나로 투명도 정보가 저장됩니다. 알파 채널이 같더라도 색상 채널은 다릅니다. 알파 채널이 있는 이미지를 After Effects에 Import할 때 두 가지 종류를 물어봅니다.

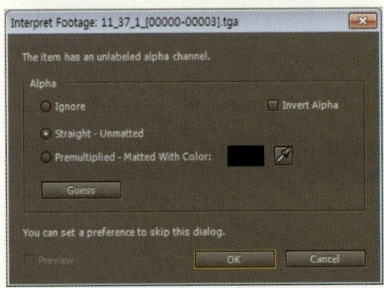

❶ **Straight 채널** : 투명도 정보는 알파 채널에만 저장되고 RGB 색상 채널에는 저장되지 않습니다. Straight 채널은 투명도 효과는 Straight 채널을 지원하는 응용 프로그램에서 이미지를 표시해야만 나타납니다.

❷ **Premultiplied** : 투명도 정보는 알파 채널에 저장될 뿐만 아니라 배경색과 곱해지는 가시 RGB 채널에도 저장됩니다. Premultiplied 채널은 Matted With Color라고도 합니다. 페더(Feather) 가장자리 같은 반투명 영역의 색상은 투명도에 비례하여 배경색으로 바뀝니다.

Straight는 색상 정보만을 가지는 알파 채널을 의미하며, Premultiplied는 배경의 색상 값이 같이 저장되는 알파 채널입니다.

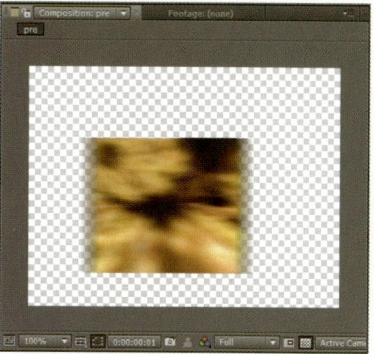

▲ Straight   ▲ Premultiplied

Straight에는 블러, 앤티알리아싱이 적용되지 않은 RGB 채널 이미지를 보여줍니다. 그래서 합성 작업을 할 때 이후에 블러를 적용하면 알파 채널과 정확하게 맞지 않게 되는 문제가 생깁니다.

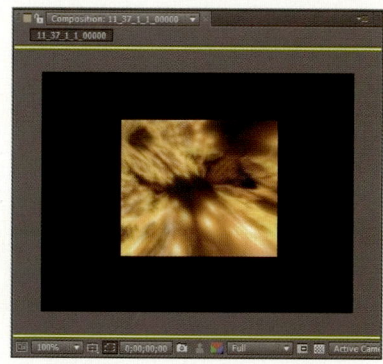

Premultiplied 알파 채널을 실무에서 많이 사용합니다. Straight와는 달리 RGB 채널에도 블러나 안티알리아싱이 적용되어서 합성 작업을 할 때 빠르게 작업이 가능합니다. 포토샵에서 작업한 이미지의 채널은 Straight입니다.

5 코덱(Codec)

동영상 파일을 Import할 때 코덱이 맞지 않아서 불러와 지지 않는 경우가 있습니다. 코덱은 Compression(압축)＋Decompression(압축 해제)이라는 이름에서 알 수 있듯이, 영상을 만들고 압축한 파일을 보려면 압축된 내용을 푸는 과정이 필요합니다. 이때 코덱이 설치되어 있지 않으면, 압축을 풀지 못해 동영상을 재생할 수 없습니다. 마찬가지로 After Effects에서 동영상을 편집하려면 압축을 풀어야 하며 편집용 코덱이 필요합니다. 재생용 코덱과 편집용 코덱을 구별해서 사용하면 큰 어려움 없이 작업이 가능합니다.

코덱 찾는 방법

동영상 파일을 Import할 때, 코덱이 컴퓨터에 설치되어 있지 않아서 After Effects로 Import시 오류가 발생하거나 Import는 되지만 영상이 보이지 않는 경우가 있습니다. 이럴 때는 그 동영상에 맞는 코덱을 설치해야 합니다. 어떤 코덱이 쓰였는지 확인하려면, [Project] 패널에서 동영상 파일을 선택하고 Alt 키를 누르고 클릭하면 파일의 코덱 정보가 [Project] 패널 상단에 표시되는 것을 확인할 수 있습니다.

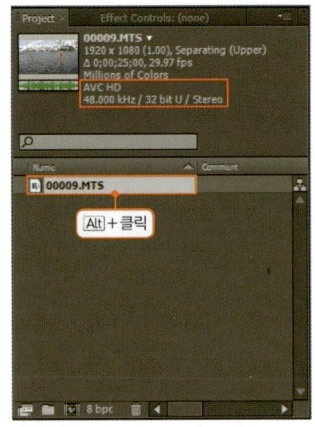

 **Special Note**

Audio Import할 때

Audio 파일을 Import할 때 주의할 점은 MP3 파일을 Import해서 사용할 경우, 렌더링시 영상과 Audio의 싱크가 맞지 않는 경우가 발생합니다. 이런 문제를 최소화하기 위해서 가급적이면 Audio 파일은 wav 파일로 불러오는 것이 좋습니다.

6 Still 이미지

After Effects에서 JPEG를 Import할 때 CMYK 모드를 지원하지 않습니다. RGB나 PSD 파일로 변환해서 불러와야 합니다. 일러스트레이터나 포토샵 같은 응용 프로그램에서 비디오, 필름 및 기타 비인쇄 미디어용 이미지를 만들 때는 될 수 있으면 RGB 색상 공간을 사용하여 작업하는 것이 좋습니다. RGB로 작업하면 더 넓은 범위를 활용할 수 있고, 최종 출력을 더 정확하게 반영할 수 있습니다. Still 이미지를 Import하면 [Timeline] 패널의 길이에 맞게 불러옵니다.

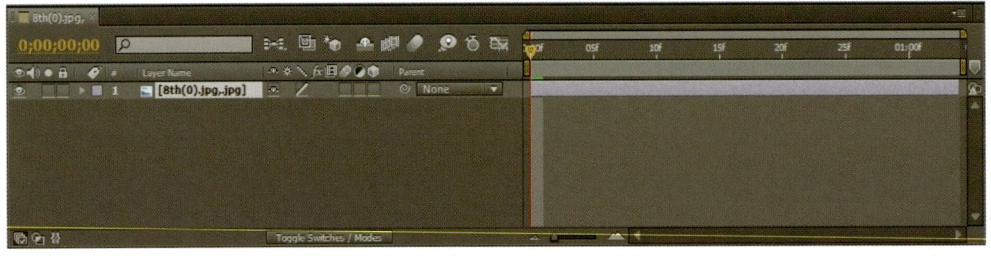

TIP 작업을 할 때, 큰 사이즈로 작업을 하면 메모리를 너무 많이 사용하여 작업 중에 메모리 부족 메시지가 나타나거나 렌더링 시간이 길어집니다. 가급적, 필요한 만큼의 사이즈로 포토샵에서 미리 작업해서 가져오는 것이 좋습니다. After Effects에 Import할 수 있는 푸티지 및 컴포지션 사이즈의 제한은 30,000 * 30,000픽셀입니다. PICT는 40,000 * 40,000픽셀, BMP는 16,000 * 30,000픽셀이 가능합니다.

7 일러스트레이터/PDF/SWF/EPS

벡터 파일들(Ai, PDF, SWF, EPS)을 Import하면 자동으로 비트맵 이미지로 변환됩니다. 일러스트레이터에서 작업할 때 레이어들을 하이라키 구조로 작업했다면, After Effects에 불러오면 가장 상위의 레이어만 보입니다.

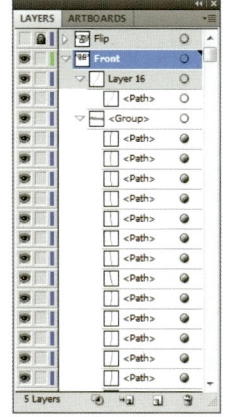

상위 레이어만 보이지 않게 하려면 하위 레이어의 내용들을 가장 상위로 옮겨야 합니다. Group을 선택하고(레이어를 선택하는 것이 아닙니다) [Layer] 패널의 Option 메뉴에서 Release to Layers (Sequence)를 선택하면, 레이어로 컨버팅이 됩니다. 그러면 이 레이어들을 가장 상위로 이동하고 이름을 수정하면 됩니다.

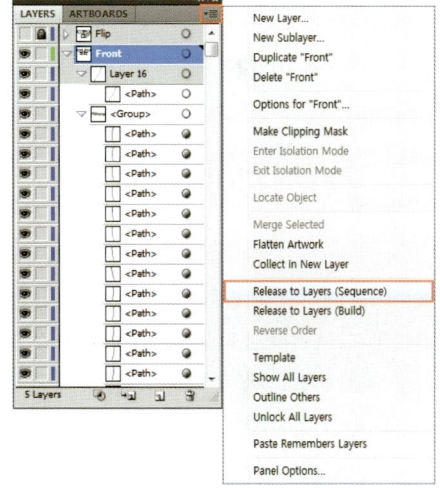

> **TIP** After Effects에서 파일을 가장 충실하게 래스터 화하려면 일러스트레이터 8.x 또는 9.x EPS 형식 대신 AI 형식으로 파일을 저장합니다.

> **TIP** 일러스트레이터 파일을 가져온 다음 앤티앨리어싱을 더 높은 품질로 수행할지 더 빠른 속도로 수행할지 지정할 수 있습니다. [Project] 패널에서 푸티지 항목을 선택하고 [File]-[Interpret Footage]-[Main]을 선택한 다음 대화상자 아래쪽에 있는 [Other Options] 버튼을 클릭합니다.

8 프로젝트 불러오기

프로젝트 작업 중에 다른 프로젝트 파일을 사용해야 할 경우, 프로젝트 파일을 Import할 수 있습니다. 프로젝트 파일을 Import하면 [Project] 패널에 프로젝트 파일명과 동일한 폴더가 생성되고, 그 안에 프로젝트에서 작업한 컴포지션 및 푸티지 소스 파일이 있습니다. 지금 작업 중인 프로젝트도 다시 Import할 수 있습니다.

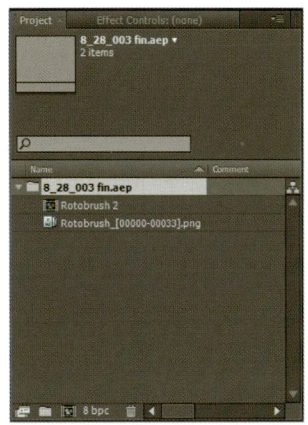

> **TIP** Import를 계속 진행하게 되면 같은 푸티지 파일들이 쌓이게 됩니다. 중복되는 파일을 정리하는 것이 편리합니다. 메뉴 바에서 [File]-[Consolidate All Footage] 선택하면 중복되는 파일을 정리해 줍니다.

9 Interpret footage items(푸티지 항목 해석)

After Effects에서는 소스 파일의 픽셀 종횡비, 프레임 속도, 색상 프로파일 및 알파 채널 유형에 대한 최상의 추정에 따라 일련의 내부 규칙을 사용하여 사용자가 가져온 각 푸티지 항목을 해석합니다. [Interpret Footage] 대화상자를 사용하여 단일 푸티지 항목을 해석합니다. [Project] 패널에서 푸티지 항목을 선택한 후 다음 중 하나를 수행합니다.

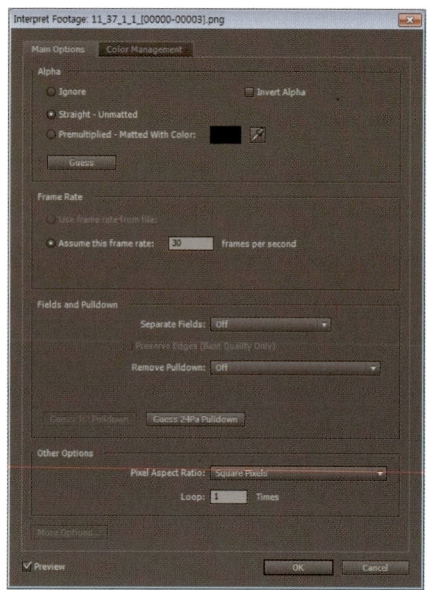

❶ [Project] 패널 하단에 있는 Interpret Footage(📇) 버튼을 클릭합니다.

❷ 푸티지 항목을 Interpret Footage(📇) 버튼으로 드래그합니다.

❸ 메뉴 바에서 [File]-[Interpret Footage]-[Main]([Ctrl]+[Alt]+[G])을 선택합니다.

10 푸티지 관리하기

After Effects는 [Project] 패널로 소스를 Import할 때, 불러오는 파일들을 물리적으로 복사할 경우, 디스크 공간을 많이 차지하기 때문에 프로젝트 파일에 푸티지 파일을 물리적으로 복사하지 않고, 그 파일에 대한 참조 링크를 만듭니다.

그래서 작업이 완료된 후에 폴더에 있는 파일을 임의로 삭제할 경우, 참조 링크가 끊어지게 되어 이후에 프로젝트 파일을 불러오면 파일이 존재하지 않아서 오른쪽과 같이 텔레비전 조정화면 형태로 누락(missing)된 것으로 표시되고, 소스 파일의 이름이 이탤릭체로 표시됩니다.

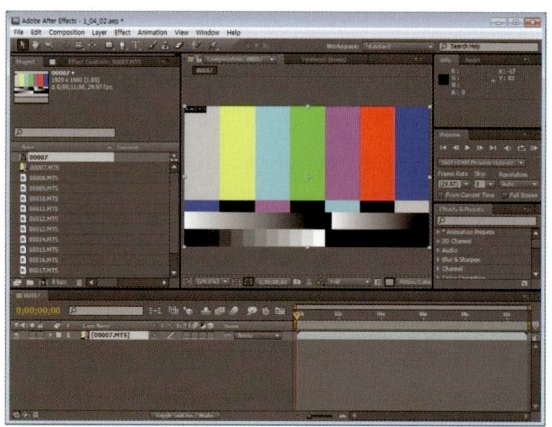

파일을 삭제한 것이 아니라 위치만 이동했을 때는 [Project] 패널에 있는 missing 파일을 선택하고 더블클릭하거나, 마우스 오른쪽 버튼을 클릭하여 [Replace Footage]-[File]([Ctrl]+[H])를 선택하여 옮겨진 파일 위치를 찾아서 파일을 선택하면 됩니다.

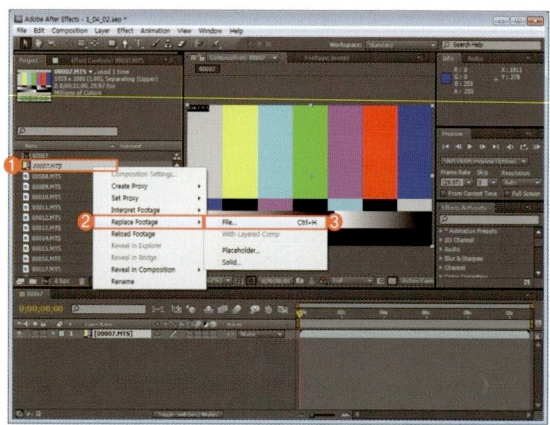

[Project] 패널의 검색창에 missing(누락)이라고 입력하고 검색하면 소스 항목이 누락된 푸티지 항목을 찾을 수 있습니다.

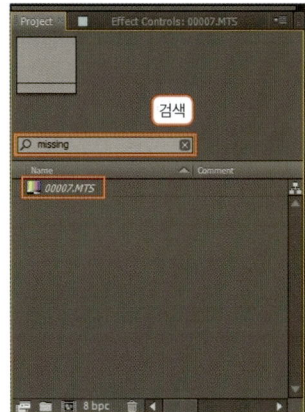

> **TIP** 파일을 삭제했을 때에는 방법이 없으므로 소스를 다시 작업해야 하므로, 파일을 삭제할 때에는 많은 주의가 필요합니다.

11 프로젝트에서 푸티지 항목 제거하기

프로젝트에서 푸티지 항목을 제거하려면 [Project] 패널에서 푸티지 항목을 선택하고 Delete 키를 누르거나, 메뉴 바의 [File] 세부 목록에서 원하는 기능을 선택합니다.

❶ **Consolidate All Footage** : 중복된 푸티지 항목을 프로젝트에서 모두 제거할 때 선택합니다. After Effects에서는 푸티지 항목에 사용되는 Interpret Footage 설정이 동일한 경우에만 해당 항목이 중복된 것으로 간주합니다. 중복된 항목을 제거하면 해당 항목을 참조하던 레이어가 나머지 복사본을 참조하도록 업데이트됩니다.

❷ **Remove Unused Footage** : 사용하지 않는 푸티지 항목을 프로젝트에서 모두 제거할 때 선택합니다.

❸ **Reduce Project** : [Project] 패널에서 선택한 컴포지션에 사용되지 않는 푸티지 항목을 제거하고, 선택되지 않은 컴포지션을 제거할 때 선택합니다. 이 명령은 [Project] 패널이 활성화되어 있는 경우에만 사용할 수 있습니다. 이 명령은 사용되지 않는 푸티지 항목 및 선택한 컴포지션 내에 중첩된(하위) 컴포지션으로 포함되지 않은 다른 모든 컴포지션을 제거합니다.

> **TIP** • 해제된 항목, 즉 [Timeline] 패널에서 Video 또는 Audio 스위치를 선택 해제한 항목이 현재 선택한 컴포지션에 포함된 경우 이러한 항목은 Reduce Project로 제거되지 않습니다.
> • 선택한 컴포지션의 표현 식에서 하위 컴포지션이 아닌 다른 컴포지션의 요소를 참조하는 경우 Reduce Project를 실행하면 하위 컴포지션이 아닌 컴포지션 및 기존에 적용했던 표현식이 모두 제거됩니다.

12 푸티지 항목 반복(Looping)

프로젝트에서 동영상 푸티지를 연속으로 반복하려면 Interpret Footage
에 Loop 값만 입력하면 됩니다.

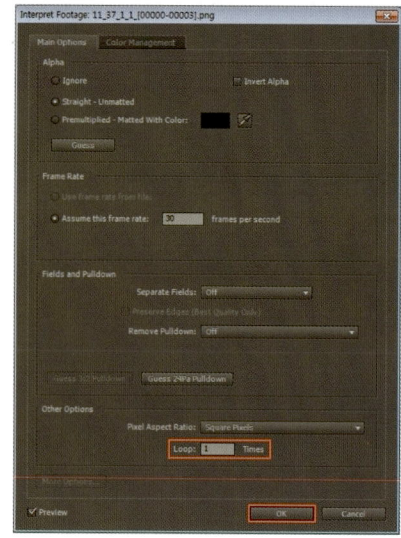

❶ [Project] 패널에서 반복할 푸티지 항목을 선택합니다.

❷ 메뉴 바에서 [File]−[Interpret Footage]−[Main]을 선택합니다.

❸ [Interpret Footage] 대화상자에서 Loop의 설정 값을 입력하고
[OK] 버튼을 클릭합니다.

13 프로젝트 파일 관리하기

프로젝트 파일을 저장하면 소스 파일에 대한 위치 정보 값만 저장되므
로, 프로젝트 파일과 소스 파일을 같이 관리하고 싶을 때에는 Collect
Files 기능을 이용합니다.

❶ 메뉴 바에서 [File]−[Collect Files]를 선택합니다.

TIP 만약 [Adobe After Effects−Alert] 팝업창이 나타나면, 프로젝트 파일을 저장하지
않았다는 표시이므로 [Save]를 선택해서 프로젝트 파일을 저장합니다.

❷ [Collect Files] 대화상자가 나타나고 Collect Sourced Files의 내림 버
튼을 클릭하여 'All'을 선택하고 [Collect] 버튼을 클릭합니다.

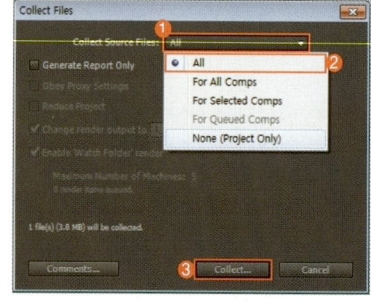

TIP Collect Sourced Files이 None(Project Only)으로 선택되어 있으면 작업에 사용된 소
스들은 저장되지 않고 프로젝트만 저장되므로 주의해야 합니다.

❸ 이제 Collect 한 파일들이 어디에 저장될 것인지 묻는 대화상자가 나타나면 원하는 위치를 선택하고, 파일 이름을 정해줍니다. [저장] 버튼을 누르면 정해준 이름 형태의 폴더가 생성되고 그 안에 프로젝트 파일과 작업에 사용된 소스 파일들이 (Footage) 폴더 안에 저장되고 텍스트 파일 형태로 프로젝트 파일 내용이 저장됩니다.

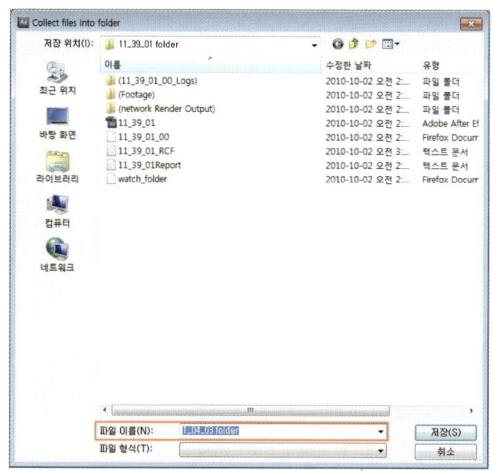
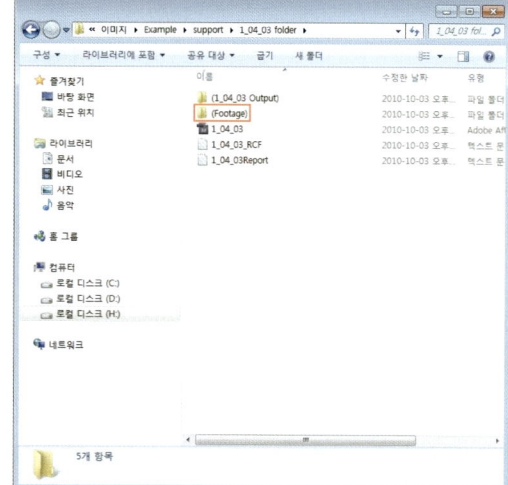

TIP 학교 과제를 제출할 때나 회사에서 업무 작업을 마치고 프로젝트 파일을 정리할 때, Collect Files 기능을 이용하여 파일을 수정할 때나 백업을 할 때 소스가 누락되는 일이 없도록 합니다.

Special Note

Import 지원되는 파일 포맷들

1. 오디오 형식

- Adobe 사운드 문서(ASND; 병합된 단일 트랙으로 가져온 멀티트랙 파일)
- 고급 오디오 코딩(AAC, M4A)
- 오디오 교환 파일 형식(AIF, AIFF)
- MP3(MP3, MPEG, MPG, MPA, MPE)
- Windows용 비디오(AVI, WAV – Mac OS에서는 QuickTime 필요)
- 웨이브(WAV)

2. 스틸 이미지 형식

- Adobe 일러스트레이터(AI, AI4, AI5, EPS, PS – 연속 래스터화됨)
- Adobe PDF(PDF – 첫 페이지만, 연속 래스터화됨)
- Adobe 포토샵(PSD) / 비트맵(BMP, RLE, DIB)
- Camera Raw(TIF, CRW, NEF, RAF, ORF, MRW, DCR, MOS, RAW, PEF, SRF, DNG, X3F, CR2, ERF)
- Cineon(CIN, DPX – 프로젝트 색상 비트 심도 8, 16 또는 32bpc로 변환됨)
- Discreet RLA/RPF(RLA, RPF – 16bpc, 카메라 데이터를 가져옴)
- EPS / GIF / JPEG(JPG, JPE)
- Maya 카메라 데이터(MA) / Maya IFF(IFF, TDI – 16bpc)
- OpenEXR(EXR – 32bpc) / PCX / PICT(PCT) / Pixar(PXR)

- Portable Network Graphics(PNG – 16bpc)
- Radiance(HDR, RGBE, XYZE – 32bpc)
- SGI(SGI, BW, RGB – 16bpc) / Softimage(PIC)
- Targa(TGA, VDA, ICB, VST) / TIFF(TIF)
- 스틸 이미지 형식의 파일을 시퀀스로 가져올 수 있습니다.

3. 비디오 및 애니메이션 형식

- 애니메이션 GIF(GIF)
- DV(MOV 또는 AVI 컨테이너에서, 또는 컨테이너가 없는 DV 스트림으로)
- Electric Image(IMG, EI) / 필름 스트립(FLM)
- FLV, F4V / Media eXchange Format(MXF)
- MPEG–1, MPEG–2 및 MPEG–4 형식(MPEG, MPE, MPG, M2V, MPA, MP2, M2A, MPV, M2P, M2T, AC3, MP4, M4V, M4A)
- Open Media Framework(OMF – Raw 미디어 [또는 에센스] 전용, Windows 전용)
- 비디오 레이어를 포함하는 PDS 파일(QuickTime 필요)
- QuickTime(MOV – 16bpc, QuickTime 필요)
- SWF(연속 래스터화됨) / Windows용 비디오(AVI, WAV – Mac OS에서는 QuickTime 필요)

Adobe Premiere Pro에서 만든 압축되지 않은 10bpc YUV AVI 파일을 16bpc RGB After Effects 프로젝트로 가져올 수 있습니다. 또한 10bpc YUV 압축으로 렌더링할 수도 있습니다.

- Windows Media 파일(WMV, WMA, ASF – Windows 전용)
- XDCAM HD 및 XDCAM EX

4. 프로젝트 형식

- 고급 작성 형식(AAF – Windows 전용)
- Adobe Premiere 6.0 및 6.5(PPJ)
- Adobe Premiere Pro 1.0, 1.5, 2.0, CS3, CS4(PRPROJ – 1.0, 1.5, 및 2.0은 Windows 전용)
- Adobe After Effects 5.0 이상 이진 프로젝트(AEP, AET)
- Adobe After Effects CS4 XML 프로젝트(AEPX)
- XML Forms 데이터 형식(XFDF – Clip Notes 주석 가져오기용)

After Effects 기초 익히기

프로젝트를 새롭게 만드는 방법과 작업한 프로젝트를 저장하는 방법 등 After Effects를 다루기 위해서 제일 먼저 알아두어야 할 기본 workflow에 대해 알아보겠습니다.

1 Project 시작하기

❶ After Effects를 실행하면, 새로운 빈 프로젝트가 자동으로 생성됩니다. 작업공간을 Standard로 하기 위해서, 오른쪽 상단에 있는 Workspace를 Standard로 선택합니다.

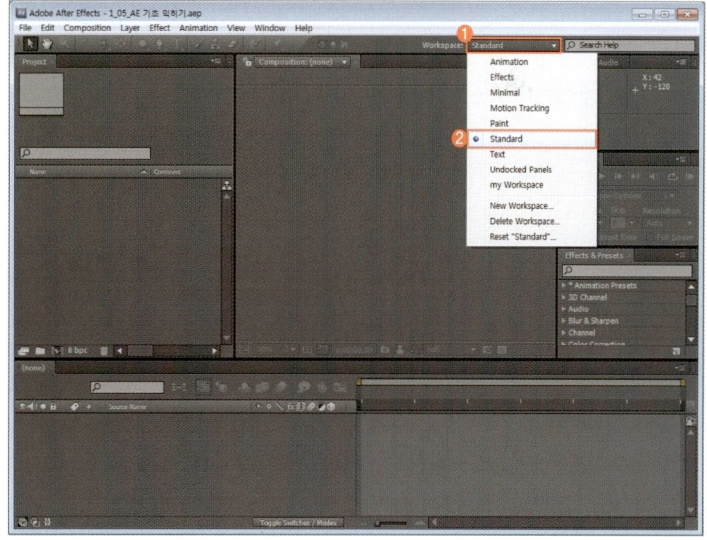

> **TIP** Standard의 인터페이스가 다를 경우에 인터페이스를 초기화하려면 Workspace의 내림 버튼을 클릭하여 Reset "Standard"를 선택한 다음, Reset하겠느냐고 물어보는 대화창이 나타나면 Yes를 선택하면 됩니다.

❷ 이제 작업에 필요한 푸티지를 불러올 차례입니다. 관리를 쉽게 하기 위해 [Project] 패널에 폴더를 생성합니다. [Project] 패널 하단에 있는 Create a New Foler(📁) 버튼을 클릭하면 Untitled 1 폴더가 생성됩니다. 'Source'라고 입력하고 Enter 키를 누릅니다.

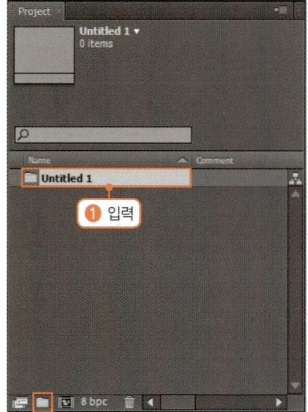

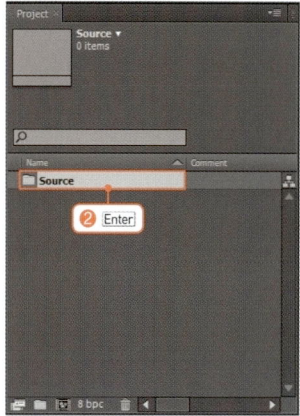

❸ [Project] 패널의 빈 공간을 클릭해서 Source 폴더 선택 상태를 해제(F2)한 후 폴더를 하나 더 만듭니다. 이번에는 'Comp'라고 이름을 설정합니다. 폴더를 생성하는 단축키는 Ctrl + Alt + Shift + N 입니다.

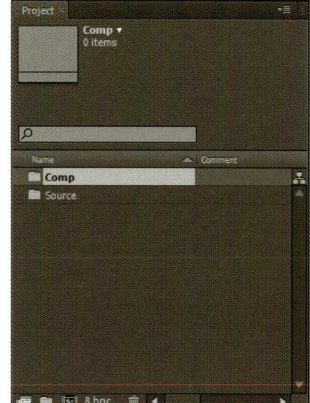

2 프로젝트 저장하기

프로젝트를 저장하는 방법에 대해서 알아보겠습니다.

❶ 메뉴 바에서 [File]−[Save](Ctrl + S)를 선택하여 프로젝트를 저장합니다.

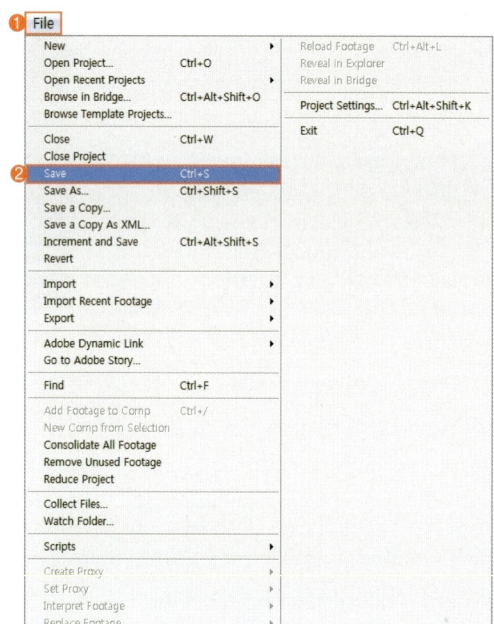

3 새로운 컴포지션 만들기

1. 컴포지션 설정하기

❶ [Project] 패널에서 Comp 폴더를 선택한 상태에서 컴포지션을 만들겠습니다. 메뉴 바에서 [Composition]-[New Composition](Ctrl+N)을 선택하여 새로운 컴포지션을 만듭니다. [Composition Settings] 대화상자가 나타나면 새로운 컴포지션 설정값을 설정하면 됩니다.

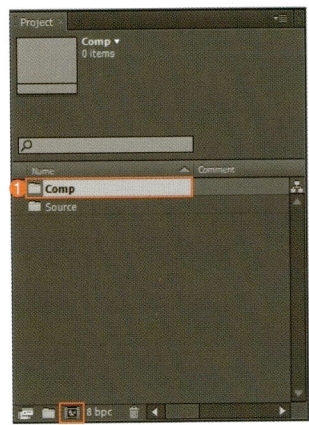
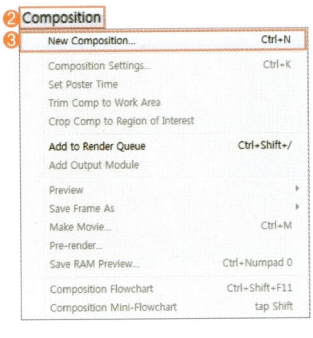
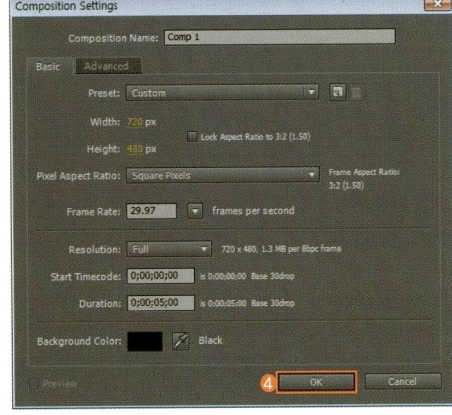

> **TIP** Comp 폴더를 선택하고, 컴포지션을 만들면 새로 만들어진 컴포지션이 Comp 폴더 안에 생성됩니다.

> **TIP** 컴포지션을 만든 다음에도 설정 값은 수정이 가능합니다. 메뉴 바에서 [Composiiton]-[Composition Settings](Ctrl+K)을 선택하면 처음 만들 때 설정한 [Composition Settings] 대화상자가 나타납니다.

❷ [Project] 패널의 Comp 폴더 하위에 Comp 1 컴포지션이 만들어진 것을 확인할 수 있습니다.

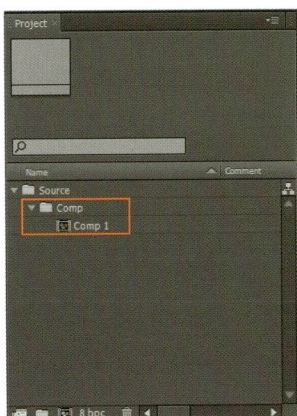

> **TIP** 폴더가 여러 개일 때 원하는 곳이 아닌 다른 곳에 컴포지션이 위치하고 있다면 이동하고자 하는 컴포지션을 선택하여 다른 폴더 안으로 드래그해서 넣어주면 됩니다.

Special
Note

[Composition Settings] 대화상자

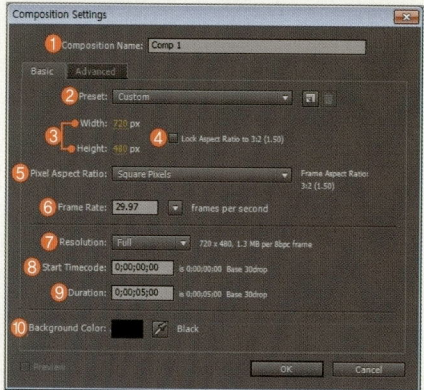

❶ **Compostion Name** : 새로운 컴포지션 이름을 정해줍니다.

❷ **Preset** : 미리 설정된 Preset 값을 사용해도 되고, 임의로 설정 값을 정할 수 있습니다.

❸ **Width/Height** : 컴포지션의 가로/세로 길이입니다. 컴포지션의 크기를 임의로 설정할 수 있습니다.

❹ **Lock Aspect Ratio to 3:2** : 이 설정에 체크 표시가 되어 있으면 Width 값을 바꾸면 Height 값도 3:2 비율에 맞춰서 자동으로 바뀌게 됩니다. Height 값을 바꿔도 마찬가지로 Width 값이 바뀌게 됩니다.

❺ **Pixel Aspect Ratio** : 동영상 가로, 세로 비율을 나타냅니다. 텔레비전 방송 규격은 D1/DV NTSC(0.91)입니다.

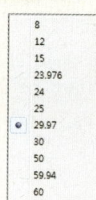

❻ **Frame Rate** : 1초에 몇 프레임을 사용할 것인지를 결정합니다. 플래시 애니메이션은 '15', 영화 필름은 '24', 방송 영상은 '29.97'을 주로 사용합니다.

❼ **Resolution** : 컴포지션의 해상도를 정할 수 있습니다. 100% 퀄리티를 원할 경우 'Full'로 선택합니다.

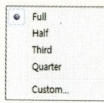

❽ **Start Timecode** : 컴포지션의 처음 시작 프레임을 정합니다. 보통은 0프레임에서 시작하고, 1프레임부터 시작하고 싶을 때에는 '0;00;00;01'로 합니다.

❾ **Duration** : 컴포지션의 총 길이를 정합니다. 작업의 총 길이를 5초 동안 작업을 하기 위해서 '500'을 입력하면 '0;00;05;00'이 적용됩니다.   Start Timecode가 '0'이면 첫프레임이 '0'부터 시작하기 때문에 컴포지션의 마지막 프레임은 '0;00;05;00'이 아니라 '0;00;04;29'가 됩니다.

❿ **Background Color** : 컴포지션의 배경 색상을 설정합니다.

4 푸티지 불러오기

[Project] 패널에 푸티지를 불러와 보겠습니다.

❶ [Project] 패널에서 Source 폴더를 선택한 상태에서 메뉴 바에서 [File]−[Import]−[File...](Ctrl + I)을 선택하여 이미지 파일을 불러온 다음, 불러온 이미지를 [Composition] 패널로 드래그하여 컴포지션 안에 배치합니다.

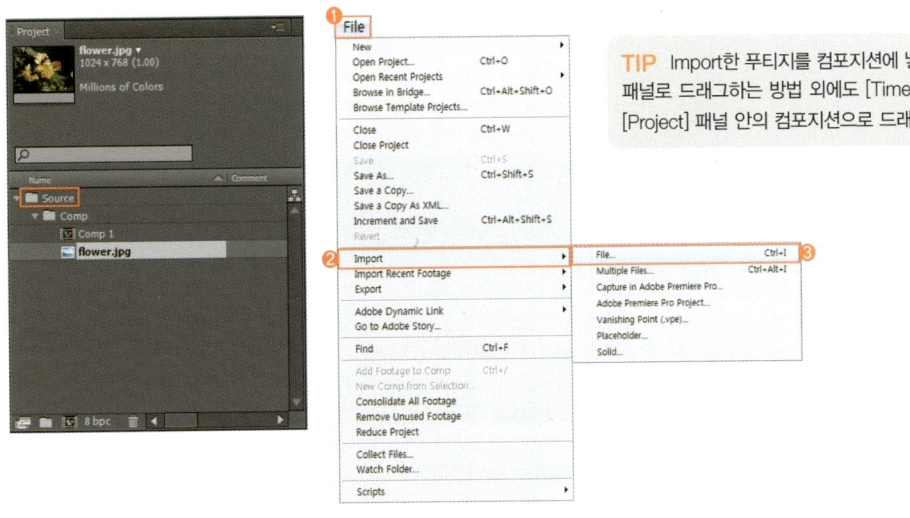

TIP Import한 푸티지를 컴포지션에 넣는 방법은 [Composition] 패널로 드래그하는 방법 외에도 [Timeline] 패널로 드래그하거나, [Project] 패널 안의 컴포지션으로 드래그해서 넣어도 됩니다.

드래그

Special Note

Composition View 관리하기

작업할 때, [Composition] 패널 화면을 확대/축소해서 작업해야 할 경우가 많습니다. 그럴 때에는 [Composition] 패널 왼쪽 하단에 있는 Magnification Ratio popup(33.3% ▼) 버튼을 이용합니다. 'Fit up to 100%'로 놓으면 인터페이스 사이즈가 바뀌더라도 항상 전체 화면을 볼 수 있어서 유용합니다.

• **화면 확대/축소** Ctrl + = / Ctrl + −
• 마우스 포인터 위치가 [Composition] 패널에 있는 상태에서는 마우스 휠 버튼을 스크롤 해도 됩니다.

5 렌더링하기

작업이 마무리 지어졌으면, 동영상으로 output을 출력하기 위해 렌더링 작업이 필요합니다.

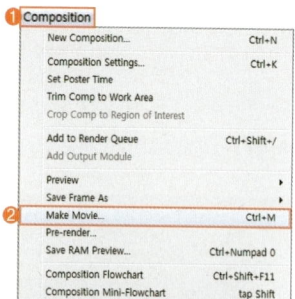

❶ 메뉴 바에서 [Composition]−[Make Movie]([Ctrl]+[M])를 선택하면, [Render Queue] 패널이 나타납니다.

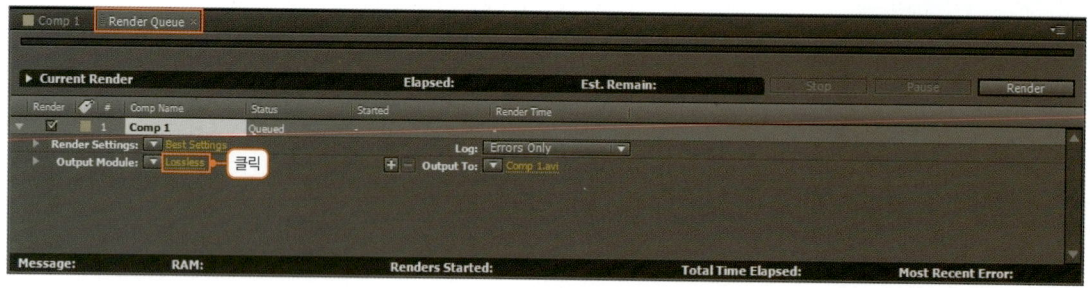

> TIP 렌더링에 대한 보다 자세한 내용은 Part 01의 Chapter11을 참고하세요.

❷ Rendering할 때의 파일 포맷 종류를 정해주기 위해서 [Render Queue] 패널의 Output Module 속성의 Lossless를 클릭하면 [Output Module Settings] 대화상자가 나타나는데, 여기서 파일 포맷을 정해줍니다. Format의 내림 버튼을 클릭하여 'H.264'를 선택한 후, [OK] 버튼을 클릭하면 Rendering 준비가 모두 되었습니다.

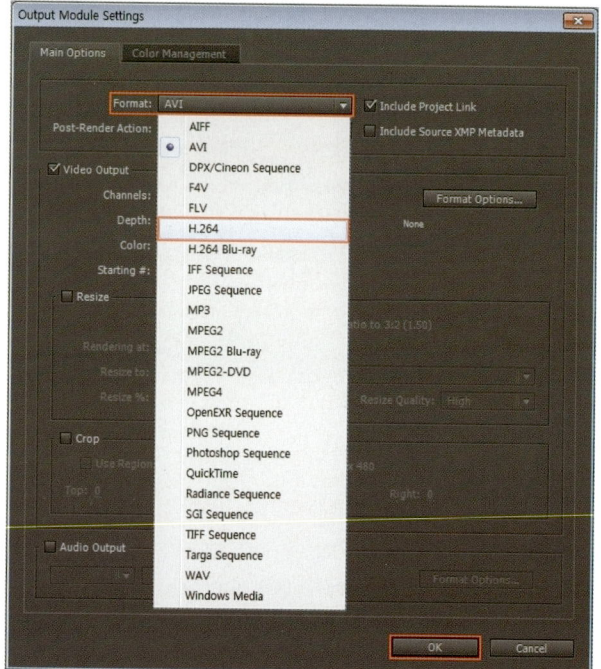

❸ 이제 렌더링 된 파일이 저장될 위치를 설정해야 합니다. Output To:의 Comp 1.avi를 클릭하여 저장할 위치를 정하고 [저장] 버튼을 클릭합니다.

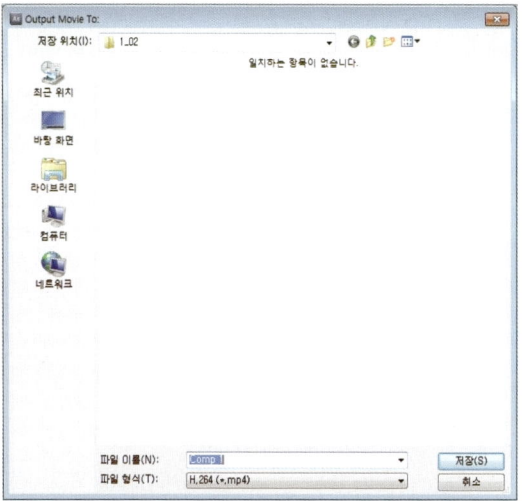

❹ [Render Queue] 패널 우측 상단에 있는 [Render] 버튼을 누르면 렌더링이 시작됩니다. 렌더링이 완료되었다는 sound가 나오면 렌더링된 파일이 저장된 폴더에서 동영상을 실행하여 확인합니다.

용어 알아보기

After Effects를 처음 접하시는 분들은 생소한 용어에 어려움을 느낄 수 있습니다.

• Composition : 구성하다, 작곡하다는 뜻과 회화 · 조각 · 건축 등에서 말하는 구도(構圖)를 의미합니다. 원래 그림을 그릴 때, 화면에 담을 것의 배치하는 것을 말하며, After Effects에서는 영상 작업을 담아내는 공간을 의미합니다.

- **Frame Rate** : 영상은 Frame으로 구성되어 있습니다. Frame Rate는 1초당 몇 프레임으로 구성되어 있는지를 나타냅니다. Flash 애니메이션은 15프레임, 방송용 영상은 29.97프레임, 영화는 24프레임으로 보통 구성됩니다. 컴퓨터 상에서만 볼 경우에는 30프레임으로 제작해도 되지만, 방송용으로 제작할 경우에는 방송용 포맷(NTSC) 규격인 29.97프레임으로 작업을 해야 합니다. 작업할 때, 작업할 영상소스의 Frame과 Composition에서 정하는 Frame에 주의할 필요가 있습니다. 프레임 차이로 인해 의도하지 않은 영상을 보게 될 수도 있고, 0.03프레임 차이 때문에 영상과 사운드 싱크가 안 맞는 경우도 있습니다.

- **Fields and Pulldown** : 텔레비전이 처음 개발되었을 때에는 모니터에 한번에 영상을 뿌려줄 수 있는 기술이 없었기 때문에 2번에 나누어서 영상을 이 형태를 필드라고 하고, 홀수 필드를 upper field, 짝수 필드를 low field 라고 합니다. DV 캠코더로 촬영을 하면 이 필드 형식으로 촬영이 되는데, 텔레비전으로 볼 때는 이 필드가 보이지 않지만, 컴퓨터 상에서 볼 때는 이 필드 부분이 눈에 거슬릴 수 있습니다.

  DV 영상을 캡쳐할 때도 하나의 필드가 오류가 날 경우, 문제가 될 수 있습니다. 앞으로 방송 영상 자체가 디지털로 바뀌어 가면 이 문제는 없어질 것입니다.

  영화 필름을 방송용으로 변환해야 할 경우에는 Frame Rate가 달라서 3:2 풀다운을 거쳐야 합니다. 3:2 풀다운은 필름 첫 프레임에서 3개의 필드를, 두 번째 프레임에서 2개의 필드를 추출해서 방송용으로 변환하는 것을 말합니다.

- **Pixel Aspect Ratio** : 이미지의 가로대 세로비를 말합니다. 우리가 보통 접하는 그래픽 이미지의 경우는 Pixel Aspect Ratio가 1인 반면에 방송 포맷인 NTSC에서는 이 Aspect Ratio가 0.91이기 때문에 정원 형태를 불러 왔을 때, 원의 형태가 늘어나 보이는 문제가 생깁니다. 따라서 작업을 할 때, 이 부분을 신경 써야 합니다.

레이어
관리하기

After Effects에서 가장 기본이 되는 레이어에 대해 알아보도록 하겠습니다. 포토샵을 이용해보신 분들이라면 레이어에 익숙하실 겁니다. 포토샵의 레이어 기능에 '시간'이란 요소가 추가되었다고 생각하면 됩니다.

1 레이어 기능 소개

레이어는 컴포지션을 구성하는 요소입니다. 레이어가 없으면 컴포지션에 빈 프레임만 표시됩니다. 레이어는 계층 구조로 이루어지며, [Project] 패널에 있는 푸티지가 [Timeline] 패널에 배치되면, 레이어 형태로 배치됩니다. 원하는 만큼 레이어를 사용하여 자신의 컴포지션을 만들 수 있고, 컴포지션에 수천 개의 레이어가 사용되거나 단 하나의 레이어만 사용될 수도 있습니다.

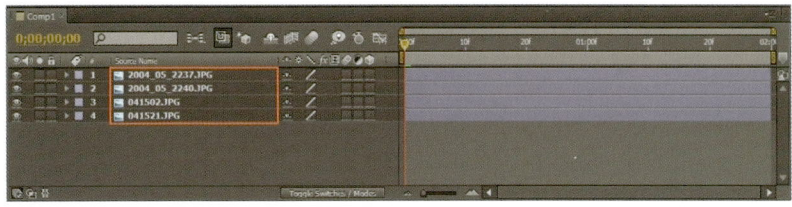

[Project] 패널에 준비한 소스를 [Composition] 패널에 드래그하여 넣으면 [Timeline] 패널에 레이어 형태로 나타납니다.

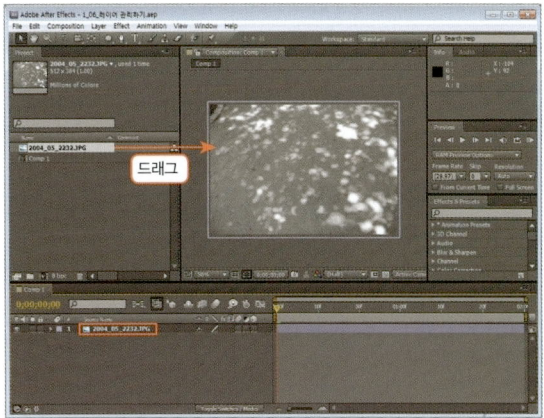

[Timeline] 패널에서 레이어를 수정해도 [Project] 패널에 있는 해당 소스의 푸티지에는 영향을 주지 않습니다. [Project] 패널에 있는 한 개의 푸티지를 두 개 이상의 레이어로 사용할 수 있고, 각 레이어별로 서로 다른 방식으로 사용할 수도 있습니다. 레이어를 특별히 연결하지 않는 한, 한 레이어에서 변경된 사항은 다른 레이어에 영향을 주

지 않습니다. 예를 들어 한 레이어에 대해 마스크 이동, 회전 및 그리기 등을 수행해도 컴포지션에 있는 다른 레이어는 방해를 받지 않습니다.

> **TIP** 다음과 같은 여러 종류의 레이어를 만들 수 있습니다.
> • 스틸 이미지, 동영상 및 오디오 트랙과 같이 가져오는 푸티지 항목을 기반으로 하는 비디오 및 오디오 레이어
> • 카메라, 조명, 조정 레이어 및 Null 개체와 같은 특수한 기능을 수행하도록 After Effects 내에서 만드는 레이어
> • After Effects에서 만든 단색 푸티지 항목을 기반으로 하는 Solid Layer
> • 모양 레이어 및 Text Layer와 같이 After Effects 내에서 만드는 시각적 요소를 고정하는 합성 레이어
> • 컴포지션을 소스 푸티지 항목으로 사용하는 Pre-compose 레이어

2 레이어 만들기

[Project] 패널에서 소스를 가져올 수도 있지만, After Effects에서는 자체적으로 레이어를 만들 수 있습니다. 포토샵의 레이어와는 달리 After Effects에서 만드는 레이어에는 Color가 있기 때문에 Solid Layer라고 부릅니다.

1. Solid Layer 만들기

Solid Layer는 포토샵에서 사용하는 레이어와 기능적인 면에서 흡사하지만, 레이어에 고유 색상을 가지고 있는 점이 다릅니다. 메뉴 바에서 [Layer]-[New]-[Solid Layer](Ctrl + Y)를 선택합니다. [Solid Setting] 대화상자에서 원하는 형태로 레이어 이름, 크기, 색상 등을 정할 수 있습니다. 레이어 크기를 컴포지션 크기에 맞추려면 Make Comp Size 버튼을 클릭합니다. 이후에 레이어를 수정할 경우에는 [Layer]-[Solid Setting](Ctrl + Shift + Y)을 선택합니다.

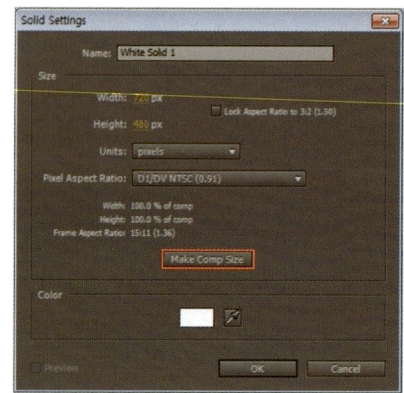

2. Adjustment Layer 만들기

Adjustment Layer는 Solid Layer와는 달리 색상이 없는 빈 레이어입니다. Adjustment Layer에 이펙트를 적용하면 [Timeline] 패널에서 Adjustment Layer보다 하위에 위치한 모든 레이어에 이펙트가 적용하게 됩니다. 메뉴 바에서 [Layer]-[New] -[Adjustment Layer](Ctrl + Alt + Y)를 선택합니다. 다수의 레이어에 같은 이펙트를 적용해야 할 경우, 레이어마다 이펙트를 적용하면 작업이 너무 무거워지게 되므로, Adjustment Layer를 이용하면 작업을 좀 더 효율적으로 할 수 있습니다.

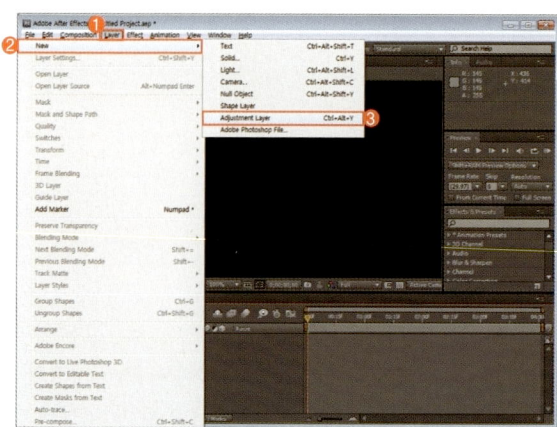

일반 레이어를 Adjustment Layer로 바꿀 수도 있습니다. 레이어를 선택하고 [Timeline] 패널에서 해당 레이어의 Adjustment Layer(⬤) 버튼을 클릭하거나 메뉴 바에서 [Layer]—[switch]—[Adjustment Layer]를 선택합니다. Adjustment Layer(⬤) 버튼을 클릭하여 선택 해제하면 일반 레이어로 변환할 수 있습니다.

3. Adobe Photoshop File 만들기

After Effects에서 Adobe Photoshop File을 만들면 포토샵이 실행되고 새 PSD파일이 생성됩니다. 이 PSD파일은 After Effects의 컴포지션과 동일한 사이즈 및 색상비트이고, 심도 역시 After Effects 프로젝트의 색상 비트 심도와 같습니다.

메뉴 바에서 [Layer]—[New]—[Adobe Photoshop File]을 선택하면 컴포지션에 레이어로 추가가 됩니다. 컴포지션에 추가하고 싶지 않을 때에는 [File]—[New]—[Adobe Photoshop File]을 선택합니다.

> **TIP** Text Layer : Chapter 04를 Null Object Layer는 Chapter 05를 참고하세요.

3 레이어 선택하기

1. 레이어 선택하기

[Composition] 패널에서 레이어를 직접 클릭하거나, [Timeline] 패널에서 레이어의 이름 또는 지속시간 표시줄을 클릭하거나, [Flowchart] 패널에서 레이어의 이름을 클릭하면 레이어를 선택할 수 있습니다.

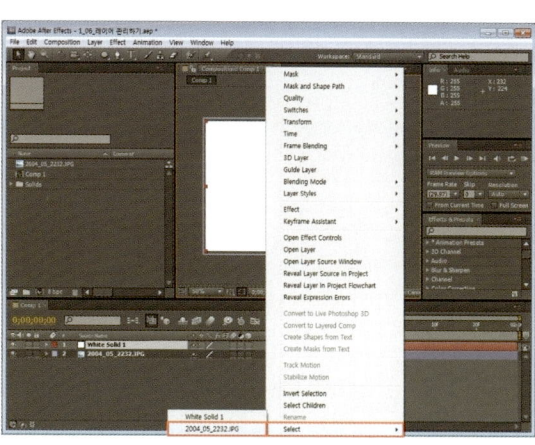

> **TIP** [Composition] 패널에서 다른 레이어에 가려져서 잘 보이지 않는 레이어를 선택하려면 [Composition] 패널에서 해당 레이어 위를 마우스 오른쪽 버튼을 클릭하여 나타나는 메뉴에서 [Select]—[레이어 이름]을 선택합니다. 레이어의 위치 번호로 레이어를 선택하려면 숫자 키패드에서 해당 레이어 번호를 누릅니다. 레이어 번호가 두 자리 수 이상인 경우 해당 숫자를 빠르게 누릅니다.

Layer 선택하기 단축키

- 인접한 범위의 레이어 선택하기 : Shift + 클릭
- 인접하지 않은 범위의 레이어 선택하기 : Ctrl + 클릭
- 전체 선택하기 : Ctrl + A

  (레이어가 Shy 상태인 경우에는 전체 선택을 해도 Shy 상태인 레이어는 선택이 되지 않습니다)
- 선택 해제하기 : F2 / Ctrl + Shift + A
- 위/아래 레이어 선택하기 : Ctrl + ↑ / ↓
- 선택한 레이어를 다음 레이어로 확장 : Ctrl + Shift + ↑ / ↓
- 특정 레이어 선택하기 : 숫자 키패드 1 ~ 10
- 선택 반전하기 : 레이어 선택 + 마우스 오른쪽 버튼 클릭 + Invert Selection
- Parent로 연결된 레이어를 모두 선택 : 부모 레이어를 선택 – 마우스 오른쪽 버튼 클릭 – Select Children
- In Point : I
- Out Point : O

2. [Timeline] 패널에서 레이어의 시간대 이동하기

[Timeline] 패널에서 레이어의 시간대를 이동해보겠습니다. 레이어를 선택한 다음, 레이어의 시간대를 드래그하여 움직이면 레이어의 시간 위치가 이동합니다.

레이어를 이동시키면 [Info] 패널에 레이어의 in point, out point가 나타납니다.

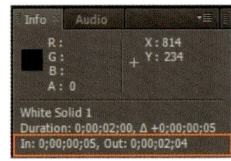

> **TIP** 레이어를 드래그해서 움직일 때, Shift 키를 누르면 snap이 적용이 되어서 Current Time Indicator(🔲)를 특정 위치로 정확하게 이동시키기가 쉽습니다.

[Timeline] 패널에서 레이어의 시간대 이동하기 단축키

- 현재 위치로 레이어의 in point를 이동시키기 : [
- 현재 위치로 레이어의 out point를 이동시키기 :]
- 컴포지션의 맨 처음으로 레이어의 in point 이동시키기 : Alt + Home
- 컴포지션의 맨 마지막으로 레이어의 out point 이동시키기 : Alt + End

- 한 프레임 전으로 이동시키기 : Alt + Page Up
- 한 프레임 다음으로 이동시키기 : Alt + Page Down
- 10프레임 이동시키기 : Shift 키 + Alt + Page Up / Page Down
- 레이어가 많아서 스크롤바가 생겨 있는 상태에서 현재 선택한 레이어를 [Timeline] 패널의 제일 위로 스크롤해서 보이게 하기 : X

3. 스택에서 레이어 이동하기

작업할 소스를 [Timeline] 패널로 가지고 오면 레이어의 형태로 [Timeline] 패널에 배치가 되고, 2개 이상인 경우에는 레이어 위에 쌓이는 스택 구조로 배치됩니다. 위에 배치된 레이어는 아래의 레이어 위쪽에 배치되기 때문에 보이지 않게 됩니다.

TIP [Project] 패널에서 [Timeline] 패널로 바로 옮기는 단축키는 Ctrl + / 이고, [Timeline] 패널에서 제일 위에 배치가 됩니다.

Special Note

스택에서 레이어 이동하기 단축키

- 레이어를 한 단계 위로 이동시키기 : Ctrl +] / Ctrl + Alt + ↑
- 레이어를 한 단계 아래로 이동시키기 : Ctrl + [/ Ctrl + Alt + ↓
- 레이어를 제일 위로 이동시키기 : Ctrl + Shift +] / Ctrl + Alt + Shift + ↑
- 레이어를 제일 아래로 이동시키기 : Ctrl + Shift + [/ Ctrl + Alt + Shift + ↓, [Layer]−[Arrange]에서도 선택할 수 있습니다.

4. [Composition] 패널에서 레이어를 드래그해서 이동

- 레이어를 드래그해서 움직일 때 스냅 기능을 사용하려면, 메뉴 바에서 [View]−[Snap to Guide](Ctrl + Shift + ;)를 선택합니다.
- 선택한 여러 레이어의 기준점이 현재 보기의 가운데에 위치하도록 해당 레이어를 이동하려면 [Layer]−[Transform]−[Center in View](Ctrl + Home)을 선택합니다.
- 하나의 레이어를 컴포지션 가운데 또는 가장자리에 정렬하려면, Ctrl + Shift 키를 누른 상태에서 드래그하면 가운데 또는 가장자리에 스냅합니다.

4 레이어 관리하기

1. 레이어 이름 바꾸기

레이어는 Source Name과 Layer Name이 있습니다. [Project] 패널로 가져왔을 때 파일 고유의 이름이 Source Name이고, 작업 도중에 임의로 이름을 바꾸는 것을 Layer Name이라고 합니다. 바꾸는 방법은 레이어를 선택하고 Enter 키를 누르고 이름을 입력하면 됩니다.

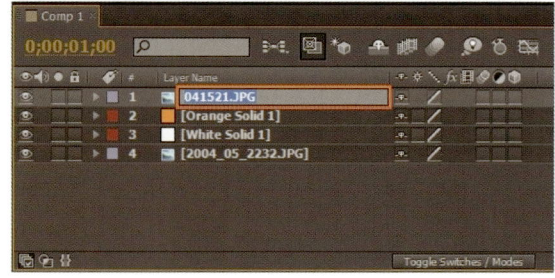

원래 Source Name을 확인하고 싶을 때에는 [Timeline] 패널에서 Layer Name이라고 적혀 있는 부분을 클릭하면 Source Name을 확인할 수 있습니다.

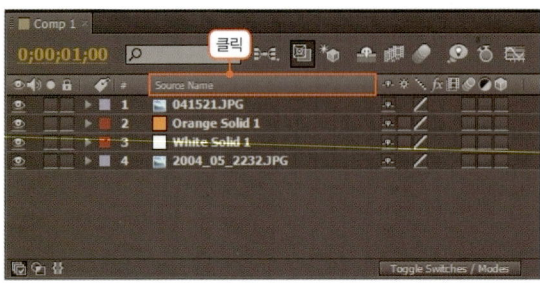

▲ Source Name

▲ Layer Name

2. 레이어 자르기, 확장 또는 슬립 편집

영상 소스 레이어에서 작업에 필요한 부분만 사용해보겠습니다. 2초부터 사용하기 위해 0~1초 29프레임을 없애겠습니다. [Timeline] 패널에서 Current Time Indicator(🎯)를 2초 위치로 드래그하여 이동합니다.

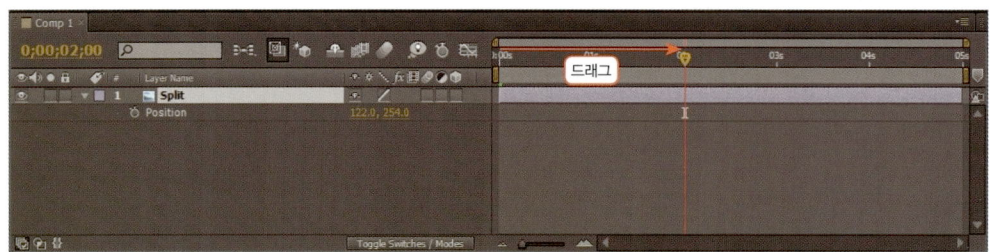

레이어의 앞쪽 끝부분에 마우스를 가져가면 아이콘 형태가 화살표 모양으로 바뀌고, 이때 클릭해서 오른쪽으로 드래그하여 이동하면 앞부분을 지울 수 있습니다. Current Time Indicator(🎯) 위치에 정확하게 옮기려면 Shift 키를 누른 상태로 이동하면 스냅이 적용됩니다. 작업 상에서만 지운 부분이기 때문에 다시 복구가 가능합니다. 단축키는 Alt + [키입니다.

레이어의 시간대를 이동하려면 불투명한 오른쪽 부분을 선택해서 움직이면 됩니다.

3. 레이어 복제(Duplicate)하기

메뉴 바에서 [Edit]-[Duplicate]($Ctrl$+D)을 적용하여 Duplicate 기능을 선택하면 레이어를 복제할 수 있습니다. 레이어를 단순히 복제하는 것이 아니라 그 안에 적용된 애니메이션 속성까지 같이 복제되어 아주 편리합니다. Duplicate는 레이어 뿐만 아니라, [Project] 패널에서 컴포지션도 복사할 수 있고, [Effect] 패널에서 이펙트 및 레이어의 마스크 등을 복사할 수도 있습니다.

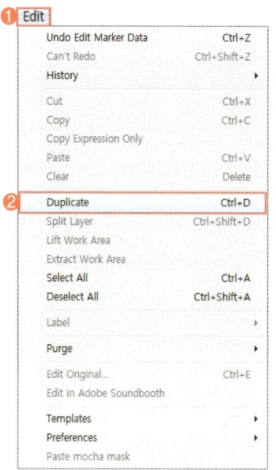

4. Split Layer

레이어를 잘라주는 기능을 합니다. 메뉴 바에서 [Edit]-[Split Layer]([Ctrl]+[Shift] +[D])를 선택합니다.

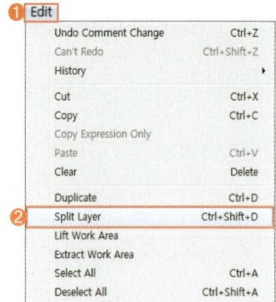

잘라내고 싶은 위치로 Current Time Indicator(🔴)를 이동합니다.

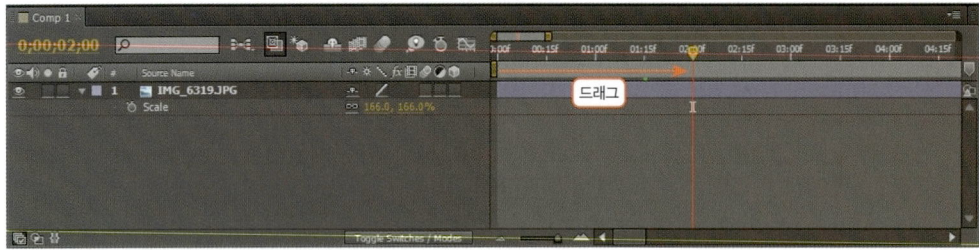

[Split Layer] 메뉴를 선택하면 Current Time Indicator(🔴)의 위치에서 레이어가 앞, 뒤로 나뉘어집니다.

5. Sequence Layers

다수의 레이어를 정렬해주는 기능입니다. 메뉴 바에서 [Animation]-[Keyframe Asistance]-[Sequence Layers]를 선택하여 Duration에 값을 설정하여 Transition 효과도 줄 수 있습니다.

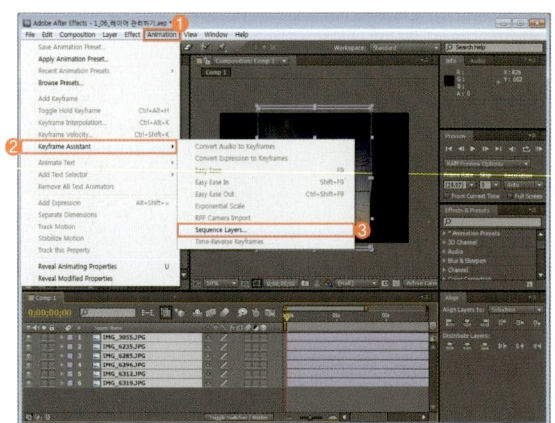

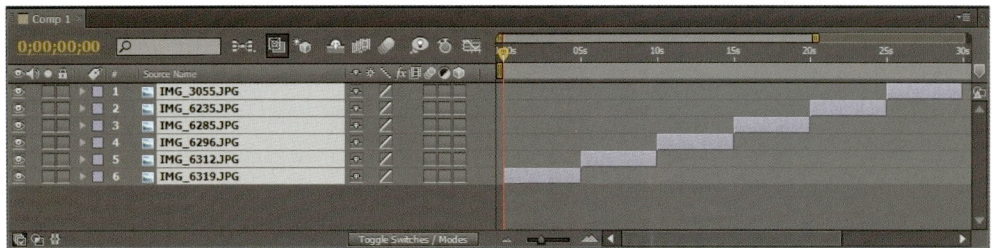

6. 소스 바꾸기(Replace)

레이어에 애니메이션 및 이펙트 등 많은 작업을 진행한
상태에서 작업 소스를 바꾸어야 하는 경우가 많습니다.
그럴 때 유용한 기능이 바로 Replace Source입니다. 기
존에 작업한 레이어를 선택한 상태에서 [Project] 패널
에서 바꾸고 싶은 푸티지를 Alt 키를 누른 상태에서 드
래그해서 그 푸티지를 작업 레이어에 넣어주면 소스가
교체됩니다(Ctrl + Alt + /).

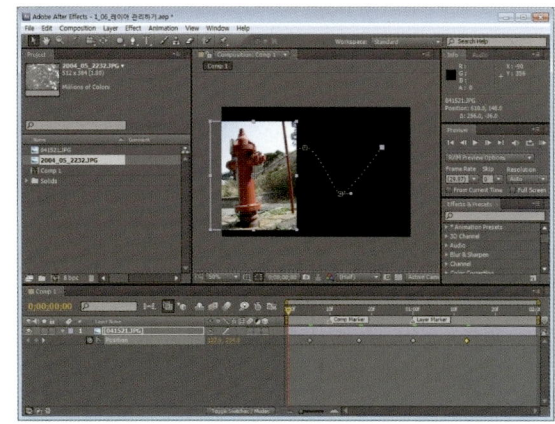

7. Replace Footage

작업 중인 소스의 하드 위치가 바뀔 경우, 다시 선택해주어야 합니다. 마우스 오른쪽 버튼 클릭하여 [Replace
Footage]−[File](Ctrl+ H)을 선택합니다.

8. Solo

Solo( ) 버튼을 클릭하면 다른 레이어들은 보이지 않고 현재 레이어만 보입니다. 작업 중 현재 레이어만 선택해서
보고싶을 때 유용하게 이용할 수 있는 기능입니다.

> **TIP** 다수의 레이어에 Solo( )가 선택되어 있을 경우에, 선택한 하나의 레이어만 보고 싶을 경우에는 Alt 키를 누른 상태에서 클릭하면 됩니다.

Solo(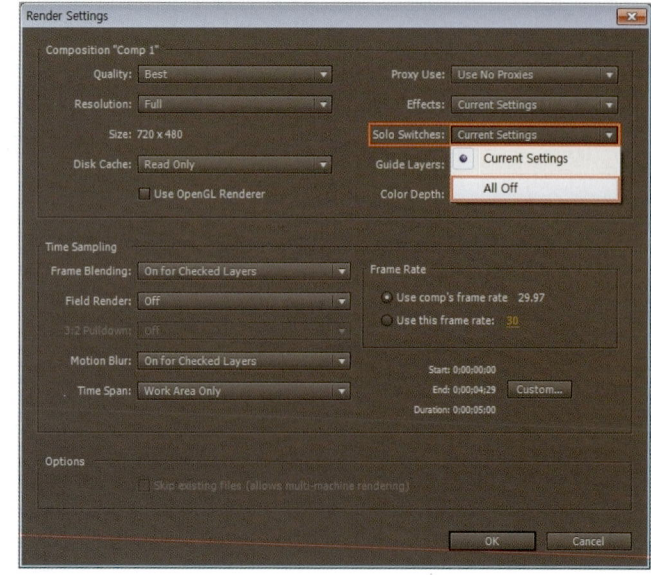)는 램 프리뷰와 렌더링에 영향을 미치기 때문에 렌더링 시에 Solo()가 켜져 있으면 그 부분만 렌더링이 걸리는 문제가 발생합니다. [Render Settings] 대화상자에서 Solo Switches 속성을 'All Off'로 설정하면 간단히 해결됩니다.

9. Color-Coding

레이어 소스(동영상, 스틸이미지, 오디오 등) 종류에 따라 레이어 바 색상이 다르게 적용됩니다.

5 레이어 트리밍하기

video나 audio 레이어에서 불필요한 부분을 잘라내는 작업을 트리밍(Trimming)이라고 합니다. [Timeline] 패널에서 컴포지션의 길이를 잘라낼 수 있습니다. [Timeline] 패널에서 원하는 길이만큼 Work Area를 정한 다음, Work Area에 마우스를 가져가서 마우스 오른쪽 버튼을 클릭하며 메뉴를 선택합니다.

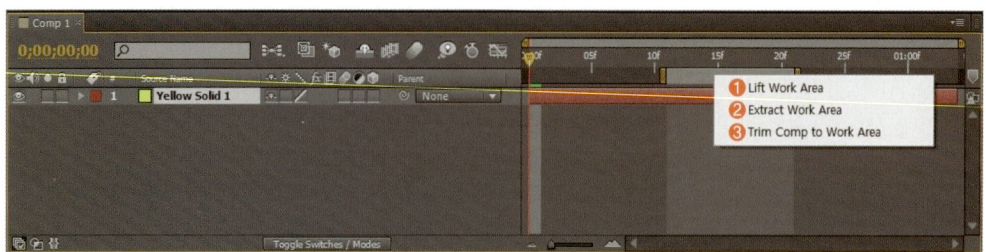

❶ **Lift Work Area** : 선택한 영역만 삭제합니다.

❷ **Extract Work Area** : 선택한 영역을 삭제할 때, 빈 공간없이 뒤 레이어가 당겨옵니다.

❸ **Trim Comp to Work Area** : 현재 선택된 영역만 남기고, 레이어의 길이가 줄어듭니다.

> TIP • 현재 시간에서 In Point 트리밍하기 : Alt + i
> • 현재 시간에서 Out Point 트리밍하기 : Alt + i
> • 레이어 패널에서 트리밍하는 방법은 영상을 더블클릭해서 [Layer] 패널을 엽니다.

6 레이어 스타일 적용하기

1. 레이어 스타일

포토샵에는 그림자, 광선, 경사 등 레이어 모양을 변경하는 레이어 스타일을 제공합니다. After Effects에서는 포토샵 레이어를 가져올 때 이러한 레이어 스타일을 유지할 수 있습니다.

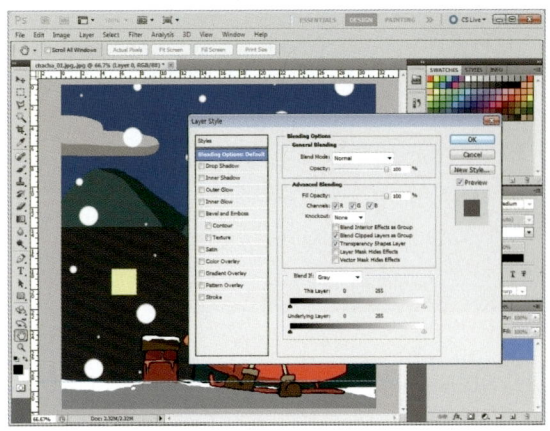

▲ 포토샵 화면

▲ After Effects 화면

2. After Effects에서 적용하고 편집할 수 있는 레이어 스타일

After Effects에서 레이어 스타일을 적용하여 해당 속성에 애니메이션을 적용할 수도 있습니다. 레이어를 선택하고
메뉴 바에서 [Layer]-[Layer Styles]의 메뉴에서 선택합니다.

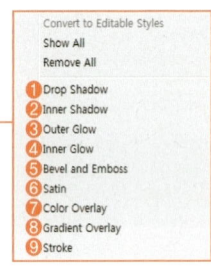

❶ **Drop Shadow** : 레이어 뒤에 그림자를 추가합니다.

❷ **Inner Shadow** : 레이어가 움푹 들어가 보이도록 레이어 콘텐트 안에 드리우는 그림자를 추가합니다.

❸ **Outer Glow** : 레이어 콘텐트에서 바깥쪽으로 퍼지는 광선을 추가합니다.

❹ **Inner Glow** : 레이어 콘텐트에서 안쪽으로 퍼지는 광선을 추가합니다.

❺ **Bevel and Emboss** : 다양한 형태의 밝은 영역 및 어두운 영역을 추가합니다.

❻ **Satin** : 매끈하게 윤이 나는 음영을 레이어 내부에 적용합니다.

❼ **Color Overlay** : 레이어 콘텐트를 색상으로 채웁니다.

❽ **Gradient Overlay** : 레이어 콘텐트를 그라디언트로 채웁니다.

❾ **Storke** : 레이어 콘텐트에 윤곽선을 적용합니다.

3. 레이어 스타일 설정

[Timeline] 패널에는 각 레이어 스타일의 고유한 속성이 있습니다.

- **Align With Layer** : 레이어의 테두리 상자를 사용하여 그라디언트 칠을 계산합니다.
- **Altitude** : Bevel and Emboss 레이어 스타일에서 레이어 위의 광원의 상승 각도입니다.
- **Choke** : 흐리게 하기 전에 Inner Shadow 또는 Inner Glow의 매트 경계를 축소합니다.
- **Distance** : Shadow 또는 Satin 레이어 스타일의 오프셋 거리입니다.
- **Highlight Mode/Shadow Mode** : 경사나 엠보스의 밝은 영역 또는 어두운 영역의 블렌딩 모드를 지정합니다.
- **Jitter** : 색상 적용 및 그라디언트 불투명도를 조정하여 밴딩을 줄여 줍니다.
- **Layer Knocks Out Drop Shadow** : 반투명 레이어에서 그림자의 가시성을 제어합니다.
- **Reverse** : 그라디언트의 방향을 뒤집습니다.
- **Scale** : 그라디언트의 크기를 조정합니다.
- **Spread** : 흐림 효과를 적용하기 전에 매트의 경계를 확장합니다.

레이어 스타일 추가, 제거 및 변환

- **병합된 레이어** : 스타일을 편집 가능한 레이어 스타일로 변환하려면 하나 이상의 레이어를 선택하고 [Layer]-[Layer Styles]-[Convert to Editable Styles]를 선택하거나 마우스 오른쪽 버튼을 클릭하여 선택합니다.
- 선택한 레이어에 레이어 스타일을 추가하려면 [Layer]-[Layer Styles]를 선택한 다음 메뉴에서 레이어 스타일을 선택합니다.
- 레이어 스타일을 제거하려면 [Timeline] 패널에서 해당 레이어 스타일을 선택하고 Delete키를 누릅니다.
- 선택한 레이어에서 모든 레이어 스타일을 제거하려면 [Layer]-[Layer Styles]-[Remove All]을 선택하거나 마우스 오른쪽 버튼을 클릭하여 선택합니다.
- Text Layer, Shape Layer 또는 일러스트레이터 푸티지 항목을 기반으로 하는 레이어와 같은 벡터 레이어에 레이어 스타일이 적용 된 경우, 레이어 콘텐츠의 가장자리에 적용하는 시각적 요소는 텍스트 문자 또는 모양과 같은 벡터 개체의 윤곽선에 적용됩니다.
- 벡터 이외의 푸티지 항목을 기반으로 하는 레이어에 레이어 스타일이 적용된 경우에는 레이어 스타일이 레이어의 테두리 또는 마스크의 가장자리에 적용됩니다.
- 레이어 스타일을 3D 레이어에 적용할 수 있지만 레이어 스타일이 포함된 레이어는 3D 레이어와 교차하거나 그림자 표시 또는 수용을 위해 다른 3D 레이어와 상호 작용할 수 없습니다. 레이어 스타일이 적용된 레이어의 어느 한 쪽에 있는 3D 레이어는 다른 쪽 레이어와 교차하거나 다른 쪽 레이어에 그림자를 표시할 수 없습니다.
- 포토샵 파일의 텍스트 레이어에 [Layer]-[Convert to Editable Text] 메뉴를 선택하면 해당 레이어의 모든 레이어 스타일이 편집 가능한 레이어 스타일로 변환됩니다.

7 Time Stretch

영상의 길이를 임의로 늘리거나 줄이고 싶을 때 유용한 기능입니다. [Timeline] 패널에서 좌측 하단의 Expand or Collapse the In/Out/Duration/Stretch panel(▮▮)을 클릭하면 나타납니다. Stretch의 기본값은 100%입니다. 설정 값을 줄이면 영상길이가 줄어들고, 설정 값을 늘리면 영상길이가 늘어납니다.

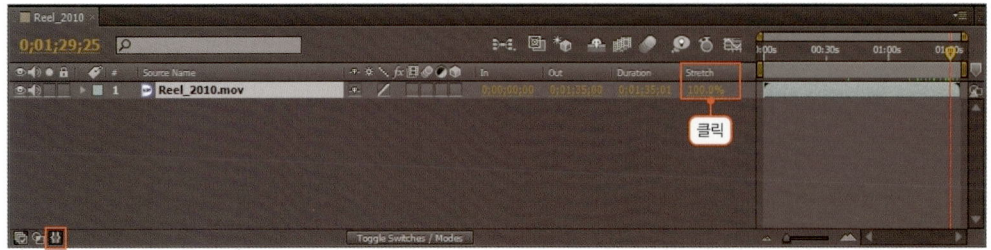

> **TIP** 영상 길이를 너무 늘릴 경우에는 영상이 끊겨서 보이므로 너무 큰 숫자 값을 입력하지 않는 게 좋습니다.

8 블렌딩 모드(Blending Mode)

1. 블렌딩 모드 적용하기

블렌딩 모드는 각 레이어가 하위 레이어의 이미지와 혼합되거나 상호 작용을 해서 보여주는 것을 말합니다. After Effects의 블렌딩 모드는 Adobe 포토샵의 블렌딩 모드와 동일한 개념이라고 생각하면 됩니다.

> **TIP** 블렌딩 모드 중 Alpha Add는 소스 레이어의 알파 채널에 영향을 주고, Silhouette 및 Stencil Blend 블렌딩 모드는 하위 레이어의 알파 채널에 영향을 줍니다.

키프레임을 사용하여 블렌딩 모드에 직접 애니메이션을 적용할 수 없습니다. 특정 시간의 블렌딩 모드를 변경하려면 해당 시간의 레이어를 분할하고, 연속되는 레이어의 부분에 새로운 블렌딩 모드를 적용합니다.

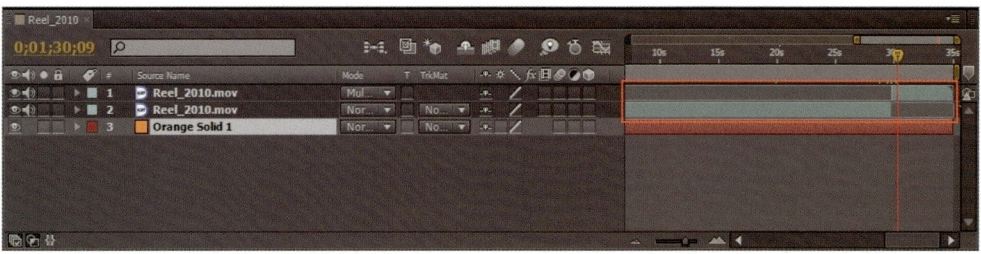

Special Note

블렌딩 모드 조절하기

- 선택한 레이어에 블렌딩 모드를 적용하려면 [Timeline] 패널에 있는 Mode의 메뉴 또는 메뉴 바에서 [Layer]－ [Blending Mode]를 선택하여 블렌딩 모드를 선택합니다.

- 선택한 레이어의 블렌딩 모드를 바꾸고 싶을 때에는 키보드에서 Shift 키를 누른 상태에서 － 키 또는 ＝ 키를 누르면 모드가 순환되면서 바뀝니다.

- [Timeline] 패널에 Mode를 표시하려면 [Timeline] 패널의 Column 부분을 클릭하여 나타나는 메뉴에서 [Columns] －[Modes]를 선택하거나 [Timeline] 패널 왼쪽 아래 모퉁이에 있는 Expand or Collapse the Transfer Control pane(🔲)을 클릭합니다.

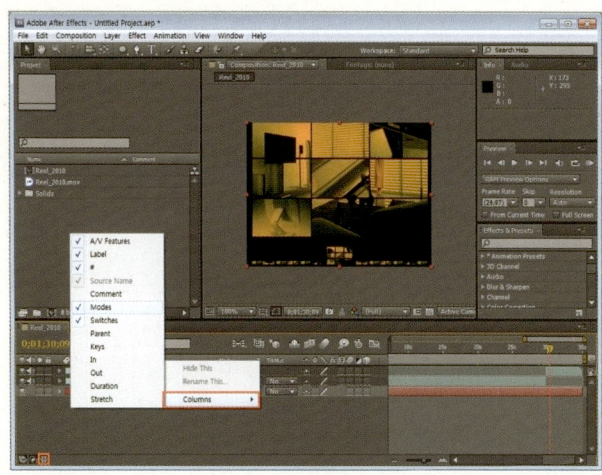

2. 블렌딩 모드 효과 알아보기

모든 블렌딩 모드는 여러 레이어 간의 혼합에 사용할 수 있습니다. 이러한 옵션 중 일부는 paint stroke, 레이어 스타일 및 이펙트에 사용할 수 있습니다. 블렌딩 모드 메뉴는 블렌딩 모드 결과 간의 유사성에 따라 8개의 범주로 나뉘고, 구분선으로 범주가 구분됩니다.

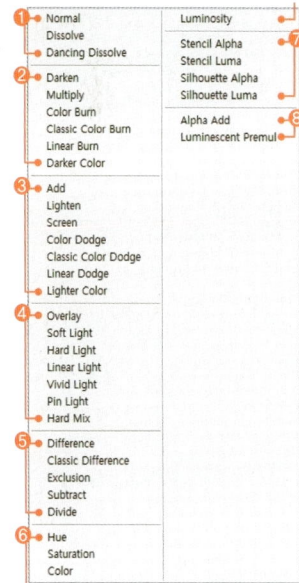

❶ Normal category(Normal, Dissolve, Dancing Dissolve)

소스 레이어의 Opacity가 100% 미만인 경우가 아니면 픽셀의 결과 색상이 기본 픽셀 색상의 영향을 받지 않습니다. [Dissolve] Blending Mode는 소스 레이어의 일부 픽셀을 투명하게 바꿉니다.

❷ Subtractive category(Darken, Multiply, Color Burn, Classic Color Burn, Linear Burn, Darker Color)

색상을 어둡게 하는 경향이 있는데, 그 중 일부는 페인트의 색상 안료를 혼합하는 것과 매우 유사한 방식으로 색상을 혼합합니다.

❸ Additive category(Add, Lighten, Screen, Color Dodge, Classic Color Dodge, Linear Dodg, Lighter Color)

색상을 밝게 하는 경향이 있는데, 그 중 일부는 투영된 빛을 혼합하는 것과 매우 유사한 방식으로 색상을 혼합합니다.

④ Complex category(Overlay, Soft Light, Hard Light, Linear Light, Vivid Light, Pin Light, Hard Mix)

색상 중 하나가 50% 회색보다 밝은지 여부에 따라 소스 색상 및 기본 색상에 각각 다른 작업을 수행합니다.

⑤ Difference category(Difference, Classic Difference, Exclusion)

이러한 Blending Mode는 소스 색상 값과 기본 색상 값 간의 차이를 기반으로 색상을 만듭니다.

⑥ HSL category(Hue, Saturation, Color, Luminosity)

색상의 HSL 표현 구성 요소(색조, 채도 및 광도) 중 하나 이상을 기본 색상에서 결과 색상으로 전송합니다.

⑦ Matte category(Stencil Alpha, Stencil Luma, Silhouette Alpha, Silhouette Luma)

레이어의 알파 채널 및 루마 값을 사용하여 스텐실을 만듭니다.

⑧ Utility category(Alpha Add, Luminescent Premul)

이러한 Blending Mode는 특수 유틸리티 기능을 제공합니다.

TIP **눈으로 배우고 익히는 PDF 제공** : 블렌딩 모드에 대한 보다 자세한 내용은 [부록CD\PDF\블렌딩 모드 리스트]를 참고하세요.

View and Preview

section 07

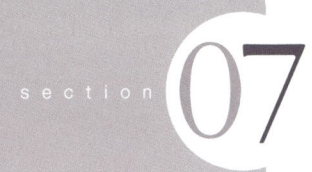

After Effects로 영상 작업을 할 때, View 화면을 효율적으로 관리하는 방법과 Preview를 활용하는 법을 알아보겠습니다.

1 View 활용하기

작업을 할 때 [Composition] 패널에서 View 화면을 적절히 이용하면 효율적으로 작업을 할 수 있습니다.

작업을 할 때는 부분 뿐만 아니라 전체적인 레이아웃을 살펴보는 것도 중요합니다. View 화면을 확대/축소하여 전체적인 구도를 살펴본다거나, 부분적인 디테일을 살펴보는 것이 가능합니다. View 화면을 확대/축소하는 것은 화면상에서만 확대/축소하는 것으로 작업 소스의 사이즈에는 영향을 미치지 않습니다. 화면 모니터의 크기 때문에 [Composition] 패널 상에 영상이 100% 다 보이지 않을 때에는 View 화면을 확대/축소하여 작업합니다.

1. View 화면 확대/축소하기

[Composition] 패널의 좌측 하단의 Magnification ratio popup((33.3%) ▾)을 클릭하여 조절할 수 있고, 마우스 휠 버튼을 움직여도 확대/축소가 가능합니다([,], [.]).

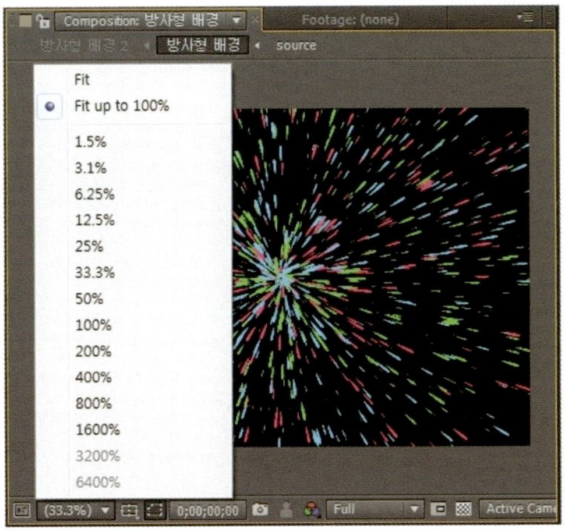

2. View의 resolution(해상도) 관리하기

View 화면의 resolution(해상도)에 대해 주의해야 합니다. resolution은 기본값이 'Auto'인데, '100%'일 때는 'Full'이고, '50%'가 되면 'Half'가 됩니다.

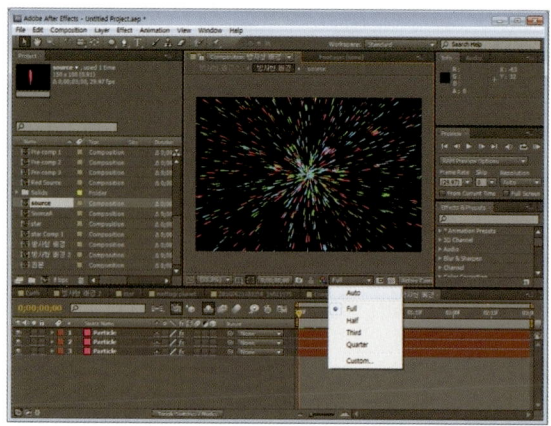

TIP 50%로 놓고 작업을 했을 경우에는 해상도가 100%의 절반이기 때문에 이펙트를 적용한 부분이 제대로 보이지 않습니다. 이럴 때 제대로 적용이 되지 않았다고 생각해서 과도하게 이펙트 수치를 적용하게 될 경우 의도한 결과물이 나오지 않게 됩니다.

TIP View의 크기가 100%에서 50%로 절반이 되면, resolution도 절반의 해상도로 수정해서 작업하는 것이 효율적입니다. View의 크기가 50%로 줄었을 때에는 resolution도 Full에서 Half로 바꾸면 100%였을 때, Full과 같은 해상도로 이미지를 보여줍니다. HD 작업과 같이 작업할 사이즈가 클 경우, 컴퓨터 사양이 낮아서 작업이 어려울 경우에도 resolution을 낮춰서 작업을 하면 됩니다.

2 Preview 보기

작업한 컴포지션 영상을 확인할 때 [Preview] 패널을 이용합니다.

❶ **First Frame** : 첫 프레임으로 이동합니다.

❷ **Previous Frame** : 1프레임 전으로 이동합니다.

❸ **Play/Pause** : 영상을 플레이하거나 멈추게 합니다.

❹ **Next Frame** : 1프레임 후로 이동합니다.

❺ **Last Frame** : 마지막 프레임으로 이동합니다.

❻ **Mute Audio** : 오디오의 소리를 없앱니다.

❼ **loop option** : 프리뷰의 반복 여부를 결정합니다.
- Loop(🔁) : 반복해서 프리뷰를 재생합니다.
- Play Once(◀) : 마지막 프레임까지 진행하고, 역순으로 재생하는 것을 반복합니다.
- Ping Pong(◀) : 프리뷰를 1번만 재생합니다.

❽ **RAM Preview** : 컴포지션의 영상을 프리뷰를 하면, 각 프레임별로 각각 연산을 해서 보여주는데, 프리뷰를 할 때마다 연산을 새로 합니다. RAM Preview의 경우는 컴퓨터의 Ram에 연산된 이미지 정보를 저장해두기 때문에, 프리뷰를 다시 할 때에는 연산을 새로 하는 것이 아니라 Ram에 저장된 이미지 정보를 불러오기 때문에 작업이 능률적입니다.

❾ **From Current Time** : 현재 Current Time Indicator(🔧)의 위치부터 프리뷰를 합니다.

❿ **Full Screen** : 프리뷰를 할 때, 전체 화면으로 Preview를 합니다.

Ram Preview(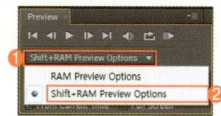)를 하게 되면 [Timeline] 패널에 녹색으로 Ram에 저장된 프레임을 표시해줍니다. 컴퓨터에 꽂혀 있는 Ram 용량에 따라 Ram Preview 되는 시간이 정해집니다.

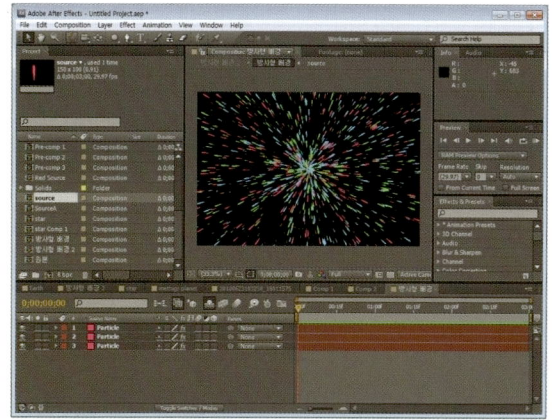

Special Note

Ram 용량 초과 시 이용하는 방법

Ram 용량보다 작업한 데이터가 많아서 전체 프레임만큼 Ram Preview가 되지 않을 경우 다음 방법을 사용합니다.

1. Ram Cache 비우기

After Effects에서 작업을 할 경우 Ram에 데이터들이 저장됩니다. 메뉴 바에서 [Edit]-[Purge]을 선택하여 Ram에 저장되어 있는 작업 중의 버퍼링 데이터를 지웁니다.

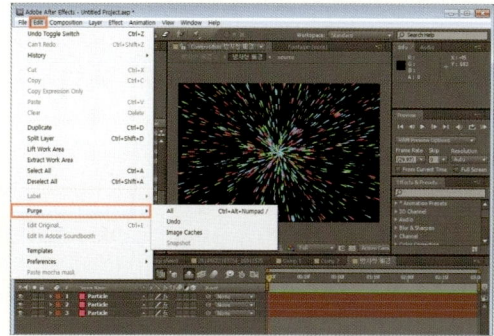

2. Disk Cache 이용하기

Ram에 Cache를 저장하듯이 컴퓨터의 하드 디스크의 빈 공간을 Cache로 이용하는 방법입니다. 메뉴 바에서[File]-[Preferences] 대화상자에서 Disk Cache를 설정해줍니다.

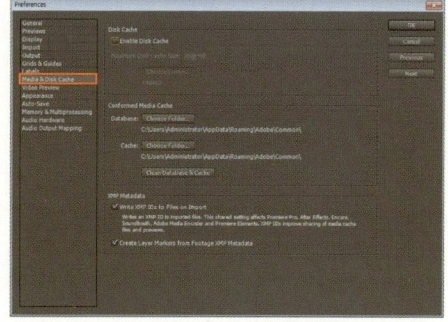

3. 1프레임씩 건너뛰기

Ram Preview를 할 때, Ram이 부족해서 작업한 부분 전체를 프리뷰를 하지 못할 경우에는 Shift + Ram Preview(▶)(Shift + 0)를 이용하면 1프레임씩 건너뛰면서 프리뷰를 해줍니다.

CHAPTER

02

애니메이션
익히기

실제 애니메이션 원화작업에서는 원화담당이 움직임의
'Key'가 되는 시작동작과 끝동작을 그리고, 동화담당이
그 사이의 연결되는 움직임을 그려냅니다. After Effects
에서는 바로 여러분이 원화담당이 되고, After Effects가
동화담당이 되어 애니메이션을 만들어 내게 됩니다.

애니메이션
기초 익히기

After Effects에서는 손쉽게 애니메이션을 제작할 수 있습니다. 이번 섹션에서는 After Effects에서 애니메이션을 만드는 기초 지식을 익히고, 애니메이션이 적용되는 Layer의 속성들에 대해 알아보도록 하겠습니다.

1 애니메이션 원리

레이어에는 애니메이션과 관련된 속성값을 가지고 있습니다. [Timeline] 패널에서 레이어의 옵션 버튼을 클릭하여 속성을 열어 보면 다음과 같이 Transform 속성이 있습니다. Transform은 기본적으로 레이어의 Anchor Point, Position, Scale, Rotation, Opacity 속성으로 구성되어 있습니다.

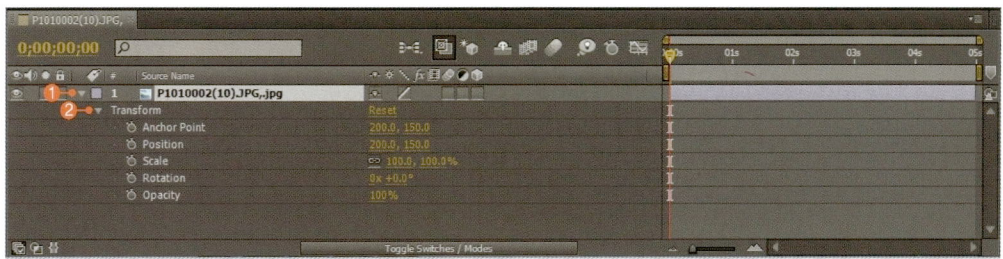

애니메이션을 시작할 때에는 After Effects에게 애니메이션을 시작한다는 신호를 줘야 합니다. 각 속성 옆에 있는 stop watch(⏱) 버튼을 클릭하면 속성에 대한 애니메이션을 시작하게 되고, [Timeline] 패널 오른쪽에 마름모 형태의 키프레임이 생성됩니다.

정보 값 데이터 확인하기

키프레임에는 현재 적용된 애니메이션에 대한 정보 값을 가지게 됩니다. 키프레임을 선택하고 복사(Ctrl+C)한 다음, 메모장에서 붙이기(Ctrl+V)를 하면 정보 값 데이터를 확인할 수 있습니다.

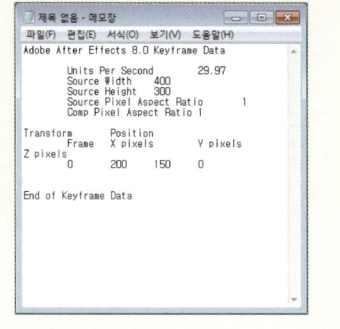

1. 키프레임

stop watch(🕐)가 선택되어 활성화된 상태에서 Current Time Indicator(🟡)를 드래그하여 다른 위치에 놓고, 레이어의 속성값을 설정하면 자동으로 키프레임이 생성됩니다.

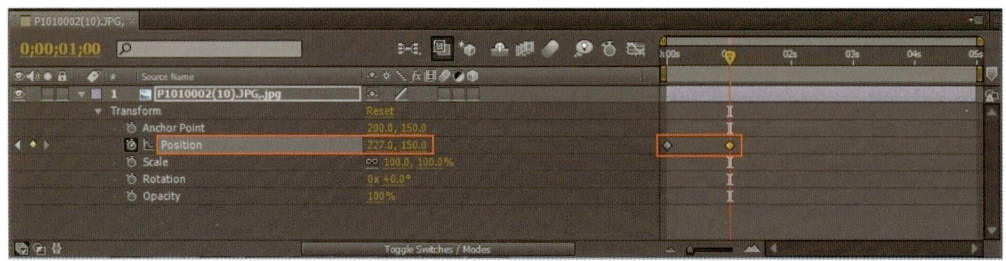

키프레임을 직접 만들고 싶을 때에는 [Timeline] 패널의 왼쪽에 있는 마름모 형태를 클릭하면 현재 Current Time Indicator(🟡)의 위치에 키프레임이 생성됩니다.

After Effects에서 애니메이션을 할 때 다음의 순서대로 진행합니다.

❶ '언제', '어디서' 시작해서
❷ '언제' '어디서' 마칠 것인지 고려해야 합니다.
❸ 애니메이션이 시작하는 지점이나 끝나는 지점에 Current Time Indicator(🟡)를 드래그하여 이동한 다음, stop watch(🕐) 버튼을 클릭하여 애니메이션을 시작합니다.

즉, 0초에서 Position 위치를 '200, 150'에서 시작하여 1초 후에 Position 위치를 '227, 150'으로 이동하는 애니메이션을 만들고 싶다면, Current Time Indicator()를 0초에 이동하고, Position 속성의 stop watch(🕙) 버튼을 클릭해서 애니메이션을 활성화하고, Position 속성값을 '200.0, 150.0'으로 설정합니다.

그런 다음, Current Time Indicator(🕙)를 1초로 이동한 후에, Position 속성값을 '227.0, 150.0'으로 설정합니다.

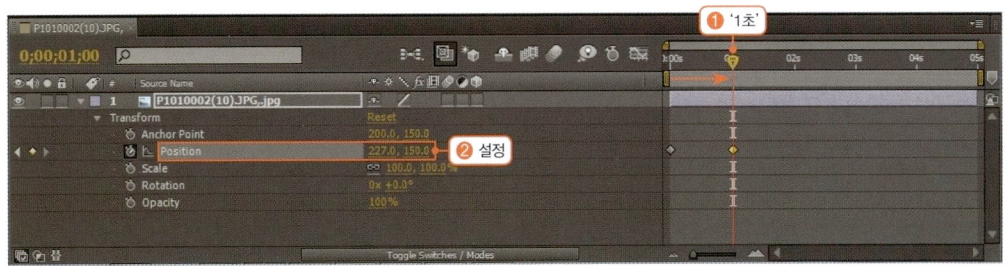

키프레임이 2개 생성된 것을 확인 할 수 있고, [Preview] 패널에서 Play 버튼을 클릭해서 프리뷰를 하면 레이어가 '200, 150'에서 '227, 150'으로 이동하는 것을 확인 할 수 있습니다.

> **TIP** 레이어의 속성값에 stop watch(🕙) 버튼을 클릭하지 않고, 키프레임을 직접 생성하는 단축키는 Alt + Shift + 속성값의 단축키입니다. Position 속성값일 경우에는 Alt + Shift + P 입니다.

Special Note

애니메이션을 줄 때 주의할 점

❶ 애니메이션 작업할 때, 가장 실수하기 쉬운 부분이 바로 처음 애니메이션을 시작해서 키프레임을 만든 다음에 Current Time Indicator(🕙)를 이동하지 않고, 시작한 시점에서 애니메이션을 주는 것입니다. 이렇게 될 경우에는 시작 시점에만 움직임을 주어 시작 시점의 키프레임에 위치 정보 값이 덮어쓰게 되어서 애니메이션이 성립되지 않습니다.

❷ 애니메이션 작업이 끝났다고 해서 stop watch(🕙) 버튼을 다시 클릭하면 안 됩니다. stop watch 버튼을 다시 클릭하게 되면 애니메이션이 해제되어 지금까지 작업한 데이터가 모두 없어지게 됩니다. 실수로 stop watch(🕙) 버튼을 눌렀을 경우에는 Ctrl + Z (Undo)를 누르세요.

❸ 키프레임을 삭제하고 싶을 때에는 stop watch(🕙) 버튼을 클릭하지 않고, 삭제하고 싶은 키프레임을 클릭하여 선택을 하고 Delete 키를 눌러서 삭제합니다.

❹ 키프레임에서 다음 키프레임으로 이동하고 싶을 때에는, [Timeline] 패널에서 삼각형 모양의 Go to previous keyframe, Go to Next keyframe을 클릭하면 앞, 뒤로 이동이 가능합니다.

이 명령은 속성 하나에만 해당되는 것이고, 레이어에서 키프레임 별로 이동하고 싶을 때에는 J 키를 누르면 보여지는 키프레임의 바로 전 프레임으로 이동하고, K 키를 누르면 바로 뒤 프레임으로 이동합니다.

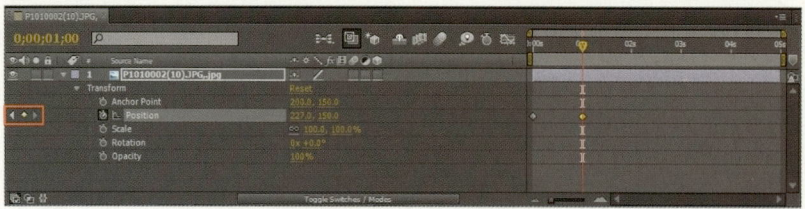

2 레이어의 속성

1. Anchor Point(A)

머나먼 바다를 항해하는 배가 정박할 때에 움직이지 않도록 하기 위해서 앵커(닻)을 내려서 배를 고정합니다. 그와 마찬가지로 After Effects에서의 Anchor Point는 레이어의 중심을 나타내는 중요한 역할을 합니다. Anchor Point가 중심점이라고 해서, Anchor Point가 위치해 있는 곳의 위치 값이 '0, 0'이라고 생각하기 쉽지만, After Effects에서는 조금 다릅니다. 컴포지션의 좌측 상단 끝 위치가 '0, 0'입니다. 레이어도 마찬가지로 좌측 상단 끝이 '0, 0'입니다.

Anchor Point는 레이어의 가운데에 위치하기 때문에 레이어의 가로, 세로의 1/2에 위치합니다. 즉, 레이어가 720 * 480 사이즈라면, Anchor Point는 '720/2', '480/2'가 되어서 '360', '240'이 됩니다.

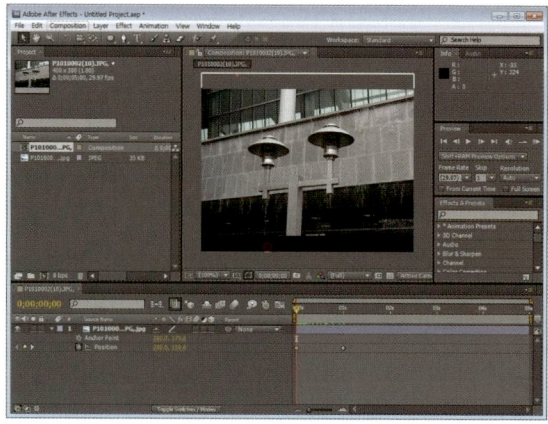

> **TIP** Anchor Point는 레이어의 위치와 관계가 있기 때문에 Position 속성값을 조절할 때 같이 사용하는 경우가 많습니다. Position 속성에 애니메이션이 적용되어 있을 때, 레이어의 위치를 전체적으로 수정해야 할 경우, Position이 적용된 키프레임에 각각 위치 값을 설정하는 번거로움 대신에 Anchor Point의 속성값을 조절하면 Position에 적용된 애니메이션에는 영향을 주지 않고, 간단하게 레이어의 위치를 재조정할 수 있습니다.

[Tool] 패널에 있는 Pen Behind 툴()로 [Composition] 패널에서 Ahchor Point 위치를 이동할 수 있습니다. Pen Behind 툴()이 선택된 상태에서 Alt키를 누르고 Anchor Point를 클릭하여 마우스를 드래그하면 Anchor Point는 현재 위치에 있으면서 레이어가 움직입니다.

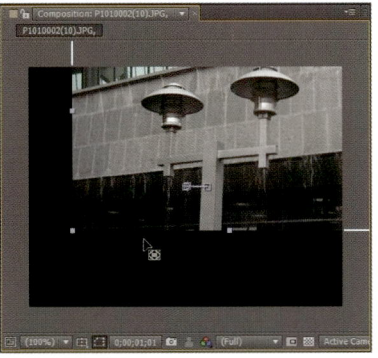

TIP 다른 툴이 선택된 상태에서 Y키를 누르고 있으면 마우스 포인터 모양이 Pen Behind 툴(🔲)로 바뀌고, Y키 누른 것을 해제하면 원래 툴 상태로 돌아가서 편리합니다.

2. Position(P)

레이어의 위치 값을 담당하는 속성으로 x, y 값을 가집니다(3D 레이어일 경우에는 z 값이 추가됩니다).

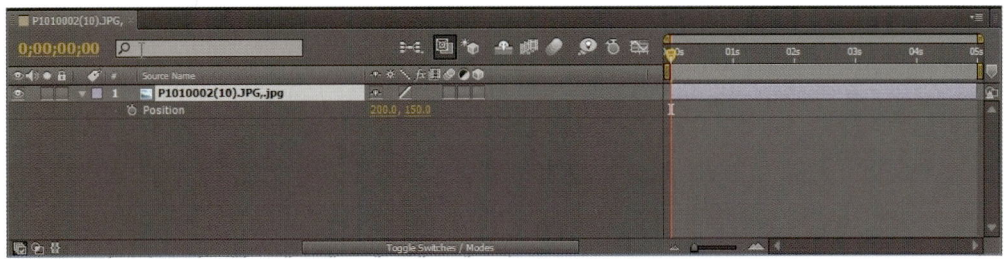

Position 속성값을 바꾸는 방법은, 레이어 속성값 x, y에 마우스를 갖다 대어 마우스 포인터 모양이 바뀌면 마우스를 클릭한 상태에서 좌우로 움직이거나, 레이어 속성값 x, y를 클릭하고 직접 값을 입력합니다.

[Composition] 패널에서 레이어를 직접 움직여도 됩니다.

TIP 입력한 다음에는 화면의 다른 영역을 클릭해서 빠져나옵니다(F2).
Tab 키를 누르면 속성값들 사이를 이동해서 속성값 입력이 편리합니다.
반대 방향으로 이동하고 싶을 때에는 Shift + Tab 키를 누르면 됩니다.

Special Note

모션 패스(Motion Path)

Position 속성에 애니메이션을 주면, [Composition] 패널에 점선 형태로 애니메이션의 진행 방향이 나타납니다. 이 점선을 모션 패스 (Motion Path)라고 부릅니다. 모션 패스의 형태로 애니메이션이 어떻게 적용되었는지 쉽게 확인할 수 있고, 점선의 간격으로 애니메이션의 속도를 파악할 수 있습니다.

점선의 점들은 After Effects가 각 프레임별로 만들어낸 움직임을 나타냅니다. 즉, 점이 많이 있으면 시작점과 끝점 사이의 거리가 멀기 때문에 그 거리만큼 프레임별로 키프레임을 많이 만들어서 점이 많은 것이고, 반대로 점이 듬성듬성 있을 경우에는 짧은 거리를 나타냅니다.

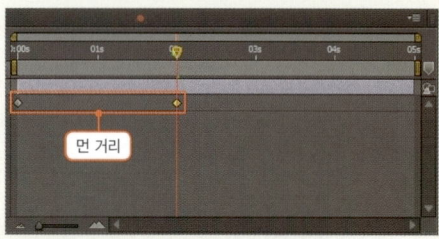

먼 거리

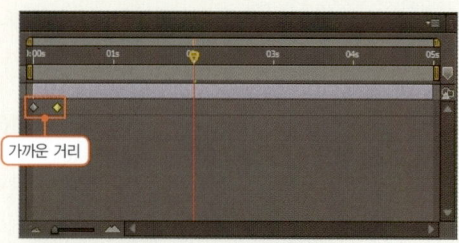

가까운 거리

간격이 넓음

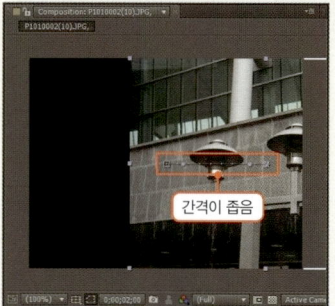

간격이 좁음

3. Rotation(R)

Rotation은 레이어의 회전에 대한 속성값입니다. Rotation(회전)은 Revolution(바퀴수) * Degree(각도)로 되어 있으며, 설정 값이 +일 경우, 시계방향으로 회전하고, 설정 값이 -일 경우에는 반시계방향으로 회전합니다.

회전시킬 때 '359°'에서 '360°'로 넘어가면 Degree 값은 '0°'로 바뀌고 Revolution 값이 '1'로 바뀌어서 '1회전' 되었음을 보여줍니다.

▲ 359°

▲ 360° ⇨ 1 Revolution

Rotation은 Anchor Point를 중심으로 회전하기 때문에, Anchor Point와 함께 사용하면 재미난 효과를 만들어 낼 수 있습니다.

Special Note

Rotation 자유자재로 다루기

- [Tool] 패널에서 Rotation 툴(■)(W)을 선택하여 [Composition] 패널에서 드래그하여 회전시킬 수 있습니다.

- Rotation 값을 '1°'씩 증가시키고 싶으면, 회전할 레이어를 선택한 상태에서 숫자 키패드(기본 키보드가 아닌)에 있는 +, - 키를 누르면 됩니다.

- Shift 키를 누른 상태에서는 '10°'씩 증감하고, Ctrl 키를 누른 상태에서는 정밀하게 회전시킬 수 있습니다.

- Rotation 툴(■) 상태에서 Shift 키를 누르고 회전시키면 '45°'씩 증감합니다.

- 기본값으로 돌아가려면 Rotation 툴을 더블클릭하여 '0°'로 돌아갑니다.

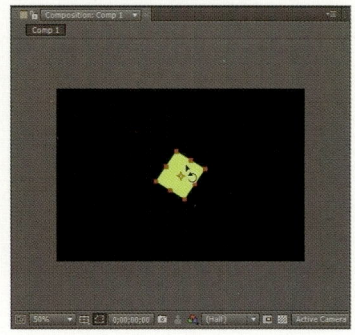

4. Scale([S])

레이어의 크기를 조절하는 속성입니다. 기본값은 100%이고, Scale은 Anchor Point를 중심으로 크기가 조절됩니다. Scale은 x, y 속성값이 연결되어 있어서 x 값을 조절하면 y 값도 자동으로 설정됩니다. 각각 조절하려면 연결 아이콘인 Contrain Proportions(🔗)을 클릭해서 비활성합니다. Contrain Proportions(🔗)을 다시 클릭해서 활성화하면 x, y 값이 다시 연동해서 조절됩니다.

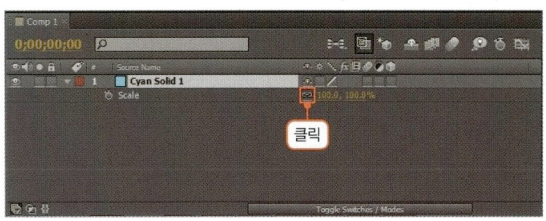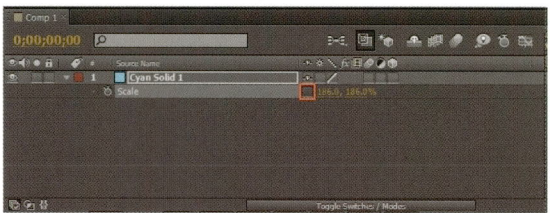

[Composition] 패널에서 이미지의 경계 부분을 드래그하여 Scale 조절을 할 수 있습니다.

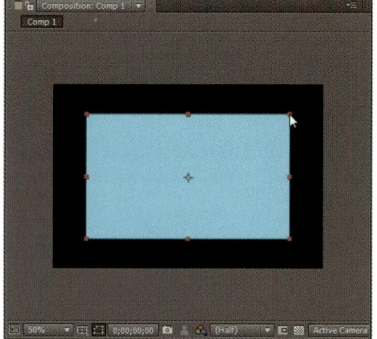

> **TIP** Scale의 기본 값인 100%로 돌리고 싶을 때는 [Tool] 메뉴에서 Selection 툴(🖱)을 더블클릭하면 됩니다.

이미지나 영상을 반전시키는 간단한 방법으로 Scale을 이용합니다. Constrain Proportions(🔗) 클릭하여 x, y 연결을 끊고, x 값을 '-100'으로 설정하면 수평으로 반전된 형태가 되고, y 값을 '-100'으로 설정하면 수직으로 반전됩니다.

▲ 원본 (X : 100%, Y :100%)　　　　▲ X : -100%, Y :100% 설정　　　　▲ X : 100%, Y :-100% 설정

5. Opacity([T])

레이어의 불투명도 속성을 담당합니다. Opacity를 투명도라고 생각하는 경우가 많은데, 사실 Opacity는 불투명도를 나타냅니다. Opacity 기본값을 100%로 만약 투명도라면 100%일 경우 100% 투명해야 하지만, 그렇게 보이지 않습니다.

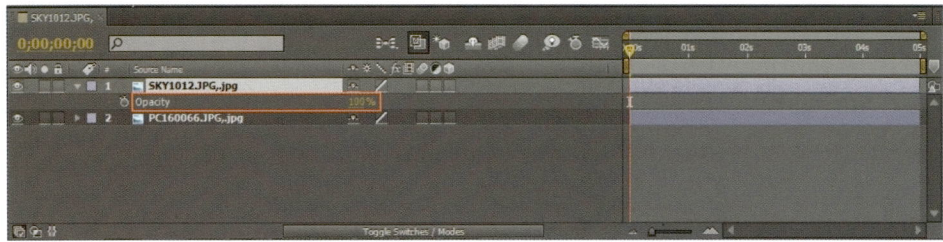

Opacity의 속성값은 0~100%까지 적용할 수 있습니다. Opacity를 이용하면 디졸브 효과도 간단하게 적용할 수 있습니다.

 +  =

3 키프레임 제어하기

1. 키프레임 종류

After Effects에서 키프레임의 기본값은 Linear(선형)이고 아이콘 모양은 마름모 형입니다. [Timeline] 패널에 표시되는 키프레임 아이콘 형태는 키프레임의 Interpolation에 따라서 다르게 보입니다.

Linear(◆), Auto Bezier(●), Continuous Bezier/Bezier(Ⅰ), Hold(■)로, 2개 이상의 키프레임에 애니메이션이 적용되면 오른쪽과 같이 형태가 달라집니다.

2. 키프레임 전체 이동하기

레이어에 적용된 키프레임의 위치를 움직이려면 키프레임을 선택한 후 드래그하여 이동하면 됩니다.

레이어에 다수의 키프레임이 적용되어 있고 그 중 제일 뒷부분에 있는 키프레임을 앞으로 이동하고자 할 때 앞쪽에 있는 키프레임들도 같은 비율로 이동하는 방법은 먼저, 마우스로 드래그하여 키프레임들을 모두 선택한 다음, Alt 키를 누른 상태로 드래그하면 같은 비율로 이동합니다.

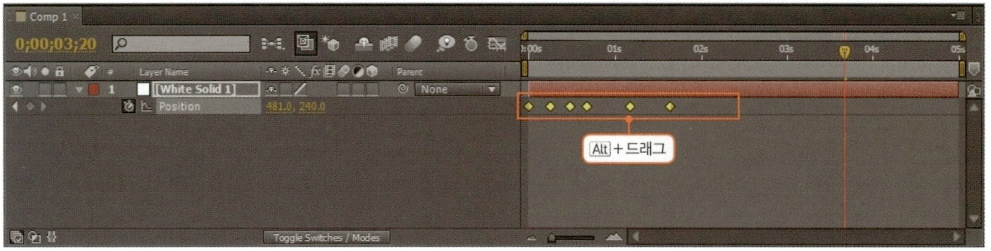

3. 키프레임 복사해서 붙이기

[Timeline] 패널에서 키프레임을 복사할 수 있습니다. 복사할 키프레임을 드래그해서 선택하고, 메뉴 바에서 [Edit] −[Copy]를 선택하거나 Ctrl + C 로 복사한 후, 복사하여 붙이고 싶은 곳으로 Current Time Indicator( )를 이동한 후 메뉴 바에서 [Edit]−[Paste](Ctrl + V)로 붙이기를 합니다.

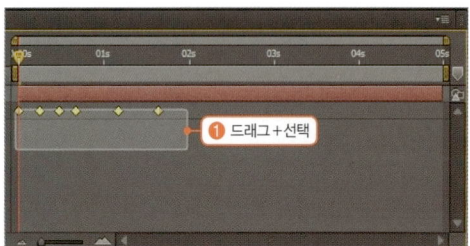 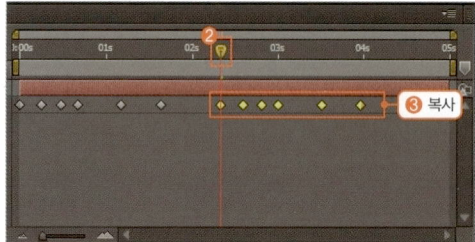

> TIP 2개 이상의 레이어에 있는 키프레임을 한 번에 복사해서 다른 2개 이상의 레이어에 키프레임을 붙여 넣는 것은 되지 않습니다.

4 Auto Bezier

키프레임의 움직임을 자연스럽게 만드는 또 다른 방법인 Auto Bezier를 소개합니다. 키프레임의 Interpolation을 Bezier( ) 형태로 바꿔줍니다.

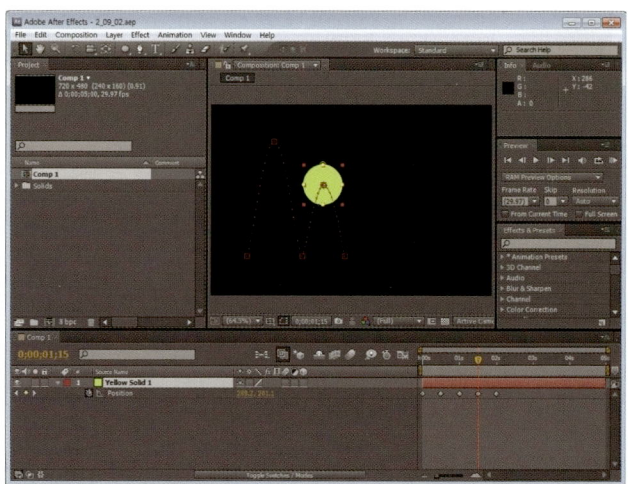

❶ 메뉴 바에서 [File]−[Open Project](Ctrl + O)를 선택하여 [부록CD\Sample\Part01\ Ch02\Auto_Bezie\2_09_02.aep] 파일을 불러오면 공이 튕기는 애니메이션이 있습니다. [Timeline] 패널에서 레이어를 선택하고 단축키 P 키를 눌러 Position 속성을 확인합니다.

❷ 시작과 끝 키프레임은 제외하고 중간에 있는 키프레임을 모두 선택한 다음 Ctrl 키를 누른 상태에서 키프레임 중 하나를 클릭하면 키프레임의 아이콘이 Linear(◆)에서 Auto Bezier(●)로 바뀌고, 키프레임의 움직임이 부드럽게 바뀝니다.

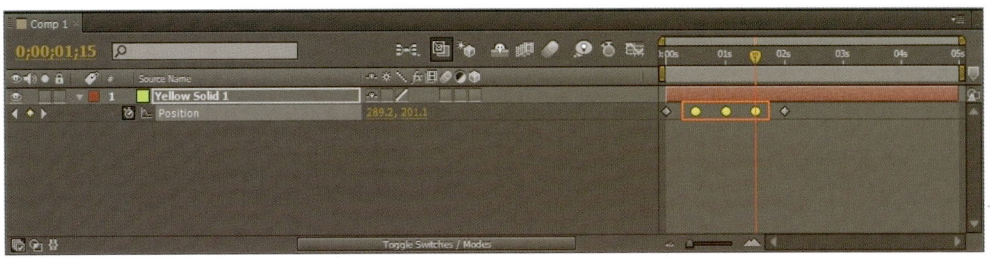

TIP Linear(◆) 형태로 돌아가려면 Ctrl 키를 누른 상태에서 키프레임을 다시 클릭하면 됩니다.

5 Auto-keyframe

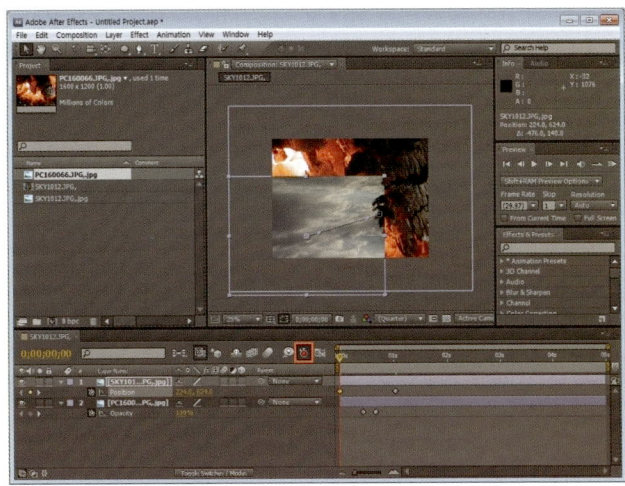

Auto-keyframe(⊙)은 CS5에서 새로 추가된 기능으로, 이전까지는 애니메이션을 할 때, 속성값마다 stop watch(⊙) 버튼을 클릭해야 했는데 이제 이 기능을 이용하면, Auto-keyframe(⊙) 버튼만 클릭하면 각 속성별로 stop watch(⊙) 버튼을 클릭하지 않아도 [Composition] 패널에서 레이어를 움직이거나, [Timeline] 패널에서 속 성값을 조절하면 자동으로 키프레임이 생성됩니다.

TIP 작업이 완료되면 Auto-keyframe 버튼을 비활성화 해야 합니다. 그렇지 않으면 계속 키프레임이 생성되어 원 치 않은 결과물이 나올 수 있습니다.

01 메뉴 바에서 [File]−[Open Project]($\boxed{\text{Ctrl}}$+$\boxed{\text{O}}$)를 선택하여 [부록CD\Sample\Part01\Ch02\Path\2_08_02.aep] 파일을 불러옵니다. 비행기가 하나 있는 컴포지션이 있습니다.

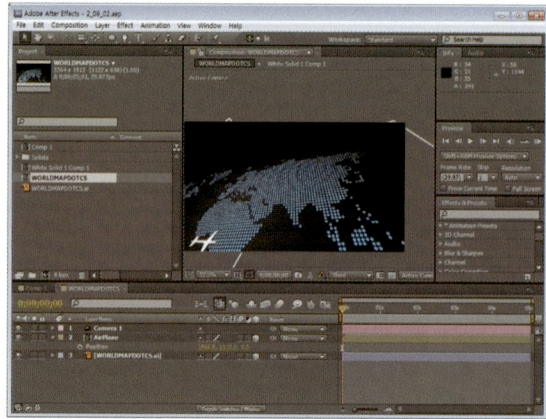

02 'airplane' 레이어의 Position에 애니메이션을 주기 위해서 'airplane' 레이어를 선택하고 단축키 $\boxed{\text{P}}$ 키를 눌러 속성을 연 후 0초에 Current Time Indicator(🔻)를 이동하고 stop watch(⏱) 버튼을 클릭하여 키프레임을 만듭니다.

03 Current Time Indicator(🔻)를 1초로 이동한 후에 [Composition] 패널에서 Selection 툴(🔺)을 선택하고 비행기를 클릭하여 대각선 방향으로 이동시킵니다.

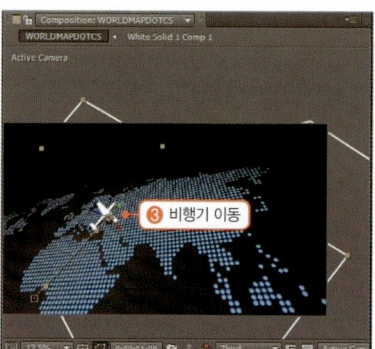

04 그런 다음 Current Time Indicator(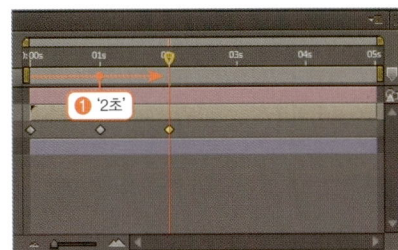)를 2초로 이동한 후, 비행기를 우측 하단으로 이동시킵니다. [Composition] 패널에서 보면 알 수 있듯이 1초 부분에 생긴 모션 패스가 둥근 곡선 형태를 이룹니다. 이 상태를 'Auto Bezier'라고 합니다.

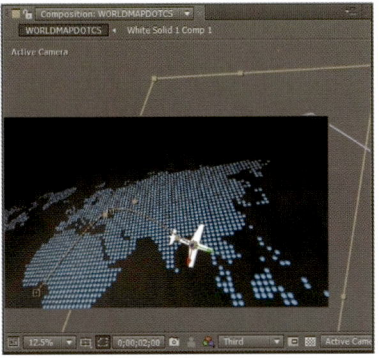

<table>
<tr><td></td></tr>
</table>

Special Note

Auto Bezier

모션 패스가 둥근 곡선 형태로 만들어진 키프레임 상태를 'Auto Bezier' 라고 부릅니다. 이는 After Effects가 부드러운 움직임을 표현해낸 것입니다. 1초 키프레임의 정점에는 양 끝에 핸들이 생기는데 한쪽 핸들을 움직이면 반대편 핸들도 같이 움직이는 것을 확인할 수 있습니다.

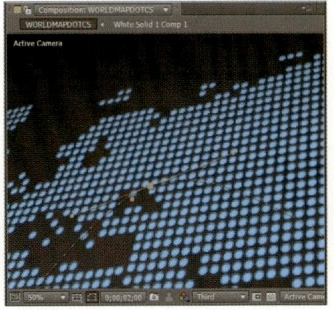

05 Pen 툴()(G)을 선택하여 한쪽 핸들을 드래그하여 길게 뽑아내면 키프레임 형태가 'Auto Bezier'에서 'Continuous Bezier'로 바뀝니다. Pen 툴을 선택한 상태에서 Alt 키를 누르고 핸들을 움직이면 반대편 핸들은 움직이지 않고, 핸들의 방향을 조절 할 수 있습니다. 이 상태를 Bezier라고 합니다.

▲ Auto Bezier → Continuous Bezier

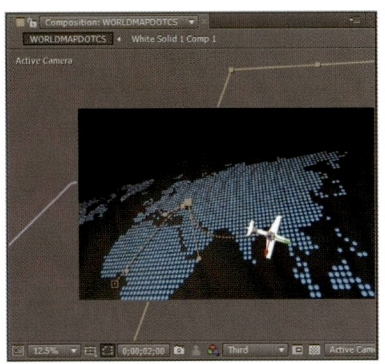

▲ Pen 툴 상태에서 Alt 키를 누르고 드래그

06 직선 형태로 움직이게 하고 싶을 때에는 Pen 툴(✒)(G)를 선택하고, 상태에서 [Composition] 패널에서 Alt 키를 누른 채 정점을 클릭하면 직선 형태로 바뀝니다. 한 번 더 클릭하면 Auto Bezier 상태가 바뀝니다. 이 상태를 Linear라고 합니다.

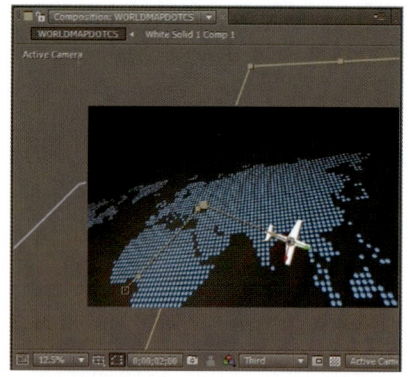

07 모션 패스는 Pen 툴(✒)을 이용해서 수정이 가능합니다. Pen 툴(✒)을 선택하고, 모션 패스에 마우스로 클릭하여 정점을 추가해서 키프레임을 만들 수 있고, 정점을 클릭하여 키프레임을 삭제할 수 있습니다.

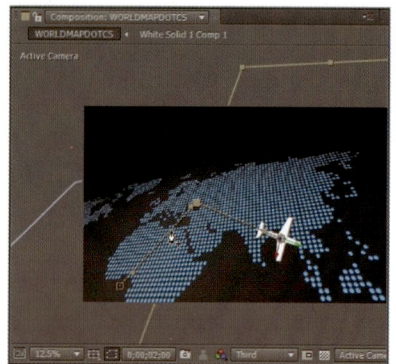

> **TIP** 시작점과 끝점 위치에 키프레임을 생성하면 나머지 키프레임에 After Effects가 동화 작업을 해서 손쉽게 애니메이션을 구현할 수 있지만, 위와 같이 After Effects에서 임의로 곡선 형태의 모션 패스를 만들어 내기 때문에 어떤 경우에는 직선의 움직임을 만들고 싶을 때에는 약간의 어려움이 생길 수 있지만, 지금 배운 Bezier의 속성(직선 형태로 만들려면 Linear)을 이해하면 충분히 해결할 수 있습니다.

▶ 완성예제 : 부록CD\Sample\Part01\Ch02\Path\2_08_02_final.aep

● 필수예제 ● Rotation으로 컬러 차트 회전하기

01 메뉴 바에서 [Open]-[Project] (Ctrl + O)를 선택하여 [부록CD\Sample\Part01\Ch02\Rotation\2_08_04 Rotation_fin.aep] 파일을 불러오면 [Timeline] 패널에 각각의 색상을 가진 7개의 Solid Layer가 있습니다. 이 레이어들이 각각 회전하도록 애니메이션을 주겠습니다.

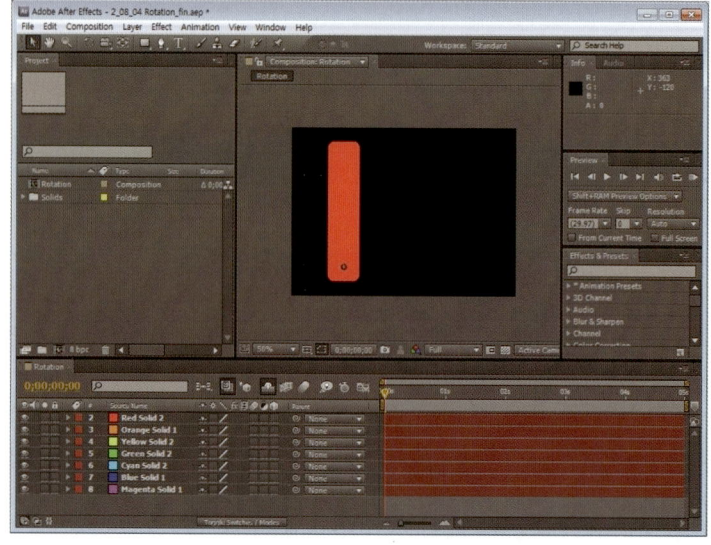

02 Solid Layer가 각각 회전하도록 애니메이션을 주기 위해 [Timeline] 패널에서 Current Time Indicator(📍)를 맨 처음인 0초로 이동하고, 애니메이션을 주기 위해서 레이어를 모두 선택한 후, 단축키 [R]키를 클릭해서 Rotation 속성을 보이게 합니다.

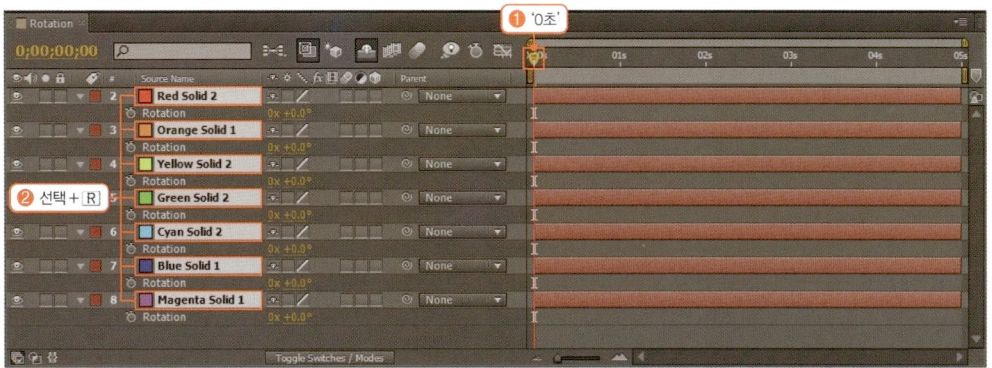

03 stop watch(🕐) 버튼을 클릭하여 키프레임을 만들고 애니메이션을 시작합니다.

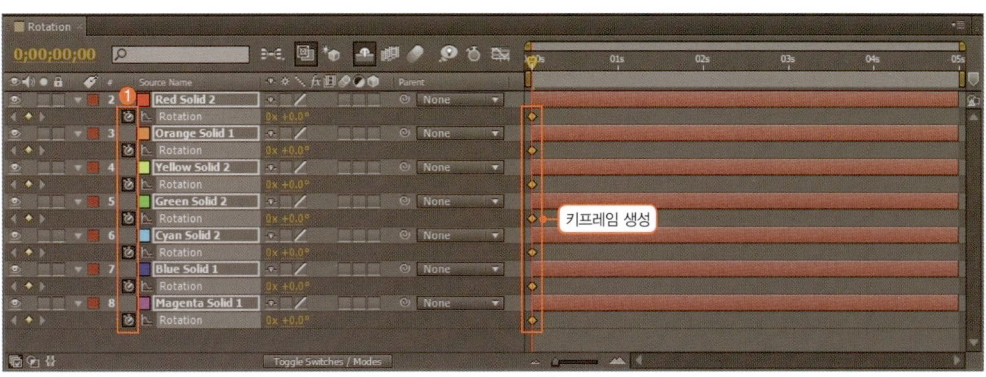

TIP 레이어가 모두 선택된 상태에서는 레이어 1개의 stop watch(🕐) 버튼만 클릭해도 선택된 모든 레이어의 stop watch(🕐)가 클릭됩니다.

04 이제 Current Time Indicator(📍)의 위치를 [Timeline] 패널의 제일 끝인 5초로 이동시킵니다.

05 이제 [Timeline] 패널에서 직접 설정 값을 입력해서 회전시키겠습니다. 'Red Solid 2' 레이어를 선택하여 Rotation 속성값을 '90.0°'로 설정합니다.

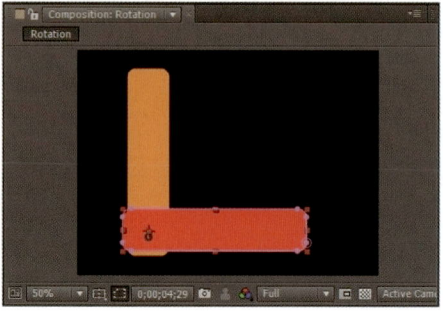

06 각각의 레이어를 다르게 회전하게 하기 위해 15°씩 차이를 두어 속성값을 설정하겠습니다. 'Orange Solid 1' 레이어를 선택하고, 90°에서 15°를 뺀 값인 '75.0°'를 입력합니다.

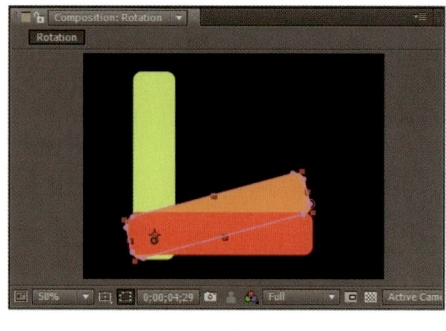

07 나머지 레이어의 Rotstion 값을 다음과 같이 값을 설정하여 회전시킵니다.

Yellow Solid 2 : 60.0° | **Green Solid 2 :** 45.0° | **Cyan Solid 2 :** 30.0° | **Blue Solid 1 :** 15.0° | **Magenta Solid 1 :** 0.0°

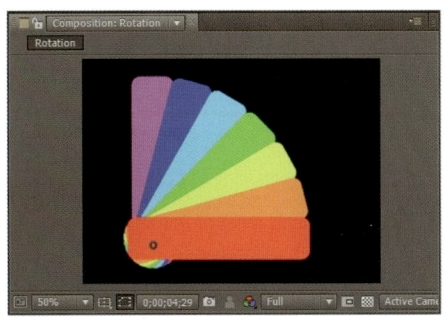

08 [Preview] 패널에서 Ram Preview( ) 버튼을 클릭해서 Play를 해서 애니메이션이 제대로 되는지 확인을 합니다.

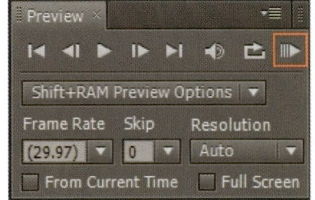

09 컬러 차트 애니메이션이 완성되었습니다.

▶ 완성예제 : 부록CD\ Sample\Part01\Ch02\Rotation\2_08_04 Rotation_fin_final.aep

애니메이션 응용하기
(영상 속도 조절하기)

애니메이션을 만들 때 재미난 효과를 낼 수 있는 기능들과 키프레임 조절만으로는 표현하기 어려운 움직임을 제어할 수 있는 Graph 모드에 대해서 알아보겠습니다.

1 Easy Ease(가속, 감속 운동)

After Effects에서 애니메이션의 기본값은 시작과 끝의 속도가 일정한 등속운동으로 움직임에 재미가 부족합니다. 빠르게 오다가 점점 느려진다거나, 느리다가 점점 빨라지는 듯한 강약이 적절히 들어간 애니메이션은 여러분이 표현하고 싶은 감정을 담아낼 수도 있습니다. 키프레임에 Easy Ease를 적용하면 일정한 속도에 가속 혹은 감속을 적용할 수 있습니다.

❶ 메뉴 바에서 [File]-[Open Project]($\boxed{Ctrl}$+$\boxed{O}$)를 선택하여 [부록CD\Sample\Part01\Ch02\EasyEase\2_09_01.aep] 파일을 불러옵니다. 노란 원이 왼쪽에서 오른쪽으로 이동하는 간단한 애니메이션이 있는 컴포지션이 있습니다.

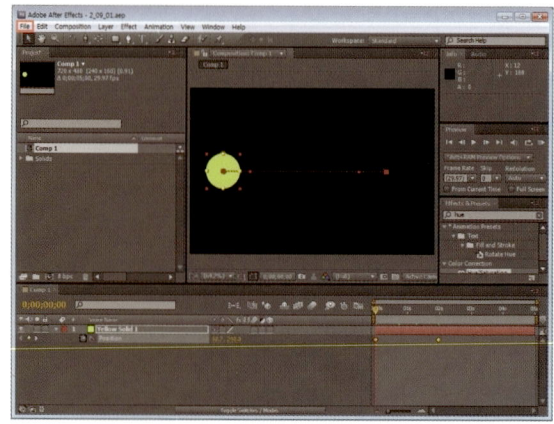

❷ [Timeline] 패널에서 키프레임이 적용된 경우, 기본값은 Linear interplation입니다. [Timeline] 패널에서 Linear(◇) 형태의 키프레임은 애니메이션의 속도가 일정하게 움직이는 것을 의미합니다.

❸ 키프레임을 선택하고, 메뉴 바에서 [Animation]−[Keyframe Assistant]−[Easy Ease](F9)을 선택합니다. 혹은 [Timeline] 패널에서 키프레임을 선택한 상태에서 마우스 오른쪽 버튼을 클릭하여 나타나는 메뉴에서 [Keyfame Assistant]− [Easy Ease]를 선택해도 됩니다.

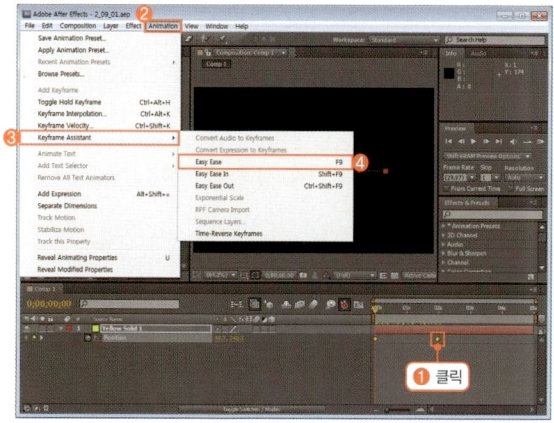

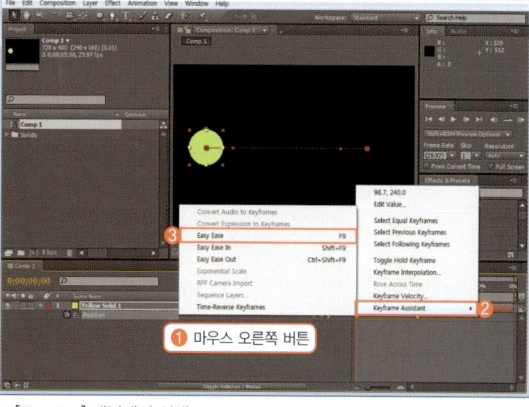

▲ 메뉴 바에서 선택　　　　　　　　　　　　　　　　　▲ [Timeline] 패널에서 선택

❹ Easy Ease를 선택하면 키프레임 모양이 Bezier(⧗)로 바뀌고, 숫자 키패드의 0을 클릭하여 프리뷰를 해서 보면 움직임이 부드럽게 됩니다.

❺ [Timeline] 패널에 있는 Graph Editor(▨) 스위치 클릭하여 Graph 모드에서 키프레임의 형태가 직선의 형태가 아닌 완만한 곡선 형태로 속도가 변속되는 것을 확인할 수 있습니다.

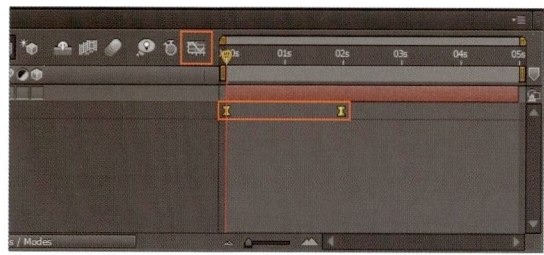

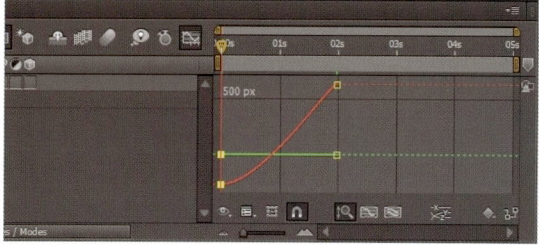

Easy Ease 살펴보기

❶ **Easy Ease In(**Shift **+** F9**)** : 속도가 점점 느려지는 것을 의미합니다. 애니메이션에서 보통 뒤쪽에 있는 키프레임에 적용합니다.

❷ **Easy Ease Out(**Ctrl **+** Shift **+** F9**)** : 속도가 점점 빨라지는 것을 의미합니다. 애니메이션에서 보통 앞쪽에 있는 키프레임에 적용합니다.

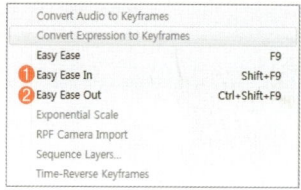

Easy Ease In을 적용하면 오른쪽으로 점점 작아지는 형태(▶)의 아이콘
으로 바뀝니다. 아이콘 모양처럼 속도가 점점 줄어듭니다. Graph 모드에
서 보면 곡선이 뒤로 갈수록 속도가 줄어 점점 완만해집니다.

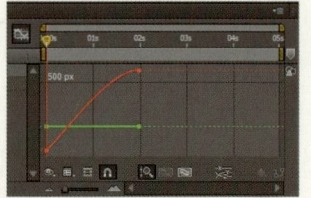

Easy Ease Out을 적용하면 오른쪽으로 점점 커지는 형태(◀)의 아이콘
으로 바뀝니다. 아이콘 모양처럼 속도가 점점 빨라집니다. Graph 모드에
서 보면 곡선이 뒤로 갈수록 점점 가파르게 됩니다.

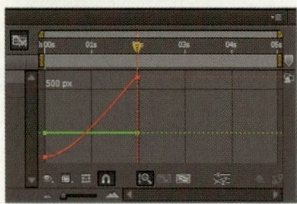

2 Graph Editor

After Effects에서는 애니메이션에 대한 정보 값을 각 레이어의 키프레임에 저장합니다. X, Y(3D 레이어는 Z도 포
함)의 각각의 정보 값을 하나의 키프레임에서 관리하기 때문에 애니메이션을 다룰 때 X, Y 값을 각각 다르게 적용하
기가 쉽지 않습니다. Graph Editor(▦)를 이용하면 키프레임 안의 X, Y, (혹은 Z)의 값들을 개별적으로 수정을 할
수 있기 때문에 애니메이션을 좀 더 꼼꼼하게 작업할 수 있습니다. 그리고, After Effects의 특성상 키프레임과 키프
레임 사이에 생성되는 움직임에 적용되는 보간 때문에, 생각지 않은 움직임이 발생할 때가 있는데 그때 이 Graph
모드에서 문제를 해결 할 수 있습니다.

> **TIP** Graph Editor에서 애니메이션을 수정하기 전에, 현재 Linear 키프레임 상태의 애니메이션을 숫자 키패드 0을 클릭해서 프리뷰를 해서 확
> 인합니다.

전체적인 속도를 Linear 키프레임 상태에서 조절한 후에 자세한 조절을 Graph Editor에서 커브로 조절하는 것이
좋습니다. [Timeline] 패널에서 선택하려면 Graph Editor(▦) 버튼을 클릭하거나 단축키 Shift + F3을 누릅니다.

[Graph Editor] 패널 알아보기

❶ Choose which properties ar shown in Graph Editor() : Graph Editor에서 보여지는 속성값을 선택할 수 있습니다.

- Show Selected Properties : 레이어의 선택된 속성의 그래프만 보여줍니다.
- Show Animated Properties : 애니메이션이 적용된 모든 속성값을 그래프로 보여줍니다.
- Show Graph Editor Set : 레이어 속성 이름 앞에 있는 Graph Editor(🔖) 아이콘이 활성화된 속성값들을 보여줍니다.

❷ Choose graph type and options( ) : 그래프 타입을 선택합니다.

❸ Show Transform Box when Multiple keys are selected( ) : 다수의 키프레임을 선택할 때 그 영역이 상자형태로 보입니다.

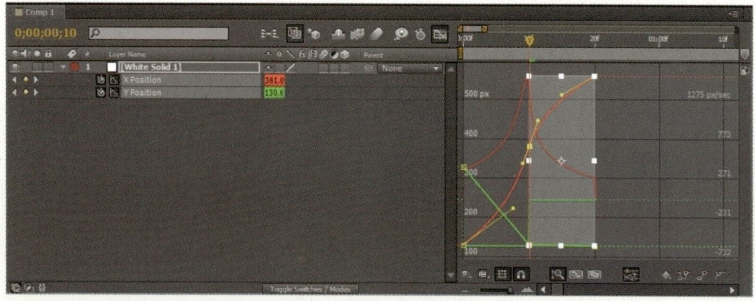

❹ Toggle Snap on/off( ) : 스냅 기능을 활성/비활성화합니다.

❺ Auto-zoom graph height( ) : 키프레임으로 생성된 그래프를 Graph Editor의 세로에 맞춰줍니다.

❻ Fit selection to view( ) : 선택한 그래프를 뷰 크기에 맞게 해줍니다.

❼ Fit all graphs to view( ) : 모든 그래프를 뷰 크기에 맞게 해줍니다.

❽ Separate Dimensions( ) : 면을 분리해 줍니다.

❾ Edit selected keyframes( ) : 선택된 키프레임의 속성을 설정합니다.

❿ Convert selected keyframes to Hold( ) : 선택된 키프레임을 정지 상태로 바꿉니다.

⓫ Convert selected keyframes to Linear( ) : 선택된 키프레임을 선형(Linear)으로 바꿉니다.

⓬ Convert selected keyframes to Auto Bezier( ) : 선택된 키프레임을 Auto Bezier로 바꿉니다.

⓭ Easy Ease( ) : 키프레임의 속도를 부드럽게 조절해줍니다.

⓮ Easy Ease In( ) : 속도가 감속하게 됩니다.

⓯ Easy Ease Out( ) : 속도가 가속하게 됩니다.

3 Value와 Velocity

Graph Editor에서는 Value Graph와 Velocity Graph를 사용할 수 있습니다. Value Graph는 '속성값'을 나타내고, Velocity Grap.h는 '속성값의 변경 비율'을 나타냅니다. Opacity의 경우는 Value Graph가 기본으로 사용되고, Position과 같이 공간 속성일 경우에는 Velocity Graph를 기본으로 사용됩니다. 한 속성의 모든 키프레임을 선택하려면 Alt 키를 누른 상태에서 두 키프레임 사이의 세그먼트를 클릭합니다.

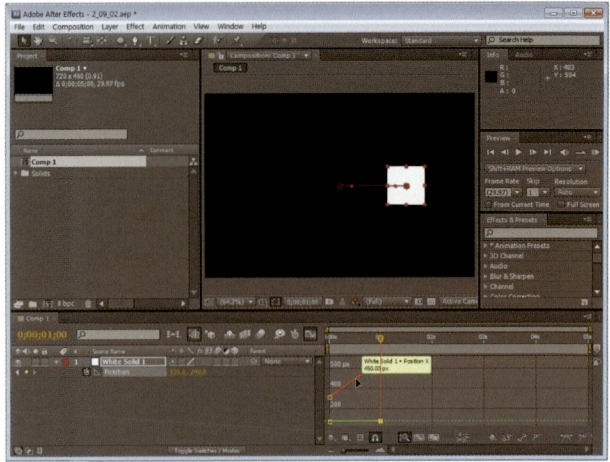

1. Value Graph

• Solid Layer가 우측으로 이동한 간단한 애니메이션이 적용된 경우, Graph Editor를 보면, 3개의 직선(빨강, 녹색, 흰색)이 보입니다. 직선이라는 것은 Linear 상태를 의미합니다. 빨간 선은 Position의 X이고, 녹색 선은 Position의 Y입니다. 흰색은 속도의 변화를 나타냅니다. 현재 레이어의 Y 값은 변화가 없기 때문에 평행인 상태이고, X 값은 우측으로 이동했기 때문에 이동한 만큼 위쪽으로 올라간 선으로 나타납니다.

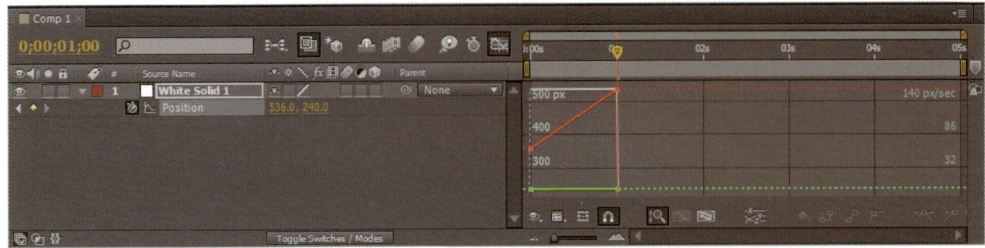

• 이번에는 Rotaiton에 애니메이션이 적용된 것을 보도록 하겠습니다. Rotation은 속성값이 1개이기 때문에 Position과는 달리 흰색 선만이 보입니다. 직선의 방향이 우측으로 올라간 것은 Rotation의 값이 처음보다 더 회전된 것을 의미합니다.

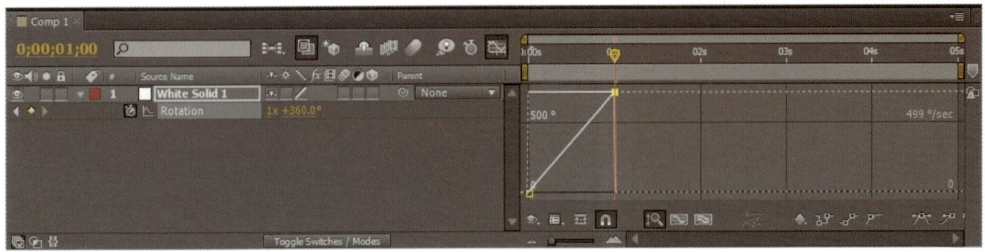

• Linear 상태인 직선을 곡선화시켜보겠습니다. 먼저 Alt 키를 누르고, 키프레임을 선택해서 드래그하면 선택한 키프레임에 핸들이 생성되는 것을 볼 수 있습니다. 생성된 핸들은 아주 중요한 역할을 합니다. 핸들을 움직여서 곡선의 모양을 바꿀 수가 있고, 그 곡선의 모양에 따라서 레이어의 속성값에 대한 애니메이션이 적용됩니다.

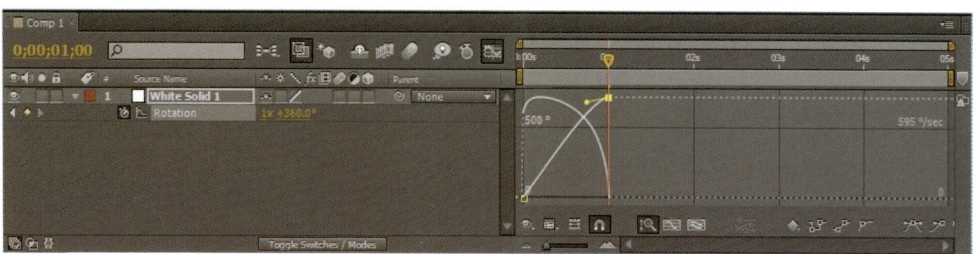

• 그림의 경우는 핸들을 길게 늘려서 움직임에 영향을 주었습니다. 길게 늘려준 만큼 속성값에 적용된 애니메이션이 천천히 적용됩니다.

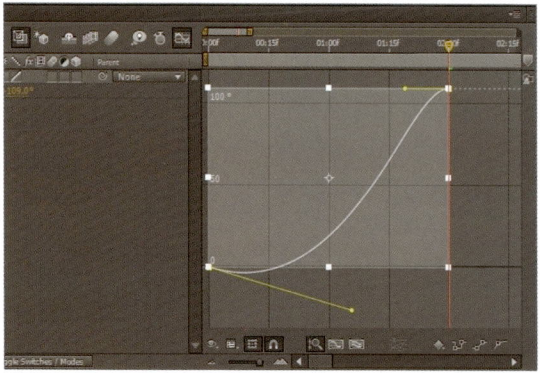

• 그림의 곡선을 보면, 곡선의 각도만큼 처음에는 급격하게 애니메이션이 되다가 경사가 줄어들면 애니메이션도 점차 줄어들게 됩니다.

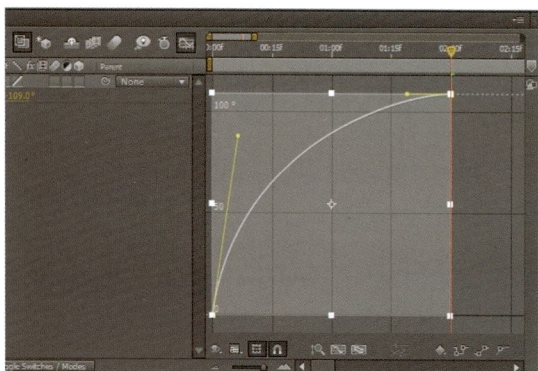

TIP Shift 키를 누르고 핸들을 움직이면 수평방향으로만 움직일 수 있어서 편리합니다.

• 곡선의 핸들이 0보다 아래쪽으로 내려갈 경우, 보통 움직임에 문제가 생길 수 있습니다. 예를 들어 계속 오른쪽으로 이동하도록 애니메이션을 주었는데, 오른쪽으로 이동하다가 잠깐 멈추거나 왼쪽으로 움직이는 경우는 곡선이 0 밑으로 내려가는 경우입니다. 이럴 때는 핸들을 조정해서 곡선이 0보다 밑으로 내려가지 않도록 조정합니다.

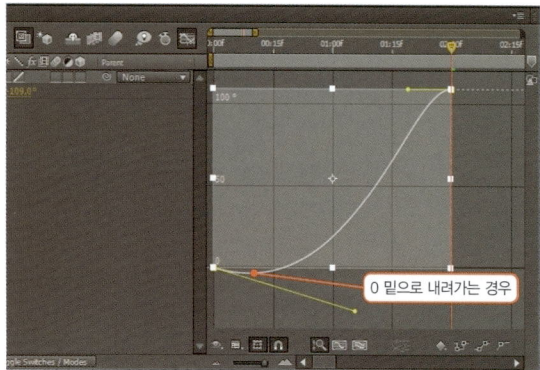

0 밑으로 내려가는 경우

• Alt 키를 누르고 점의 핸들을 움직이면 한쪽의 핸들만
움직이게 되어 곡선의 방향을 다르게 진행하게 됩니다.

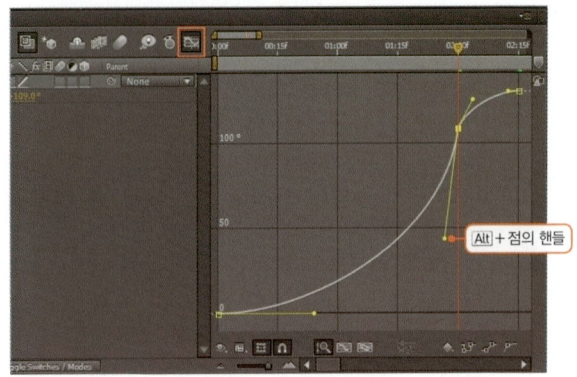

Alt + 점의 핸들

2. Velocity Graph

Velocity는 레이어의 속성값에 적용된 애니메
이션의 빠르기를 의미합니다. Choose graph
type and options( ) 메뉴에서 Edit Speed
Graph를 선택하면 됩니다.

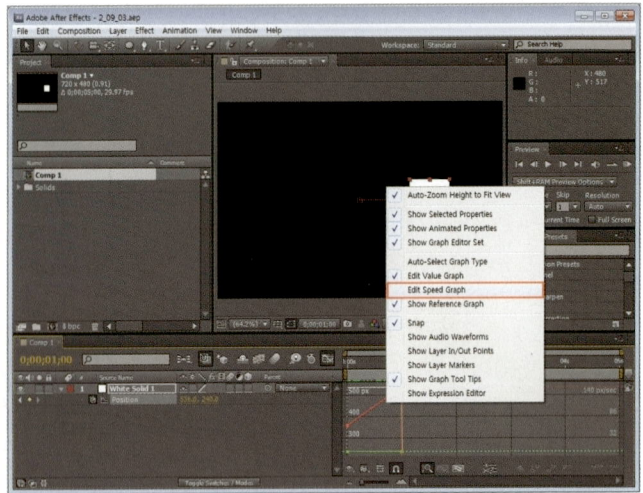

그림에서는 레이어가 우측방향으로 이동하는 Position 애니메이션이 적용되어 있습니다. Graph 모드에서는 수평
인 하얀 선이 표시되어 있고, 위쪽에 적힌 '150px/sec'는 레이어가 초당 150픽셀을 이동하였다는 정보를 보여주며,
선의 방향이 수평이라는 것은 일정한 속도로 움직인다는 것을 의미입니다.

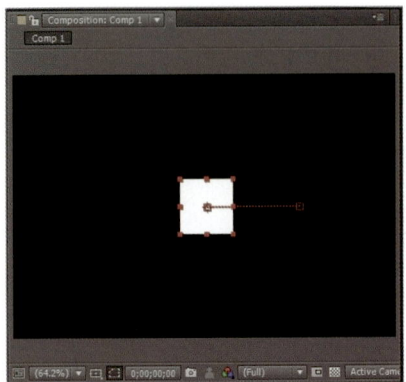

1초 부분에서 선이 0까지 수직으로 내려갔다는 것은 속도가 없이 레이어가 멈춰있다는 것이고, 1초 15프레임까지 그 상태가 유지되다가 1초 15프레임에서 다시 속도가 생겨서 Y 축 방향으로 일정한 속도로 이동하는 것을 그래프만 으로도 알 수 있습니다.

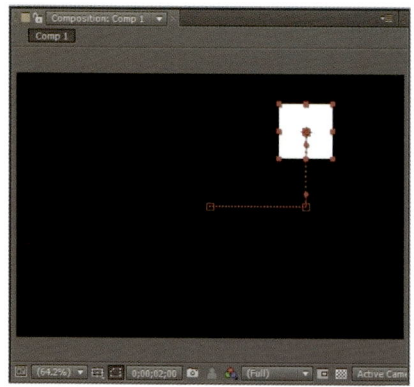 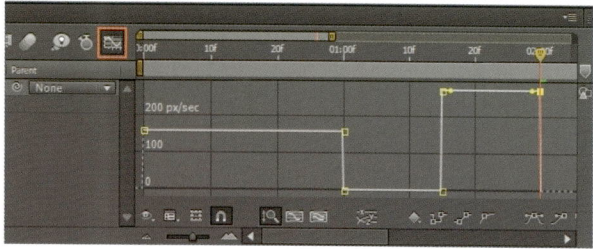

[Timeline] 패널에서 드래그하여 키프레임을 모두 선택하고 F9를 눌러서 Easy Ease를 적용하면 다음과 같이 선의 형태가 바뀝니다. 직선이 일정한 속도였다면, 곡선은 경사에 따라서 속도가 달라지고 있는 것을 의미합니다.

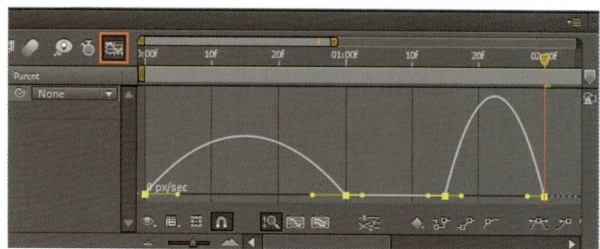

TIP Choose which properties ar shown in Graph Editor( )에서 Show Animated Properties를 선택하면, 레이어에 애니메이션이 적용된 모든 속성의 키프레임이 Graph 에 나타나므로 작업이 용이하게 됩니다.

Graph 상에서 핸들을 이용해서 곡선을 수정하는 방법 외에 직접 수치 값을 입력할 수도 있습니다. Graph에서 키 프레임을 더블클릭하면 [Keyfame Velocity] 대화상자가 나타납니다. Continious에 체크 표시하면 키프레임의 Incoming Velocity 값과 Outgoing Velocity 값이 서로 연동하게 되고, Continious에 체크 해제하면 리니어 상태 로 Influence 값이 0%가 됩니다.

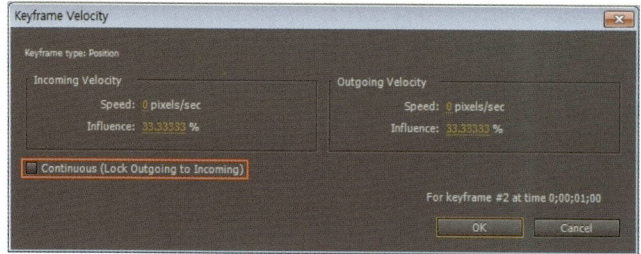

3. 다수의 값 제어하기

Graph Editor에서는 1개의 속성값만을 제어하는 것이 아니라 여러 개의 속성값을 같이 제어하는 것이 가능합니다. 레이어에 Position과 Rotation 모두 애니메이션이 적용되어 있는 경우에 Graph Editor(📊) 버튼을 클릭하면 Graph Editor에서는 현재 선택한 Position의 곡선만이 보입니다.

다수의 속성값을 같이 보고싶을 때는 먼저 stop watch(⏱) 버튼 옆에 있는 Graph(📈) 버튼을 클릭한 다음, Choose which properties ar shown in Graph Editor(👁) 버튼을 눌러 Show Graph Editor Set을 선택하면 2개의 곡선이 함께 보이게 됩니다.

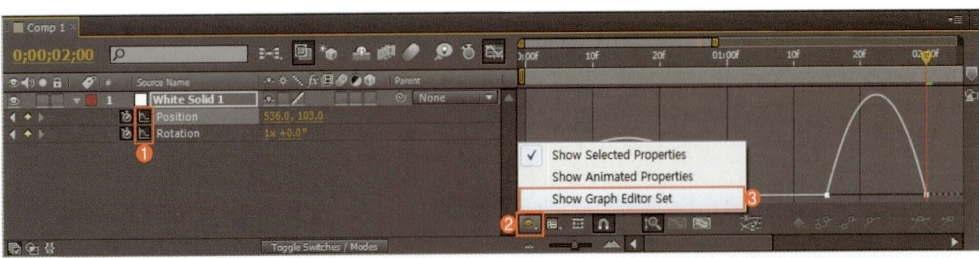

▲ Show Graph Editor Set 선택 시

이번에는 Separate Dimensions(📊) 버튼을 클릭해서 Position 속성의 X, Y를 각각 보이게 합니다.

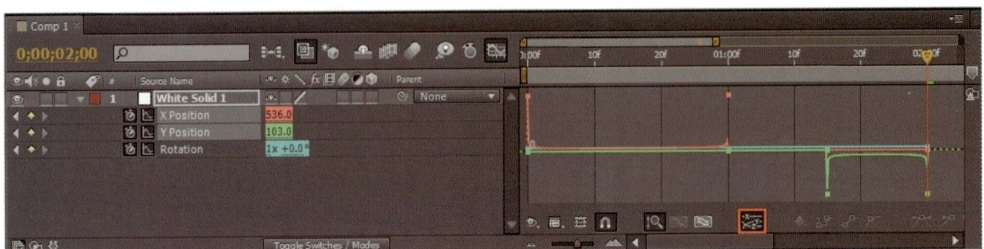

4 Hold Interpolation(키프레임의 모션 멈추기)

Hold Interpolation은 키프레임을 적용하여 모션을 만들었을 때 키프레임의 움직임에 'Hold'를 걸어 애니메이션의 움직임을 멈추게 하는 기능을 말합니다. [Timeline] 패널에서 키프레임을 선택하고 마우스 오른쪽 버튼을 클릭하여 나타나는 메뉴에서 'Toggle Hold Keyframe'을 선택합니다.

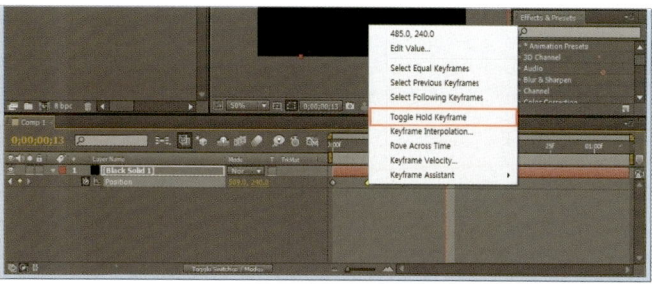

[Timeline] 패널의 키프레임 모양이 마름모 형태(◆)에서 오른쪽 끝이 막혀 있는 아이콘 형태(◁)로 바뀌면서 레이어가 움직이다가 Hold 키프레임에서 움직임이 정지됩니다.

● 필수예제 ● 애니메이션 속도 일정하게 만들기(Roving Keyframes)

Roving Keyframes는 애니메이션의 움직임에서 속도가 일정하지 않을 경우, 속도를 일정하게 바꿔주는 기능입니다.

01 메뉴 바에서 [File]−[Open Project](Ctrl + O)를 선택하여 [부록CD\Sample\Part01\Ch02\Roving\2_09_05.aep] 파일을 불러옵니다. Ram Preview(▶) 버튼을 클릭하여 보면 속도를 고려하지 않고 애니메이션 작업을 해서 비행기의 속도가 제 각각으로 움직이고 있습니다.

02 [Timeline] 패널에서 Graph Editor(▣) 버튼을 선택하여 Graph 모드를 보면, 그래프가 일정하지 않으므로 속도가 제 각각인 것을 알 수 있습니다.

03 키프레임을 모두 선택하고, [Graph Editor] 패널 하단에 있는 Edit Selected Keyframes(◆) 버튼을 클릭하여 나오는 메뉴에서 'Rove Across Time'을 선택하거나, 마우스를 키프레임에 놓고 마우스 오른쪽 버튼을 클릭하여 'Rove Across Time'을 선택합니다.

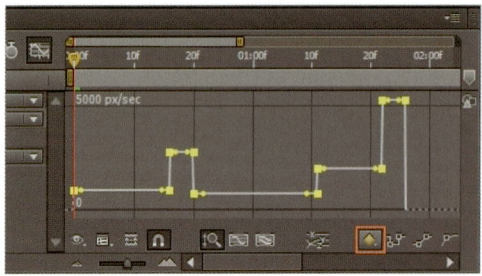

▲ Rove Across Time 선택 방법 1

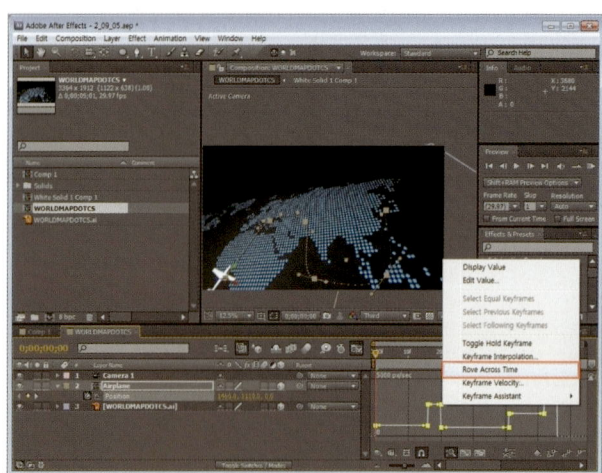

▲ Rove Across Time 선택 방법 2

04 모든 키프레임의 속도가 일정하게 바뀐 것을 [Timeline] 패널의 Graph 모드에서 확인할 수 있고, [Composition] 패널에서도 비행기의 모션 패스의 점들의 간격이 일정하게 바뀌었습니다.

▲ Rove Across Time 적용 전　　　　　　　▲ Rove Across Time 적용 후

05 Graph Editor() 버튼을 클릭하여 Graph 모드를 빠져나와서 보면, 시작점과 끝점을 제외한 중간에 있는 키프레임들은 약간 흐린 형태의 Auto Bezier(🟡) 상태로 바뀌어져 있습니다. [Preview] 패널에서 Ram Preview(▶) 버튼을 클릭하여 보면 일정한 속도로 비행기가 움직이는 것을 확인할 수 있습니다.

06 움직임에 Easy Ease를 주기 위해 키프레임들을 모두 선택하고, F9 키를 누르면 가운데에 있는 키프레임의 위치가 이동하는 것을 확인할 수 있습니다.

07 Graph Editor(🖼) 버튼을 클릭하여 Graph 모드를 보면 곡선의 형태가 아래와 같이 바뀌면서 부드러운 움직임을 나타내게 됩니다.

▶ 완성예제 : 부록CD\Sample\Part01\Ch02\Roving\2_09_05_final.aep

애니메이션 보조하기

애니메이션을 좀 더 자유롭게 만들 수 있도록 도와주는 Motion Sketch, Smoother 등에 대해 알아보겠습니다.

1 Motion Sketch

Motion Sketch는 여러분이 직접 [Composition] 패널에 스케치를 하듯이 마우스를 움직여서 모션을 그려서 만드는 기능입니다. 복잡한 모션 패스를 그려야 할 때 Motion Sketch을 사용하면 좀 더 손쉽게 만들 수 있습니다.

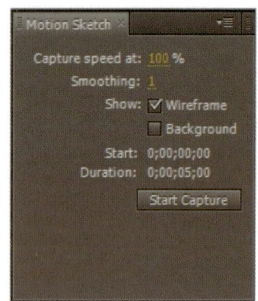

2 Wiggler

Wiggler는 키프레임의 위치를 랜덤하게 바꿔주는 기능입니다. 메뉴 바에서 [Window]−[Wiggler]를 선택하거나, Workspace에서 Animation 모드를 선택해서 Wiggler를 보이게 합니다. [Timeline] 패널에서 키프레임들을 모두 선택하면 [Wiggler]의 Apply 버튼이 활성화됩니다. Apply 버튼을 클릭하면, 키프레임들의 위치가 랜덤하게 바뀝니다.

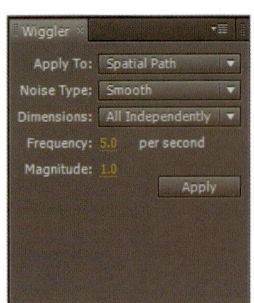
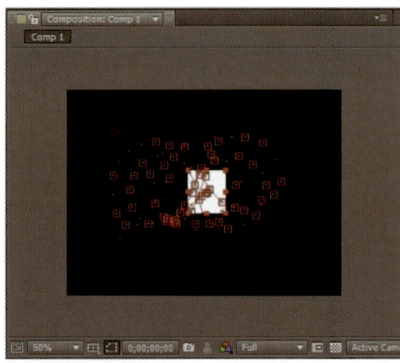
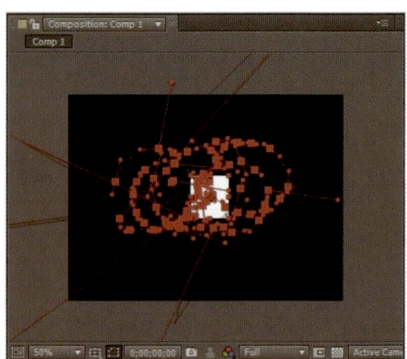

▲ Wiggler 적용 전　　　　　　　　▲ Wiggler 적용 후

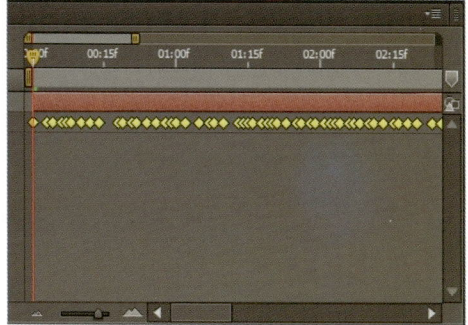
▲ Wiggler 적용 전 키프레임

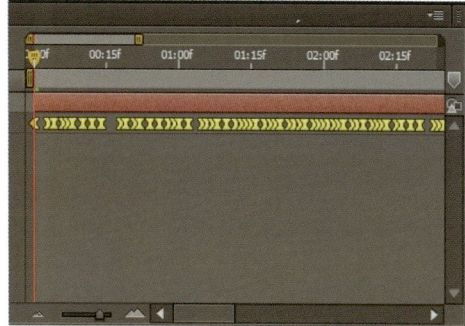
▲ Wiggler 적용 후 키프레임

3 Time-Reverse Keyframes

Time Reverse Keyframes은 레이어의 속성에 적용된 애니메이션의 값을 역으로 바꾸어 주는 기능입니다. 키프레임을 선택하고 메뉴 바에서 [Animation]-[Keyframe Asistant]-[Time-Reverse Keyframes]을 선택합니다.

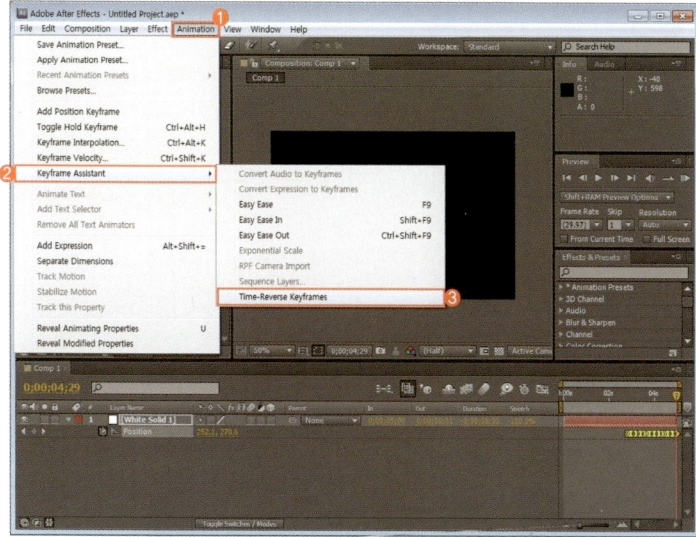

[Timeline] 패널에서 Stretch 속성값을 -100%로 설정해도 됩니다.

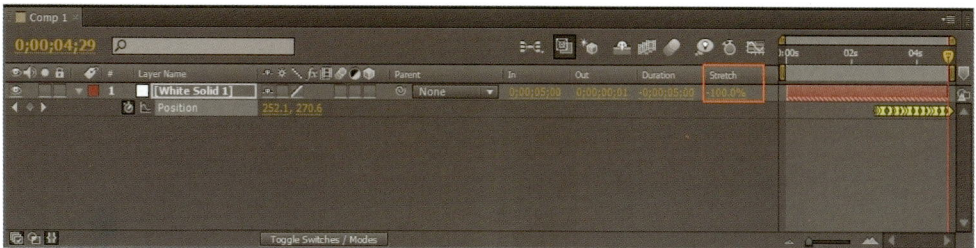

4 Exponential Scale(지수 스케일)

사람의 눈은 100%에서 200%로 사이즈를 키웠을 때의 크기 차이는 크지만, 200%에서 300%로 사이즈를 키웠을 때의 차이는 100%에서 200%로 커질 때보다는 상대적으로 작게 느낍니다. 즉, 스케일의 크기를 크게 키울 때, 처음은 크기 변화를 쉽게 느끼지만, 뒤로 갈수록 그 차이를 잘 느끼지 못하는 것입니다. 그럴 때, Exponential Scale을 적용하면, 스케일이 커지는 변화를 우리가 인식할 수 있도록 표현해줍니다.

Scale 속성의 키프레임을 선택하고, 메뉴 바에서 [Animation]-[Keyframe Asistant]-[Exponential Scale]을 선택하면 아래와 같이 키프레임들이 생성되고, Graph Editor( ) 버튼을 클릭에서 보면 곡선 형태로 변한 것을 확인할 수 있고, 이제 이 곡선 형태만큼 우리는 Scale의 변화가 지속적으로 인지하게 됩니다.

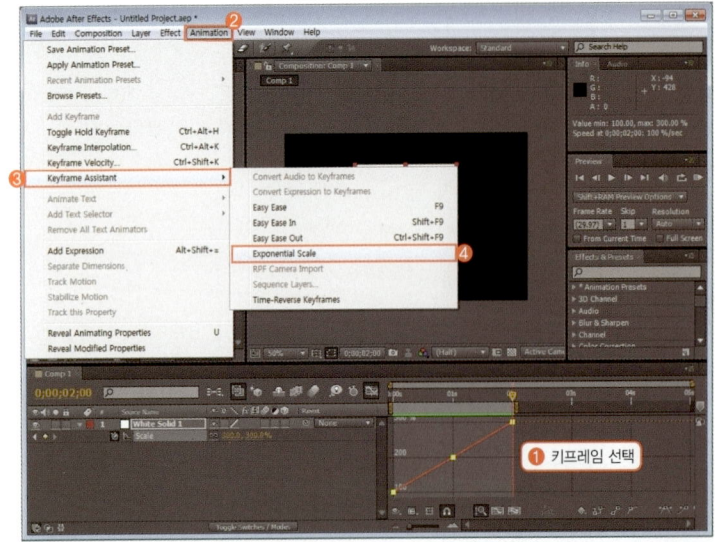

TIP Scale 속성을 활성화하는 단축키는 S 키입니다.

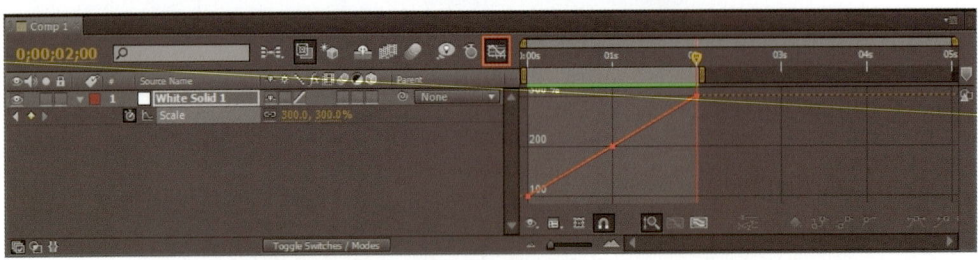

● 필수예제 ● Motion Sketch 이용하기

STEP 01 Motion Sketch 적용하기

01 메뉴 바에서 [File]-[Open Project](Ctrl + O)를 선택하여 [부록CD\Sample\Part01\Ch02\Sketch\2_10_01. aep] 파일을 불러 옵니다.

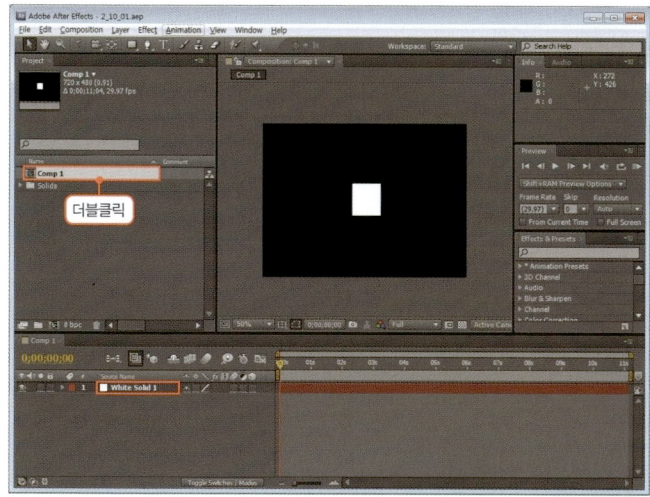

02 [Composition] 패널에서 레이어를 선택하고, 메뉴 바에서 [Window]-[Motion Sketch]를 선택하면 [Timeline] 패널 오른쪽에 [Motion Sketch] 패널이 나타납니다. Start Capture 버튼을 클릭한 후, [Composition] 패널에서 움직임을 줄 레이어를 마우스로 클릭하면 [Composition] 패널에서 레이어의 형태가 wire 형태로 바뀌고, 동시에 [Timeline] 패널의 Current Time Indicator (🔻)가 Play되어 움직입니다.

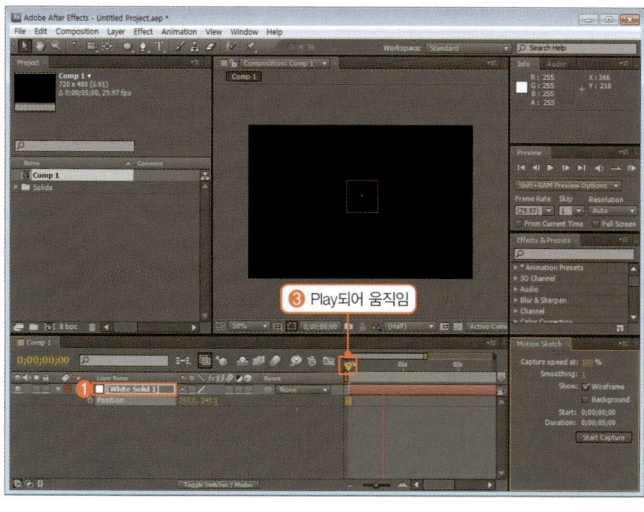

TIP Workspace에서 Animation 모드를 선택해서 [Motion Sketch] 패널을 보이게 할 수도 있습니다.

03 마우스를 떼지 않은 상태로 드래그하여 움직임을 만듭니다. 원하는 만큼 움직임을 만들었으면 마우스 클릭을 해제합니다. 마우스 클릭을 해제하면 Capture가 멈추게 되고, 마우스가 움직였던 모양대로 레이어가 움직인 것을 확인할 수 있습니다. Ram Preview 단축키인 숫자 키패드 [0]을 눌러 확인하여도 마찬가지입니다.

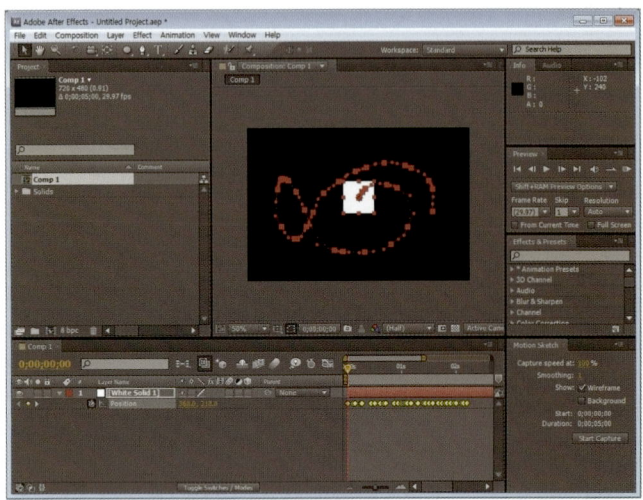

STEP 02 Smoother 적용하기

Motion Sketch로 애니메이션을 만들면, 자연스러운 움직임을 만들 수 있지만 키프레임들이 너무 많이 생성되는 문제가 생깁니다. 이 부분은 Smoother 기능을 이용해서 해결할 수 있습니다.

01 메뉴 바에서 [Window]−[Smoother]를 선택하면 [Timeline] 패널 오른쪽에 [Smoother] 패널이 나타납니다.

> **TIP** Workspace를 Animation으로 선택하여 [Smoother] 패널을 열수도 있습니다.

02 [Smoother] 패널의 Apply To 내림 버튼을 클릭하여 Spatial Path를 선택합니다. Temporal Graph 속성을 선택할 수 있습니다.

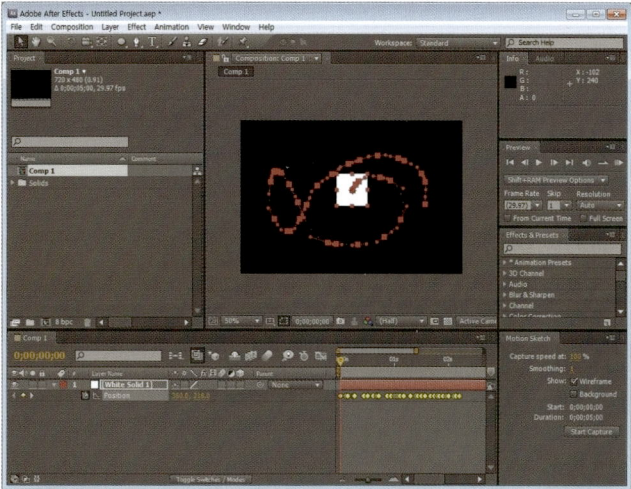

▲ smooth 적용 전

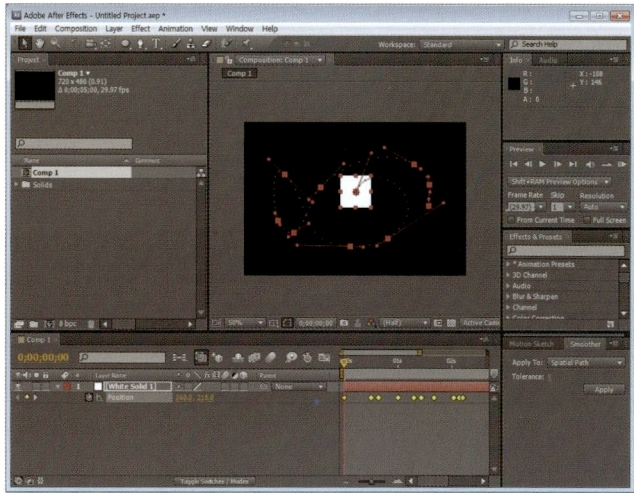

▲ smooth 적용

Special Note

[Smoother] 패널 살펴보기

❶ Position 키프레임일 경우에는 X, Y 축의 공간 속에 그 값이 있기 때문에 Spatial Path을 선택하면 되고, Opacity의 경우에는 시간적 개념인 Temporal Graph을 선택합니다.

❷ Tolerance 값은 키프레임 수가 적을 경우, 높은 값일수록 부드러운 애니메이션이 됩니다.

투명도 이야기

영상 합성 작업을 할 때, 투명도를 이용해서 많은 작업을
합니다. After Effects에는 이 투명도 작업을 효율적으로
도와주는 많은 기능이 있습니다. 투명도와 관련된 기능들
에 대해 자세히 살펴보겠습니다.

알파 채널

채널은 이미지를 구성하는 색상 정보를 가지고 있는 색상 채널과 특정 영역을 선택 영역으로 저장하는 알파 채널로 구성됩니다. 일반적으로 영상을 제작할 때 많이 언급되는 RGB가 색상 채널을 말하며, 알파 채널의 경우에는 이 채널에 필요한 선택 영역을 저장해서 합성 작업을 할 때 많이 이용합니다.

1 채널

색상 모드에는 RGB Color 모드와 CMYK Color 모드로 나뉘어지고, 방송 영상에서는 RGB Color 모드를 지원합니다. RGB 채널은 채널별로 빛의 3원색인 Red, Green, Blue의 색상 정보 값을 가지고 있습니다. [Composition] 패널 하단에 있는 Show Channel(🖼️) 버튼을 클릭하여 RGB 채널을 확인할 수 있습니다.

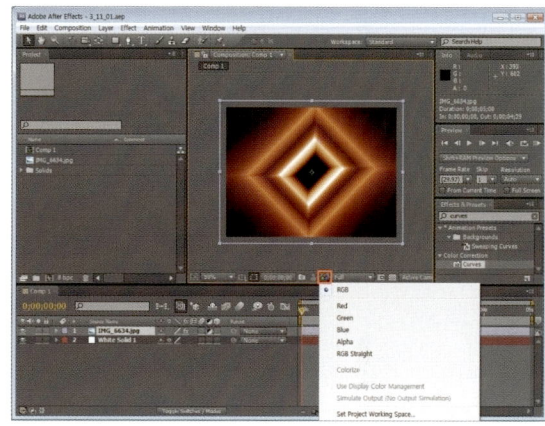

RGB 채널은 각 채널별로 각각의 고유한 색상이 정해져 있기에 [Composition] 패널 테두리의 라인 색상으로 현재 어떤 채널인지 쉽게 확인할 수 있습니다. [Composition] 패널 하단에 있는 Select view layout(1 View ▼) 내림 버튼을 클릭하여 [Composition] 패널을 4view로 설정하여, RGB 채널을 비교하면 보다 편리합니다.

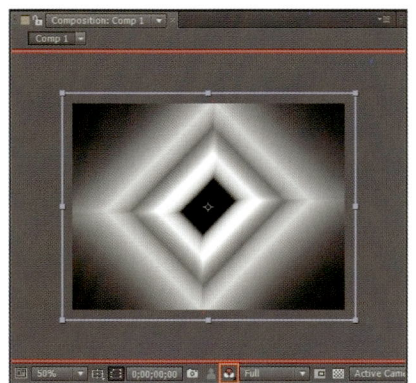

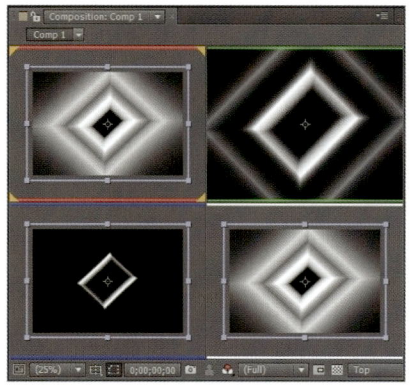

▲ 4view 설정

> **TIP 채널 단축키**
> - Alt + 1 : R
> - Alt + 2 : G
> - Alt + 3 : B
> - Alt + 4 : Alpha

[Composition] 패널에서 마우스 포인터가 위치하고 있는 곳의 RGB의 정보 값은 [Info] 패널에서 쉽게 확인할 수 있으며, R, G, B, A에서 A는 알파 값을 의미합니다.

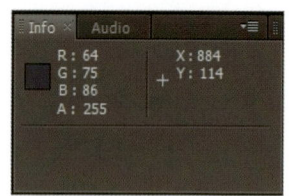

TIP 모니터에서 작업한 파일을 다른 곳에서 불러왔을 때 색이 매우 다르게 보여서 당황한 경우가 있습니다. 이런 때는 모니터의 캘리브레이션(Calibration)을 맞춰 Color Profile을 제대로 맞춰주어야 하나, 비용을 부담해야 하는 단점이 있습니다. 지금 작업하고 있는 색상이 정확한지 확인하려면 [Info] 패널에서 색상의 RGB 값을 체크하는 것이 정확합니다.

Special Note

일러스트레이터에서 색상 모드 확인하기

After Effects에서는 CMYK Color 모드로 작업된 파일을 불러올 수 없기 때문에, 일러스트레이터에서 작업 시에는 이 부분을 주의해서 작업해야 합니다. 일러스트레이터의 메뉴 바에서 [File]—[Document Color Mode]를 선택하여 CMYK Color로 선택되어 있다면 RGB Color로 변경합니다.

인터넷에서 다운받은 이미지 중에서 이미지 모드가 Lab 모드일 때는 불러올 수가 없습니다. 포토샵에서 RGB 모드로 변환한 후 불러옵니다.

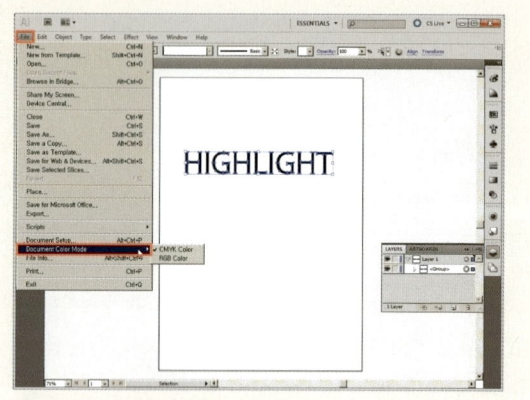

TIP 사진 촬영과 마찬가지로, 보통 Blue 채널에 노이즈가 많이 발생합니다. 이럴 경우에는 채널에 노이즈를 제거하기 위해 Blur를 적용해주면 이미지의 노이즈를 쉽게 제거해서 좋은 이미지를 표현할 수 있습니다.

2 알파 채널

RGB 채널에 하나 더 포함되어 있는 채널을 알파 채널이라고 부릅니다. 알파 채널에는 선택 영역에 대한 정보 값이 포함되어 있습니다. 이 채널 속의 선택된 영역을 이용해서 합성 작업을 하게 됩니다.

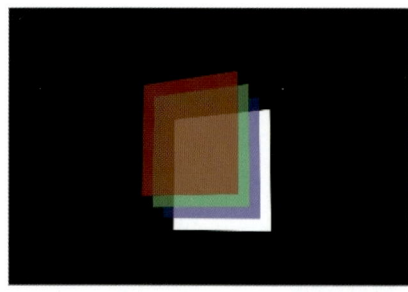

TIP 알파 채널을 저장할 수 있는 파일 포맷은 Targa 파일 포맷과 PNG 파일 포맷입니다.

After Effects에서 알파 채널을 저장하는 방법에 대해 알아보겠습니다. 우선, [Render Queue] 패널에서 Output Module의 Lossless를 클릭하여 [Output Module Settings] 대화상자가 나타나면 Format을 Targa Options을 선택한 다음, [Targa Options] 대화상자에서 32 bit/pixel을 선택하면 됩니다. 각 채널당 8비트의 색 정보량을 가지고 있기에 RGB 3채널은 24비트의 색 정보량을 가지고 있고, 알파 채널은 8비트가 추가되어 32비트가 되는 것입니다.

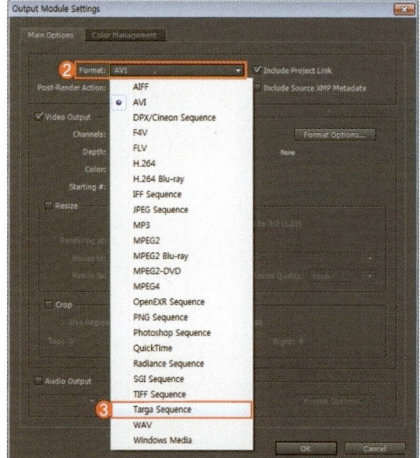

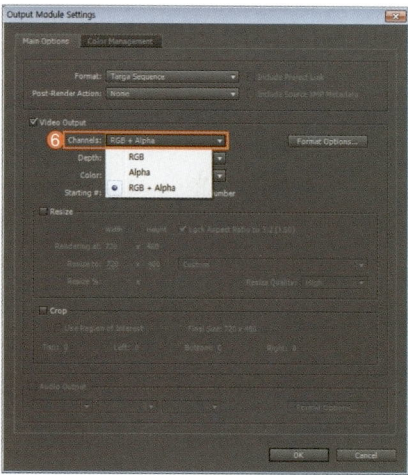

TIP 동영상 파일 포맷 중에 알파 채널이 포함될 수 있는 좋은 예는 Quicktime입니다.

마스크(Mask) 이해하기

마스크(Mask)는 레이어의 특정 범위를 정해서 그 부분을 제외한 나머지 부분을 투명하게 만드는 것으로, 전체 영역 중 특정한 범위만큼만 보이게 하는 기능입니다. 합성(Compositing) 작업이나 로토스코핑(Rotoscoping) 작업에서 많이 사용됩니다.

1 마스크 만들기

After Effects에서 마스크를 만들 때는 [Tool] 패널에서 Mask 툴인 Rectangle 툴(▢)이나 Pen 툴(✦)을 이용해서 마스크를 만드는 두 가지 방법이 있습니다.

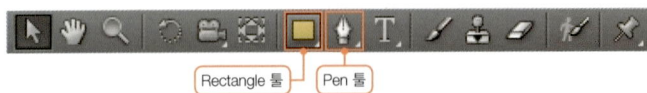

Rectangle 툴   Pen 툴

2 Mask 툴 이용하여 마스크 만들기

[Tool] 패널에서 Rectangle 툴(▢)(Q)을 선택하여 마스크를 만들어 보겠습니다. 마스크를 만들 때에는 항상 마스크를 적용할 레이어가 선택되어 있어야 합니다. 레이어를 선택하지 않고 그리면 적용할 레이어에 마스크가 생성되는 것이 아니라, 새로운 Shape Layer가 생성되므로 주의해야 합니다.

❶ Rectangle 툴(▢)

사각형의 마스크를 만듭니다. Shift 키를 누른 상태로 드래그하면 정사각형, 정원을 그릴 수 있습니다.

❶ 메뉴 바에서 [Composition]-[New Composition]을 선택하여 새로운 컴포지션을 만들고, [Layer]-[New]-[Solid...]를 선택하여 컴포지션과 동일한 Solid Layer를 만들어 Solid Layer에 마스크를 만들어 보겠습니다.

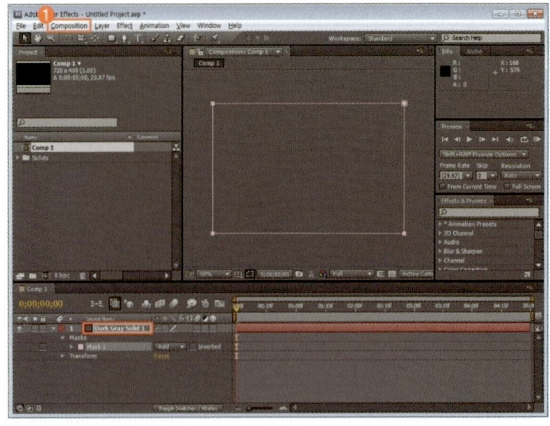

126 ● **Part 01** 애프터 이펙트의 핵심 기능 익히기

❷ [Tool] 패널에서 Rectangle 툴(▢)을 선택한 후, [Timeline] 패널에서 레이어를 선택하고, [Composition] 패널에서 원하는 위치에 클릭하고 오른쪽 하단으로 드래그하여 사각형 모양의 마스크를 만듭니다. 마스크 안쪽은 보이고 바깥쪽은 투명하게 됩니다. 마스크를 만들면 [Timeline] 패널에 마스크를 만든 레이어에 Mask 속성이 생성됩니다.

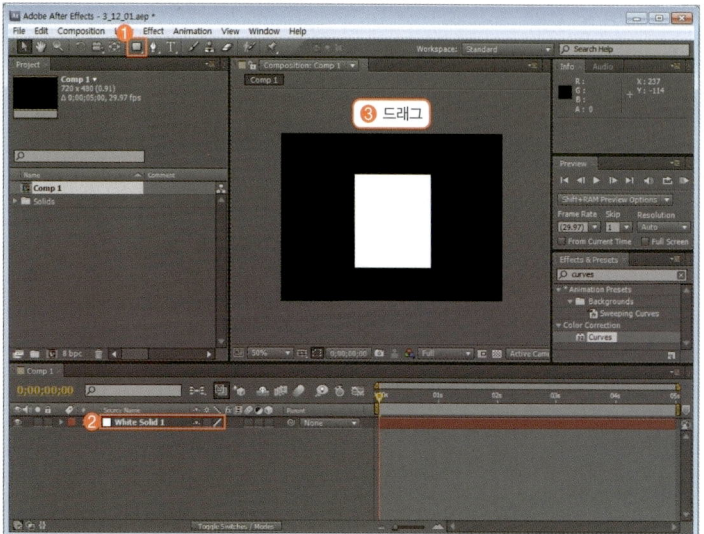

TIP 마스크 그리기가 끝나면 즉시 Bezier path로 변환됩니다. 마스크를 그리는 도중에 마스크의 위치를 이동하고 싶다면, 마우스를 드래그한 상태에서 스페이스 바를 누르고 위치를 이동할 수 있습니다.

TIP Rectangle 툴(▢)을 더블클릭하거나 메뉴 바에서 [Layer]-[Mask]-[New Mask](Ctrl + Shift + N)를 선택하면 레이어 전체에 마스크가 적용됩니다.

❷ Rounded Rectangle 툴(▢)

모서리가 둥근 사각형 마스크를 만듭니다. 마스크를 그릴 때, 방향키를 이용하면 사각형의 모서리 각의 정도를 조절할 수 있습니다.

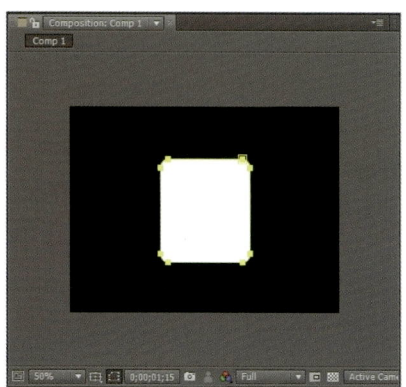

TIP 마스크 변형에 대한 보다 자세한 내용은 P.129의 Special Note 마스크를 변형하는 단축키 부분을 참고하세요.

❸ Ellipse 툴()

타원형 마스크를 만듭니다. 레이어를 선택한 상태에서 Mask 툴(◉)을 더블클릭하면 레이어의 사이즈에 맞는 마스크를 만들 수 있어서 비네팅 효과 등을 만들 때 편리합니다.

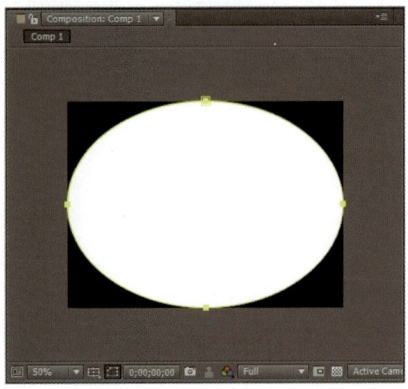

> **TIP** Rectangle, Rounded Rectangle, Ellipse를 그릴 때 왼쪽 위부터 그려지게 되는데, Ctrl 키를 누르게 되면 클릭한 점을 중심으로 그릴 수 있습니다.

❹ Polygon 툴(◉)

다각형 마스크를 만듭니다. 기본형은 오각형으로, Rectangle 툴과는 달리 클릭한 위치를 중심으로 다각형 마스크가 그려집니다. 그리고 다각형이 마우스의 움직임에 따라 회전하게 되는데 이때 Shift 키를 누르면 회전하지 않고 만들 수 있으며, 키보드의 방향키를 이용해서 꼭짓점의 개수를 조절할 수 있습니다.

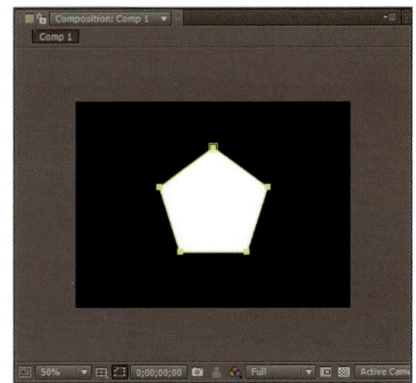

❺ Star 툴(⭐)

별 모양의 마스크를 만듭니다. 키보드의 방향키를 이용해서 별의 형태를 바꿀 수 있으며, 마스크를 그릴 때 Shift 키를 누르면 정 모양의 별을 그릴 수 있습니다.

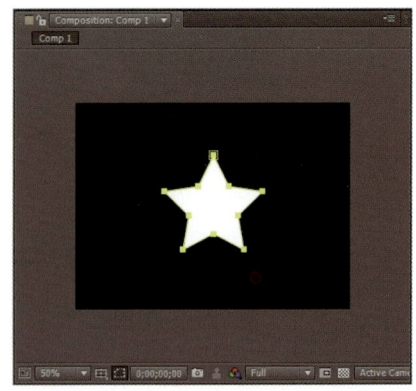

> **TIP** After Effects는 작업한 부분을 항상 마지막으로 기억하므로, 마스크의 형태를 다르게 적용할 경우 그 데이터가 남아 있어서 반복 작업을 할 때에는 편리하지만, 다른 형태를 만들어야 할 때는 불편할 수 있습니다. 그럴 때는 Mask 툴(■)을 더블클릭하거나 마스크를 선택한 상태에서 마우스 오른쪽 버튼을 클릭하여 [Mask]-[Reset Mask]를 선택하면 마스크의 모양이 기본 형태로 돌아옵니다.

Special Note

마스크를 변형하는 키보드 단축키

1. Rounded Rectangle 툴(■) 변형하기

꼭짓점 부분의 라운드를 조절하고 싶을 때는 마우스로 드래그하는 도중에 키보드의 방향키 중 ↑키를 누를 때마다 라운드가 점점 더 둥글어지고, ↓키를 누를 때마다 라운드가 각지게 됩니다. ←키를 한 번 누르면 각진 형태의 사각형 형태가 되고, →키를 한 번 누르면 매우 둥근 형태가 됩니다.

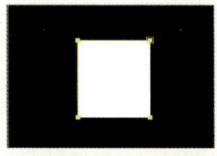 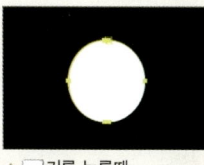 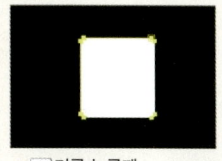 

▲ ←키를 누를때　　　▲ →키를 누를때　　　▲ ↓키를 누를때　　　▲ ↑키를 누를때

2. Polygon 툴(●) 변형하기

꼭짓점의 개수를 늘리고 싶을 때는 마우스를 떼지 않은 상태에서 키보드의 방향키인 ↑키를 클릭하고, ↓키를 클릭하면 꼭짓점의 개수가 줄어듭니다. ←키를 클릭할 때마다 모서리가 안쪽 중심으로 길이가 늘어나고, →키를 클릭할 때마다 바깥쪽으로 길이가 늘어납니다.

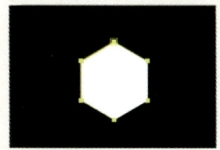 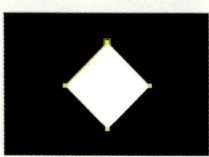 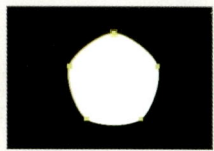 

▲ ↑키를 누를때　　　▲ ↓키를 누를때　　　▲ ←키를 누를때　　　▲ →키를 누를때

3. Star 툴(★) 변형하기

Star를 그릴 때 드래그한 상태에서 Ctrl키를 누르고 마우스를 움직여보면 Star의 outer radius를 조절할 수 있습니다. 이 기능을 이용하면 간단하게 꽃 모양을 만들 수 있습니다.

4. 정사각형 · 정원 그리기

Shift키를 누른 상태로 드래그하면 정사각형, 정원을 그릴 수 있습니다.

하지만 컴포지션 설정이 NTSC DV로 되어 있을 경우에는 가로세로 비율이 0.91이기 때문에 정사각형을 그렸더라도 정사각형처럼 보이지 않습니다. 그럴 경우에는 [Composition] 패널에 있는 Toggle Pixel Aspect Ratio Correction(■) 버튼을 클릭합니다. 모니터 화면에서 Toggle Pixel Aspect Ratio Correction(■)이 보이지 않을 때에는 [Project] 패널의 크기를 줄이고 [Composition] 패널을 늘려서 보이게 하기 바랍니다.

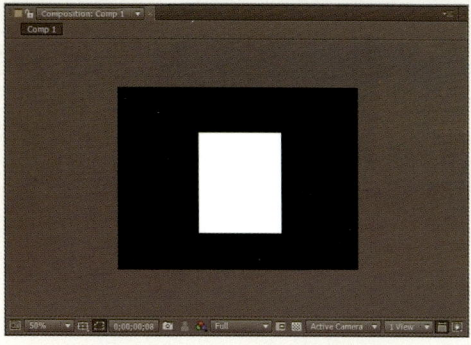

3 마스크 수정하기

마스크를 수정할 때는 [Tool] 패널에서 Selection 툴(🔧)(V)을 선택한 후, [Composition] 패널에서 마스크 아웃라인을 더블클릭하거나, 마우스 오른쪽 버튼을 클릭하여 [Mask and Shape Path]-[Free Transform Points](Ctrl+T)를 선택하여 마스크 전체 형태를 자유롭게 수정할 수 있습니다.

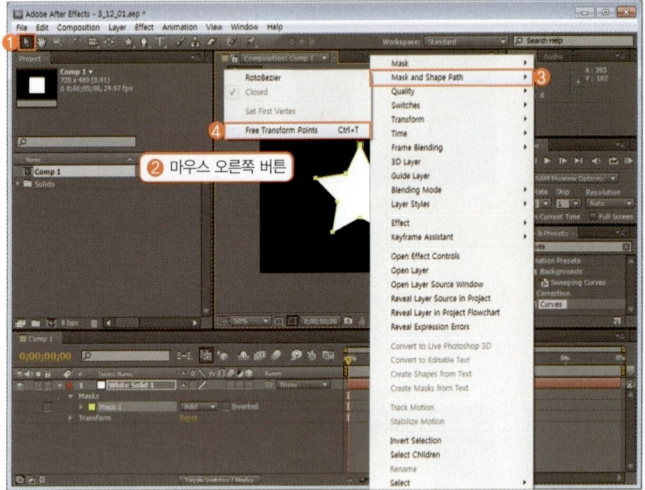

8개의 작은 점에 마우스를 가지고 가면 마우스 형태가 바뀝니다. 마우스 형태에 따라서 마스크의 Scale 또는 Rotate 수정이 가능합니다. 크기나 위치를 조절한 후에 Enter 키를 누르면 Free Transform Points가 해제됩니다.

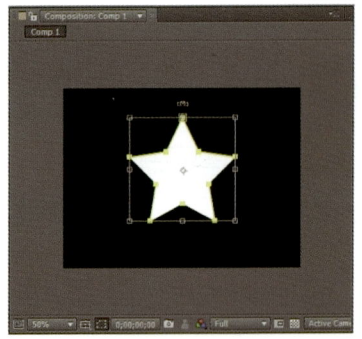 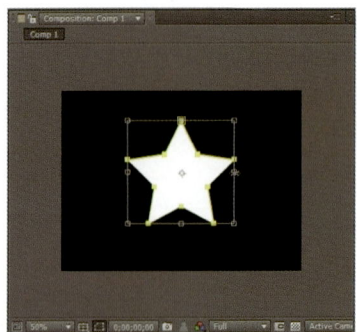 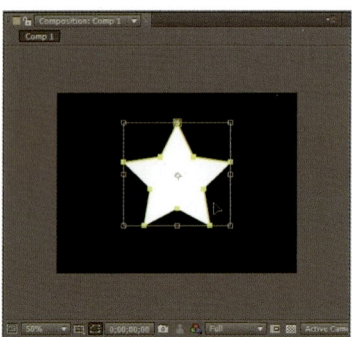

마스크에 설정값을 적용하여 수정할 수도 있습니다. 마스크를 선택한 후 마우스 오른쪽 버튼을 클릭하여 [Mask]-[Mask Shape]를 선택하거나 메뉴 바에서 [Layer]-[Mask]-[Mask Shape](Ctrl+Shift+M)를 선택하여 [Mask Shape] 대화상자에서 Top, Left, Right, Bottom의 값을 설정하여 형태를 수정할 수 있습니다.

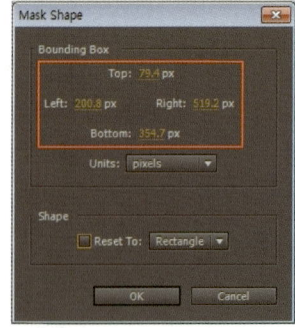

마스크를 만들면 마스크의 모든 정점이 선택되어 있습니다. [Timeline] 패널에서 마스크가 적용된 레이어를 선택하거나 Selection 툴(🔺)을 선택하고 [Composition] 패널의 빈 영역을 클릭하여 선택된 마스크의 정점을 해제하면, 각 정점을 개별적으로 선택하여 변형할 수 있고, Shift 키를 이용하여 다수의 정점을 선택해서 위치나 곡률을 변형할 수 있습니다.

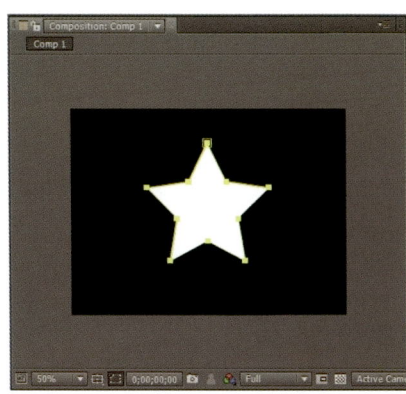 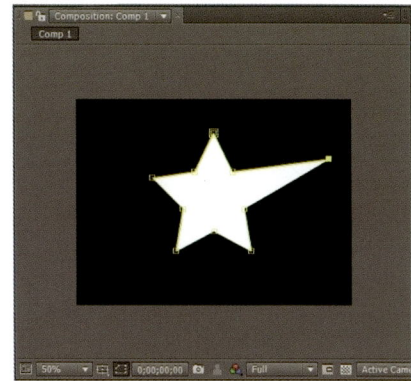

TIP 마스크는 Shape Layer와는 달리, 마스크를 만든 다음에 정점 수를 조절하거나 코너를 둥글게 수정하는 것이 되지 않습니다.

4 마스크 삭제하기

[Timeline] 패널에서 레이어의 속성 중 삭제할 마스크를 선택하고 Delete 키를 누르거나, [Composition] 패널에서 마스크를 선택하고 Delete 키를 누릅니다. 또는, 마우스 오른쪽 버튼을 클릭하여 [Mask]− [Remove Mask]를 선택해서 마스크를 삭제할 수 있다.

마스크를 모두 삭제하고 싶을 때에는 [Layer]−[Mask]−[Remove All Masks]를 선택하거나, 마우스 오른쪽 버튼을 클릭하여 [Mask]−[Remove All Masks]를 선택합니다.

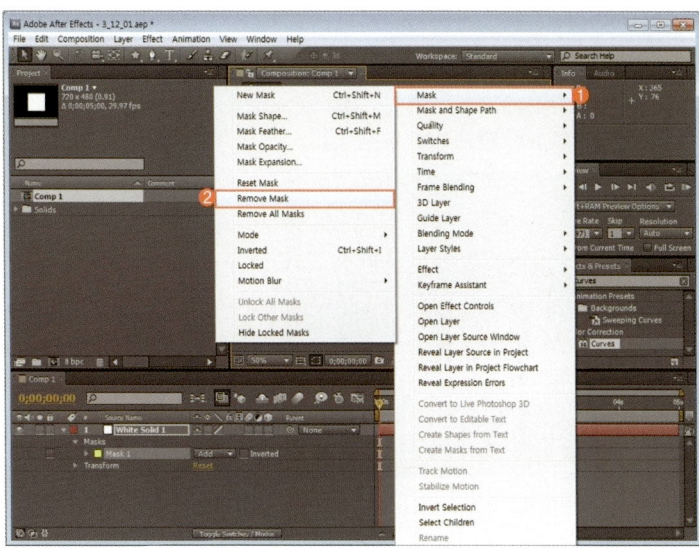

 Special Note

마스크 자유자재로 다루기

1. 마스크 아웃라인 색상 변경하기

마스크의 기본 색상은 노란색입니다. 마스크를 적용한 이미지나 영상이 밝아 마스크 아웃라인이 잘 보이지 않을 때에는 색상을 변경합니다.

- [Timeline] 패널에서 마스크 속성의 왼쪽에 있는 노란 사각형 부분을 클릭해서 색상을 바꿔줍니다.

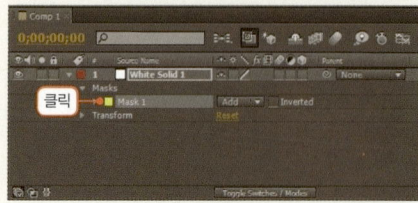

▲ 노란 사각형을 클릭해서 변경하기

- 매번 색상을 변경하기 번거로울 때는 메뉴 바에서 [Edit]-[Preferences]-[Appearance]를 선택하여 나타나는 [Preferences] 대화상자에서 Cycle Mask Colors 체크 표시를 하면, 마스크를 생성할 때마다 마스크의 색상이 랜덤하게 설정됩니다.

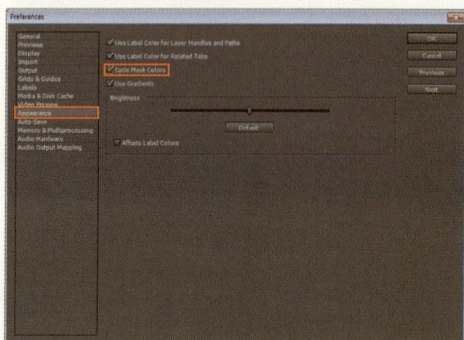

▲ Preference 옵션에서 변경하기

2. 마스크의 아웃라인 숨기기

마스크를 그려서 완성한 작업물을 볼 때 마스크의 아웃라인 때문에 잘 보이지 않는 경우가 있습니다. 그럴 때는 [Composition] 패널에서 Toggle Mask and Shape Path Visibility button(🔲) 버튼을 클릭하면 마스크의 아웃라인이 보이지 않게 되고, 한 번 더 클릭하면 마스크의 아웃라인이 다시 나타납니다.

▲ (🔲) 버튼 클릭 전   ▲ (🔲) 버튼 클릭 후

3. 마스크가 적용되어 보이지 않는 부분 보이게 하기

마스크 작업을 할 때 이미 마스크가 적용되어 보이지 않는 부분에 새로운 마스크를 만들어야 하는 경우에는 [Timeline] 패널에서 레이어를 더블클릭하여 [Layer] 패널을 열고, View에서 Masks를 선택하고 Render에 체크 해제합니다.

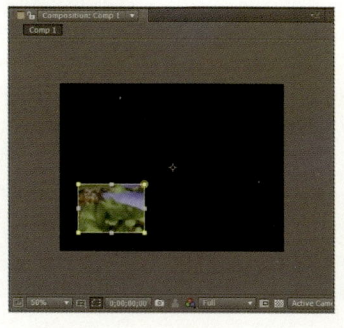

4. 마스크 움직이기

[Timeline] 패널에서 레이어의 마스크 속성을 선택하고 키보드의 방향키를 누르면 픽셀 단위로 이동합니다. Shift 키를 누른 상태에서 방향키를 클릭하면 10pixel씩 이동합니다.

5 마스크 속성 알아보기

레이어에 마스크를 만들면 마스크 속성들이 나타납니다. 마스크 속성의 종류와 기능을 살펴보겠습니다.

❶ **Mask Path** : 마스크를 만든 형태(Path)에 애니메이션을 줄 수 있어서 마스크 형태를 변형할 수 있습니다.

❷ **Mask Feather**(Shift + F) : 마스크의 경계선을 부드럽게 해 주는 기능입니다. 메뉴 바에서 [Layer]-[Mask]-[Mask Feather](Ctrl + Shift + F)를 선택하면 설정 값을 직접 설정할 수 있고, Constrain Prportions(🔗)의 체크를 해제하면 horizontal(수평), vertical(수직)의 Feather 값을 다르게 적용할 수 있습니다.

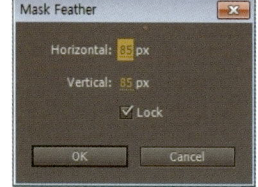

▲ Mask Feather가 적용

❸ **Mask Opacity** : 마스크로 선택된 영역의 불투명도를 조절하는 기능입니다. 레이어의 Opacity와 같은 결과를 보여주고, 여러 개의 마스크에 각각의 Opacity를 다르게 줄 때 많이 사용합니다.

▲ Mask Feather가 적용

❹ **Mask Expansion** : 마스크 영역을 확장, 축소시켜 주는 기능입니다.

▲ 마스크 영역 확대

▲ 마스크 영역 축소

❺ **Inverted** : 마스크가 적용된 부분을 반전시켜 주는 기능입니다.

▲ Inverted 적용 전 이미지

▲ Inverted 적용 후 반전

6 마스크 모드(Mode) 알아보기

마스크에도 레이어처럼 모드가 있습니다. 마스크 모드는 마스크의 영역을 지정하는 것으로, 기본은 Add로 설정되어 있습니다.

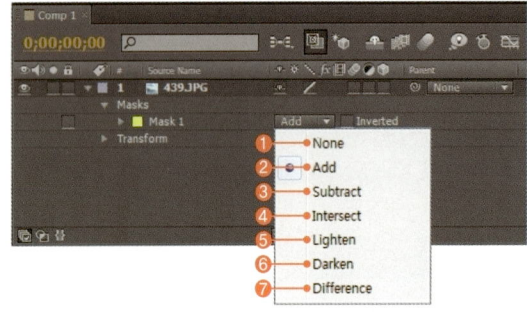

▲ 마스크 모드 세부 메뉴

❶ **None** : 마스크의 역할을 하지 않습니다. 레이어에 마스크의 형태를 직접 표현하지 않고, 이펙트에서 마스크는 보이지 않게 하고, 마스크의 Path만을 사용하고자 할 때 이용됩니다.

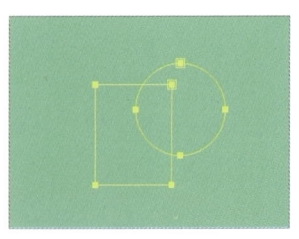

▲ None

❷ **Add** : 마스크가 적용된 영역들을 합쳐서 보여주는 기능입니다. 마스크가 두 개일 경우 두 개의 마스크 모두 Add로 설정하면, 마스크 영역을 모두 보여 줍니다.

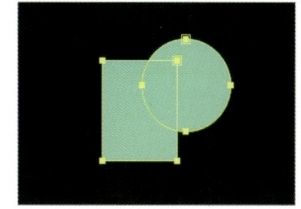

▲ Add

❸ **Subtract** : 마스크가 적용된 영역을 제외하고 보여주는 기능으로, 반대 영역을 보여줍니다. 예를 들어 두 개의 마스크가 서로 겹쳐 있을 경우 마스크 한 개는 Add이고, 다른 한 개는 Subtract 이면, 겹쳐진 부분이 보이지 않게 되고, 두 개의 마스크 모두가 Subtract이면 마스크가 적용된 반대 영역을 보여주는 효과를 나타냅니다.

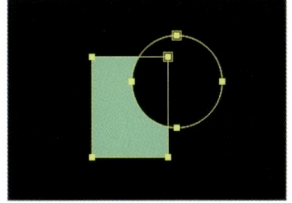

▲ 한 개의 마스크만 Subtract일 경우

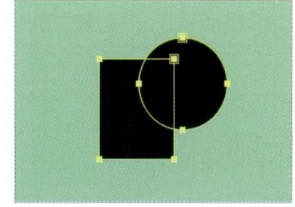

▲ 두 개의 마스크가 Subtract일 경우

❹ **Intersect** : 두 개의 마스크가 서로 겹치는 영역만 보이게 해줍니다.

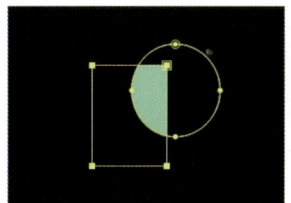

▲ Intersect

❺ **Lighten** : Add와 마찬가지로 마스크가 적용된 영역을 보여 주지만 마스크가 겹치는 영역을 색 차이로 나타내 줍니다. 마스크 두 개 중 마스크 한 개의 Opacity 값이 100%가 아닌 경우, 교집합이 되는 부분이 Opacity 값에 따라서 다르게 나타납니다. 마스크 두 개 중 Opacity 값이 높은 마스크의 수치 값이 교집합에 적용됩니다.

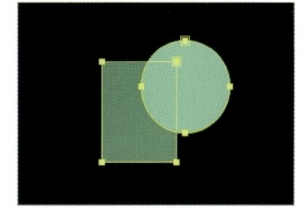

▲ Lighten

❻ **Darken** : Intersect와 같이 교차한 영역만 보여주지만, Opacity 값이 낮은 값의 투명도가 교집합의 투명도가 됩니다.

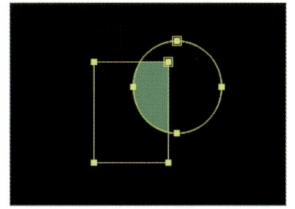

▲ Darken

❼ **Difference** : 두 개의 마스크가 겹쳐지지 않은 영역만 보여줍니다.

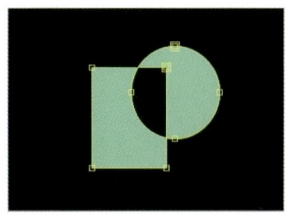

▲ Difference

7 Pen 툴 이용하여 마스크 만들기

Pen 툴(🖊)(G)을 사용하여 마스크 모양을 자유롭게 그릴 수 있습니다.

❶ **Pen 툴** : 패스를 만듭니다.
❷ **Add Vertex 툴** : 마스크나 패스에 정점을 추가합니다.
❸ **Delete Vertex 툴** : 마스크나 패스에 정점을 삭제합니다.
❹ **Convert Vertex 툴** : 정점을 Linear로 하거나 Bezier 형태로 바꿔줍니다.

1. 패스(Path)

패스(Path)는 선분과 정점으로 구성되며, 선분은 정점을 연결하는 선이나 곡선을 의미합니다. 정점이나 각 정점의 방향선(또는 접선) 끝에 있는 방향 핸들 또는 패스 선분을 드래그하여 패스 모양을 변경할 수 있습니다.

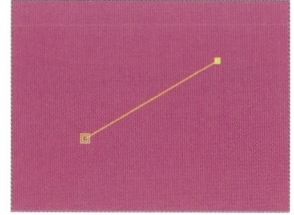

2. 패스(Path) 그리기

[Tool] 패널에서 Pen 툴(🖊)(G)를 선택하면, 마우스 포인터가 펜 모양으로 바뀝니다. 마우스로 [Composition] 패널을 클릭하면 사각 점이 나타나고, 위치를 이동해서 한 번 더 클릭하면 직선 형태의 마스크 패스를 그릴 수 있습니다.

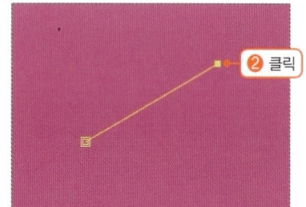

곡선 패스를 그리고 싶을 때에는 마우스를 클릭하여 점을 추가하고 위치를 이동한 후 한 번 더 클릭하고 드래그해서 패스를 만듭니다.

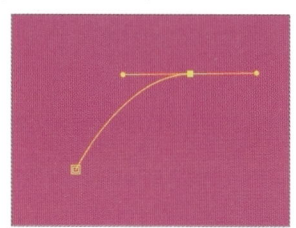

3. 패스(Path) 닫기

패스에는 열린 패스와 닫힌 패스가 있습니다. 열린 패스는 시작점과 끝점이 만나지 않은 상태이고, 닫힌 패스는 시작점과 끝점이 만나서 완전한 형태를 이룬 상태입니다. 닫힌 패스 상태에서만 투명도가 생깁니다. Pen 툴(🖊)을 이용해서 마스크 영역을 그릴 때, 패스를 다 그리면 마지막에 시작점을 다시 한 번 클릭해야만 닫힌 패스가 되어 패스 영역 안쪽만 남기고 나머지 부분이 투명하게 되어 마스크 영역이 완성됩니다.

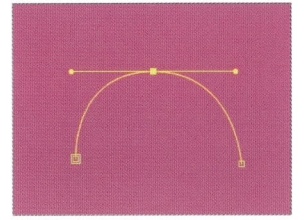
▲ 열린 패스

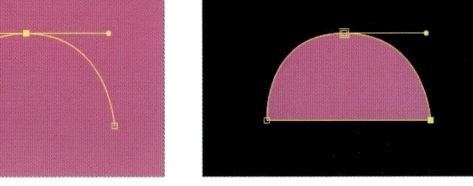
▲ 닫힌 패스

TIP 마지막에 시작 점을 선택하지 않으면 열린 패스 상태가 되며, 마우스를 시작 점으로 가져가면 마우스 포인터 모양이 바뀝니다.

열린 패스를 닫힌 패스로 바꾸는 다른 방법은 [Timeline] 패널에서 레이어에 적용된 마스크 속성을 선택하고, 마우스 오른쪽 버튼을 클릭한 후 [Mask and Shape Path]-[Closed]를 선택하여 Closed를 적용하면 시작점과 끝점을 자동으로 연결하여 영역을 닫아주기 때문에 마스크 영역이 완성됩니다.

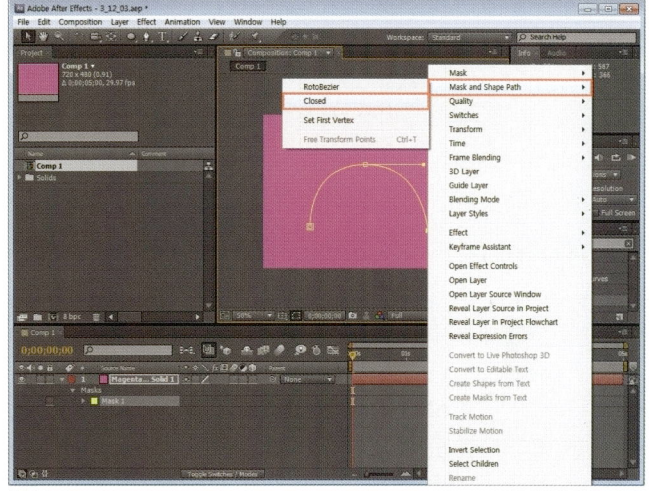

TIP 정점 이동 : Pen 툴(▮)을 이용해서 마스크를 그릴 때, Ctrl 키를 누르면 마우스 포인터가 Selection 툴(▮)로 바뀌어서 정점 이동을 할 수 있습니다.

TIP 패스를 그리다가 끊겼을 경우 : Selection 툴(▮)로 마지막 점을 선택하고, Pen 툴(▮)을 선택한 다음 다시 그리면 됩니다.

4. 패스(Path) 변형하기

Pen 툴(▮)을 선택한 상태에서 Alt 키를 누르면 마우스 포인터 모양이 Convert Vertex Point(▮)로 바뀝니다. 이 Convert Vertex Point(▮)인 상태로 정점을 클릭하면, 마스크의 정점이 각진 상태일 때는 정점을 부드럽게 만들어주고, 부드러운 상태일 때는 각진 형태로 만들어 줍니다.

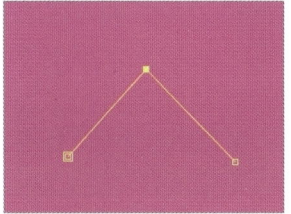

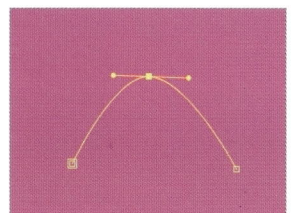

부드러운 정점의 연속적 핸들(한쪽의 핸들이 움직이면 반대편 핸들이 같이 움직임)을 해제하려면, 하나의 핸들을 클릭하고 드래그하면 됩니다. 핸들의 연속성을 다시 되돌리려면 Pent 툴(▮)일 때, Alt 키를 누른 상태로 정점을 클릭합니다.

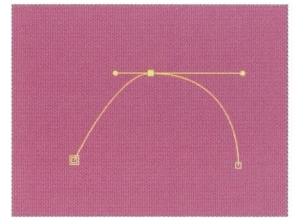

Pen 툴 모드 변경하기

• Pen 툴(🖊) 모드에서 작업을 하면서, Path에 마우스를 가져가면, 자동
으로 마우스 포인터 모양이 Add Vertex 툴(🖊) 모드로 바뀝니다.

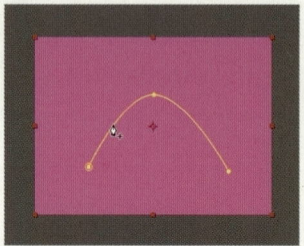

• Pen 툴(🖊) 모드에서 사각 점에 마우스를 가져가면 마우스 포인터가
Delete Vertex 툴(🖊) 모드로 바뀝니다.

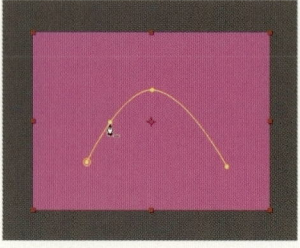

• Pen 툴(🖊) 모드에서 점에 마우스를 가져가서 [Alt]키를 누르면 Convert Vertex 툴(📐) 모드로 바뀝니다.

• 패스도 마스크와 마찬가지로 [Layer] 패널에서 View의 내림 버튼을 클릭하여 Masks를 선택하고 Render에 체
크를 해제하면 패스로 인해 가려져서 보이지 않는 이미지가 보이게 되어 작업이 편리해 집니다.

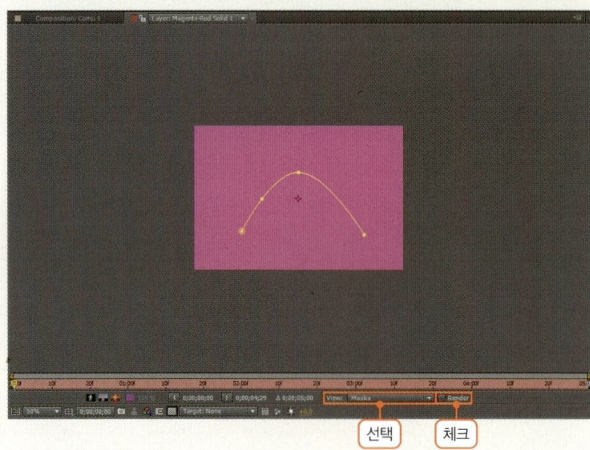

선택   체크

Shape Layer

Shape Layer는 벡터 기반의 레이어로 기본적으로 Shape(모양)은 Path, Stroke 및 Fill로 구성되며, 애니메이션 적용이 가능합니다.

1 Shape Layer 이해하기

[Timeline] 패널에서 레이어를 선택하지 않고, Rectangle 툴(▣)이나 Pen 툴(✎)로 그리면 Shape Layer가 만들어집니다.

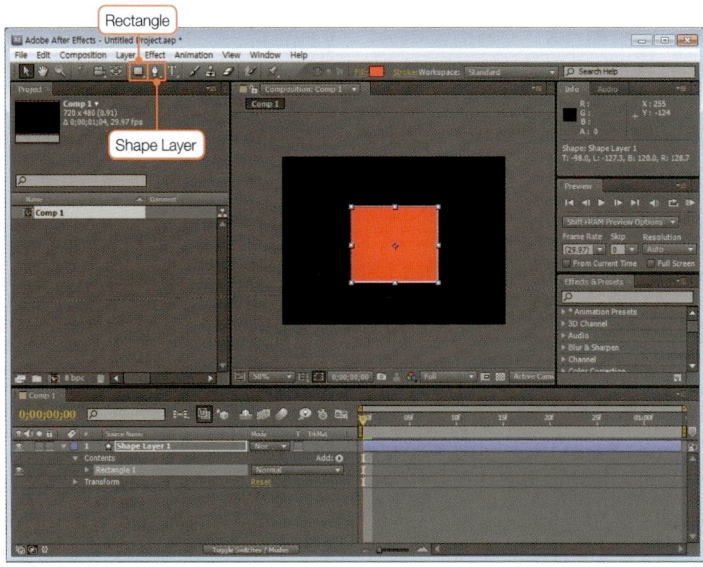

Shape Layer가 선택되어 있는 상태에서 Rectangle 툴(▣)을 선택하고, [Tool] 패널에서 새로운 Shape Path를 만들 것인지, 아니면 Shape Layer에 마스크를 만들지 선택해야 합니다. Shape Layer는 기본적으로 Fill에는 빨간색, Stroke에는 흰색 선으로 설정되어 있으며, 적용되는 색상과 Stroke는 [Tool] 패널에서 수정할 수 있습니다.

[Fill/Stroke Options] 대화상자 알아보기

1. [Fill Options] 대화상자

[Tool] 패널 오른쪽에 나타나는 Fill과 Stroke는 셰이프를 그리는 데 중요한 역할을 합니다. Fill을 클릭하면 [Fill Option] 대화상자가 나타납니다.

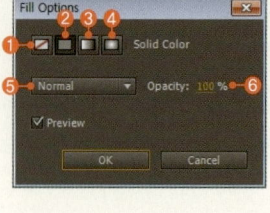

❶ **None** : Solid Color에서 Fill을 None을 선택하면 Stroke만 있는 Shape Layer가 만들어집니다.

❷ **Solid Color** : 단색으로 색을 채웁니다.

❸ **Linear Gradient** : 선형 그러데이션을 적용합니다.

❹ **Radial Gradient** : 방사형 그러데이션을 적용합니다.

❺ **Blend Mode** : 합성 모드를 선택합니다.

❻ **Opacity** : 투명도를 지정합니다.

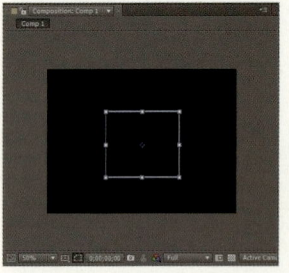

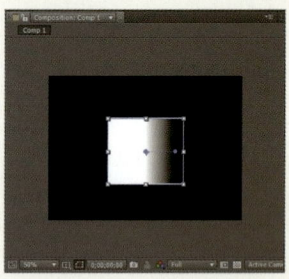

▲ None   ▲ Linear Gradient   ▲ Radial Gradient

2. [Stroke Options] 대화상자

Stroke도 Fill과 마찬가지로 적용할 수 있습니다.

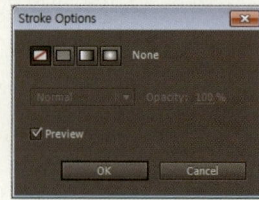

> **TIP** Rectangle 툴(■)로 도형을 만들 때, 기본 모양으로 되돌리고 싶을 때에는 [Tool] 패널에서 Rectangle 툴(■)을 더블클릭합니다.

마스크 활용하기

After Effects의 Path 툴이나 Mask 툴 외에 다른 기능들을 이용해서 투명도를 만드는 방법에 대해 알아보겠습니다.

1 RotoBezier

Pen 툴(🖋)을 이용해서 이미지 및 동영상의 로토스코핑 작업을 하면 핸들을 이용하여 작업을 해야 하는 번거로움이 있습니다. 하지만 RotoBezier에 체크 표시를 하면 핸들러를 사용하지 않고 손쉽게 로토스코핑을 할 수 있습니다.

체크 표시

● **필수예제** ● RotoBezier 이용하여 로토스코핑하기

01 메뉴 바에서 [File]-[Open Project] (Ctrl+O)를 선택하여 [부록CD\Sample\ Part01\Ch03\RotoBezier\3_13_01.aep] 파일을 불러옵니다.

Chapter 03 투명도 이야기 ● 141

02 [Tool] 패널에서 Pen 툴(펜)을 선택하면 [Tool] 패널 오른쪽에 Pen 툴(펜)과 관련된 옵션이 나타납니다. 그 중에서 RotoBezier에 체크 표시를 하면, 이제 Pen 툴(펜)로 패스를 그려도 핸들러를 사용할 필요가 없습니다.

03 [Composition] 패널에 있는 이미지의 테두리에 Pen 툴(펜)을 이용해서 패스를 그려보겠습니다. [Timeline] 패널에서 패스 작업을 할 '359.jpg' 레이어를 선택하고, 처음 시작하는 위치를 클릭하여 시작 점을 만들고 그 다음 위치를 클릭하여 점을 만듭니다. 계속 점을 만들어 이어가면서 곡선이 자연스럽게 만들어지도록 패스를 만듭니다.

> **TIP** 패스를 그릴 때 점의 위치를 잘못 선택했을 때에는 마우스를 떼지 않고 클릭한 상태로 움직이면 점의 위치를 이동할 수 있습니다.

04 패스의 방향을 바꾸면서 그려야 할 때는 패스가 자연스럽게 연결되지 않을 때가 있습니다. 이럴 때에는 점에 마우스를 가져가면 마우스 포인터 모양이 바뀌게 되고, 이 상태에서 RotoBezier의 곡선을 부드럽게 나타내는 tension 값을 바꿀 수가 있습니다.

▲ 패스가 자연스럽게 되지 않은 상태　　　　　　　　▲ tension 값을 바꿀 수 있는 마우스 상태

05 점을 선택하고, 마우스를 왼쪽으로 드래그하여 tension 값을 '100%'로 설정합니다. 오른쪽에 있는 [Info] 패널에서 tension 값이 바뀌는 것을 확인할 수 있습니다.

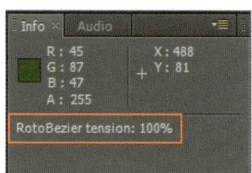

06 tension 값이 100%이기 때문에 다음 위치에 점을 찍으면 직선 형태로 패스가 생깁니다. 그 다음에 찍을 점은 tension 값을 '30%'로 설정하여 패스를 그리면 곡선 형태로 패스가 만들어집니다.

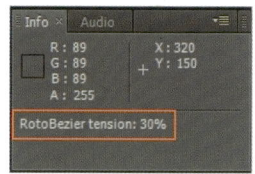

TIP 이미 그려진 정점의 tension 값을 바꾸고 싶을 때에는 Pen 툴(🖊)을 선택한 상태에서 마우스를 tension 값을 바꾸고 싶은 사각 점에 가져
간 후 Alt 키를 누르면 커서의 모양이 바뀌면서 tension 값 조절할 수 있습니다.

TIP After Effect는 사용 설정 값을 저장하기 때문에 RotoBezier가 체크되어 있으면, 다음에 작업할 때에도 RotoBezier 상태로 나타나므로 주
의하기 바랍니다.

▶ 완성예제 : 부록CD\Sample\Part01\Ch03\RotoBezier\3_13_01.final.aep

2 Auto-trace

Auto-trace는 트레이싱 용지를 이용해서 이미지를 따라 그리듯이 After Effects가 이미지 혹은 영상의 외곽을 추적하여 자동으로 트레이싱 해주는 기능입니다. 예제를 통해 자세히 알아보도록 하겠습니다.

01 메뉴 바에서 [File]-[Open Project](Ctrl+O)를 선택하여 [부록CD\Sample\Part01\Ch03\Auto_trace\3_13_02 Auto_trace.aep] 파일을 불러옵니다.

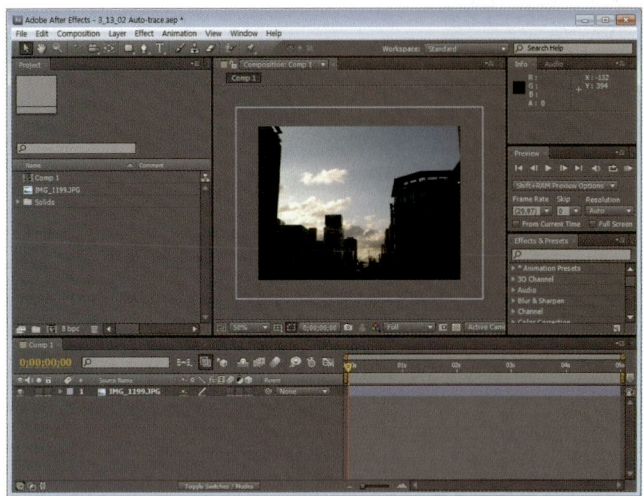

02 외곽선을 추출할 레이어를 선택하고, 메뉴 바에서 [Layer]-[Auto-trace]를 선택하면 [Auto-trace] 대화상자가 나타납니다.

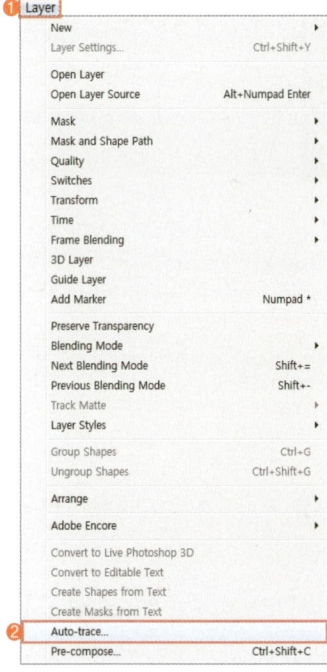

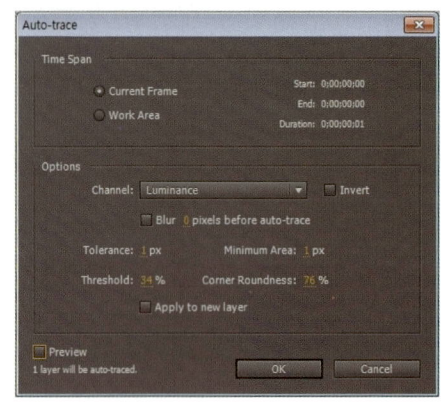

TIP Threshold는 추적할 영역의 픽셀 범위를 정해주는 기능을 합니다.

03 Auto-trace가 추적하는 방식은 영상의 채널 값을 이용하는 것입니다. Threshold 값을 '34%'로 설정하고, Apply to new layer에 체크 표시하여 [OK] 버튼을 눌러 새로운 레이어에 Auto-trace를 적용합니다.

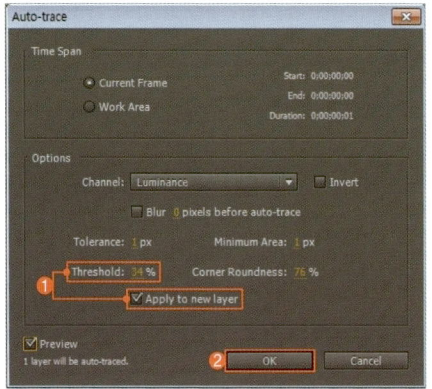

Threshold : 34% | **Apply to new layer** : 체크 표시

04 [Timeline] 패널에 새로운 레이어가 생성되고, 레이어 속성을 열어 보면 마스크가 적용되고 Auto-trace되었습니다.

▶ 완성예제 : 부록CD\Sample\Part01\Ch03\Auto_trace\
3_13_02 Auto_trace_final.aep

TIP [Auto-trace] 대화상자에서 Work Area로 설정할 경우에는 이미지들을 추적해서 연산하는 시간이 오래 걸리므로 주의해서 작업하기 바랍니다.

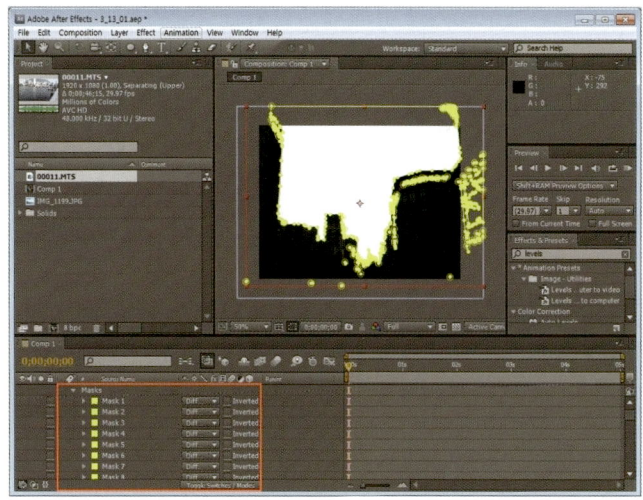

Special Note

마스크 색상 변경하기

Auto-trace를 하면 각 외곽선마다 마스크가 생성되는데, 마스크의 색상이 모두 동일하여 [Timeline] 패널에서 선택하기가 쉽지 않습니다. 그럴 때에는 [Edit]-[Preferences] 선택하여 Appearance 탭에서 Cycle Mask Colors에 체크 표시하여 Auto-trace를 하면, 각 마스크가 다른 색상으로 나타나서 편리합니다.

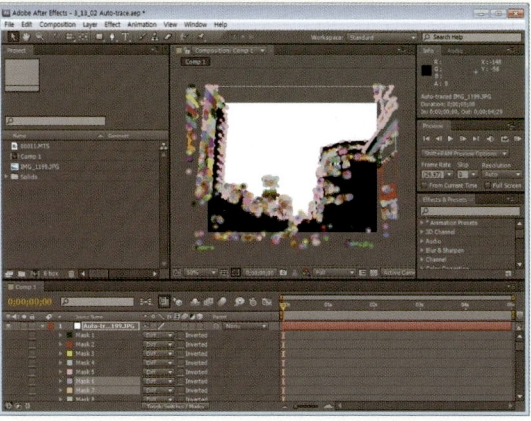

[Auto-trace] 대화상자 알아보기

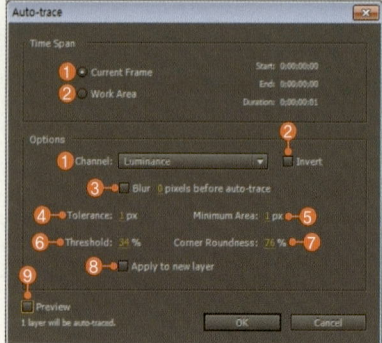

Time Span

Auto-Trace를 하는 시간적 범위를 정합니다.

❶ **Current Frame** : 현재 선택된 프레임 1장에만 적용합니다.

❷ **Work Area** : 동영상일 경우, 지정된 Work Area 영역만큼 연산합니다.

Options

❶ **Channel** : 외곽 이미지를 어떤 형식으로 추적할 것인지를 여기에서 정하고, 기본값은 Luminance입니다. 알파 채널이 있는 이미지나 영상은 Alpha를 선택하면 됩니다.

❷ **Invert** : 반전됩니다.

❸ **Blur** : 추적 결과를 생성하기 전에 원본 이미지를 흐리게 합니다.

❹ **Tolerance** : 추적된 패스가 채널 윤곽선에서 벗어날 수 있는 거리(픽셀)입니다.

❺ **Minimum Area** : 원본 이미지에서 추적하게 될 가장 작은 영역을 지정합니다.

❻ **Threshold** : 픽셀이 가장자리의 일부로 간주되도록 하기 위해 해당 픽셀의 채널이 가져야 하는 값(백분율)을 지정합니다.

❼ **Corner Roundness** : 정점의 마스크 곡선 원형률을 지정합니다

❽ **Apply to new layer** : 추적해서 만드는 마스크를 새로운 레이어에 적용합니다.

❾ **Preview** : 미리보기합니다. 대화상자에서 Preview를 체크한 다음, 설정 값을 바꾸면 [Composition] 패널에서 어떻게 작업이 될지 미리 확인할 수 있습니다.

3 텍스트를 마스크 만들기

텍스트를 마스크나 Shape로 만들어서 형태를 변형하거나 애니메이션을 줘야 할 경우가 있습니다. 이럴 때 텍스트의 외곽선을 쉽게 추출해서 마스크나 Shape Layer를 만들 수 있습니다.

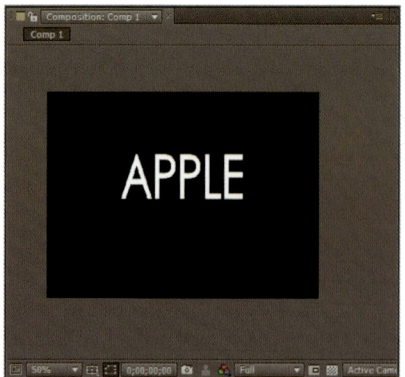
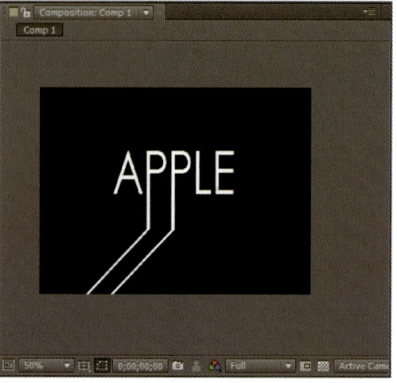

01 메뉴 바에서 [File]−[Open Project](Ctrl +O)를 선택하여 [부록CD\Sample\Part01\ Ch03\Extract_shape\3_13_03 text.aep] 파일 을 불러옵니다. Text Layer가 하나 있습니다.

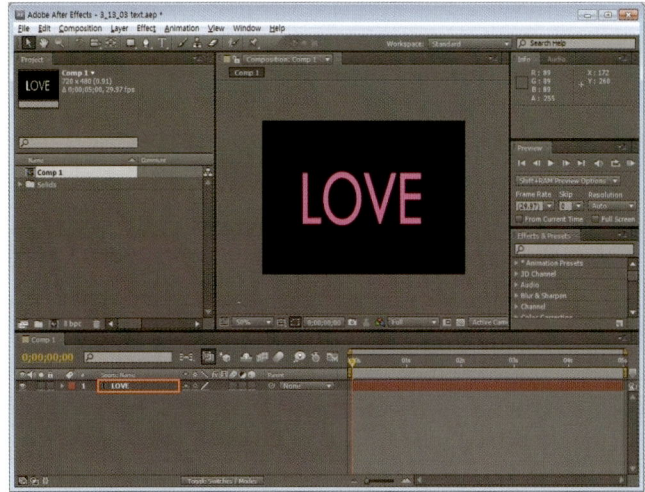

02 [Timeline] 패널에서 'Love' 레이어를 선택한 후, 메 뉴 바에서 [Layer]−[Create Shapes from Text]를 선택 하거나, 레이어를 선택하고 마우스 오른쪽 버튼을 클릭하 여 [Create Shapes from Text]를 선택합니다.

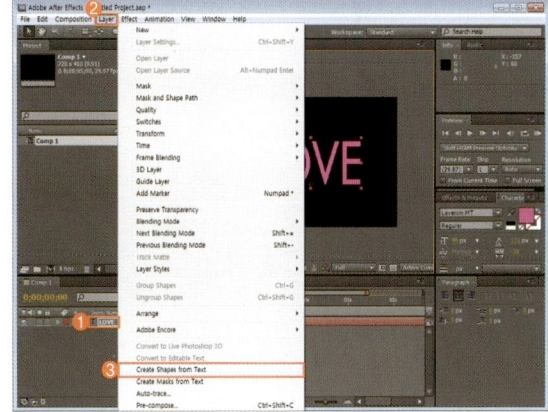

03 Shape Layer가 새로 생성이 되고, Text Layer의 Video( ) 스위치에 체크가 해제되어 Hide 상태가 됩 니다.

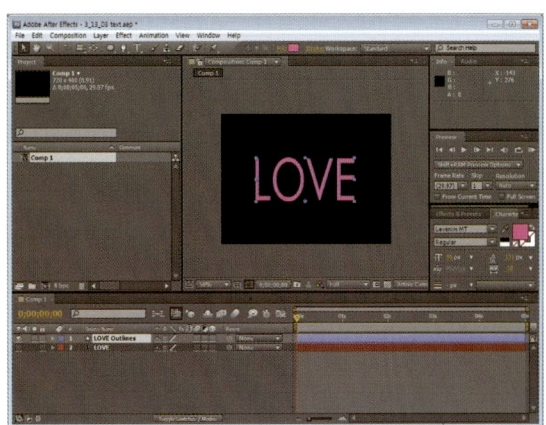

04 Shape Layer인 LOVE Outlines 레이어와 Contents 속성의 옵션 단추를 차례로 클릭하여 속성을 열어보면 L, O, V, E 각 글자별로 다양한 효과를 적용할 수 있게 나뉘어져 있습니다.

텍스트에서 마스크를 추출하는 방법에 대해 알아보겠습니다.

01 메뉴 바에서 [File]-[Open Project](Ctrl+O)를 선택하여 [부록CD\Sample\Part01\Ch03\Extract_shape\3_13_03 text.aep] 파일을 불러옵니다. 예제파일을 열면 Text Layer가 하나 있습니다.

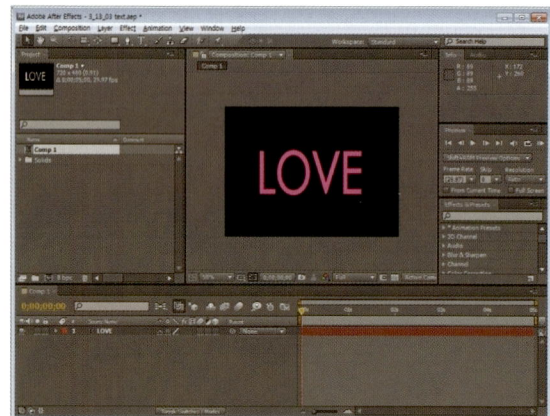

02 'LOVE' 레이어를 선택하고, 마우스 오른쪽 버튼을 클릭하여 [Create Masks from Text] 메뉴를 선택합니다.

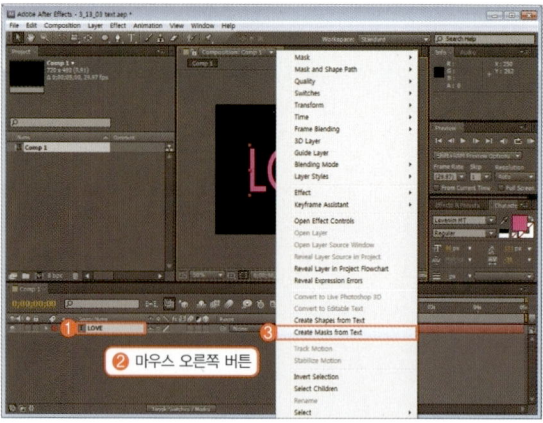

② 마우스 오른쪽 버튼

03 'LOVE' 레이어는 Video()에 체크 표시가 해제되어 hide되고, Solid Layer가 하나 생성이 되어, 그 Solid Layer에 마스크가 적용되어 있습니다.

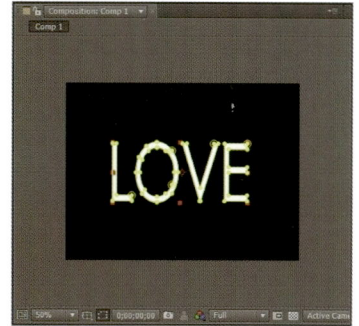

04 Solid Layer인 'LOVE Outlines' 레이어의 Mask 속성을 보면 텍스트 글자별로 마스크가 생성된 것을 확인할 수 있습니다. L, V, E의 경우는 하나의 마스크가 생성되고, O의 경우는 O 안쪽에 뚫린 부분이 있기 때문에 2개의 마스크가 생성되어 있습니다.

● **필수예제** ● 마스크 형태 변형하기

마스크의 형태를 나타내는 Mask Path 속성에도 애니메이션을 줄 수 있습니다. 즉, 마스크의 형태가 바뀌는 애니메이션을 만들 수 있습니다. 마스크 형태가 달라지는 애니메이션을 배워보겠습니다.

01 메뉴 바에서 [File]−[Open Project](Ctrl+O)를 선택하여 [부록CD\Sample\Part01\Ch03\Mask_Interpolate\3_13_04 Mask Interpolate.aep] 파일을 불러옵니다.

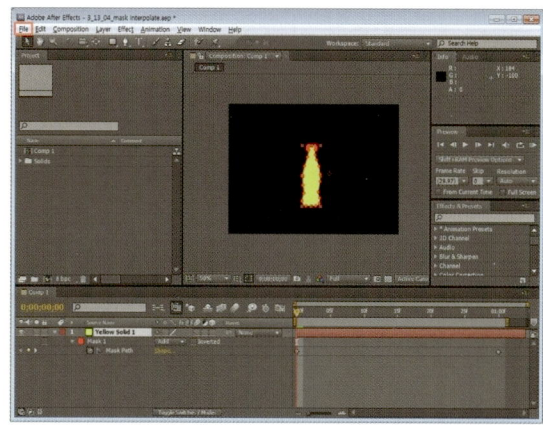

한 개의 Solid Layer가 있고, 마스크 애니메이션이 만들어져 있습니다. Ram Preview(▶) 버튼을 클릭하여 보면 병 모양이 캔 모양으로 변형되는 애니메이션이지만, 변형되는 중간 모양이 제대로 인식이 되지 않고 있습니다.

 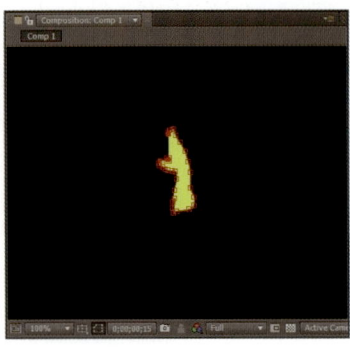 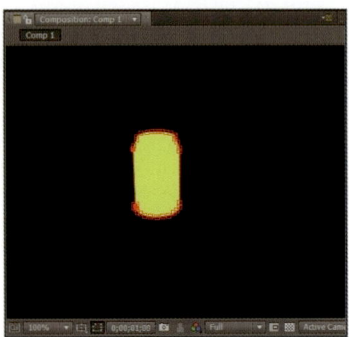

02 이 애니메이션은 병 모양을 Pen 툴(✒)로 패스를 딴 다음, 캔 모양도 Pen 툴(✒)로 패스를 따서 Mask Path에 애니메이션을 적용하고 키프레임에 복사하고 붙여서 만들어진 것입니다. 이 두 개의 마스크를 제대로 변형시키려면 두 가지 조건이 충족되어야 합니다.

❶ 두 마스크의 정점의 수가 같아야 합니다.
❷ 정점의 시작점 위치가 같아야 합니다.

마스크의 정점 수를 확인하는 방법은 레이어에서 마스크를 선택하면, [Info] 패널에 마스크의 정점 수를 보여줍니다. 병 모양과 캔 모양의 정점 수는 31개로 같습니다.

이제 두 마스크의 시작 점의 위치를 맞춰야 합니다. 시작점은 다른 점들에 비해서 크기가 커서 구별하기가 쉽습니다. 0초에서 병 모양의 시작 점의 위치는 위쪽인데 반해, 캔 모양의 시작 점은 아래쪽에 있어서 마스크의 변형이 제대로 안 된 것입니다.

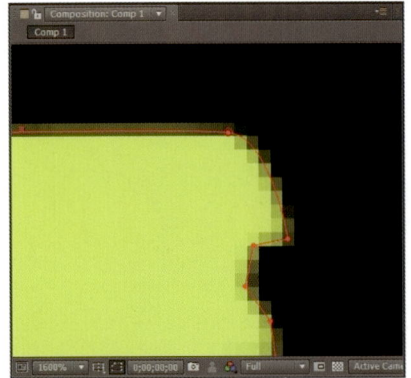
▲ 병 모양의 시작점

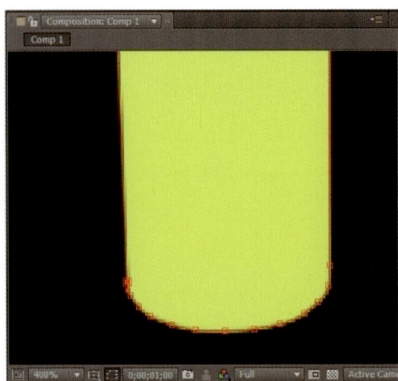
▲ 캔 모양의 시작점

03 캔 모양의 시작 점을 병 모양의 시작 점과 같은 위쪽으로 변경하겠습니다. 캔 모양의 위쪽 시작 점을 선택하고, 마우스 오른쪽 버튼을 클릭하여 나타나는 메뉴에서 [Mask and Shape Path]-[Set First Vertex]를 선택하여 시작 점으로 지정해줍니다.

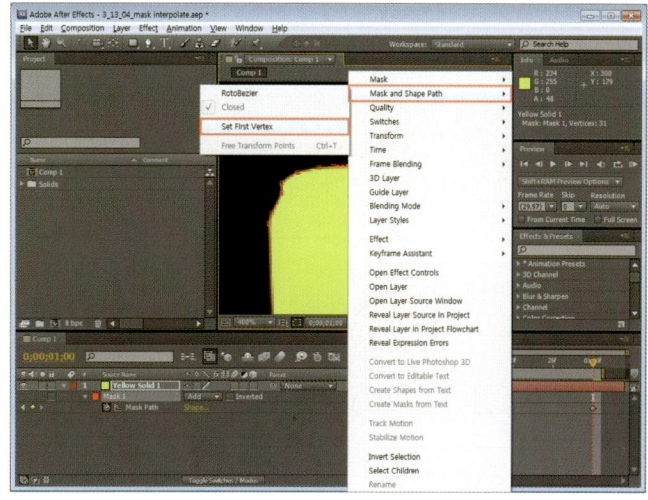

▶ 완성예제 : 부록CD\Sample\Part01\Ch03\Mask_Interpolate\3_13_04 Mask Interpolate_final.aep

5 다른 프로그램에서 마스크 가져오기

포토샵, 일러스트레이터에서 만든 패스를 복사하여 After Effects로 가져올 수 있습니다.

1. 포토샵에서 패스 복사해오기

❶ 포토샵의 메뉴 바에서 [File]-[Open]을 선택하여 [부록CD\Sample\Part01\Ch03\Romance.psd] 파일을 불러옵니다. Text Layer가 하나 있습니다. [LAYERS] 패널에서 Text Layer를 선택하고 마우스 오른쪽 버튼을 클릭하여 [Create Work Path]를 선택합니다.

❷ 레이어 자체에는 변화가 없지만, [PATHS] 패널에 보면 Work Path가 만들어져 있습니다. Path를 선택하고, 복사(Ctrl + C)합니다.

❸ After Effects를 실행하여 단축키 Ctrl + N 키를 눌러 새로운 컴포지션을 만든 후, 메뉴 바에서 [Layer]-[New]-[Solid..]를 선택하여 새로운 Solid Layer를 하나 만들고, 붙이기(Ctrl + V)를 하면 레이어에 마스크가 생성되면서 복사됩니다.

2. 일러스트레이터에서 패스 복사해오기

❶ 일러스트레이터의 메뉴 바에서 [File]-[Open Project](Ctrl + O)를 선택하여 [부록CD\Sample\Part01\Ch03\Highlight.ai] 파일을 불러옵니다. 텍스트가 입력되어 있습니다.

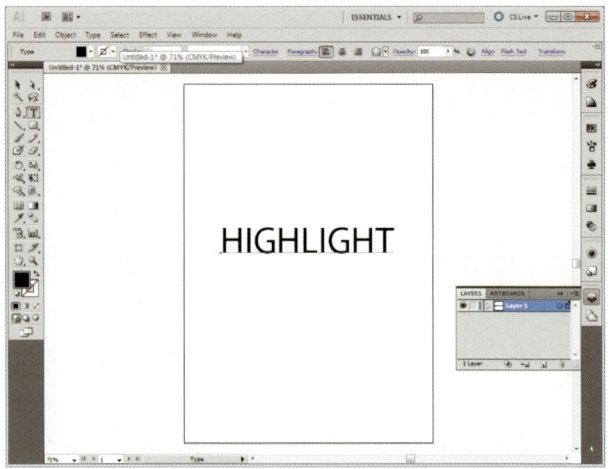

❷ 텍스트를 선택하고 마우스 오른쪽 버튼을 클릭하여 [Create Outlines]를 선택합니다. 이제 텍스트 속성은 사라지고 Outline 형태의 패스가 되었습니다. 패스를 선택하고 복사(Ctrl + C)합니다.

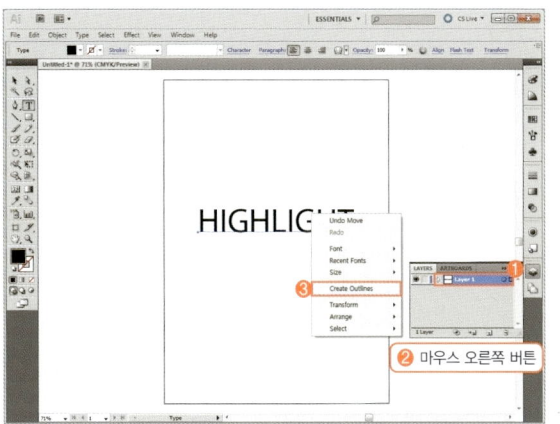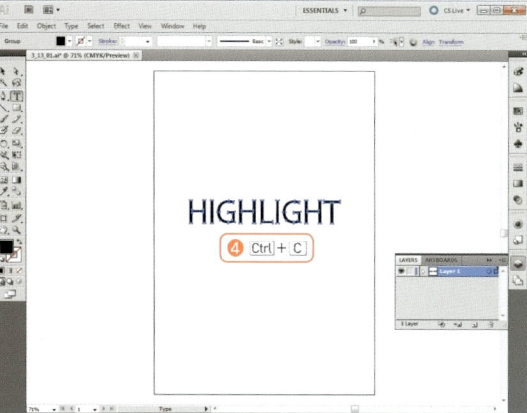

❸ After Effects를 실행하여 새로운 컴포지션을 만든 후, 메뉴 바에서 [Layer]−[New]−[Solid..]를 선택하여 새로운 Solid Layer를 하나 만들고, 붙이기(Ctrl + V)하면 레이어에 마스크가 생성되면서 복사됩니다.

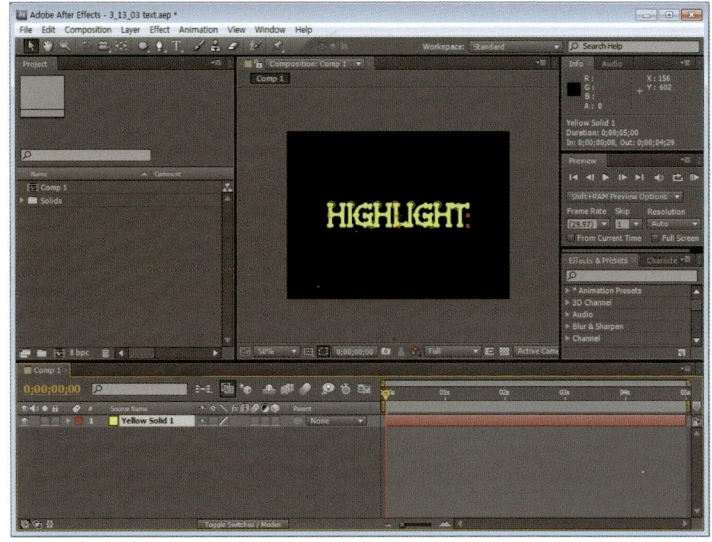

TIP 일러스트레이터에서 After Effects로 복사가 안 될 경우에는 일러스트레이터의 [Prefereneces]에서 AICB 체크가 활성화되어 있는지 확인해야 됩니다.

Track Matte & Stencil

마스크와 함께 많이 사용되는 Track Matte와 Stencil은 이미지 및 영상 소스의 명도, 알파 값 등을 이용해서 투명도를 만들어 다양한 영상 작업에 활용됩니다.

1 Track Matte

마스크는 하나의 레이어에 바로 적용시키는 반면, Track Matte는 다른 레이어의 알파 값이나 gray scale 값(Luminance)을 이용해서 만들어진 영역에 다른 레이어의 이미지를 보여주는 것입니다. Track Matte 기능을 사용하려면 ① Matte 역할을 하는 레이어와 그 ② Matte가 적용되는 레이어로 2개의 레이어가 필요합니다.

● 필수예제 ● Track Matte로 합성하기

01 메뉴 바에서 [File]−[Open Project](Ctrl + O)를 선택하여 [부록CD\Sample\Part01\Ch03\Track_Matte\3_14_02 stencil.aep] 파일을 불러옵니다.

02 [Timeline] 패널에 2개의 레이어가 있습니다. 상위에 있는 'Matte Source' 레이어가 Matte 역할을 하게 되고, 하위에 있는 'dragon' 레이어가 그 Matte를 이용하는 이미지 소스입니다.

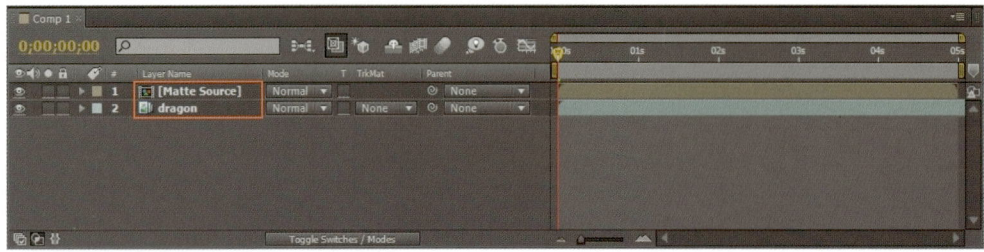

TIP [Timeline] 패널에서 Track Matte 모드가 보이지 않을 때에는 F4키를 누르거나, [Timeline] 패널의 왼쪽 하단에 있는 Expand or Collapse the Transfer Controls Pane(🔲) 버튼을 클릭합니다.

03 'dragon' 레이어의 Track Matte의 내림 버튼을 눌러 메뉴를 열어 Alpha Matte "[Matte Source]"를 선택합니다. Alpha Matte 기능을 적용하면 1번 레이어는 Matte로 사용되었기 때문에 자동으로 Video(👁) 해제 상태로 바뀝니다.

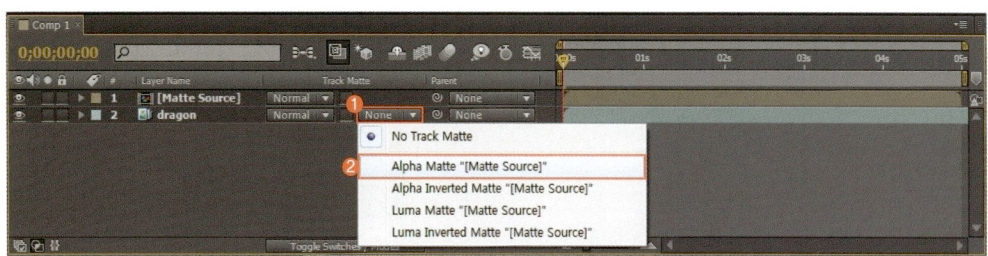

TIP ❶ **Alpha Matte** : 매트 소스 이미지의 알파 값을 매트로 사용합니다.
❷ **Alpha Inverted Matte** : 매트 소스 이미지 알파의 반전된 값을 매트로 사용합니다.
❸ **Luma Matte** : 매트 소스 이미지의 루마(명도) 값을 매트로 사용합니다.
❹ **Luma Inverted Matte** : 매트 소스 이미지의 루마(명도)의 반전된 값을 매트로 사용합니다.

04 이제 1번 레이어를 Alpha Matte로 인식하게 되어 1번 레이어의 알파 값을 이용하게 됩니다. 즉, 2번 레이어는 1번 레이어에서 보이는 부분만을 Matte로 사용하기 때문에 1번 레이어에서 보이는 영역만큼만 보이게 됩니다.

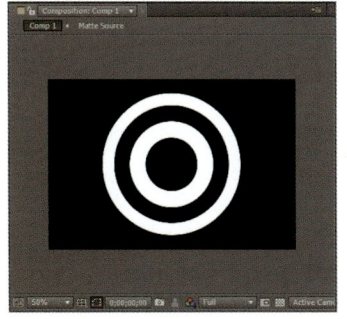

▲ Matte Source 레이어(1번 레이어) ▲ dragon 레이어(2번 레이어)

▲ Track Matte 적용

05 'dragon' 레이어의 Track Matte의 내림 버튼을 눌러 Alpha Inverted Matte "[Matte Source]"를 선택하면 반전된 형태로 보입니다.

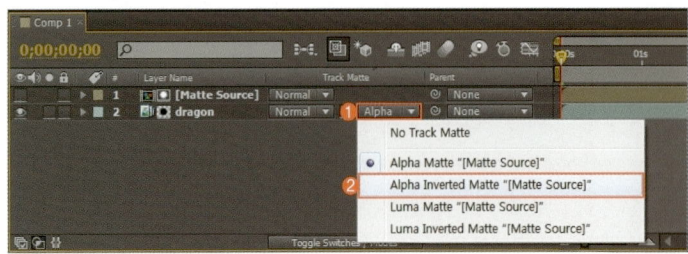 

06 이번에는 Matte 소스 역할을 하는 1번 레이어의 바깥쪽 원 부분의 투명도를 조절해 보겠습니다. [Timeline] 패널에서 1번 레이어를 더블클릭하여 [Matte Source] 컴포지션을 열고, 단축키 M 키를 두번 눌러 레이어의 Mask 속성을 열어서 Mask 1의 Mask Opacity 값을 '40%'로 설정합니다.

Mask Opacity : 40%

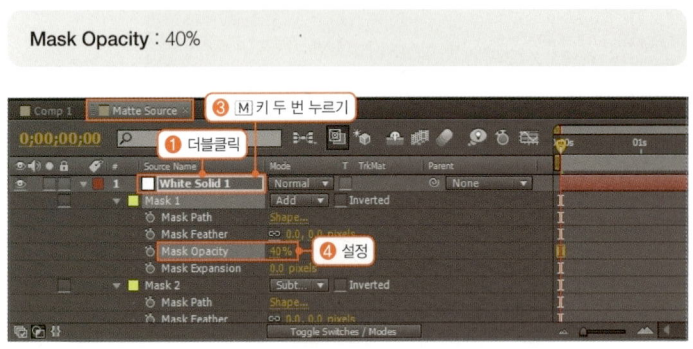 

07 마스크의 Opacity 값이 달라서, 즉 명도 값이 달라 투명도에 차이가 있기 때문에 Track Matte를 설정할 때, Luma Matte를 선택하면 바깥쪽은 투명도가 적용됩니다. [Timeline] 패널에서 [Comp 1] 컴포지션을 선택하고 2번 레이어의 Track Matte의 내림 버튼을 눌러 Luma Matte를 적용하면 바깥쪽은 투명도가 적용되어 나타납니다.

 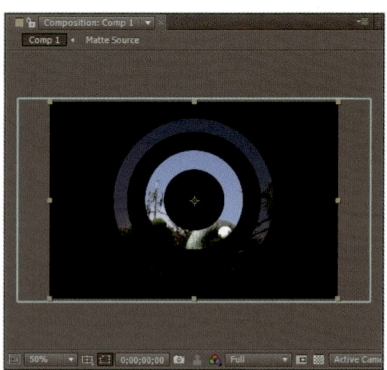

잉크 소스를 Matte 소스로 사용하는 경우가 많이 있습니다. 만약, Matte 역할을 해야 하는 영상이 흐려서 명도가 약할 경우에는 Curves나 Levels 이펙트 등을 적용하여 영상을 진하게 바꿔주면 좋습니다.

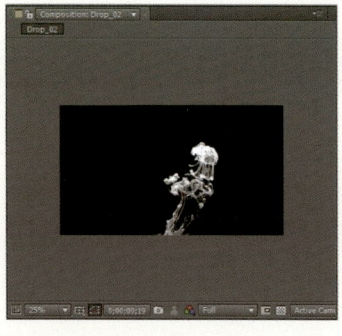
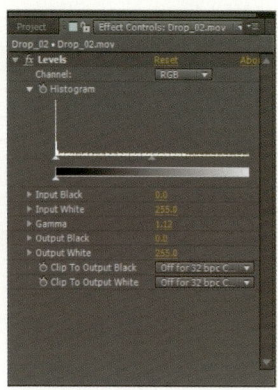

Set Matte 이펙트 적용하기

Track Matte는 2개의 레이어가 항상 나란히 위치해야 합니다. 즉, 소스로 사용되는 Matte가 다른 레이어 바로 위에 위치해야 합니다. 위치가 떨어져 있는 레이어를 Matte로 사용하고 싶을 때에는 [Effect]-[Channel]-[Set Matte]를 이용하면 됩니다.

Matte가 적용되는 레이어를 선택하고 Set Matte 이펙트를 적용하여 [Effect Controls] 패널에서 Matte 역할을 하는 레이어를 선택합니다.

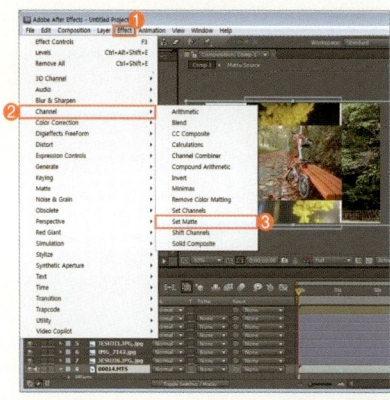
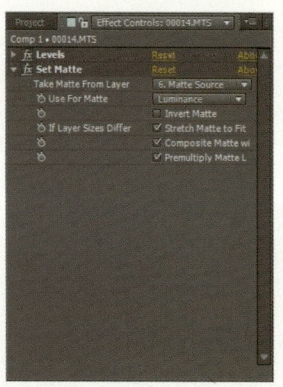

Set Matte 이펙트는 Track Matte가 적용되기 이전에 많이 사용되던 기능으로, 레이어가 떨어져 있을 경우에 사용하거나, 1개의 Matte 레이어를 다수의 레이어에 적용할 때 편리합니다.

Track Matte를 적용하려면 2개의 레이어가 필요합니다. 그래서 Matte 레이어를 3개의 레이어에 각각 적용해야 한다면 Matte 소스가 될 Matte 레이어가 3개가 필요하기에 데이터가 무거워지는 문제가 생깁니다. 반면 Set Matte는 이펙트로 적용하기 때문에 Matte 소스를 중복해서 만들 필요가 없습니다.

2 Stencil

Mask나 Track Matte가 하나의 레이어에 영향을 미치는 것과는 달리 Stencil은 하위에 배치되어 있는 다수의 레이어에 영향을 주는 Matte입니다.

● 필수예제 ● Stencil 활용하기

01 메뉴 바에서 [File]−[Open Project]](Ctrl+O)를 선택하여 [부록CD\Sample\Part01\Ch03\stencil\3_14_02 stencil.aep] 파일을 불러옵니다.

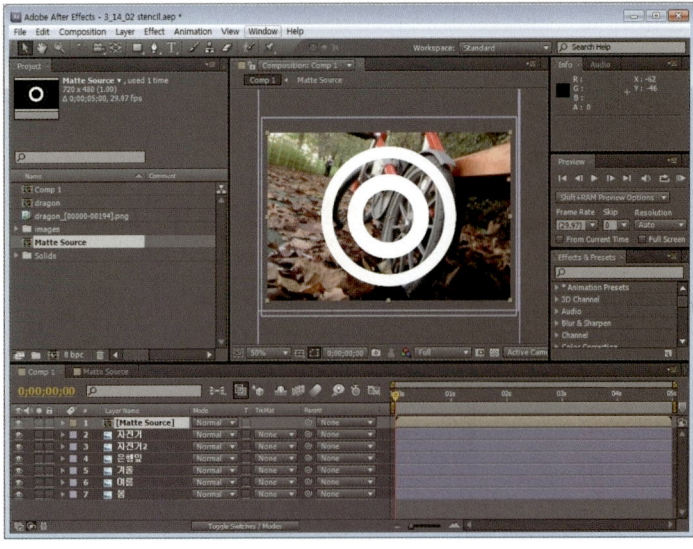

02 [Timeline] 패널에서 제일 상위에 위치한
1번 레이어의 Mode의 내림 버튼을 클릭하여
[Stencil Alpha]를 선택합니다.

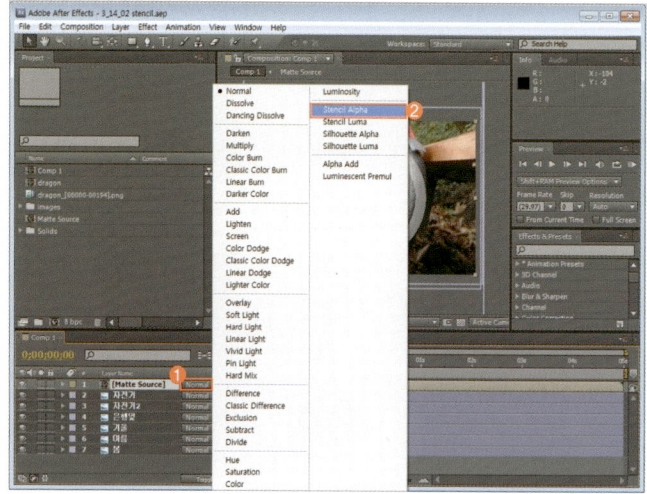

03 하위에 있는 모든 레이어에 1번 레이어의 알파 값이 적용되었습
니다.

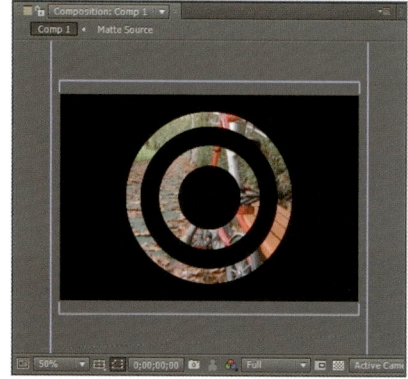

04 [Timeline] 패널에서 2번 레이어의 Video(◉) 스위치를 해제하면 3번 레이어에도 Stencil이 적용된 것을 확인할
수 있습니다.

체크 해제 →

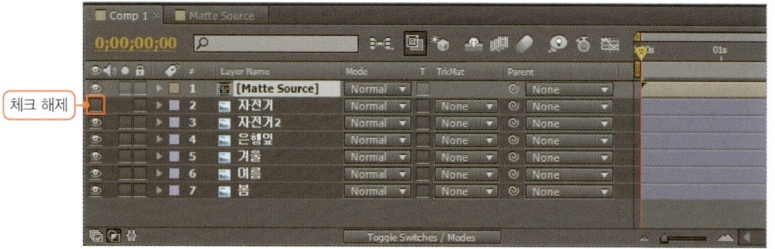

모션 그래픽을 살리는 Type and Music

모션 그래픽 작업에서 이미지와 영상뿐만 아니라 타이포 그래픽과 음악도 아주 중요한 요소입니다. 텍스트는 텍스트의 형태에 따라 모션 그래픽의 캐릭터가 정해지기도 하고, 음악은 모션 그래픽에 리듬과 운율, 그리고 영감을 제공합니다.

텍스트(Type)

영상 작업을 할 때, 텍스트도 하나의 중요한 디자인 요소이며 타이포 그래픽을 이용한 모션 그래픽 분야에서도 사용되고 있습니다. Text Layer에 대해 알아보고, 텍스트를 어떻게 활용하여 애니메이션을 만들 수 있는지 대해 자세히 알아보겠습니다.

1 Text Layer 만들기

After Effects에서 텍스트는 Text Layer 형태로 사용되고, Text Layer는 레이어 앞쪽에 Text Layer임을 표시하는 아이콘(T)이 붙습니다. 텍스트를 입력할 때에는 일반적으로 입력하는 방식인 Point Text 입력 방식과 영역을 지정해서 입력하는 Paragraph 입력 방식이 있습니다.

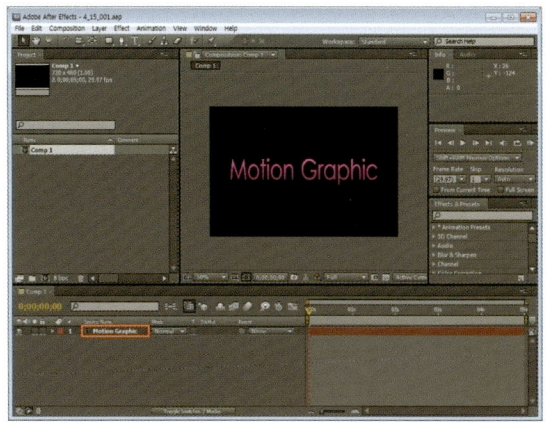

> **TIP** Text Layer에도 다른 레이어들과 마찬가지로 레이어 속성들이 있기 때문에 애니메이션 및 이펙트 적용이 가능합니다.

1. Point Text 입력하기

❶ 메뉴 바에서 [Composition]-[New Composition] (Ctrl + N)을 선택하여 새로운 컴포지션을 만든 다음, 메뉴 바에서 [Layer]-[New]-[Text](Ctrl + Alt + Shift + T)를 선택하거나, [Tool] 패널에서 Type 툴(T)을 더블클릭하면 새로운 Text Layer가 만들어집니다.

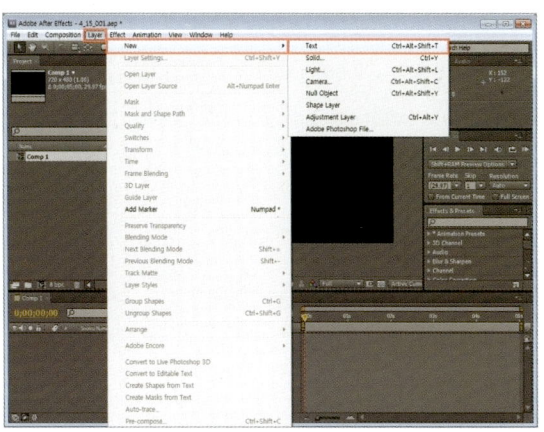

▲ [Tool] 패널　　　　　더블클릭

❷ [Composition] 패널 가운데에 Horizontal Type 툴(T)의 삽입점이 나타납니다. 쓰고 싶은 텍스트를 입력한 후, Ctrl + Enter 키(혹은 숫자 키패드의 Enter 키)를 눌러서 입력을 완료하면 [Timeline] 패널에 Text Layer가 생성된 것을 확인할 수 있습니다.

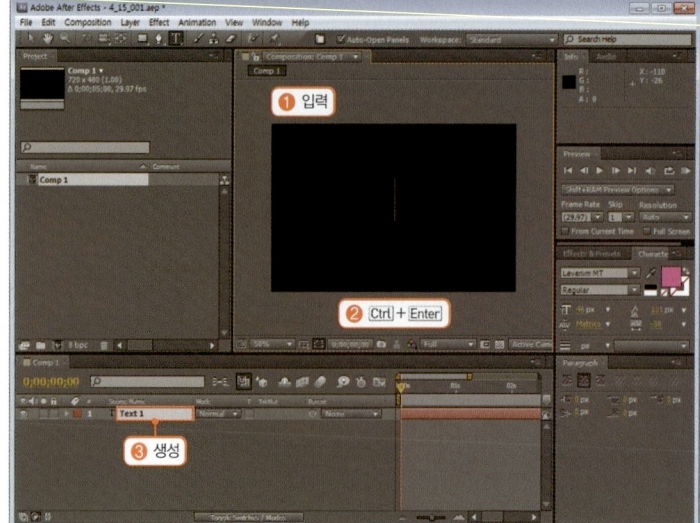

❸ Type 툴(T)의 포인터가 [Composition] 패널의 Text Layer 위에 있을 때 클릭하면 글자의 내용을 수정할 수 있고, 다른 곳을 클릭하면 새로운 Text Layer가 생성됩니다. Shift 키를 누른 상태에서 클릭하면 항상 새로운 Text Layer가 생성됩니다.

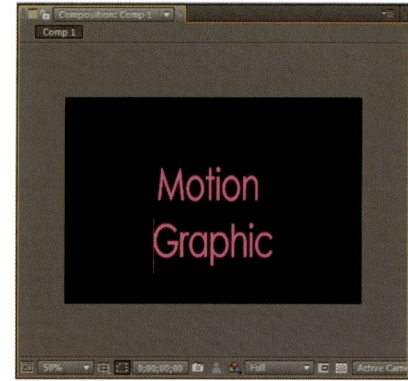

2. Paragraph Text 입력하기

[Tool] 패널의 Type 툴 중에서 Horizontal Type 툴(T) 또는 Vertical Type 툴(IT)을 선택한 다음, [Composition] 패널에서 원하는 크기만큼 마우스로 드래그하여 테두리 상자(bounding box)를 지정합니다.

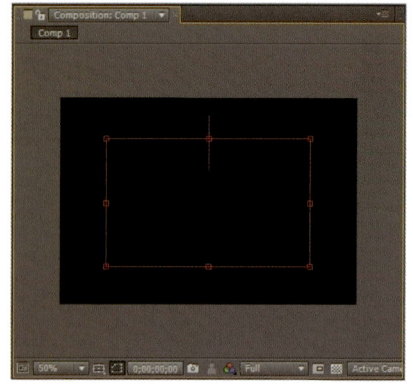

Alt 키를 누른 상태에서 드래그하면 마우스가 있는 위치를 중심점으로 인식하여 테두리 상자(bounding box)를 만듭니다. 테두리 상자의 허용 범위보다 많은 텍스트를 입력하면 테두리 상자에 overflow 아이콘이 나타납니다.

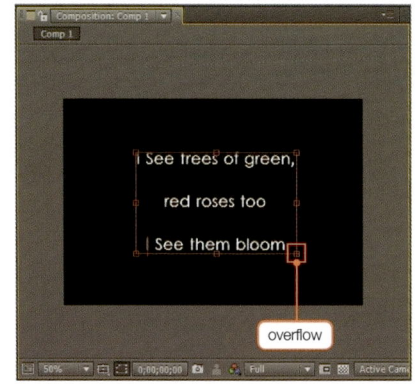

Special Note

텍스트 입력 시 커서가 보이면 editing 모드이고, Ctrl + Enter 키를 눌러서 핸들 모양이 보이면 layer 모드입니다.

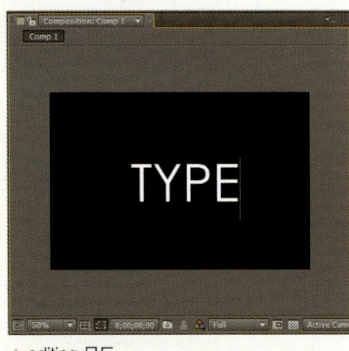

▲ editing 모드

▲ layer 모드

---

2 Text Layer에서 텍스트 선택하기

1. 텍스트 선택하기

Text Layer에서 텍스트 편집은 언제든지 가능합니다. Type 툴(T)
(Ctrl + T)을 선택하고 [Composition] 패널에서 편집하고 싶은 텍스트를 클릭합니다. 텍스트 범위를 선택하려면 마우스를 텍스트 위로 드래그합니다.

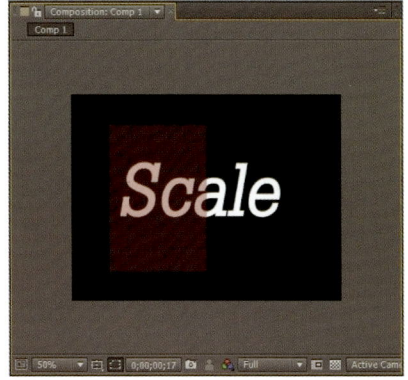

텍스트 선택 및 편집

- 텍스트 범위를 선택하려면 클릭하고 포인터를 이동한 다음 Shift 키를 누른 상태로 클릭합니다.
- 단어를 선택하려면 더블클릭하고, 줄을 선택하려면 세 번 클릭합니다. 단락을 선택하려면 네 번 클릭하고, 레이어의 모든 텍스트를 선택하려면 텍스트의 아무 곳이나 네 번 클릭합니다.
- 화살표 키를 사용하여 텍스트를 선택하려면 Shift 키를 누른 상태에서 → 키 또는 ← 키를 누릅니다. 방향키를 사용하여 단어를 선택하려면 Shift + Ctrl 키를 누른 상태에서 → 키 또는 ← 키를 누릅니다.
- Text Layer의 모든 텍스트를 선택하고, 가장 최근에 사용한 Type 툴을 활성화하려면 [Timeline] 패널에서 Text Layer를 더블클릭합니다.

2. Text Layer 이동하기

Text editing 모드를 종료하지 않고 텍스트를 이동하려면, 마우스 포인터를 텍스트 외부로 이동한 다음, 이동 포인터가 표시되면 텍스트를 드래그하여 이동합니다. 또는 Ctrl 키를 누르면 마우스 포인터가 이동 포인터로 일시적으로 바뀔 때 이동합니다.

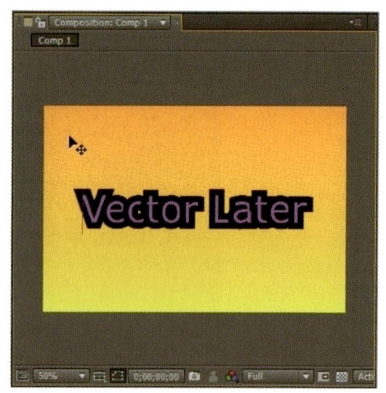

3. Point Text / Paragraph Text 변환하기

Paragraph Text를 Point Text로 변환할 수 있습니다. 하지만 변환하면 테두리 상자의 외부에 있는 모든 텍스트가 삭제됩니다. 텍스트 손실을 막으려면 변환하기 전에 모든 텍스트가 보이도록 테두리 상자의 크기를 조절합니다.

Selection 툴( )로 Text Layer를 선택한 다음, Type 툴(T)을 선택하여 [Composition] 패널의 아무 곳이나 마우스 오른쪽 버튼을 클릭하여 [Convert to Point Text] 또는 [Convert to Paragraph Text]를 선택합니다.

TIP Text editing 모드에서는 변환할 수 없습니다.

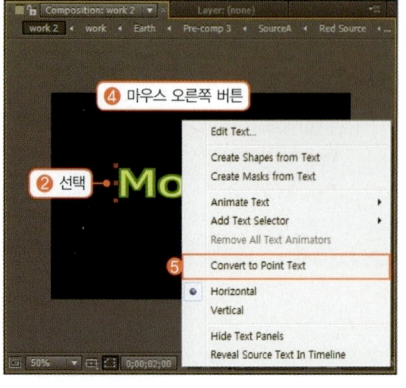

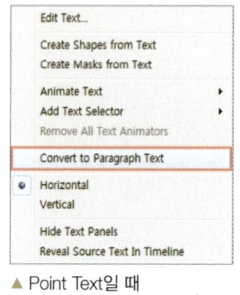

④ 마우스 오른쪽 버튼

② 선택

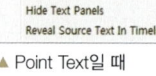

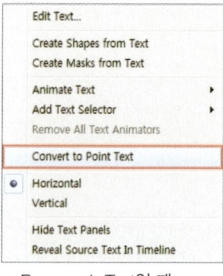

▲ Point Text일 때   ▲ Paragraph Text일 때

TIP Paragraph Text에서 Point Text로 변환하면 마지막 줄을 제외한 각 Text 줄 끝에 캐리지 리턴이 추가됩니다.

TIP Paragraph Text의 테두리 상자를 표시하고 Type 툴(**T**)을 자동으로 선택하려면 [Timeline] 패널에서 Text Layer를 더블클릭합니다.

4. 텍스트 방향 변경하기

Horizontal Text 툴(**T**)은 글자가 왼쪽에서 오른쪽으로 나열되고 여러 개의 Horizontal Text 줄은 위에서 아래로 나열됩니다. Vertical Text 툴(**T**)은 위에서 아래로 나열되고, 여러 개의 Vertical Text는 오른쪽에서 왼쪽으로 나열됩니다.

텍스트 방향 변경을 위해서는 먼저, Selection 툴(**R**)을 선택하여 Text Layer를 선택합니다. Type 툴(**T**)을 선택하여 [Composition] 패널의 아무 곳이나 마우스 오른쪽 버튼을 클릭하여 [Horizontal] 또는 [Vertical]을 선택합니다.

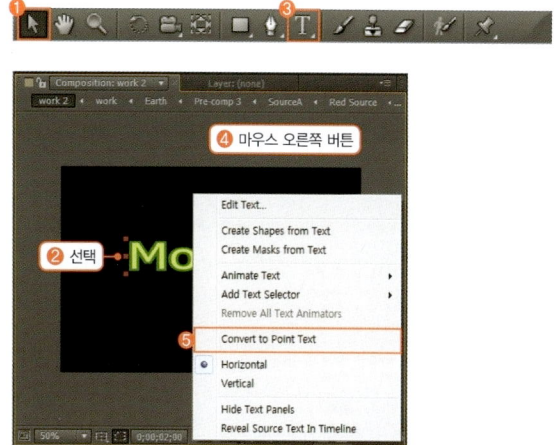

TIP Text editing 모드에서는 변환할 수 없습니다.

3 포토샵 텍스트를 편집 가능한 텍스트로 변환하기

포토샵에서 만든 Text Layer는 After Effects에서 편집이 가능하도록 해당 스타일이 남아 있습니다. 포토샵 파일을 merged layers로 Import하였다면, 우선 메뉴 바에서 [Layer]-[Convert To Layered Comp]를 선택하여 포토샵 문서를 해당 레이어로 분리시킵니다.

포토샵의 Text Layer를 [Composition] 패널에 추가하고 선택한 다음, 메뉴 바에서 [Layer]-[Convert To Editable Text]를 선택합니다. 이제 이 레이어는 After Effects의 Text Layer가 되고 더 이상 포토샵의 Text Layer를 해당 소스 푸티지 항목으로 사용하지 않습니다.

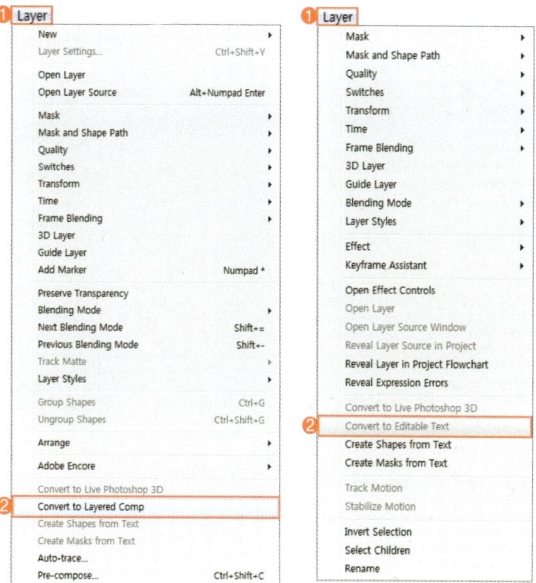

TIP 레이어에 Layer Style이 포함되어 있을 경우에는 텍스트를 편집 가능한 텍스트로 변환하기 전에 [Layer]-[Layer Styles]-[Convert To Editable Styles]을 적용하여 Layer Style로 변환합니다.

텍스트 관련 패널 알아보기

Paragraph는 문장의 끝에 캐리지 리턴(한 줄 입력한 후 다음 줄 입력할 때 위치를 맨 앞으로 이동하는 것을 말합니다)이 있는 텍스트 범위를 의미합니다. [Character]패널과 함께 [Paragraph]패널을 통해서 Text 스타일을 원하는 형태로 변경이 가능합니다.

1 [Paragraph] 패널 알아보기

[Paragraph] 패널을 사용하여, 정렬, 들여쓰기 및 행간(줄 간격)과 같이 전체 단락에 적용되는 옵션을 설정할 수 있습니다. Point Text의 경우 각 줄이 개별 Paragraph가 됩니다. Paragraph Text의 경우에는 각 단락의 테두리 상자의 크기에 따라 여러 줄이 있을 수 있습니다.

[Paragraph] 패널을 표시하려면 메뉴 바에서 [Window]−[Paragraph]를 선택하거나, Type 툴(T)을 선택하면 나타납니다. Type 툴(T)이 활성화되어 있을 때 [Character] 패널 및 [Paragraph] 패널을 자동으로 보이게 할려면 [Tool] 패널의 오른쪽에 있는 Auto−Open Panels에 체크 표시를 합니다.

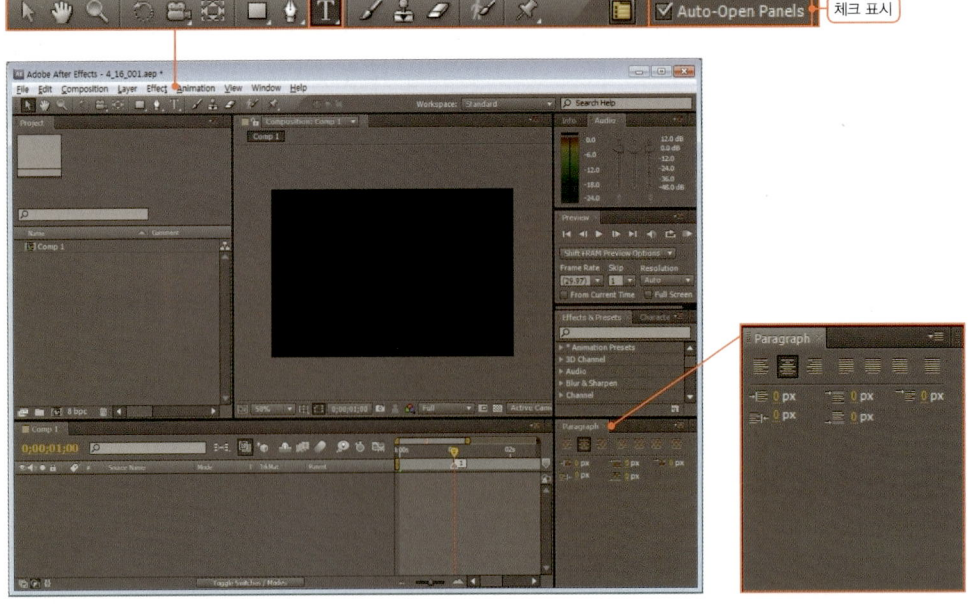

[Paragraph] 패널의 값을 기본값으로 설정하려면 [Paragraph] 패널의 오른쪽 상단 메뉴를 클릭하여 [Reset Paragraph]를 선택합니다.

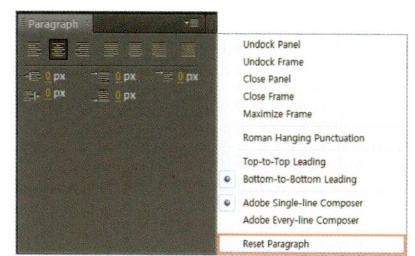

1. 텍스트 Align 및 Justify

텍스트를 Paragraph의 한쪽으로 정렬하고, 단락의 양쪽으로 강제 정렬할 수 있습니다. Align(정렬)은 Point Text와 Paragraph Text 모두 사용할 수 있지만, Justify(강제 정렬)는 Paragraph에만 사용이 가능합니다. Align을 지정하려면 [Paragraph] 패널에서 Align 옵션을 클릭합니다.

❶ 왼쪽 정렬
❷ 가운데 정렬
❸ 오른쪽 정렬

▲ Horizontal 툴(T)일 때

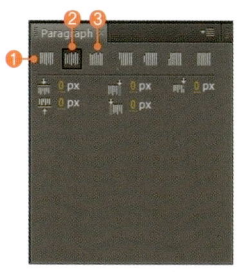

❶ 위쪽 정렬
❷ 가운데 정렬
❸ 아래쪽 정렬

▲ Vertical Text 툴(T)일 때

[Paragraph] 패널에서 Paragraph Text의 강제 정렬을 지정하려면 justify 옵션을 클릭합니다.

❶ 끝줄 왼쪽 정렬, 나머지 가로줄 강제 정렬
❷ 끝줄 가운데 정렬, 나머지 가로줄 강제 정렬
❸ 끝줄 오른쪽 정렬, 나머지 가로줄 강제 정렬
❹ 모든 가로줄을 강제 정렬

▲ Horizontal Text(T)일 때

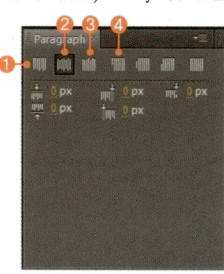

❶ 끝줄 위쪽 정렬, 나머지 세로줄 강제 정렬
❷ 끝줄 가운데 정렬, 나머지 세로줄 강제 정렬
❸ 끝줄 오른쪽 정렬, 나머지 세로줄 강제 정렬
❹ 모든 세로 줄을 강제 정렬

▲ Vertical Text(T)일 때

2. 단락 들여쓰기 및 간격 조정

들여쓰기(Indent)는 텍스트와 테두리 상자 사이의 공간 또는 텍스트가 포함되어 있는 줄의 공간을 지정하는 것입니다. 선택한 paragraph에만 적용되므로 paragraph마다 서로 다른 들여쓰기를 간편하게 설정할 수 있습니다. paragraph를 들여 쓰려면 [Paragraph] 패널에서 Indent 옵션을 입력합니다.

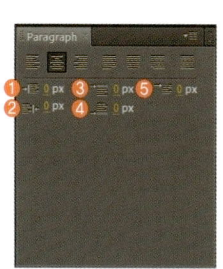

❶ Indent left margin : 왼쪽 여백 들여쓰기. Verticle Text의 경우 단락의 상단에서 들여쓰기가 조절됩니다.
❷ Indent right margin : 오른쪽 여백 들여쓰기. Verticle Text의 경우 단락의 하단에서 들여쓰기가 조절됩니다.
❸ Add space before paragraph : Paragraph 위의 공간을 변경할 때 값을 입력합니다.
❹ Add space after paragraph : Paragraph 아래의 공간을 변경할 때 값을 입력합니다.
❺ Indent first line : 첫줄 들여쓰기. 첫줄 내어쓰기를 하려면 음수 값을 입력합니다.

2 [Character] 패널 알아보기

텍스트 입력 방향은 가로(Horizontal Type 툴)와 세로(Vertical Type 툴)가 있으며, Type 툴을 길게 클릭하고 있으면, 두 가지 툴을 선택할 수 있습니다. 두 가지 툴 모드는 단축키 Ctrl + T 키를 눌러서 툴을 바꿀 수 있습니다.

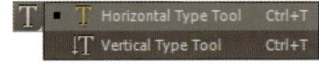

입력하는 텍스트의 스타일은 [Character] 패널과 [Paragraph] 패널에 의해 정해집니다.

> **TIP** [Character] 패널이 보이지 않을 때에는 메뉴 바에서 [Window]-[Workspace]-[Text]를 선택하거나, [Workspace]-[Reset]을 선택하여 인터페이스를 텍스트 작업에 최적화합니다.

1. [Character] 패널 옵션

[Character] 패널에서 텍스트의 글자 형태, 크기, 색상 등을 정할 수 있습니다.

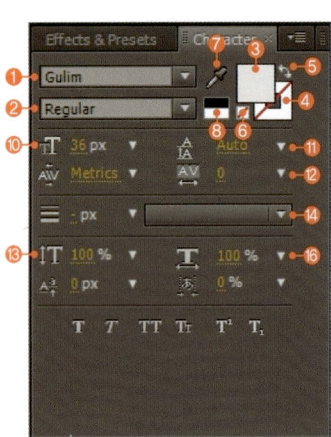

❶ **Set the Font Family** : 글꼴 모음
- Font Family 메뉴를 클릭하면 이름을 입력하여, 원하는 Font Family 이름이 나타날 때까지 계속해서 입력합니다.
- 메뉴에서 이전 또는 다음 Font Family를 선택하려면 Font Family 메뉴 상자 위에 마우스 포인터를 놓고 마우스 스크롤 휠을 사용하거나 ↑ 키 또는 ↓ 키를 누릅니다.
- Font Family의 내림 버튼을 클릭하고, Font Family 이름의 첫 번째 문자에 해당하는 키를 누릅니다. 키를 한 번 더 누르면 해당 문자로 시작하는 이름을 가진 Font Family로 이동합니다.

❷ **Set in Font Style** : 글꼴 스타일
선택한 Font Family에 볼드체나 이탤릭체 스타일이 없다면 [Character] 패널에서 Faux Bold(T) 또는 Faux Italic(T) 버튼을 클릭해서 스타일을 적용할 수 있습니다.

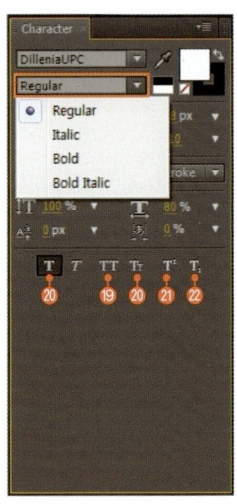

❸ **Fill Color** : 텍스트의 색상 지정

❹ **Stroke Color** : 텍스트의 외곽선의 색상 지정

❺ **swap Fill and Stroke** : 컬러 변환하기
swap colors를 클릭하면 Fill Color와 Stroke Color 값이 서로 바뀝니다. Color를 직접 선택해도 되지만, Eyedropper 툴(✎)을 이용해서 다른 색상 값을 가져올 수도 있습니다.

❻ **no fill/stroke color** : 색상이 없는 빈 형태

❼ **Eyedropper** : 원하는 색상을 선택하면 그 값을 복사해서 가져오기

❽ **Set to black/white** : 자주 사용하는 Black/white 색상을 쉽게 선택

> **TIP** Fill Color 및 Stroke Color에 Set to black/white(■)나 no fill/stroke color(☑)를 적용할 때는 각 Fill Color box나 Stroke Color box 를 클릭해서 해당 box가 앞쪽으로 가져오고 난 후에 클릭합니다.

❾ **Font Size** : 글자 크기

❿ **Kerning** : 문자 사이의 간격을 넓히거나 좁 혀주기

⓫ **Leading** : 텍스트의 행 사이의 간격 조절

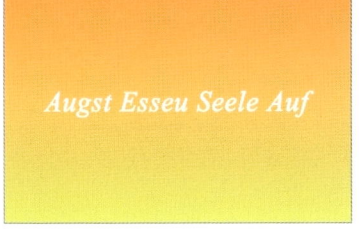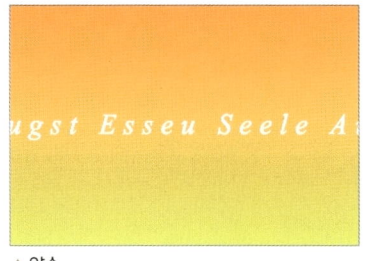

▲ 기본값 Auto로 설정된 Leading   ▲ Leading 값을 '80'으로 설정한 경우

⓬ **Tracking** : 문자 범위에 걸쳐 같은 양의 간격을 조절

Kerning 또는 Tracking 값을 양수로 지정하면 기본값에서 간격이 늘어나 문자가 서로 멀어지고, 음수로 지정하면 기본값에서 간격이 줄어들어 문자가 서로 가깝게 됩니다.

Augst Esseu Seele Auf	*ugst Esseu Seele A*	*Augst Esseu Seele Auf*
▲ 기본값	▲ 양수	▲ 음수

⓭ **Stroke Width** : 글자 외곽선의 굵기를 지정

⓮ **Stroke Style** : Stroke와 Fill의 정렬 위치를 지정

● Fill Over Stroke
Stroke Over Fill
All Fills Over All Strokes
All Strokes Over All Fills

- Fill Over Stroke : 칠을 선 위에 위치
- Stroke Over Fill : 선을 칠 위에 위치
- All Fills Over All Strokes : 모든 칠을 모든 선 위에 위치
- All Strokes Over All Fills : 모든 선을 모든 칠 위에 위치

⑮ **Vertical Scale** : 텍스트 가로 비율 조정

⑯ **Horizontal Scale** : 텍스트 세로 비율 조정

⑰ **Vertical Scale/Horizontal Scale** : 텍스트 높이와 폭 사이의 비율 지정.
비율을 조정하지 않은 문자의 값은 100%입니다.

⑱ **Baseline** : 기준선 이동

위 첨자나 아래 첨자를 만들기 위해 선택한 텍스트를 높이거나 내려서 해당 기준선으로부터 텍스트가 표시되는 거리를 제어합니다. 양수 값을 설정하면 가로 텍스트는 기준선 위로, 세로 Text는 기준선 오른쪽으로 이동합니다. 음수 값을 설정하면 기준선 아래 또는 왼쪽으로 이동합니다.

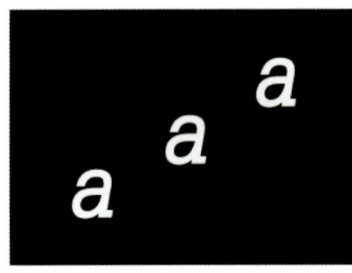
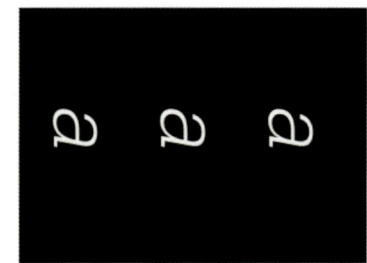

⑲ **Tsue (for setting Asian type)** : 아시아 폰트에서 사용되는 간격 조정

⑳ **Faux Bold** : 폭스 볼드

⑲ ~ ⑳ **All Caps(모두 대문자)/Small Caps(작은 대문자)** : Small Caps로 Text의 서식을 지정하면, 글꼴의 일부로 디자인된 작은 대문자가 사용됩니다(사용 가능한 경우). 글꼴에 Small Caps가 없는경우에는 Faux small caps가 생성됩니다.

▲ All Caps

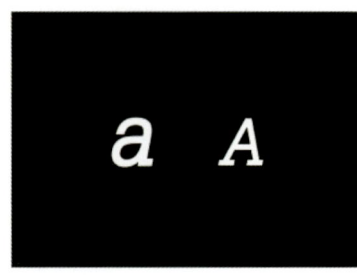
▲ Small Caps

㉑ ~ ㉒ **Superscript/subscript(위첨자, 아래첨자)** : Superscript는 크기가 줄어들어 텍스트 기준선 위로 이동합니다. subscript는 크기가 줄어들어 텍스트 기준선 아래로 이동합니다. 글꼴에 포함되어 있지 않으면 Faux superscript/subscript character가 생성됩니다.

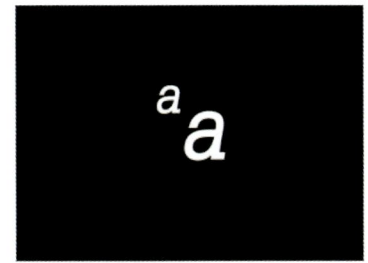

▲ Superscript

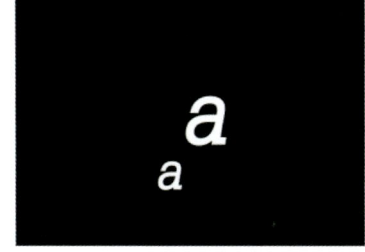

▲ subscript

TIP 기존의 Text Layer의 스타일을 바꾸고 싶으면, 레이어를 먼저 선택을 한 상태에서 이 패널들에서 속성을 바꿔줍니다. 레이어를 선택하지 않은 상태에서 패널의 속성을 바꾸면 이후부터 적용됩니다.

TIP • 글꼴(Font)은 OS에 설치된 글꼴 뿐 아니라 After Effects에서는 다음 로컬 폴더에 있는 글꼴 파일도 사용합니다.
Windows : Program Files/Common Files/Adobe/Fonts
Mac OS : Library/Application Support/Adobe/Fonts
• Vector Layer(벡터 레이어)여서 continuously rasterized(연속 레스터화)되어서 크기를 조정할 때 가장자리가 해상도와 상관없이 뚜렷하게 유지됩니다. 즉, Text Layer의 Scale 값을 '100%'에서 '200%'로 확대를 했을 때, 해상도가 높게 유지됩니다.

Special Note

Text Stroke Line Join 변경하기

Stroke의 선 연결 유형에 따라 두 선분이 교차할 때의 선 모양이 결정됩니다. [Character] 패널 오른쪽 위 탭의 패널 메뉴 버튼을 클릭해서 [Line Join] 설정을 사용하여 Text Stroke의 선 연결 유형을 설정합니다.

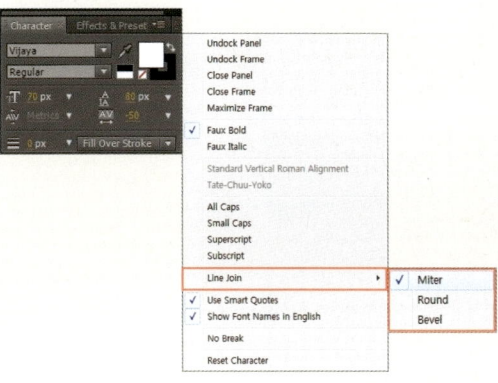

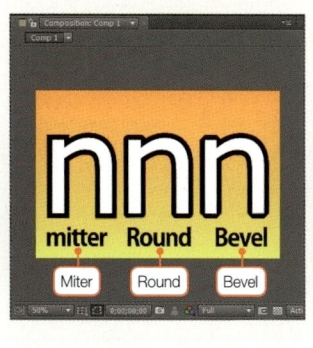

사운드(Sound)

모션 그래픽에 있어서 영상만큼 중요한 역할을 하는 것이 사운드입니다. 같은 영상임에도 불구하고 사운드가 바뀜에 따라
분위기 180˚ 달라지기도 합니다. 이번에는 After Effects에서 사운드를 Import하고 영상과 어떻게 싱크를 맞춰서 사용하는
지 알아보겠습니다.

1 Audio Basic

사운드 파일도 푸티지(footage)의 또 다른 형태입니다. 영상과 마찬가지로 사운드 파일을 [Project] 패널로 Import
합니다. AIFF, WAV, mp3 등 다양한 포맷을 Import할 수 있습니다.

[Project] 패널에 불러온 사운드 파일을 [Timeline] 패널로 드래그해서 컴포지션으로 불러오면 영상 파일들과는 달
리 [Timeline] 패널의 레이어 앞에 스피커 형태(🔊)의 아이콘이 나타납니다.

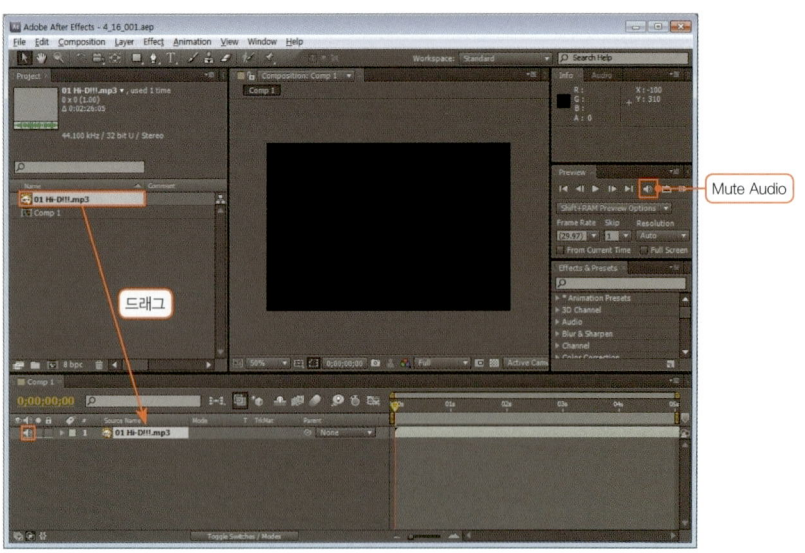

[Preview] 패널의 Mute Audio(🔊) 버튼을 클릭하면 사운드의 on/off를 조절할 수 있습니다. 사운드를 포함한 영
상의 경우에는 Video와 Audio를 각각 on/off를 할 수 있습니다. [Preview] 패널에서 RAM Preview(▶) 버튼을
클릭하면 Audio가 플레이됩니다.

> **TIP** 램 프리뷰를 할 때, Vidieo는 보지 않고, Audio만 확인할 때에는 단축키 숫자 키패드의 [.]키를 클릭합니다.

사운드 레이어를 선택한 다음 L 키를 클릭하면 Audio Levels 속성이 나오고, Waveform의 옵션 버튼을 눌러 속성을 열면 사운드 파형(Waveform)이 보입니다.

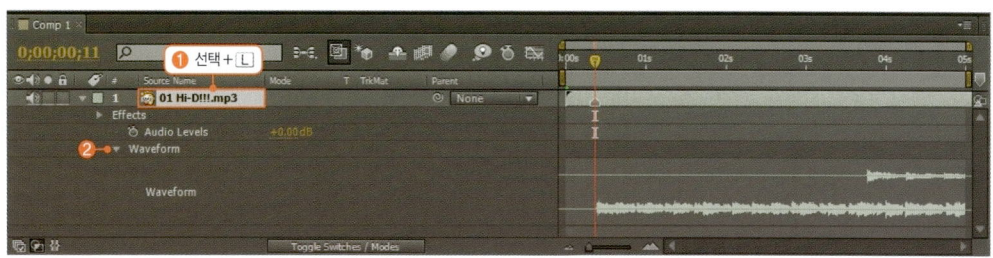

TIP 사운드 레이어를 클릭한 다음 L 키를 연속으로 두 번 누르면 사운드 파형(Waveform)을 볼 수 있습니다.

[Audio] 패널에서는 Audio의 레벨 값을 볼 수 있으며, 조절도 가능합니다.

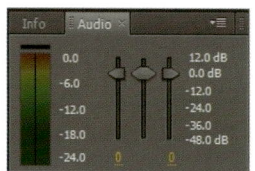

TIP 왼쪽 바의 소리가 Red까지 올라가면 소리가 깨지는 문제가 생기므로, Level 수치가 Red까지 올라가지 않도록 주의해서 작업해야 합니다.

사운드가 점점 작아지는 fade out을 조절하려면, 메뉴 바에서 [Effect]-[Audio]-[Stereo Mixer]를 선택하여 [Effect Controls] 패널의 이펙트 속성에 키프레임 애니메이션을 적용하면 실제 fade out과 같은 볼륨 조절이 가능합니다.

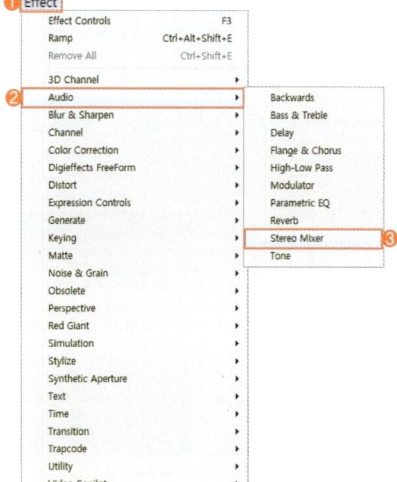

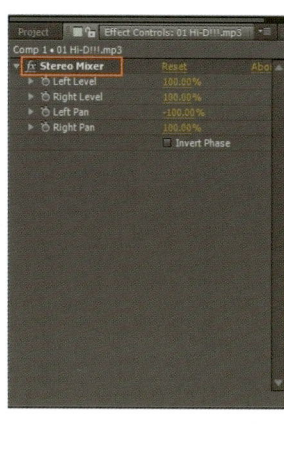

[Preview] 패널에서 소리를 멈추고 싶을 때에는 Mute Audio( ) 버튼을 누르면 됩니다.

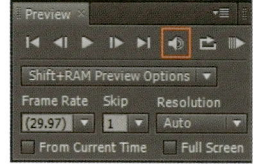

2 마커(Marker)

영상과 사운드의 싱크를 맞추는 작업에 마커(Marker) 기능을 이용하면 쉽게 싱크 작업을 할 수 있습니다. 또한 마커에는 메모를 남길 수 있어서 협업 작업에도 유용하며, 내용 정리에도 도움이 됩니다. 마커의 종류에는 레이어에 마커를 생성하는 레이어 마커(Layer Marker)와 컴포지션에 마커를 생성하는 콤프 마커(Comp Marker)가 있습니다.

1. 레이어 마커(Layer Marker)

❶ [Timeline] 패널에서 Audio 레이어를 선택합니다. 마커를 만들 위치로 Current Time indicator(🔻)를 드래그하여 이동시킨 다음, 숫자의 키패드에 있는 ⁎키를 누르면 레이어 마커(🔺)가 생성됩니다.

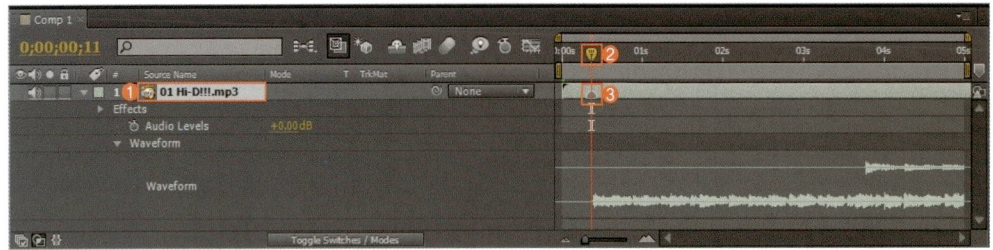

> **TIP** 프리뷰하는 도중에 소리를 들으면서 마커를 표시하고 싶은 위치에 숫자 키패드의 ⁎키를 눌러 마커를 표시할 수 있습니다.

❷ Alt키를 누른 상태에서 ⁎키를 누르면 메모를 할 수 있는 [Layer Marker] 대화상자가 나타납니다. 레이어 마커(🔺)를 더블클릭해도 [Layer Marker] 대화상자가 나타납니다. Comment에 메모할 내용을 적고 [OK] 버튼을 클릭하면 레이어 마커에 메모한 내용이 표시됩니다.

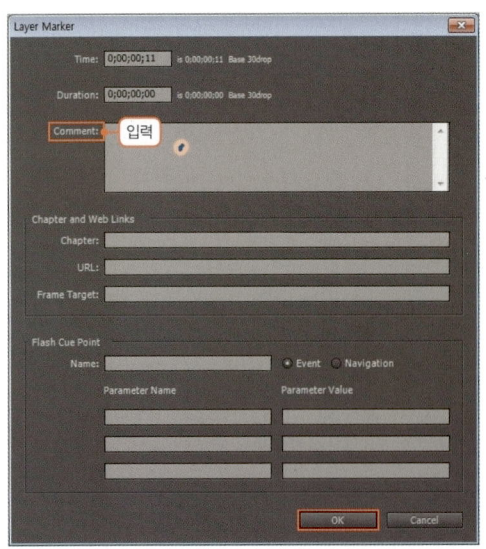

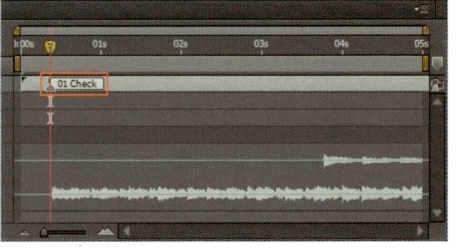

> **TIP** 레이어에 만든 레이어 마커는 레이어의 위치가 이동할 경우 레이어 마커 위치도 함께 옮겨지게 됩니다.

2. 콤프 마커(Comp Marker)

레이어 마커는 [Timeline] 패널에서 레이어의 위치가 옮겨지게 되면 마커도 같이 이동하게 됩니다. 항상 고정된 위치의 마커가 필요할 때에는 컴포지션에 마커를 표시하는 콤프 마커(Comp Marker)를 사용합니다.

[Timeline] 패널에서 레이어를 선택할 필요는 없이, Current Time indicator(🏐)를 원하는 위치로 이동시키고, Shift + 0 ~ 9 키를 누르면 콤프 마커가 생성됩니다. Shift + 1 키를 클릭하여 콤프 마커를 만듭니다. Shift + 1 키를 눌러서 만든 콤프 마커로 바로 가고 싶을 때는 숫자 1 키를 클릭하면 됩니다.

> **TIP** 콤프 마커를 만들 때에는 숫자 키패드는 적용되지 않습니다.

레이어 마커나 콤프 마커를 선택한 후 마우스 오른쪽 버튼을 클릭하면 마커를 잠글 수 있는 Lock 기능, 삭제할 수 있는 Delete 기능 등 다양한 옵션을 선택할 수 있습니다.

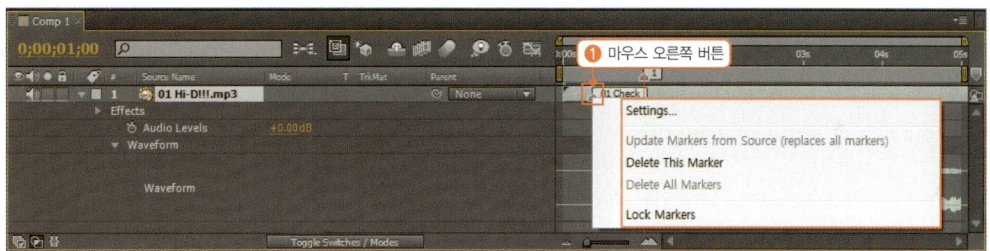

> **TIP** 마커 삭제하기 : 마커를 삭제하고 싶을 때에는 Ctrl 키를 클릭한 상태로 콤프 마커를 클릭하면 됩니다.

텍스트에 애니메이션 적용하기

Text Layer에도 다른 레이어와 마찬가지로 속성값에 애니메이션 적용이 가능합니다. 그리고 Animate 기능이 추가적으로 제공됩니다. Text Animation Presets 기능을 이용하면 손쉽게 애니메이션을 적용할 수 있고, 제공되는 Preset을 응용해서 사용하려면 Animator 기능을 이해하는 것이 좋습니다.

1 Text Animation Presets

[Effect&Presets] 패널이나 Adobe Bridge를 사용하여 Animation Presets을 적용할 수 있습니다.

Adobe Bridge의 Presets 폴더를 열려면 [Effect &Presets] 패널 메뉴나 메뉴 바에서 [Animation] -[Browse Presets...]을 선택합니다.

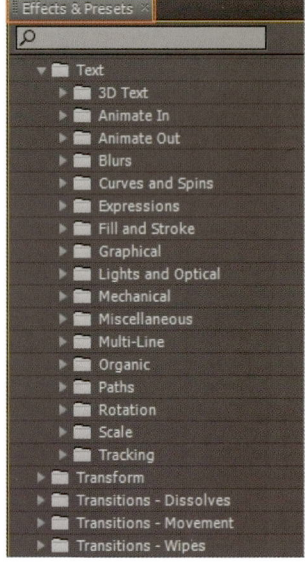
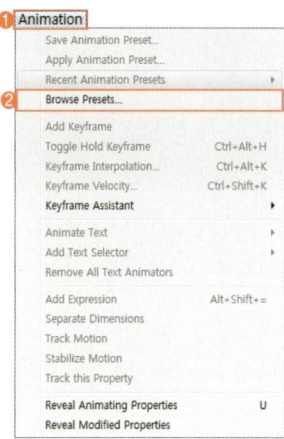

Animation Presets을 레이어에 적용한 후에 어떤 속성에 애니메이션이 적용되었는지를 확인하려면, U키 또는 U키를 두 번 눌러 애니메이션이 적용된 속성들을 엽니다.

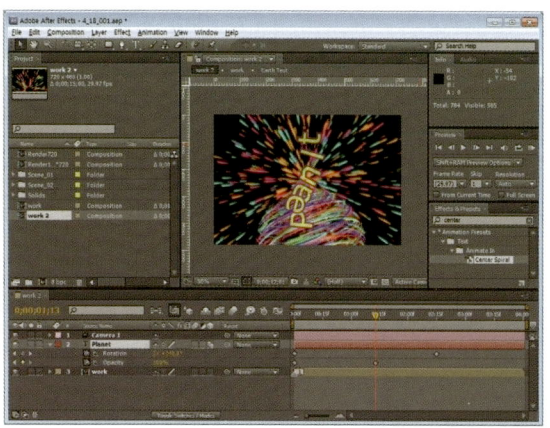

> **TIP** 무작정 Animation Presets을 쓰는 것보다는 어떤 속성을 사용했는지 찾아보고 공부를 하면 많은 도움이 되니 시간 날 때마다 틈틈이 훑어보는 습관을 들여보세요.

> **TIP** Text Animation Presets은 NTSC DV 720 * 480 컴포지션으로 되어 있고, Text Layer는 72폰트, Gulim 체를 사용합니다. Preset을 적용할 컴포지션이 720 * 480보다 클 경우에는 애니메이션이 생각과는 다르게 적용될 수 있습니다. [Composition] 패널이나 [Timeline] 패널에서 Text Animator의 속성값을 조정합니다.

2 Text Animator 익히기

Text Layer에는 다른 레이어에는 없는 Animate가 추가되어 있습니다. Animate 기능은 범위를 지정해서 그 범위만큼 애니메이션을 추가적으로 지원해 주는 기능으로, Text Animation Presets 기능과 복합적으로 사용해서 만들어진 것입니다.

1. Animate Text 메뉴 알아보기

❶ Enable Per-character 3D : 각 캐릭터별로 3D 적용이 가능하도록 합니다.

❷ Anchor Point : 텍스트의 기준점(Scale, Rotation 등을 변형할 때 기준이 되는 점)입니다.

❸ Position : 텍스트의 위치를 지정합니다.

❹ Scale : 텍스트의 크기에 변화를 줍니다(Anchor point를 기준으로 조절됩니다).

❺ Skew : 텍스트의 기울기를 지정합니다. Skew Axis는 문자의 기울이는 축을 지정합니다.

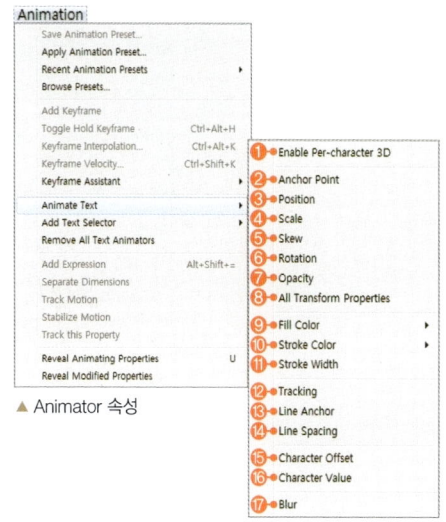

▲ Animator 속성

⑥ Rotation(X Rotation, Y Rotation, Z Rotation) : 텍스트를 회전시킵니다. per-character 3D 속성이 활성화되었으면 각 축을 기준으로 개별적으로 회전 설정 가능합니다. 아닌 경우에는 Rotation(Z Rotation과 같음)만 사용 가능합니다.

⑦ Opacity : 텍스트의 불투명도를 지정합니다.

⑧ All Transform Properties : animator 그룹에 Transform(Anchor Point, Position, Scale 등) 속성을 모두 추가합니다.

⑨ Fill Color : 텍스트의 면에 색을 적용합니다.

⑩ Stroke Color : 텍스트의 외곽선에 색을 적용합니다.

⑪ Stroke Width : 외곽선의 두께를 설정합니다.

⑫ Tracking : 텍스트의 자간을 설정합니다.

⑬ Line Anchor : 각 텍스트 줄의 자간 정렬입니다. 0%이면 왼쪽 정렬, 50%는 가운데 정렬, 100%는 오른쪽 정렬이 지정됩니다.

⑭ Line Spacing : 여러 줄로 된 텍스트 줄 사이의 간격을 조절합니다.

⑮ Character Offset : 선택한 문자를 offset할 유니코드 값입니다. 예를 들어 값을 '5'로 설정하면 단어에 있는 문자가 사전 순으로 다섯단계 앞으로 이동하여 'offset'은 'tkkxjy'가 됩니다.

⑯ Character Value : 선택한 문자의 새 유니코드 값을 지정할 수 있습니다. 이 값을 '65'를 설정하면 모든 단어가 유니코드 65번째 문자인 'A'가 되어 'value'는 'AAAAA'가 됩니다.

⑰ Blur : 텍스트에 블러 효과를 만듭니다. 가로 및 세로에 블러 값을 각각 적용할 수 있습니다.

● 필수예제 ● Text Animation 적용하기

01 메뉴 바에서 [File]−[Open Project](Ctrl +O)를 선택하여 [부록CD\Sample\Part01\Ch04\Text_3D\4_18_001.aep] 파일을 불러옵니다.

02 [Timeline] 패널에서 Text Layer인 'Planet' 레이어를 선택하거나, [Composition] 패널에서 애니메이션을 적용할 텍스트를 선택한 다음, 메뉴 바에서 [Animation]-[Animate Text]-[Position]을 선택합니다. 혹은 [Timeline] 패널의 'Planet' 레이어의 옵션 버튼을 눌러 Animate 버튼을 클릭하여 [Position]을 선택합니다.

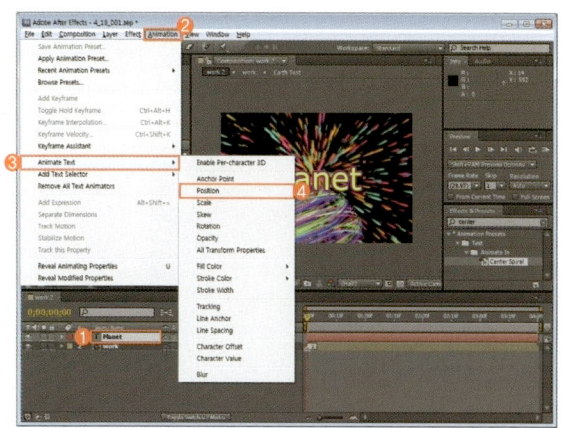

▲ 메뉴 바에서 선택

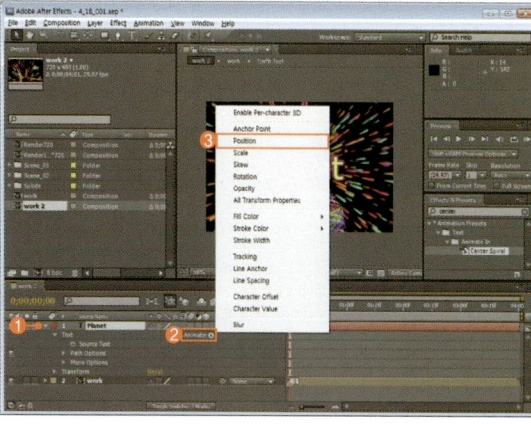

▲ [Timeline] 패널에서 선택

TIP Enable Per-Character 3D를 적용하면 Animator가 추가되는 것이 아니라 레이어와 개별 텍스트에 3D 속성이 추가되어 나중에 Animator를 추가할 수 있습니다.

03 Position을 선택하면 Animator1 그룹이 생성되고, 그 안에 Position 속성이 나타납니다.

04 [Timeline] 패널에서 Animator 1 속성값을 설정하겠습니다. Position 속성의 Y 값을 '35.0°'으로 설정하면, 그림과 같이 텍스트가 35만큼 전체적으로 내려가는 것을 확인할 수 있습니다.

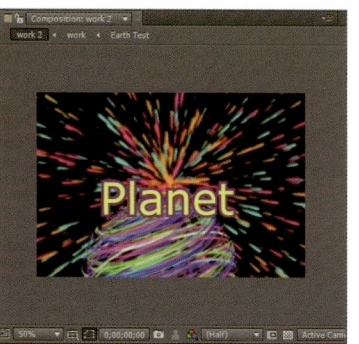

05 지금까지 진행한 내용만 보면 레이어의 Transform의 Position 속성과 동일하게 적용된 것 같지만, 차이점에 대해 알아보겠습니다. 애니메이션을 적용할 속성에 애니메이션이 끝나는 시점의 값을 입력한 후에, Selector 속성을 사용하여 다른 사항을 제어하게 합니다.

04번에서 설정한 Range Selector 1의 Position 속성의 y 값 '35'가 어디서부터 어디까지 적용할 것인지 범위를 적용합니다. Range Selector 1 속성의 옵션 버튼을 클릭하여, Start와 End의 stop watch(📷) 버튼을 클릭하고 End 값을 '75%'로 설정하여 범위를 정해줍니다.

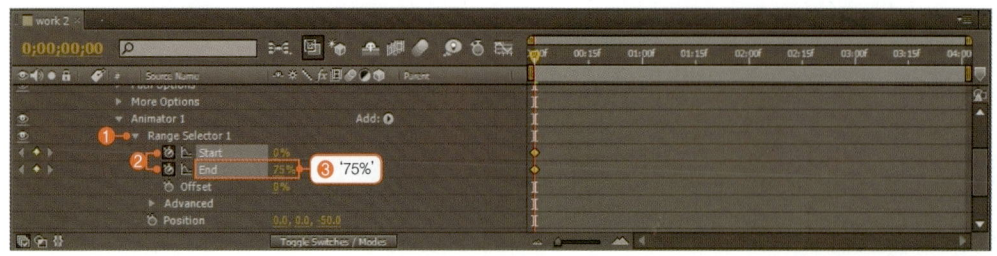

Special Note

[Composition] 패널에서 Selector 막대를 드래그해도 됩니다. [Composition] 패널에 있는 텍스트 부분에 마우스를 가져가면 마우스 포인터가 바뀔 때 드래그하면 됩니다.

06 범위를 정했으면, Range Selector 1의 offset 속성에 애니메이션을 주겠습니다. Current Time Indicator(♟)를 0초 부분으로 이동시키고, offset 앞에 있는 stop watch(📷) 버튼을 클릭하여 키프레임을 만들고 offset 값을 '0%'로 설정합니다. 1초 부분으로 Current Time Indicator(♟)를 드래그하여 이동시킨 후 offset 값을 '100%'로 설정합니다.

▶ 완성예제 : 부록CD\Sample\Part01\Ch04\4_18_001_final.aep

Animator 좀 더 살펴보기

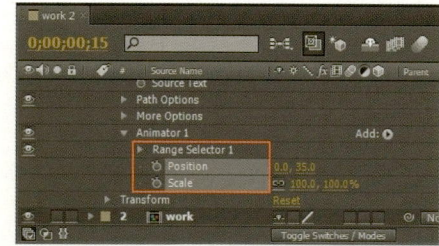

- Animator가 적용된 레이어에 Animator를 추가하려면 [Timeline] 패널에서 해당 Text Layer를 선택하고 [Animation]-[Animate Text] 메뉴에서 속성을 추가하거나, [Timeline] 패널에 있는 Add 버튼을 클릭하여 속성을 추가합니다. 새로운 Animator 속성이 기존 Animator 속성과 같은 그룹 내에 나타나고 기존 Selector를 공유하게 됩니다.

  기존 그룹 내에 생기지 않았을 경우에는 새로 만든 Animator 속성을 선택한 후 드래그해서 위치를 이동시켜주면 됩니다.

- Animator 속성을 삭제하려면 [Timeline] 패널에서 해당 속성이나 그룹을 선택하고 Delete 키를 누릅니다.

- Text Layer에서 Animator를 모두 제거하려면 [Timeline] 패널에서 Text Layer를 선택하고, [Animation]-[Remove All Text Animators]를 선택합니다.

- Animator 그룹을 복사하려면 [Timeline] 패널에서 해당 그룹을 선택하고, 메뉴 바에서 [Edit]-[Copy]를 선택한 다음, Animator를 적용할 레이어를 선택하고 [Edit]-[Paste]를 적용합니다.

- Animator 그룹의 이름을 바꾸고 싶으면, 해당 그룹을 선택하고 Enter 키를 누르거나 이름을 마우스 오른쪽 버튼을 클릭하고 [Rename]을 선택합니다.

Text Selector

Selector는 애니메이션이 적용될 범위를 나타냅니다. Animator 그룹에는 기본적으로 Text Selector가 있습니다. 기본 Selector를 다른 Selector로 바꾸거나, Animator 그룹에 Selector를 더 추가하고 삭제할 수 있습니다.

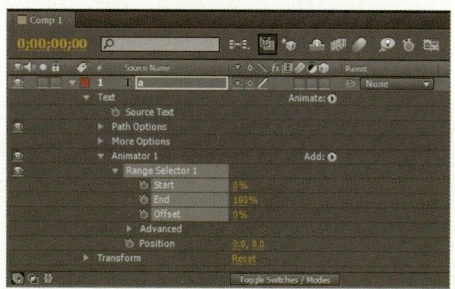

1. Range Selector 속성

Range Selector 속성은 기본적인 Selector 속성과 아래의 속성을 포함하고 있습니다.

❶ **Start/End** : 선택의 시작과 끝을 나타냅니다. [Timeline] 패널에서 Selector가 선택된 상태에서 [Composition] 패널에서 Selector 바를 드래그하여 Start와 End 값을 수정할 수 있습니다.

❷ **Offset** : Start 및 End로 지정된 선택 영역에서 offset할 양입니다. Start 또는 End 값을 편집할 때 [Composition] 패널에서 offset을 설정하려면 Shift 키를 누른 상태에서 Selection 툴을 선택하여 Start 또는 End selector 바를 클릭합니다.

2. Selector 공통 속성(Advaced)

❶ **Unites** : Start, End, Offset의 단위입니다.
- Percentage : %(백분율)
- Index : 문자의 수로 계산

❷ **Based On** : 기준
- Characters : 글자
- Characters Excluding Spaces : 여백을 포함한 글자
- Words : 단어
- Lines : 문장

❸ **Mode** : 각 Selector가 텍스트 및 그 위의 Selector 와 결합되는 방법을 지정합니다.

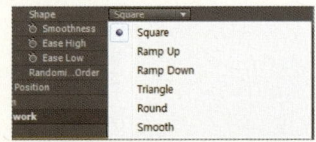

- Add : 마스크가 상위 겹침 순서의 마스크에 추가됩니다. 마스크의 영향이 상위 마스크에 누적됩니다.
- Subtract : 마스크의 영향이 상위 마스크에서 제거됩니다. 다른 마스크의 중심에 구멍 모양을 만들려고 할 때 이 옵션이 유용합니다.
- Intersect : 마스크가 상위 겹침 순서의 마스크에 추가됩니다. 마스크가 위에 있는 마스크와 겹치는 영역에서는 마스크의 영향이 상위 마스크에 합쳐집니다. 마스크가 상위 마스크와 겹치지 않는 영역에서는 결과가 완전히 불투명해집니다.
- Min : 마스크가 상위 겹침 순서의 마스크에 추가됩니다. 여러 마스크가 교차하는 영역에서는 가장 높은 투명도 값이 사용됩니다.
- Max : 마스크가 상위 겹침 순서의 마스크에 추가됩니다. 여러 마스크가 교차하는 영역에서는 가장 낮은 투명도 값이 사용됩니다.
- Difference : 마스크가 상위 겹침 순서의 마스크에 추가됩니다. 마스크가 위에 있는 마스크와 겹치지 않는 영역에서는 마스크가 레이어에 단독으로 있는 것처럼 작동하고, 마스크가 위에 있는 마스크와 겹치는 영역에서는 마스크의 영향이 상위 마스크에서 제거됩니다.

❹ **Amount** : Animator 속성이 문자 범위에 주는 영향의 정도를 지정합니다. 0%에서는 애니메이터 속성이 문자에 영향을 주지 않고, 50%에서는 속성값의 절반이 문자에 영향을 줍니다.

❺ **Shape** : Start와 End 범위 사이에서 문자를 선택하는 방법을 제어합니다. 각 옵션은 선택한 모양을 사용하여 선택한 문자 간에 전환을 만들어 선택 영역을 수정합니다.

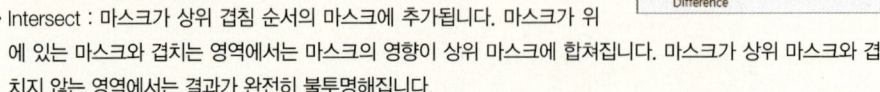

▲ Square

▲ Ramp Up

▲ Ramp Down

▲ Triangle

▲ Round

▲ Smooth

⑥ Smoothness : [Square] 모양을 사용할 때 애니메이션이 한 문자에서 다른 문자로 전환하는 데 걸리는 시간의 양을 결정합니다.

⑦ Ease High/Ease Low : 선택 값이 High(전체 포함)에서 Low(전체 제외)로 바뀔 때의 변경 속력을 결정합니다. 예를 들어 Ease High 값이 '100%'인 경우 문자는 전체 선택 상태에서 부분 선택 상태로 변경되는 동안 보다 점진적으로 바뀝니다. Ease High 값이 '-100%'인 경우 문자는 전체 선택 상태에서 부분 선택 상태로 변경되는 동안 빠르게 바뀝니다.

Ease Low 값이 '100%'인 경우 문자는 부분 선택 상태에서 선택 해제 상태로 변경되는 동안 보다 점진적으로 바뀝니다. Ease Low 값이 '-100%'인 경우 문자는 부분 선택 상태에서 선택 해제 상태로 변경되는 동안 빠르게 바뀝니다.

⑧ Randomize Order : Range Selector를 통해 지정한 문자에 속성이 적용되는 순서를 임의 화합니다. 반대로 Wiggly selector를 사용하는 경우에는 애니메이터 속성값이 임의 화됩니다.

⑨ Random Seed : Random Seed 옵션이 'On'으로 설정 되어 있을 때 Range Selector의 임의 화된 순서를 계산합니다. Random Seed가 '0'인 경우 Seed는 해당 애니메이터 그룹을 기반으로 합니다. 애니메이터 그룹을 복제하고 원본 애니메이터 그룹과 같은 임의화 순서를 유지하려면 Random Seed를 '0'이 아닌 값으로 설정합니다.

3. Wiggly Selector 속성

Wiggly Selector는 기본 속성을 포함해서 아래 속성을 가지고 있습니다.

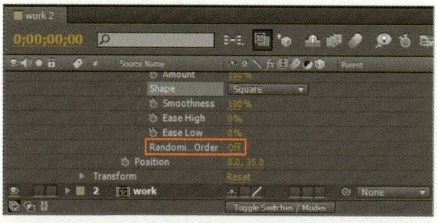

❶ Max Amount/ Min Amount : 선택 영역의 변화량을 지정합니다.

❷ Wiggles/Second : 설정된 선택 영역에서 변화가 발생하는 초당 횟수입니다.

❸ Correlation : 각 문자의 변화 간 상관 관계입니다. '100%'에서는 모든 문자가 같은 시간에 같은 양만큼 흔들리고 '0%'에서는 모든 문자가 독립적으로 흔들립니다.

❹ Temporal Phase/Spatial Phase : (revolutions+degrees(도)) 시간 단위의 애니메이션 Temporal Phase(시간)이나 문자별 애니메이션 Spatial Phase(공간)을 기반으로 하는 흔들기 변화입니다.

❺ Lock Dimensions : 흔들린 선택 영역의 치수를 각각의 Scale을 같은 값만큼 조정합니다. 이 옵션은 Scale 속성을 흔드는 경우 유용합니다.

❻ Random Seed : 움직임을 임의로 만들어줍니다.

4. Expression Selector 속성

Expession Selector 속성 그룹과 Amount 속성
그룹을 확장하여 [Timeline] 패널에 expression
필드를 표시합니다. 기본적으로 Amount 속성은
selectorValue textIndex/textTotal expression
으로 시작합니다. Expression Selector를 사용하
여 각 문자의 Selector 값을 표현할 수 있습니다.

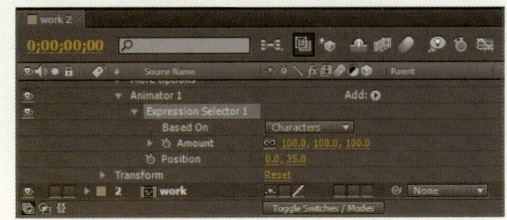

5. Text Anchor Point 속성

• Text Animator는 Anchor Point를 기준으로 문자 위치, 회전 및 크기와 관련된 속성에 애니메이션을 적용합니다.
• 텍스트 속성인 Anchor Point Grouping를 사용하여 변형에 사용된 기준점이 각 문자, 각 단어, 각 줄 또는 전체
  텍스트 블록의 Anchor Point가 되도록 할 것인지 여부를 지정할 수 있습니다. 또한 Grouping Alignment 속성
  을 사용하여 그룹의 Anchor Point를 기준으로 문자의 Anchor Point 정렬을 제어할 수 있습니다.

3 Per-character 3D text 속성

Animator 기능을 2D 속성이 아닌, 3D 속성에 적용시켜 보도록 하겠습니다. 3D Animator 속성을 이용하면 텍스트
를 3D 개별 문자가 되어 Position, Scale, Rotation을 적용할 수 있습니다.

● 필수예제 ● Text 3D 개별 문자 사용하기

01 메뉴 바에서 [File]-[Open Project](Ctrl
+ O)를 선택하여 [부록CD\Sample\Part01\
Ch04\Text_3D\4_18_001.aep] 파일을 불
러온 후 [Project] 패널에서 컴포지션을 더블
클릭하여 엽니다. Animate 버튼을 클릭하여
[Enable Per-character 3D]를 선택합니다.

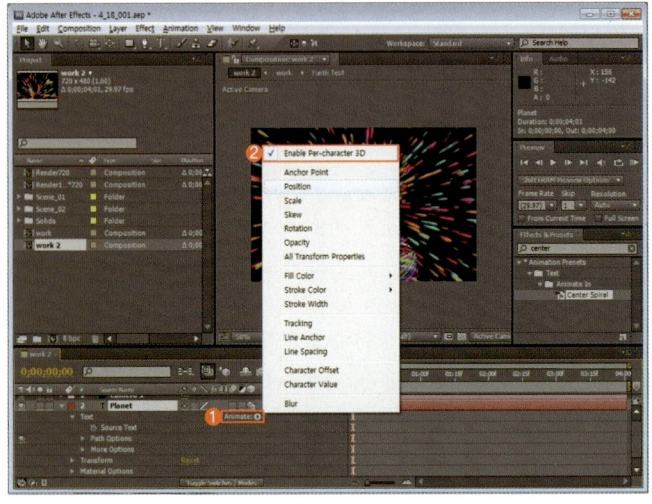

02 [Enable Per-character 3D]을 선택하면, 3D Layer 설정 박스에 두 개의 정육면체 모양()의 아이콘이 생기고, Animator 그룹이 추가되는 것이 아니라 Transform에 2D 속성이 3D 속성으로 바뀌게 됩니다.

03 메뉴 바에서 [Layer]-[New]-[Camera]를 선택해서 Camera Layer를 추가하여 텍스트의 방향을 수정하겠습니다.

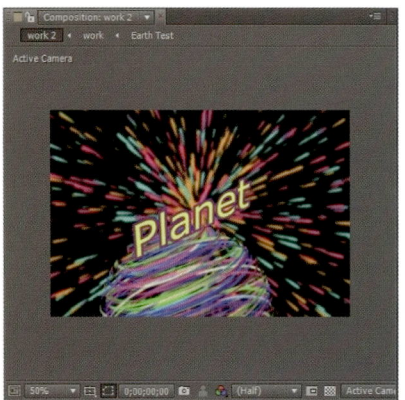

04 Text Layer에 Position 속성을 추가하겠습니다. [Timeline] 패널에 있는 Text Layer의 속성에 있는 Animate 버튼을 클릭하여 [Position]을 선택합니다.

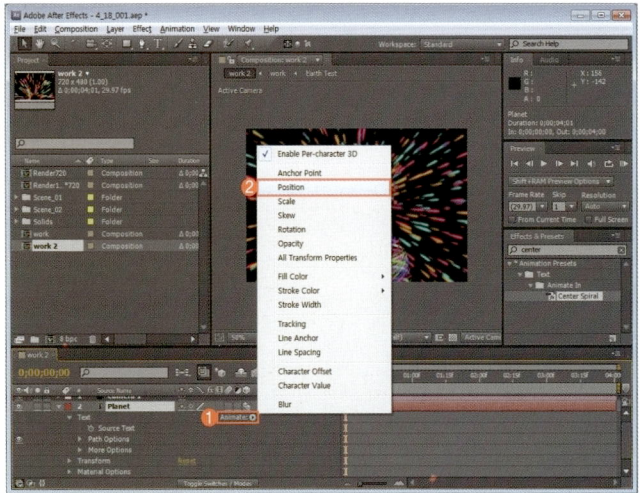

05 Position의 z 값에 '−50.0'을 입력하고, Range Selector 1 속성에서 Start 값을 '20%' 설정한 다음, Current Time Indicator(🔽)를 2초 부분으로 이동시키고, End 값에 '60%'을 설정하면 z 축 방향으로 글자가 적용된 것을 확인할 수 있습니다.

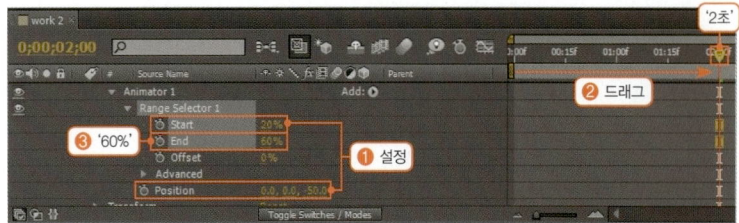

06 3D Text Layer는 각 글자들이 Active Camera를 바라보도록 해 주는 기능인 Orient Each Character Independently가 CS5에 새로 추가되었습니다. 메뉴 바에서 [Layer]−[Transform]−[Auto−Orientation](Ctrl + Alt + O)을 선택합니다.

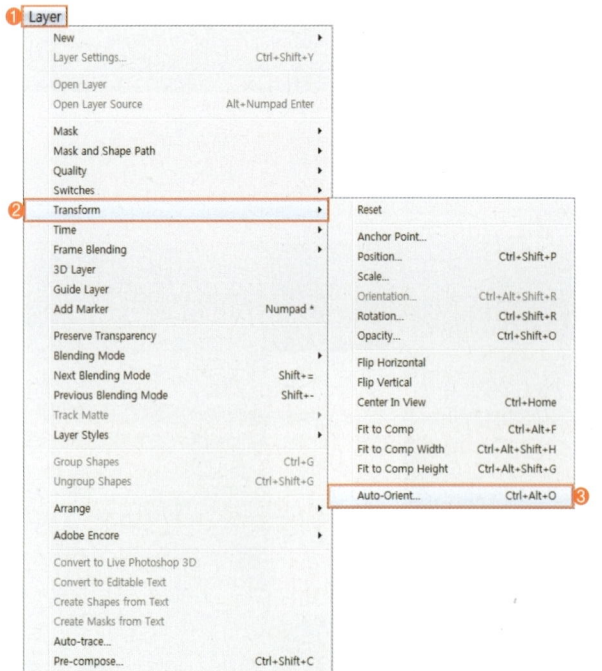

07 [Auto-Orientation] 대화상
자에서 Orient Towards Camera
속성을 선택하고, Orient Each
Character Independently에 체
크 표시를 합니다. 이제 텍스트의
글자들이 각각 Camera를 바라보
고 있습니다. Camera의 위치를 이
동해도 계속 텍스트의 글자들이
Camera를 바라봅니다.

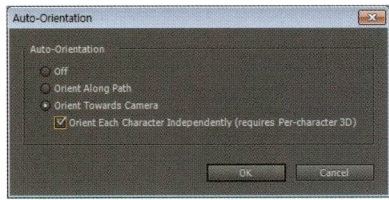

> **TIP** • Enable Per-character 3D 레이어는 렌더링 성능을 저하시킬 수 있습니다.
> • Enable Per-character 3D에서 2D 레이어를 변환하면 기존 3D 레이어와 마찬가지로 Per-character 3D 레이어에 한정된 애니메이터
>   속성과 크기가 손실됩니다. 다시 3D로 변환해도 속성값이 복원되지 않습니다.
> • Text Layer에 문자별로 3D 애니메이터 속성을 사용하지 않되 해당 레이어를 3D 레이어로 유지하려면 Enable Per-character 3D을 선
>   택 해제합니다.

▶ 완성예제 : 부록CD\Sample\Part01\Ch04\Text_3D\4_18_001_final.aep

4 Path Animation 만들기

Text Layer에 마스크가 적용되어 있으면, 그 마스크를 패스로 이용해서 텍스트가 패스를 따라 지나가도록 할 수 있
습니다. 텍스트에 패스를 적용한 후에 텍스트에 애니메이션을 적용하거나 패스 자체에 애니메이션을 적용할 수 있
습니다. 닫힌 마스크를 텍스트 패스로 사용할 때는 Mask Mode를 'None'으로 설정해야 합니다.

● 필수예제 ● Mask Path를 따라 텍스트 배치하기

01 메뉴 바에서 [File]-[Open Project]
(Ctrl + O)를 선택하여 [부록CD\Sample\
Part01\Ch04\MaskPath\MaskPath.aep]
파일을 불러온 후 [Project] 패널에서 컴포지
션을 더블클릭하여 엽니다.

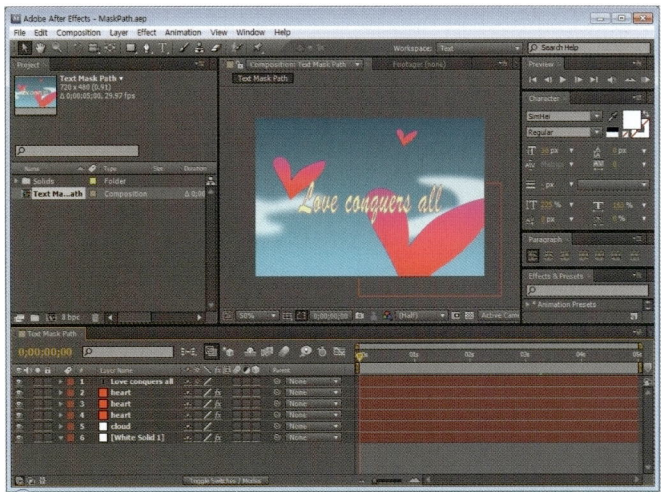

02 [Timeline] 패널에서 Text Layer인 'Love Conguers all' 레이어를 선택하고, [Tool] 패널에서 Pen 툴(✏)이나 Mask 툴(■)을 선택하여 [Composition] 패널에 마스크를 그려 놓은 [Composition] 패널의 확인할 수 있습니다.

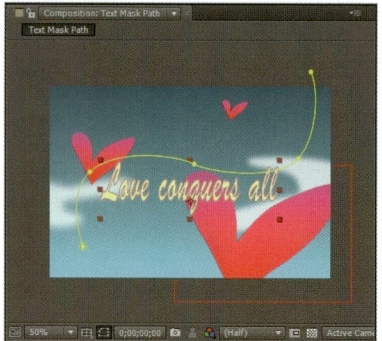

03 [Timeline] 패널에서 Text Layer의 옵션 버튼을 클릭하여 Path Options 속성의 Path 메뉴에서 'Mask 1'을 선택합니다. 텍스트가 패스의 모양에 맞춰서 배치되는 것을 확인할 수 있습니다. 텍스트에는 [Paragraph] 패널에 지정된 Align이 자동으로 사용됩니다.

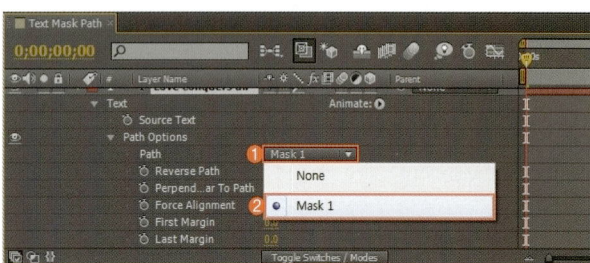

04 패스 위에 있는 텍스트의 위치를 다시 지정하려면 [Timeline] 패널에서 First Margin 및 Last Margin 속성을 사용하여 텍스트 여백을 변경합니다.

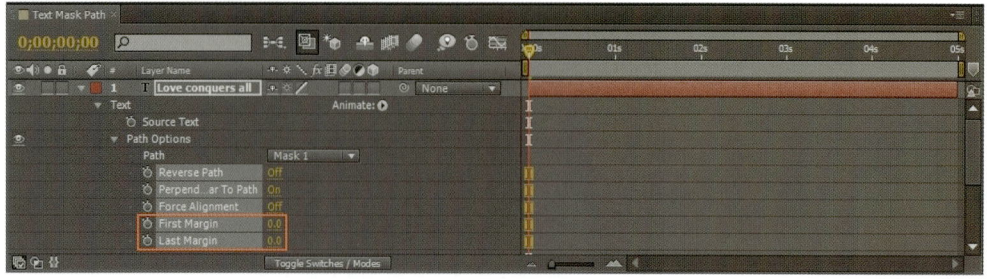

▶ 완성예제 : 부록CD\Sample\Part01\Ch04\MaskPath\MaskPath_final.aep

Text Layer의 path 속성

Path Options 속성을 사용하여 Path를 지정하고 개별 문자가 Path에 표시되는 방식(패스에 수직, 왼쪽 또는 오른쪽 정렬, 반전 등)을 변경할 수 있어, Path Options 속성에 애니메이션을 적용하면 간편하게 패스를 따라 텍스트에 애니메이션을 적용할 수 있습니다.

❶ **Reverse Path** : 패스의 방향을 반대로 변경합니다.

❷ **Perpendicular To Path** : 패스의 수직 방향으로 각 텍스트를 회전합니다.

❸ **Force Alignment** : 첫 번째 문자는 패스 시작 부분(또는 지정된 First Margin 위치)에, 마지막 문자는 패스 끝 부분(또는 지정된 Last Margin 위치)에 놓고 나머지 문자는 첫 번째 문자와 마지막 문자 사이에 고르게 분산합니다.

❹ **First Margin** : 패스 시작 부분을 기준으로 첫 번째 문자의 위치를 픽셀 단위로 지정합니다. 텍스트가 오른쪽에 정렬되어 있고, Force Alignment이 'Off'로 설정되어 있으면 First Margin이 무시됩니다.

❺ **Last Margin** : 패스 끝 부분을 기준으로 마지막 문자의 위치를 픽셀 단위로 지정합니다. 텍스트가 왼쪽에 정렬되어 있고, Force Alignment이 'Off'로 설정되어 있으면 Last Margin이 무시됩니다.

효율적인
관리를 위한
Parenting &
Pre-compose

After Effects에서는 레이어를 이용해서 영상 합성 작업을
합니다. 작업할 때, 레이어가 많아져서 복잡해질 때 레이어
를 정리하고 관리할 필요가 있습니다. 이번에는 레이어를
효율적으로 관리하는 방법에 대해서 살펴보겠습니다.

Parenting

레이어의 움직임을 다른 레이어의 움직임에 따라서 같이 움직이게 하거나 레이어의 속성값을 다른 레이어의 속성값에 연동해서 사용하고 싶을 때 Parent 기능을 사용하면 보다 편리하게 애니메이션을 완성할 수 있습니다.

1 Parenting 이해하기

Parenting은 '부모(Parent)' 역할을 하는 1개의 레이어를 '자식(child)' 역할을 하는 1개 이상의 레이어들이 새끼 오리가 어미 오리를 졸졸졸 따라 움직이듯이 '자식' 레이어들이 '부모' 레이어의 움직임을 따라 하는 것을 말합니다.

● 필수예제 ● Parenting으로 연동하기

STEP 01 Parenting 설정하기

01 메뉴 바에서 [File]-[Open Project]를 선택하여 [부록CD\Sample\Part01\Ch05\Parenting\5_19_01. aep] 파일을 불러오면, [Composition] 패널에는 노란색 (Child_2), 분홍색(Child_1), 파란색(Parent) 원이 있습니다.

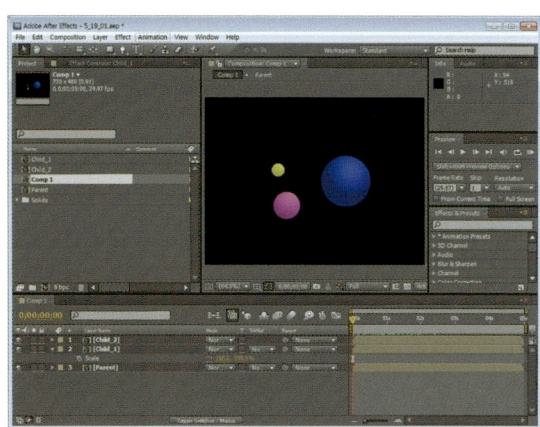

02 노란색 원을 child 레이어로 하고, 분홍색 원을 parent 레이어로 Parenting하여 분홍색 원이 움직이면 노란색 원이 따라서 움직이게 해 보겠습니다.

[Timeline] 패널에서 'Child_2' 레이어를 선택하고, Parent 속성에서 pick whip(🔘) 아이콘을 클릭한 상태로 마우스를 떼지 않고 드래그하여 'Child_1' 레이어를 선택해 연결해 줍니다.

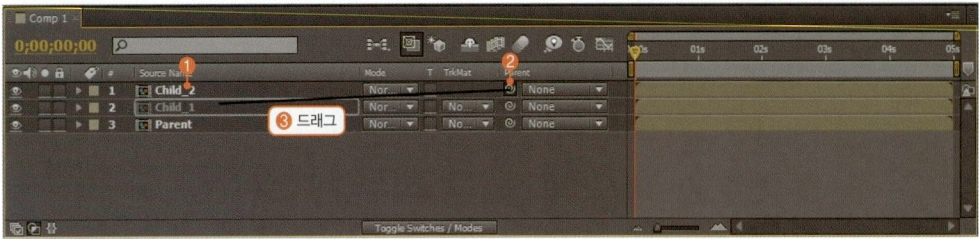

또는 pick whip(⊙) 아이콘 옆에 있는 내림 버튼을 클릭하여 'Child_1' 레이어를 직접 선택해서 연결해도 됩니다.

> **TIP** [Timeline] 패널에서 Parent가 보이지 않을 때는 [Timeline] 패널의 Column 부분을 마우스 오른쪽 버튼으로 클릭하여 나오는 메뉴에서 [Columns]-[Parent]를 선택합니다.

03 'Child_2' 레이어(노란색 원)가 'Child_1' 레이어(분홍색 원)의 Child가 되어 'Child_1' 레이어(분홍색 원)의 속성값 변화에 따라 같이 움직이게 됩니다.

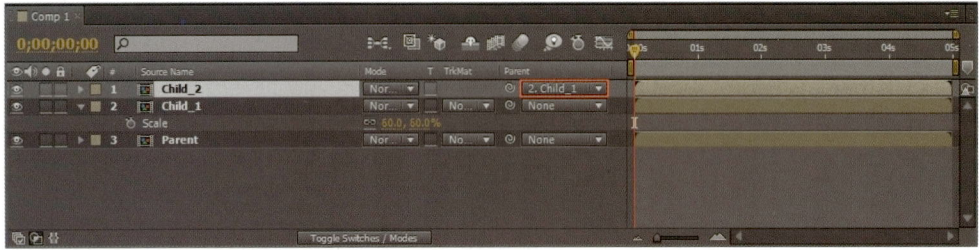

STEP 02 다양하게 조절해보기

01 Scale을 조금 줄여보겠습니다. 단축키 ⑤키를 눌러 'Child_1 레이어'의 Scale 값을 '60.0%'으로 줄이면 'Child_2' 레이어의 Scale도 줄어드는 것을 볼 수 있습니다.

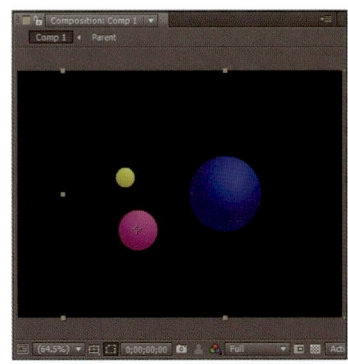
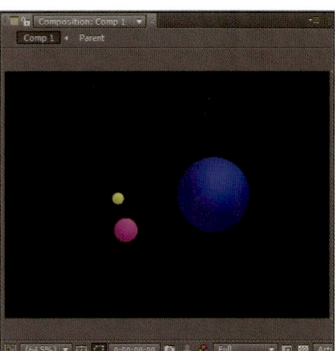

02 'Child_1' 레이어에 Rotation 애니메이션을 주겠습니다. Rotation 속성(R)을 열고, Current Time Indicator(🔆) 를 0초에 위치시키고 Rotation 앞의 stop watch(⏱) 버튼을 클릭하여 키프레임을 만듭니다.

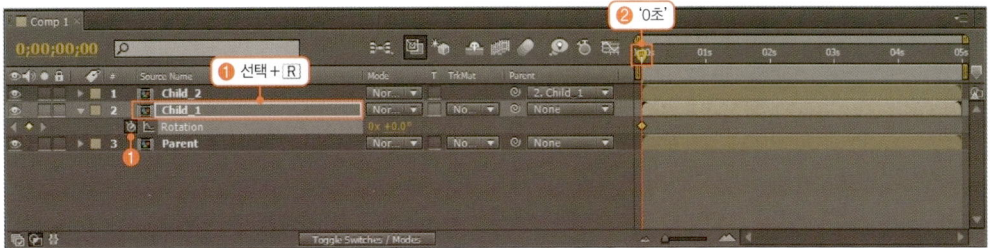

03 Current Time Indicator(🔆)를 2초로 이동한 다음 Rotation 값을 '1회전'으로 설정합니다.

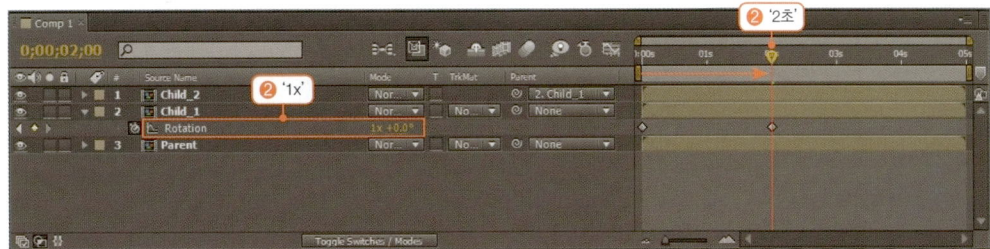

04 [Preview] 패널에서 Ram Preview(▶) 버튼을 클릭하면 달이 지구를 따라 공전하듯이 'Child_2' 레이어(노란색 원)가 'Child_1' 레이어(분홍색 원)의 Anchor Point를 중심으로 따라 회전하는 것을 확인할 수 있습니다.

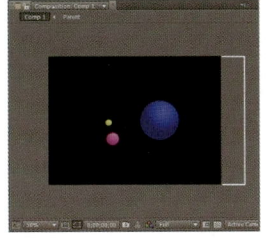 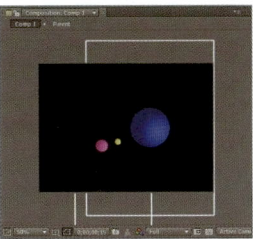 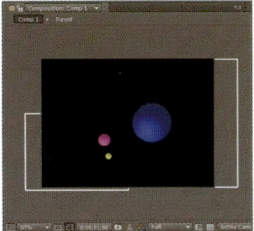 

05 이번에는 'Child_1' 레이어(분홍색 원)을 'Parent' 레이어(파란색 원)의 Child로 만들겠습니다. STEP 01 과 마찬가 지로 'Child_1' 레이어의 Parent에서 pick whip(◎)을 선택하여 'Parent' 레이어를 선택하여 연결합니다. 'Child_1' 레 이어는 'Parent' 레이어의 Child가 되었습니다.

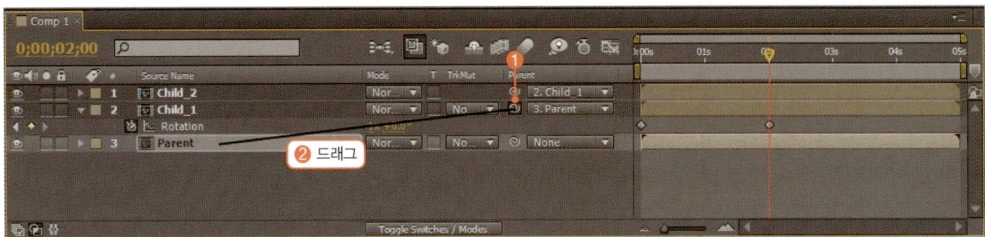

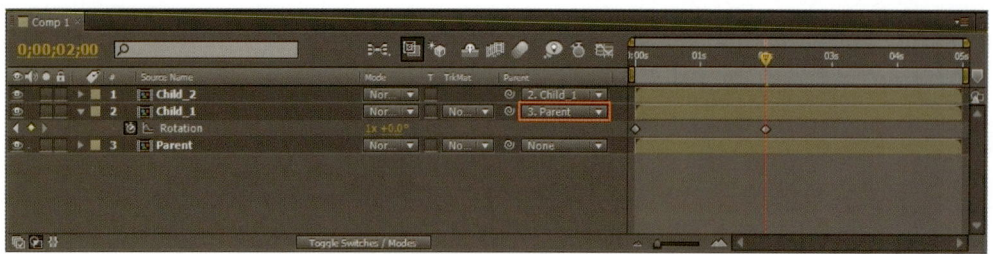

06 'Parent' 레이어를 선택하고 Position 속성(P)을 열어 Position의 x 값을 '460'으로 입력해서 원래 위치에서 100만큼 이동하게 설정합니다. 'Child_1' 레이어와 'Child_2' 레이어가 'Parent' 레이어가 이동한 만큼 같이 이동하게 됩니다.

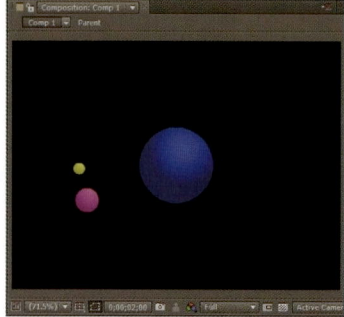 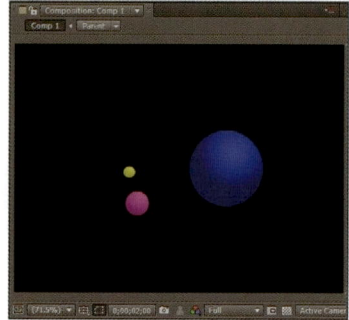

Position x : 460.0

07 'Child_1' 레이어는 'Parent' 레이어를 따라 회전하고, 'Child_2' 레이어는 'Child_1' 레이어를 따라 회전하는 애니메이션이 완성됩니다.

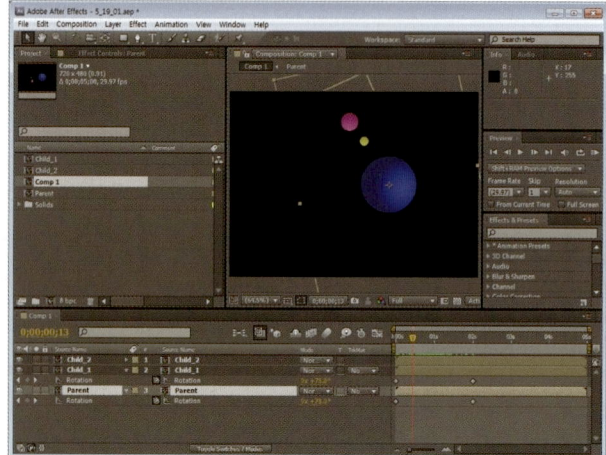

TIP Parent 기능은 Opacity를 제외한 Position, Scale, Rotation 및 Orientation(3D 레이어인 경우) 등 모든 변형 속성에 영향을 줍니다.

▶ 완성예제 : 부록CD\Sample\Part01\Ch05\Parenting\5_19_01_final.aep

Special Note

Child 레이어와 Parent 레이어의 관계

Child 레이어는 Parent 레이어를 하나만 지정할 수 있지만, Parent 레이어는 다수의 Child 레이어를 가질 수 있습니다. Child된 레이어는 Parent 레이어에 종속되지만, Child 레이어는 독립적으로 속성값 조정이 가능하므로 편리하게 작업을 할 수 있습니다.

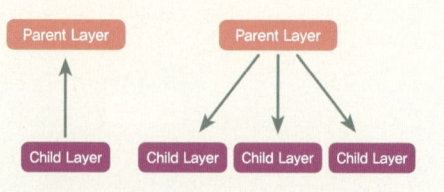

2 Parent와 Child의 속성의 관계

Parenting을 하게 되면 Child 레이어는 이제 컴포지션이 아닌, Parent 레이어가 변형 속성의 기준이 됩니다. Parenting을 할 때는 Child 레이어에 Parent 레이어의 변형 속성값을 적용할 것인지 아니면 Child 레이어의 고유한 값을 유지할 것인지 선택할 수 있습니다.

Child 레이어가 Parent 레이어를 Parenting하게 되면 기존에 가지고 있던 Position 값 대신에 Parent의 Position 값을 가지게 됩니다. 이후에 Parent를 해제하게 되면 다시 본래의 Position 값으로 돌아오게 됩니다.

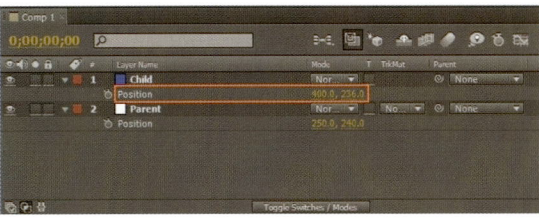
▲ Parenting 전 Position 값

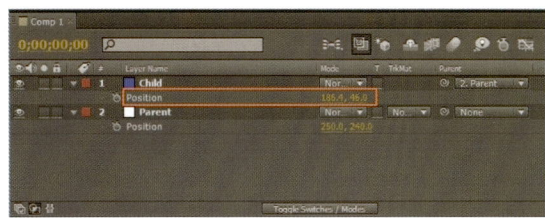
▲ Parenting 후 Position 값의 변화

1. 고유한 속성값을 유지하는 방법

Child 레이어가 Parent 레이어의 속성값 대신에 본래의 고유한 속성값을 유지하려면 Alt 키를 누른 상태에서 Parent 를 지정하거나 해제하면 됩니다.

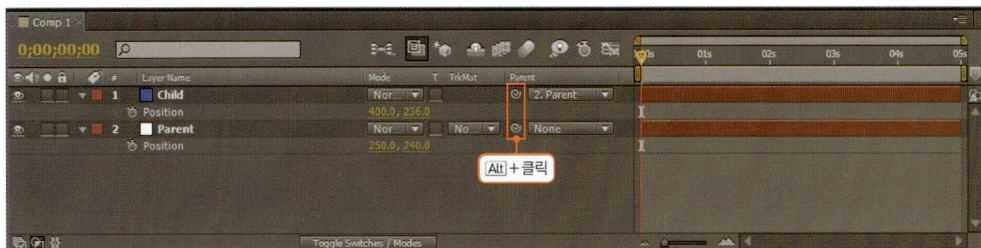

2. Parent를 해제하는 방법

해제하고자 하는 레이어의 pick whip(◎) 아이콘 옆에 있는 내림 버튼을 클릭하여 None을 선택하거나 Ctrl 키를 누른 상태에서 pick whip(◎)을 클릭합니다.

> **TIP** Parent 연결을 제거하고 변형 속성값을 적용되게 하려면 Alt + Ctrl 키를 누른 상태에서 pick whip(◎) 아이콘으로 Child 레이어를 선택합니다.

3. Child 레이어를 모두 선택하는 방법

Parent 레이어의 모든 Child 레이어를 선택하고 싶을 때는 [Composition] 패널이나 [Timeline] 패널에서 해당 Parent 레이어를 마우스 오른쪽 버튼으로 클릭하고 나타나는 메뉴에서 [Select Child] 메뉴를 선택합니다.

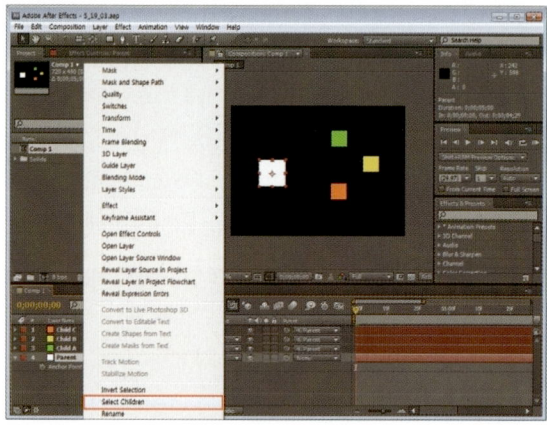

3 Null Object Layer 알아보기

Null Object Layer는 레이어의 모든 속성을 가지고 있으면서 화면 상에 표시되지 않는 레이어로, 작업 시 훌륭한 보조역할을 합니다. [Composition] 패널에서는 레이어 핸들이 있는 사각형 윤곽선 형태로 표시됩니다.

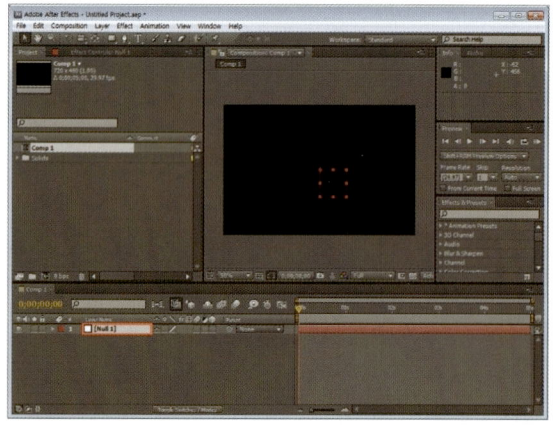

▲ [Composition] 패널에서 보여지는 Null Object Layer 이미지

1. Null Object Layer 만들기

Null Object Layer는 [Timeline] 패널 또는 [Composition] 패널을 선택하고 메뉴 바에서 [Layer]-[New]-[Null Object]([Ctrl]+[Alt]+[Shift]+[Y])를 선택합니다.

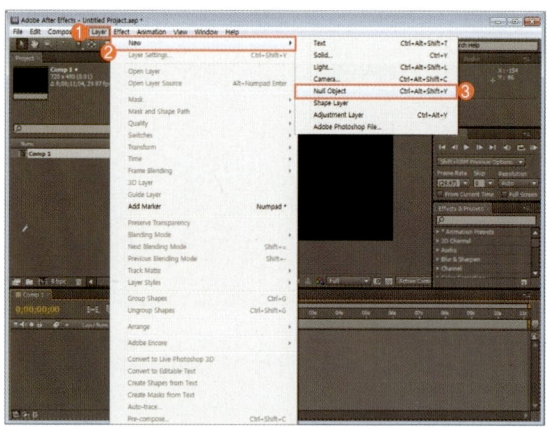

2. Null Oject Layer 관리하기

Null Object Layer는 레이어의 모든 속성을 가지고 있어서 애니메이션 적용도 할 수 있습니다. Null Object Layer는 Solid Layer와 마찬가지로 메뉴 바에서 [Layer]−[Solid Setting]([Ctrl]+[Shift]+[Y])을 선택하여 수정합니다. Solid Layer와 다른 점은 Anchor Point가 '0, 0'으로 되어 있어서 레이어의 왼쪽 상단이 Anchor Point로 기본 설정되어 있습니다.

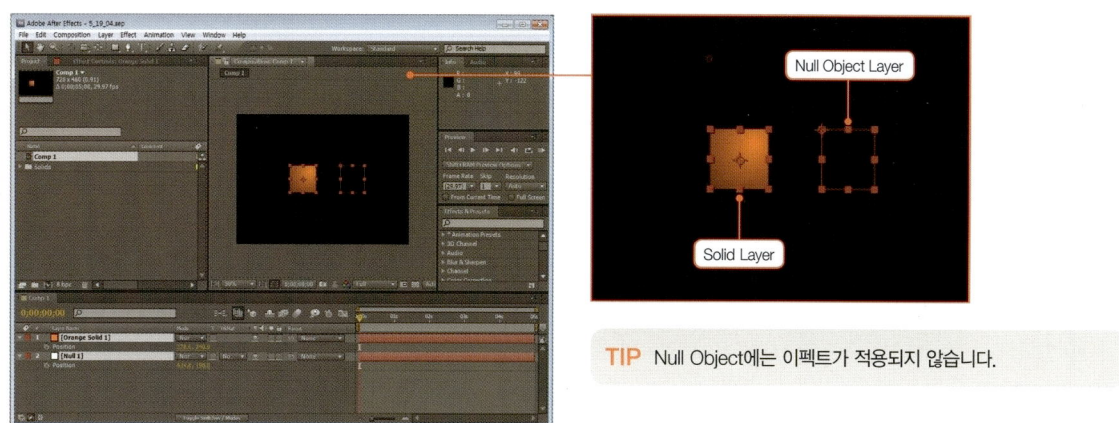

TIP Null Object에는 이펙트가 적용되지 않습니다.

3. Null Object Layer와 Expression

Null Object Layer는 다른 기능들을 도와주는 보조자 역할을 합니다. Null Object Layer에 [Expression Controls] 메뉴에 있는 Control 이펙트를 적용하여 다른 레이어의 이펙트 및 애니메이션 등의 속성값을 Control과 연결하여 사용할 수 있습니다.

❶ Null Object Layer를 선택하고 메뉴 바에서 [Effect]−[Expression Controls]−[Slider Control]을 적용합니다.

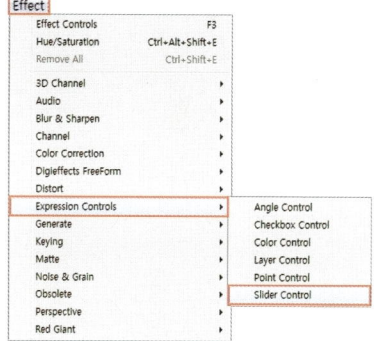

❷ [Timeline] 패널에 있는 Solid Layer를 선택하고 단축키 [P]키를 눌러서 Position 속성을 선택하고, [Animation]−[Add Expression]을 선택합니다.

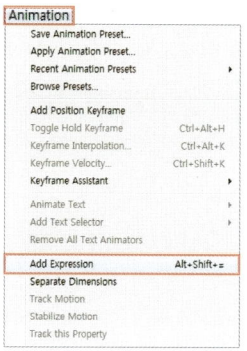

❸ Solid Layer의 pick whip()을 선택해서 Null Object Layer의 Slider Control 속성으로 드래그합니다. 이제 Solid Layer의 Positon 값은 Null Object Layer의 Slider 값의 변화에 따라 같이 움직이게 됩니다.

▲ control 연결된 이미지

4. Null Object Layer와 Camera 연결하기

Camera와 Light를 움직일 때는 Position 속성값과 Point of Interest를 같이 움직여야 합니다. 그래서 Null Object Layer의 Position 속성을 Camera나 Light의 Point of Interest 속성에 Expression을 이용하여 연결하는 방법을 많이 사용합니다. Point of Interest를 직접 움직이는 것보다 Null Object Layer을 통해서 제어하는 것이 편할 때가 많기 때문입니다.

❶ 'Camera 1' 레이어를 선택하고, 단축키 P 키를 눌러서 Position 속성을 열고, Shift 키를 누른 상태로 단축키 A 키를 눌러, Point of Interest 속성을 같이 보이게 합니다.

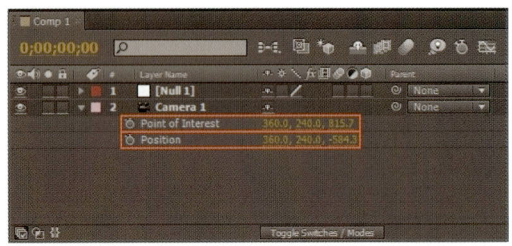

❷ Null Object Layer는 3D Layer(⬛) 스위치를 클릭하여 3D 레이어로 변환시키고, Position 값을 Point of Interest 값과 같게 설정합니다.

Position : 360.0, 240.0, -584.0

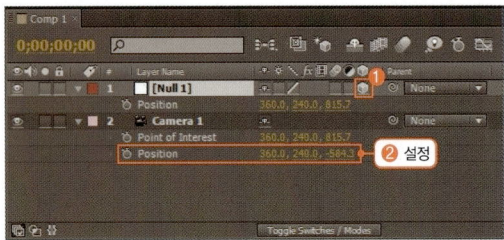

❸ 'Camera 1' 레이어의 Point of Interest 속성을 선택하고 메뉴 바에서 [Animation]-[Add Expression]을 선택하거나, Alt 키를 누른 상태로 stop watch(⏱)를 클릭해서 Expression을 적용합니다.

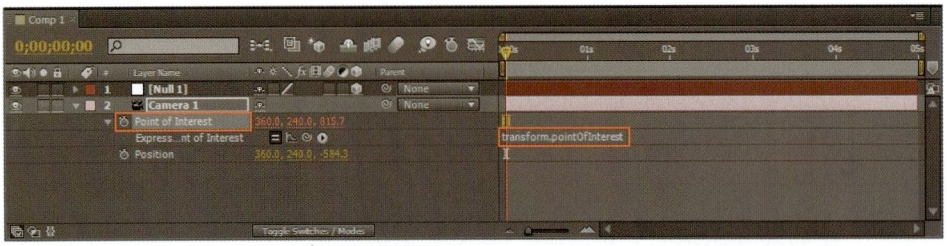

❹ Point of Interest 속성의 pick whip(◎)을 선택하고 드래그하여 'Null 1' 레이어의 Position 속성과 연결합니다. 이제 Null Object Layer를 움직이면 Camera의 Point of Interest가 같이 움직여서 Camera의 제어가 쉬워집니다.

> **TIP** Expression에 대한 자세한 내용은 Chapter 06의 Section 01를 참고하세요

● 필수예제 ● Null Object Layer를 이용한 Parenting

Null Object Layer와 Parenting을 이용해서 포크레인의 움직임을 표현해보겠습니다.

STEP 01 Parenting하기

01 메뉴 바에서 [File]−[Open Project](Ctrl +O)를 선택하여 [부록CD\Sample\Part01\Ch05\Parenting_Null\5_19_05.aep] 파일을 불러온 다음, '포크레인' 레이어를 더블클릭하여 [포크레인] 컴포지션으로 들어갑니다.

02 [Timeline] 패널에서 Child 레이어를 선택하고, pick whip(◎)을 클릭하여, 마우스를 클릭한 상태로 드래그하여 Parent 레이어를 선택하는 방법을 이용하여 다음과 같이 설정합니다.

'삽' 레이어를 '기둥A' 레이어에 Parent | '허브B' 레이어는 '허브A' 레이어에 Parent | '허브A' 레이어를 '상단' 레이어에 Parent

03 피스톤 역할을 하는 '기둥A.png' 레이어와 '기둥 B.png' 레이어는 각각 '허브A' 레이어와 '허브B' 레이어에 Parenting합니다. 이제 각 레이어들이 Parent로 연결되었기 때문에 각 레이어를 Rotation하면 포크레인이 움직이는 애니메이션을 만들 수 있습니다.

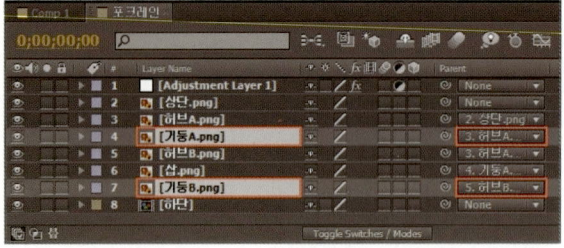

TIP [Timeline] 패널에서 Rotation 값을 설정하는 것보다 [Tool] 패널에서 Rotation 툴(■)을 선택하여 [Composition] 패널에서 레이어를 직접 회전시키는 것이 편리합니다.

04 색상 보정을 위해 만들어놓은 Adjustment Layer가 선택되지 않도록 Lock(🔒)에 체크합니다.

05 '허브A' 레이어와 '허브B' 레이어에 여러분이 원하는 형태로 애니메이션을 만듭니다.

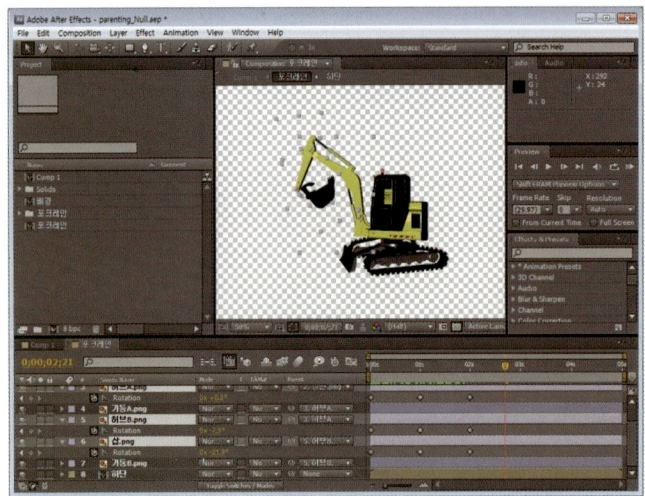

STEP 02 **Null Object Layer를 이용하여 위치 이동하기**

STEP 01 에서 Parenting을 이용한 애니메이션을 완성하였습니다. 이제 포크레인의 위치를 이동시켜 보도록 하겠습니다. 포크레인을 이동하는데 Null Object Layer를 이용해보겠습니다.

01 [Composition] 패널이나 [Timeline] 패널에 마우스 오른쪽 버튼을 클릭하여 [New]-[Null Object]를 선택하여 Null Object Layer를 만듭니다.

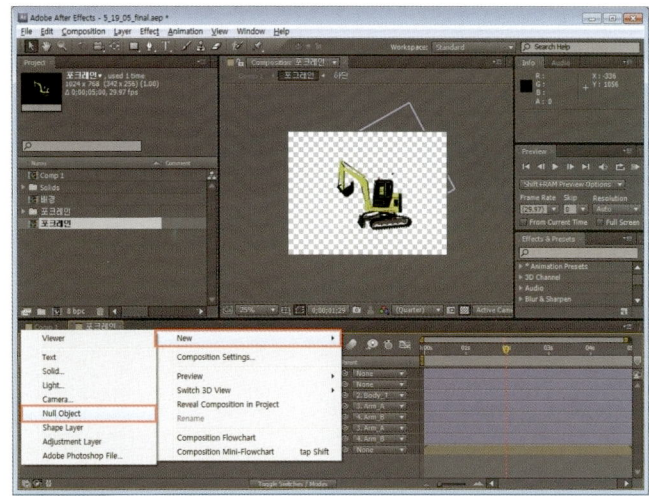

02 Parent가 적용되어 있지 않은 '상단.png' 레이어와 '하단' 레이어를 모두 선택해, pick whip(◎)을 Null Object Layer로 드래그하여 Parenting합니다.

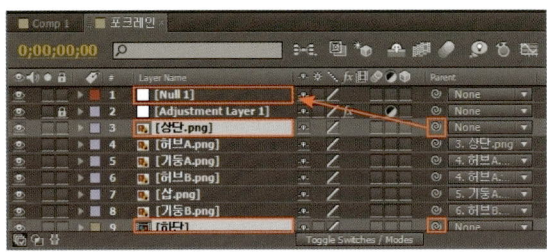

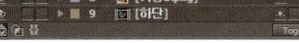

▲ Parent 적용 전

▲ Parent 적용 후

TIP Parent가 적용되어 있는 레이어까지 선택하게 되면, 지금까지 작업해온 포크레인의 연결이 모두 끊어지게 되므로 주의해야 합니다.

03 이제 Null Object Layer가 모든 레이어의 Parent이기 때문에, Null Object Layer의 위치를 오른쪽으로 이동합니다. 포크레인의 크기를 줄이고 싶다면, Null Object Layer를 선택하고 Scale을 줄여서 컴포지션에 알맞게 배치를 합니다.

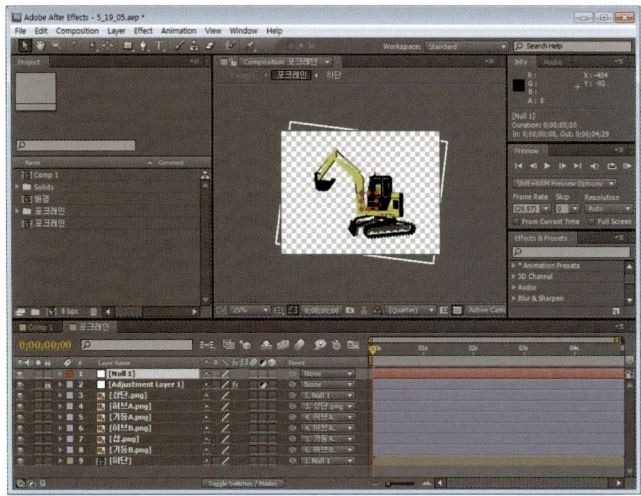

04 Null Object Layer를 이용한 애니메이션이 완성되었습니다. 위치 및 크기도 알맞게 작업을 했으니, [Timeline] 패널에서 [Comp 1] 컴포지션을 선택해서 완성된 이미지를 확인합니다.

▶ 완성예제 : 부록CD\Sample\Part01\Ch05\Parenting_Null\5_19_05_final.aep

● 필수예제 ● Parenting 응용하기

예제파일을 램 프리뷰를 해서 보면 우주 정거장이 천천히 회전하고, 우주선이 우주 정거장에 Parenting되어서 같이 회전하고 있습니다. 우주 정거장에 연결되어 있던 우주선이 2초 후에 우주 정거장를 벗어나 날아가는 애니메이션을 만들어보려고 합니다. 우주선은 정거장에 Parenting이 되어 있는 상태입니다. Parenting으로 연결되어 있는 상태에서 2초 후에 정거장을 벗어나서 날아가기 위해서는 Parenting을 해제해야 하지만, Parenting이 적용된 상태에서 해제하면 처음 Parenting되어 있던 것도 사라지게 됩니다. 이 때에는 다음과 같은 방법으로 해결하면 됩니다.

01 메뉴 바에서 [File]-[Open Project](Ctrl+O)를 선택하여 [부록CD\Sample\Part01\Ch05\Space_ㄴShip\5_19_06.aep] 파일을 불러옵니다.

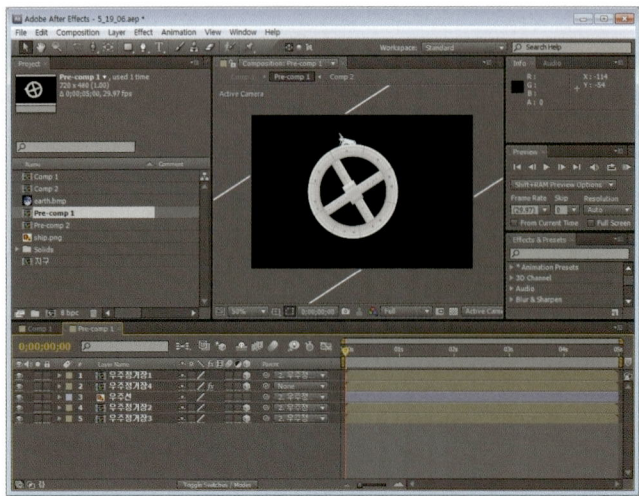

02 '우주선' 레이어를 선택하고 우주선이 우주 정거장을 떠나는 시점이 될 2초로 Current Time Indicator(⌖)를 이동시킨 다음, 메뉴 바에서 [Edit] −[Split Layer] 선택하여 레이어를 나눠줍니다.

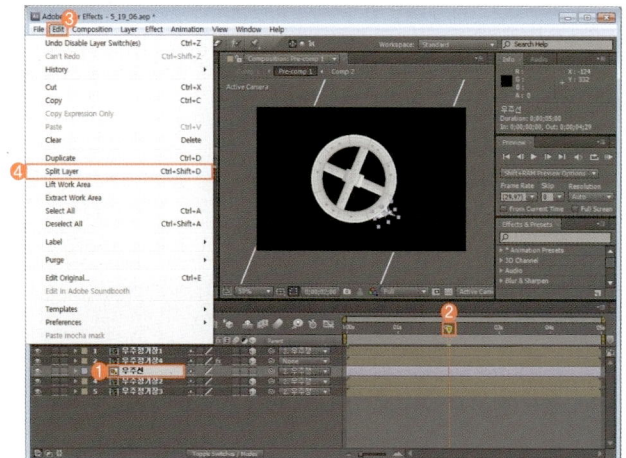

03 나뉘어진 레이어 중에서 2초 뒤에 배치된 '우주선 2' 레이어를 선택하고 Ctrl 키를 누른 상태에서 pick whip(◎) 클릭하여 Parenting을 해제합니다. 이제 우주선이 날아가는 애니메이션을 만듭니다.

04 [Com 1] 컴포지션을 선택하고 [Project] 패널에서 '지구' 컴포지션을 드래그해서 [Timeline] 패널에 넣어 배경을 만들면 애니메이션이 완성됩니다.

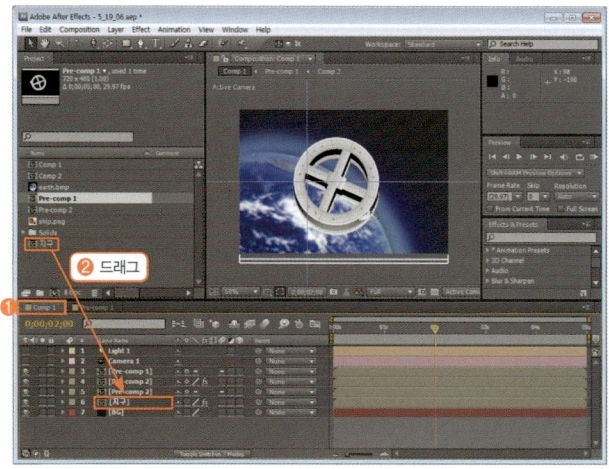

▶ 완성예제 : 부록CD\Sample\Part01\Ch05\Space_Ship\5_19_06_final.aep

Nesting과 Pre-compose

After Effects에서 작업할 때 레이어를 그룹으로 묶어서 작업을 해야 하는 경우가 많이 있습니다. 이번에는 레이어들을 묶어서 관리하는 Nesting과 Pre-compose에 대해 알아보겠습니다.

1 Nesting

Nesting은 컴포지션을 다른 컴포지션에 넣는 기능입니다. Nesting된 컴포지션은 두 번째 컴포지션 안에서 또 다른 레이어로 사용됩니다. Nesting된 컴포지션은 일반 레이어와 마찬가지로 애니메이션 및 이펙트 적용이 가능하며, Nesting된 컴포지션 안의 레이어들이 그대로 존재하기 때문에 컴포지션의 수정이 가능하며, 수정을 할 때에는 실시간으로 컴포지션 내용이 바뀝니다.

> **TIP** 많은 사람들이 Nesting과 Pre-compose를 같은 용어로 이해하고 있지만, 외국 강좌나 다른 프로그램(Premiere pro 등)에서는 Nesting과 Pre-compose 용어를 구분지어서 이해하는 경우가 많습니다.

2 Pre-compose

Nesting이 컴포지션을 다른 컴포지션에 넣는 것이라면, Pre-compose는 하나 또는 다수의 레이어를 새로운 컴포지션으로 묶는 기능을 말합니다.
그룹으로 묶고 싶은 레이어를 [Timeline] 패널에서 선택하고, 메뉴 바에서 [Layer]-[Pre-compose](Ctrl + Shift + C)를 선택하면 [Pre-compose] 대화상자가 나타납니다.

[Pre-compose] 대화상자에서 ❶ 새로 생성되는 컴포지션의 이름을
정할 수 있고, ❷ 현재 레이어에 적용된 애니메이션 및 이펙트를 새로
운 컴포지션 안으로 옮기겠다는 내용이 선택되어 있습니다. [OK] 버
튼을 클릭합니다. ❸ 새로 만든 컴포지션을 열고 싶으면 Open New
Composition에 체크 표시를 하고 [OK] 버튼을 클릭합니다.

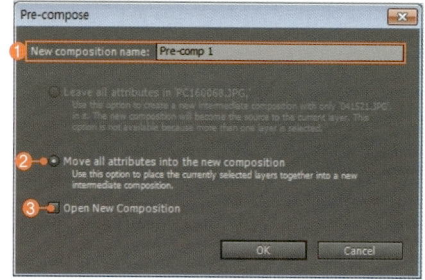

그룹으로 묶인 레이어들이 하나의 Pre-compose 레이어가 되었습니다. 합쳐진 컴포지션을 더블클릭하면 수정할
수 있습니다.

▲ 새로운 컴포지션으로 묶기

▲ 묶은 컴포지션 열기

특히, 마스크가 많이 적용된 레이
어의 경우, 마스크 패스때문에 레
이어 관리가 힘들어집니다. 이때,
Pre-compose로 묶어서 마스크
속성을 안으로 넣으면 편리합니다.

▲ Pre-compose 적용 전

▲ Pre-compose 적용 후

Special
Note

[Pre-compose] 대화상자 자세히 보기

❶ **Leave all attributes** : 1개의 레이어를 Pre-compose할 때
만 활성화됩니다. 선택한 레이어의 크기와 duration이 같은 컴포
지션을 만들고, 레이어를 그 컴포지션 안으로 넣습니다. 이때 레이
어에 적용된 모든 속성값(애니메이션 키, 이펙트 등)은 컴포지션에
남겨둔 채 레이어만 새로 만들어지는 컴포지션 안으로 넣습니다.

❷ **Move all attributes** : 원래의 컴포지션과 동일한 크기와
duration의 컴포지션을 만듭니다. 새로 생성되는 컴포지션 안에
들어가는 레이어는 자신들이 갖고 있는 속성값을 모두 가지고
들어갑니다.

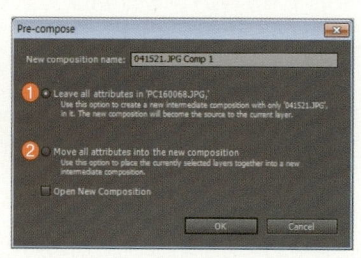

After Effects는 연산하는 순서가 정해져 있기 때문에, 작업할 때 의도하는 바와는 다른 결과물이 나올 때가 있습니다. 연산하는 순서는 [Timeline] 패널에 있는 순서입니다.

01 메뉴 바에서 [File]-[Open Project](Ctrl + O)를 선택하여 [부록CD\Sample\Part01\Ch05\Calculation\5_20_03.aep] 파일을 불러옵니다. [Timeline] 패널에 있는 순서대로 연산이 되므로, Masks를 먼저 연산하고, 그 다음 Effects를 연산하고 마지막으로 Transform을 연산합니다.

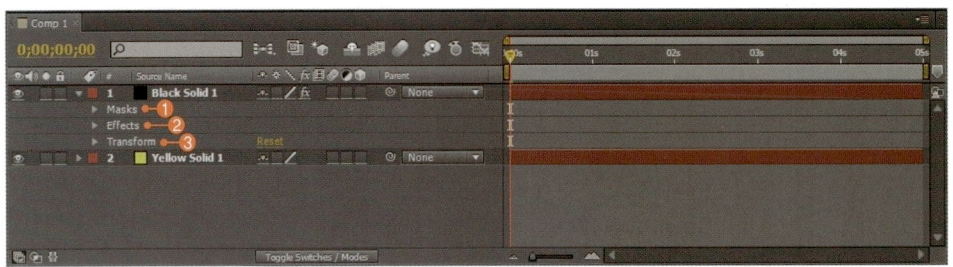

02 [Timeline] 패널의 첫 번째 레이어에는 마스크가 적용되어 있고, 그 다음 Drop Shadow 이펙트가 적용되어 있습니다. Shadow의 위치는 글자의 오른쪽 하단에 보이도록 설정되어 있습니다.

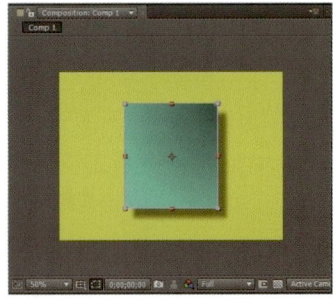

03 'Black solid 1' 레이어를 회전시킬 때, 그림자의 위치는 변하지 않게 하고 싶지만, Rotation 값을 '180.0°'로 설정하면 그림자도 같이 회전합니다. 이는 Drop Shadow 이펙트가 먼저 적용되고, 그 다음 순서에 있는 Transform의 Rotation이 적용되었기 때문입니다.

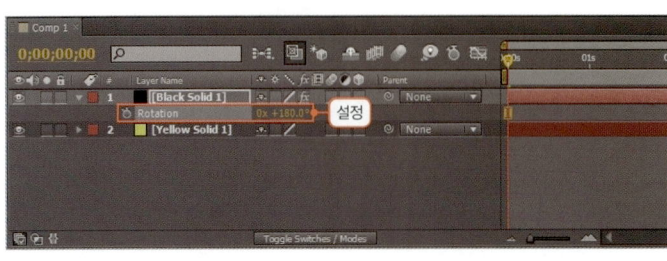

TIP Rotation 속성을 나타내는 단축키는 R 키입니다.

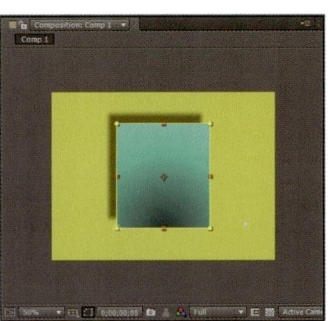

▲ 그림자도 같이 회전

04 연산하는 순서를 바꿔주겠습니다. 먼저 'Black Solid 1' 레이어를 선택하고, 메뉴 바에서 [Layer]—[Pre-compose](Ctrl + Shift + C)를 선택합니다. Move all attributes into the new Composition에 체크 표시 선택하여 모든 속성값(이펙트, 마스크 등)을 컴포지션 안으로 가지고 갑니다.

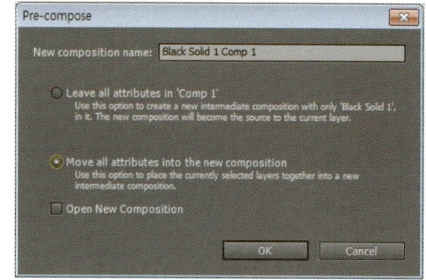

05 Pre-compose로 새로 생성된 'Black Solid Comp1' 레이어를 더블클릭하여 안으로 들어갑니다. 'Black Solid 1' 레이어를 선택하고 [Effect Controls] 패널에서 Drop Shadow 이펙트를 자르기(Ctrl + X)합니다.

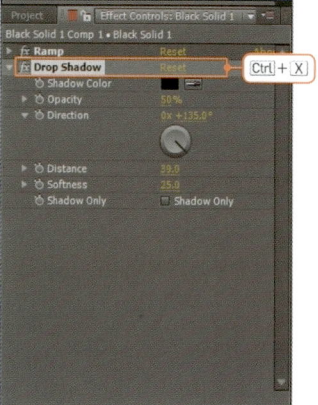

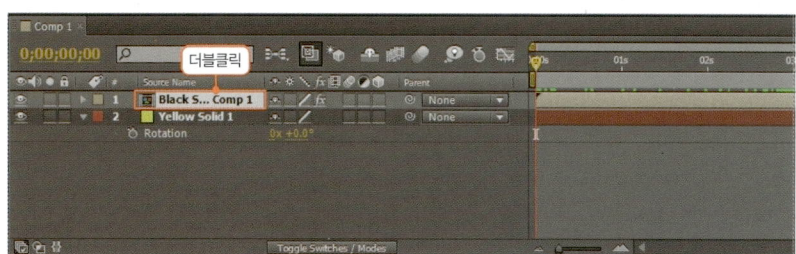

06 [Com 1] 패널을 선택하고 다시 Pre-compose 레이어를 선택하고 [Effect Controls] 패널에 붙이기(Ctrl + V)로 넣습니다. 이제, Rotation이 Pre-compse 안으로 들어가고 연산 순서가 바뀌어서 그림자의 위치가 변하지 않습니다.

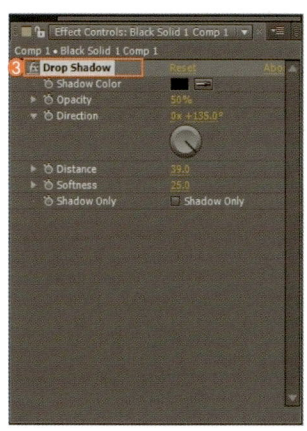

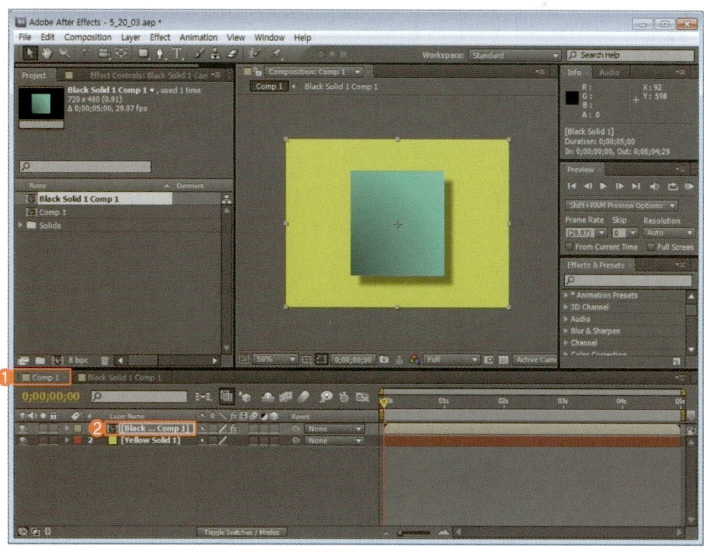

▶ 완성예제 : 부록CD\Sample\Part01\Ch05\Calculation\5_20_03_final.aep

표현의
자유를 위한
Expression
& Time

Expression은 여러분과 After Effects를 연결시켜주는

제 2외국어입니다. 키프레임 애니메이션만으로는 표현하

기 힘든 영상 작업을 Expression을 통해서 손쉽게 만들

수 있습니다.

Expression

Expression은 Javascript 기반으로 된 프로그래밍 언어입니다. Expression을 사용한다는 것은 이제 여러분이 AfterEffects 가 사용하는 언어를 이용해서 After Effects에 지금까지는 적용할 수 없었던 다양한 작업을 하게 만들 수 있다는 의미입니다.

1 Expression 이해하기

Expression을 이용하면 키프레임 없이 애니메이션을 만들 수 있고, 레이어의 Position 값을 다른 레이어의 Rotaiton 값에 연결해서 움직이게 하는 것과 같이 레이어의 속성값을 다른 속성값에 연동해서 사용할 수 있습니다.

2 Expression 추가/삭제하기

1. Expression 추가하기

Expression을 추가하는 방법은 먼저, Expression을 추가할 레이어의 속성을 선택하고, 메뉴 바에서 [Animation] −[Add Expression](Alt + Shift + =)을 선택하거나, [Timeline] 패널에서 레이어의 속성 부분에 있는 stop watch(⏱) 버튼을 Alt 키를 누른 상태에서 클릭하면 Expression이 적용됩니다.

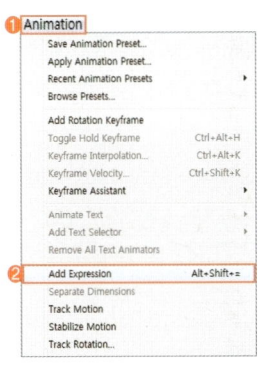

Expression을 적용하면 [Timeline] 패널의 오른쪽 부분에 'transform.position'이라고 적힌 부분이 나타납니다. 여기에서 '.' 은 '~의'라고 생각하면 됩니다. 즉, 레이어의 transform 속성 안의 position이란 의미입니다. 마우스로 'transform.position'을 클릭 하면 직접 Expression을 입력할 수 있습니다.

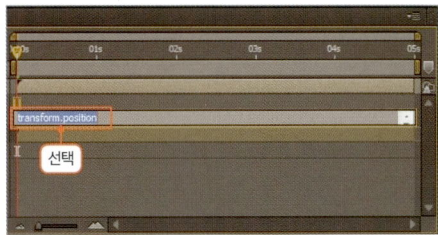

입력창이 작다고 느껴질 때에는 창의 아래쪽을 선택하고 드래그하면 됩니다.

2. Expression 비활성화하기

Expression이 적용된 상태에서는 레이어가 기존에 가지고 있던 속성값을 사용할 수 없습니다. Expression을 잠시 사용하지 않을 때에는 Expression 속성의 Enable Expression(📄) 버튼을 클릭하면 Expression이 비활성화 상태 (📄)가 됩니다.

3. Expression 삭제하기

Expression을 삭제하고 싶을 때에는 Expression이 적용된 레이어의 속성을 선택하고, 메뉴 바에서 [Animation]−[Remove Expression]을 선택하거나, 속성의 stop watch(⏱) 버튼을 Alt 키를 누른 상태에서 한 번 더 클릭합니다.

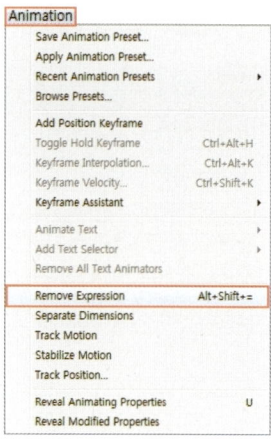

Special Note

Expression을 적용하면 [Composition] 패널이 비활성화 됩니다. 필자는 이것이 Expression 명령어를 입력하던 도중 오류가 날 경우, 발생할 수 있는 문제점을 방지하기 위한 조치로 생각합니다.

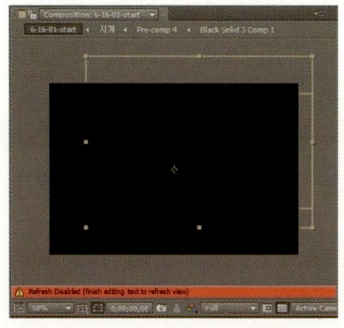

● 필수예제 ● Expression으로 시계 애니메이션 만들기

시계의 시침과 분침의 움직임을 Expression을 이용해서 만들어보겠습니다.

01 메뉴 바에서 [File]−[Open Project](Ctrl + O)를 선택하여 [부록CD\Sample\Part01\Ch06\Expression_Watch\6_21_01 시계.aep] 파일을 불러옵니다.

02 분침이 1바퀴 도는 Expression을 만들어보겠습니다. [Timeline] 패널에서 '분침' 레이어를 선택하고, 단축키 R 키를 눌러 Rotation 속성을 엽니다. Rotation 속성의 stop watch(🕙) 버튼을 Alt 키를 누른 상태로 클릭하여 Expression을 적용합니다. [Timeline] 패널의 오른쪽에 있는 'transform.position'을 클릭하여 'time'이라고 입력합니다.

03 Rotation 속성에 'time'으로 적용하면 [Timeline] 패널에서 1프레임씩 지날 때마다 1°씩 회전하게 되므로, 분침이 1바퀴 회전하려면 360프레임이 필요합니다. 30프레임을 1초라고 보면, 12초에 1회전하므로 너무 느린 애니메이션이 됩니다. 그러면, 1프레임 움직일 때 100°씩 회전하게 하기 위해 'time'에 '100'을 곱해줍니다.

04 분침이 움직일 때 시침도 움직이도록 연동하겠습니다. '시침' 레이어의 Rotation 속성([R]) 앞에 있는 stop watch(🕐) 버튼을 [Alt]키를 누르고 클릭하여 시침의 Rotation에 Expression을 적용합니다. 그리고, 시침 레이어의 Expression의 pick whip(🌀)을 선택해서 분침 레이어의 Rotation 속성으로 드래그하면 시침의 Rotaiton 값이 분침의 Rotation 값을 이용하게 됩니다.

05 '시침' 레이어의 'transform.rotation' 대신에 'thisComp.layer("분침").transform.rotation' 이 적용되어 있는 것을 확인할 수 있습니다. Ram Preview(▶) 버튼을 클릭하면 시침이 분침과 같이 회전하는 것을 확인할 수 있습니다.

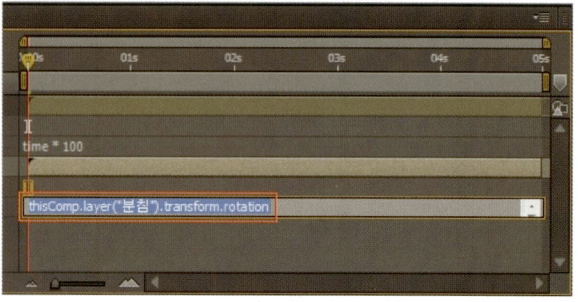

> **TIP** thisComp.layer("분침").transform.rotation은 아래와 같이 해석합니다.
> thisComp (현재 컴포지션) . (의)
> layer("분침") ("분침" 레이어) . (의)
> transform (transform 속성) . (의)
> rotation (회전 값)

06 분침이 1바퀴 회전할 때 시침은 1/12만큼 회전해야 하므로, '시침' 레이어에 적용된 Expression에 12를 나눠줍니다.

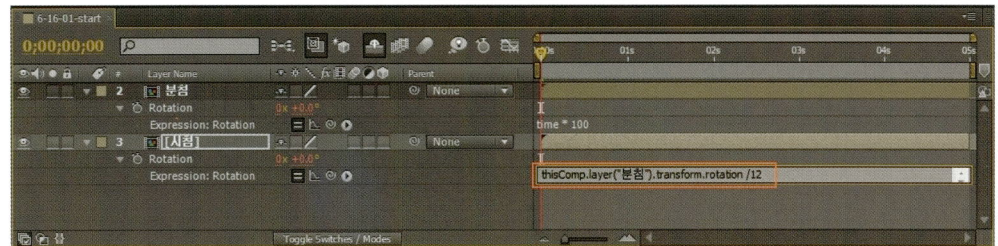

07 시계처럼 회전하는 애니메이션이 완성되었습니다. 이와 같이 Expression을 이용하면 키프레임을 이용하지 않고 다른 속성값을 이용해서 애니메이션을 만들 수 있습니다.

TIP 예제에서는 하나의 레이어만 사용했지만, 실무에서 수십 개의 레이어에 키프레임으로 애니메이션을 만들었을 경우, 클라이언트가 수정을 요구할 때 일일이 수정을 해야 하지만 Expression을 이용하면 1개의 레이어만 수정하여 해결되는 경우가 많습니다.

▶ 완성예제 : 부록CD\Sample\Part01\Ch06\Expression_Watch\6_21_01 시계_final.aep

●필수예제● Expression 활용하기(Looping)

이번에는 키프레임이 반복되는 경우의 Expression을 만들어보겠습니다. 나비가 반복해서 날갯짓하는 애니메이션을 키프레임으로 작업을 했을 때, 이후에 움직임의 수정 작업을 하면 많은 어려움이 있습니다. 이럴 때, Expression을 이용하면 간단히 해결할 수 있습니다.

01 메뉴 바에서 [File]-[Open Project]($\boxed{Ctrl}$+$\boxed{O}$)를 선택하여 [부록CD\Sample\Part01\Ch06\Expression_butterfly\6_21_01 나비.aep] 파일을 불러옵니다. 'right_Wing' 레이어를 선택하고 단축키 $\boxed{R}$키를 누르면 YRotation 속성에 날갯짓을 1번 하는 키프레임이 3개 적용이 되어 있습니다.

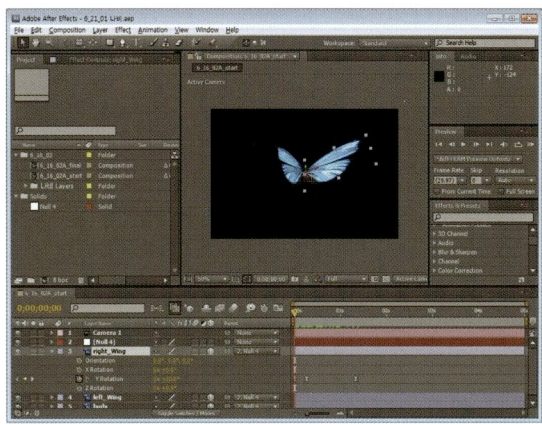

02 YRotation 속성의 stop watch(📷) 버튼을 Alt 키를 누른 상태로 클릭하여 Expression을 적용합니다. YRotation 속성 아래에 있는 Expression의 Expression/anguage menu(▶)을 클릭해 [Property]−[loopOut]을 선택해서 Expression 명령을 추가합니다.

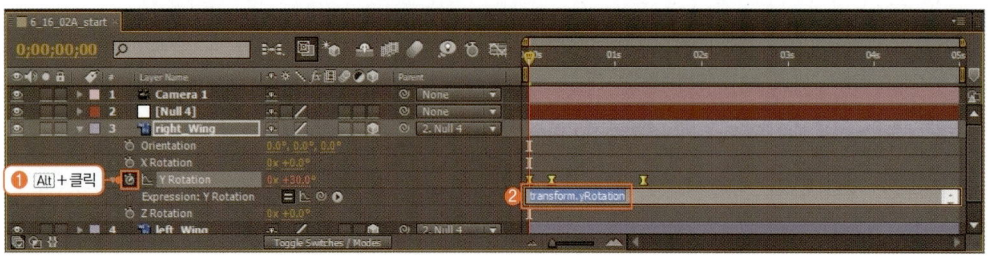

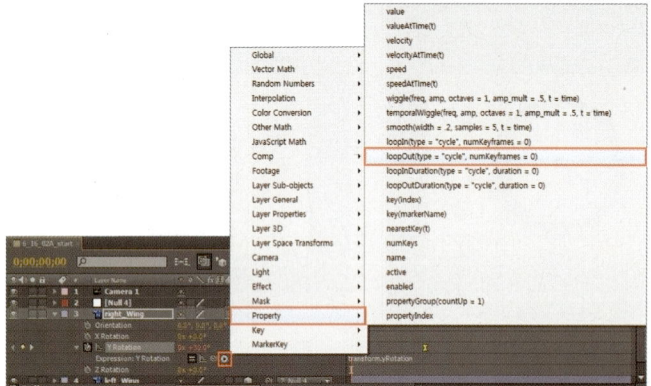

TIP 'transform.yRotation'을 드래그해서 선택한 다음 loopOut("cycle")이라고 입력해도 됩니다. 메뉴를 통해 생성되는 'Type ='과 'numKeyframes=0'은 생략해도 됩니다.

TIP loopOut 명령어는 반복하라는 의미이고, "cycle"은 반복을 어떤 형식으로 할지를 보여줍니다.
이제 [Preview] 패널에서 Ram Preview(▶)를 클릭해서 확인하면, 날갯짓을 Timeline 길이만큼 계속 반복합니다. 키프레임을 수정해야 할 때에는 3개의 키프레임만 수정하면 됩니다.

03 'left_Wing' 레이어에 Expression을 적용하겠습니다. 먼저, 'left_Wing' 레이어의 YRotation 속성의 stop watch(📷) 버튼을 Alt 키를 누른 상태로 클릭해 Expression을 적용합니다. 우선 'left_Wing'의 pick whip(◎)을 드래그하여 'right_Wing' 레이어의 YRotation과 연결시켜 Expression을 이용합니다.

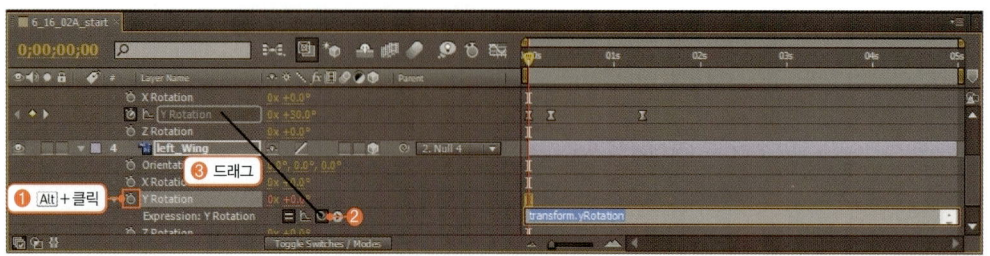

04 RAM preview()를 클릭하면 나비의 움직임이 이상한 것을 확인할 수 있습니다. 왼쪽 날개는 오른쪽 날개와 반대로 움직여야 하므로, 'left_Wing' 레이어의 Y Rotation 값이 음수가 되어야 합니다. '−1'을 곱해줍니다.

'*−1'

05 움직임이 자연스러운 나비가 완성되었습니다.

▶ 완성파일 : 부록CD\Sample\Part01\Ch06\Expression_Butterfly\6_21_01 나비_final.aep

시간 제어하기

영상에 있어서 시간(Time)은 아주 중요한 역할을 합니다. 영상을 다루는 작업을 할 때에 시간을 컨트롤해야 할 경우가 생깁니다. 혹은 작업해야 할 영상 길이보다 주어진 영상 소스의 길이가 짧을 경우도 빈번합니다. 이럴 때, Time Stretch와 Time Remapping 등을 이용해서 시간을 제어하면 됩니다.

1 Time Stretch

Time Stretch는 영상의 길이를 자유롭게 조절하는 기능입니다.

●필수예제● 영상 길이 늘이기

01 메뉴 바에서 [File]−[Open Project]를 선택하여 [부록CD\Sample\Part01\Ch06\Time_Stretch\6_22_01 Time.aep] 파일을 불러옵니다. 컴포지션 안에 2초 길이의 영상 소스가 있습니다. [Preview] 패널에서 Ram Preview(▶) 버튼을 클릭하면 속도가 빠른 것을 확인할 수 있습니다.

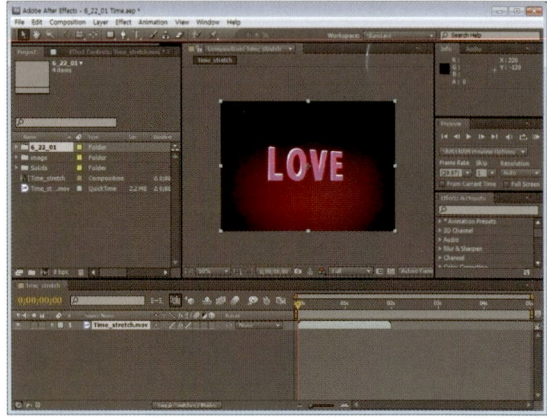

02 Time Stretch를 이용해서 영상의 길이를 늘리겠습니다. 우선, [Timeline] 패널 왼쪽 아래에 있는 Expand or Collapse the In/Out/Duration/Stretch panes(🔲) 버튼을 클릭해서 Time Stretch를 보이게 합니다. Stretch의 기본값은 100.0%로, 수치 값이 작아지면 영상 길이가 줄어들고, 수치 값이 늘어나면 영상 길이가 늘어납니다.

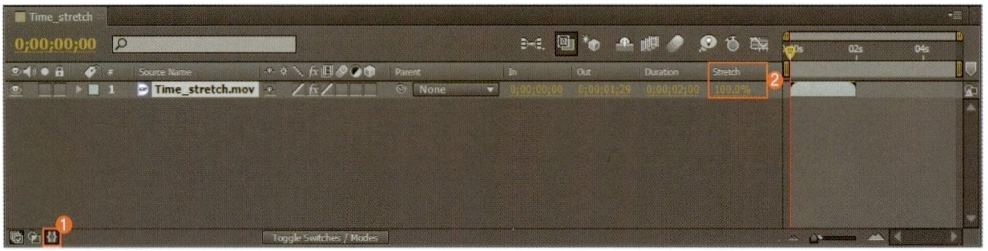

03 Stretch의 100%를 클릭하여 [Time Stretch] 대화상자에서 Stretch Factor 값을 '200%'로 설정합니다. 이제 영상 길이가 200%만큼 2배로 늘어난 것을 레이어의 길이를 통해 확인할 수 있습니다.

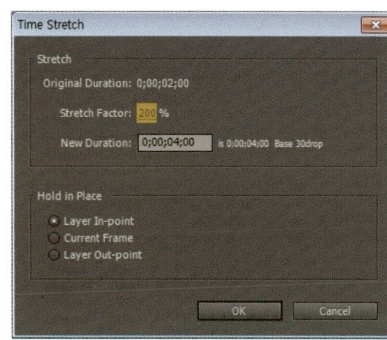
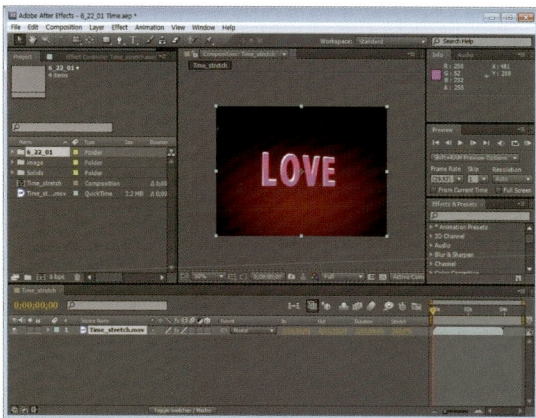

▶ 완성예제 : 부록CD\Sample\Part01\Ch06\Time_Stretch\6_22_01 Time_A.aep

Frame Blend 적용하기

Frame Blend는 늘어난 영상 길이를 부드럽게 연결해 주는 기능입니다. Time Stretch 효과를 잘 보이게 하기 위해서 Stretch Factor 값을 200%로 설정했지만, 너무 높은 값을 설정하면 영상 길이는 늘어나지만, 프리뷰를 하면, 영상이 뚝뚝 끊기는 현상이 발생하게 됩니다.

Time Stretch 수치 값을 올릴 때, Frame Blend(▦)스위치를 클릭하여 연결을 부드럽게 합니다.

Frame Blend를 적용할 때, Ghost 현상이 나타날 수 있습니다. 이럴 때에는 Pixel Motion(◪)을 이용하면 됩니다. Frame Blend(▨) 스위치를 한 번 더 클릭하면 Pixel Motion(◪) 모드가 적용됩니다.

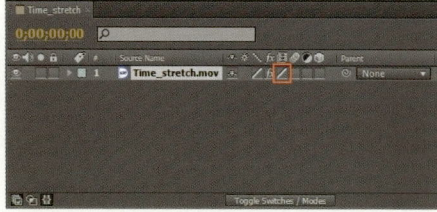

이제 좀 더 부드럽게 적용되는 것을 확인할 수 있습니다. 하지만 Pixel Motion(◪)일 때에는 프리뷰를 할 때 연산 시간이 좀 더 많이 걸립니다.

2 Time Remapping

영상을 일정 시간 동안 정지하거나, 영상의 속도를 다르게 적용할 때는 Time Remapping을 사용합니다.

● 필수예제 ● 영상의 속도 조절하기

01 메뉴 바에서 [File]-[Open Project]([Ctrl]+[O])를 선택하여 [부록CD\Sample\Part01\Ch06\Time_Stretch\6_22_01 Time.aep] 파일을 불러옵니다. [Timeline] 패널에서 레이어를 선택하고, [Layer]-[Time]-[Enable Time Remapping]([Ctrl]+[Alt]+[T])를 선택합니다.

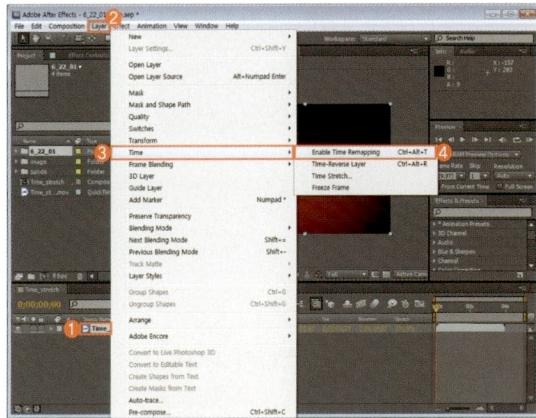

02 [Timeline] 패널의 레이어를 보면, 시작하는 부분과 끝나는 부분에 키프레임이 생성되어 있습니다.

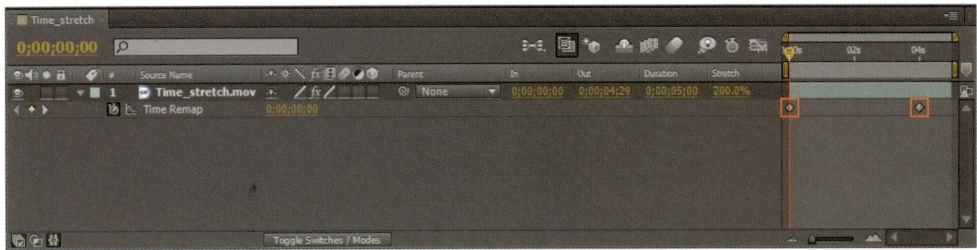

03 [Timeline] 패널에서 Current Time Indicator(⚙)를 1초 부분으로 이동한 후, 새로운 키프레임을 만듭니다.

04 새로 생성된 키프레임의 위치를 드래그하여 2초로 이동하면 0~1초 동안 진행되던 영상이 이제는 0~2초 동안 진행되어 느리게 움직이다가 2초부터는 다시 정상 속도로 진행됩니다.

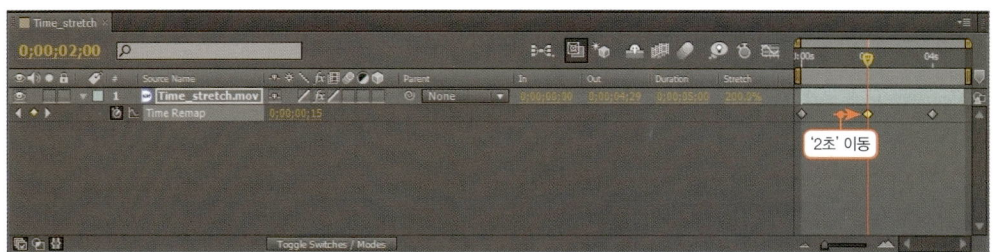

05 4초에 있는 키프레임을 선택하여 [Timeline] 패널의 제일 끝으로 이동하면 영상의 전체 길이가 늘어나게 됩니다.

06 이번에는 영상을 정지시키겠습니다. 2초에 있는 키프레임을 클릭하여 복사(Ctrl + C)한 다음, Current Time Indicator(🔖)를 2초 20프레임으로 이동시킨 후에 붙이기(Ctrl + V)를 하여 추가합니다. 2초에서 2초20프레임까지는 같은 키프레임이기 때문에 그 사이 동안은 정지되는 것입니다.

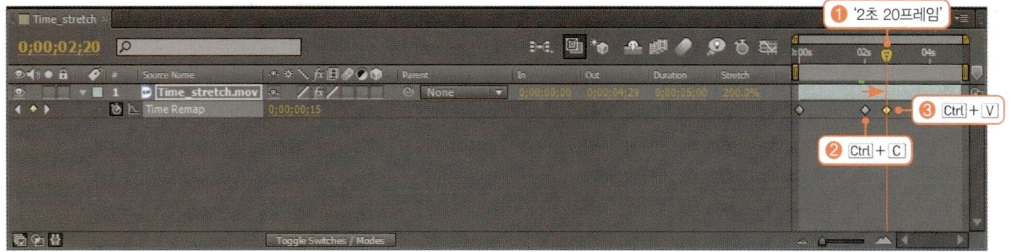

▶ 완성예제 : 부록CD\Sample\Part01\Ch06\Time_Stretch\6_22_01 Time_B.aep

3D Space

After Effects는 2D 공간뿐만 아니라 3D 공간을 표현하는 데 있어서 탁원할 기능들을 제공합니다.

카메라와 라이트를 이용해서 여러분만의 3차원 입체공간을 표현해보세요.

Basic 3D

After Effects에서 레이어는 기본적으로 2D 레이어입니다. 2D 레이어를 3D로 레이어로 변환해서 입체적이고 실제에 가까운 영상을 만들 수 있습니다. 3D 레이어일 때 나타나는 좌표축과 세부 속성 등 3D 레이어에 대해 알아보겠습니다.

1 3D 레이어

3D 레이어는 2D 레이어에 깊이를 더하는 Z축을 추가하여 X, Y, Z 축으로 3가지의 축을 가진 레이어입니다. After Effects에서는 2D 레이어를 3D 레이어로 간단하게 변환시킬 수 있고, Camera와 Light 등을 이용해서 3D 공간에서 작업을 할 수 있습니다. Audio 레이어를 제외한 모든 레이어를 3D 레이어로 변환할 수 있습니다.

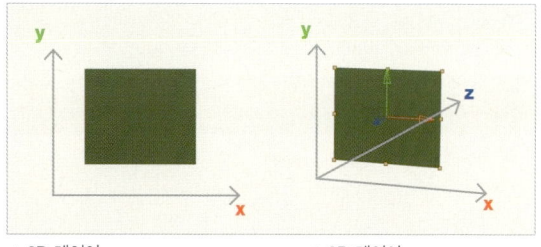

▲ 2D 레이어   ▲ 3D 레이어

1. 3D 레이어 만들기

2D 레이어를 3D 레이어로 변환하는 방법은 [Timeline] 패널에서 2D 레이어를 선택하고 메뉴 바에서 [Layer]−[3D Layer]를 선택하거나, 2D 레이어 옆 속성의 3D Layer(🗔) 스위치를 클릭하면 손쉽게 2D 레이어를 3D 레이어로 만들 수 있습니다.

▲ 레이어 옵션 스위치 적용

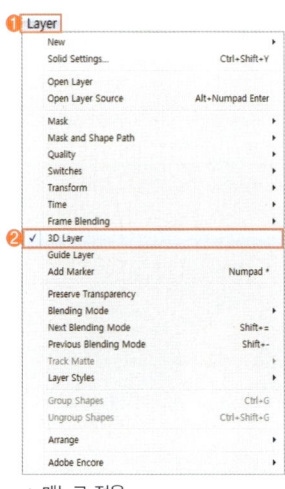

▲ 메뉴로 적용

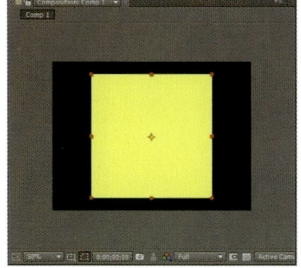

▲ 2D 레이어

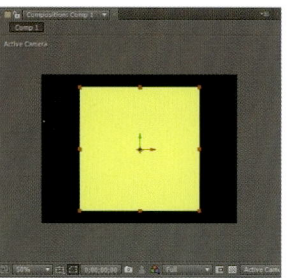

▲ 3D 레이어

3D 레이어를 2D 레이어로 변환

[Timeline] 패널에서 3D Layer(◎) 스위치를 선택 해제하거나, 레이어를 선택한 다음 메뉴 바에서 [Layer]-[3D Layer]를 선택합니다. 3D 레이어를 다시 2D로 변환하면 3D 레이어일 때 가졌던 속성값들이 키프레임을 포함해서 모두 제거됩니다. 2D 레이어로 변환된 상태에서 다시 3D 레이어로 변환해도 그 속성값은 복원되지 않습니다.

3D 레이어로 변환하면 2D 레이어와 마찬가지로 평면으로 유지되지만, Transform의 Anchor Point, Position, Scale, Rotation에 z축이 생겨나고, Orientation, Material Options 속성이 추가적으로 생성됩니다.

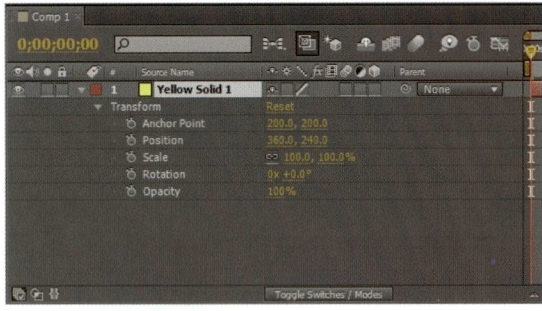

▲ 2D 레이어의 속성값

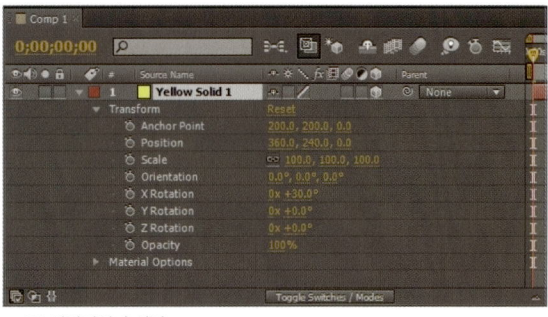

▲ 3D 레이어의 속성값

TIP • Position에 추가된 z축의 기본값은 '0'입니다. z축의 값은 우리가 바라보는 방향(Camera를 생성했을 때는 Camera도 동일합니다)에서 가까운 곳에서 먼 곳으로 갈수록 증가합니다.
• Material Options는 Light, Shadow와 상호 작용하는 속성으로, Light Layer가 컴포지션에 있어야 이 옵션이 적용되며, 3D 레이어만 Light, Shadow 및 Camera와 상호 작용합니다.

2 3D 레이어 제어하기

1. 3D 레이어 이동하기

3D 레이어는 [Composition] 패널에 있는 좌표축을 이용하여 움직이거나 [Timeline] 패널에서 레이어의 속성값을 수정하여 움직입니다.

먼저 [Timeline] 패널에서 이동할 3D 레이어를 선택한 다음, Selection 툴(▶)을 이용하여 마우스 포인터를 각 축에 가까이 놓으면 오른쪽 옆에 해당 축 이름이 표시됩니다. 이동하려는 3D 축 레이어 컨트롤의 화살표를 드래그하여 이동할 수 있습니다. 또는, [Timeline] 패널의 속성값을 바꾸어 이동할 수 있습니다.

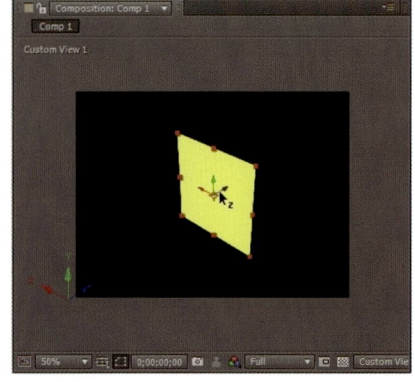

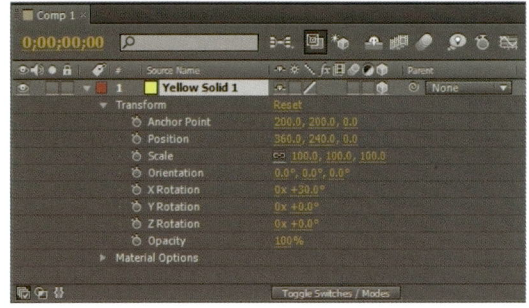

TIP • 레이어를 더 빠르게 이동하려면 Shift 키를 누른 상태에서 드래그합니다.
• 선택한 여러 레이어의 기준점이 현재 View의 가운데에 위치하도록 해당 레이어를 이동하려면 메뉴 바에서 [Layer]-[Transform]-[Center in View]를 선택합니다.

2. 3D 레이어 회전 및 방향 지정

3D 레이어가 되면 Orientation 속성이 새로 추가되는데, Orientation은 레이어의 '방향'을 나타내며, Rotation은 레이어의 '회전'을 의미합니다. Orientation이나 Rotation 값을 변경하여 3D 레이어를 회전시킬 수 있으며, 두 경우 모두 레이어가 기준점을 따라 움직입니다.

TIP 회전 속성값만 보기 위해서 [Timeline] 패널에서 레이어를 선택하고 단축키 R 키를 누릅니다.

• **[Composition] 패널에서 3D 레이어 회전 또는 방향 지정** : 회전할 3D 레이어를 선택한 다음 [Tool] 패널에서 Rotation 툴( )을 선택하면 [Tool] 패널 오른쪽에 Orientation을 회전시킬지, Rotation을 회전시킬지 선택하는 [Set] 메뉴가 생깁니다. [Set] 메뉴에서 Orientation 또는 Rotation을 선택하여 설정합니다.

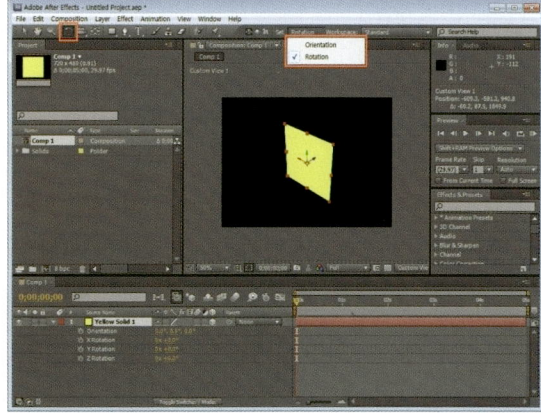

❶ 레이어를 회전할 축에 해당하는 3D 축 레이어 컨트롤의 화살표를 드래그합니다.

❷ 레이어를 직접 클릭하여 선택하고 드래그합니다.

TIP 조작 범위를 45° 각도 단위로 제한하려면 Shift 키를 누른 상태에서 드래그하면 됩니다.

• [Timeline] 패널에서 3D 레이어 회전 또는 방향 지정 :
회전할 3D 레이어를 선택한 후 [Timeline] 패널에서
Rotation 또는 Orientation 속성값을 수정합니다.

Special
Note

Axis Mode 살펴보기

[Tool] 패널에 있는 Axis Mode는 3D 레이어에서 변형할 축(Axis)의 집합을 지정합니다.

❶ **Local Axis Mode** : 3D 레이어의 표면에 따라 축을 정렬합니다.

❷ **World Axis Mode** : 컴포지션의 절대 좌표에 따라 축을 정렬합니다. 레이어에서 수행하는 회전에 관계 없이
축은 항상 3D 월드를 기준으로 3D 공간을 나타냅니다.

❸ **View Axis Mode** : [Composition] 패널에서 항상 레이어를 바라보는 방향을 중심으로 축을 정렬하기 때문에
레이어의 회전 방향이나 Camera 등의 위치가 복잡하게 되어 있더라도 쉽게 레이어의 제어가 가능합니다.

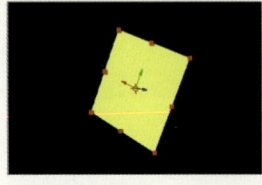
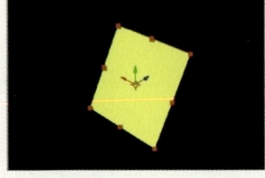
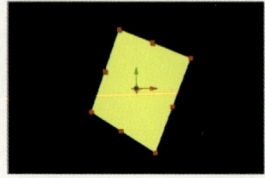

▲ Local Axis Mode   ▲ World Axis Mode   ▲ View Axis Mode

컴포지션에 3D Camera가 있는 경우 축 모드 간의 차이는 상대적인 의미일 뿐이고, Camera 툴(🎥)은 Camera
작업이 축 모드의 영향을 받지 않도록 항상 뷰의 Local Axis를 따라 조정됩니다.

3. 3D축 및 레이어 컨트롤 표시 또는 숨기기

3D축은 직관적으로 보고 이해하기 쉽게 서로 다른 색상의 화살표로 되어 있습니다. x축은 빨간색, y축은 녹색, z축
은 파란색으로 표시됩니다(RGB 컬러로 이해하면 쉽습니다).

3D축, Camera, 조명 와이어프레임
아이콘, 레이어 핸들 및 관심 영역
을 표시하거나 숨기려면, 메뉴 바에
서 [View]-[Show Layer Controls]
(Ctrl + Shift + H)을 선택합니다.

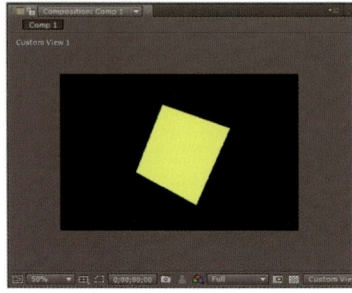
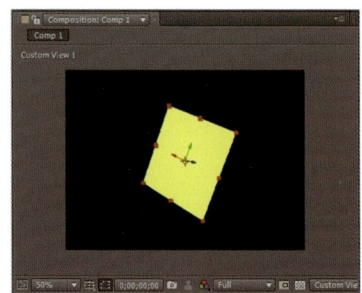

▲ Show Layer Controls 적용   ▲ Show Layer Controls 비활성화

[Composition] 패널에서 3D 좌표축을 항상 보이게 할려면 [Composition] 패널 아래의 Choose grid and guide options(▦) 버튼을 클릭하고 3D Reference Axes을 선택합니다.

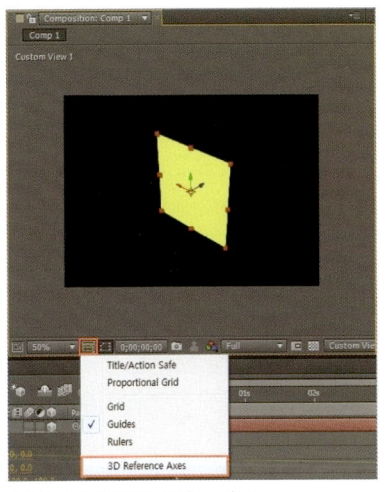

▲ Choose grid and guide options

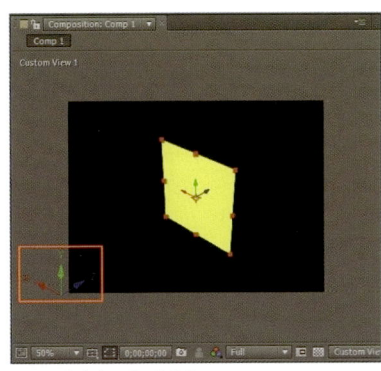

▲ 3D 레퍼런스 축 이미지

3 Composition View로 3D 레이어 보기(view layout/3D View Popup)

3D 공간에서 작업을 할 때에는 기존의 2D 기반의 view만으로는 작업이 어려운 경우가 많습니다. 그럴 때에는 3D view를 바꾼다거나 Select view layout(1 View ▼)을 2 View나 4 View로 설정한 다음 작업하면 편리합니다.

1. 3D view Popup 모드 바꾸기

[Composition] 패널 하단에 있는 3D View Popup(Active Camera ▼) 리스트에서 원하는 View 화면을 선택할 수 있습니다.

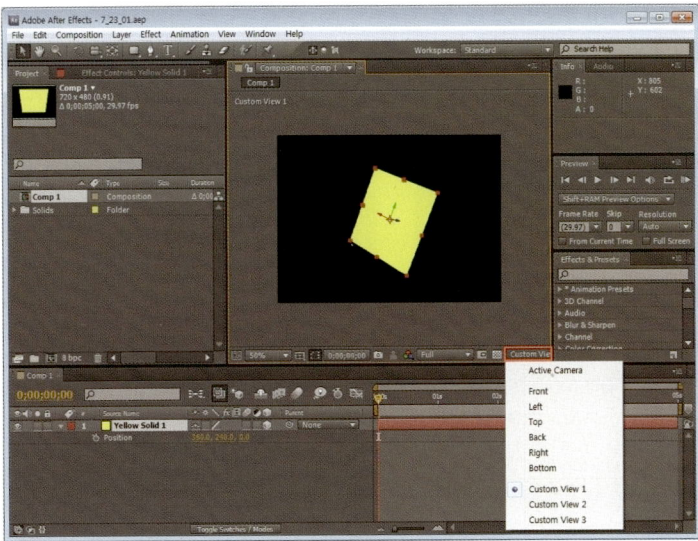

2. Select view layout 바꾸기

view를 바꿔가면서 작업을 할 때 view 화면이 1개일 경우 불편할 때가 많습니다. [Composition] 패널 하단의 Select view layout(1 View ▼)을 클릭하면 여러 개의 view를 한번에 볼 수 있는 있습니다.

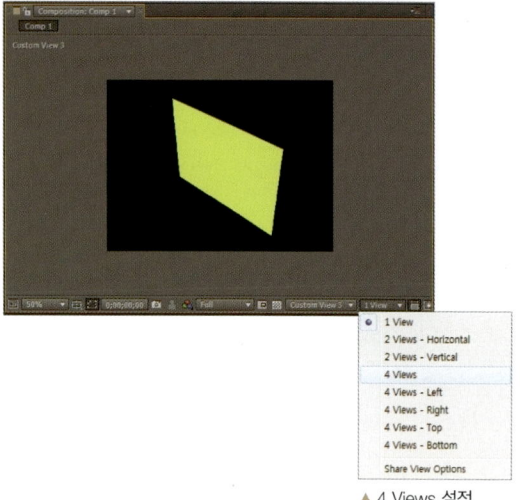

▲ 4 Views 설정

> **TIP** 모니터 화면이 작아서 Select view layout이 보이지 않을 때에는 [Project] 패널을 줄여서 [Composition] 패널이 잘 보이게 설정합니다.

Special Note

3D View Popup 살펴보기

1. 3D View Popup 모드

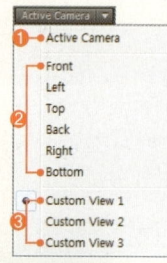

❶ **Active Camera** : After Effects의 기본값으로 Camera Layer를 추가하면 Camera view로 볼 수 있습니다.

❷ **Front/Left/Top/Back/Right/Bottom** : 정면/왼쪽/위/뒤/오른쪽/아래에서 바라보는 각도를 보여줍니다.

❸ **Custom View 1, 2, 3** : 각각 3D 공간의 뷰를 보여줍니다.

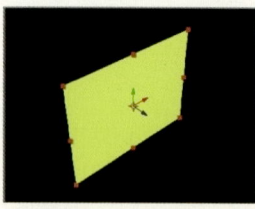

▲ Custom View 1

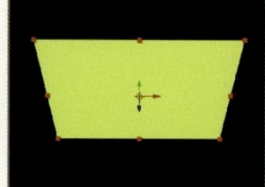

▲ Custom View 2

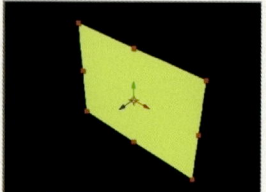

▲ Custom View 3

2. 3D View Popup 모드 단축키 설정

자주 사용하는 View 모드를 단축키로 저장하면 View 모드로 빠르게 전환할 수 있습니다. 우선 각각의 단축키는 Front(F10), Custom View 1(F11), Active Camera(F12)입니다. 사용자가 이 단축키에 본인이 원하는 View 화면을 설정하는 것도 가능합니다.

단축키로 지정하고 싶은 3D View 모드를 선택한 다음, 메뉴 바에서 [View]-[Assign Shortcut to "Front"]를 선택하면 F10에 본인이 원하는 모드가 지정됩니다. 마찬가지로 F11, F12에도 적용 할 수 있습니다.

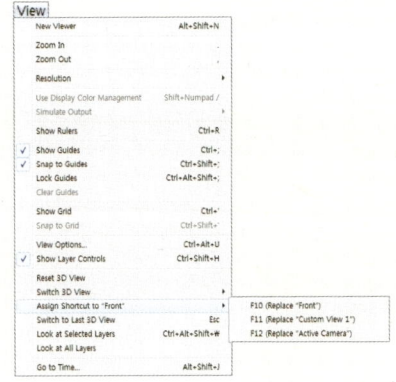

3. 레이어 보기

3D 공간에 레이어들이 흩어져서 배치되어 있을 경우, 특정 레이어의 위치로 view 화면을 이동하는 것은 쉬운 일이 아닙니다. CS5에서 새로 추가된 아래 두 기능을 이용하면 쉽게 선택할 수 있습니다.

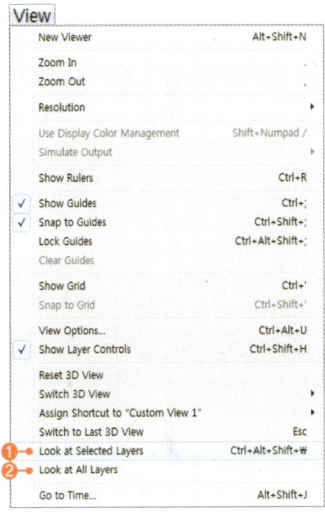

❶ **Look at Selected Layers** : 선택한 레이어만 확대해서 보기

메뉴 바에서 [View]-[Look at Selected Layers](Ctrl + Alt + Shift + W)를 선택하면, 현재 선택되어 있는 레이어를 [Compostion] 패널에 꽉 찬 화면으로 보여줍니다.

❷ **Look at All Layers** : 모든 레이어를 화면에 보이게 하기

[Composition] 패널에 있는 모든 레이어를 화면 안에 보이게 하고 싶을 때에는 메뉴에서 [View]-[Look at All Layers]를 선택하면 모든 레이어들이 화면 안에 나타납니다.

Camera

section 02

After Effects의 Camera를 이용하면, 사진 감독이 되어, 다양하고 멋진 구도의 장면을 연출할 수도 있고, 영화 촬영 감독이 되어 After Effects의 공간에 애니메이션을 이용하여 실제 세계와 같은 표현을 할 수 있습니다. Camera는 [Composition Camera] 특성이 포함된 이펙트의 3D 레이어 및 2D 레이어에만 영향을 줍니다.

1 Camera 설치하기

메뉴 바에서 [Layer]−[New]−[Camera](Ctrl + Alt + Shift + C)를 선택하면 [Camera Settings] 대화상자가 나타납니다. [Camera Settings] 대화상자에서 Camera를 설정합니다.

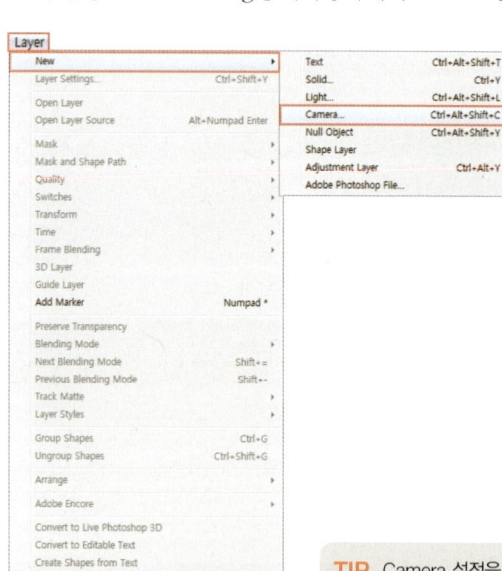
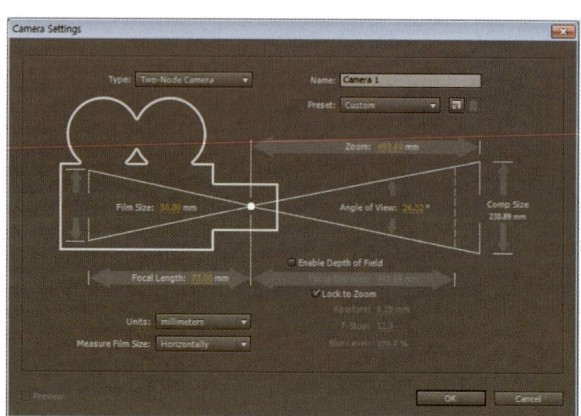

> **TIP** Camera 설정을 변경하고 싶을 때는 [Timeline] 패널에서 Camera Layer를 더블클릭하거나 레이어를 선택한 다음 메뉴 바에서 [Layer]−[Camera Settings]를 선택합니다.

Camera가 After Effects의 컴포지션에 있으면 [Composition] 패널에서 보이고, [Composition] 패널의 하단에 있는 3D View Popup(Custom View 1 ▼)에서 Camera 뷰를 선택할 수 있습니다. Camera가 2개 이상일 경우, 모든 Camera의 목록이 [Composition] 패널 아래쪽에 있는 3D View Popup 메뉴에 표시되어 Camera 선택 시 편리합니다.

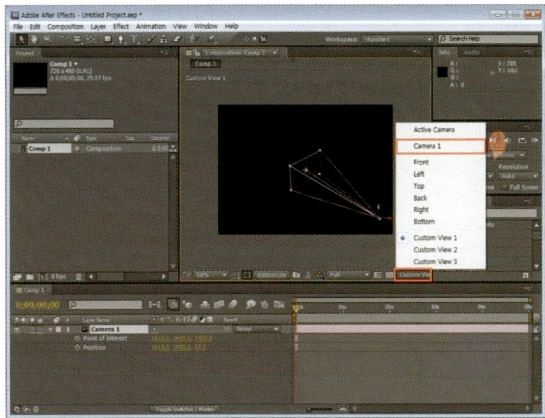 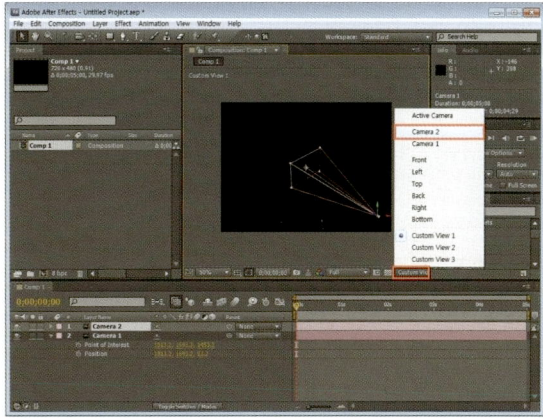

Special Note

[Camera Settings] 대화상자

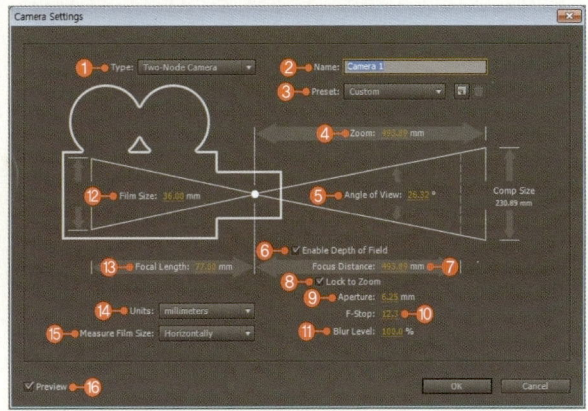

❶ **Type** : CS5에서 새로 추가된 옵션으로 One-Node Camera와 Two-Node Camera를 선택할 수 있습니다. Two-Node Camera에는 Point Of Interest가 있어서, Camera가 Point of Interest의 지점을 기준으로 Camera 방향을 설정합니다. 기본적으로 Point of Interest는 컴포지션의 가운데에 위치합니다.

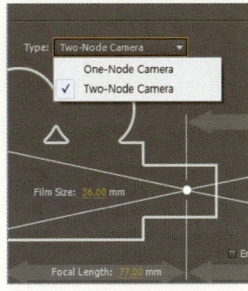 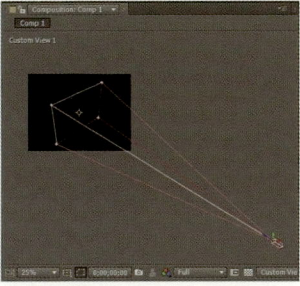 

▲ One-Node Camera   ▲ Two-Node Camera

＊CS4 이전에는 One-Node Camera는 Auto-Orientation 옵션([Layer]-[Transform]-[Auto-Orient])에서 'Off', Two-Node Camera는 'Orient Towards Point Of Interest로 선택합니다.

❷ **Name** : Camera 이름을 구분하면 여러 Camera 사용 시 유용합니다. 오름차순으로 번호가 지정됩니다.

❸ **Preset** : 많이 사용하는 Camera 설정을 모아두었습니다. Preset은 초점 거리에 따라 이름이 정해지며, 각 Preset은 특정 초점 거리의 렌즈가 부착된 35mm Camera의 동작을 나타냅니다. 기본값은 50mm이며 광각은 50mm보다 낮은 값을 사용하고, 망원은 50mm보다 큰 값을 선택하면 됩니다.

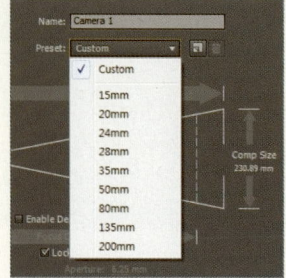

❹ **Zoom** : 렌즈에서 이미지 평면까지의 거리입니다. 즉, Zoom 거리만큼 떨어져 있는 레이어는 전체 크기로 표시되고, Zoom 거리의 두 배만큼 떨어져 있는 레이어는 길이 및 폭이 절반으로 표시됩니다.

❺ **Angle of View** : Camera의 화각을 정해줍니다. [Focal Length], [Film Size] 및 [Zoom] 값은 보기 각도에 영향을 줍니다. Angle of view가 넓으면 광각 렌즈를 사용하는 것과 동일한 결과를 얻을 수 있습니다.

❻ **Enable Depth of Field** : 이 옵션이 체크되면 실제와 같이 Camera 초점 효과를 만드는 Camera에 피사계 심도(Depth of Field)가 적용됩니다. 피사계 심도(Depth of Field)는 이미지에 초점이 맞는 거리 범위를 나타냅니다. 해당 거리 범위 바깥에 있는 이미지는 흐리게 표시됩니다.

＊피사계 심도(Depth of Field)는 Camera의 초점을 맞췄을 때, 초점을 맞춘 피사체(Camera가 촬영하는 사물)를 중심으로 앞뒤로 얼마만큼의 범위로 초점이 맞는가 하는 정도를 의미합니다. 피사계 심도에 영향을 주는 세 가지 항목은 초점 거리, 조리개 및 피사체와의 거리입니다. 초점 거리가 길고, 피사체와의 거리가 짧고 조리개 값이 크면(작은 F-스톱) 피사계 심도가 얕습니다(작습니다). 피사계 심도가 얕으면 심도가 맞는 영역을 제외한 다른 배경이 흐리게 나옵니다. 그 반대의 경우는 초점이 깊다고 합니다. 즉, 화면의 많은 부분에 초점이 맞게 보입니다.

❼ **Focus Distance** : Camera에서 완벽하게 초점이 맞는 평면까지의 거리입니다. Point of Interest에 초점이 맞도록 초점면을 Camera의 Point of Interest에 고정하려면 이 표현식을 Focus Distance 속성에 [Animation]-[Add Expression] 메뉴를 선택하여 Expression을 적용하여 length(Position, Point Of Interest)를 설정합니다.

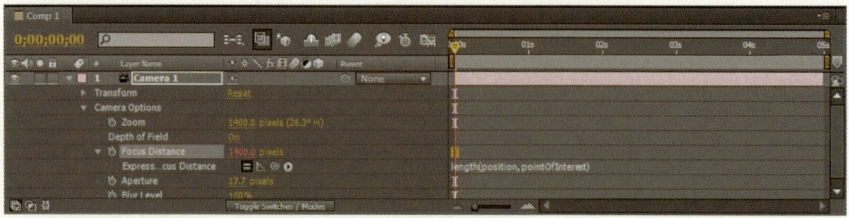

❽ **Lock to Zoom** : Focus Distance 값을 Zoom 값에 일치시킵니다.

＊Focus Distance의 Lock To Zoom에 원래는 체크 표시가 되어 있는데, [Timeline] 패널에서 Zoom 또는 Focus Distance 값을 변경하면 Zoom 값에서 Focus Distance 값의 Lock To Zoom 체크 해제됩니다. 값을 변경하고 해당 값을 잠긴 상태로 유지하려면 [Timeline] 패널 대신 [Camera Settings] 대화상자에서 값을 변경해야 됩니다.

❾ Aperture : 렌즈의 개방 크기입니다. 조리개 설정은 피사계 심도에도 영향을 줍니다. 조리개를 넓히면 피사계 심도의 Blur 효과가 증가합니다. Aperture를 수정하면 F-Stop 값이 그에 맞게 변경됩니다.

＊실제 카메라에서는 조리개를 넓히면 빛이 더 많이 들어와서 노출에 영향을 주지만, After Effects에서는 조리개 값이 변하더라도 노출 값의 변화는 없습니다.

❿ F-Stop : 초점 거리와 조리개 사이의 비율을 나타냅니다. 대부분의 Camera에서는 F-Stop 치수를 사용하여 조리개 크기를 지정합니다. F-Stop을 수정하면 Aperture가 그에 맞게 변경됩니다.

⓫ Blur Level : 이미지에서 피사계 심도의 흐림 정도를 나타냅니다. 100%로 설정하면 Camera 설정에 따른 자연스러운 Blur 효과가 나타나고, 값을 낮추면 Blur 효과가 줄어듭니다.

⓬ Film Size : 필름 노출 영역의 크기입니다. 컴포지션 크기와 직접적으로 관련되어 있습니다. Film Size를 수정하면 실제 카메라의 원근과 일치하도록 Zoom 값이 변경됩니다.

⓭ Focal Length : 필름 면에서 Camera 렌즈 사이의 거리입니다. After Effects에서 Camera의 위치는 렌즈의 중심을 나타냅니다. Focal Length를 수정하면 실제 Camera의 원근과 일치하도록 Zoom 값이 변경됩니다. 또한 Preset, Angle of View 및 Aperture 값도 그에 따라 변경됩니다.

⓮ Units : Camera 설정 값이 표현되는 측정 단위입니다.

⓯ Measure Film Size : 필름 크기를 나타내는 데 사용되는 치수입니다.

⓰ Preview : CS5 대화상자에서 'Preview' 옵션이 추가되어 대화상자에서 설정 값을 수정하면 [Composition] 패널에서 그 결과를 바로 확인할 수 있습니다.

2 3D Camera 제어하기

1. Camera 좌표로 이동하기

After Effects에 있는 Camera에는 Point Of Interest가 있습니다. One-Node Camera에는 Point of Interest가 없기 때문에 Camera의 Position과 Rotation 값을 이용하여 Camera를 제어하면 되지만, Two-Node Camera의 경우에는 항상 Point of Interest를 고려해야 합니다. Camera에 애니메이션을 줘야 할 경우, [Timeline] 패널의 Camera 1 → Transform의 옵션 버튼을 차례로 클릭하여 열고, Position과 Point of Interest에 있는 stop watch(🕐) 버튼을 클릭합니다.

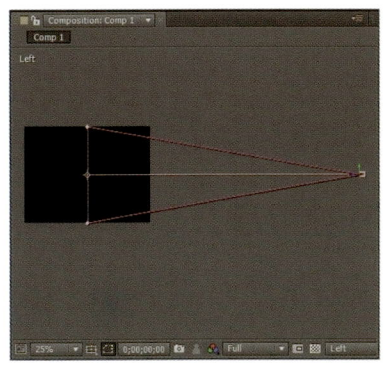
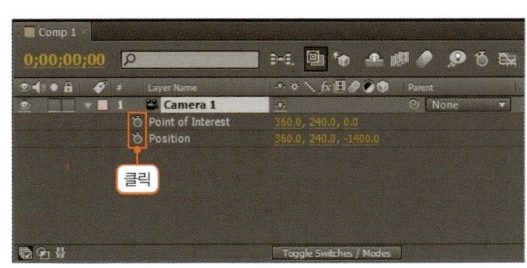

TIP [Timeline] 패널의 P 키를 클릭하면 Position이 열리고, Shift 키를 누르고 단축키 A 키를 누르면 Point of Interest 속성도 같이 보입니다.

2. Camera 툴로 이동하기(C)

[Tool] 패널에 있는 Camera 툴(📷)을 이용하면 Camera 제어를 쉽게 할 수 있습니다. Camera 툴(📷)을 선택한 후, [Composition] 패널에서 드래그하면 Camera의 View를 움직일 수 있고, 드래그할 때에는 [Composition] 패널을 벗어나서 밖으로도 계속 드래그를 이어갈 수 있습니다.

> **TIP**
> • [Composition] 패널에서 3D View Popup(Custom View 1 ▼)에서 카메라를 선택하거나 3D View를 선택하면 보다 편하게 작업이 가능합니다.
> • 카메라를 이동하려면 [Active Camera]가 아닌 다른 View를 선택해야 합니다. Active Camera를 선택하면 카메라가 보는 화면을 보기 때문에 Camera를 움직이는 것이 생각처럼 잘 되지 않습니다.
> • 3D View를 수정한 후, 메뉴 바에서 [View]-[Reset 3D View]를 선택하여 Reset(재설정)할 수 있습니다.

Camera 툴 옵션 이해하기

Special Note

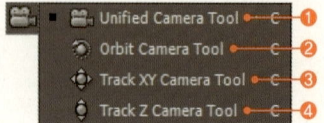

❶ **Unified Camera 툴** : 마우스의 3버튼을 이용하여 Orbit, Track XY, Z를 쉽게 사용하게 합니다.

❷ **Orbit Camera 툴** : 3D View 또는 카메라를 Point of Interest 주위로 이동하여 회전합니다.

❸ **Track XY Camera 툴** : 3D View 또는 카메라를 가로 또는 세로로 움직입니다(상하좌우로 이동).

❹ **Track Z Camera 툴** : 3D View 또는 카메라를 Point of Interest 선을 따라 앞뒤로 움직입니다.(줌 인/ 아웃을 설정). Orthographic view(Front, Left, Top, Back, Right, Bottom)일 경우에는 View의 Scale을 조정합니다.

• Unified Camera 툴(📷)이 선택된 상태에서 Orbit Camera 툴(◉)을 사용하려면 마우스 왼쪽 버튼을 누릅니다.

• Shift 키를 누른 상태로 드래그하면 Orbit Camera 툴(◉)이 활성화되고 회전을 하나의 축으로만 움직입니다.

• Unified Camera 툴(📷)이 선택된 상태에서 Track XY Camera 툴(◈)을 사용하려면 마우스 가운데 버튼을 누릅니다.

• Unified Camera 툴(📷)이 선택된 상태에서 Track Z Camera 툴(◈)을 사용하려면 마우스 오른쪽 버튼을 누릅니다.

• [Timeline] 패널에서 Camera Layer를 선택하고, [Tool] 패널에서 Track Z Camera 툴(◈)을 직접 선택하면 Position Z 값과 함께 Point of Interest도 같이 이동하고, Unified Camera 툴(📷)에서 마우스 오른쪽 버튼을 이용해서 움직이면 Point of Interest는 이동하지 않습니다.

• Unified Camera 툴(📷)에서 Point of Interest도 같이 움직이고 싶으면, 마우스 오른쪽 버튼을 클릭한 상태에서 Ctrl 키를 누르면 Point of Interest도 같이 움직이게 됩니다.

Two-Node Camera 제어하기

Two-Node Camera일 때 Camera를 쉽게 제어하는 방법을 알아보겠습니다.

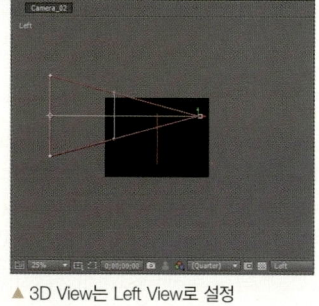

▲ 3D View는 Left View로 설정

- [Tool] 패널에서 Selection 툴(⬆)을 선택하고, [Composition] 패널에서 움직이고 싶은 축에 마우스 포인터를 가져가서 클릭하여 카메라를 움직여보면 Camera와 Point of Interest가 함께 움직이는 것을 확인할 수 있습니다.

- Point of Interest는 고정된 상태에서 Camera만 움직이고 싶을 때에는 Ctrl 키를 클릭한 상태에서 Camera를 움직이면 됩니다.

- Camera를 움직이면 Point of Interest가 같이 움직이는 반면, Point of Interest는 독립적으로 움직일 수 있습니다. Point of Interest를 이동하고 싶으면 Point of Interest 아이콘을 클릭하고 움직이면 됩니다.

- Point of Interest를 먼저 움직여서 Camera의 방향을 정해주고 난 다음, Camera를 움직여서 Camera를 제어하면 쉽게 Camera 애니메이션을 만들 수 있습니다.

- One-Node Camera일 때 Camera를 Rotation시키고 싶으면, Rotation 툴(⬛)을 선택하면 쉽게 움직임을 제어할 수 있습니다.

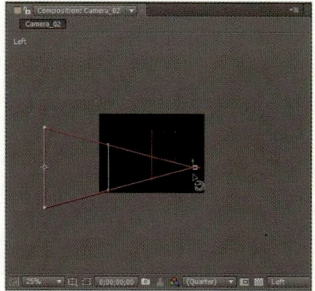
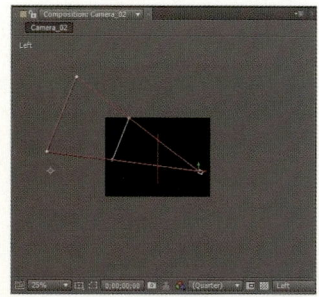

●필수예제● 3D 공간을 카메라로 여행하기

01 메뉴 바에서 [File]-[Open Project](Ctrl + O)를 선택하여 [부록CD\Sample\Part01\Ch07\3D_Camera\7_24_02.aep] 파일을 불러옵니다. 9개의 이미지 소스 파일이 3D 레이어로 컴포지션에 배치되어 있고, One-Node Camera인 'Camera 1' 레이어가 있습니다.

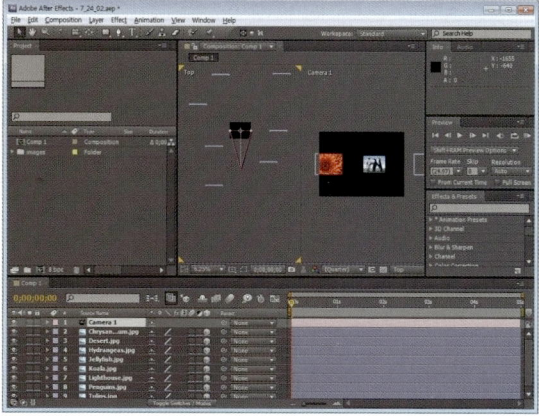

> **TIP** 카메라를 3D 공간에서 움직이게 하기 위해서는 View를 2개 이상으로 놓고 작업을 하는 것이 편리합니다.

02 [Composition] 패널에서 Select view Layout(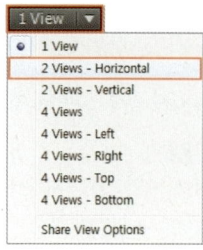)에서 View를 '2 Views – Horizontal'로 설정합니다.

3D View Popup(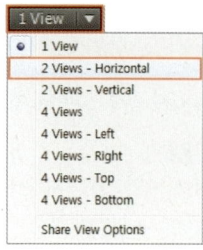) 왼쪽 뷰는 'Top' View를 설정하고, 오른쪽 View는 'Camera1'로 설정합니다. Top View에서 Camera 툴(🎥)을 이용해서 Camera를 움직이면 우측의 Camera View를 통해 Camera의 움직임을 확인할 수 있습니다.

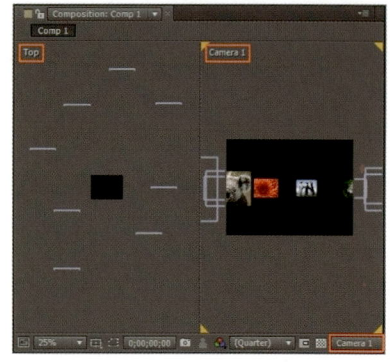

TIP 레이어가 3D 공간에 배치되어 있을 때, 작업 시 Top View에서 레이어를 제어하면 보다 편리합니다.

03 'Camera 1' 레이어를 선택하면 [Composition] 패널에서 Camera가 활성화됩니다.

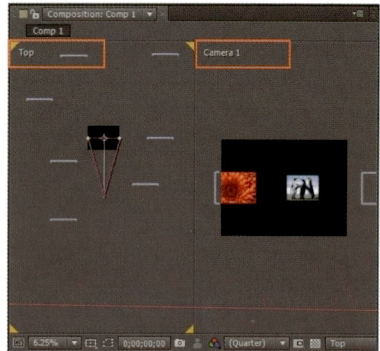

TIP [Composition] 패널에서 현재 View가 어떤 것인지 확인하고 싶을 경우에는 [Composition] 패널 옵션에서 [Show 3D View Lables]를 선택하면 View 화면 왼쪽 상단에 어떤 View인지 표시가 됩니다.

Special Note

Camera 항상 보이게 하기

Camera Layer를 선택하지 않더라도 Camera를 항상 [Composition] 패널에 보이게 하기 위해서는 메뉴 바에서 [View]-[View Option]을 선택하여 [View Option] 대화상자의 Camera Wireframe 의 내림 버튼을 클릭하여 'On'으로 설정하면 됩니다.

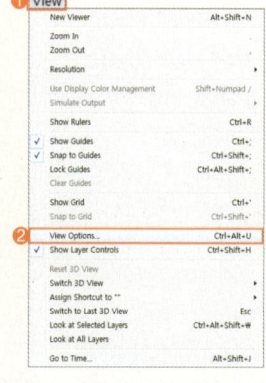

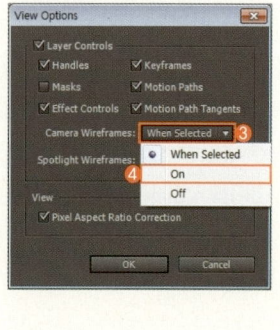

04 Camera 위치를 이동해보겠습니다. [Timeline] 패널에서 'Camera 1' 레이어를 선택한 다음, Position 속성을 열기 위해 P키를 누르고, Point of Interest도 같이 보기 위해 Shift키를 누른 채 A키를 클릭한 다음, Camera의 위치를 'Tulip' 레이어가 화면에 보이도록 아래와 같이 설정 값을 입력합니다.

Point of Interest : −537.0, 240.0, −1632.0 | **Position :** −552.0, 240.0, −2594.0

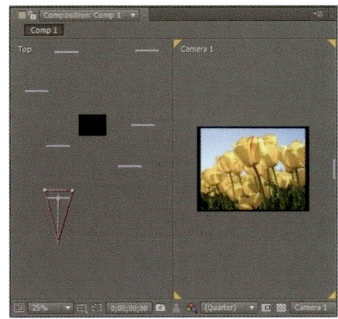

05 이번에는 Camera를 이동해보겠습니다. Camera에 애니메이션을 주기 위해서 0초에 Current Time Indicator(▥)를 이동시키고, Position과 Point of Interest 속성의 stop watch(▩) 버튼을 클릭합니다. Current Time Indicator(▥)를 1초로 이동하고 다음과 같이 설정합니다.
Camera의 위치를 움직여 'Desert.jpg' 레이어가 보이게 하기 위해 Selection 툴(▨)을 선택하고, [Composition] 패널의 Top View에서 Camera를 선택해 'Desert.jpg' 레이어가 있는 곳으로 이동합니다.

Point of Interest : 1285.6, 240.0, −1019.0 | **Position :** 1270.6, 240.0, −1981.0

06 위와 같은 방법으로 1초 20프레임에서는 'Koala.jpg' 레이어가, 3초 10프레임에는 'Lighthouse.jpg' 레이어가 보이도록 Camera를 움직여서 지그재그로 움직이는 애니메이션을 만듭니다. Camera가 움직일 때 항상 z축 방향을 바라보는 애니메이션이 됩니다.

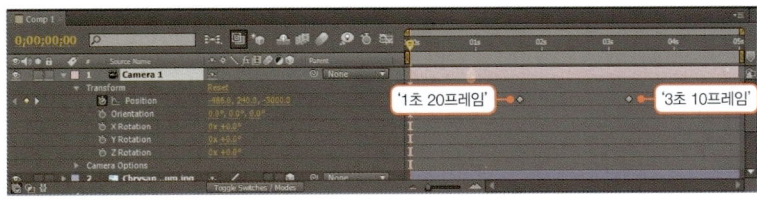
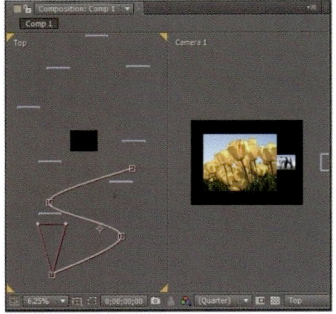

TIP [Timeline] 패널에서 'Camera 1' 레이어를 선택한 후, Selection 툴(▨)을 선택하고, [Composition] 패널에서 Camera의 위치를 움직이면 편리합니다.

07 이번에는 Camera가 움직이는 패스 방향에 따라 움직이도록 조절하겠습니다. Rotation 속성값을 조절해서 방향을 설정해도 되지만, 이번에는 Auto-Orientation을 이용해 설정하겠습니다. 메뉴 바에서 [Layer]-[Transform]-[Auto-Orientation](Ctrl + Alt + O)을 선택하면 [Auto-Orientation] 대화상자가 나타납니다.

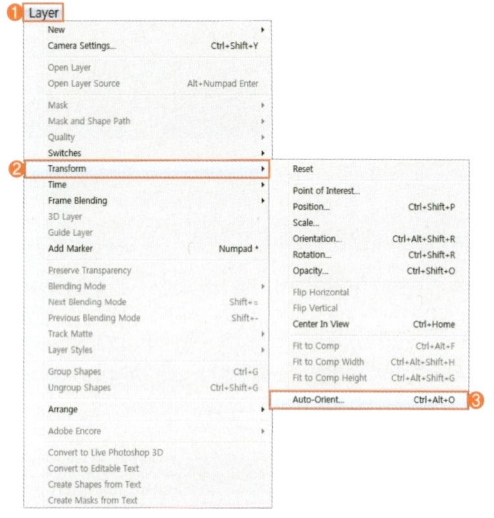

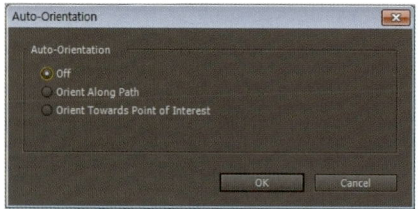

08 현재 [Auto-Orientation] 대화상자의 설정은 One-Node Camera이기에 Off로 설정되어 있으므로, 두 번째 옵션인 'Orient Along Path'로 설정하면 Camera의 방향이 현재 Camera의 Motion Path 방향을 향하고, 세 번째 옵션인 'Orient Towards Point of Interest'를 선택하면 Point of Interest가 나타납니다. 이때에는 Position 속성값 뿐만 아니라 Point of Interest 속성값에도 애니메이션을 적용합니다.

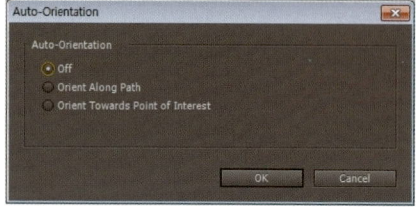

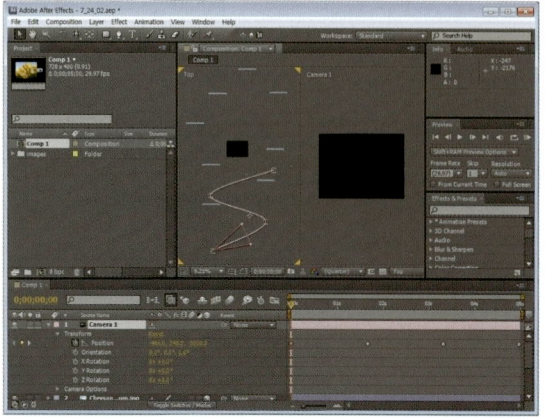

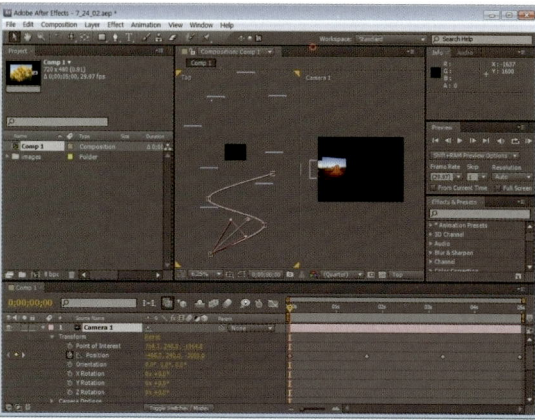

▶ 완성예제 : 부록CD\Sample\Part01\Ch7\3D_Camera\7_24_02_final.aep

Light & Shadow

After Effects에서는 Light를 이용해서 빛과 그림자 표현을 자유롭게 할 수 있습니다. 이번 섹션에서는 After Effects에서 3D 공간을 이루는 세 번째 요소인 Light와 Shadow에 대해 알아보겠습니다.

1 3D Light

Light Layer는 3D 공간 상에 Light를 비추는 역할을 해서 3D 레이어의 색상에 영향을 주고, 그림자를 생성하여 Light 의 색상을 통해 씬 자체에 풍부한 감성을 담아줍니다. Light는 Light 설정 및 3D 레이어의 Material Option에 의해 제어되고, 각 Light는 기본적으로 Point of Interest를 가리킵니다. Point of Interest는 조명의 중심을 의미합니다. Light가 빛을 비추는 방향을 나타내며, 빛을 비추고 싶은 오브젝트 위치에 Point of Interest를 배치해야 합니다.

 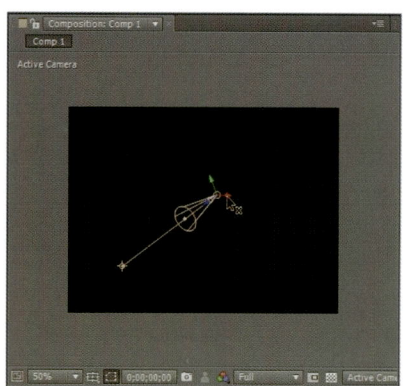

1. Light 만들기

메뉴 바에서 [Layer]-[New]-[Light...]((Ctrl)+(Alt)+(Shift)+(L))를 선택하여 Light를 만들면, Light 속성을 정할 수 있는 [Light Settings] 대화상자가 나타납니다. [Light Settings] 대화상자에서 조명 이름, 조명 타입, 색상, 그림 자 생성 여부 등을 설정할 수 있습니다.

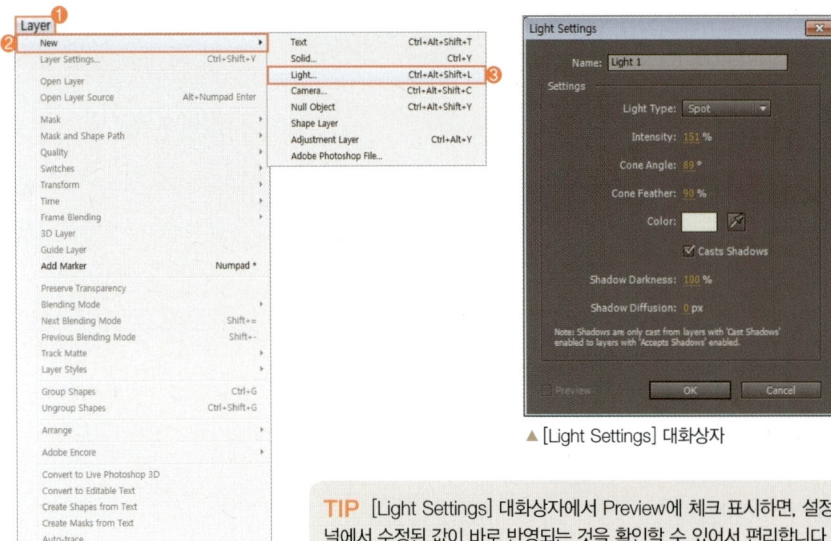

▲ [Light Settings] 대화상자

TIP [Light Settings] 대화상자에서 Preview에 체크 표시하면, 설정 값을 바꿀 때마다, [Composition] 패널에서 수정된 값이 바로 반영되는 것을 확인할 수 있어서 편리합니다.

[Light Settings] 대화상자의 [OK] 버튼을 클릭하면 [Composition] 패널에 Light가 추가되어 빛이 반영됩니다.

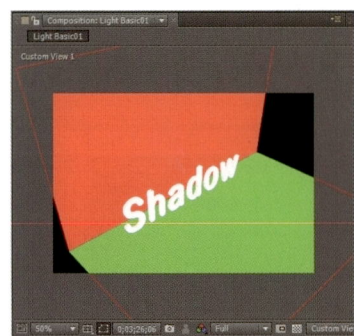

▲ Light 적용 전

▲ Light 적용 후

컴포지션에 Light를 하나 더 추가하면 컴포지션 전체가 추가한 만큼 밝아지므로, Light Layer를 더블클릭하여 [Light Settings] 대화상자가 나타나면 Light의 Intensity 값을 낮춰서 설정합니다.

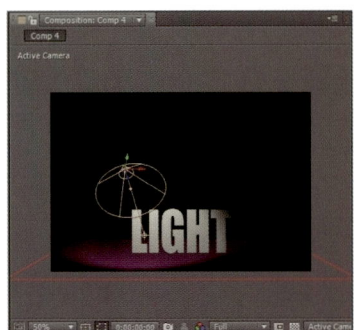

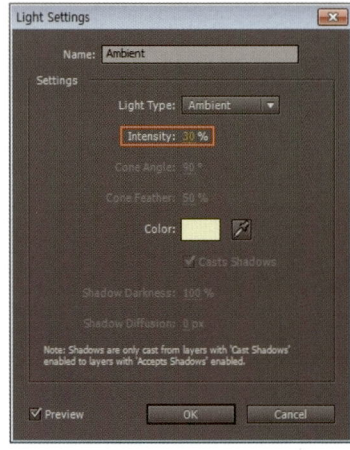

TIP After Effects의 Light에는 Falloff(감소) 속성이 없기 때문에 레이어와 Light 사이의 거리가 멀어지더라도 레이어의 조명 밝기가 줄어들지 않습니다.

Special Note

[Light Settings] 대화상자 알아보기

❶ Light Type : Light의 종류를 선택할 수 있습니다.

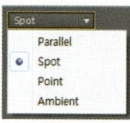

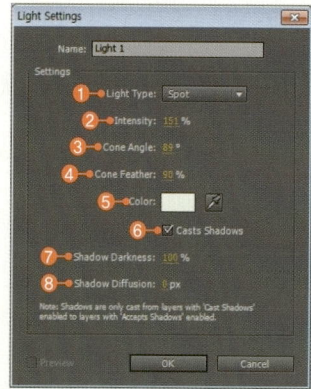

- Parallel : 태양빛처럼 무한히 멀리 떨어진 광원에서 직선의 무제한 조명을 방출합니다.
- Spot : 무대에서 사용되는 스포트 라이트 효과처럼 플래시나 집중 조명처럼 광원뿔로 제한되는 광원으로부터 조명을 방출합니다.
- Point : 전구 하나에서 나오는 광선과 같이 제한되지 않은 전 방향 조명을 방출합니다.
- Ambient : 광원이 없지만 장면의 전반적인 밝기에 영향을 주고, 그림자를 표시하지 않는 조명을 만듭니다.

▲ Parallel

▲ Spot

▲ Point

▲ Ambient

* Ambient의 공간 위치는 다른 레이어에 영향을 주지 않기 때문에 Ambient는 [Composition] 패널에 아이콘이 없습니다.

❷ Intensity : 조명의 밝기입니다. 음수 값은 조명을 만들지 않고, 영역을 어둡게 합니다.

❸ Cone Angle : 조명의 범위와 각도를 조절합니다. 단, Light Type이 Spot인 경우에만 활성화되고, Spot의 Cone Angle은 [Composition] 패널에 조명 아이콘 모양으로 표시됩니다.

❹ Cone Feather : Spot의 가장자리의 부드러운 정도입니다. 단, 이 컨트롤은 Light Type이 Spot인 경우에만 활성화됩니다.

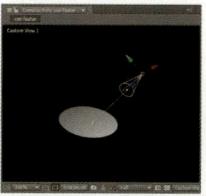
▲ Cone Feather : 0

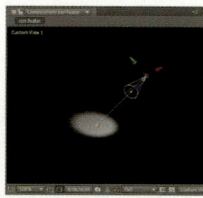
▲ Cone Feather : 50%

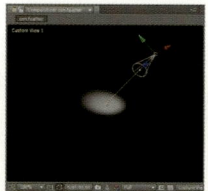
▲ Cone Feather : 100%

❺ Color : 빛의 색상을 정해줍니다. 씬의 분위기를 연출할 때 Light에 Color를 추가해주면 효과적입니다.

❻ Casts Shadows : 그림자를 표시할 것인지 여부를 지정합니다. 그림자를 허용하려면 레이어에 대해 Accepts Shadows 질감 옵션을 'On'으로 선택해야 합니다. 이 설정은 기본값입니다. 그리고 Casts Shadows 질감 옵션을 'On'으로 선택해야 합니다. 이 설정은 기본값이 아닙니다.

❼ Shadow Darkness : 그림자의 농도를 설정합니다. 이 컨트롤은 Casts Shadows가 선택된 경우에만 활성화됩니다.

2. Light 이동하기

Light를 움직이는 방법은 [Tool] 패널에서 Selection 툴(🔍)을 선택한 다음 [Composition] 패널에 있는 Light를 선택해서 움직이거나, [Timeline] 패널에서 속성값을 조절해서 움직입니다.

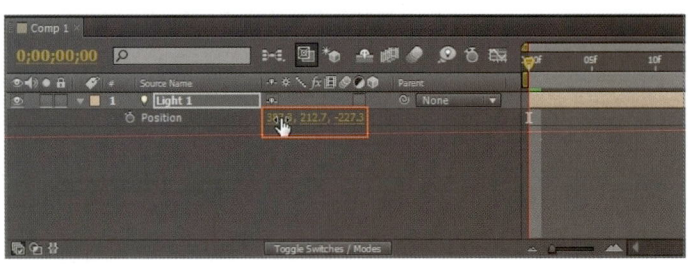

▲ 속성값 조절

> **TIP** Light 속성을 열려면 단축키 A 키를 두 번 누릅니다.

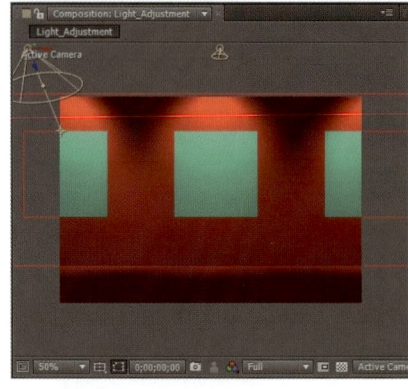

Light에는 Camera와 마찬가지로 Point of Interest가 있기 때문에 움직임을 제어할 때는 Position과 Point of Interest를 제어해야 합니다. [Composition] 패널에서 Light를 움직이면 Position과 Point of Interest가 같이 움직입니다. Point of Interest는 고정시키고 Light만 움직이고 싶을 때는 Ctrl 키를 누른 상태에서 Light를 움직이면 Light의 Position만 움직일 수 있습니다.

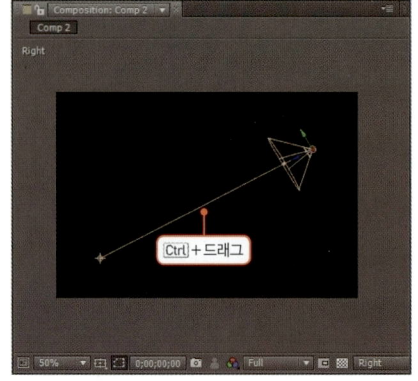

● 필수예제 ● 특정 레이어에만 Light 적용하기

Light를 적용하면 컴포지션 전체에 적용됩니다. 컴포지션 내에서 원하는 특정 레이어에만 Light를 적용하는 방법을 알아보겠습니다.

01 메뉴 바에서 [File]−[Open Project](Ctrl + O)를 선택하여 [부록CD\Sample\Part01\Ch07\ Light\7_25_003 Light ex01.aep] 파일을 불러옵니다.

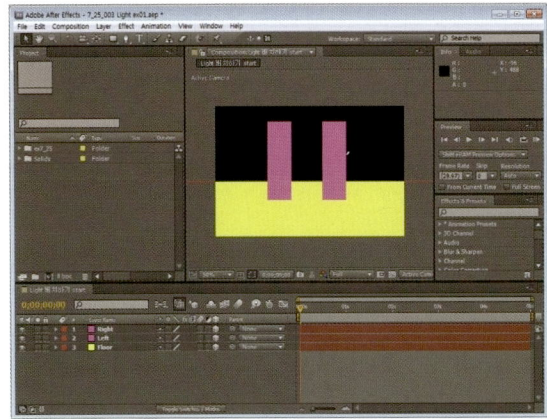

02 메뉴 바에서 [Layer]−[New] −[Light…]를 선택하여 Light Layer를 하나 만듭니다. [Light Settings] 대화상자가 나타나면 다음과 같이 설정합니다.

Name : Light 1
Light Type : Spot
Intensity : 150%
Cone Angle : 90˚
Cone Feather : 100%
Shadow Darkness : 100%
Shadow Diffusion : 0px

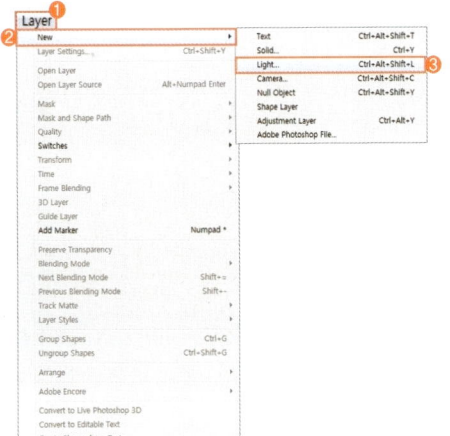
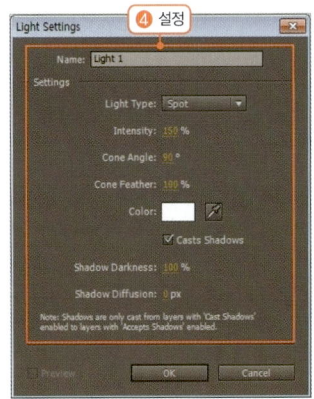

03 Light를 만들었지만, Light의 위치가 제대로 적용되지 않아 레이어를 제대로 비추질 못하고 있습니다. [Composition] 패널 하단에 있는 3D View Popup(Active Camera ▼)를 'Left' 로 설정하면, Light가 레이어를 비추고 있지 않는 것을 확인할 수 있습니다.

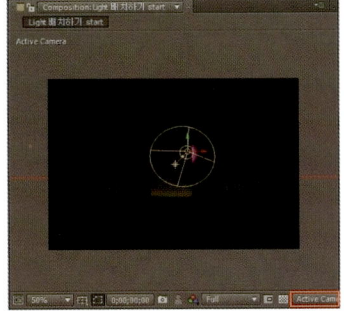
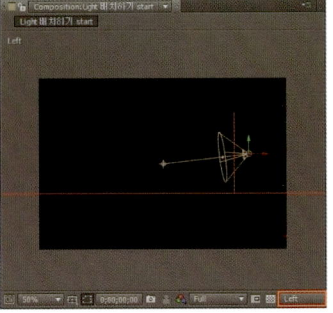

04 'Light 1'의 레이어를 선택하고 단축키를 눌러 Point of Interest를 다음과 같이 설정하여 레이어로 위치를 옮겨주고, Light의 Position 값도 다음과 같이 설정합니다.

Point of Interest : 348.0, 328.0, −138.0 | **Position** : 364.0, 47.0, −210.0

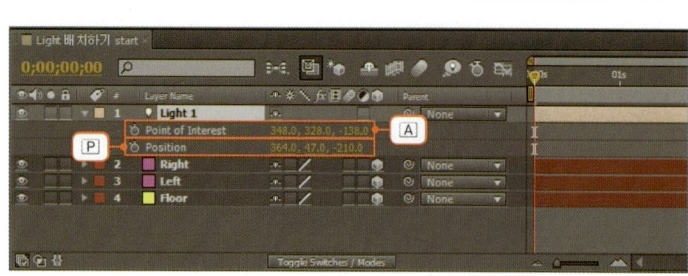
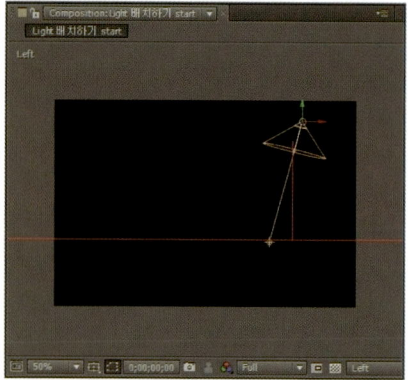

> **TIP** [Composition] 패널에서 Light와 Point of Interest를 직접 이동해서 조절해도 상관없습니다.

05 이제 3D View Popup(　Active Camera　)를 'Active Camera'로 설정을 바꾸면 Light가 중앙에서 두 레이어를 비추고 있습니다.

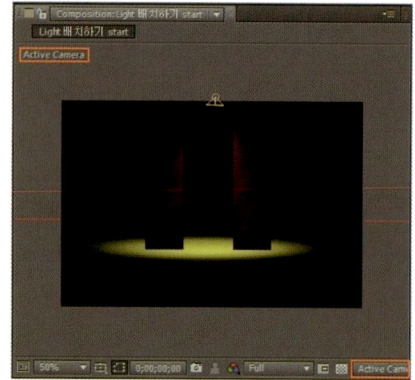

06 Light가 왼쪽 레이어에만 비추도록 설정하겠습니다. [Timeline] 패널에서 'Light 1' 레이어를 선택하고 레이어의 위치를 Light가 비출 'Left' 레이어 위로 드래그하여 이동합니다.

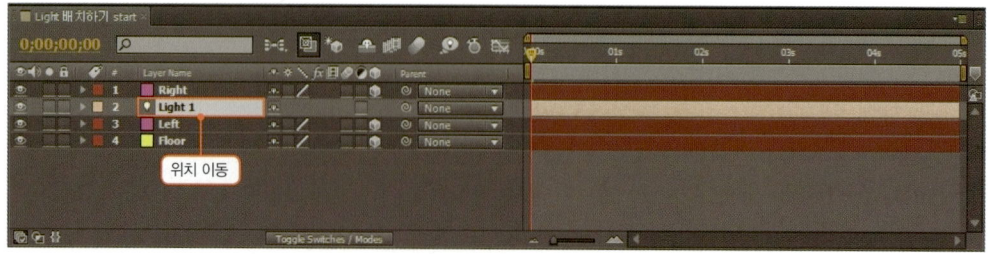

> **TIP** 처음에는 Light Layer의 순서가 바뀌어도 [Composition] 패널에는 큰 변화가 없습니다.

07 [Timeline] 패널에서 'Light 1' 레이어의 Adjustment Layer(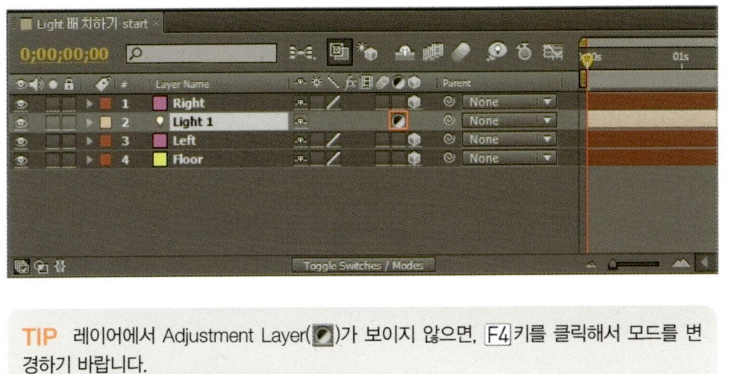) 스위치 클릭하면, 'Light 1' 레이어의 상위에 있는 레이어에는 Light가 적용이 되지 않고, Light가 적용되기를 원하는 하위 레이어에만 Light 적용이 가능하게 됩니다.

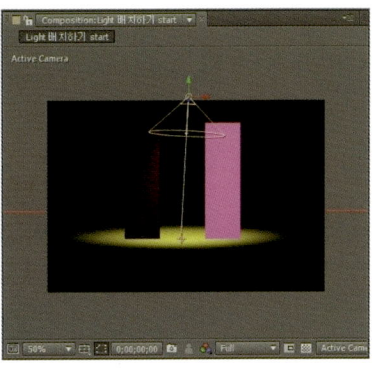

TIP 레이어에서 Adjustment Layer()가 보이지 않으면, F4 키를 클릭해서 모드를 변경하기 바랍니다.

▶ 완성예제 : 부록CD\Sample\Part01\Ch07\Ligh\7_25_003 Light ex01_final.aep

2 Shadow

컴포지션에 Light Layer를 생성해도 각 레이어에 그림자가 바로 적용되지 않습니다. 레이어에 그림자를 적용하려면 아래 두 조건을 충족해야 합니다.

• **첫 번째 조건** : 메뉴 바에서 [Layer]−[New]−[Light...](Ctrl + Alt + Shift + L)를 선택하여 [Light Settings] 대화상자에서 Casts Shadows에 체크 표시를 해야 합니다.

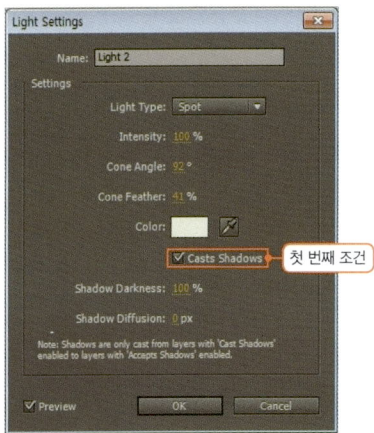

TIP Light Type이 Ambient일 경우에는 적용이 되지 않습니다.

• **두 번째 조건** : [Timeline] 패널에서 그림자를 만들고 싶은 3D 레이어의 속성에서 Material Options의 Casts Shadows를 'On'으로 설정해야 합니다.

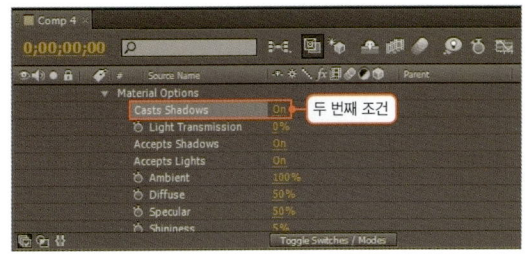

Material Options 알아보기

Material Options는 레이어에 Light가 적용되었을 때 사용되는 속성값으로 그림자와 빛이 레이어의 면에 어떻게 비춰질지를 정할 수 있습니다.

❶ **Casts Shadows** : 레이어에 그림자가 적용되도록 하는 설정입니다. 기본값은 Off로 레이어에 그림자가 표시되지 않고, On으로 설정하면 레이어의 그림자가 다른 레이어에 표시됩니다. Only로 설정하면 레이어 이미지는 보이지 않고 그림자만 표시됩니다.

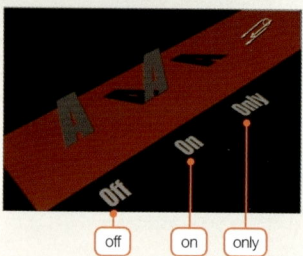

- Cast Shadows의 속성을 전환하는 단축키는 Alt + Shift + C 입니다.
- [Timeline] 패널에서 Light의 Options 속성을 보려면 A 키를 두 번 누릅니다.
- 그림자의 방향 및 각도는 광원의 방향 및 각도에 따라 결정됩니다.

❷ **Light Transmission** : 레이어의 색상을 다른 레이어에 그림자로 표시합니다. '0%'일 때는 검정 그림자가 표시되고, '100%'이면 레이어의 전체 색상 값이 그림자로 나타납니다. 스테인드 글라스 창 투과 효과를 낼 때 사용할 수 있습니다.

❸ **Accept Shadows** : 현재 레이어에 그림자가 표시될지 여부를 지정합니다. On이 기본 값이고, Off이면 현재 레이어에 그림자가 적용이 안 됩니다.

❹ **Accept Lights** : 현재 레이어에 Light의 영향을 받을지 지정합니다. On이 기본 값이고, Off이면 현재 레이어에 Light가 적용되지 않습니다. Off가 되더라도 그림자에는 영향을 주지 않습니다.

❺ **Ambient** : Ambient 라이트일 때만 적용이 되고, 레이어 주변광의 반사도를 나타냅니다.

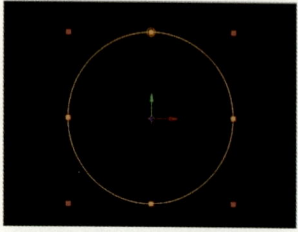

▲ Ambient : 0%

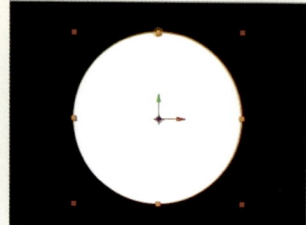

▲ Ambient : 100%

❻ Diffuse : 레이어의 확산 반사도를 나타냅니다. Diffuse를 적용하면 레이어 위에 무딘 비닐 종이를 덮어 씌운 것과 같은 효과를 줍니다. 이 레이어에 떨어지는 조명은 모든 방향으로 고르게 반사됩니다. Light Type이 Ambient일 때는 적용되지 않습니다.

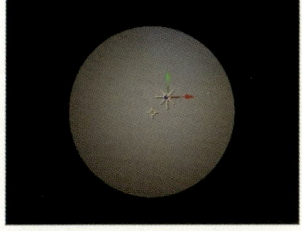
▲ 50%

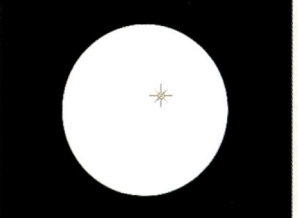
▲ Light Type이 Ambient일 때

❼ Specular : 레이어 반사광의 반사도를 나타냅니다. 반사광은 거울과 같이 레이어에서 반사됩니다. Light Type이 Ambient일 때는 적용되지 않습니다.

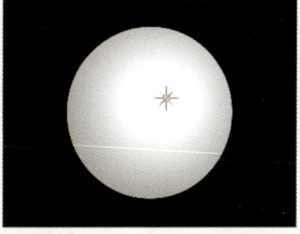
▲ 50%

❽ Shininess : 반사면의 크기를 결정합니다. 이 값은 Specular 설정이 0보다 큰 경우에만 활성화됩니다. 100%로 설정하면 폭이 좁은 반사면이 지정되고 0%로 설정하면 폭이 넓은 반사면이 지정됩니다.

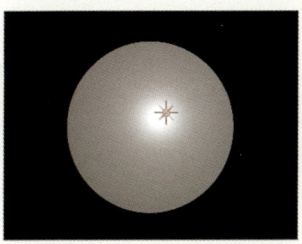
▲ 100%

▲ 0%

❾ Metal : 반사면의 색상에 레이어 색상이 주는 영향 정도입니다. 100%로 설정하면 반사면의 색상이 레이어의 색상이 됩니다. 예를 들어 Metal 값이 100%인 경우 금반지 이미지에서는 금빛 조명이 반사됩니다. 0%로 설정하면 반사면의 색상이 조명 소스의 색상이 됩니다. 예를 들어 Metal 값이 0%인 레이어에 흰색 빛을 비추면 흰색 빛이 반사됩니다.

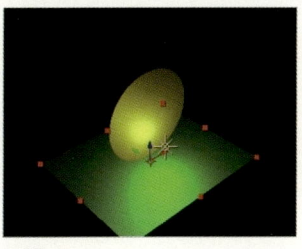
▲ 100%

▲ 0%

영상 합성의
유용한 기능

영상 합성 작업에 유용한 기능들이 After Effects에 많이

포함되어 있습니다. 이 중에서 많이 사용되는 Tracking,

Keying, Roto Brush 등에 대해 알아보도록 하겠습니다.

Tracking을 이용한 영상 합성하기

section 01

캠코더 등을 이용해서 촬영한 영상으로 합성 작업할 때, 카메라가 흔들렸거나 촬영 영상에 3D 오브젝트를 넣기 위해서 영상의 특정 영역을 추적(Tracking)해야 할 때가 있습니다. Tracking을 이해하고 카메라 흔들림을 제어하는 방법에 대해 알아보겠습니다.

1 Stabilization(안정화)

삼각대 없이 손으로 카메라를 들고 영상 촬영을 할 경우, 피사체가 많이 흔들리는 경우가 생깁니다. 이럴 때 Stabilizaton 기능을 이용하면 카메라의 흔들림을 바로 잡아서 피사체를 고정할 수 있습니다. Stabilization하는 방법은 영상의 특정 영역의 위치 값을 추적해낸 다음, 그 위치를 고정시킴으로써 영상의 흔들림을 없애는 것을 말합니다.

● 필수예제 ● 카메라 흔들림 제어하기

01 메뉴 바에서 [File]−[Open Project]를 선택하여 [부록CD\Sample\Part01\Ch08\Stabilize\8_26_001 Stabilize.aep] 파일을 불러 옵니다. Workspace가 Motion Tracking 모드로 되어 있습니다.

TIP Motion Tracking 모드로 바꿀 때에는 Workspace의 내림 버튼을 눌러 Motion Tracking 모드로 변경하면 [Tracker] 패널이 열립니다.

TIP 맥 사용자들의 편의를 위해 예제파일 폴더에 wmv 파일 포맷과 함께 mov 파일 포맷을 함께 제공하고 있습니다. 맥 사용자분들은 mov 파일 포맷의 영상을 import해서 사용하시기 바랍니다.

02 [Timeline] 패널에서 흔들림 보정을 할 영상 레이어를 선택하면 [Tracker] 패널에서 [Track Motion]과 [Stabilize Motion]이 활성화됩니다. Stabilize Motion 버튼을 클릭하면, [Layer] 패널이 활성화되고, Track Point가 추가됩니다.

▲ [Tracker] 패널

TIP Track Point
❶ **Feature Region** : Attach Point 주위의 영상 추적할 부분 영역을 선택합니다.
❷ **Search Region** : Feature Region이 참고하는 전체의 영역을 설정합니다.
❸ **Attach Point** : 영상에서 추적 가능한 포인트 부분에 위치시키는 부분입니다.

---

03 [Preview] 패널에서 Ram Preview() 버튼을 클릭하여 영상 소스를 살펴보면, 카메라의 흔들림이 Position에만 있기 때문에 [Tracker] 패널에서 Position에만 체크 표시합니다.

TIP 영상 소스에 카메라가 회전을 하거나, 줌인, 줌아웃이 있을 때에는 각각 Rotation과 Scale도 체크 표시를 합니다.

Special Note

[Track] 패널 자세히 알아보기

❶ **Motion Source** : 움직임을 추적할 영상 레이어를 선택합니다.

❷ **Current Track** : 현재 움직임을 추적하는 Tracker를 나타냅니다.

❸ **Track Type**
 • Stabilize : 영상의 흔들림을 잡아주는 기능을 합니다.
 • Transform : Position과 Rotation의 Tracking 값을 다른 레이어에 적용합니다.
 • Parallel corner Pin : 3개의 Corner pin을 이용해서 비스듬한 형태와 Rotation를 제어합니다.

| Stabilize |
| Transform |
| Parallel corner pin |
| Perspective corner pin |
| Raw |

 • Perspective corner pin : 4개의 Corner pin을 이용해서 모니터 등의 사각형 형태에 Tracking을 합니다.
 • Raw : [Timeline] 패널에 타겟으로 사용할 레이어가 없거나 Tracking 데이터를 나중에 사용할 때 사용합니다.

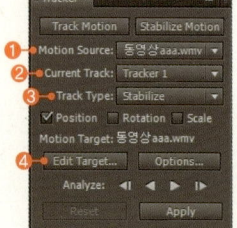

❹ **Edit Target** : Tracking한 데이터를 타겟 레이어에 적용할 때 사용합니다.

04 [Tracker] 패널의 Options 버튼을 클릭하여 Option을 설정하겠습니다. [Motion Tracker Options] 대화상자에서 Channel을 영상의 명도 값을 이용하기 위해 Luminance에 체크 표시하여 설정하고 [OK] 버튼을 클릭합니다.

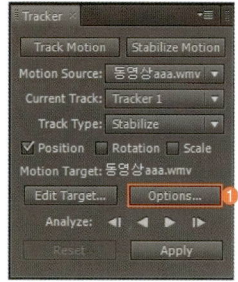

Special Note

Motion Tracker Options 속성

❶ **Channel** : Luminance를 선택하면 영상의 명도 차이를 이용해서 추적을 하겠다는 의미입니다. 영상에서 명도 차이가 아닌 채도나 RGB의 차이를 이용할 때는 속성을 바꿔주면 됩니다.

❷ **Track Fields** : DV 캠코더 촬영 시 Field가 사용되는데, Track Fields가 활성화되면 좀 더 정확한 추적이 가능하고, 그 만큼 추적할 때 걸리는 시간이 늘어납니다.

❸ **Subpixel Positioning** : Feature Region의 영역의 이전 프레임의 위치와 일치하도록 합니다.

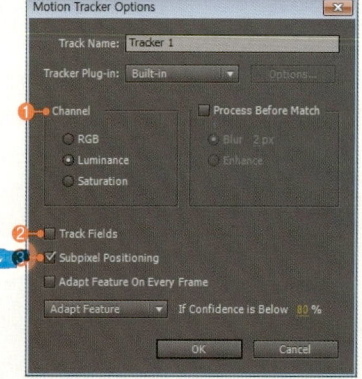

05 [Timeline] 패널에서 Current Time Indicator(🎯)를 0초에 위치시킨 다음, 영상에서 명도 차이가 많이 나는 모서리 부분을 Track Point로 선택합니다. Track Point를 마우스로 클릭해서 이동하면 정확하게 영역을 선택할 수 있도록 확대되어 보입니다.

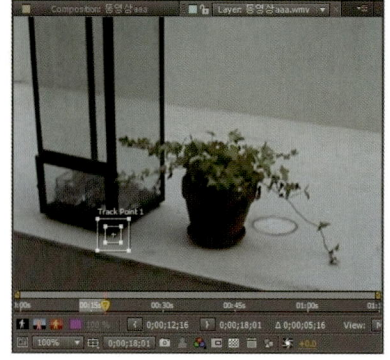

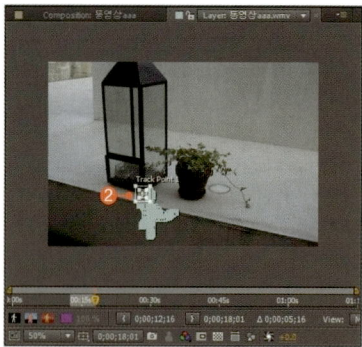

▲ 확대되어 보여지는 모습

> **TIP** Track Point로 선택할 때는
> [Layer] 패널을 확대하면 편리합니다.

06 [Tracker] 패널에서 Analyze에서 Play(▶)
버튼을 클릭합니다. [Timeline] 패널에서 Current
Time Indicator0(♟)가 진행되면서 추적이 시작
됩니다. 컴포지션 끝까지 진행되면 추적이 완료되
었습니다. Current Time Indicator(♟)를 움직여
서 추적이 제대로 되었는지 확인을 하고, [Apply]
버튼을 클릭합니다.

> **TIP** 추적할 때는 항상 Current Time Indicator(♟)가 있는 위치에서 시작합니다. Current Time Indicator(♟)가 0초이 아닐 경우 Current
> Time Indicator(♟)의 앞쪽 시간대의 프레임은 Analyze를 하지 않기 때문에 이후에 다시 작업을 해야 하는 경우가 생기므로, 항상 0초인지 확인
> 하는 습관을 들이는 것이 좋습니다.

07 추적한 데이터를 적용할 축을 물어보는 대화상자가 나타나면 'X and Y'를 선택
하고 [OK] 버튼을 클릭합니다.

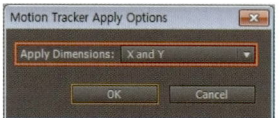

08 [Timeline] 패널에 Tracker 1이 추가되고, 추적한 데이터 값이 레이어의 Anchor Point에 적용된 것을 확인할 수
있습니다.

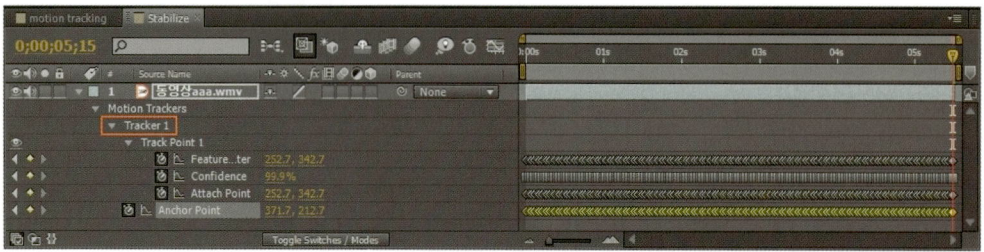

09 프리뷰를 하면, 영상이 고정된 것을 확인할 수 있습니다.

> **TIP** 프리뷰로 확인하면, 우리가 지정한 Attatch Point를 중심으로 영상이 고정되었기 때문에 원래 카메라가 흔들렸던 거리만큼의 영상이 [Composition] 패널과 정확히 맞지 않습니다. 이 부분은 레이어의 Scale을 키워서 빈 공간을 메꿔줘야 합니다. 위와 같은 경우가 생기기 때문에 Stabilize를 고려해서 촬영을 할 경우, 빈 공간이 생길 것을 생각해서 촬영 시 피사체와 그 주위의 공간을 넓게 잡고 촬영하는 것이 좋습니다.

▶ 완성예제 : 부록CD\Sample\Part01\Ch08\Stabilize\8_26_001 Stabilize_final.aep

2 Motion Tracking

이번에는 영상에서 특정한 영역을 선택하여, 그 영역의 위치를 추적하는 Motion Trackig에 대해 알아보겠습니다. 실사 영상과 2D 혹은 3D 오브젝트를 합성할 때, 배경이 스틸이미지인 경우에는 쉽게 합성이 가능하지만, 실사 촬영일 경우 Motion Tracking을 이용해서 오브젝트를 얹거나, 촬영 시에 찍혀서는 안 될 부분이 촬영되었을 경우에는 지워야 할 영역을 추적해서 지울 수 있습니다.

01 메뉴 바에서 [File]-[Open Project]를 선택하여 [부록CD\ Sample\Part01\Ch08\Motion_ Tracking\8_26_001.aep] 파일을 불러 옵니다. [Timeline] 패널에서 레이어를 선택하고 [Tracker] 패널에서 Track Motion 버튼을 클릭합니다.

02 [Layer] 패널이 활성화되고 'Tracker Point 1'이 나타납니다.

> **TIP** 맥 사용자들의 편의를 위해 예제파일 폴더에 wmv 파일 포맷과 함께 mov 파일 포맷을 함께 제공하고 있습니다. 맥 사용자분들은 mov 파일 포맷의 영상을 import해서 사용하시기 바랍니다.

03 오른쪽에 있는 강아지의 움직임을 추적해보겠습니다. [Timeline] 패널에서 Current Time Indicator(🔨)를 0초로 이동시키고, Tracker Point 1을 드래그해서 강아지의 귀 부분을 영역 선택하고, Analyze를 하기 위해 [Tracker] 패널에서 Analyze의 Play(▶) 버튼을 클릭합니다.

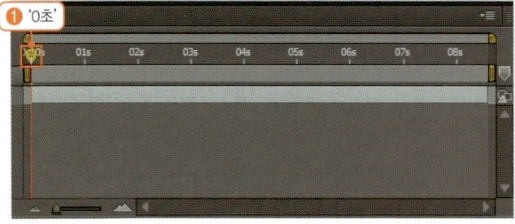

04 추적이 완료되면, Current Time Indicator(🔨)를 움직여서 추적이 제대로 되었는지 확인한 다음, [Tracker] 패널에서 Apply를 하려고 하지만, Apply 버튼이 비활성화 되어 있습니다.

05 Motion Tracking을 할 경우에는, 영상에서 추적한 데이터를 영상 자체에 줄 수 없기 때문에 임의로 레이어를 하나 만들겠습니다. [Timeline] 패널의 빈 공간을 마우스 오른쪽 버튼으로 클릭해서 [New]-[Null Object]를 선택하여 Null Object Layer를 만듭니다.

06 [Track] 패널에서 [Edit Target] 버튼을 클릭하여 [Motion Target] 대화상자에서 Layer의 내림 버튼을 클릭하여 'Null 1'을 선택하여 [OK] 버튼을 클릭합니다. Apply 버튼을 클릭하여 적용합니다.

07 이제 Null Object Layer의 Position에 키프레임이 생성되어 추적 데이터 값이 적용된 것을 확인할 수 있습니다.

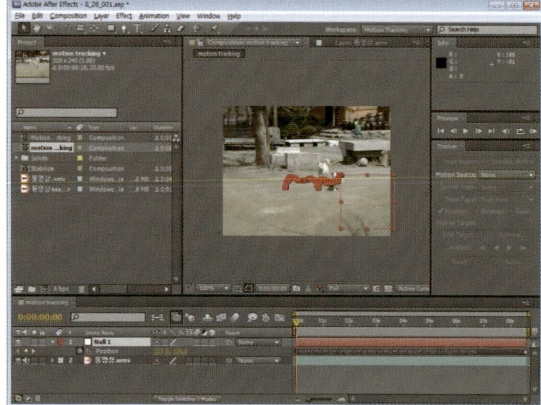

TIP Position 속성의 단축키는 P키입니다.

08 이제 다른 이미지 요소를 [Timeline] 패널에 만들거나, 가져와서 이미지 레이어를 이 Null Object에 Parenting하면, 이미지 요소가 강아지의 움직임을 따라 가게 됩니다.

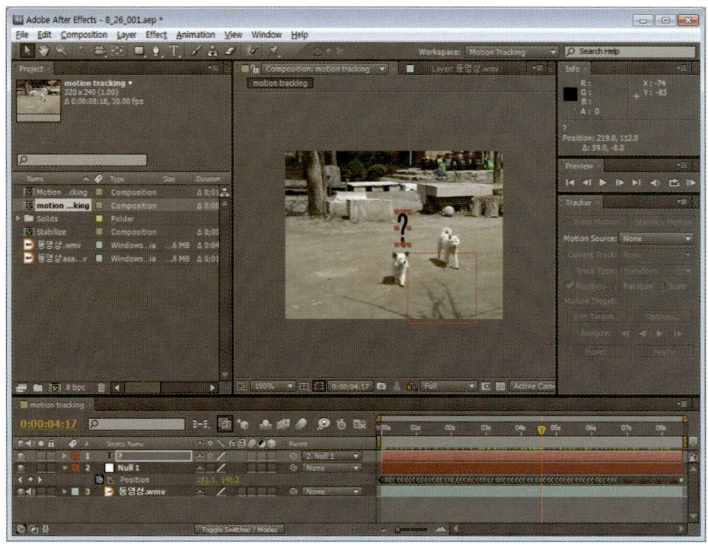

▶ 완성예제 : 부록CD\Sample\Part01\Ch08\Motion_Tracking\8_26_001_final.aep

Keying

section 02

합성 작업을 할 때, 로토스코핑과 함께 Keying을 사용하여 배경 이미지와 영상/스틸 이미지 등을 합성할 수 있습니다.

1 Keying 이해하기

특수효과 촬영 등을 위해서 블루 스크린이나 그린 스크린에서 촬영하는 것을 크로마키 촬영이라고 하고, 이렇게 촬영된 크로마키에서 배경 부분의 색을 투명하게 만들어 다른 영상과 합성합니다. 이 과정을 크로마키를 뺀다고 하고, After Effects에서 Keying Effect를 통해서 이 작업을 하게 됩니다.

> **TIP** 파란 채널이 다른 채널들에 비해서 사용이 적으며, 노이즈가 더 많이 포함되어 있어서 그린 스크린으로 촬영하는 것이 더 유용할 경우가 많습니다. 금발일 경우에는 그린 스크린보다 블루 스크린이 더 나은 결과물을 연출합니다.
> 배경을 합성할 때에는 블루 스크린이나 그린 스크린을 이용해서 촬영을 많이 하는데, 두 스크린은 각각 장단점이 있기 때문에 촬영 피사체에 따라서 종류를 구분해서 촬영하는 것이 좋습니다. 실제로 작업할 때 블루 스크린 앞에서 연기하는 배우가 청바지를 입고 있을 경우에는 Keying 작업이 아주 힘들어집니다. 흰 옷을 입은 경우, 뒤의 스크린의 색상이 배우의 옷에 묻어가는 경우가 생기는데 이때에는 조명을 추가해서 흰 옷에 반사되지 않도록 신경 써야 합니다.

● 필수예제 ● 그린 스크린에서 Keying하기

01 메뉴 바에서 [File]−[Open Project]([Ctrl]+[O])를 선택하여 [부록CD\Sample\Part01\Ch08\Keying\8_27_001.aep] 파일을 불러오면 그린 스크린에서 촬영한 동영상이 있습니다. [Timeline] 패널에서 레이어를 선택합니다.

02 메뉴 바에서 [Effect]−[Keying]− [Keylight (1.2)]를 선택하여 적용합니다. Keylight를 적용했지만, 아무런 변화가 없습니다.

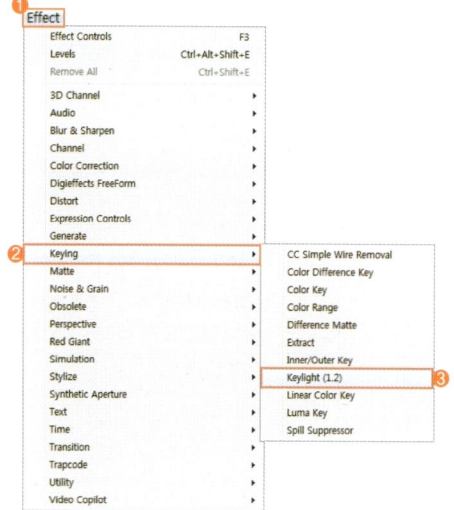

KeyLight (1.2) 알아보기

KeyLight (1.2)는 Foundry사에서 After Effects의 서드 파티 플러그인으로 개발한 Key 전문 플러그인으로 지금은 After Effects에서 기본적으로 제공하는 플러그인입니다.

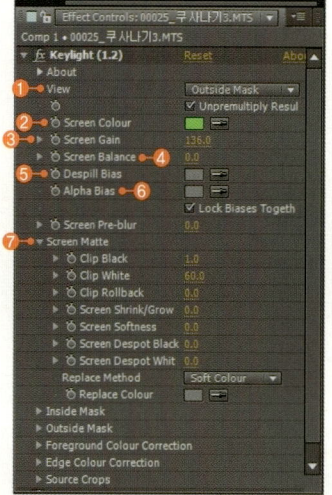

1. 기본 Workflow

• Screen Colour를 선택합니다.
• 컴포지션 뷰와 Screen matte를 봅니다
• 컴포지션에서 피부톤에 남아 있는 배경 색상을 없애기 위해서 Despill Bias로 피부톤에 클릭합니다.
• 전경에서 배경이 보인다거나, 배경에서 전경이 보일 경우, Clip Black과 Clip White 속성값을 조절해서 matte를 수정합니다.

2. 속성 알아보기

❶ View

• Source : 소스 영상을 보여줍니다.
• Source Alpha : 소스 영상에 적용된 알파 채널을 보여줍니다.
• Corrected Source : 색상 보정이 적용된 합성되지 않은 소스 영상을 보여줍니다.
• Color Correction Edges : Edge Colour Correction 폴더에서 컨트롤을 사용해서 수정한 색상이 적용된 매트로서 전경 이미지 부분의 테두리를 보여줍니다.
• Screen Matte : screen Color가 적용된 매트를 보여줍니다.
• Inside Mask : 전경에 적용된 마스크를 보여줍니다.
• Outside Mask : 배경을 지운 마스크를 보여줍니다.
• Combined Matte : 모든 매트가 적용된 상태를 보여줍니다.
• Status : 키가 뷰에 과장되게 적용된 형태로 보여줍니다.
• Intermediate Result : 멀티 패스 키잉 작업에 사용됩니다.
• Final Result : 최정 결과물을 보여줍니다.

❷ **Screen Colour** : 키를 뺄 색상을 지정합니다.

❸ **Screen Gain** : Screen matte와 Screen colour를 더 적용시켜서 배경을 제거합니다. 값이 증가할수록 키가 더 많아집니다.

❹ **Screen Balance** : Screen colour과 관련해서 채도 값을 조절합니다.

❺ **Despill Bias** : Screen Colour를 적용한 후, 인물에 남아 있는 색상을 제거합니다.

❻ **Alpha Bias** : 그린 스크린을 사용할 때, 그린 스크린에 Red가 많이 있을 때 사용합니다.

❼ **Screen Matte** : Clip Black과 Clip White 값을 조절해서 알파 값을 조절합니다. 알파 값을 낮게 하려면 Clip Black 값을 0으로 설정하고, 알파 값을 높게 적용하려면 Clip White 값을 100으로 설정합니다.

03 [Project] 패널 옆에 있는 [Effect Controls] 패널에 있는 Screen Colour에서 스포이드를 선택하고 [Composition] 패널에서 배경 부분의 그린 스크린을 클릭합니다.

04 선택한 색상만큼 이미지에서 그린이 빠졌지만, 정확하게 Key가 빠지지는 않았습니다. [Composition] 패널 하단에 있는 Toggle Transparency Grid(▦) 버튼을 클릭하여 배경을 투명하게 한 다음, 인형을 보면 빠져서는 안 되는 부분까지도 색상이 빠져 투명하게 된 것을 확인할 수 있습니다.

05 [Effect Controls] 패널에서 View의 내림 버튼을 클릭하여 'Screen Matte'를 선택했을 때, 배경 부분에 하얗게 보이는 것은 Key로 뺀 배경 부분이 아직 남아 있다는 것을 의미합니다. 이는 몸에 보이는 검은 부분이 빠진 것으로, 빠져서는 안 되는 부분의 Key가 빠졌다는 것을 의미입니다.

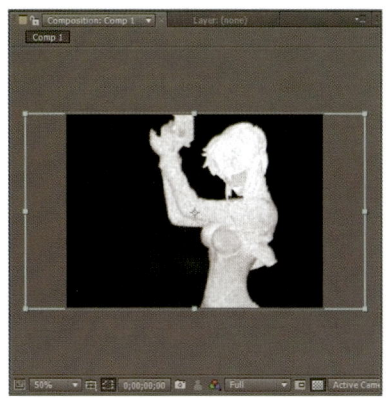

06 인형의 몸 부분 전체를 하얗게 만들고, 배경은 모두 까맣게 만들어보겠습니다. [Effect Controls] 패널의 Keylight (1.2) 이펙트 속성에서 Screen Gain 값을 '160.0'으로 설정하면 배경의 흰 부분이 사라집니다.

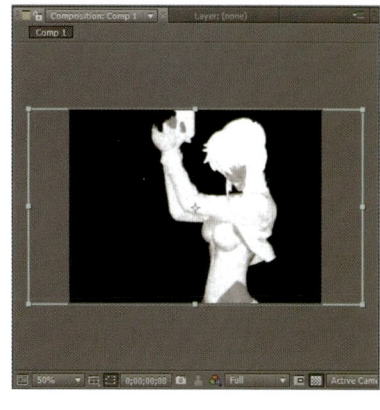

07 몸 부분의 검은 부분을 지우겠습니다. Screen Matte의 옵션 버튼을 눌러 속성을 열어 Clip White 값을 '15.0'으로 설정하면 검은 부분이 모두 사라집니다.

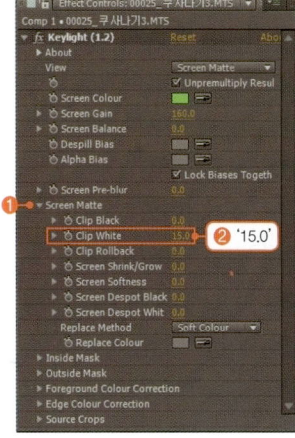
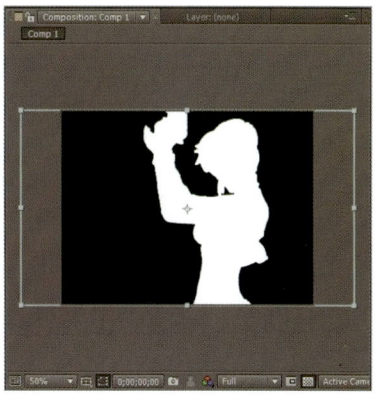

08 이제 [Effect Controls] 패널에서 View의 항목 중 'Final Result'를 선택하면 배경부분이 없어진 것을 확인할 수 있습니다. 하지만, 원래 색상이 많이 사라졌습니다.

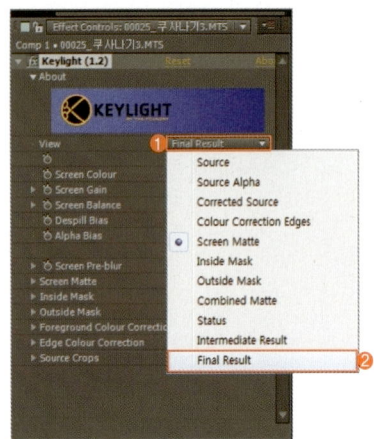 

09 원래 색상을 찾을 수 있도록 설정하겠습니다. [Effect Controls] 패널에서 Keylight (1.2)의 Screen Balance 값을 '63.0'으로 적용하여 채도 값을 조절합니다.

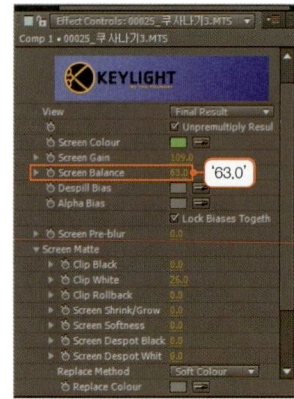 

10 채도 값을 조절하여 본래의 색상으로 되었지만, 배경에 까만 부분이 다시 나타났습니다. Key 속성값을 수정하여 까만 부분을 없애는 것도 하나의 방법이지만, Pent 툴(🖊)이나 Rectangle 툴(⬛)로 마스크를 만들어서 없애는 것도 효율적인 방법일 수 있습니다.

Pen 툴(🖊)을 선택하고, [Composition] 패널에서 인물 부분만 선택되도록 마스크를 만듭니다.

TIP Keylight를 이용해서 영상에서 Key를 빼는 작업은 Ram을 많이 사용해서 HD나 2K이상의 영상 소스를 작업을 하게 되면 컴퓨터가 연산을 하기 때문에 많이 느려지게 됩니다. Rectangle 툴(⬛)을 이용해서 필요 없는 부분은 미리 마스크를 만들고 Key 작업을 하는 것이 좋습니다.

11 이제 배경 이미지를 넣어서 합성해 보겠습니다. [Project] 패널에서 배경으로 사용할 배경이미지.jpg를 [Timeline] 패널로 드래그합니다. 이미지가 조금 작으므로 단축키 S 키를 눌러 Scale 값을 '115.0%'로 설정합니다.

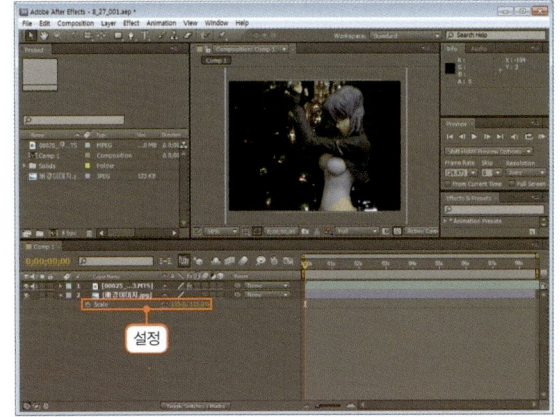

12 합성한 배경 이미지와 인물 이미지의 테두리에 하얀 영역이 보입니다. [Effect Controls] 패널의 Keylight (1.2)에서 Screen Matte의 Screen Shrink/Grow 값을 '−3.6'으로 설정하여 테두리 부분을 없앱니다.

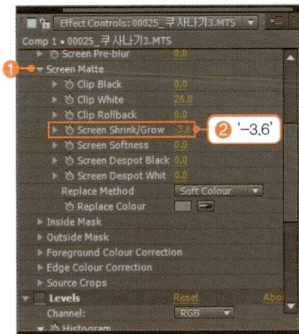

13 인물과 배경의 조명이 맞지 않아서 어색해보이는 부분을 수정하겠습니다. [Effects & Presets] 패널에서 Levels 이펙트를 검색한 다음, 레이어에 드래그해서 Levels 이펙트를 1번 레이어에 적용한 후, 다음과 같이 설정하여 색을 보정해서 배경과 인물의 조명을 맞춰줍니다.

Input Black : 12.0 | Input White : 197.0 | Gamma : 0.64

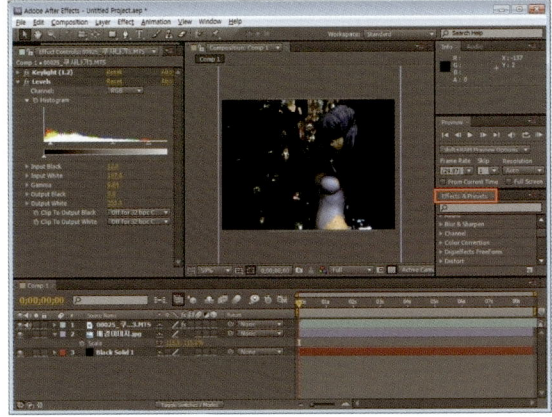
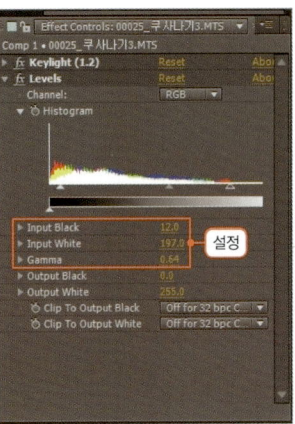

▲ 완성예제 : 부록CD\Sample\Part01\Ch08\Keying\8_27_001_final.aep

Roto Brush & Refine Matte

section 03

CS5에 추가된 새로운 기능인 Roto Brush 툴에 대해 알아보도록 하겠습니다. 영상에서 필요한 피사체만을 Mask나 Key 등을 이용해서 잘라내는 로토스코핑은 아주 중요한 부분을 차지하고, 시간도 많이 필요한 작업입니다. 하지만 Roto Brush 기능을 이용하면 좀 더 효율적으로 로토스코핑 작업을 할 수 있습니다.

1 Roto Brush(로토 브러쉬)

CS5에 새롭게 추가된 Roto Brush는 지금까지 어렵게 작업해야 했던 로토스코핑 작업을 간단히 할 수 있는 새로운 기능입니다. 영상에서 1프레임만 Roto Brush로 작업을 하면 나머지 프레임들은 After Effects가 알아서 연산해서 로토스코핑을 해주기 때문입니다.

●필수예제● Roto Brush 툴로 배경과 분리

영상 소스에서 Roto Brush(🖌)로 인물만 로토스코핑 작업을 해서 배경과 분리해 보겠습니다.

01 메뉴 바에서 [Composition]−[New Composition…] 을 선택해 새로운 컴포지션을 만든 후, [File]−[Import] −[File…]을 선택하여 [부록CD\Sample\Part01\Ch08\ Roto_Brush\Roto_Brush.aep] 파일을 불러옵니다.

02 [Tool] 패널에서 Roto Brush 툴()을 선택한 다음, [Timeline] 패널을 더블클릭하여 [Layer] 패널을 엽니다. 타임라인 룰러가 나타나면 [Layer] 패널이 활성화 된 것입니다.

▲ [Layer] 패널 열기 전

❷ [Layer] 패널

▲ [Layer] 패널 열고 난 후

Special Note

[Warning] 대화상자가 나타날 경우

Roto Brush도 Tracking이나 Keying처럼 [Layer] 패널에서 작업을 해야 하므로, Roto Brush를 선택한 상태에서 [Composition] 패널을 클릭하면, [Layer] 패널에서 작업하라는 Warning 팝업 창이 나타나는 것입니다. [Timeline] 패널을 더블클릭하여 [Layer] 패널을 엽니다.

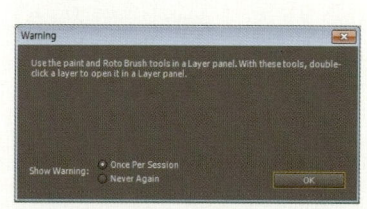

03 우선, Roto Brush로 작업할 프레임을 정합니다. 이 영상에서는 인물의 움직임이 크지 않기 때문에 0초에서 진행하겠습니다. Roto Brush 툴(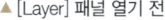)을 선택하고 인물 영역을 브러쉬로 드래그하면 브러쉬로 그린 영역이 자동으로 마스크 선택을 합니다. 선택되지 않은 영역은 브러쉬로 한 번 더 드래그하여 영역을 추가합니다.

TIP 움직임이 많을 경우 작업을 하기 위한 프레임을 정해야 합니다.

TIP 작업을 할 때에는 인물의 일부분이 잘려진 것보다 인물의 전체가 보이는 프레임을 베이스로 사용하는 것이 좋습니다.

04 불필요한 부분이 선택되었을 때는, Alt 키를 누르고 브러쉬 툴의 아이콘 색상이 빨간색으로 바뀌었을 때 브러쉬로 불필요한 부분을 드래그하면 그 부분만큼 선택이 해제됩니다. 좀 더 섬세하게 선택하려면 [Layer] 패널을 확대해서 선택되지 않은 영역을 브러쉬로 드래그하여 선택합니다. 지금까지 1프레임을 Roto Brush로 작업을 하였습니다.

▲ 불필요한 부분 삭제 시

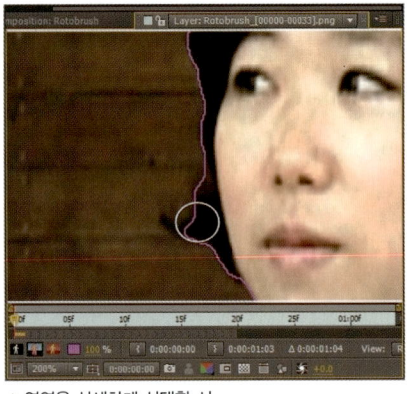

▲ 영역을 섬세하게 선택할 시

TIP [Layer] 패널 단축키
· 확대 : ·
· 축소 : ·
· 100% : /

TIP 브러쉬의 사이즈가 커서 선택이 되지 않을 때에는 Ctrl 키를 누른 상태로 브러쉬를 [Composition] 패널에 클릭한 후 드래그하면 브러쉬의 사이즈를 조절할 수 있습니다.

05 지금까지 작업한 영역이 제대로 되었는지 확인하겠습니다. [Effect Controls] 패널에 있는 Roto Brush의 Propagation의 옵션 버튼을 눌러 속성을 열고 View Search Region에 체크 표시를 합니다. [Composition] 패널에서 인물의 테두리 부분이 노란색으로 칠해진 것을 확인할 수 있습니다.

TIP 인물의 테두리 부분이 노란색으로 제대로 칠해져 있어야 Roto Brush 작업이 제대로 이뤄지는 것입니다.

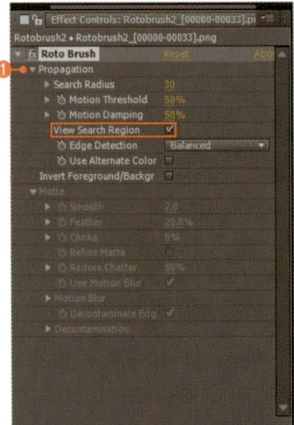 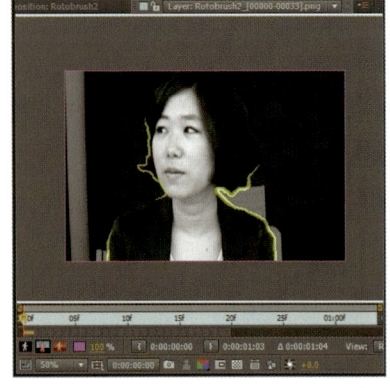

06 Search Radius 값은 '20', Motion Threshold 값은 '5%'로 설정하여 노란색 선이 제대로 인물을 둘러싸도록 합니다. Motion Damping 값을 '40%'로 하면 노란색 테두리의 두께가 굵어져서 선택이 쉽습니다.

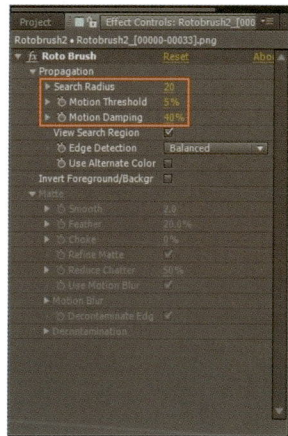

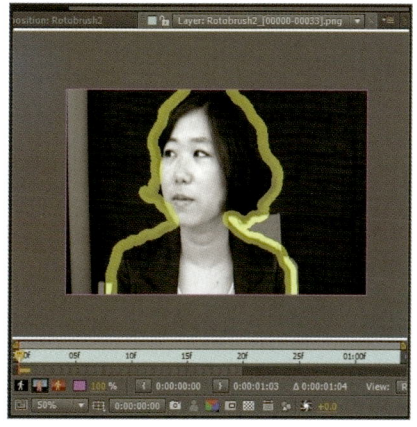

Search Radius : 20
Motion Threshold : 5%
Motion Damping : 40%

07 선택 영역이 확인되었으면 View Search Region의 체크를 해제하고 다른 프레임들을 연산하기 위해서 [Preview] 패널에서 Play(▶) 버튼을 클릭해서 Roto Brush를 계산합니다.

TIP 계산이 끝까지 되지 않을 경우에는 [Layer] 패널에서 전체 영역을 드래그합니다.

▲ 완성예제 : 부록CD\Sample\Part01\Ch08\Roto_Brush\Roto_Brush_final.aep

Roto Brush 좀 더 알아보기

1. 선택된 영역을 정확하게 확인하는 방법

❶ **Toggle Alpha** : 현재 Roto Bruch로 작업된 알파 영역을 확인할 수 있습니다.

❷ **Toggle Alpha Boundary** : Roto Brush 툴로 작업한 영역의 경계선을 보여줍니다.

❸ **Toggle Alpha Overlay** : 알파 영역으로 빠진 부분을 빨갛게 표시해서 보여줍니다.

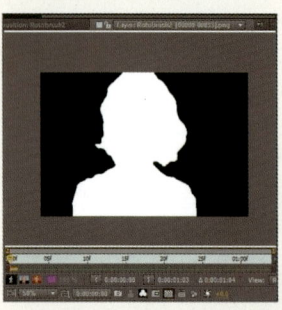  

❹ **Alpha Boundary/Overlay Color** : Roto Brush 툴로 선택한 테두리의 색상을 바꿀 수 있습니다.

2. 영역을 분리한 후 효과 주기

[Effect Controls] 패널에 있는 Roto Brush의 Matte 속성에 있는 Smooth나 Feather 등의 값을 설정하여 작업의 완성도를 높여줍니다. Refine Matte에 체크 표시하면 프레임과 프레임 사이의 연결되는 가장자리의 편차를 줄여줘서 좀 더 부드럽게 처리됩니다.

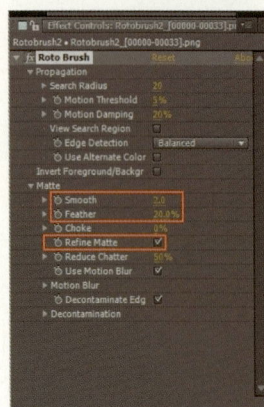 

▲ Refine Matte에 체크 표시

Roto Brush의 속성 살펴보기

Roto Brush는 이펙트이기에 Roto Brush를 적용하면 [Effect Controls]
패널에 Roto Brush 이펙트가 적용됩니다. 각 속성에 대해 알아보겠습니다.

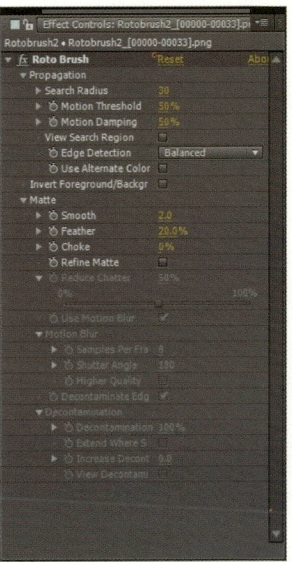

Propagation

❶ **Search Radius** : 각 프레임 간 일치하는 픽셀을 조회할 때 After
Effects가 검색하는 영역의 반경입니다

❷ **Motion Threshold** : 동작을 기준으로 검색 영역을 제한하는 방법을
제어합니다. 동작이 없는 것으로 간주되는 곳까지 동작 레벨을 설정하
면 검색 영역이 끝까지 줄어서 없어집니다.

❸ **Motion Damping** : 동작이 있는 것으로 간주되는 영역에 영향을 줍니다.

❹ **View Search Region** : 검색 영역을 노란색으로 렌더링하고 전경 및
배경을 회색 명암 이미지로 렌더링합니다.

❺ **Edge Detection** : 전경과 배경 사이의 가장자리를 결정할 때 격리된
현재 프레임에 대해 계산된 세그먼트 경계나 이전 프레임을 기반으로
계산된 세그먼트를 사용할지 여부를 선택합니다.
- Favor Predicted Edges : 배경과 색상이 일치하는 전경 이미지나 영
상 때 사용하며 좋습니다.
- Balaced : 현재 프레임 및 주위 프레임을 동일하게 간주합니다.
- Favor Current Edges : 현재 경계 선호입니다.

❻ **Use Alterate Color** : Roto Brush 효과가 전경 및 배경을 구분하기 위해 사용하는 프로세스를 미묘하게 변경
합니다.

❼ **Invert Foreground/Background (전경/배경 반전)** : 로토 브러쉬 효과의 세그먼트 단계에서 전경 선으로 간
주되는 선과 배경선으로 간주되는 선을 반전시킵니다.

Matte

❶ **Smooth** : 이 값을 늘리면 가장자리를 따라 세그먼트 경계에서 곡선의 선명도를 줄입니다. 머리카락과 같이 선
명한 모양의 개체를 격리할 때는 이 숫자를 낮게 두십시오.

❷ **Feather** : 세그먼트 경계의 부드러운 정도입니다.

❸ **Chock** : Smooth속성의 값에 대해 상대적인 매트의 경계 감소(축소) 양입니다.

Refine Matte

❶ **Reduce Chatter** : 한 프레임에서 다음 프레임으로의 가장자리에 대한 편차를 줄이려면 이 속성을 늘립니다.

❷ **Use Motion Blur** : 모션 블러을 사용하여 매트를 렌더링하려면 이 옵션을 선택합니다.

❸ **Decontaminate Edge** : 가장자리 픽셀의 색상에서 오염을 제거하려면(깨끗하게 하려면) 이 옵션을 선택합니다

Decontamination

❶ **Extend Where Smoothed** : [Reduce Chatter]가 0보다 크고 [Decontaminate Edge]가 선택된 경우에만 작
동합니다.

❷ **Increase Decontamination** : 페더, 모션블러 및 Increase Decontamination(확장된 오염 제거)를 포함하는
모든 청소 작업 외에도 가장자리 색상의 청소를 위한 반경 값을 늘리는 정도(픽셀)입니다.

❸ **View Decontamination** : 가장자리 색상의 오염 제거로 청소되는 픽셀을 보여 줍니다(맵의 흰색 픽셀).

스타일을 살리는 그리기 기능

After Effecfs에서는 레이어에 직접 그릴 수 있도록 Paint 툴을 제공합니다. 여러분들의 예술적 재능을 이용해서 After Effects를 캔버스 삼아 자유롭게 표현할 수 있습니다.

Paint

After Effects를 하나의 캔버스라고 생각하면 캔버스에 직접 페인팅을 할 수 있는 기능이 바로 Paint 툴입니다. 직접 그리는 특유의 느낌을 살릴 수 있으며, Paint로 그리는 애니메이션 효과도 만들 수 있습니다.

1 Paint 툴

Paint 툴은 Brush 툴(✏️), Clone Stamp 툴(🔖), Eraser 툴(✏️)이 있습니다.

Paint 툴은 이펙트이므로 [Effect Controls] 패널에서 Paint가 적용된 것과 Paint on Transparent 활성화 여부만 확인할 수 있으며, [Effect Controls] 패널에서는 수정할 수가 없습니다. [Timeline] 패널에서 레이어를 선택하고 단축키 P 키를 연속해서 두 번 누르면 속성값이 열리고, 레이어에는 영향을 주지 않고, Brush Stroke의 속성값만 변형할 수 있습니다.

TIP Paint 툴로 [composition] 패널에 그리면 [Effect Controls] 패널에 저장됩니다.

2 Eraser 툴

[Tool] 패널에서 Eraser 툴()을 선택하면 [Paint] 패널과 [Brushes] 패널이 활성화되고, 원하는 형태로 Eraser의 크기 및 형태를 선택할 수 있습니다. [Paint] 패널에서 Erase 속성 중 무엇을 선택하느냐에 따라 레이어의 원본 이미지를 지울 수 있고, Paint만 지울 수도 있습니다.

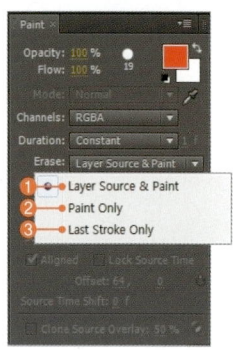

▲ 원본

▲ Paint 툴로 그림

❶ **Layer Source & Paint** : 레이어 원본 이미지와 적용된 Paint를 같이 지우는 기능을합니다.

❷ **Paint Only** : 적용된 Paint만 지우는 기능을 합니다.

❸ **Last Stroke Only** : 가장 마지막에 그린 Paint만 지우는 기능을 합니다.

● 필수예제 ● Paint 그리기

01 메뉴 바에서 [File]−[Open Project](Ctrl + O) 를 선택하여 [부록CD\Sample\Part01\Ch09\Paint\ 9_29_001.aep] 파일을 불러옵니다.

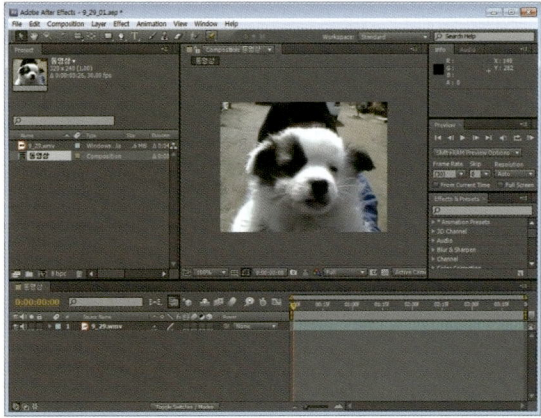

> **TIP** 맥 사용자들의 편의를 위해 예제파일 폴더에 wmv 파일 포맷과 함께 mov 파일 포맷을 함께 제공하고 있습니다. 맥 사용자분들은 mov 파일 포맷의 영상을 import해서 사용하시기 바랍니다.

02 [Tool] 패널에서 Brush 툴(🖌)(Ctrl + B)을 선택합니다. Auto−Open Panels에 체크 표시가 되어 있으면, Paint 툴을 선택하면 자동으로 [Paint] 패널과 [Brushes] 패널이 활성화됩니다.

> **TIP** [Paint] 패널과 [Brushes] 패널을 보이게 하려면 [Tool] 패널에서 Toggle the Paint Panels(▥)을 클릭하면 됩니다.

03 Paint 툴은 [Layer] 패널에서만 적용되기 때문에 [Composition] 패널을 더블클릭하여 [Layer] 패널을 열거나 Workspace에서 Paint 모드를 선택하여 [Layer] 패널을 활성화합니다.

> **TIP** Workspace에서 Paint 모드를 선택하면 [Composition] 패널과 [Layer] 패널을 함께 볼 수 있어서 [Layer] 패널에서 작업한 내용을 [Composition] 패널에서 바로바로 확인할 수 있습니다.

▲ [Layer] 패널 활성화

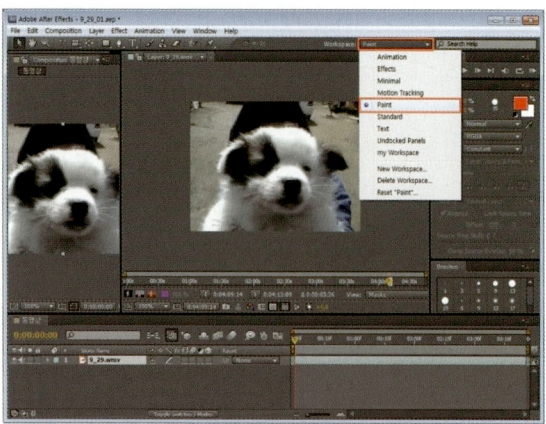

▲ Workspace에서 Paint 모드 선택

TIP [Layer] 패널을 활성화하지 않고 [Composition] 패널에서 Paint 툴로 그리려고 하면
오른쪽과 같은 메시지가 나타납니다.

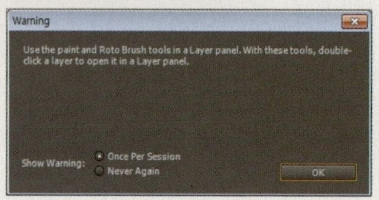

04 Brush 툴(✎)을 선택하여 그리면 [Paint] 패널의 Foreground 색상으로 그려지고, [Paint] 패널에서 색상을 변경
할 수 있습니다. 두 가지의 색상을 번갈아가면서 작업할 때 Foreground Color와 Background Color에 각각 다른 색
상을 설정하고 작업하면 편리합니다.

TIP Background Color와 Foreground Color를 전환하는 단축키는 X 키이고, 블랙/화이트 색상으로 바꾸는 단축키는 D 키 입니다.

TIP **브러쉬 사이즈 조절하기** : Brush 툴(✎)을 선택하고 [Layer] 패널에서 Ctrl 키를 누른 상태에서 드래그하여 움직여 브러쉬의 사이즈를
조절하거나, [Brushes] 패널에서 선택합니다.

Brush 툴로 그린 후, [Layer] 패널에서 그린 부분이 보이지 않는다면 [Layer] 패널의 하단에 있는 View가 Paint로 설정되었는지, 그리고 Render에 체크 표시가 되어 있는지 확인해야합니다.

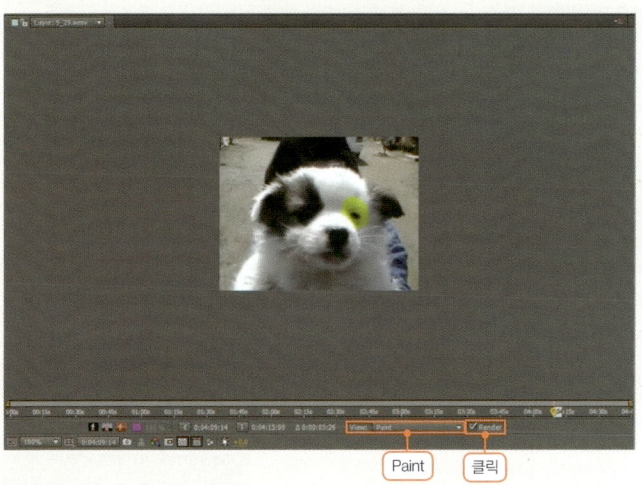

● 필수예제 ● Paint 수정하기

[Paint] 패널에서 채널을 선택할 수가 있으며, Paint를 각 채널별로 적용할 수 있습니다.

01 메뉴 바에서 [File]−[Open Project](Ctrl + O)를 선택하여 [부록CD\Sample\Part01\Ch09\Paint_Modify\ Paint_Modify.aep] 파일을 불러 오면, 컴포지션에 알파 값이 있는 이미지가 있습니다. [Composition] 패널 하단에 있는 Show Channel and Color Management Settings(🎨) 버튼을 Alt키를 누른 상태로 클릭하면 알파 채널을 확인할 수 있습니다.

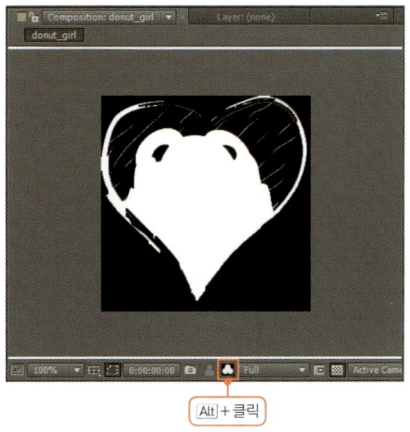

02 [Paint] 패널에서 Channels을 Alpha로 설정하면 적용한 Brush가 알파 채널에만 적용됩니다. Brush 색상을 검정색으로 바꿔서 그리면, 알파 채널에 적용이 되어 이미지가 보이지 않게 바꿀 수 있습니다.

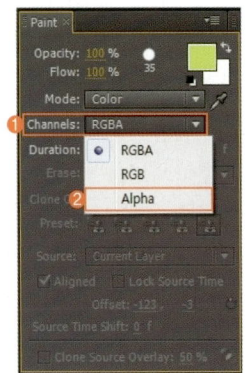 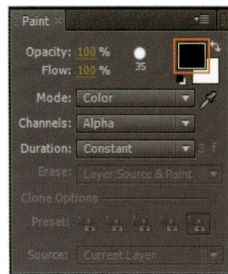 

03 [Composition] 패널 하단에 있는 Show Channel and Color Management Settings()을 Alt 키를 누른 상태로 클릭하면 수정한 화면을 확인할 수 있습니다.

▲ 알파 채널에만 적용 [Alt]+클릭

Special Note

각, Brush 별로 모드를 적용할 수 있습니다. [Tool] 패널에서 Brush 툴(✏️)을 선택하고, [Paint] 패널에서 Mode를 Multiply로 설정하면 이미지에 블렌딩 모드가 적용된 것을 확인할 수 있습니다.

 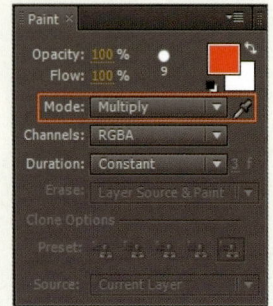

Brush를 이용하여 다양한 형태의 애니메이션을 만들 수 있습니다.

01 메뉴 바에서 [File]−[Open Project]($\boxed{\text{Ctrl}}$+$\boxed{\text{O}}$)를 선택하여 [부록CD\Sample\Part01\Ch09\Paint\8_29_01.aep] 파일을 불러와서 컴포지션을 선택합니다.

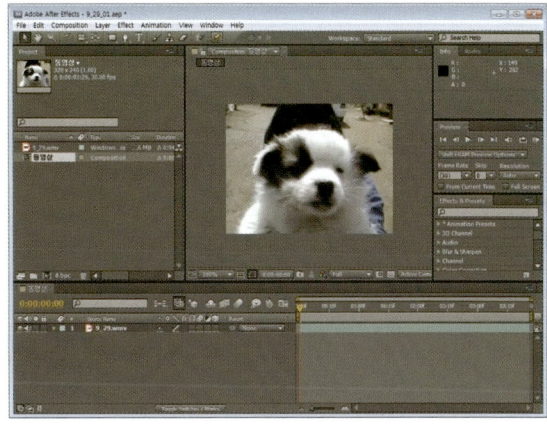

02 [Tool] 패널에서 Brush 툴(🖌)을 선택하고, [Timeline] 패널에서 레이어를 더블클릭해서 [Layer] 패널을 엽니다. [Paint] 패널에서 Foreground Color 값을 '보라색(#E004B9)'으로 설정하고, Mode를 'Color'로 설정합니다.

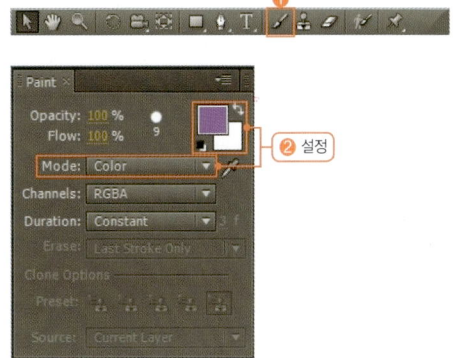

03 Brush로 그리면, 이미지에 색이 묻어나는 형태가 됩니다. Brush로 오른쪽 이미지처럼 눈썹을 그려줍니다.

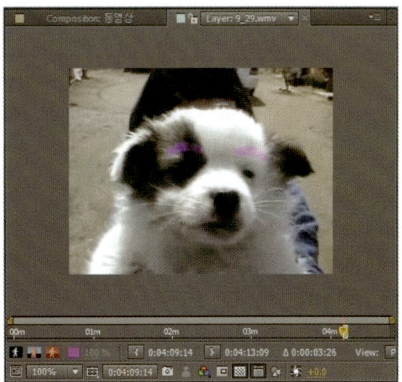

04 애니메이션을 주기 위해서 [Timeline] 패널에서 Brush 1과 Brush 2를 선택하여 단축키 ⒫키를 두 번 눌러 Brush 속성을 보이게 합니다.

05 색상이 칠해지는 느낌의 애니메이션을 만들겠습니다. [Timeline] 패널에서 Current Time Indicator(🔻)를 0초에 위치시키고, 레이어에 적용된 Brush 1, 2의 옵션 버튼을 눌러 속성을 연 후 Stroke Option의 End 앞에 있는 stop watch(⏱) 버튼을 클릭합니다. End 값을 0초에서는 '0.0%'로 설정하고, Current Time Indicator(🔻)를 1초로 이동해 End 값을 '100.0%'로 설정합니다.

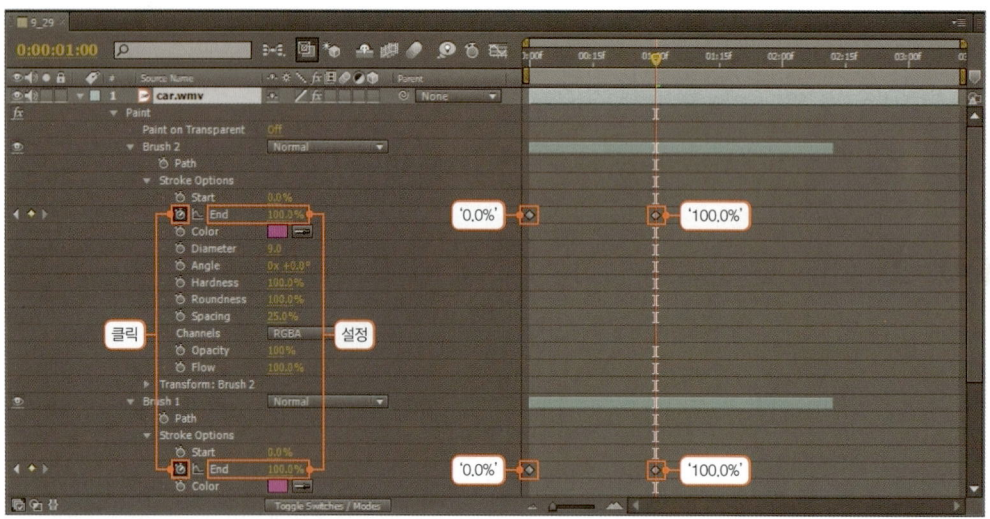

06 지금까지는 [Paint] 패널의 Duration 속성이 Constant로 설정되어 있고, Constant는 Timeline 길이만큼 Brush를 계속 보여줍니다. Duration 속성의 내림 버튼을 눌러 기존의 'Constant'를 'Write On'으로 설정합니다.

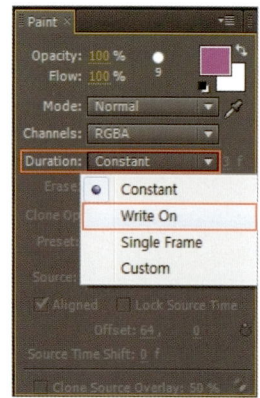

07 Brush 툴(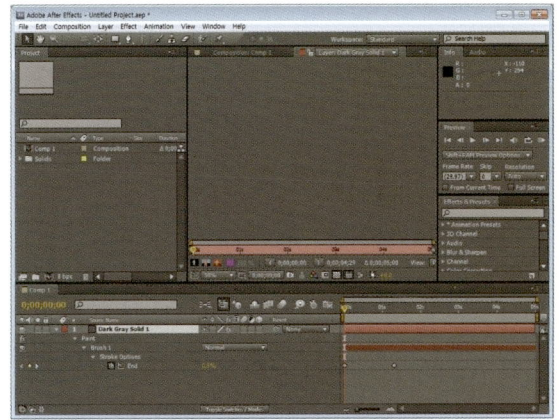)을 이용해서 [Composition] 패널에 그리면, 키프레임을 별도로 수정할 필요 없이 자동으로 애니메이션이 적용됩니다.

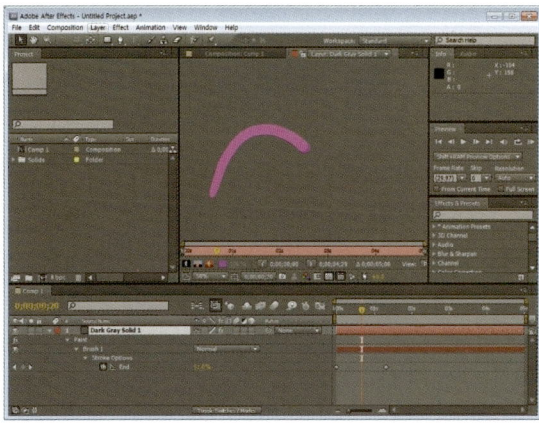
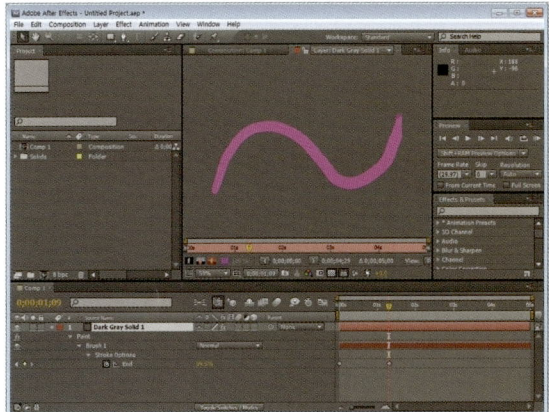

> **TIP** Write On으로 설정되어 있으면 키프레임을 별도로 수정할 필요없이, 시작과 끝을 표시하는 키프레임이 2개 생성되어 자동으로 애니메이션이 적용됩니다.

> **TIP** [Timeline] 패널에서 기존에 그려진 Paint 레이어가 선택되어 있는 상태에서 Brush로 다시 그리게 되면 기존에 있는 Brush를 덮어쓰게 됩니다. 덮어쓰지 않으려면, F2 키를 눌러 모든 선택을 비활성화한 다음 그립니다.

08 [Paint] 패널에서 Duration을 'Single Frame'으로 선택하면 프레임별로 그릴 수 있습니다. Single Frame 모드일 때 Brush로 그리면, 1프레임에만 그려집니다. 1프레임 외에 임의의 프레임으로 수정하고 싶을 때에는 'Custom'으로 선택하고, 오른쪽의 Set Length in frames for new stroke의 프레임 숫자를 설정합니다.

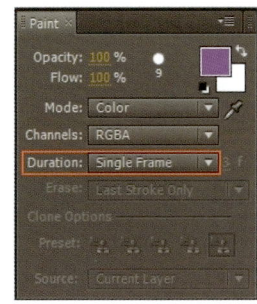

Path 속성에 애니메이션을 주면, 다른 형태의 Brush Stroker 간에 변형(Interpolate)이 가능합니다.

01 메뉴 바에서 [File]—[Open Project]를 선택하여 [부록CD\Sample\Part01\Ch09\BrushStroke\9_29_04.aep] 파일을 불러옵니다. [Timeline] 패널에서 레이어를 선택하여 더블클릭하면 [Layer] 패널이 활성화됩니다.

더블클릭

TIP 맥 사용자들의 편의를 위해 예제파일 폴더에 wmv 파일 포맷과 함께 mov 파일 포맷을 함께 제공하고 있습니다. 맥 사용자분들은 mov 파일 포맷의 영상을 import해서 사용하시기 바랍니다.

02 [Tool] 패널에서 Brush 툴( )(Ctrl + B)을 선택한 다음, [Paint] 패널에서 Mode 속성을 'Normal'로 설정하고, Channels 속성은 'RGBA'로 설정합니다.

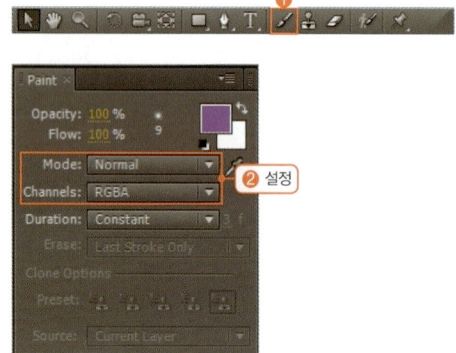

❷ 설정

03 [Timeline] 패널에서 Current Time Indicator( )를 0초에 위치시키고, Brush 툴( )로 하트 모양을 2번에 걸쳐 그립니다. 레이어를 선택하고 단축키 P키를 두 번 눌러 Brush 속성을 연 다음, Brush 1, Brush 2의 옵션 버튼을 클릭하여 속성을 열어 애니메이션을 주기 위해서 Path의 stop watch( ) 버튼을 클릭해 키프레임을 만듭니다.

❷ 드래그 ❸ 드래그

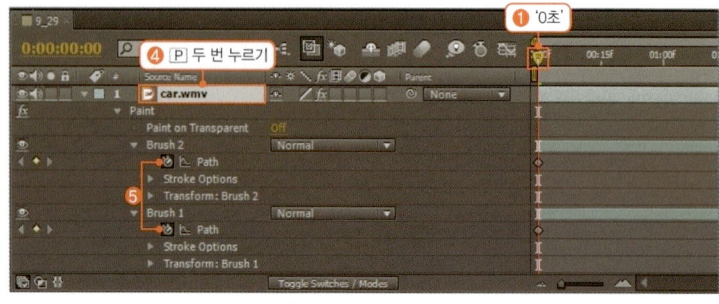

04 Current Time Indicator(🔖)의 위치를 1초로 이동한 후에, Brush 1의 Path 속성을 선택하고, 다른 형태의 선을 그리고, Brush 2의 Path 속성을 선택하고 또 다른 선을 그리고 마우스 클릭 상태를 해제합니다. 기존에 그린 그림은 없어지고 새로 그린 선의 모습만 남으면서 Path 부분에 키프레임이 생성됩니다.

05 두 프레임에는 Brush 툴을 이용해서 각각 다른 형태로 그려진 이미지들이 있습니다. 키프레임에 애니메이션이 적용되면서 Brush 간의 형태가 부드럽게 변형이 됩니다.

▶ 완성예제 : 부록CD\Sample\Part01\Ch09\BrushStroke\9_29_04_final.aep

Clone Stamp 툴

포토샵에도 있는 Clone Stamp 툴은 소스 레이어의 픽셀을 선택해서 같은 컴포지션 안에 있는 같은 레이어나 다른 레이어의 부분에 도장을 찍듯 복사하는 기능을 말합니다. 이미지를 복사하거나, 소스에서 잘못된 부분을 보정할 때 아주 유용하게 사용할 수 있습니다.

1 Clone Stamp 툴 익히기

Clone Stamp 툴(🏷)을 선택하면 [Paint] 패널에서 관련 속성값을 관리합니다.

❶ **Preset** : Clone Stamp 툴(🏷)의 설정을 저장해서 다시 사용할 수 있습니다. Clone Stamp 툴(🏷)을 선택하고, 키보드에서 ③, ④, ⑤, ⑥, ⑦ 중 하나를 누르거나, [Paint] 패널에서 Preset 아이콘을 클릭하면 설정이 됩니다.

❷ **Source** : 샘플로 사용할 소스 레이어를 선택합니다.

❸ **Source Time Shift** : 소스 레이어의 시간을 조절합니다.

● 필수예제 ● 영상에서 물체 복사하기

간단한 예제를 통해서 Clone Stamp 툴(🏷) 사용법을 알아보겠습니다.

01 메뉴 바에서 [File]−[Open Project](Ctrl + O)를 선택하여 [부록CD\Sample\Part01\Ch09\Clone Stamp\9_30_1.aep] 파일을 불러옵니다. [Tool] 패널에서 Clone Stamp 툴(🏷)을 선택하면 [Paint] 패널이 활성화됩니다.

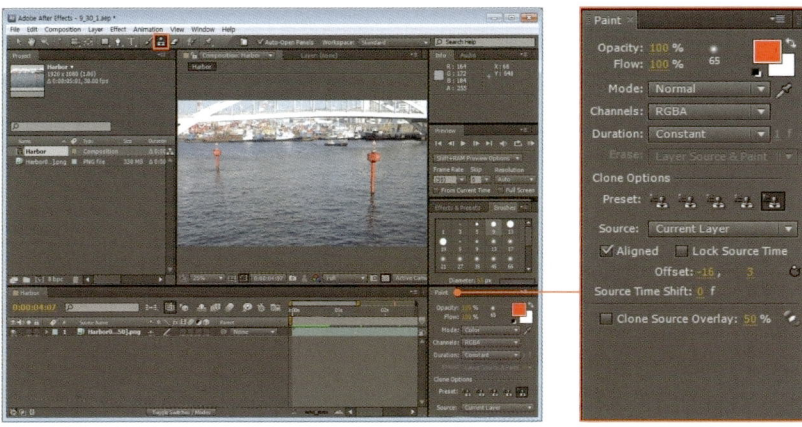

02 [Tool] 패널에서 Clone Stamp 툴(🕴)을 선택하고 [Brushes] 패널에서 'Soft Round 45 Pixel'을 선택합니다.

03 [Timeline] 패널에서 레이어를 더블클릭하여 [Layer] 패널을 활성화하고, 복사할 원본을 선택하기 위해서 Alt키를 누르면 마우스 포인터의 형태가 바뀝니다. Alt키를 누른 상태로 복사할 원본 영역을 클릭합니다. [Paint] 패널에서 Source의 속성이 레이어 이름으로 바뀌었습니다.

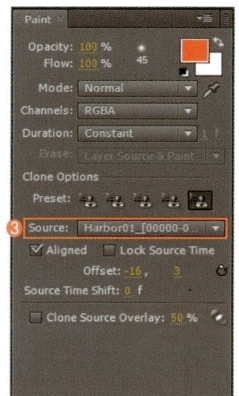

04 [Composition] 패널에서 복사한 원본이 적용될 영역을 클릭하여 드래그하면 좀 전에 복사한 이미지가 복사됩니다.

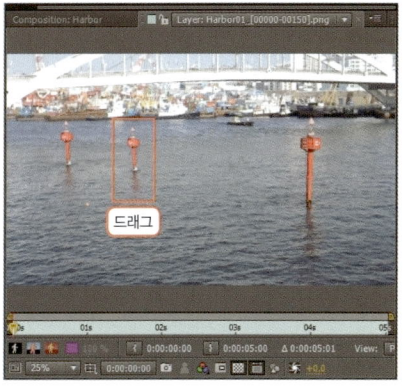

▶ 완성예제 : 부록CD\Sample\Part01\Ch09\Clone Stamp\9_30_1_final.aep

Puppet Pin 툴

Puppet 툴은 정지된 이미지에 적용하여 왜곡이나 움직임을 주어 재미난 효과를 만들어 내는 툴입니다.

1 Puppet Pin 툴 익히기

Puppet Pin 툴()로 이미지를 클릭하면 이미지는 자동으로 외곽선을 추적해서 배경부분을 투명하게 만들고 이미지 부분을 Mesh화시킵니다.

❶ **Puppet Pin 툴** : 이미지에 고정시킬 부분을 지정하는 툴입니다.

❷ **Puppet Overlap 툴** : 이미지가 겹쳐질 때, 영역을 지정하는 툴입니다.

❸ **Puppet Starch 툴** : 인접해 있는 영역이 움직이지 않도록 고정시키는 툴입니다.

● 필수예제 ● **Puppet Pin 툴로 2D 캐릭터에 애니메이션 주기**

간단한 예제를 통해서 Puppet Pin 툴( ) 사용법을 알아보겠습니다.

STEP 01 Puppet Pin 툴 익히기

01 메뉴 바에서 [File]−[Open Project](Ctrl + O)를 선택하여 [부록CD\Sample\Part01\ Ch09\Puppet Pin\9_31_1.aep] 파일을 불러 옵니다.

02 [Tool] 패널에서 Puppet Pin 툴()(Ctrl + P)을 선택하면, 마우스 포인터가 Pin 모양으로 바뀌고, 이 Pin을 이미지의 머리 부분을 클릭해서 지정합니다. 캐릭터의 외곽을 Auto-trace하여 알파 채널을 만들어 내고 노란색 원이 생성됩니다. 마우스 포인터로 노란색 Pin을 선택하여 드래그하면 이미지를 움직일 수 있습니다.

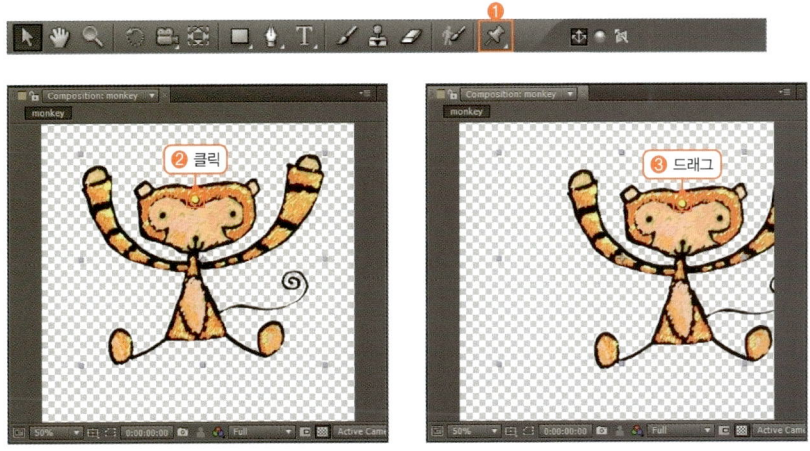

03 Puppet Pin 툴( ) 상태에서 인형 양손을 클릭해서 2개를 더 지정합니다.

04 손을 움직이기 위해서 오른손에 지정한 Pin 부분을 클릭하여 움직이면, 나머지 2개의 Pin 부분은 고정되어 있고, 의도하지 않게 손과 다른 부분들이 같이 움직입니다.

05 메뉴 바에서 [Edit]-[Undo]((Ctrl)+(Z))을 선택하여 전 단계로 돌아
간 다음, 각각의 발부분에도 Pin을 지정하고, 골반 부분에도 Pin을 지정하
면 이제 손만 원하는 형태로 움직일 수 있습니다.

> **TIP** 캐릭터일 경우에는 보통 각 관절 부분에 Pin을 지정해 주는 것이 좋습니다.

06 [Timeline] 패널에서 Current Time Indicator(🔽)를 1초로 이동한 후에 왼팔의 Pin을 클릭하여 움직이면 자동
적으로 애니메이션이 생성됩니다.

07 [Tool] 패널에서 Puppet Pin 툴(📌)이 선택된 상태에서 오른쪽 속성에 있는 Mesh에 체크 표시하면 현재 이미
지에 적용된 Mesh를 확인할 수 있습니다. Expansion 설정 값을 높여주면 Mesh 크기가 확장되고, 수치를 줄여주면
Mesh 크기가 줄어듭니다.

Mesh: ☑ Show Expansion: 5 Triangles: 350 Record Options

▲ Expansion 값 : 2 설정

▲ Expansion 값 : 26 설정

> **TIP** Puppet Pin 툴로 작업
> 을 할 때에는 연산을 하기 때문
> 에 작업이 무거워집니다. 그럴
> 때 [Composition] 패널 대신에
> [Layer] 패널에서 작업하면 다른
> 레이어에 무관하게 작업할 수 있
> 어서 편리합니다.

01 이번에는 좀 더 자유롭게 애니메이션을 주겠습니다. Puppet Pin 툴 (🖈)을 선택하고 [Composition] 패널에서 Ctrl 키를 누른 채 마우스 포인터를 Pin으로 가져가면 마우스 포인터 모양이 stop watch 형태로 바뀝니다.

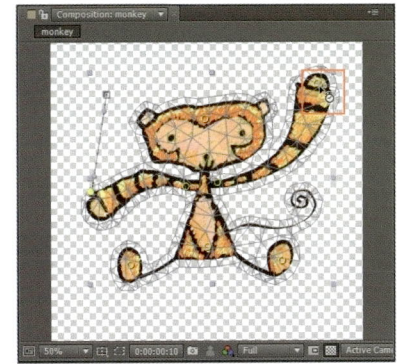

02 stop watch(⏱) 형태로 Pin을 클릭하면, [Timeline] 패널에서 Current Time Indicator(♟)가 오른쪽으로 움직이면서 시간이 지나갑니다. 이때, [Composition] 패널에서 마우스 포인터로 원하는 형태로 움직여주면 키프레임이 생기고 애니메이션이 적용됩니다.

 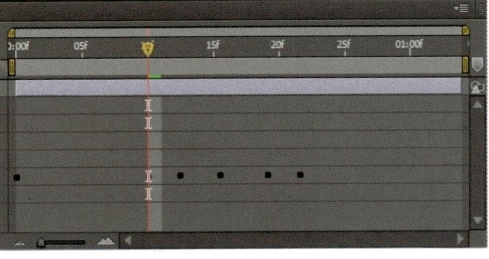

01 캐릭터에 애니메이션을 줄 때 팔을 몸 뒤로 이동하고 싶지만 현재 상태에서는 팔이 항상 몸 앞쪽으로만 움직일 수 있습니다. 이 부분을 수정하겠습니다.

02 [Tool] 패널에서 Puppet Pin 툴(🖉)을 선택하고 단축키 Ctrl + P 키를 눌러 Puppet Overlap 툴(🖉)을 선택하면, [Composition] 패널에 캐릭터 이미지의 기본 형태가 외곽선 형태로 보입니다.

03 외곽선 형태에서 몸과 겹쳐지는 팔 부분을 Puppet Overlap 툴(🖉) 로 클릭하면 파란색 점인 Pin이 생깁니다. 겹쳐지는 몸 부분에도 클릭하여 파란색 점을 추가합니다.

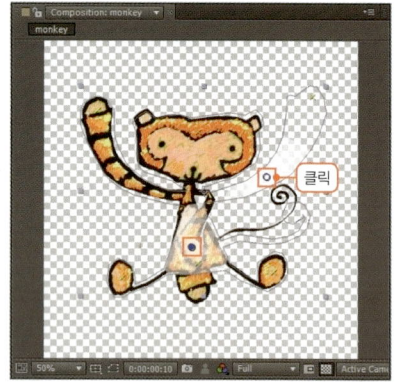

04 이제 팔부분의 파란색 Pin을 클릭한 후, [Tool] 패널의 오른쪽에 있는 In Front 값을 '45%'로 설정하고, Extent 값은 '200'으로 설정하여 Extent 영역을 확장합니다.

04 몸 부분의 Pin을 클릭한 후, In Front는 '50%', Extent는 '110'으로 설정하여 영역을 넓혀주면 팔부분이 몸보다 값이 적기 때문에 팔이 뒤쪽으로 이동한 것을 확인할 수 있습니다.

Puppet Starch 툴을 이용하여 인접한 영역 고정시키기

01 이번에는 Puppet Starch 툴(🔧)에 대해 알아보겠습니다. Puppet Pin 툴(🖈)로 캐릭터를 움직일 때, 움직이고 싶은 않은 특정 부분을 고정시켜야합니다. 오른쪽과 같이 얼굴을 위로 올렸을 때, 목과 팔이 같이 올라가서 이상하게 보입니다.

02 Puppet Starch 툴(🔧)(Ctrl + P)을 선택해서 고정시키고 싶은 부분을 클릭하면 빨간 점인 Pin이 만들어지고, 이 부분은 고정되어 움직이지 않습니다. 팔 부분은 범위가 넓기 때문에 Extent 값을 '149.0'으로 설정하여 넓혀줍니다.

▶ 완성예제 : 부록CD\Sample\Part01\Ch09\Puppet Pin\9_31_1_final.aep

화려한
영상을 위한
이펙트 익히기

After Effects라는 이름에서 알 수 있듯이 이펙트는 After
Effects가 가지고 있는 강력하고 환상적인 기능입니다.
하나의 이펙트만 사용할 때도 강력한 기능을 발휘하지만,
두 가지 이상의 이펙트를 사용하거나, 마스크, 블렌딩 모
드 등과 함께 사용할 경우에는 표현하고 싶은 모든 것을
만들어 낼 수 있습니다. 이펙트는 무척 매력적인 존재입
니다. 단순히 이펙트 적용만으로도 환상적인 효과를 만들
어 낼 수 있습니다. 한편으로는 그 매력에 빠져 자칫 이펙
트에 의존하는 작업을 하게 될 수도 있습니다. 작업물이
이펙트에 이끌려 가서는 곤란합니다. 여러분의 아이디어
나 기획에 맞는 이펙트를 이용하도록 노력하기를 바라며
이펙트에 대해 이야기하도록 하겠습니다.

이펙트의 모든 것

After Effects의 이펙트 기본 원리를 이해하고, 또 어떻게 적용하고 활용하는지에 대해 알아보겠습니다.

1 이펙트 적용하기

1. 이펙트 적용하는 방법

[Composition] 패널이나 [Timeline] 패널에서 레이어를 선택한 다음, 메뉴 바에서 [Effect]를 선택하여 다양한 이펙트 중 적용하고자 하는 이펙트를 선택합니다. 레이어를 선택하지 않으면 이펙트의 메뉴가 비활성화되어 선택이 되지 않습니다. 이펙트를 적용하면 [Project] 패널 옆 [Effect Controls] 패널에서 적용한 이펙트를 확인할 수 있습니다.

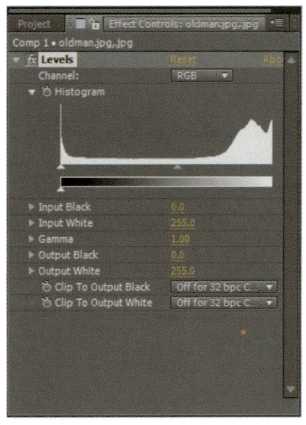

> **TIP** [Effect Controls] 패널이 보이지 않을 때에는 F3 키를 누르면 패널이 활성화됩니다.

[Composition] 패널이나 [Timeline] 패널에서 레이어를 선택한 다음 마우스 오른쪽 버튼을 클릭하여 이펙트를 적용할 수도 있습니다.

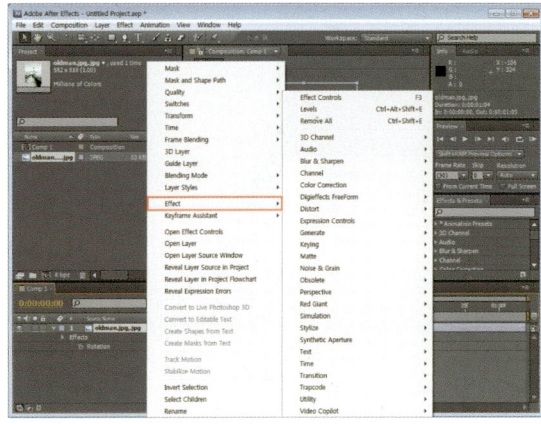

Special Note

[Effects & Presets] 패널로 이펙트 적용

메뉴 바에서 이펙트를 선택하여 적용하는 방법 외에도 [Effects & Presets] 패널에서 이펙트를 적용하는 방법이 있습니다. 검색창에 찾고자 하는 이펙트 이름의 일부분만 입력해도 입력한 내용이 있는 이펙트들이 표시됩니다. [Timeline] 패널에서 레이어를 선택한 상태에서 원하는 이펙트를 더블클릭하거나, 드래그하여 레이어로 넣어주면 이펙트가 적용됩니다.

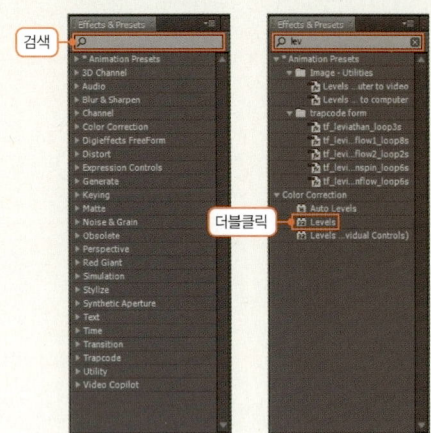

2. 이펙트 조정하기

이펙트도 다른 속성들과 마찬가지로 stop watch(🕙)가 있는 이펙트의 속성들은 애니메이션을 적용할 수 있습니다. [Effect Controls] 패널에서 속성의 stop watch(🕙)버튼을 클릭하거나, [Timeline] 패널에서 단축키 E키를 클릭하여 적용된 이펙트 속성을 열고 stop watch(🕙)버튼을 클릭해서 애니메이션을 적용합니다.

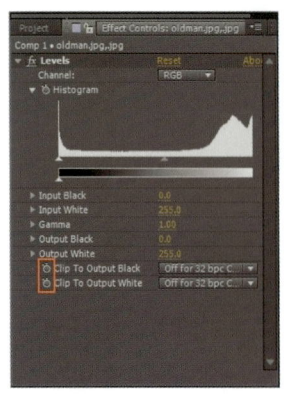

3. 이펙트 복사하기

이펙트도 복사가 가능합니다. [Effect Controls] 패널에서 이펙트를 선택하고, 단축키 Ctrl + C키를 눌러 복사한 후, 이펙트를 적용하고 싶은 레이어를 선택하고 단축키 Ctrl + V로 이펙트를 복사해서 붙일 수도 있습니다.

4. 이펙트 초기화하기

작업 진행 중에 이펙트를 초기값으로 되돌리고 싶을 때는 [Effect Controls] 패널에서 Reset을 클릭하면 이펙트의 모든 속성값이 초기값으로 설정됩니다.

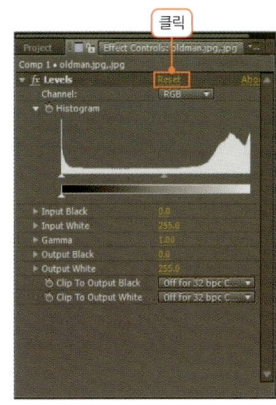

▲ 이펙트의 모든 속성값이 초기값

5. 이펙트 비활성화하기

이펙트를 삭제하지 않고, 비활성화할 수 있는 방법은 [Effect Controls] 패널에서 이펙트 스위치(fx)을 클릭하여 체크를 해제하거나, [Timeline] 패널의 이펙트 스위치(fx)를 체크 해제하여 레이어에 적용한 이펙트를 비활성화할 수 있습니다. 이펙트 스위치(fx)를 클릭해서 체크 해제하면 이펙트가 비활성화되어 레이어에 적용된 이펙트가 적용되지 않고, 다시 한번 클릭하면 이펙트가 다시 적용됩니다.

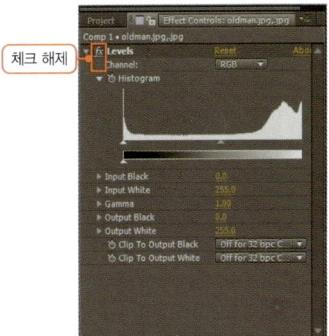

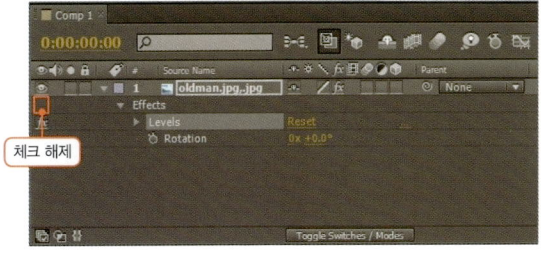

Special Note

Missing Effect 이해하기

기존에 작업한 프로젝트 파일을 불러왔을 때, 프로젝트 파일에 적용한 이펙트가 컴퓨터에 설치되어 있지 않으면, [Effect Controls] 패널에 Missing: 형태로 표시됩니다. 이펙트를 설치하고, After Effects를 재실행하면 이펙트를 다시 인식합니다.

하지만, 설치한 이펙트가 작업한 버전과 다를 경우에는 제대로 인식을 못합니다. 그럴 때는 현재 컴퓨터에 설치된 이펙트를 적용하고, 기존에 적용된 이펙트의 속성값 및 애니메이션 키프레임 값을 복사(Ctrl + C)해서 붙이기(Ctrl + V)를 하여 해결합니다.

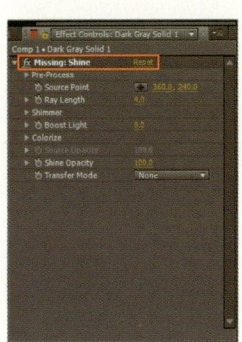

Effect Preset

After Effects에서는 유용하게 사용할 수 있는 Preset을 제공합니다. 이 Preset은 After Effects의 이펙트 및 속성값들을 이용하여 만들어진 것으로, 값을 수정해서 사용할 수 있고 직접 Preset을 만들 수도 있습니다.

1 Effect Preset 사용하기

자주 사용하는 이펙트는 Preset 형태로 저장해서 다시 사용을 할 수 있습니다. Effect Preset은 키프레임과 Expression이 적용된 다수의 이펙트와 애니메이션 데이터를 저장할 수 있습니다. [Effects & Presets] 패널의 Animation Presets 아래에 Preset들이 있습니다.

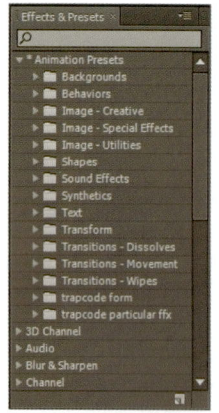

[Timeline] 패널에서 레이어를 선택한 다음, 폴더 안의 Preset을 더블클릭하거나 [Compisition] 패널이나 [Timeline] 패널에 있는 레이어로 드래그하여 레이어에 Preset을 적용합니다.

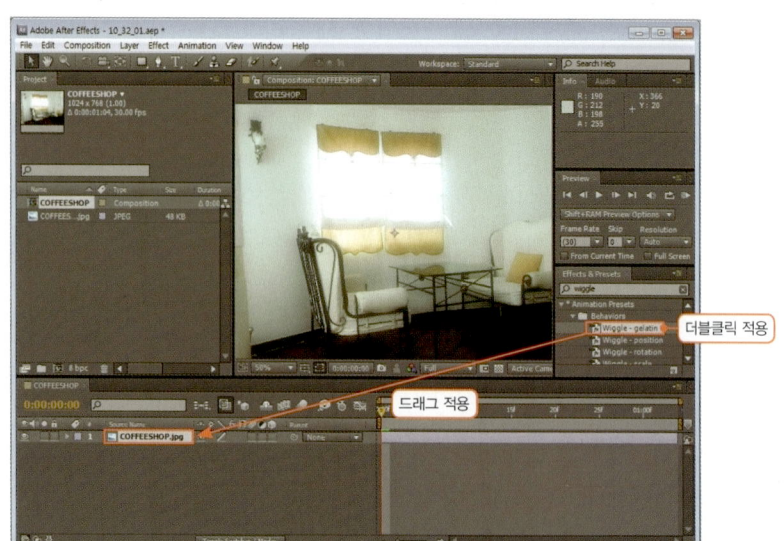

[Timeline] 패널의 레이어를 선택하고 단축키 ⒰키를 누르면 레이어에 적용된 Preset의 이펙트 및 속성값을 확인할 수 있습니다.

> **TIP** Current Time Indicator(🔲)의 현재 위치에서 Preset이 적용되기 때문에, 처음부터 적용하고 싶을 때에는 Preset 적용 전에 Current Time Indicator(🔲)의 위치를 [Timeline] 패널의 맨 처음으로 옮깁니다. 적용한 후에는 [Timeline] 패널에서 적용된 Preset 키프레임을 모두 선택해서 첫 프레임으로 옮겨주면 됩니다.

2 Adobe Bridge에서 Effect Presets 관리하기

Adobe Bridge는 파일 브라우징 애플리케이션으로 다른 Adobe 제품군과 연관되어 있습니다. 윈도 탐색기에서는 미리 보기가 되지 않는 다양한 영상 및 이미지 포맷들뿐만 아니라 3D 데이터까지도 Adobe Bridge에서는 불러올 수 있습니다. Bridge를 이용하면, 적용할 Preset의 프리뷰를 미리 볼 수 있어서 작업에 도움이 됩니다.

메뉴 바에서 [Animation]—[Browse Presets]을 선택하여 Presets Briclge를 열어 줍니다. 원하는 형태의 Preset을 찾았으면 더블클릭하여 레이어에 Preset을 적용합니다.

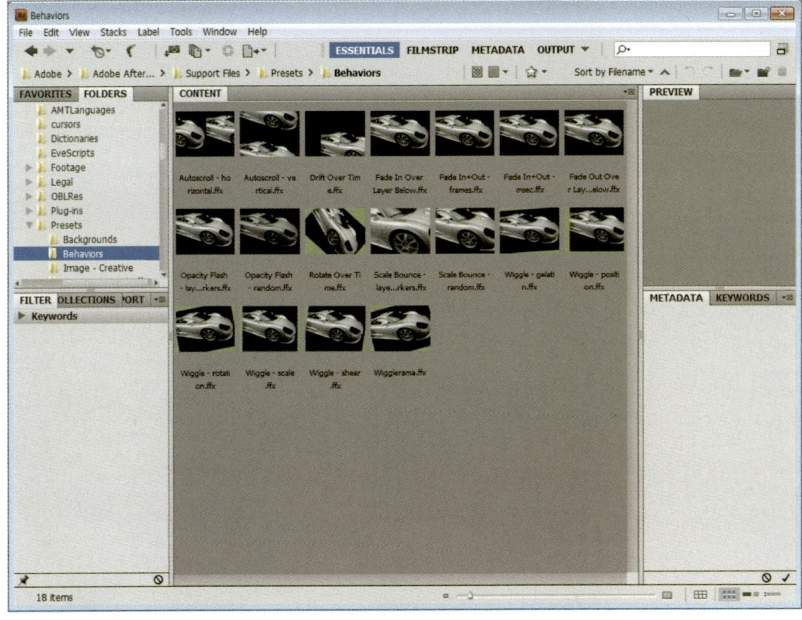

3 이펙트를 이용한 Brainstorm 활용하기

Brainstorm(🔘)이란 아이디어 회의를 할 때 다양한 의견제시를 제약 없이 토론하는 방식으로, After Effects는 여러분이 제시하는 바를 After Effects가 다양한 의견을 제시하여 애니메이션을 설정할 수 있는 재미난 기능입니다.

이펙트나 키프레임 등의 속성을 선택한 다음, [Timeline] 패널의 Brainstorm(🔘)을 선택하여 실행하면 그 값을 랜덤하게 적용하여 보여줍니다.

1. Brainstorm 적용하기

❶ 레이어에 이펙트를 적용하겠습니다. 새로운 컴포지션을 만든 후 메뉴 바에서 [File]−[Import]−[File]을 선택하여 파일을 불러온 다음, 메뉴 바에서 [Effect]−[Distort]−[CC Flo Motion]을 선택하여 적용합니다. 이펙트가 적용되었지만 변화가 없습니다. Brainstorm을 적용해 보겠습니다.

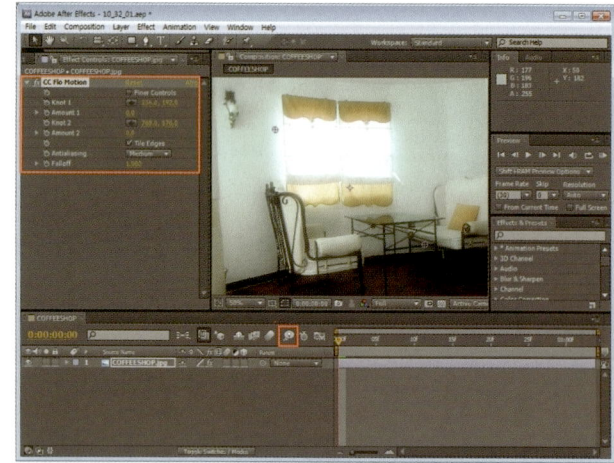

❷ [Effect Controls] 패널이나 [Timeline] 패널에서 CC Flo Motion 이펙트를 선택한 후, [Timeline] 패널에서 Brainstorm(🔘) 버튼을 클릭하면 [Brainstorm] 대화상자가 나타나고 9개의 이미지를 보여줍니다. 좌측 상단은 기본 이미지이고, 다른 8개의 이미지는 CC Flo Motion의 속성값을 랜덤하게 설정하여 적용한 것입니다.

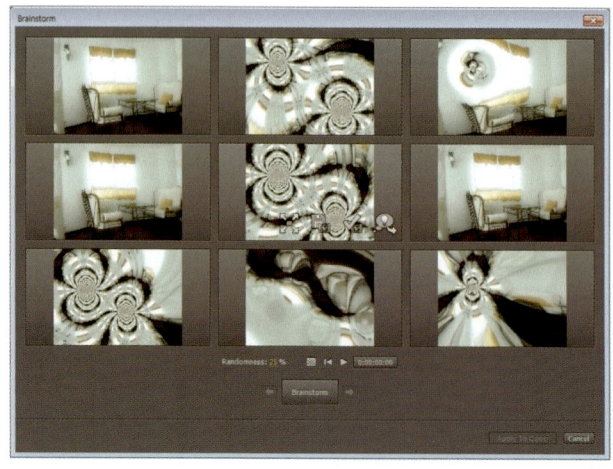

❸ 램프리뷰 형식으로 이펙트가 적용된 이미지를 각각 보여줍니다. 마음에 드는 이미지가 없다면 아래쪽 [Brainstorm] 버튼을 클릭하면 다시 랜덤하게 이펙트를 적용합니다. 원하는 형태가 나오면 그 이미지에 마우스를 가져가면 4개의 아이콘이 나타나고, 세 번째 아이콘인 Apply to Composition(🗹) 을 선택하여 컴포지션에 이펙트를 적용합니다.

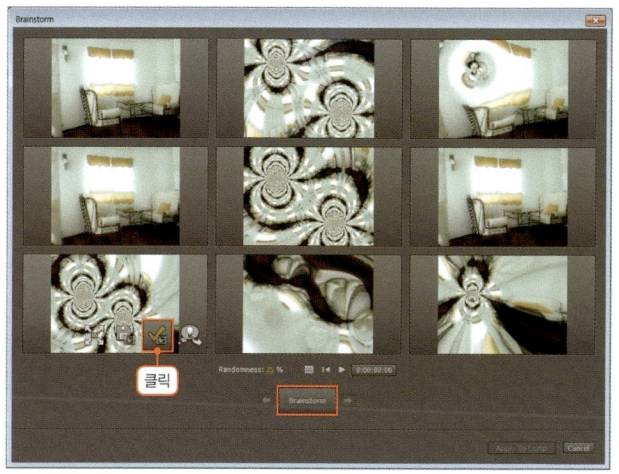

TIP • Maximize Tile(▨) : 보이는 이미지를 확대합니다.
      • Save as New Composition (🖼) : 새로운 컴포지션을 만들고 저장합니다.
      • Apply to Composition(🗹) : 현재 컴포지션에 적용됩니다.
      • Include in Next Brainstorm (🖼) : 새로운 Brainstorm에 포함됩니다.

TIP 눈으로 배우고 익히는 PDF 제공 : 이펙트에 대한 보다 자세한 내용은 [부록CD\PDF\이펙트 리스트]를 참고하세요.

Import &
Export

영상 합성 작업을 할 때, After Effects 하나의 프로그램
만으로 작업하지 않고, Photoshop이나 Illustrator와 같
은 2D 이미지 편집 프로그램이나 3ds Max나 CINEMA
4D와 같은 3D 프로그램을 통해 작업할 영상 소스를 가
져오거나, 내보내야 하는 경우가 많습니다. Import와
Export에 대해 자세히 알아보도록 하겠습니다.

3D 파일 불러오기

After Effects에서 3D 파일을 불러오는 방법과 3D 프로그램의 3D 데이터를 불러와서 작업하는 방법에 대해 알아보겠습니다.

1 포토샵을 이용해서 3D 파일 불러오기

포토샵 CS4부터는 3D 파일을 불러와서 작업을 할 수 있습니다. 이제 After Effects CS5에서도 3D 파일을 Import 해서 작업을 할 수 있게 되었습니다. 하지만 After Effects에서는 직접 Import할 수는 없습니다. 포토샵에서 PSD로 저장하는 변환과정을 거쳐 3D 파일을 불러올 수 있습니다.

● 필수예제 ● 포토샵을 이용해서 3D 파일 불러오기

3D 모델링 파일을 포토샵으로 변환한 후 After Effects로 가져오는 방법을 알아보겠습니다.

STEP 01 포토샵에서 3D 파일 불러오기

01 포토샵에서 3D 오브젝트 파일을 불러오겠습니다. 포토샵의 메뉴 바에서 [File]-[Open]([Ctrl]+[O])를 선택해 [부록CD\Sample\Part01\Ch11\Photoshop 3D\bear.3ds] 파일을 엽니다.

> **TIP** 3ds 파일 확장자는 3ds max의 전신인 3d studio 프로그램의 확장자입니다. 3ds 파일은 소스가 공개되어서 다양한 프로그램에서 불러올 수 있었고, 지금까지 널리 이용되고 있습니다. 그 이후의 3ds max의 확장자는 소스가 공개되지 않아서 호환이 잘되지 않습니다. 포토샵에서는 3ds, DAE, KMZ, U3D, OBJ 등의 다양한 3D 프로그램 확장자를 불러올 수 있습니다.

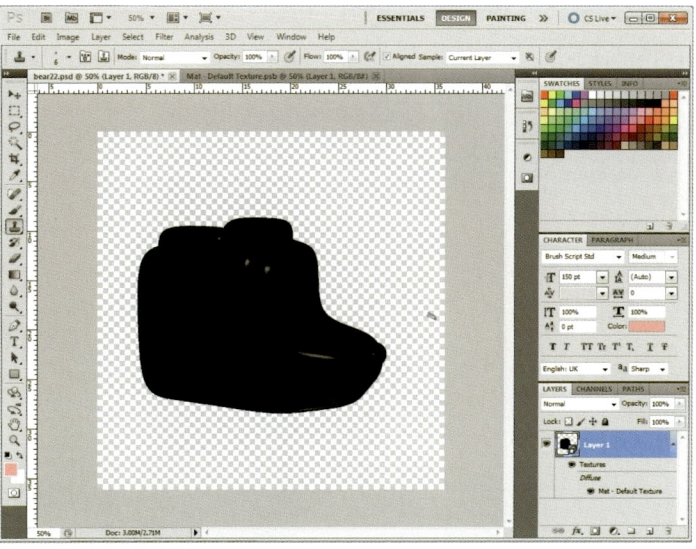

02 3ds 파일은 재질을 가지고 올 수 없으므로 포토샵에서 재질을 따로 적용하겠습니다. [Layer] 패널에 있는 Textures를 더블클릭하면 새로운 창이 열립니다.

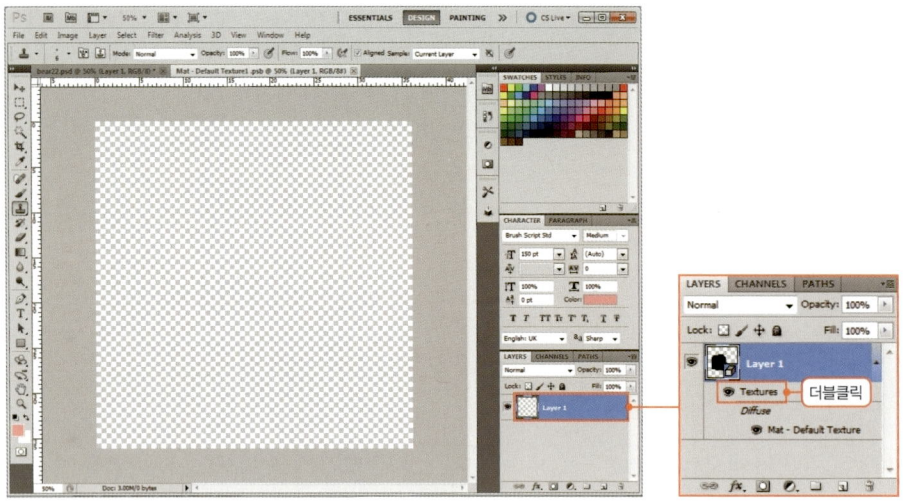

03 왼쪽 메뉴에 있는 foreground color( )를 더블클릭하여 색상을 '분홍색(#f5989d)'으로 설정하여 전체에 색을 칠합니다(Alt + Delete). 다시 bear.psd 파일을 선택하면 곰 얼굴에 색상이이 적용된 것을 확인할 수 있습니다.

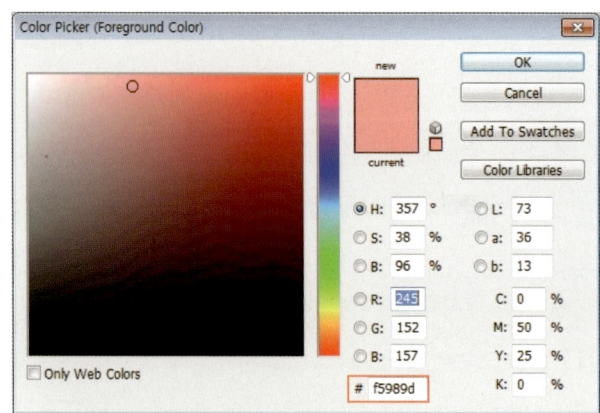

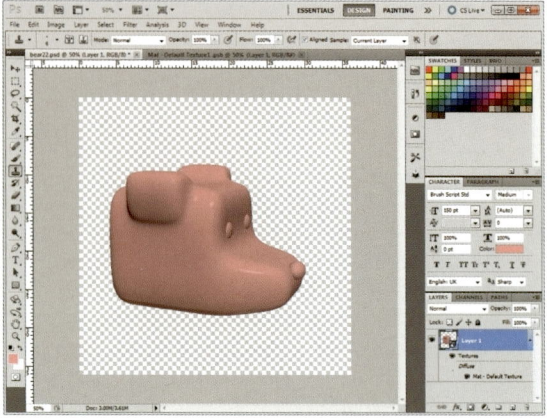

04 메뉴 바에서 [File]−[Save]를 선택
하여 'bear.psd' 파일로 저장합니다.

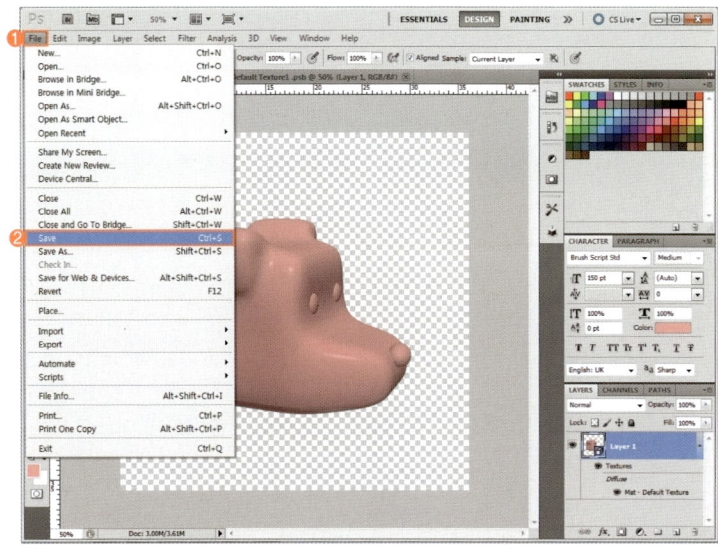

After Effects에서 3ds 파일 불러오기

01 After Effects에 'bear.psd' 파일을 불러오겠습니다. 메뉴 바에서 [File]−[Import]−[File…]을 선택하여 'bear.psd' 파일을 'Composition_Retain Layer Sizes'로 Import하면, [bear.psd] 대화상자 나타납니다. Live 포토샵 3D에 체크 표시가 되어 있어야 After Effects에서도 3D 파일을 사용할 수 있습니다. [OK] 버튼을 클릭하면 [Project] 패널에 bear 컴포지션이 불러와 졌습니다.

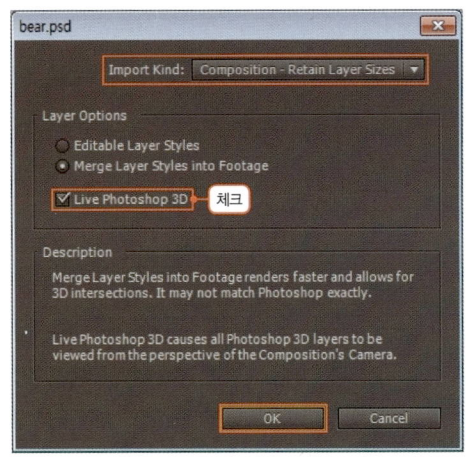

▶ 예제파일 : 부록CD\Sample\Part01\Ch11\Photoshop 3D\bear.psd

02 [Project] 패널에서 bear 컴포지션을 더블클릭하여 컴포지션을 엽니다. 불러온 컴포지션 안에는 카메라와 곰을 After Effects 안에서 제어할 수 있는 Null Object Layer가 있습니다.

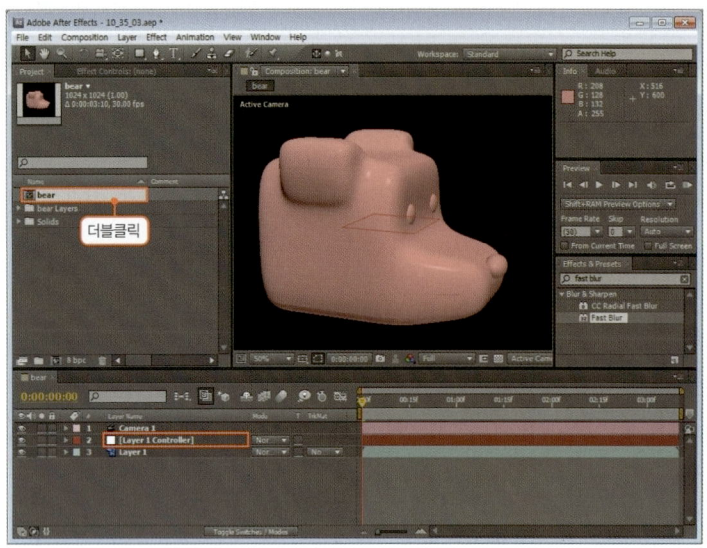

03 [Tool] 패널에서 Camera 툴(□)을 선택하고 [Composition] 패널에서 드래그하여 움직이면 곰이 3D 환경으로 존재하는 것을 확인할 수 있습니다.

> **TIP** 곰을 직접 움직일 때에는 [Timeline] 패널의 'Layer 1 Controller' 레이어의 속성값 (Position, Rotation, Scale 등)을 설정합니다.

> **TIP** **CINEMA 4D와 연동하기** : 이전에도 3ds max나 Maya에서 카메라 및 오브젝트의 값을 After Effects로 가져오는 것이 가능했지만, 3D 프로그램 중에서 After Effects와 가장 궁합이 잘 맞는 프로그램인 CINEMA 4D를 이용하면 훨씬 쉽고 빠르게 작업을 할 수 있습니다.
> • 참고 : 보다 자세한 내용은 Part02\Section 08의 활용예제를 참고하세요.

▶ 완성예제 : 부록CD\Sample\Part01\Ch11\Photoshop 3D\Photoshop 3D_final.aep

Pre-rendering

After Effects 작업을 하다보면 레이어를 복사하고, 레이어에 마스크, 이펙트 등을 적용하게 되면서 용량이 커지는 경우가 많습니다. 램 용량이 부족해져 램프리뷰 범위도 작아지고 작업이 힘들어질 때 Pre-render를 이용하면 작업을 좀 더 가볍고 효율적으로 할 수 있습니다.

1 Pre-rendering 이해하기

Pre-render는 레이어에 이펙트가 많이 적용되었거나 데이터가 너무 무거워져 작업이 힘들 경우에, 이펙트가 적용된 레이어나 컴포지션을 렌더링하여 렌더링된 동영상을 기존의 무거운 파일과 대체할 수 있는 기능입니다.

●필수예제● Pre-rendering을 통한 효율적인 프로젝트 작업하기

01 메뉴 바에서 [File]-[Open Project](Ctrl + O)를 선택하여 [부록CD\Sample\Part01\Ch11\Pre_render\11_37_01.aep] 파일을 불러옵니다.

02 [Project] 패널이나 [Timeline] 패널에서 레이어를 선택한 후 메뉴 바에서 [Composition]−[Pre−render...]를 선택하면 [Timeline] 패널 위치에 [Render Queue] 패널이 나타납니다. [Render Queue] 패널에서 Output Module을 더블 클릭하면 [Output Module Settings] 대화상자가 나타납니다.

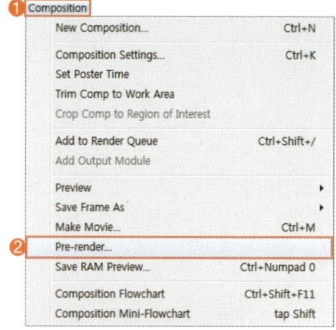

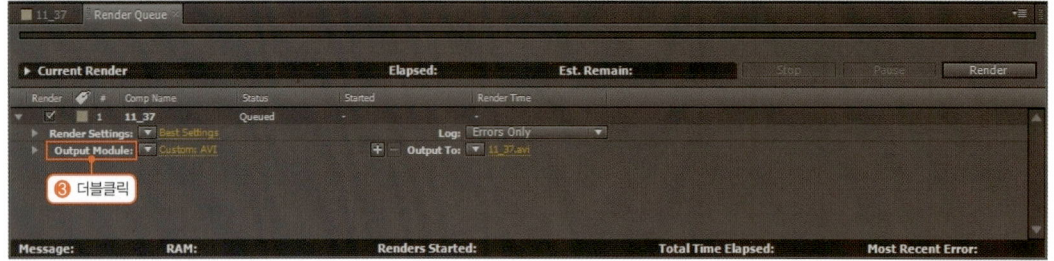

03 [Output Module Settings] 대화상자에서 Post−Render Action 속성이 'Import & Replace Usage'로 설정되어 있는 것을 확인할 수 있습니다. Import & Replace Usage는 렌더링 후에 렌더링된 영상을 [Project] 패널로 Import해 서 사용할 수 있도록 하는 명령입니다.

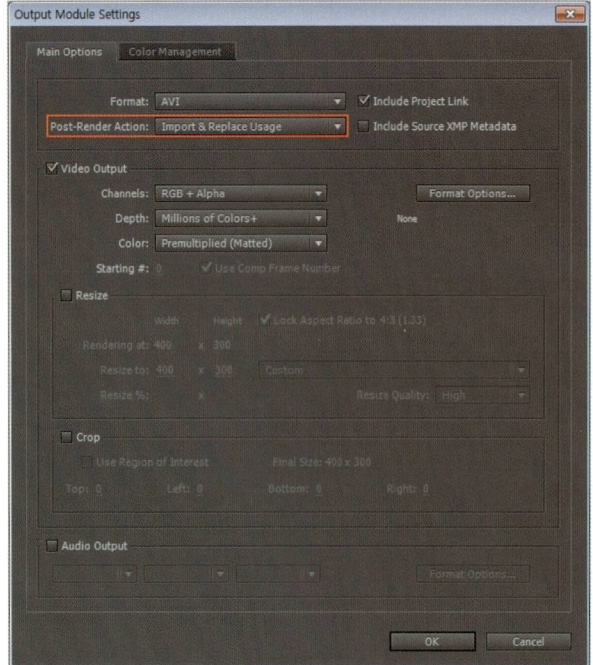

04 Pre-rendering은 작업에 사용할 동영상을 만드는 것이기 때문에 동영상 파일 포맷이 무압축으로 되어 있습니다. 이제 [Render] 버튼을 클릭하여 렌더링을 합니다. 렌더링이 완료 되면 [Project] 패널에 렌더링된 파일이 Import됩니다.

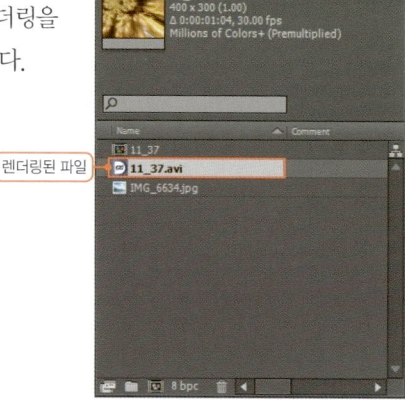

렌더링된 파일

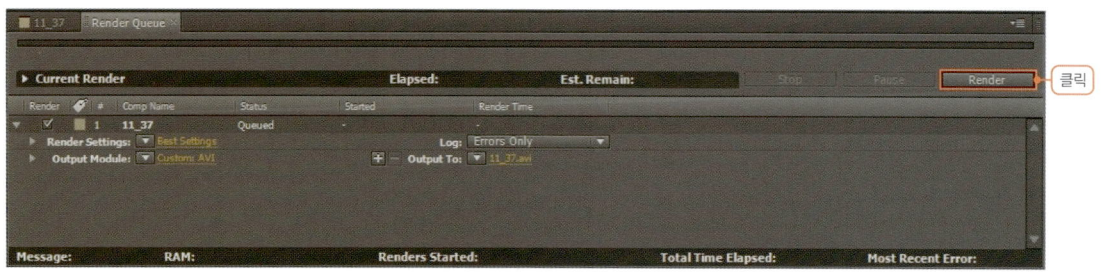

클릭

05 이제 기존의 IMG_6634.jpg 레이어의 Video(👁) 스위치를 체크 해제하여 보이지 않게 하고, Import된 동영상을 [Timeline] 패널로 드래그하여 작업을 하면 훨씬 가볍게 작업을 할 수 있습니다.

② 드래그

Export &
Rendering

After Effects에서 작업한 작업물을 텔레비전, 모니터 등 다양한 장비에서 볼 수 있게 변환하는 과정을 렌더링(Rendering)이라고 합니다. 렌더링에 대해 자세히 알아보겠습니다.

1 Export

다른 프로그램들은 대부분 Export를 이용해서 Output을 출력합니다. After Effects에도 이전에는 Export로 Output을 출력했지만, 지금은 Render Queue를 이용한 방식을 추천합니다. 또한, CS4까지는 Export에서도 영상 파일을 출력했지만, CS5부터는 SWF, XFL 및 Premiere Pro에서 작업할 수 있는 프로젝트 파일만 출력할 수 있습니다.

File		
New	▶	Reload Footage Ctrl+Alt+L
Open Project... Ctrl+O		Reveal in Explorer
Open Recent Projects	▶	Reveal in Bridge
Browse in Bridge... Ctrl+Alt+Shift+O		Project Settings... Ctrl+Alt+Shift+K
Browse Template Projects...		
Close Ctrl+W		Exit Ctrl+Q
Close Project		
Save Ctrl+S		
Save As... Ctrl+Shift+S		
Save a Copy...		
Save a Copy As XML...		
Increment and Save Ctrl+Alt+Shift+S		
Revert		
Import	▶	
Import Recent Footage	▶	
Export	▶	Adobe Flash Player (SWF)...
Adobe Dynamic Link	▶	Adobe Flash Professional (XFL)...
Go to Adobe Story...		Adobe Premiere Pro Project ...
Find Ctrl+F		
Add Footage to Comp Ctrl+/		
New Comp from Selection		
Consolidate All Footage		
Remove Unused Footage		
Reduce Project		
Collect Files...		
Watch Folder...		
Scripts	▶	
Create Proxy	▶	
Set Proxy	▶	
Interpret Footage	▶	
Replace Footage	▶	

> **TIP** 메뉴 바에서 [Composition]-[Make Movie]를 선택하면 Render Queue에 렌더링될 파일이 불러와집니다.

2 Rendering(렌더링)

After Effects에서 작업한 컴포지션을 다른 매체를 통해 볼 수 있도록 출력하는 렌더링에 대해서 알아보겠습니다. 렌더링은 각 매체 성격에 따라서 출력 파일 포맷을 다르게 정해야 합니다.

작업한 컴포지션에 이펙트가 많이 적용되면 렌더링 시간이 오래 걸리게 되므로, 항상 작업을 하기 전인 기획 단계에서부터 렌더링 시간을 고려하고 작업을 해야 하고, 작업 시에도 최대한 렌더링할 때 시간이 적게 걸리도록 작업 데이터를 효율적으로 관리해야 합니다.

01 영상을 출력하려면 메뉴 바에서 [Composition]−[Make Movie](Ctrl + M)를 선택합니다.

02 [Timeline] 패널에 [Render Queue] 패널이 나타납니다. Render Queue의 장점은 작업한 컴포지션 파일을 Render Queue에 쌓아서 한 번에 여러 개의 Output을 렌더링할 수 있다는 것입니다.

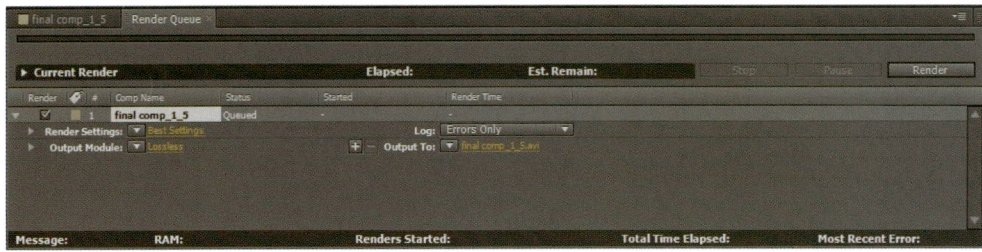

▲ [Render Queue] 패널

Special Note

[Render Queue] 패널

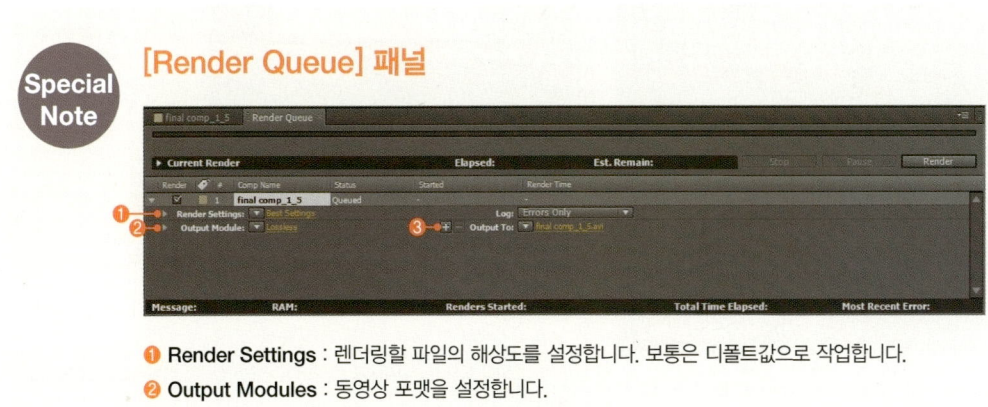

❶ **Render Settings** : 렌더링할 파일의 해상도를 설정합니다. 보통은 디폴트값으로 작업합니다.

❷ **Output Modules** : 동영상 포맷을 설정합니다.

❸ **Output To** : 렌더링한 파일의 저장 위치를 설정합니다.

03 [Render Queue] 패널에서 Output Module 항목의 Lossless를 클릭하면 [Output Module Settings] 대화상자
가 나타나고 Format에서 원하는 영상 포맷을 선택합니다. 기본값은 AVI로 되어 있으며, 다른 포맷으로 바꾸고 싶으면
Format 항목에서 선택합니다.

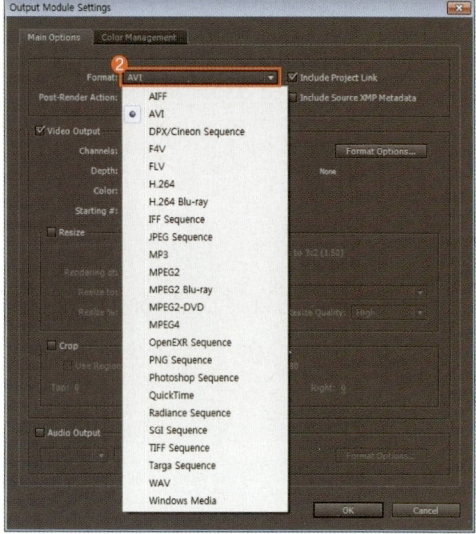

04 동영상 포맷을 정했으면, 코덱을 선택해야 합니다. 기본값은 무압축이기 때문에 렌더링을 했을 경우 파일 용량이 매
우 커지게 됩니다. 방송용으로 사용할 용도라면 무압축이 필요하지만, 용도에 따라서 다르기 때문에 우선은 다른 코덱을
선택하겠습니다. [Format Option] 버튼을 클릭하여 [AVI Options] 대화상자에서 Video Codec을 선택해줍니다.

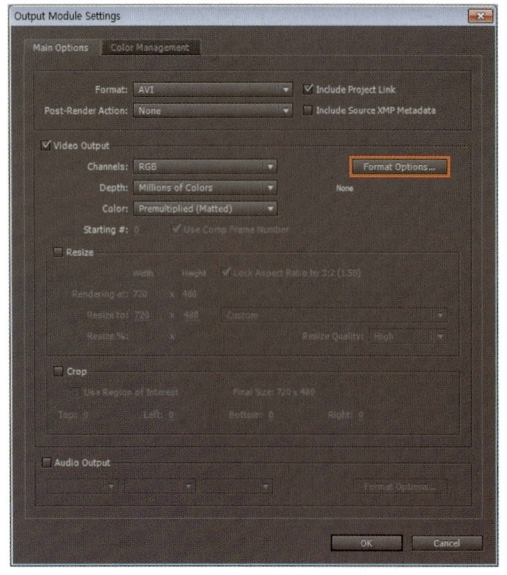
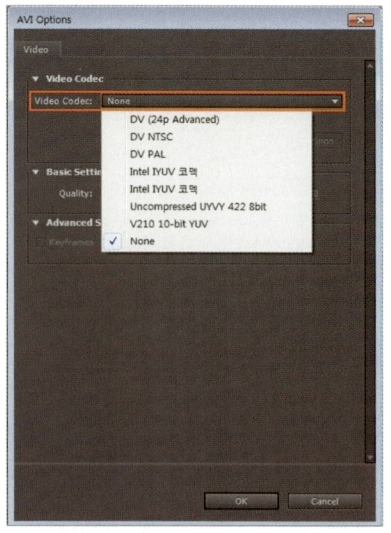

TIP 코덱 종류는 컴퓨터에 설치되어 있는 코덱에 따라 다르게 보입니다.

05 작업한 영상에 Audio가 있을 경우에는 반드시 [Output Module Settings] 대화상자의 Audio Output에 체크 표시를 해야 합니다. 설정이 완료되면 [OK] 버튼을 클릭합니다.

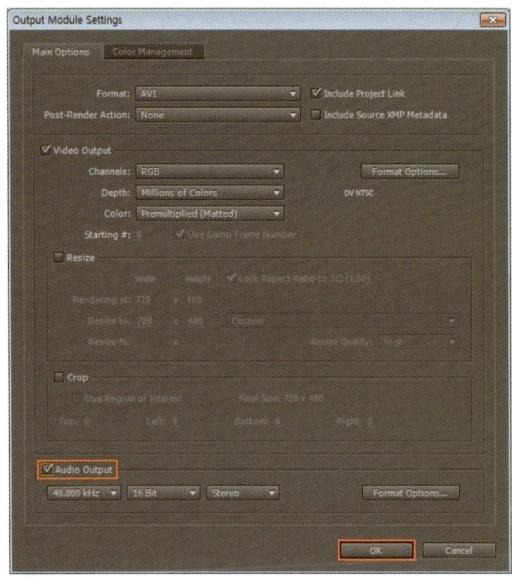

06 Output To의 파일명을 클릭하여 파일을 저장할 위치를 선택합니다.

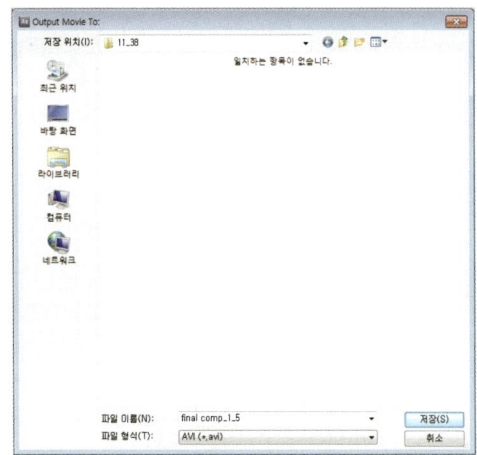

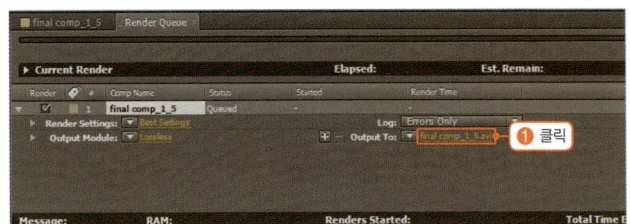

다양한 포맷으로 Output을 출력하는 방법

작업할 때 다양한 포맷으로 Output을 출력해야 할 경우가 있습니다. 그럴 때는 Output To 옆에 있는 ➕ 버튼을 클릭하여 추가적으로 포맷을 설정하면 됩니다.

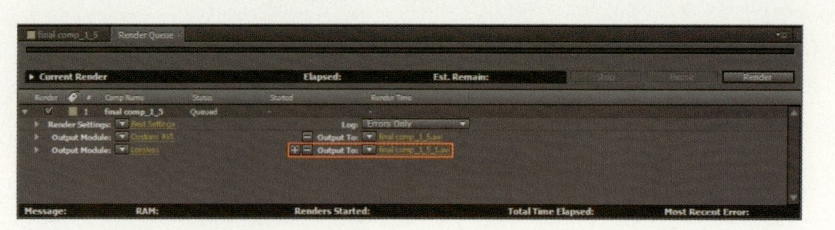

07 설정이 완료되면 [Render] 버튼을 클릭하여 렌더링을 실행합니다. 렌더링이 완료되면 렌더링 완료 사운드가 나오고, 렌더링 중에 오류가 발생한 경우에는 오류 사운드가 나옵니다.

TIP 렌더링이 될 때, [Composition] 패널에 각 프레임별로 렌더링이 되는 화면을 보여줍니다. Caps Lock 키를 누르면 [Composition] 패널에서 더 이상 프레임별로 프리뷰하지 않아 렌더링되는 시간이 줄어들게 됩니다. 단, 렌더링 시에 프리뷰를 하지 않으면 잘못된 부분을 확인할 수 없기 때문에 이 부분은 주의를 해야 합니다.

렌더링 시 주의할 점

1. 효율적인 렌더링 걸기 : 시퀀스 파일포맷 이용하기

렌더링을 할 때, 중간에 오류가 나는 경우가 가끔 있습니다. 그럴 때, AVI 형태로 렌더링 중이었으면 렌더링 되던 시간만큼의 분량을 확인할 수 없습니다. 이런 문제를 해결하기위해 시퀀스 파일 형태로 우선 렌더링을 하면 중간에 오류가 발생해 렌더링이 멈추더라도 렌더링 되던 시간만큼의 분량은 시퀀스 형태로 남도록 하는 것이 좋습니다. 오류가 난 지점부터 렌더링을 다시 시작하여 동영상으로 만들면 렌더링 시간을 단축시킬 수 있습니다.

2. 방송용 출력 작업시 주의할 점

• 최종 출력이 브로드캐스트용 비디오인 경우 이미지의 주요 부분이 작업 보호 및 제목 보호 영역 안에 포함되도록 해야 합니다. 일러스트레이터나 포토샵에서 필름 및 비디오용으로 미리 설정된 옵션을 사용하여 문서를 만드는 경우 보호 영역이 안내선으로 표시됩니다.

• 최종 출력이 브로드캐스트용 비디오인 경우 색상이 브로드캐스트 안전 범위를 벗어나지 않도록 해야 합니다.

• 최종 출력이 브로드캐스트용 비디오인 경우에는 이미지나 텍스트에 1픽셀 선 같은 가느다란(얇은) 가로 선을 사용하지 말아야 합니다. 이러한 선이 포함되어 있으면 인터레이스 결과로 화면이 떨릴 수 있습니다. 가느다란 선을 반드시 사용해야 하는 경우에는 Blur Effect(흐림 효과)를 살짝 추가하여 이미지나 텍스트가 두 비디오 필드 사이에서 떨리지 않고 두 필드에 모두 표시되도록 해야 합니다.

3 네트워크 렌더링

After Effects에는 작업 효율을 위한 네트워크 렌더링을 할 수 있는 기능이 있습니다. 네트워크 렌더링이란 한 대의 컴퓨터에서만 렌더링을 할 수 있는 것이 아니라, 네트워크로 연결된 여러 대의 컴퓨터에서 동시에 렌더링이 가능한 것을 말합니다. 네트워크 렌더링을 하기 위해서는 우선, 모든 컴퓨터에 작업한 프로젝트 파일에 적용된 플러그인 등이 모두 동일한 버전이 설치되어 있어야 합니다. 그리고, 렌더링 할 프로젝트 파일을 Collect할 폴더가 쓰기 공유가 되어 있어야 합니다.

● 필수예제 ● 네트워크 렌더링 EK 따라하기(서버/클라이언트 설정)

01 메뉴 바에서 [Composition]−[Add to Render Queue]을 선택하면 [Render Queue] 패널이 열립니다.

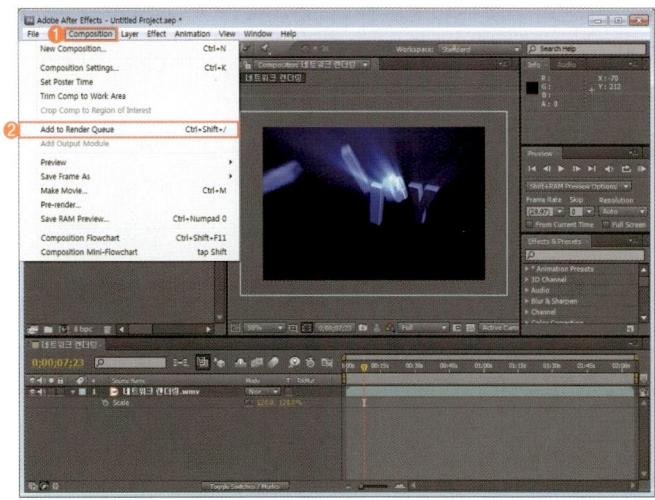

02 [Render Queue] 패널의 Output To를 클릭한 후, 저장할 폴더를 설정한 다음, Output Module의 Lossless를 클릭하여 [Output Module Settings] 대화상자를 열어 Format에서 Targa, PNG 등 시퀀스 파일 포맷을 선택하고 [OK] 버튼을 클릭합니다.

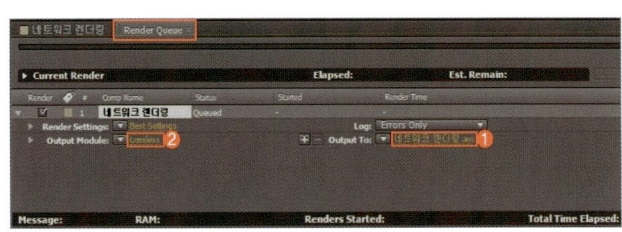

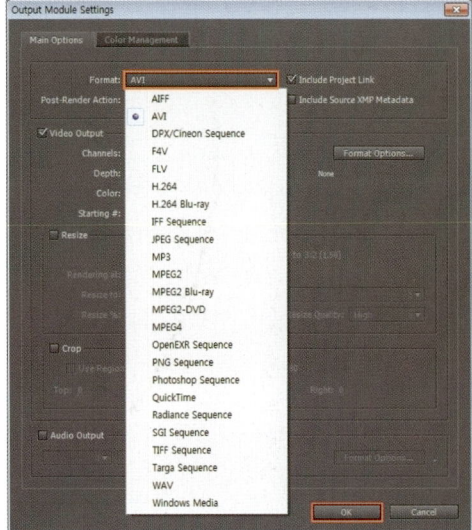

TIP 네트워크 렌더링은 시퀀스 포맷만을 지원하므로 TGA, PNG, JPEG 시퀀스를 선택해야 합니다.

03 [Render Queue] 패널에서 Render Settings을 클릭하여 [Render Setting] 대화상자의 Skip existing files에 체크 표시를 합니다. 이 옵션은 여러 대의 컴퓨터에서 렌더링시 중복되는 파일이 다시 렌더링 되는 것을 막아줍니다.

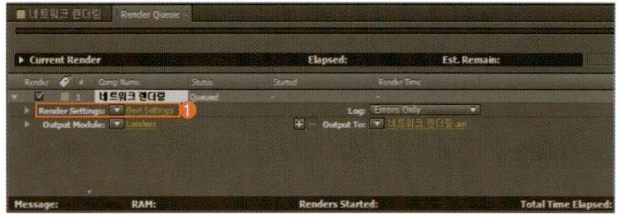 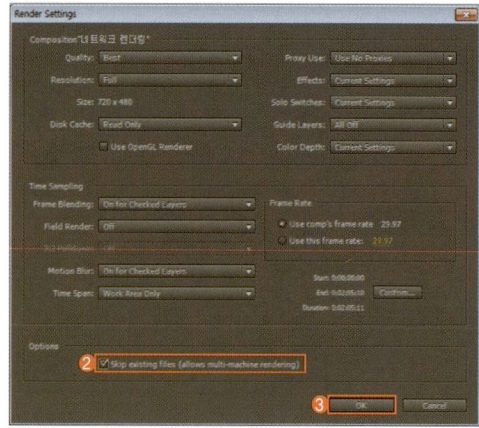

04 메뉴 바에서 [File]−[Collect Files…]를 선택합니다. Collect Files은 렌더링할 파일들을 모아주는 기능을 합니다. 프로젝트 파일을 저장하지 않았을 경우에는 다음과 같이 저장하라는 메시지가 나옵니다. [Save]를 선택하여 프로젝트 파일을 저장합니다.

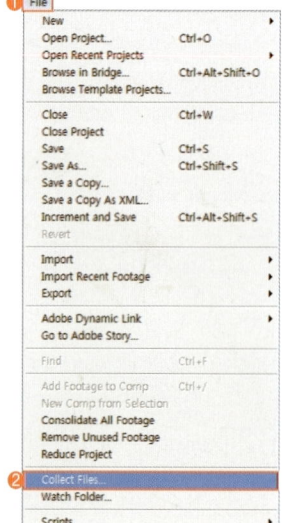

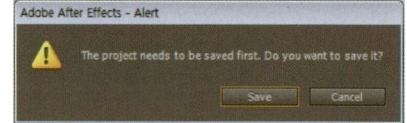

05 [Collect Files] 대화상자가 나타나면 Change render output to 와 Enable 'Watch Folder' render에 체크 표시를 합니다. Maximum Number of Machines에는 렌더링할 컴퓨터 숫자를 써줍니다. 설정을 마친 후 [Collect] 버튼을 누르고 저장 경로를 설정합니다. 이제 네트워크 렌더링 설정을 모두 완료하였습니다.

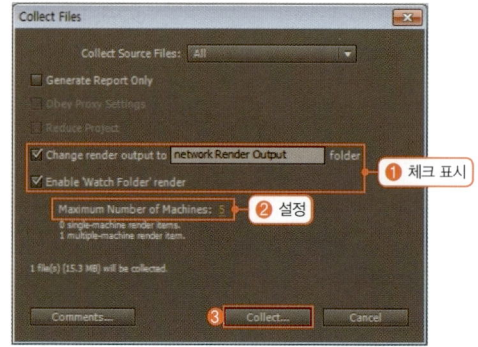

> **TIP** Change render output to은 렌더링된 시퀀스 파일들이 저장될 폴더 명을 정해주는 것이고, Enable 'Watch Folder' render는 Watch folder를 사용 가능하게 해줍니다.

06 이제는 렌더링할 다른 컴퓨터의 설정에 대해 알아보겠습니다. Collect 파일을 만들 때 [Collect Files] 대화상자에서 Enable 'Watch Folder' render에 체크 표시함으로써 Collect 파일 생성 시 Watch Folder라는 파일이 하나 생성되었습니다. 이 파일 안에는 렌더링 관련 정보가 들어 있습니다.

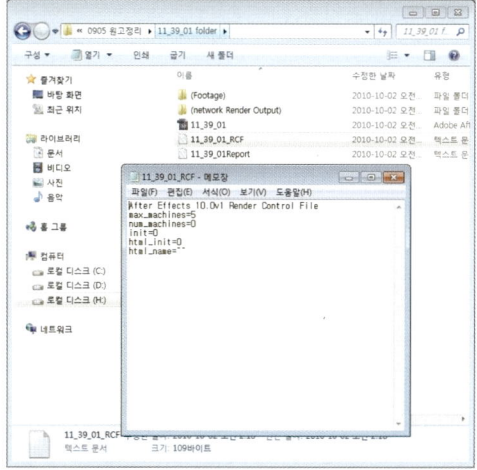

07 메뉴 바에서 [File]-[Watch Folder]를 선택하면, Collect하면서 만들어진 Watch Folder 파일을 검색하게 됩니다. Collect한 폴더를 선택한 다음 [확인] 버튼을 클릭하면 [Watch Folder] 대화상자가 나타나고, Collect한 파일을 검색한 후, 렌더링을 시작합니다.

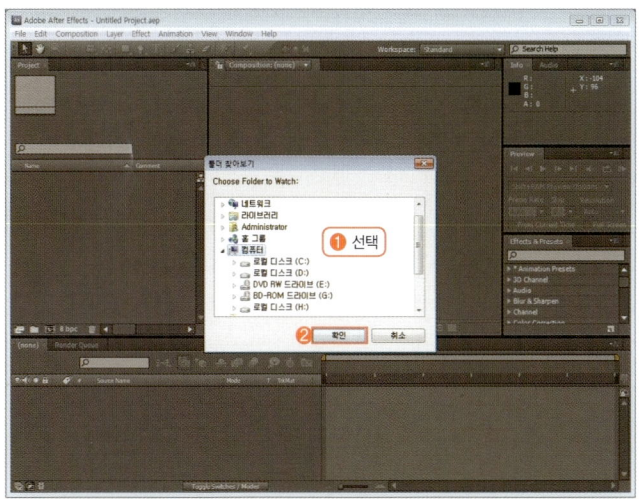

TIP Watch Folder로 만든 파일에는 렌더링 관련 내용이 있습니다. 렌더링 도중에 오류가 생겼을 때, 이 파일에 관련 내용이 나오기 때문에 읽어보고 오류를 해결하면 됩니다.

02 Part

실무 감각을 위한 모션 그래픽

Part 01에서 배운 애프터 이펙트 기능을 어떻게 실무에 응용되는지 살펴보겠습니다. 실무에서 자주 사용하는 기능과 효과를 배울 수 있는 10개의 예제를 통해 실무 감각을 키웁니다.

이펙트를 이용한 채널 아이디 만들기 | 01
입체감이 느껴지는 3D 타이틀 만들기 | 02
통통 튀는 공 만들기 | 03
3D 지구 만들기 | 04
3차원 막대 그래프 만들기 | 05
카메라가 밀림을 뚫고 지나가는 영상 만들기 | 06
박스가 열리는 애니메이션 만들기 | 07
CINEMA 4D와 After Effects 연동하기 | 08
아트웍 애니메이션 만들기 | 09
Stop-Motion 애니메이션 만들기 | 10

이펙트를 이용한 채널 아이디 만들기

Shape Layer를 이용하고, Shatter, Ramp 이펙트를 적용하여 채널 아이디를 만들어 보겠습니다. 처음부터 끝까지 After Effect로 만들 수 있는 예제를 통해서 기초를 배우고, 실력을 업그레이드 합니다.

• P r e v i e w •

미리 알아두기	Solid Layer로 날개 만들기 | Shape Layer 만들기 | 3D 이펙트 적용하기 | Shatter 이펙트 적용하기 Ramp 이펙트 적용하기 | Brainstorm 활용하기
완성파일	부록CD\Sample\Part02\01\Logo ID_final.aep

Solid Layer로 날개 만들기 Step 01

01 메뉴 바에서 [Composition]−[New Compositon](Ctrl + N)을 선택하여 다음과 같이 [Compositon settings] 대화상자를 설정하여 새로운 컴포지션을 만듭니다.

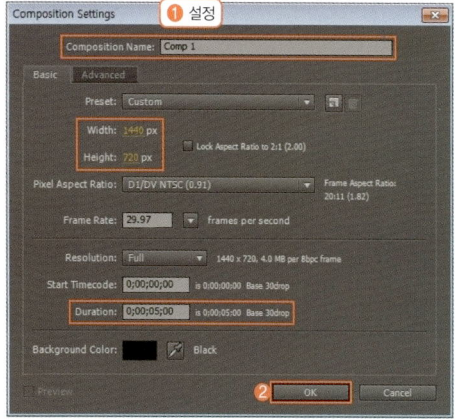

> **Composition Name** : Comp 1 | **Width** : 1440px | **Height** : 720px |
> **Duration** : 0;00;05;00(5초)

02 메뉴바에서 [Layer]−[New]−[Solid...](Ctrl + Y)를 선택하여 다음과 같이 설정하여 새로운 Solid Layer를 만듭니다.

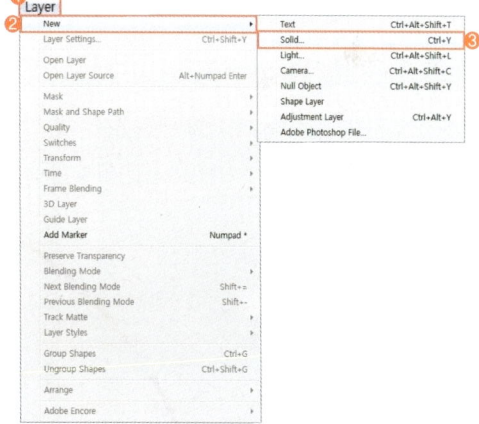

> **Name** : 날개 | **Width** : 500px | **Height** : 120px | **Pixel Aspect Ratio**
> : D1/DV NTSC (0.91) | **Color** : #FFFFFF

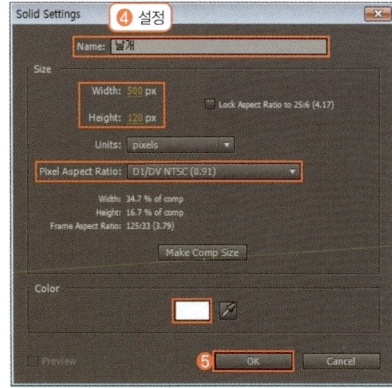

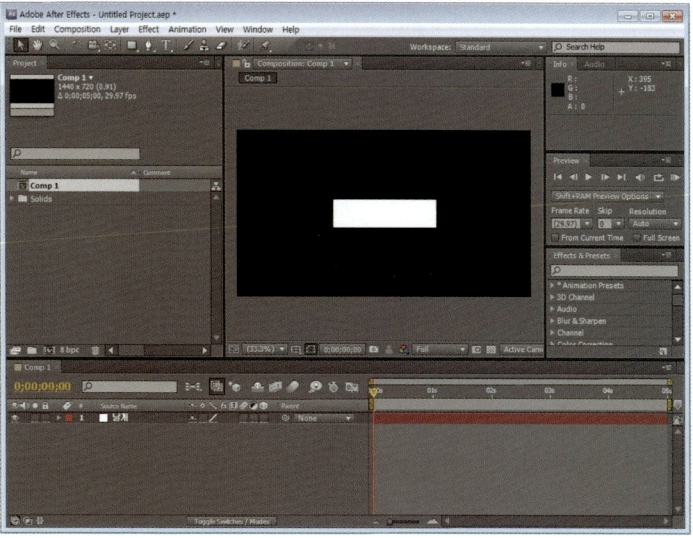

03 [Timeline] 패널에서 '날개' 레이어를 선택하고 [Tool] 패널에서 Shape 툴(■)(Q)을 더블클릭하여 Solid Layer 전체 사이즈에 맞는 마스크를 생성합니다.

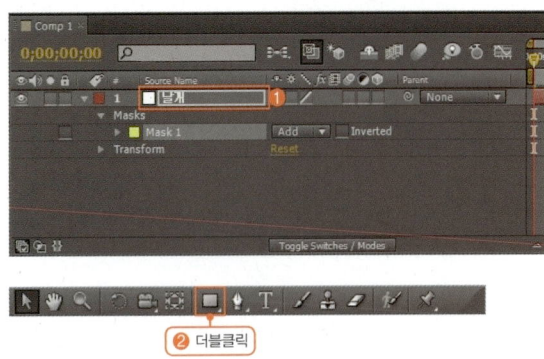

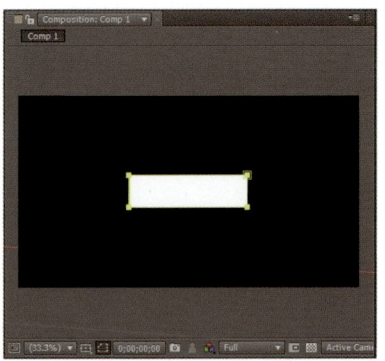

04 [Tool] 패널에서 Pen 툴(✎)(G)을 선택하여 [Composition] 패널에서 레이어에 적용된 마스크의 왼쪽에 점을 추가합니다. 새로 추가한 점을 Selection 툴(▶)(V)을 선택하여 오른쪽으로 이동합니다.

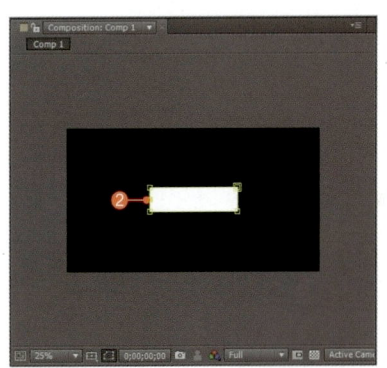

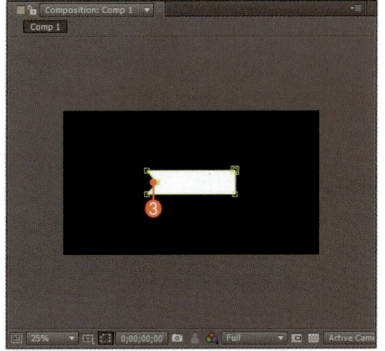

> **TIP** 이동시킬 때, Shift 키를 누른 상태로 마우스를 이동하면 직선 방향으로만 이동시킬 수 있습니다. 키보드의 방향키를 이용해도 됩니다.

05 오른쪽 부분도 똑같이 적용하겠습니다. Pen 툴(✎)을 이용하여 **03**번을 반복해도 되지만, 좀 더 정확하게 위치를 맞추기 위해서 레이어를 복사해서 회전시키겠습니다. [Timeline] 패널에서 '날개' 레이어를 선택하고 단축키 A 키를 눌러 Anchor Point 값을 '500.0, 60.0'으로 설정하여 Anchor Point 위치를 레이어의 가장 우측으로 배치합니다.

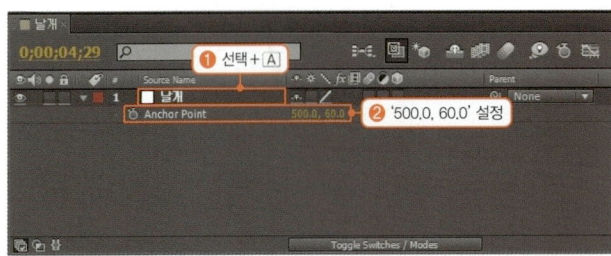

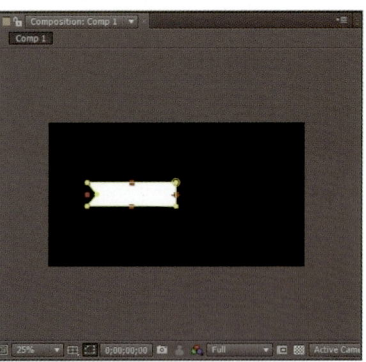

06 [Timeline] 패널에서 '날개' 레이어를
선택하고 메뉴 바에서 [Edit]-[Duplicate]
(Ctrl+D)를 선택하여 레이어를 복제합니
다. [Timeline] 패널에 복제해서 생긴 첫 번
째 레이어를 선택하고, 단축키 R키를 눌러
Rotation 값을 '180.0°'로 설정하여 회전시
킵니다.

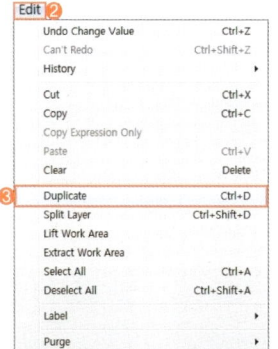

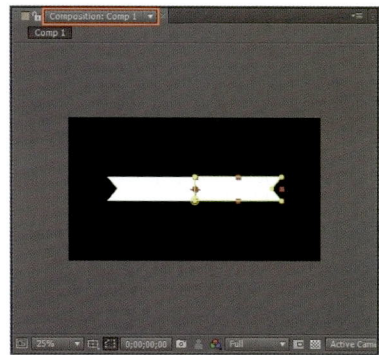

07 Ctrl 키를 누른 상태에서 레이어를 모두 선택하고, 두 레이어를 그룹으로 묶기 위해서 메뉴 바에서 [Layer]-[Pre
-compose...](Ctrl+Shift+C)를 선택합니다. [Pre-compose] 대화상자가 나타나면 컴포지션의 이름을 '날개'로
입력하고 [OK] 버튼을 클릭하면 두 개의 레이어가 하나의 컴포지션으로 만들어집니다.

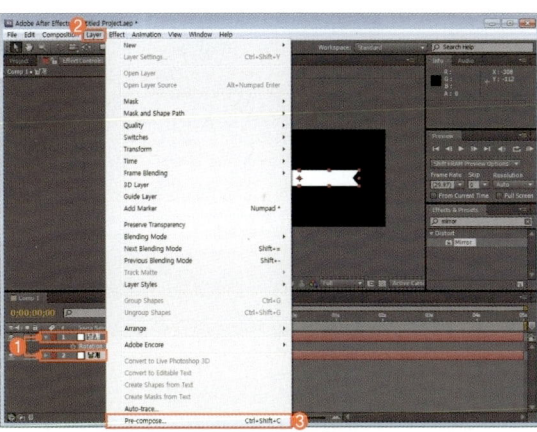

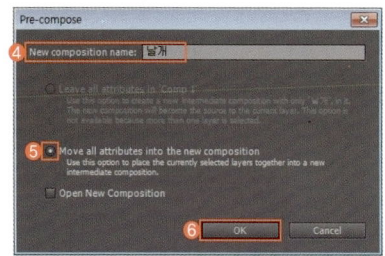

TIP 두 개의 레이어를 하나로 묶으면 작업하기가 편리하고, Pre-
compose를 적용하여 마스크를 컴포지션 안으로 넣으면 레이어를
선택하기가 편리해집니다.

▲ Pre-compose로 새로 생긴 컴포지션

TIP 단축키 Ctrl+A 키를 누르면 레이어가 모두 선택됩니다.

08 이제 '날개' 레이어를 꾸며보겠습니다. 레이어에 그러데이션을 적용하기 위해서 [Effect&Presets] 패널에서 Ramp 이펙트를 검색하여 찾은 후, '날개' 레이어를 선택하고 Ramp를 더블클릭하거나, 레이어로 드래그해서 레이어에 이펙트를 적용합니다. [Effect Controls] 패널에서 Ramp 이펙트를 다음과 같이 설정합니다.

Start of Ramp : 720.0, 360.0 | **Start Color** : #FFFFFF | **End of Ramp** : 715.6, 800.0 | **End Color** : #FF9000
| **Ramp Shape** : Radial Ramp

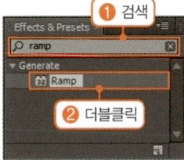
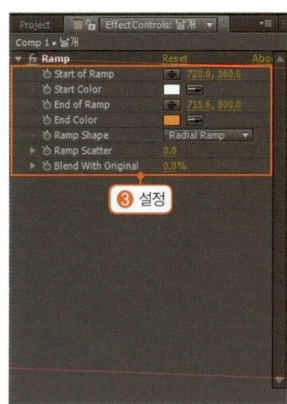
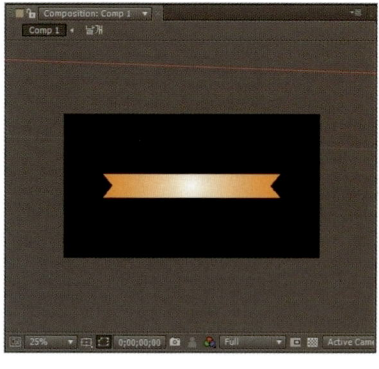

TIP 메뉴 바에서 [Effect]-[Generate]-[Ramp]를 선택하여 이펙트를 적용할 수도 있습니다.

09 테두리에 외곽선을 만들기 위해 이미지의 외곽에 마스크를 만들어서 Stroke 이펙트를 적용하겠습니다. 현재 레이어에서 마스크를 추출하기 위해서 메뉴 바에서 [Layer]-[Autotrace...]를 선택합니다. [Autotrace] 대화상자에서 Current Frame에 체크 표시하고, 새로운 레이어에 마스크를 적용하기 위해서 Apply to new layer에 체크 표시하고, 다음과 같이 값을 설정한 후 [OK] 버튼을 클릭합니다.

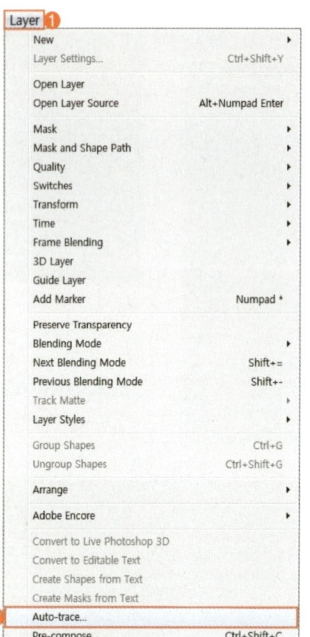
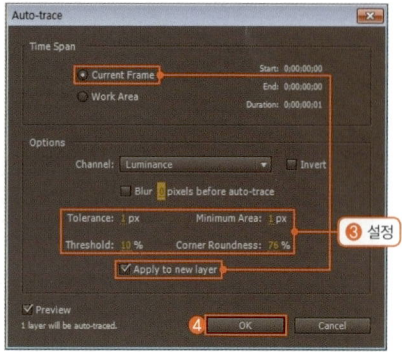

Current Frame : 체크 표시
Tolerance : 1px
Minimum Area : 1px
Threshold : 10%
Corner Roundness : 76%

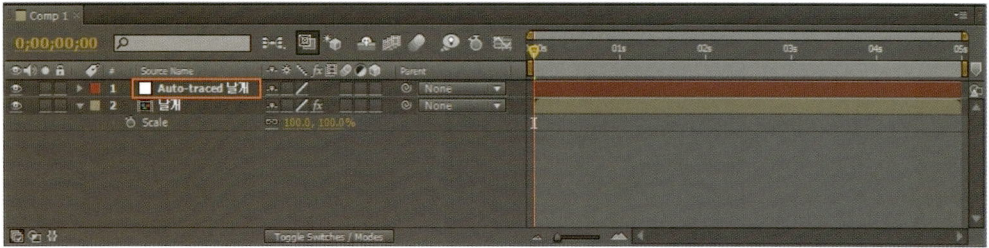

10 새로 생성된 'Auto-traced 날개' 레이어를 선택하고 [Effects & Presets] 패널에서 Stroke 이펙트를 검색해서 찾은 후, Generate의 Stroke를 더블클릭하여 적용합니다. [Effect Controls] 패널에서 Stroke 속성값을 다음과 같이 설정합니다.

Brush Size : 8.0 | **Brush Hardness** : 100% | **Opacity** : 100.0% | **Start** : 0.0% | **End** : 100.0% | **Spacing** : 0.00% | **Paint Style** : On Transparent

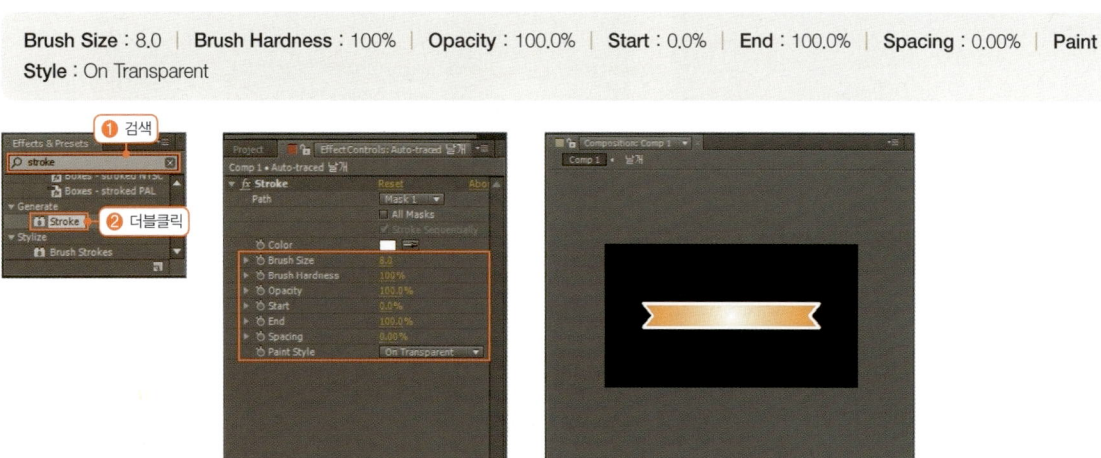

TIP Paint Style을 'On Transparent'로 설정하면 레이어는 투명하게 되고, 적용한 Stroke 이펙트만 보이게 됩니다.

11 Stroke에도 그러데이션을 적용해보겠습니다. 'Auto-traced 날개' 레이어를 선택하고, [Effects & Presets] 패널에서 Ramp 이펙트를 검색하여 더블클릭하여 적용합니다. [Effect Controls] 패널에서 Ramp 속성값을 다음과 같이 설정합니다.

Start of Ramp : 720.0, 0.0 | **Start Color** : #000000 | **End of Ramp** : 720.0, 720.0 | **End Color** : #FFA128

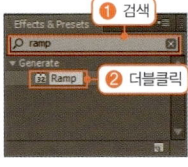
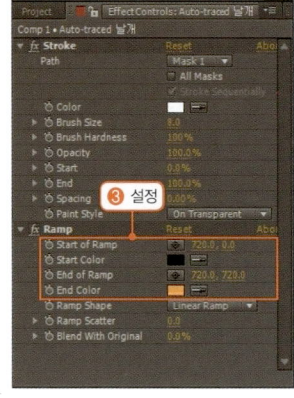
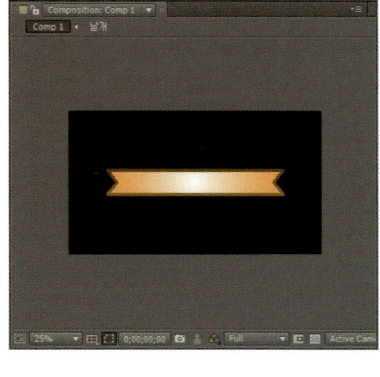

01 메뉴 바에서 [Composition]−[New Compositon]([Ctrl]+[N])을 선택하여 새로운 컴포지션을 만듭니다.

Composition Name : 배경 ｜ **Preset** : NTSC DV ｜ **Background Color** : #000000

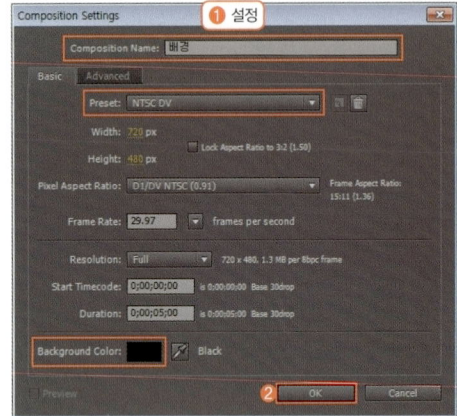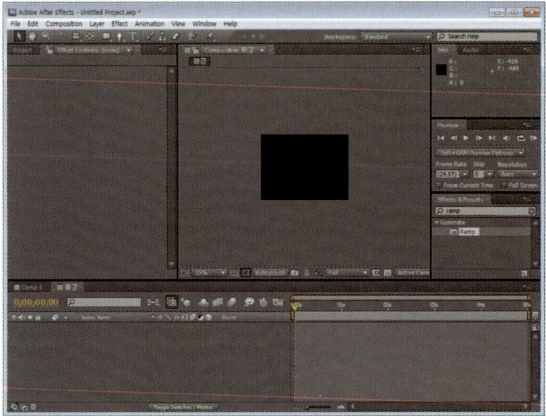

02 [Tool] 패널에서 Rectangle 툴(▢)([Q]) 을 길게 클릭하여 Ellopse 툴(◯)을 선택한 후, Ellopse 툴(◯)을 더블클릭하여 컴포지션에 맞 는 원형의 Shape Layer를 만듭니다.

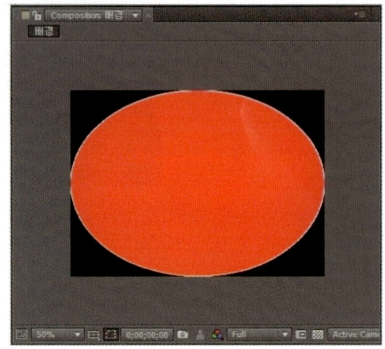

03 Shape Layer가 컴포지션 전체를 덮기 위해서 크기를 키워 설정하겠습니다. [Timeline] 패널에서 Shape Layer− contents−Ellipse 1 → Ellipse Path 차례대로 옵션 버튼을 클릭하여 속성을 열고, Ellipse Path1의 Size 값을 가로, 세로 값을 같게 하기 위해 Constrain Proportions(🔗)를 클릭하여 해제한 후 '980.0', '980.0'으로 설정합니다.

Size : 980.0, 980.0

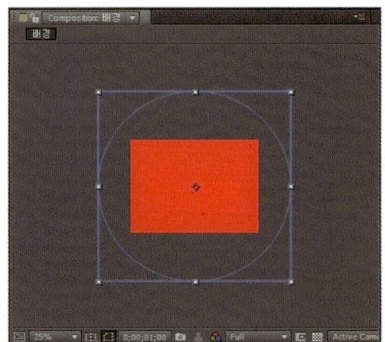

04 이번에는 Eliipse 1의 Stroke 1의 옵션 버튼을 눌러 Stroke Width 값을 Size와 같은 '980.0'으로 설정합니다.

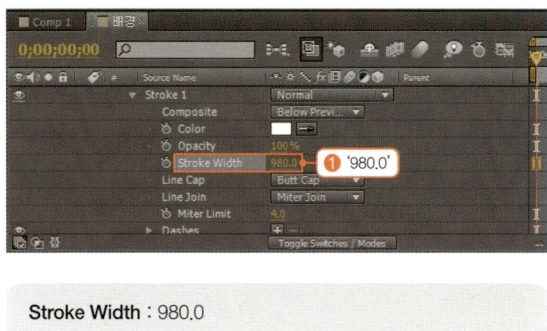

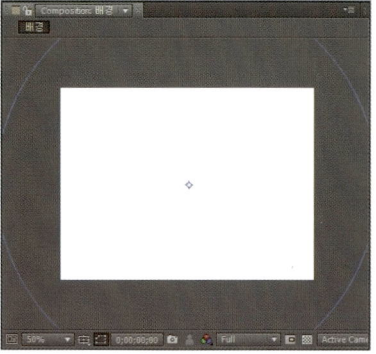

Stroke Width : 980.0

05 방사형으로 뻗어나가는 형태의 배경을 만들기 위해 Stroke 1의 Dashes 속성의 추가 아이콘(➕)을 클릭하여 Dash 속성을 추가하고, Dash 값을 '171.0'으로 설정합니다.

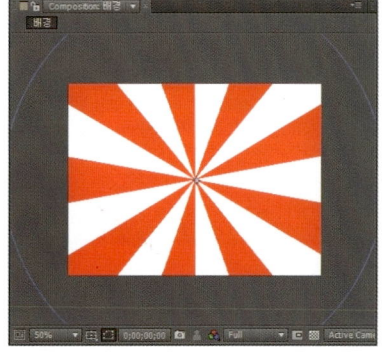

Dash : 171.0

06 배경색을 바꿔보겠습니다. Stroke 1의 Color 속성을 선택하고 색상 값을 '분홍색(FF00C0)'으로 설정하면 흰색인 부분이 분홍색으로 바뀝니다.

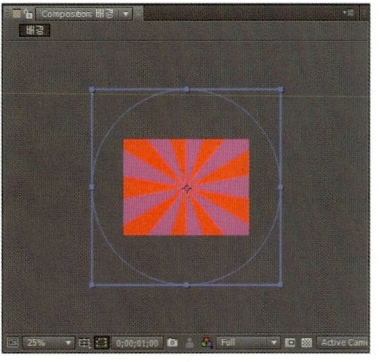

TIP 빨간색 부분은 [Tool] 패널에서 Fill을 선택해서 변경할 수 있습니다.

07 이제 앞에서 만든 [날개] 컴포지션과 [배경] 컴포지션을 합치겠습니다. [배경] 컴포지션을 선택한 다음, [Project] 패널에 있는 'Comp 1' 컴포지션을 [Timeline] 패널로 드래그해서 넣으면 [Composition] 패널에 날개가 나타납니다.

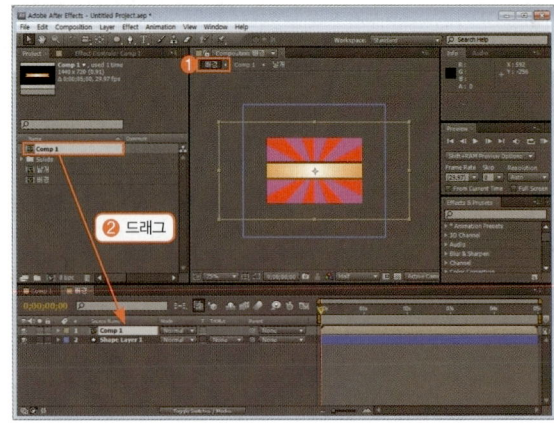

08 날개의 크기를 줄이겠습니다. [Timeline] 패널에서 날개인 'Com 1' 레이어를 선택하고, 단축키 S 키를 클릭하여 Scale 값을 '50.0%'으로 설정하여 줄입니다.

Scale : 50.0%

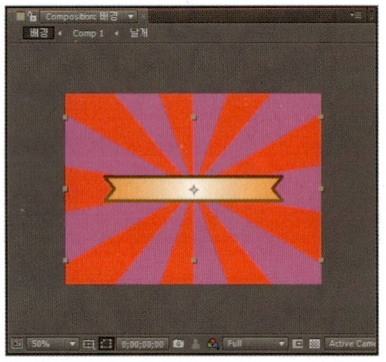

3D 이펙트 적용하기

01 이제 날개에 3D 효과를 적용해보겠습니다. 날개 레이어인 'Com 1' 레이어를 선택하고, [Effects & Presets] 패널에서 CC Cylinder 이펙트를 검색하여 찾은 다음 더블클릭하여 레이어에 적용합니다. 레이어의 모양이 실린더 형태로 바뀌었습니다.

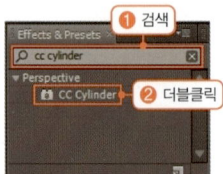

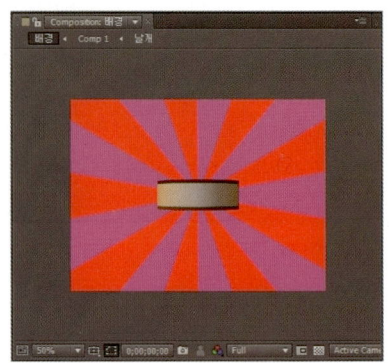

02 [Effect Controls] 패널에서 CC Cylinder 속성값을 다음과 같이 설정합니다.

Radius : 150.0% | Rotation X : +15.0˚
| Rotation Y : +180.0˚

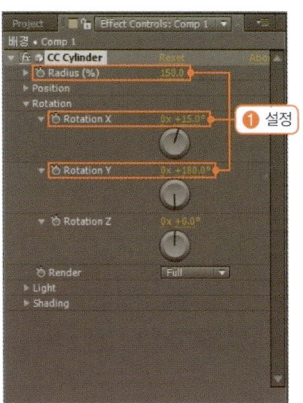

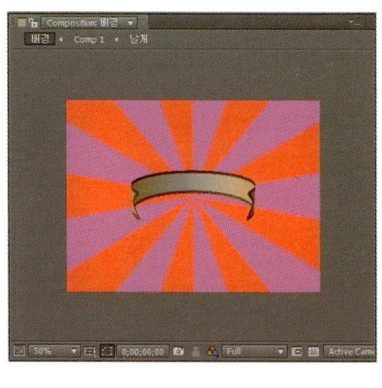

03 이제 날개 부분이 왼쪽에서 나타나도록 애니메이션을 주겠습니다. [Timeline] 패널에서 [Comp 1] 패널을 선택한 다음, 'Auto_traced 날개' 레이어와 '날개' 레이어 2개가 같이 움직이도록 'Auto_traced 날개' 레이어를 '날개' 레이어에 연결(Parenting)시켜줍니다. 1번 레이어의 pick whip(◎) 아이콘을 클릭한 채 2번 레이어로 드래그하여 연결합니다.

04 0초에서 1초까지 애니메이션을 적용하겠습니다. '날개' 레이어를 선택하고 단축키 P키를 눌러 Position 속성을 연 후, Current Time Indicator(▼)를 1초에 위치시키고, Position의 stop watch(⏱) 버튼을 클릭하여 키프레임을 만듭니다. Current Time Indicator(▼)를 0초로 이동하고 Position 값을 '−550', '360'으로 설정하여 [Composition] 패널의 바깥쪽으로 이동시킵니다.

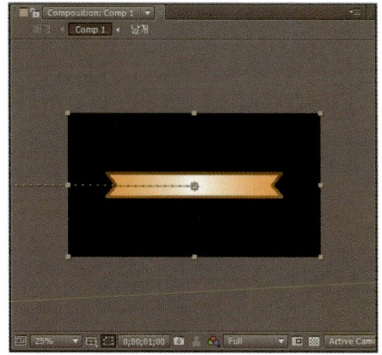

05 [배경] 컴포지션을 선택하고, [Preview] 패널에서 RAM Preview(▶️)(⓪) 버튼을 클릭하여 애니메이션을 확인합니다. 날개 부분이 회전하면서 나타나는 애니메이션이 완성되었습니다.

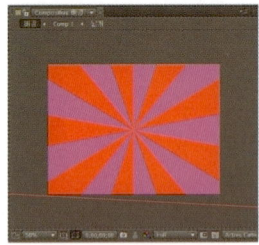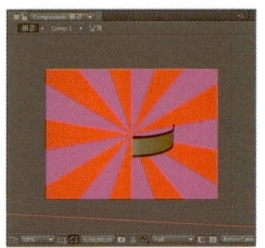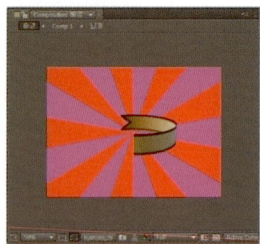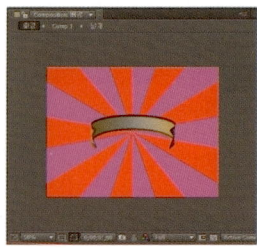

06 하지만 처음 날개가 나타나는 부분이 어색합니다. [Timeline] 패널에서 'Comp 1' 레이어를 선택하고 단축키 P키를 눌러 Position 속성을 열고 Current Time Indicator(♟)를 1초 부분으로 이동합니다. Position의 stop watch(⏱) 버튼을 클릭하여 키프레임을 만들고 애니메이션을 적용합니다.

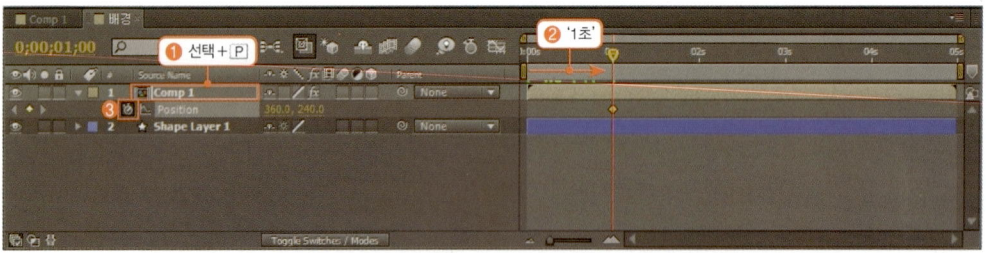

07 Current Time Indicator(♟)를 0초 부분으로 이동시키고, Position 값을 '−30.0', '240.0'으로 설정합니다.

08 RAM Preview(▶️) 버튼을 클릭하면, 날개가 왼쪽에서 회전하면서 중앙으로 나타납니다. 하지만, 오른쪽과 같이 끝부분이 잘려져 있습니다. 이렇게 된 이유는 [Comp 1] 컴포지션 안에서 만들었던 '날개' 레이어의 위치가 컴포지션 바깥쪽에 있어서 보이지 않기 때문입니다.

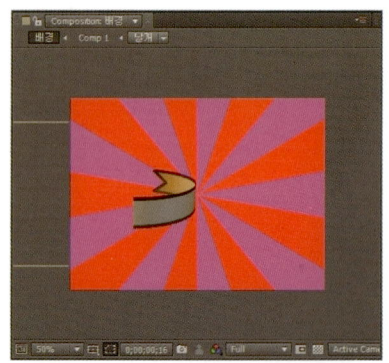

09 [Comp 1] 컴포지션을 선택하고, 메뉴 바에서 [Composition]−[Compositon Settings]를 선택하여 컴포지션의 크기를 설정합니다. [Composition Settings] 대화상자에서 Width 값을 '2000px'으로 설정합니다.

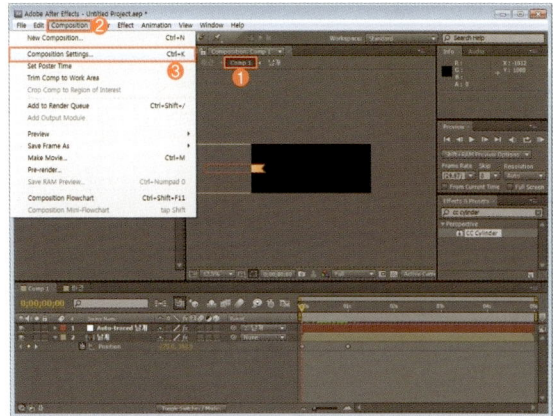 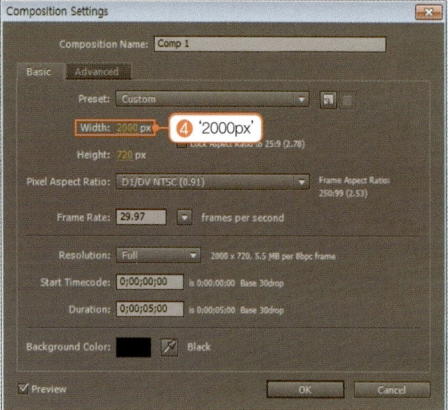

10 [Timeline] 패널에서 '날개' 레이어를 선택하고, 애니메이션이 되는 동안 항상 컴포지션에 보이도록 Position 값을 '1460.0, 360.0'으로 설정합니다. 이제 [배경] 컴포지션을 선택하여 RAM Preview(▶️) 버튼을 클릭하여 보면, 날개가 잘리지 않고 보입니다.

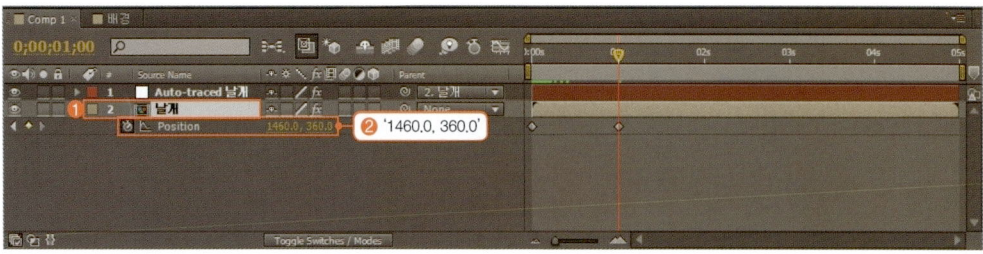

Position : 1460.0, 360.0

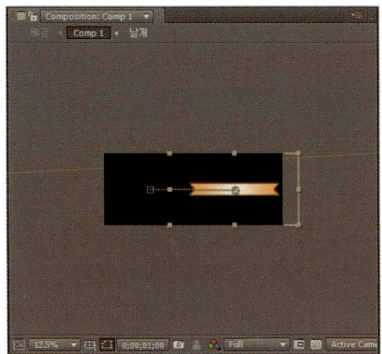 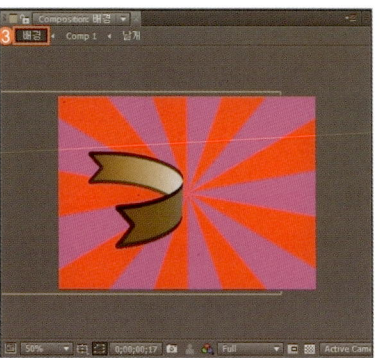

11 하지만, [Comp 1] 컴포지션에서 위치를 다르게 조정했기 때문에 기존에 적용되어 있는 CC Cylinder 이펙트의 속성값과 'Comp 1' 레이어의 Position에 적용한 애니메이션 설정 값을 달라진 위치에 맞춰서 다음과 같이 설정합니다.

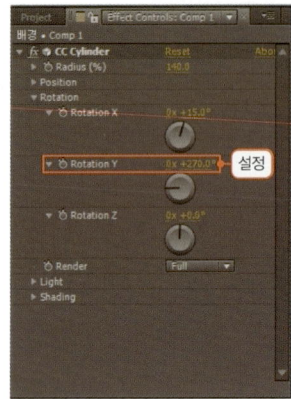
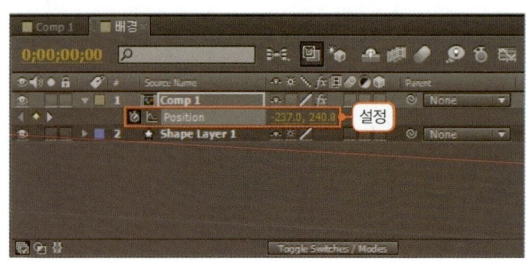

12 움직임을 좀 더 자연스럽게 하기 위해 Easy Ease(F9)를 적용하겠습니다. [Timeline] 패널에서 'Comp 1' 레이어의 Position 속성을 클릭하면 모든 키프레임이 선택됩니다. 마우스를 키프레임 위에 놓고 마우스 오른쪽 버튼을 클릭하여 [Keyframe Assistant]−[Easy Ease](F9)를 선택하여 적용합니다.

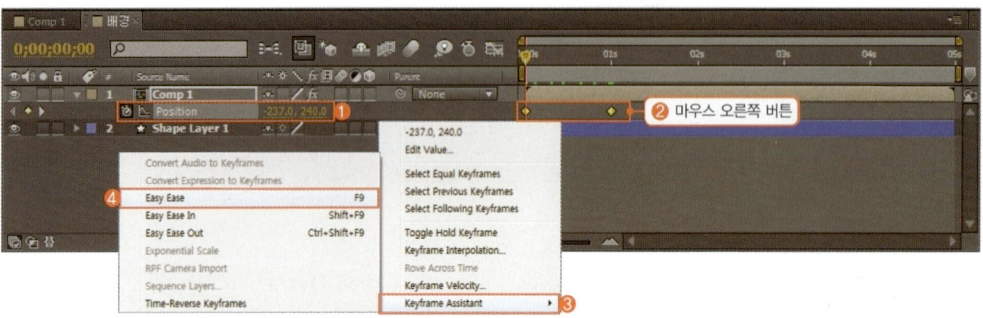

13 'Comp 1' 레이어를 선택하고, 단축키 S키를 눌러 Scale 속성을 열고, Y 값만 설정하기 위해서 Constrain Proportions(⊡) 스위치를 클릭하여 해제한 후 '50.0, 70.0'으로 설정합니다.

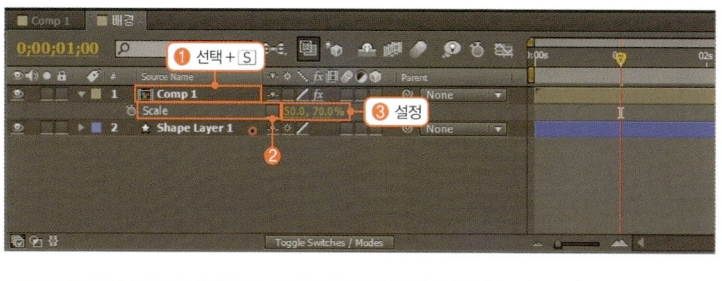

Scale : 50.0, 70.0

텍스트 입체로 만들기

Step 04

01 입체 텍스트를 만들어보겠습니다. 텍스트를 컴포지션의 가운데에서 시작하기 위해서 Text 툴(T)을 더블클릭하여 'DISCOVERY'를 입력을 하고, Ctrl + Enter키를 눌러 Text 모드에서 빠져나옵니다.

02 텍스트를 가운데에 배치하기 위해 [Paragraph] 패널에서 Center Text(≡)를 클릭한 다음, [Character] 패널에서 폰트 및 자간 등을 다음과 같이 설정합니다.

Font Size : 60px | Vertically Scale : 225%

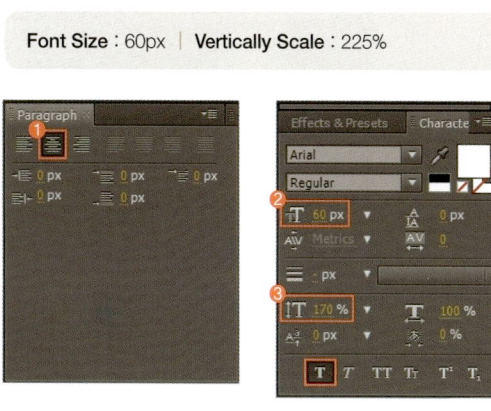
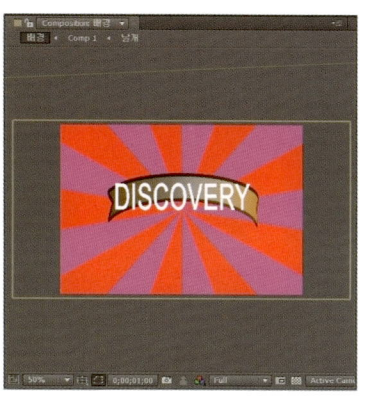

03 텍스트를 입체감 있게 만들겠습니다. 메뉴 바에서 [Layer]−[New]−[Solid...]((Ctrl)+(Y))를 선택하고, [Solid Settings] 대화상자에서 [Make Comp Size]버튼을 클릭하여 Solid Layer 크기를 컴포지션 크기에 맞게 만듭니다.

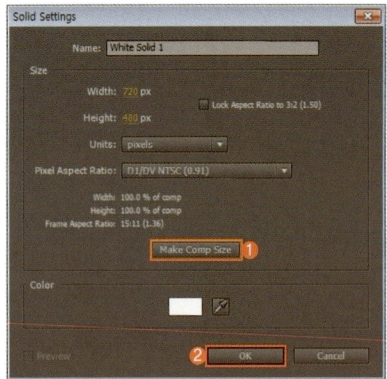 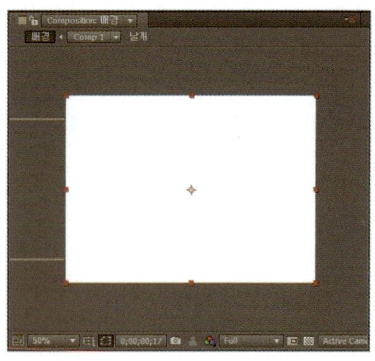

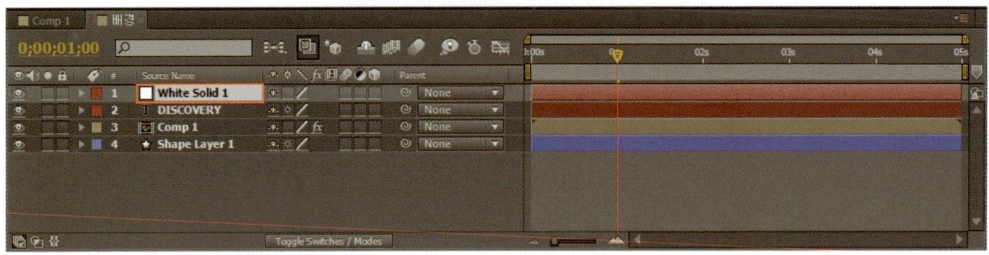

04 새로 만든 'White Solid 1' 레이어를 선택하고, [Effects & Presets] 패널에서 Shatter 이펙트를 검색하여 찾은 다음, 더블클릭하여 레이어에 적용합니다.

 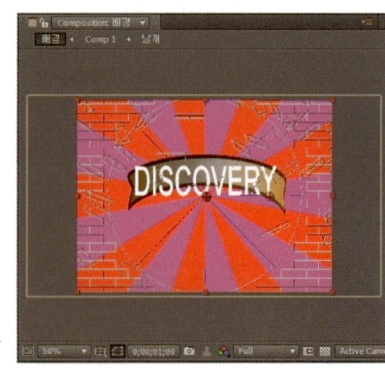

TIP Shatter 이펙트는 이미지를 깨뜨리는 효과의 이펙트입니다.

▲ Shatter 이펙트 적용

05 Shatter 이펙트가 적용된 [Effect Controls] 패널에서 View의 내림 버튼을 눌러 'Rendered'를 선택합니다. Current Time Indicator(⬚)를 오른쪽으로 드래그하여 이동시키면 [Composition] 패널에서 벽돌이 깨어지는 모습을 확인할 수 있습니다.

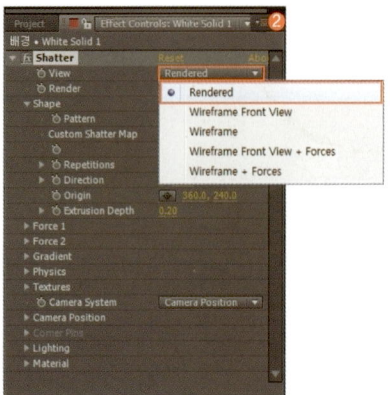 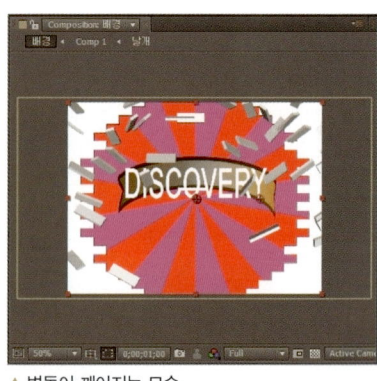

▲ 벽돌이 깨어지는 모습

06 Shatter 이펙트의 Shape의 Pattern 의 기본값은 Brick(벽돌)로 설정되어 있어 벽돌의 형태로 나타나는 것입니다. Shape의 옵션 버튼을 누르고 Pattern을 'Custom'으로 설정하고, Custom Shatter Map 속성은 'DISCOVERY' 레이어를 선택합니다. 이제 DISCOVERY 글자가 깨어지는 것을확인할 수 있습니다.

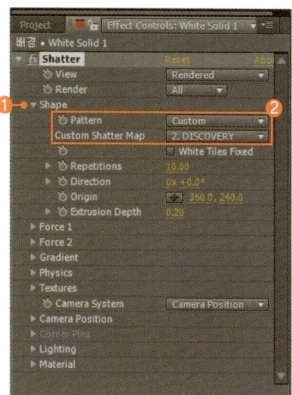
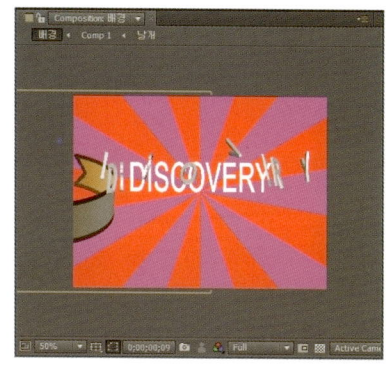

07 [Timeline] 패널에서 DISCOVERY라는 텍스트가 보이지 않게 Text Layer의 Video(👁) 스위치를 클릭하여 숨깁니다.

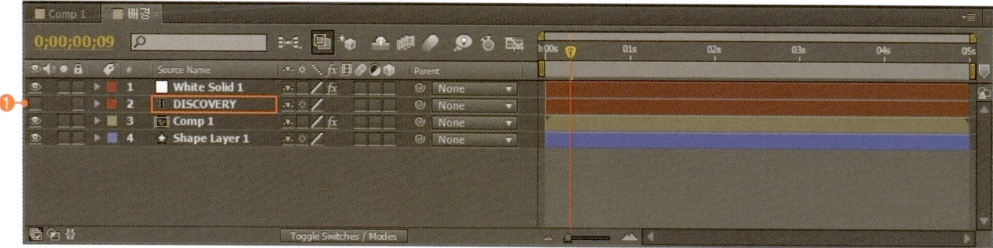

08 DISCOVERY 글자가 시간이 지남에 따라 깨지지 않게 글자를 고정시키겠습니다. [Effect Controls] 패널에서 Shatter 이펙트의 Force 1 속성의 옵션 버튼을 클릭하여 Radius 값을 '0.00'으로 설정하면 글자가 깨지지 않고 고정됩니다. Shatter의 Shape 속성에서 Extrusion Depth 값을 '5.00'으로 두께를 설정하여 입체감을 줍니다.

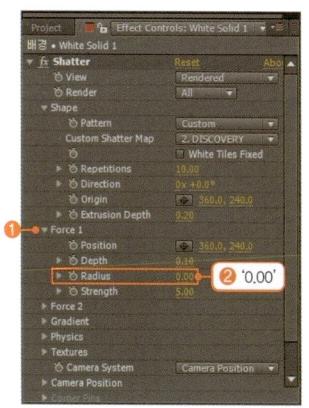
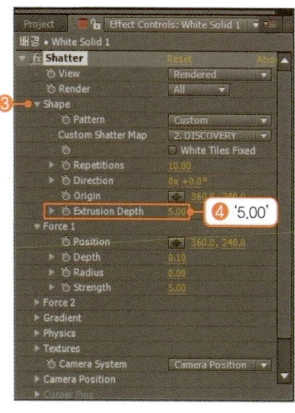
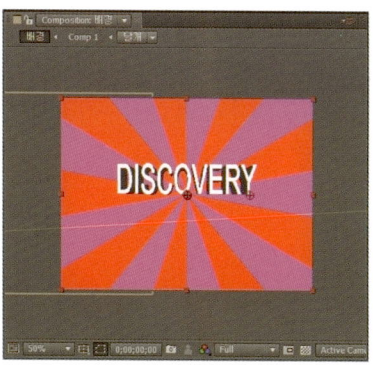

09 날개 오브젝트가 나타난 후에 텍스트가 나타나게 하기위해서 텍스트 레이어를 뒤로 이동하겠습니다. [Timeline] 패널에서 Current Time Indicator(🔲)를 20프레임으로 드래그하고, 'White Solid 1' 레이어를 선택하고 단축키 [키를 클릭하여 레이어의 앞의 위치를 Current Time Indicator(🔲) 위치로 이동시킵니다.

10 텍스트가 자연스럽게 나타나게 하기 위해서 마스크를 적용해 보겠습니다. 그런데 이펙트가 적용된 레이어에 마스크를 적용하면, 마스크를 먼저 인식하고 이펙트를 나중에 인식하게 되기 때문에 마스크 애니메이션이 제대로 적용되지 않습니다. 그래서, 'White Solid 1' 레이어와 'DISCOVERY' 레이어를 선택하고 메뉴 바에서 [Layer]-[Pre-compose](Ctrl + Shift + C)를 선택하여 Pre-compose를 적용하여 하나의 컴포지션으로 묶습니다.

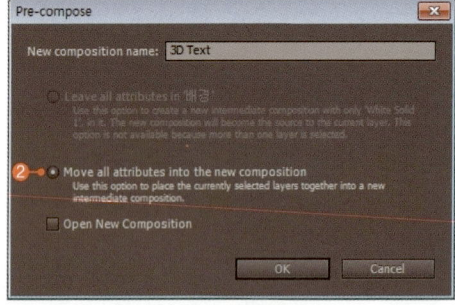

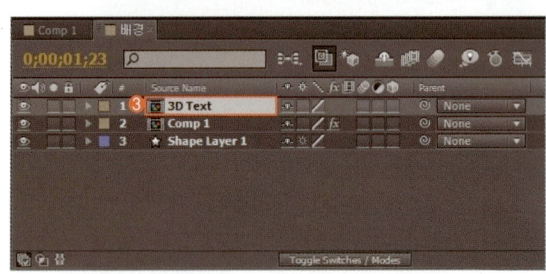

11 '3d Text' 레이어를 선택하고, [Tool] 패널에서 Rectangle 툴(🔲)을 선택하고, [Composition] 패널에서 텍스트 크기만큼 드래그해서 선택합니다.

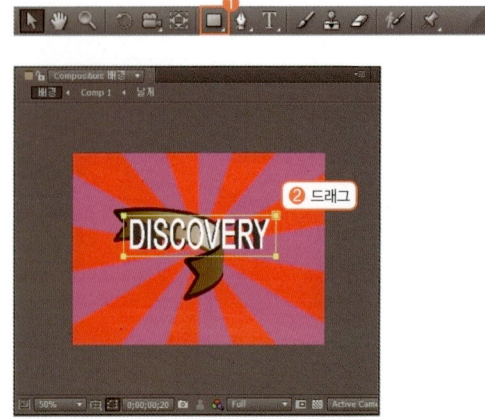

12 마스크 애니메이션을 주겠습니다. [Timeline] 패널에서 Current Time Indicator(🔲)를 1초로 이동한 다음, '3d Text' 레이어를 선택하고 단축키 M키를 클릭합니다. Mask 1의 Mask Path 속성을 열고 stop watch(⏱) 버튼을 클릭하여 키프레임을 만듭니다.

TIP Masks → Mask 1의 옵션 버튼을 클릭하여 Mask Path 속성을 열 수 있습니다.

13 처음에는 텍스트가 없다가 나타나는 애니메이션을 만들어보겠습니다. Current Time Indicator (🔲) 20프레임으로 이동시키고, [Tool] 패널에서 Selection 툴(▶)을 선택하여 마스크 오른쪽의 2개의 정점이 있는 부분을 드래그해서 선택한 후, 정점을 클릭해 드래그해서 왼쪽으로 글자가 보이지 않을 때까지 이동시킵니다.

01 텍스트의 색상을 바꿔보겠습니다. [Timeline] 패널에서 '3D Text' 레이어를 더블클릭하여 [3d Text] 컴포지션을 열고 'DISXOVERY' 레이어를 선택하고, 메뉴 바에서 [Layer]−[Pre−compose](Ctrl + Shift + C)선택합니다. [Pre−compose] 대화상자에서 Open New Composition에 체크 표시하여 Pre−compose로 만든 컴포지션을 엽니다.

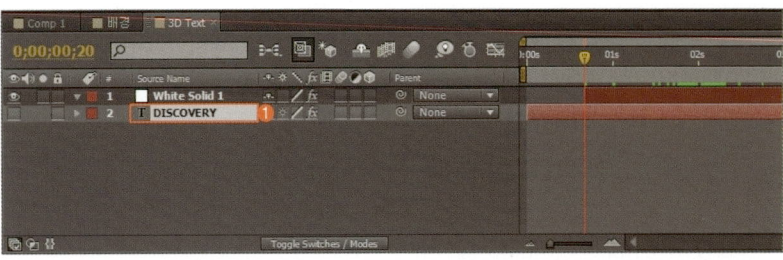

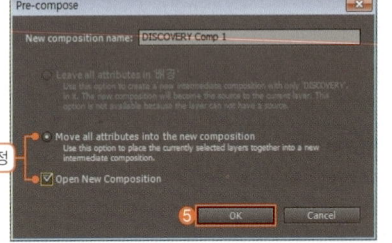

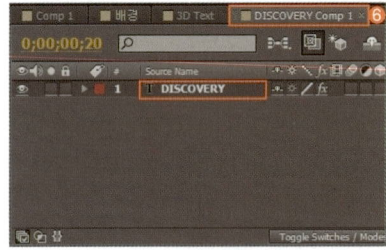

▲ Pre−compose로 만든 컴포지션

02 'DISCOVERY' 레이어를 선택하고, [Effects & Presets] 패널에서 Ramp 이펙트를 검색해 더블클릭하여 레이어에 이펙트를 적용한 다음, [Effect Controls]에서 Ramp 속성값을 다음과 같이 설정합니다.

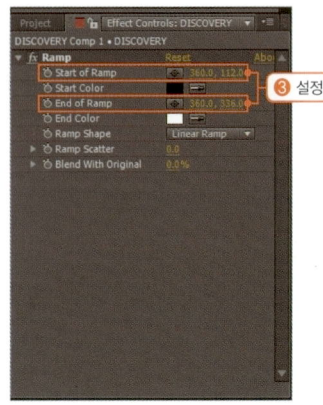

▲ Ramp 속성값 설정 전

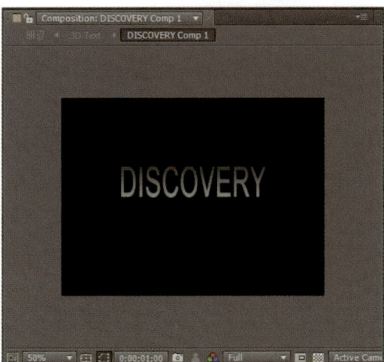

▲ Ramp 속성값 설정 후

Start Ramp : 360.0, 112.0
End Ramp : 360.0, 336.0

03 [Timeline] 패널에서 [3D Text] 컴포지션을 선택하여 Shatter 이펙트가 적용된 'White Solid 1' 레이어를 선택합니다. [Effect Controls] 패널의 Shatter 속성 중에서 Textures의 옵션 버튼을 눌러 Front Layer의 'DISCOVERY Comp 1'을 선택하여 DISCOVERY 레이어의 색상을 입체 텍스트의 정면 색상으로 지정합니다.

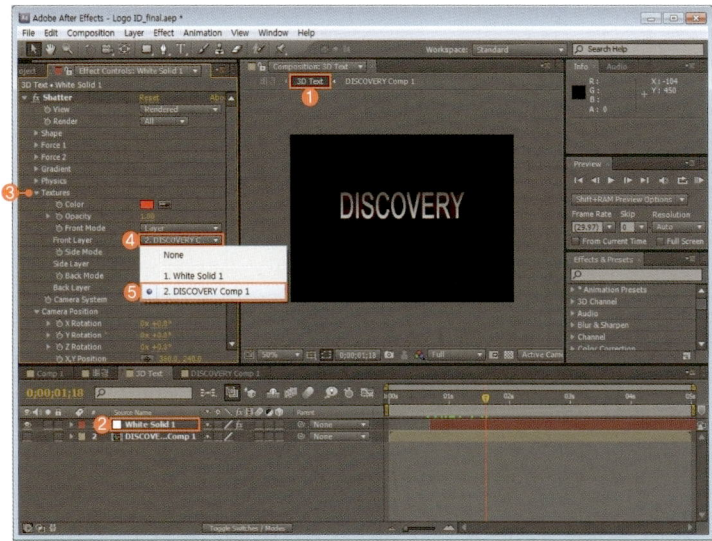

04 [DISCOVERY Comp 1] 컴포지션을 선택하고 'DISCOVERY' 레이어를 선택한 다음, [Effects & Presets] 패널에서 Hue/Saturation 이펙트를 검색한 다음 더블클릭하여 레이어에 적용합니다. Hue/Saturaiton 속성에서 Colorize에 체크 표시하면 색상이 적용됩니다.

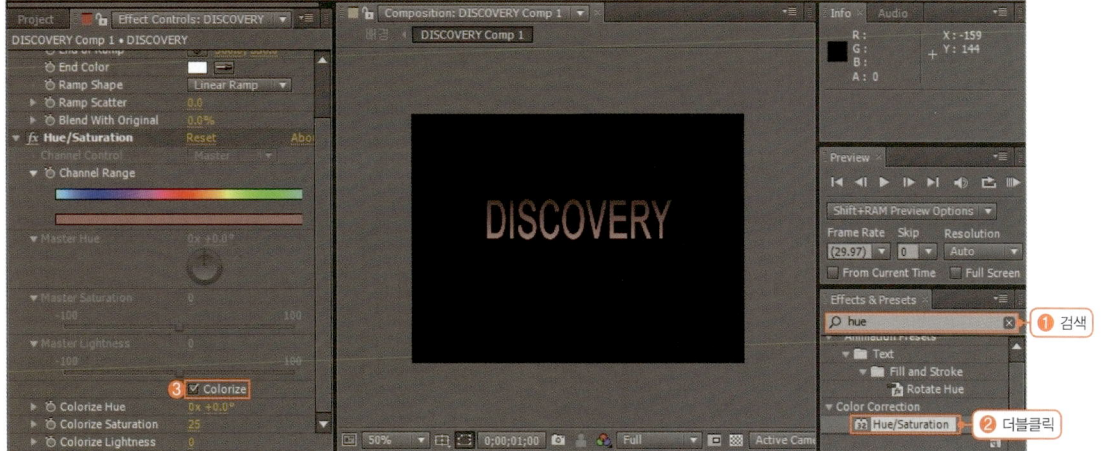

05 [배경] 컴포지션을 선택하여 보이는 텍스트가 빛을 받아서 밝아지게 만들겠습니다. Shatte 이펙트가 적용된 [3D Text] 컴포지션을 선택하여, [Effect Controls] 패널의 Lighting의 옵션 버튼을 클릭하여 Light Intensity 값을 '1.55'로 높여서 설정합니다.

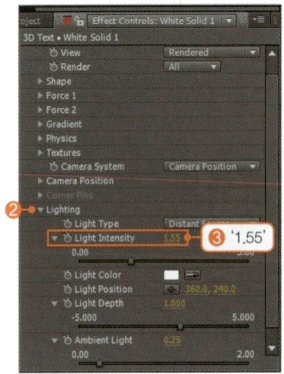 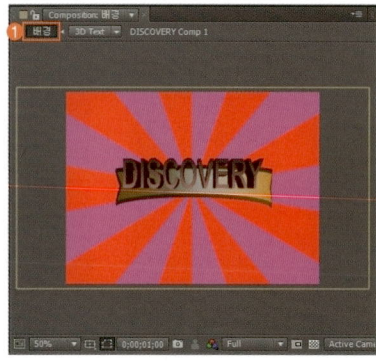 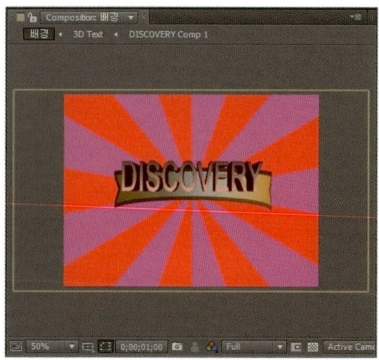

06 [Effect Controls] 패널의 Shatter 이펙트에서 Camera Position의 옵션 버튼을 클릭하여 속성값을 다음과 같이 설정하여 텍스트를 회전시킵니다.

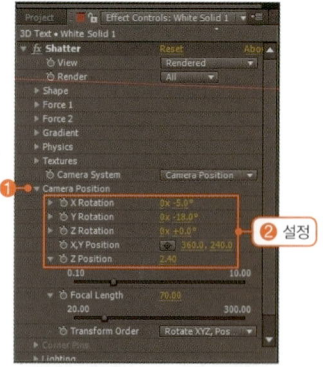

X Rotation : −5.0˚ | Y Rotation : −18.0˚ | Z Roation : 0.0˚ | X,Y Position : 360.0, 240.0 | Z Position : 2.40

07 [배경] 컴포지션에서 '3D Text' 레이어를 선택하고 단축키 P 키를 눌러 Position 값을 '387.0, 260.0'으로 설정합니다.

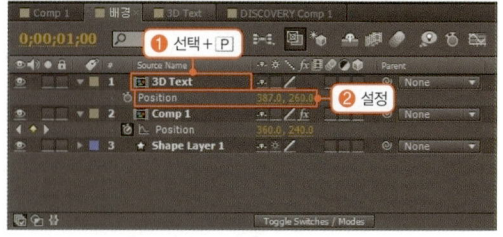

Position : 387.0, 260.0

08 텍스트가 회전하면서 나타나는 애니메이션을 완성하였습니다.

Brainstorm 활용하기

작업할 때 다양한 시안을 만들어서 비교해보면 더 나은 결과물을 선택할 수 있습니다. 하지만, 여러 가지 결과물을 만들기에 시간이 부족할 때, Brainstorm( )을 이용하면 다양한 시안을 볼 수 있습니다.

01 메뉴 바에서 [Layer]-[New]-[Adjustment Layer](Ctrl + Alt + Y)를 선택하여 [Timeline] 패널에 Adjustment Layer를 추가합니다.

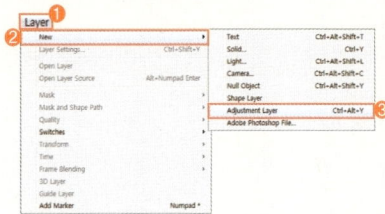

02 [Timeline] 패널에서 Adjustment Layer를 선택하고, [Effects & Presets] 패널에서 Hue/Saturation 이펙트를 검색하여 더블클릭해 적용합니다. Hue/Saturation을 선택하고, [Timeline] 패널에서 Brainstorm( ) 버튼을 클릭합니다.

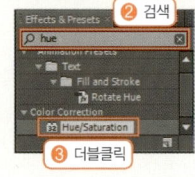

03 [Brainstorm] 대화상자에는 원본 이미지와 After Effects가 임의로 설정한 8가지 다른 이미지들을 제시합니다. 이렇게 다양한 시안을 통해서 가장 어울릴만한 이미지를 선택하는 것이 좋습니다.

입체감이 느껴지는 3D 타이틀 만들기

After Effect에서 제공하는 Shatter 이펙트를 적용하여 방송 타이틀을 만들어 보겠습니다. Shatter 이펙트는 레이어를 3D 느낌으로 만들고 부서지는 애니메이션을 만들 수 있습니다.

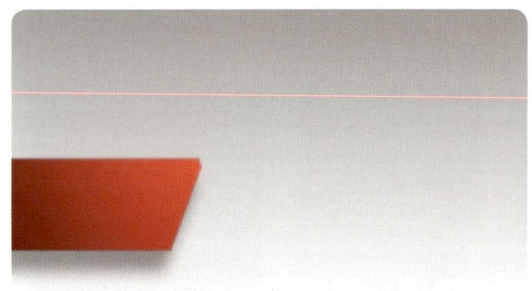

배우는 기능	반사되는 느낌 만들기 ┃ Shatter 이펙트 활용하기 ┃ 카메라 활용하기
예제파일	부록CD\Sample\Part02\02\Text_CH_ID.eps
완성파일	부록CD\Sample\Part02\02\Text_CH_ID_final_a.aep

01 메뉴 바에서 [File]-[Open Project](Ctrl + O)를 선택하여 [부록CD\Sample\Part02\02\Text_CH_ID.eps]
파일을 불러옵니다. 파일을 불러오면 컴포지션에는 'box' 레이어와 'BG' 레이어가 있습니다. 'box' 레이어와 'BG'레이
어에는 다음과 같이 이펙트가 적용되어 있습니다.

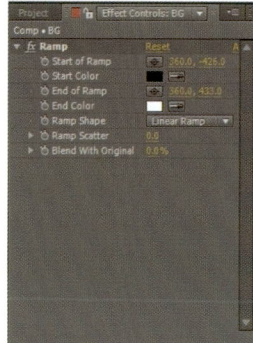

▲ box 레이어에 적용된 이펙트   ▲ BG 레이어에 적용된 이펙트

02 'box' 레이어가 왼쪽에서 나타나는 애니메이션을 만들겠습니다. [Timeline] 패널에서 'box' 레이어를 선택하고
Position 속성을 열기 위해서 단축키 P키를 클릭합니다.

03 [Timeline] 패널에서 Current Time Indicator(🔲)를 애니메이션이 끝나는 위치인 1초로 드래그하여 이동시키고,
Position의 stop watch(⏱) 버튼을 클릭하여 키프레임을 만들어 애니메이션을 시작합니다.

04 Current Time Indicator(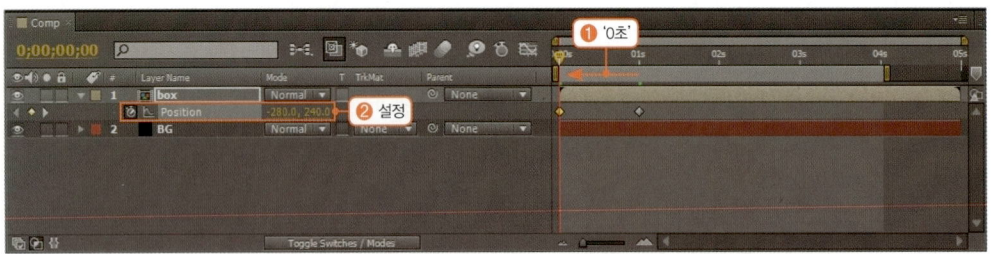)를 0프레임으로 이동시키고 Position 값을 '−280.0, 240.0'으로 설정하여 배치합니다.

TIP 애니메이션을 줄 때, 애니메이션이 끝나는 시점이 현재 위치라면 끝나는 시점에 Current Time Indicator(🔖)를 위치하고 stop watch(🕐) 버튼을 클릭하는 것이 편리합니다.

05 'box' 레이어에 반사 효과의 느낌이 나도록 하겠습니다. 반사 효과로 사용하기 위해서 메뉴 바에서 [Layer]−[New]−[Solid...](Ctrl + Y)를 선택하여 새로운 Solid Layer를 하나 만듭니다.

Name : Reflection | **Pixel Aspect Ratio** : Square Pixels | **Color** : 흰색(FFFFFF)

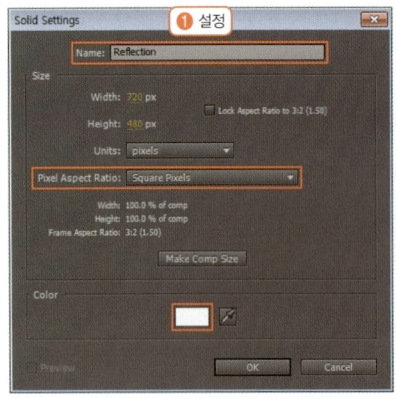

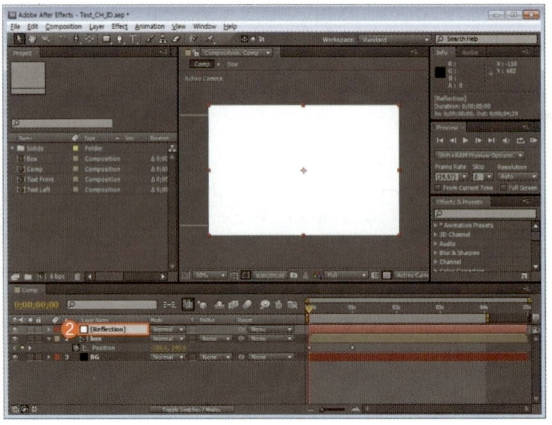

06 Solid Layer에 마스크를 그려서 반사되는 느낌을 만들겠습니다. [Timeline] 패널에서 'Reflection' 레이어를 선택하고, [Tool] 패널에서 Pen 툴(🖊)(G)을 선택하여 오른쪽과 같이 마스크를 그립니다.

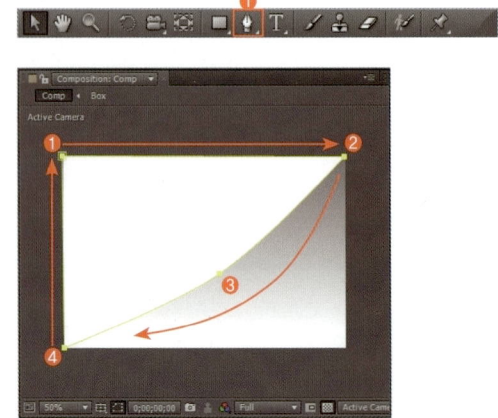

07 이제 Reflection이 적용될 매트가 필요합니다. [Timeline] 패널에서 'box' 레이어를 선택하고, 복제하는 단축키 Ctrl + D 키를 눌러 레이어를 복제(Duplicate)합니다. 복제해서 만들어진 'box2' 레이어를 드래그하여 'Reflection' 레이어 위에 배치합니다.

08 'Reflection' 레이어의 Track Matte의 내림 버튼을 눌러 메뉴를 열면, 해당하는 레이어의 이름을 확인할 수 있습니다. 'Luma Matte "box 2"'를 선택하여 'box 2' 레이어에 적용합니다.

TIP [Timeline] 패널에서 Track Matte가 보이지 않을 때는 단축키 F4 키를 누르거나, Columns 부분에서 마우스 오른쪽 버튼을 클릭하여 메뉴를 열어줍니다.

09 이제 [Preview] 패널에서 Play(▶) 버튼 클릭하여 확인해 보면, 'box' 레이어가 움직이면서 나타날 때, 반사되는 효과를 확인할 수 있습니다.

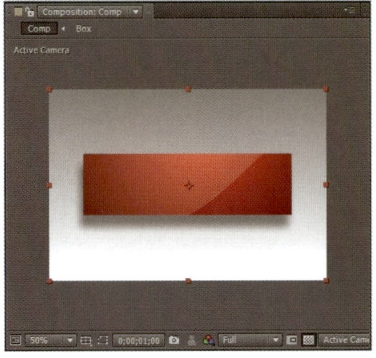

10 'Reflection' 레이어의 Mode 내림 버튼을 클릭하여 'Overlay'로 설정하여 아래 레이어와 좀 더 잘 혼합되도록 합니다.

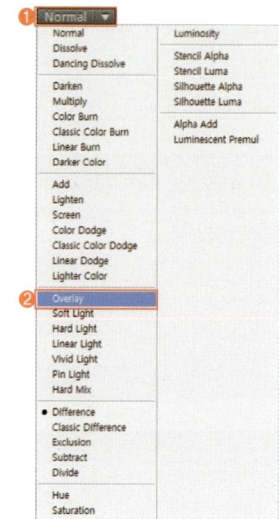

TIP 모드는 두 개의 레이어를 혼합해 주는 기능을 합니다.

11 반사 느낌을 좀 더 살려주기 위해서, 'Reflection' 레이어와 매트 역할을 하는 'box 2' 레이어를 선택하여 단축키 Ctrl + D 키를 눌러 복제(Dulplicate)합니다. 새로 생성된 레이어 두 개가 위쪽에 배치되고, 그렇지 않을 경우에는 두 개의 레이어를 선택해서 기존의 레이어 위쪽으로 배치합니다.

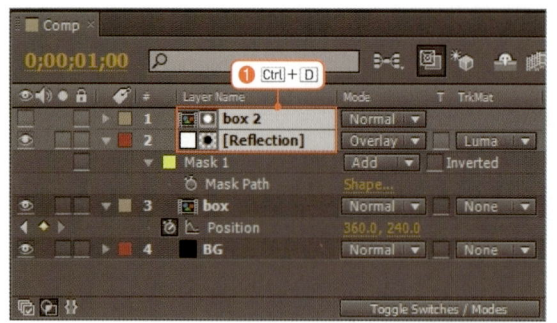

12 새로 생성된 'Reflection' 레이어의 Mode 내림 버튼을 클릭하여 'Add'로 설정하여 반사되는 부분을 좀 더 잘 보이게 합니다. 너무 밝아진 것을 낮추기 위해서 'Reflection' 레이어를 선택하고 단축키 T 키를 눌러 Opacity 값을 '50%'로 설정하여 낮춥니다.

01 텍스트를 만들어보겠습니다. [Tool] 패널에서 Type 툴(T)을 더블클릭하여 [Composition] 패널의 가운데에 'MOOZINE' 이라고 텍스트를 입력하고, Ctrl + Enter 키를 클릭한 다음, [Character] 패널에서 다음과 같이 설정합니다.

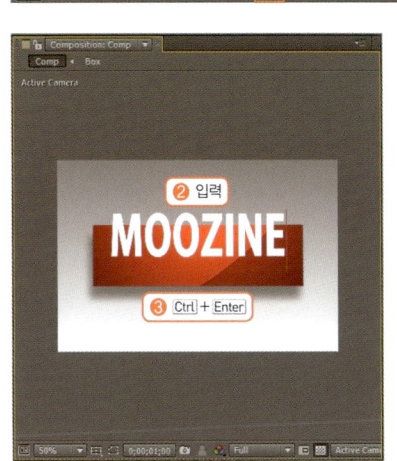

> **Font** : Adobe Gothic Std | **Font Size** : 60px |
> **Vertically Scale** : 225% | **Horizontally** : 163%

02 텍스트를 입체화하기 위해서 Text Layer에 Shatter 이펙트를 적용하겠습니다. [Timeline] 패널에서 Text Layer 인 'MOOZINE' 레이어를 선택하고, [Effects & Presets] 패널에서 Shatter 이펙트를 검색하여 찾은 후, Shatter 이펙트를 더블클릭하여 적용하거나 레이어에 드래그하여 적용합니다.

03 Shatter 이펙트를 적용하면 와이어 프레임 형태로 보이는데, [Effect Controls] 패널(F3)에서 다음과 같이 속성값을 설정합니다.

> **View** : Rendered | **Pattern** : Custom |
> **Custom Shatter Map** : 1. MOOZINE

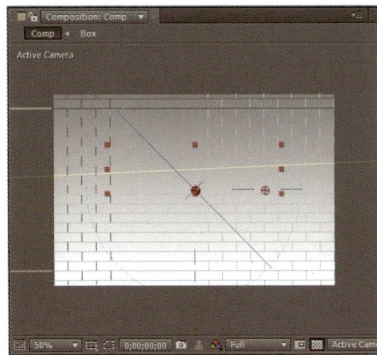

▲ Shatter 이펙트를 적용한 모습

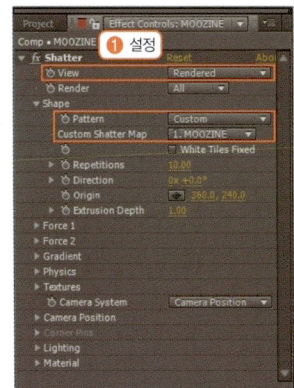

04 텍스트가 입체적으로 되었습니다. 하지만, [Preveiw] 패널에서
Play(▶) 버튼을 클릭하여 확인하면 시간이 지남에 따라 글자가 흩어져 버
립니다. 텍스트가 흩어졌다가 다시 합쳐지는 표현을 해보겠습니다.

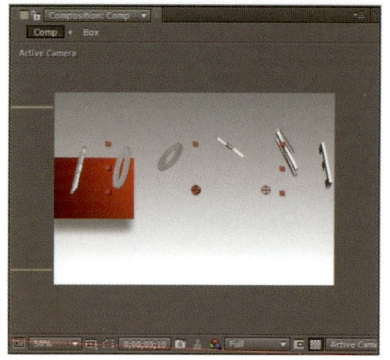

05 Current Time Indicator(⬇)를 글자가 깨져서 완전히 사라지고 난 뒤인 '1초 20프레임' 위치로 드래그하여 이동
시키고, 단축키 Alt + 1 키를 클릭하여 Text Layer의 필요없는 뒷부분의 길이를 자릅니다.

06 'box' 레이어가 나타날 때, 글자가 흩어져 있다가 합쳐지는 형태로 바꾸기 위해서 [Timeline] 패널의 좌측 하단
에 있는 Expand or Collapse the In/Out/Duration/Stretch panel(ꤷ)을 클릭해서 Stretch를 엽니다. 'MOOZINE'
레이어의 Stretch의 100.0%를 클릭하여 나타난 [Time Stretch] 대화상자에서 Stretch Factor 값을 '−100%'로 설정
합니다.

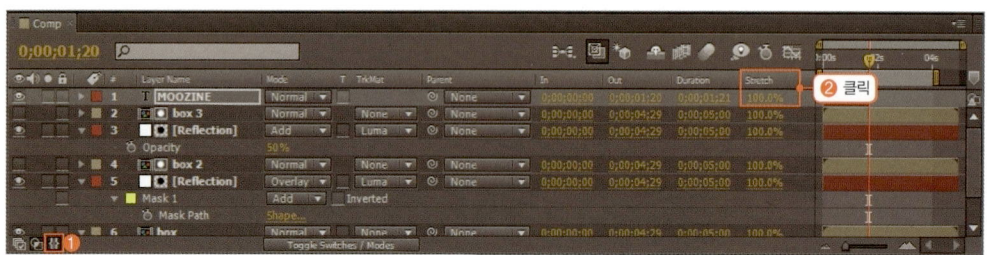

TIP Stretch Factor의 값을 '−'로 설정하면 영상을 역순으로 보여줍니다.

07 Stretch 값을 '−'로 설정했기 때문에, Text Layer의 시간 순서가 반대로 되면서 레이어의 위치가 앞으로 움직입니다. [Timeline] 패널에서 'MOOZINE' 레이어를 선택하고, Current Time Indicator(📍)를 0초으로 이동시키고, 단축키 ⓘ키를 클릭하여 레이어의 위치를 Current Time Indicator(📍)로 이동합니다.

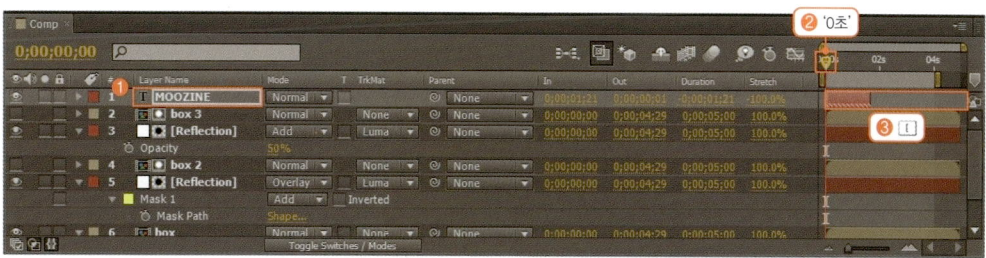

08 이제 텍스트가 흩어져 있다가 합쳐지지만, 합쳐짐과 동시에 레이어가 끝나는 문제가 있습니다. 이 부분은 Time Remapping으로 레이어를 늘려주면 됩니다. [Timeline] 패널에서 'MOOZINE' 레이어를 선택하고 단축키 End키를 눌러 Current Time Indicator(📍)의 위치를 Timeline의 제일 뒤로 옮깁니다. 단축키 Alt+ⓘ키를 눌러 레이어의 길이를 Timeline 길이만큼 늘려줍니다.

TIP Time Remapping은 영상을 일정 시간동안 정지시키거나, 영상의 속도를 다르게 적용할 때 사용합니다. Chapter 06의 section 02를 참고하세요.

09 이제 텍스트에 재질을 적용해보겠습니다. [Project] 패널에서 Text Front와 Text Left를 선택해서 [Timeline] 패널로 드래그합니다.

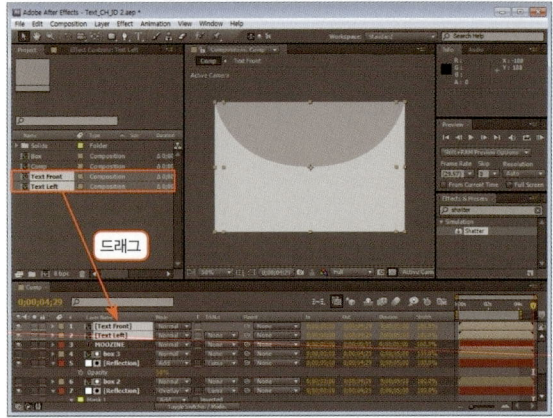

10 [Timeline] 패널에 불러온 Text Front와 Text Left는 보이지 않게 Video(👁) 스위치를 체크 해제하여 보이지 않게 합니다. 그런 다음, 'MOOZINE' 레이어를 선택하고, [Effect Controls] 패널에서 Shatter 이펙트를 선택하고 다음과 같이 속성값을 설정하여 재질을 적용합니다. 이제 Text Layer에 재질이 적용되었습니다.

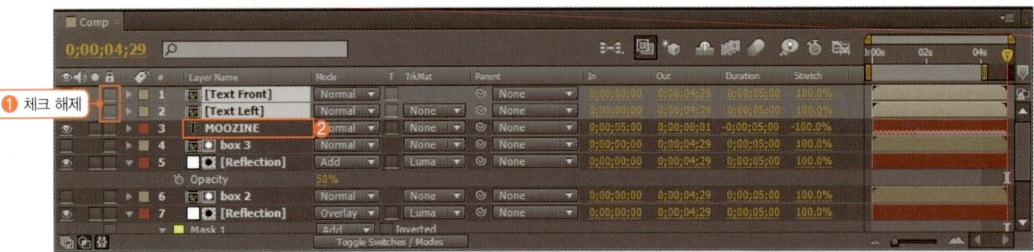

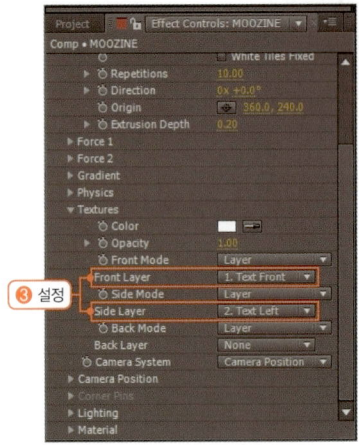

Front Layer : 1.Text Front | **Side Layer** : 2.Text Left

11 전체적인 색상 보정을 하겠습니다. [Timeline] 패널에서 마우스 오른쪽 버튼을 클릭하여 [New]−[Adjustment Layer]를 선택하여 Adjustment Layer를 만듭니다.

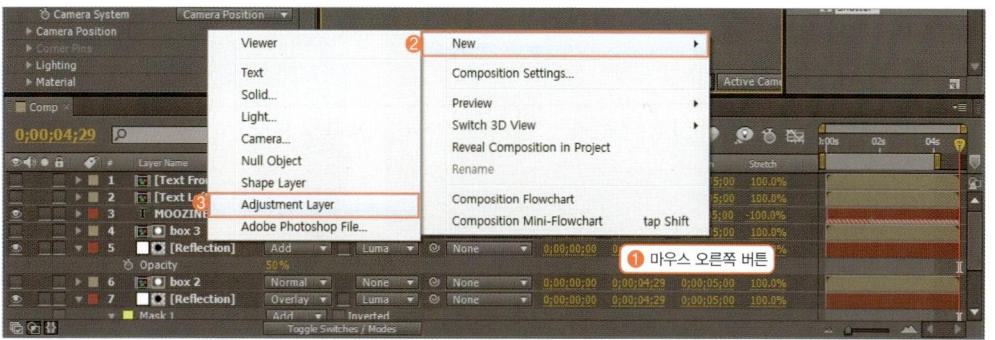

12 [Timeline] 패널에서 Adjustment Layer를 선택하고, [Effects & Presets] 패널의 검색창에서 Curves 이펙트를 검색하여 찾아 더블클릭하거나 Adjustment Layer에 드래그하여 적용하고, 아래와 같이 Curves 형태를 설정합니다.

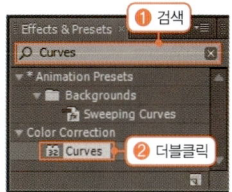

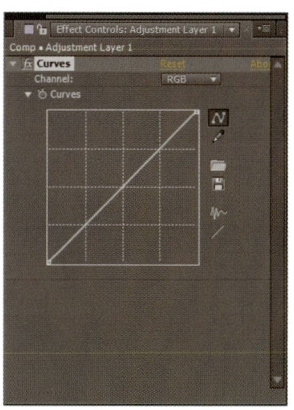

▲ 설정 전

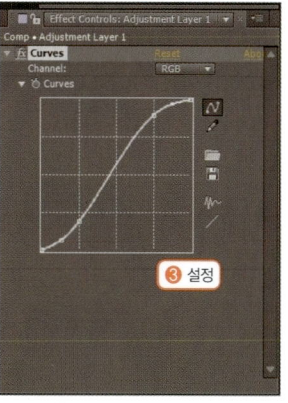

▲ 설정 후

TIP Curves 이펙트는 곡선을 이용해서 이미지나 영상에 톤을 조절합니다. S자 곡선 형태일 때 일반적으로 좋은 결과물을 보여줍니다.

13 Curves 이펙트가 적용된 Adjustment Layer의 Mode의 내림 버튼을 클릭하여 'Screen'으로 설정하고, 단축키 [T] 키를 눌러 Opacity 값을 '50%'로 설정하여 낮추면 컴포지션 전체가 밝아집니다.

Mode : Screen | Opacity : 50%

14 [Timeline] 패널에서 Adjustment Layer를 선택하고, [Effects & Presets] 패널에서 Fast Blur 이펙트를 검색해서 찾은 다음, 이펙트 명을 더블클릭하거나 Adjustment Layer에 드래그하여 적용합니다. [Effect Controls] 패널에서 다음과 같이 설정합니다.

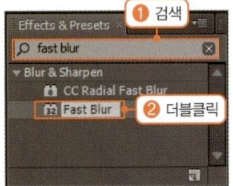
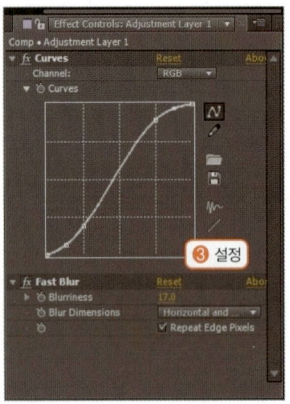

▲ Fast Blur 적용 후

TIP Fast Blur 이펙트는 이미지에 블러(흐림) 효과를 주는 이펙트이며, 영상을 몽환적인 느낌으로 표현할 때에도 적용합니다.

Camara를 추가하여 영상 구도 잡기

01 Camera Layer를 추가하겠습니다. [Composition] 패널에서 마우스 오른쪽 버튼을 클릭하여 [New]−[Camera …]를 선택하고 [Camera Settings] 대화상자에서 [Ok] 버튼을 클릭하여 Camera Layer를 만듭니다.

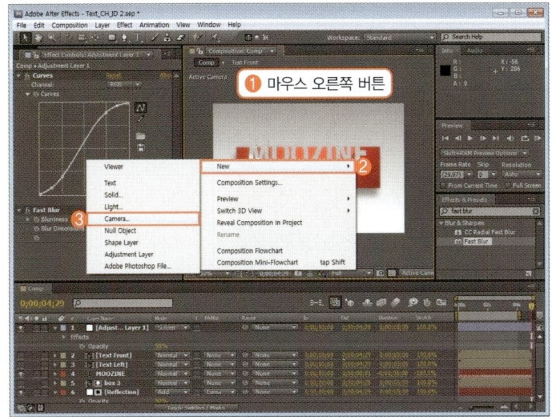
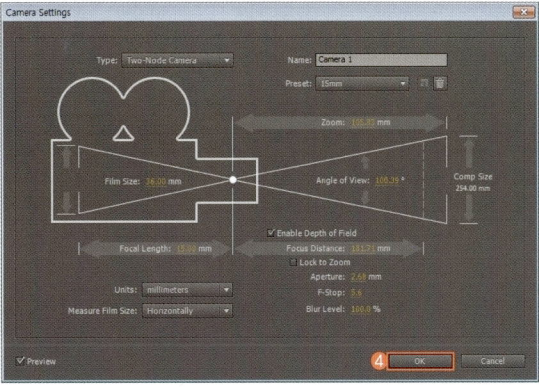

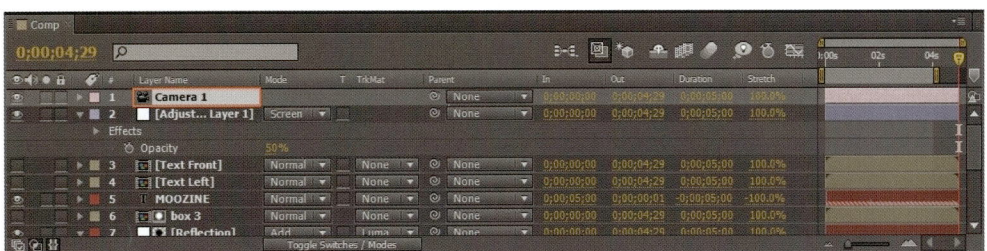

02 [Composition] 패널에서 화면의 구도를 설정하겠습니다. [Tool] 패널에서 Camera 툴(🎥)을 선택하고, 'Camera 1' 레이어를 선택하여 단축키 A키를 눌러 Point of Interest 속성을 열고, Position을 함께 보기 위해 Shift키를 누른 채 단축키 P키를 클릭합니다. 그리고 Camera의 위치는 다음과 같이 설정합니다.

Point of Intereset : 360.0, 240.0, 0.0 | **Position** : 365.0, 345.0, −280.0

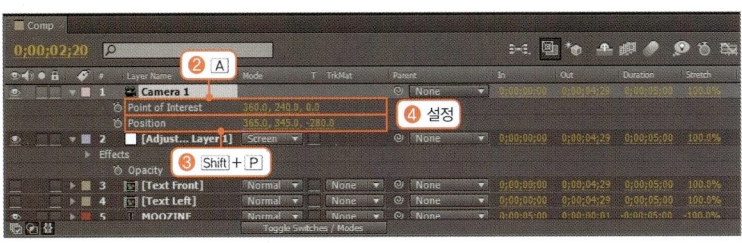

TIP 단축키로 레이어의 속성을 열 때 동시에 여러 개의 속성을 열고자 할 때는 Shift키를 누르고 단축키를 누릅니다.

03 Camera의 방향에 'box' 레이어는 맞지만, Text Layer는 Shatter 이펙트를 적용하여 Camera의 움직임에 반응을 하지 않습니다. [Timeline] 패널에서 'MOOZINE' 레이어를 선택하고, [Effect Controls] 패널에서 Shatter 속성의 Camera System의 내림 버튼을 클릭하여 'Comp Camera'를 선택하면 Camera의 방향에 맞게 텍스트의 방향이 수정됩니다.

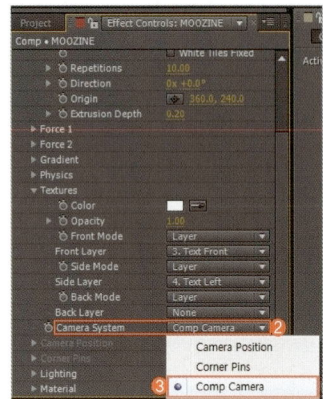

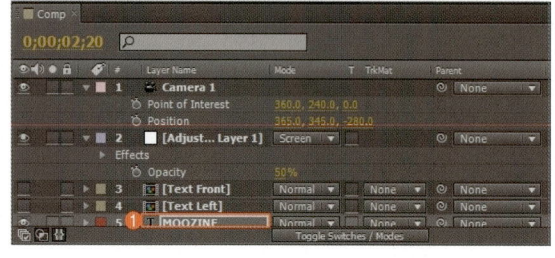

04 텍스트의 두께를 조절해보겠습니다. [Effect Controls] 패널에서 Shatter 속성의 옵션 버튼을 클릭하여 Extrusion Depth 값을 '1.00'으로 설정합니다.

05 텍스트가 나타날 때 Motion Blur를 적용하겠습니다. 텍스트는 Shatter 이펙트에 의해 애니메이션이 되기 때문에 Motion Blur를 바로 적용할 수 없습니다. [Timeline] 패널에서 Text Layer를 선택하고, [Effects & Presets] 패널에서 CC Radial Fast Blur 이펙트를 검색하여 더블클릭하여 Text Layer에 적용합니다. 이제 [Composition] 패널을 보면 Text에 Motion Blur가 적용된 것을 확인 할 수 있습니다.

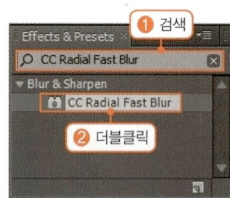

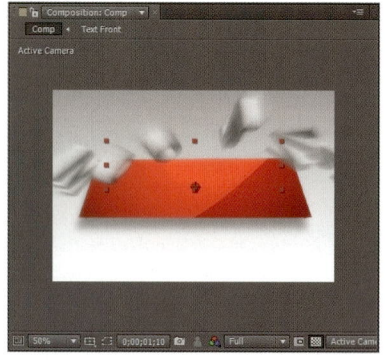

06 텍스트가 합쳐지는 순간에는 Motion Blur를 없애야 하기 때문에, Current Time Indicator(🔦)를 1초 20프레임에 위치시키고, [Effect Controls] 패널에서 CC Radial Fast Blur 이펙트의 Amount 속성에 애니메이션을 주기 위해 stop watch(⏱) 버튼을 클릭합니다. Current Time Indicator(🔦)를 1초 21프레임으로 이동해서 Amount 값을 '0.0'으로 설정하여 Motion Blur 효과를 없앱니다.

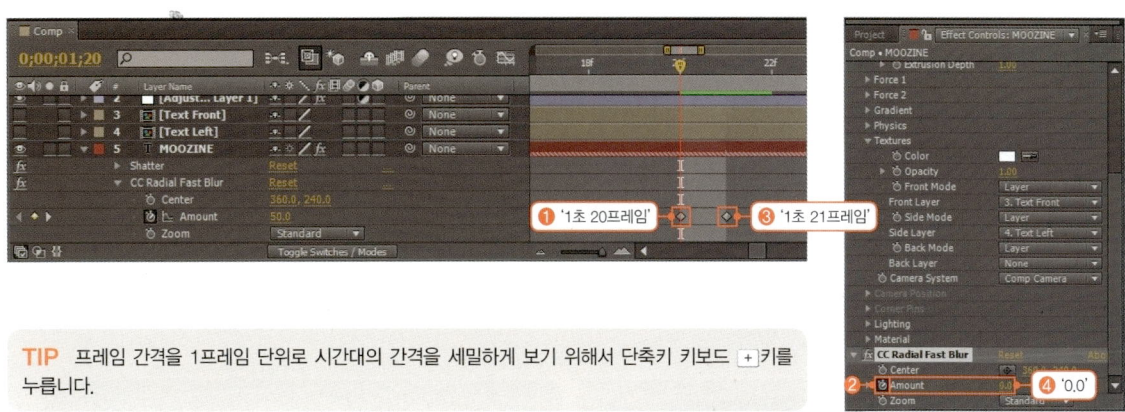

TIP 프레임 간격을 1프레임 단위로 시간대의 간격을 세밀하게 보기 위해서 단축키 키보드 + 키를 누릅니다.

07 채널 아이디 영상을 완성하였습니다.

Special Note

Camera 앵글을 다양하게 바꾸면서 다양한 느낌의 영상을 시도해 보기 바랍니다.

Point of Interest : 415.0, 215.0, 75.0 | **Position** : 553.0, 288.0, −178.0

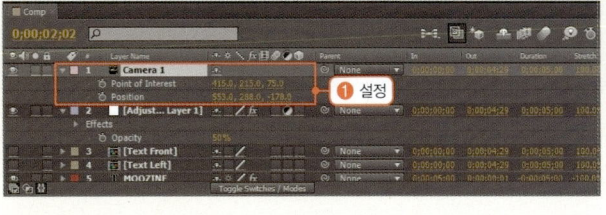

▶ 완성예제 : 부록CD\Sample\Part02\02\Text_CH_ID_final_b.aep

통통 튀는 공 만들기

Wiggle는 렌덤하게 움직이도록 하는 Expression 명령어입니다. 영상 작업을 할 때 랜덤하게 움직임을 주면 자연스럽게 보이기 때문에 이 명령어는 아주 유용하게 사용할 수 있습니다.

● P r e v i e w ●

배우는 기능	Motion Tile 적용하기	CC Sphere 적용하기	Wiggle 적용하기
예제파일	부록CD\Sample\Part02\03\Expression_wiggle.aep
완성파일	부록CD\Sample\Part02\03\Expression_wiggle_final.aep

01 메뉴 바에서 [Composition]-[New Compositon](Ctrl+N)을 선택하고 [Compositon Settings] 대화상자에서 다음과 같이 설정하고 [OK] 버튼을 눌러 새로운 컴포지션을 만듭니다.

Pixel Aspect Ratio : Square Pixels | Background Color : 검정색(#000000)

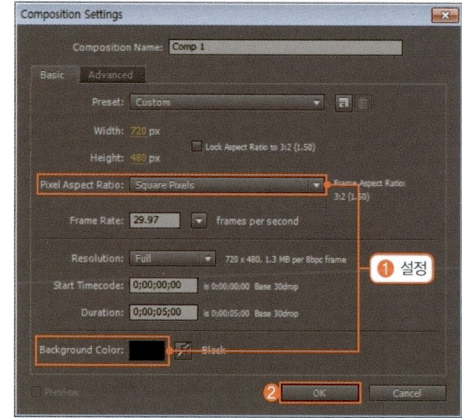
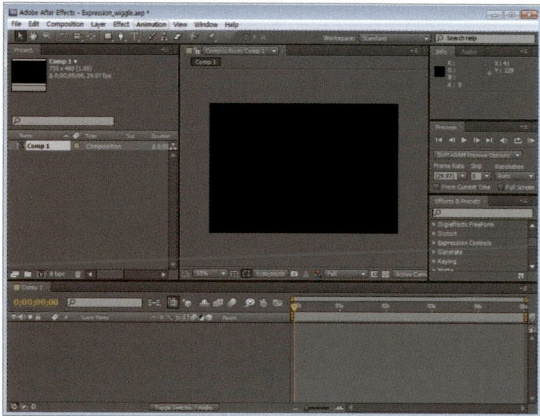

02 [Project] 패널의 빈 곳을 더블클릭하여 [부록CD\Sample\Part02\03] 안에 포함된 BG.png와 line.png 이미지 2개를 선택해 Import합니다. [Project] 패널에서 BG.png를 [Timeline] 패널로 드래그합니다.

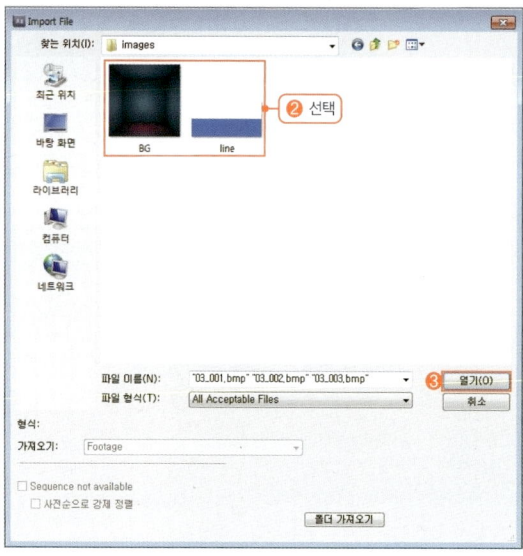
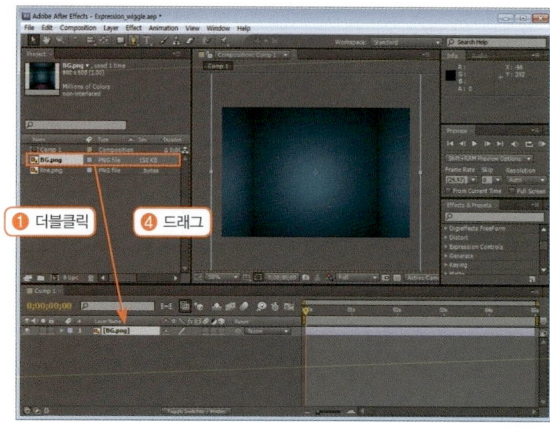

TIP [Project] 패널에서 상단 바의 Type을 클릭하면, Type별로 정렬이 되어 관리가 편리합니다.

03 [Timeline] 패널에 생성된 'BG.png' 레이어의 위치를 컴포지션 크기에 맞게 배치하기 위해 'BG.png' 레이어를 선택하고, 단축키 [P]키를 눌러 Position 값을 '360.0, 174.0'로 설정합니다.

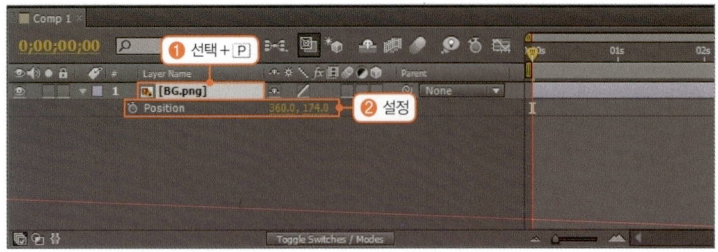 

04 [Project] 패널의 line.png를 [Timeline] 패널로 드래그하여 'BG.png' 레이어 위로 이동합니다.

 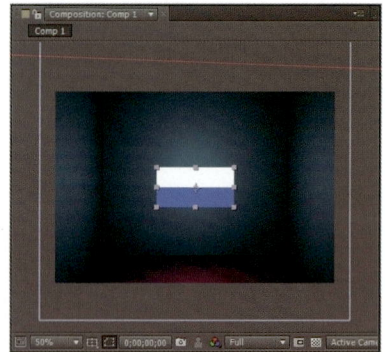

05 [Timeline] 패널에서 'line.png' 레이어를 선택하고, [Effects & Presets] 패널 검색창에서 Motion Tile 이펙트를 검색하여 찾은 후, 더블클릭하여 'line.png' 레이어에 이펙트를 적용하거나 [Timeline] 패널에 있는 'line.png' 레이어로 드래그하여 적용합니다. [Effect Controls] 패널에서 Tile Height 값을 '12.5'로 설정하여 line이 반복되게 만들어 줍니다.

 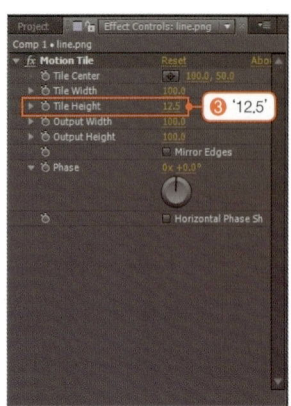 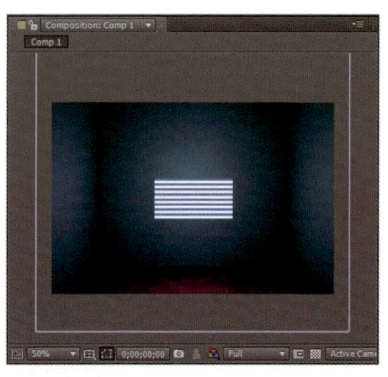

TIP Motion Tile 이펙트는 이미지를 Tile처럼 반복해서 만들어 줍니다.

06 'line.png' 레이어를 공모양으로 만들어
보겠습니다. [Timeline] 패널에서 'line.png'
레이어를 선택하고 [Effects & Presets] 패널
의 검색창에서 CC Sphere 이펙트를 검색하여
더블클릭해 적용합니다. [Effect Controls] 패
널에서 CC Sphere의 Radius 값을 '32.0'으로
설정해서 공의 크기를 알맞게 수정합니다.

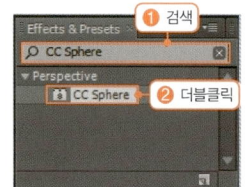

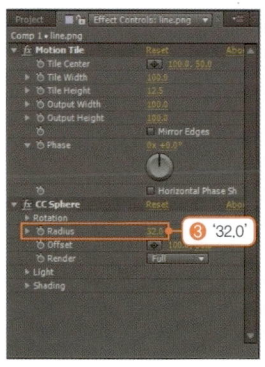

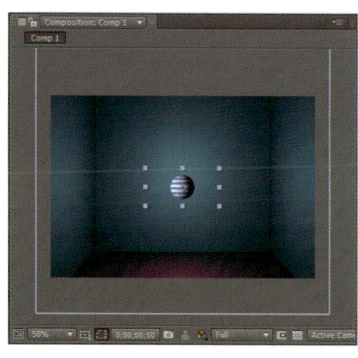

TIP CC Sphere 이펙트는 이미지를 둥근 공 모양
으로 변형시켜 줍니다.

07 공의 색깔을 바꾸기 위해서 [Timeline] 패널에서 'line.png' 레이어를 선택하고, [Effects & Presets] 패널의 검색
창에서 Hue/Saturation을 검색한 후, 더블클릭하여 'line.png' 레이어에 적용합니다.

TIP Hue/Saturaton 이펙트는 이미지의 색상과 채도를 변경시켜 주는 기능을 합니다.

08 [Effect Controls] 패널에서 Master Hue
값을 '120.0°'으로 설정하여 공의 색상을 빨간
색으로 변경합니다.

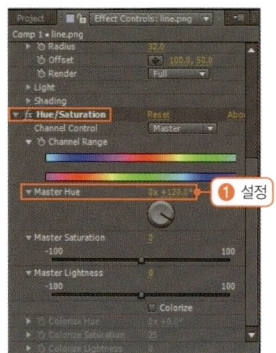

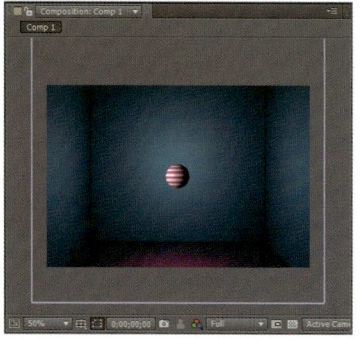

09 [Timeline] 패널에서 'line.png' 레이어를 선택하고, Enter 키를 누른 다음, 'RED'로 이름을 입력하고 한번 더 Enter 키를 누르면 레이어의 이름이 변경됩니다.

 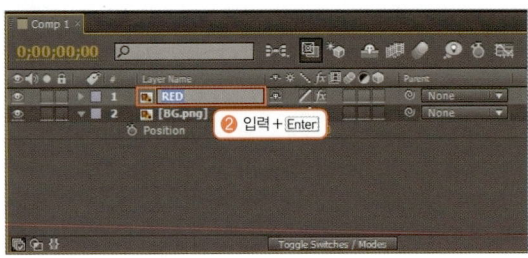

랜덤하게 공 움직임 주기   Step 02

01 Step 01에서 만든 공을 랜덤하게 움직이도록 해보겠습니다.

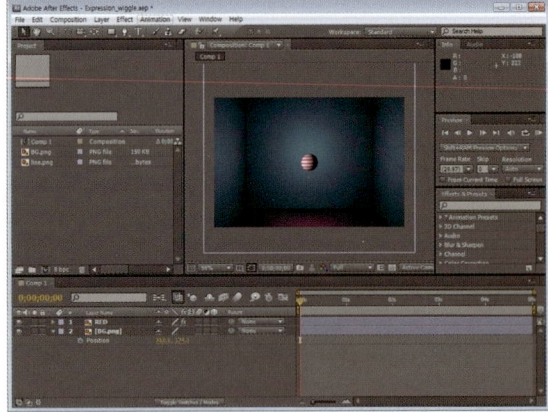

02 [Timeline] 패널에서 'RED' 레이어를 선택하고 단축키 P 키를 눌러 Position 속성을 연 다음, 반드시 Alt 키를 누른 상태로 Position 앞에 있는 stop watch(🕐) 버튼을 클릭하여 Expression을 적용합니다. [Timeline] 패널의 오른쪽에 있는 transform.position을 클릭하여 'wiggle(1,200)'으로 입력합니다.

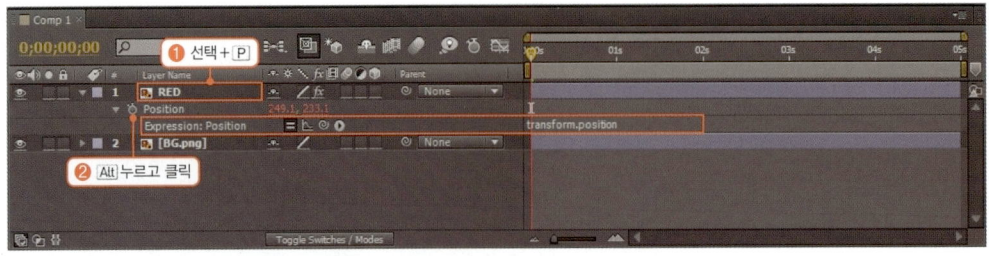

TIP Wiggly은 랜덤하게 변화하게 해주는 기능입니다.

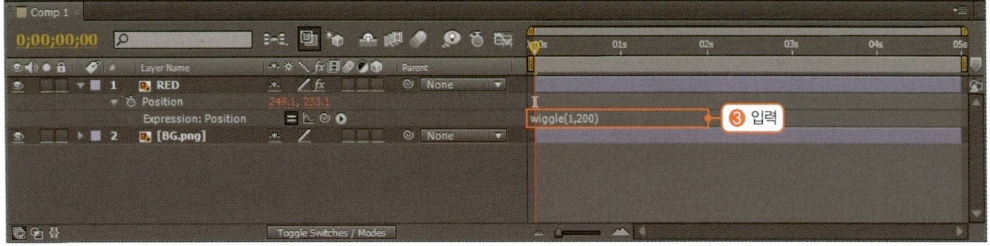

TIP wiggle(1,200)에서 괄호 안의 '1'은 랜덤하게 움직이는 속도를 나타내고, '200'은 움직이는 범위를 나타냅니다.

TIP [Preview] 패널에서 RAM Preview(▣)를 클릭하면 공이 랜덤하게 움직이는 것을 확인할 수 있습니다.

03 공의 움직임은 좋으나 회전 값이 없기에, 공의 Rotation(R)에 Expression을 적용하여 Wiggle을 적용하겠습니다. [Timeline] 패널에서 'RED' 레이어를 선택하고, Shift 키를 누른 상태에서 단축키 R 키를 눌러 Rotation 속성을 엽니다. Alt 키를 누른 상태로 Rotation 앞에 있는 stop watch(🕭) 버튼을 클릭하여 Expression을 적용하고, 오른쪽에 있는 transform.rotation을 클릭하여 'wiggle(0.5,45)'을 입력합니다.

TIP 공의 회전 값이 너무 큰 경우에는 움직임이 어색하기 때문에 Position보다는 작게 설정하였습니다.

04 공을 복사해서 새로운 공을 만들어 보겠습니다. [Timeline] 패널에서 'RED' 레이어를 선택하고 복제하는 단축키 Ctrl + D 키를 눌러 똑같은 레이어를 복제(Duplicate)합니다. 'RED' 레이어에는 Wiggle이 적용되었기 때문에 새로 만들어진 'RED 2' 레이어는 랜덤하게 움직여 'RED' 레이어와 다른 움직임을 보여줍니다.

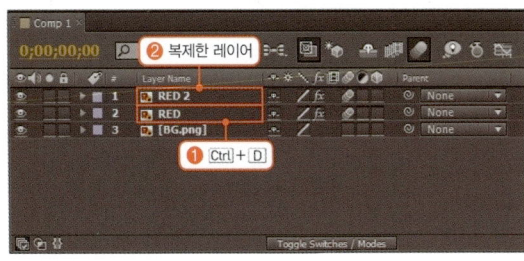 

05 [Timeline] 패널에서 'RED 2' 레이어를 선택하고 [Effect Controls] 패널(F3)에서 Hue/Saturation의 Master Hue 값을 '185.0°'으로 설정하여 오렌지 색상으로 바꿉니다.

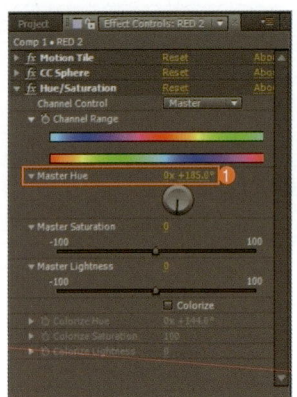

Master Hue : 185.0°

Expression을 Expression Controls 이펙트로 제어하기   Step 03

01 레이어를 복사하여 Wiggle 설정 값을 설정해야 할 경우, 각 레이어별로 일일이 수정하지 않고 Expression Controls 이펙트를 이용해서 한 번에 제어해 보겠습니다. STEP 02 에서 만든 'RED2' 레이어를 선택하고, Delete 키를 눌러 삭제합니다. 그런 다음, [Timeline] 패널의 빈 공간에 마우스 오른쪽 버튼을 클릭하여 [New]-[Null Object]를 선택하여 Null Object Layer를 하나 만듭니다.

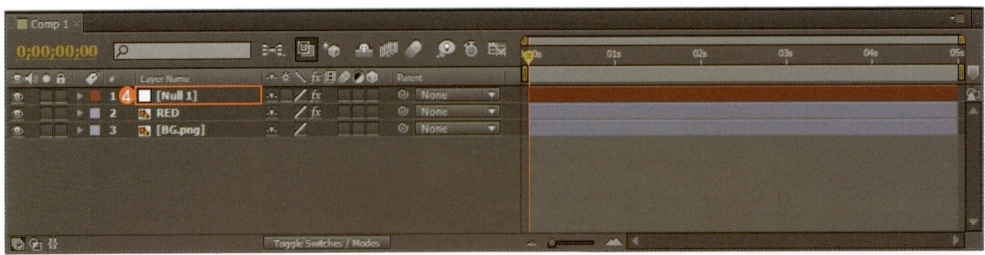

02 [Timeline] 패널에 생성된 Null Object Layer인 'Null 1' 레이어를 선택하고, 메뉴 바에서 [Effect]−[Expression Controls] −[Slider Control]를 선택하여 적용합니다.

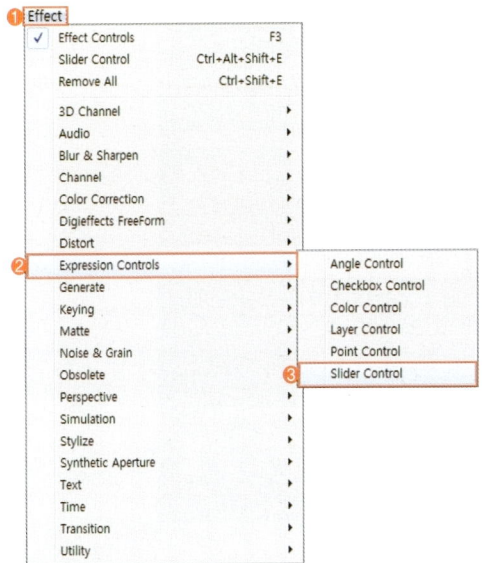
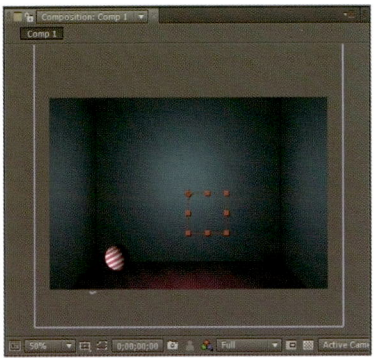

03 Slider의 움직임을 Wiggle과 연동해 보겠습니다. [Timeline] 패널에서 'Null 1' 레이어를 선택하고, [Effect Controls] 패널에서 Slider Control 이펙트를 선택합니다. 단축키 E 키를 눌러 'Null 1' 레이어의 Slider Control 속성을 열어 옵션 버튼을 클릭합니다. 'RED' 레이어를 클릭하고 단축키 P 키를 눌러 Position 속성을 열고 옵션 버튼을 클릭하면 Position에 wiggle Expression이 적용되어 있는 것을 확인할 수 있습니다.

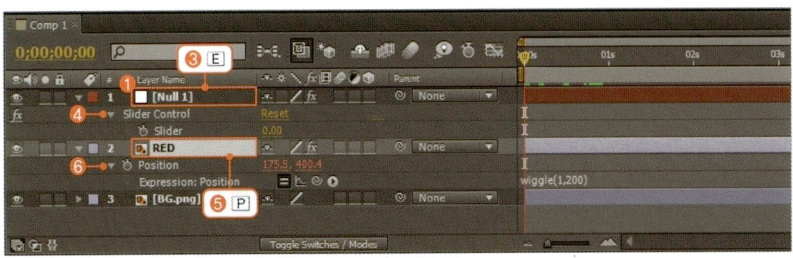
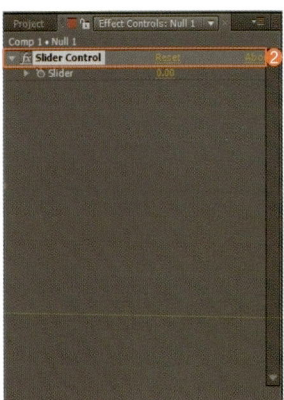

TIP 다수의 레이어 속성값을 동시에 수정해야할 때에 Slider Effect에 연결하여 설정하면 한 번에 제어할 수 있습니다.

04 'RED' 레이어의 wiggle의 '1' 부분을 드래그하여 선택하고, Expression : Position 옆에 있는 pick whip( )를 드래그하여 'Null 1' 레이어의 Slider 속성과 연결하면 Expression 바뀝니다.

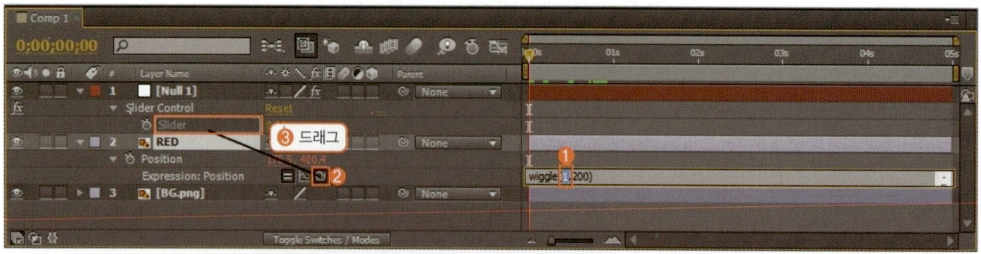

```
wiggle(1,200) → wiggle(thisComp.layer("Null 1").effect("Slider Contol")("Slider"),200)
```

05 'Null 1' 레이어를 선택한 다음, [Effect Controls] 패널에서 Slider Control을 선택하고 Enter 키를 눌러 이름을 'Wiggle_Speed'로 변경합니다. 그리고 wiggle_Speed를 선택하고 복제하는 단축키 Ctrl + D 키를 클릭하여 복제한 다음, 이름을 'Wiggle_Amount'로 변경합니다.

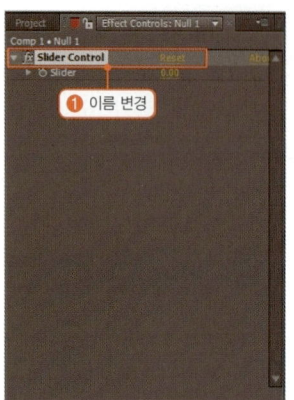
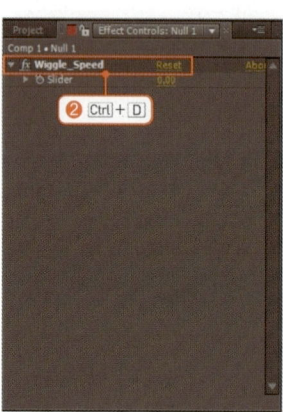
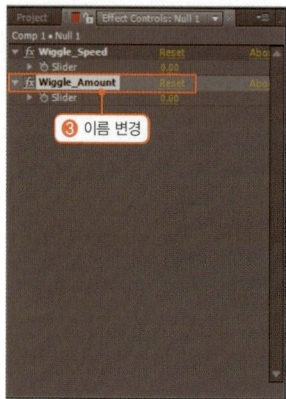

06 05번에서 Wiggle_Amount 이펙트를 복사해서 만들었기 때문에 [Timeline] 패널의 'Null 1' 레이어의 속성에 Wiggle_Amount가 추가되었습니다. 옵션 버튼을 클릭하여 Slider 속성을 엽니다. 'RED' 레이어의 Position의 wiggle 값 중에서 '200'를 드래그하여 선택하고, Expression : Position 옆에 있는 pick whip( ) 드래그하여 wiggle_Amount의 Slider 속성과 연결합니다.

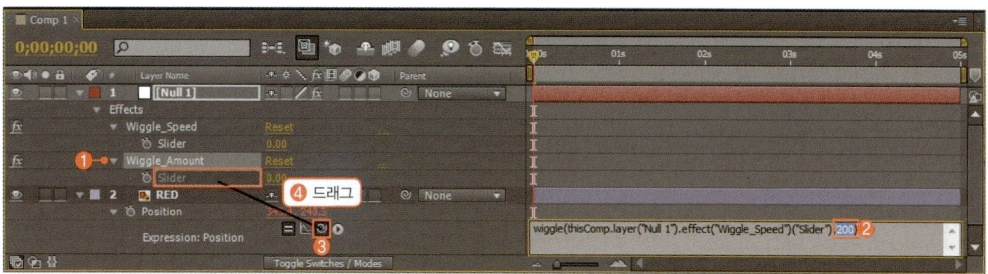

wiggle(thisComp.layer("Null1").effect("Wiggle_Speed")("Slider"),thisComp.layer("Null 1").effect("Wiggle_Amount")("Slider"))

07 이제 레이어의 Wiggle 값을 Null Object Layer의 [Effect Controls] 패널에서 제어가 가능하게 되었습니다. [Timeline] 패널에서 'RED' 레이어를 선택하고 레이어를 복제하는 단축키 Ctrl+D키를 눌러 'RED 2' 레이어를 새로 만듭니다. 'RED 2' 레이어를 선택하고 [Effect Controls] 패널에서 Hue/Saturation의 Master Hue 값을 '185.0'로 설정하여 다른 색상의 공을 만듭니다.

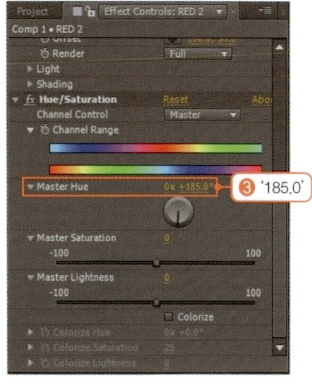

Master Hue : 185.0

08 [Timeline] 패널에서 'Null 1' 레이어를 선택한 다음 [Effect Controls] 패널을 보면 wiggle_Speed, wiggle_Amount의 두 Slider 값이 '0.0'이기 때문에 변화가 없습니다. Slider 값을 각각 다음과 같이 설정합니다.

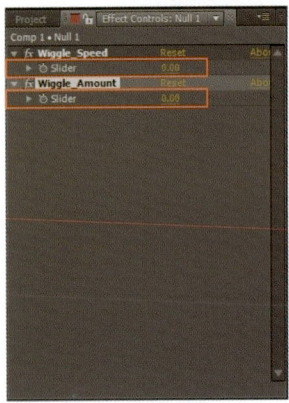 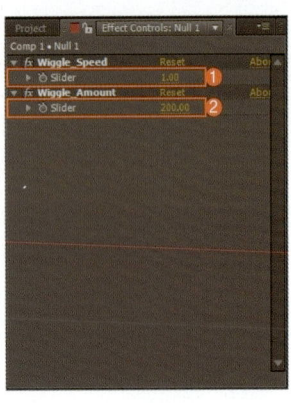 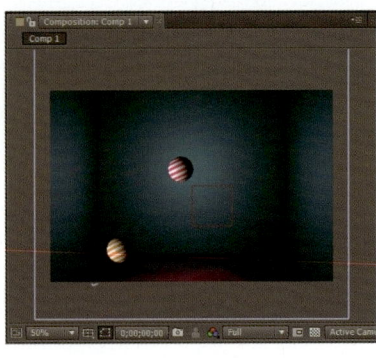

wiggle_Speed의 Slider : 1.00 | wiggle_Amoun의 Slider : 200.00

09 이제 공을 여러 개 복제해도 일괄적으로 wiggle 값을 관리할 수 있게 되었습니다. 'RED 2' 레이어를 선택하고, 단축키 Ctrl + D키를 눌러 복제하면 각각 다른 위치에 있는 공들이 나타납니다. 복사한 레이어를 선택하고 [Effect Controls] 패널에서 Hue/Saturation의 Master Hue 값을 다음과 같이 설정하여 색상이 다른 공을 만듭니다.

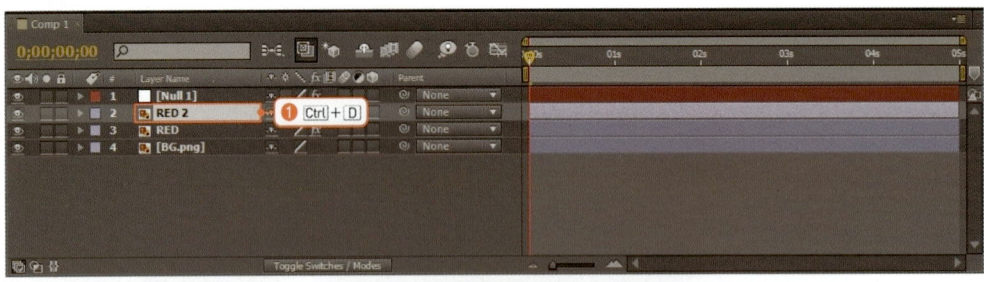

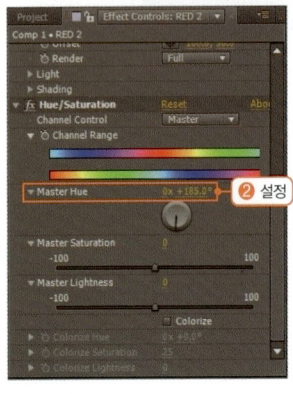 

RED 3 레이어 : 200.0° | RED 4 레이어 : 230.0° | RED 5 레이어 : 300.0° | RED 6 레이어 : 30.0° | RED 7 레이어 : 80.0°

10 레이어에 Motion Blur를 적용하면 좀 더 사실적인 움직임을 표현할 수 있습니다. [Timeline] 패널에 있는 Motion Blur() 버튼을 클릭합니다.

TIP Motion Blur는 빠른 움직임에 자동으로 블러가 적용되도록 하는 기능으로, 효과가 약할 때에는 Wiggle_Speed 값을 높게 설정합니다.

11 공이 통통 튀어 움직이는 애니메이션을 완성하였습니다.

3D 지구 만들기

section 04

CC Sphere 이펙트를 적용하여 이미지를 입체감 있는 3D로 만들고, Crid 이펙트를 적용하여 와이어 형태의 지구 영상을
만들어 회전하는 애니메이션을 만들겠습니다.

● P r e v i e w ●

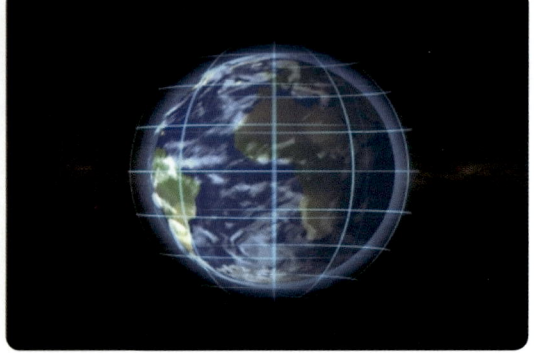

배우는 기능	CC Sphere 이펙트 적용하기 ｜ Grid 이펙트 적용하기
예제파일	부록CD\Sample\Part02\04\CC Sphere.aep
완성파일	부록CD\Sample\Part02\04\CC Sphere_final.aep

01 메뉴 바에서 [Composition]−[New Compositon] (Ctrl+N)을 선택하여 새로운 컴포지션을 만들고, 다시 [File]−[Import]−[File...]을 선택해 [부록CD\Sample\ Part02\04\CC Sphere.aep] 파일을 불러옵니다. [Project] 패널의 컴포지션 안에 지구.png와 구름.png가 있습니다. 지구.png 파일을 [Timeline] 패널로 드래그합니다.

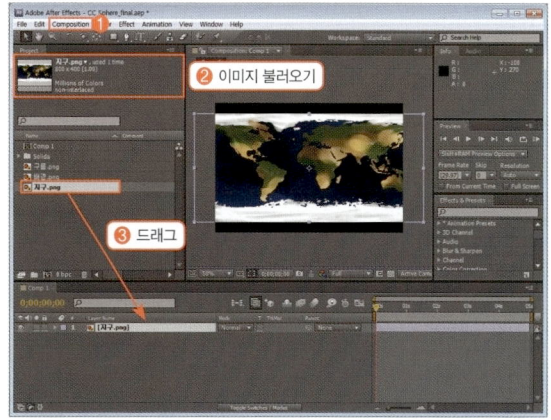

02 [Timeline] 패널에 생성된 '지구.png' 레이어를 선택하고, [Effects & Presets] 패널에서 CC Sphere 이펙트를 검색하여 찾은 후, 더블클릭하거나 [Timeline] 패널에 있는 레이어로 드래그하여 이펙트를 적용합니다. 이펙트가 적용되면 평면이미지였던 지구가 구 형태로 바뀐 것을 확인할 수 있습니다.

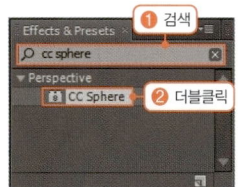

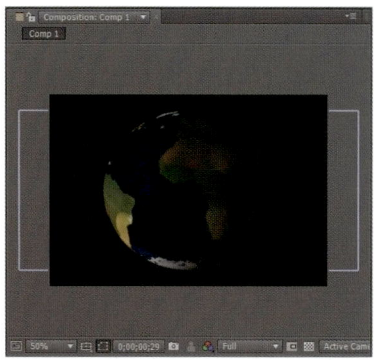

> **TIP** CC Sphere 이펙트는 평면 이미지를 3D의 구 형태로 만들어 주는 기능을 합니다.

03 [Effect Controls] 패널에서 Radius 값을 '150'으로 설정하여 지구 크기를 조절합니다.

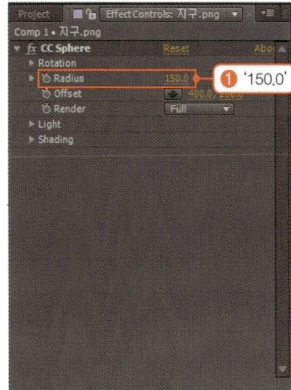

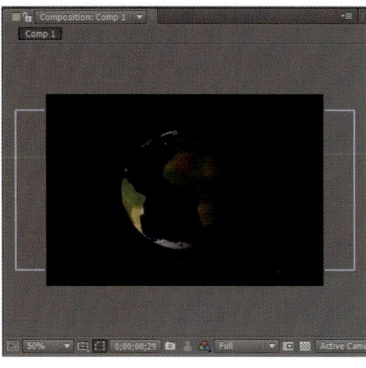

04 [Project] 패널에서 '구름.png' 이미지를 선택하여 [Compositon] 패널로 드래그하여 컴포지션에 추가합니다.

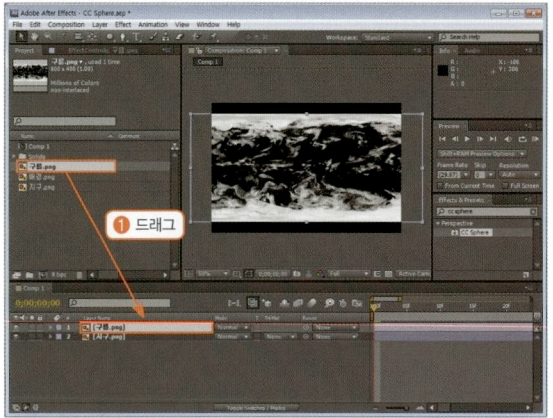

05 02번처럼 [Timeline] 패널에서 '구름.png' 레이어를 선택하고, [Effects & Presets] 패널에서 CC Sphere 이펙트를 검색하여 찾은 후, 더블클릭하여 적용합니다.

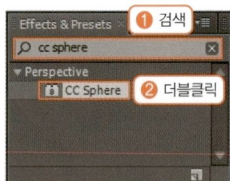

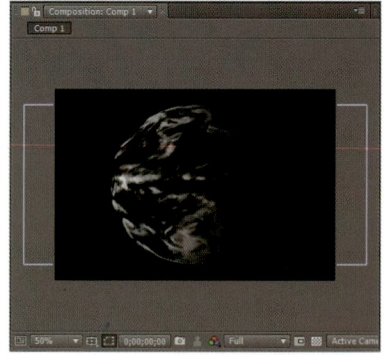

06 지구 이미지와 구름 이미지가 함께 보이게 하기 위해서, [Timeline] 패널에서 '구름.png' 레이어의 Mode의 내림 버튼을 클릭하여 'Add'로 설정합니다.

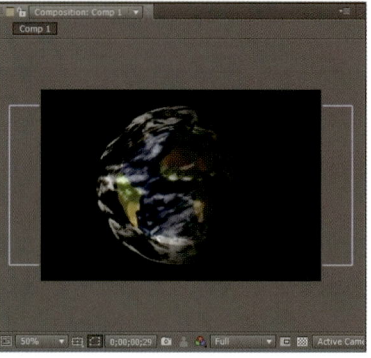

TIP [Timeline] 패널에서 Mode가 보이지 않을 때는 단축키 F4키를 누릅니다.

07 지구 이미지를 구름 이미지와 크기를 맞추기 위해서 [Effect Controls] 패널에서 Radius 값을 '156.0'으로 설정합니다.

Radius : 156.0

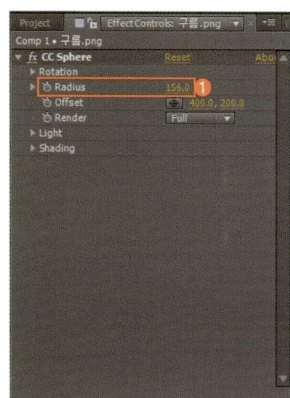

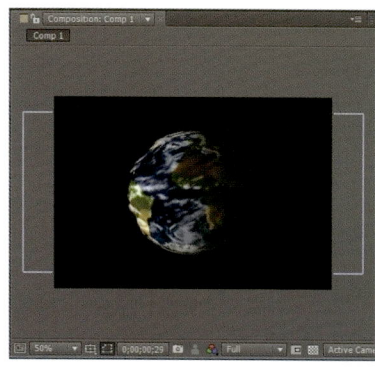

지구 회전시키기

01 지구를 회전시켜보겠습니다. [Timeline] 패널에서 '지구.png' 레이어를 선택한 다음, Current Time Indicator(📍)를 0초로 드래그하여 이동하고, [Effect Controls] 패널에서 Rotation의 옵션 버튼을 클릭하여 속성을 열어 Rotation Y 앞에 있는 stop watch(⏱) 클릭하여 애니메이션을 시작합니다.

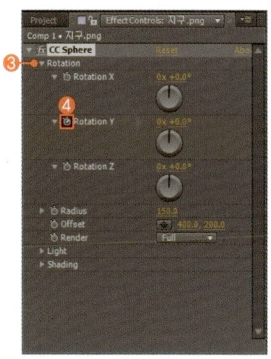

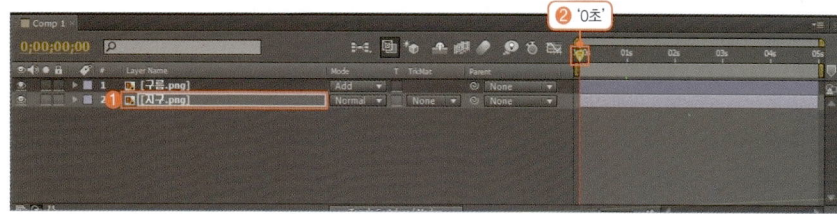

02 End 키를 눌러 Current Time Indicator(📍)의 위치를 Timeline 맨 뒤로 이동시킨 다음, Rotation Y 값에 '90.0'로 설정하여 회전시킵니다.

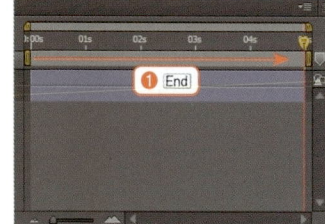

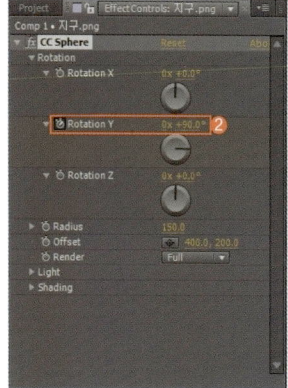

03 '구름.png' 레이어를 선택하고, 단축키 Home키를 클릭하여 Current Time Indicator(🔦)을 Timeline의 맨 처음 위치로 이동시키고, [Effect Controls] 패널에서 Rotation Y 속성의 stop watch(⏱) 버튼을 클릭하여 애니메이션을 시작합니다.

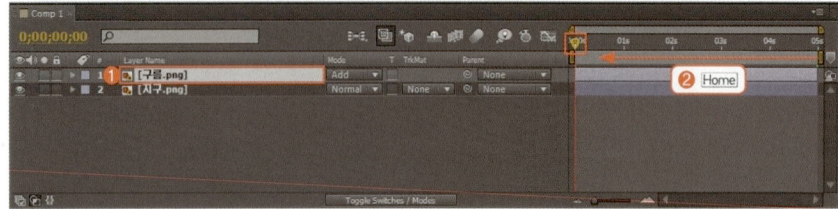

04 단축키 End키를 클릭하여 Current Time Indicator(🔦)을 Timeline 맨 뒤로 이동시킨 후, [Effect Controls] 패 널에서 Rotation Y 값을 '60.0°'로 설정합니다.

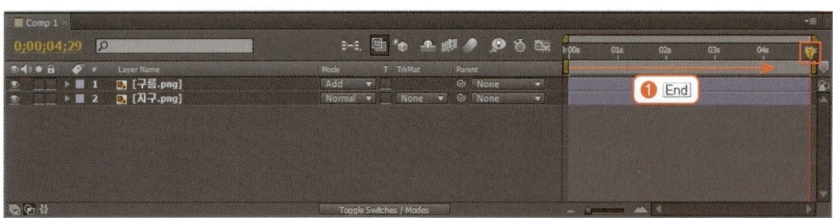
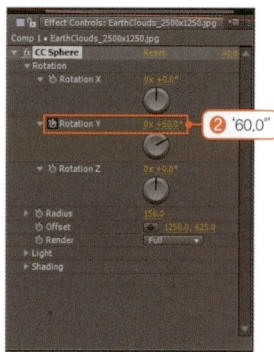

05 이제 [Preview] 패널에서 Ram Preview(▶) 버튼을 클릭하면, 지구가 돌아가는 애니메이션을 확인할 수 있습니다.

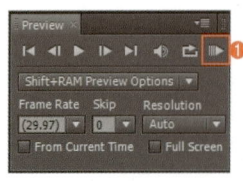

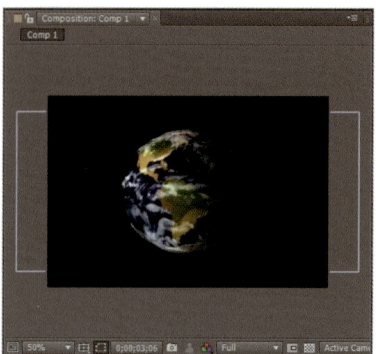

06 대기 부분을 만들어 보겠습니다. 메뉴 바에서 [Layer]–[New]–[Solid...](Ctrl+Y)를 선택하여 Solid Layer를 하나 만듭니다.

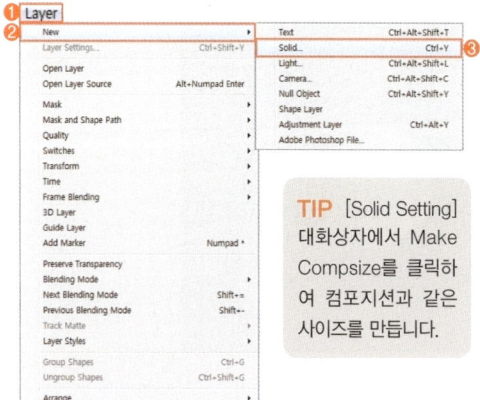

TIP [Solid Setting] 대화상자에서 Make Compsize를 클릭하여 컴포지션과 같은 사이즈를 만듭니다.

07 [Timeline] 패널에서 'White Solid 1' 레이어를 선택하고, [Effect & Presets] 패널에서 CC Sphere 이펙트를 검색하여 더블클릭하거나 레이어로 드래그하여 CC Sphere 이펙트를 적용합니다. [Effect Controls] 패널에서 Radius 값을 '166.0'으로 설정합니다.

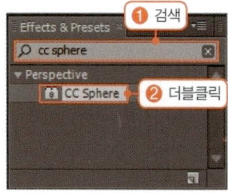
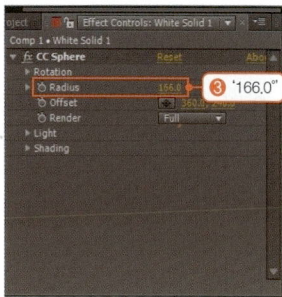
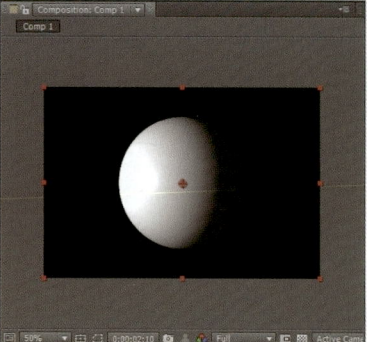

08 [Timeline] 패널에서 White Solid 1 레이어의 Mode의 내림 버튼을 클릭하여 'Add'로 설정합니다.

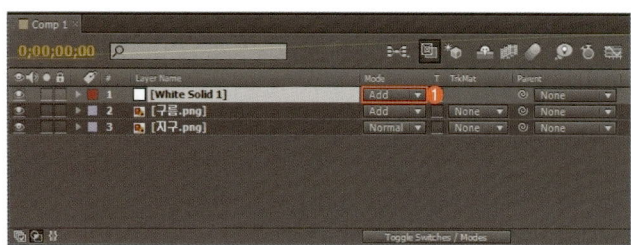

09 테두리 부분을 흐리게 만들기 위해서 'White Solid 1' 레이어를 선택하고, [Effects & Presets] 패널에서 Fast Blur 이펙트를 검색한 다음, 더블클릭하여 레이어에 적용합니다.

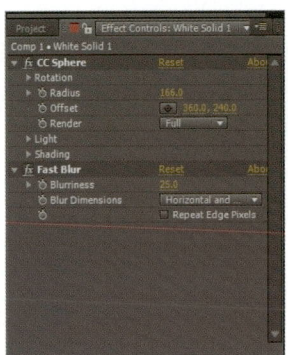
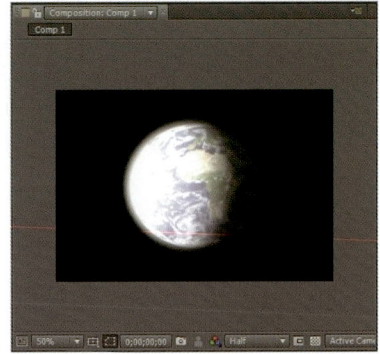

10 대기 색상을 파랗게 만들기 위해서 [Effects & Presets] 패널에서 Fill 이펙트를 검색한 다음 더블클릭하여 'White Solid 1' 레이어에 적용합니다. [Effect Controls] 패널에서 Fill 이펙트의 Color 속성을 클릭하여 색상 값을 '파란색 (#00A2FF)'으로 설정합니다.

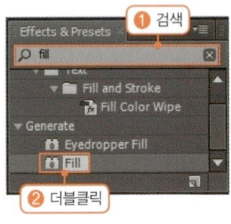
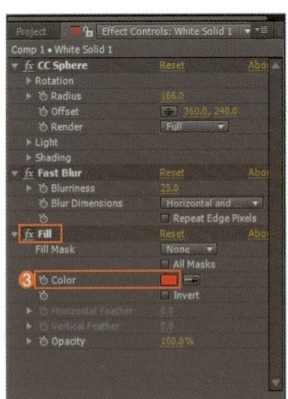

11 [Timeline] 패널에서 'White Solid 1' 레이어를 선택하고 단축키 [T]키를 클릭하여 Opacity 값을 '30%'로 설정합니다.

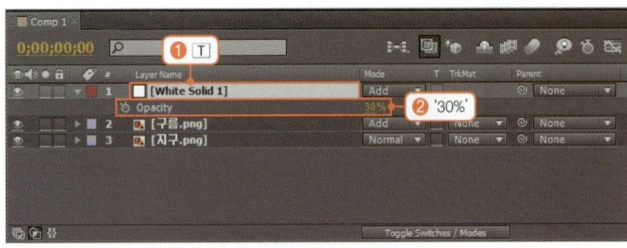

12 지구 이미지의 대기권이 빛을 발하는 모습을 만들어 보겠습니다. 'White Solid 1' 레이어를 선택하고 레이어를 복제하는 단축키 Ctrl + D 키를 클릭하여 복제한 다음, 드래그하여 순서의 맨 밑으로 이동합니다.

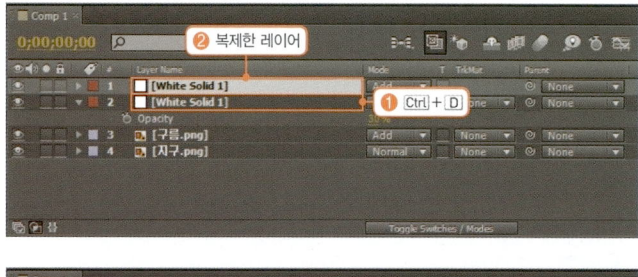
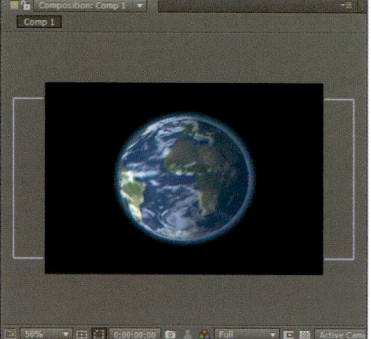

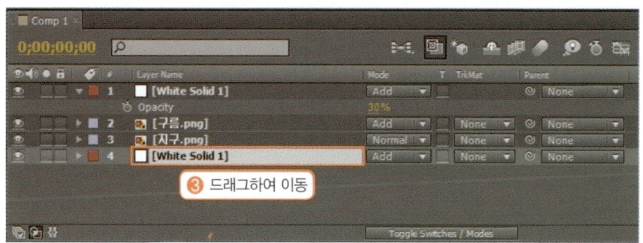

13 [Project] 패널에서 '배경.png' 이미지를 선택하여 [Timeline] 패널에서 가장 하단으로 드래그하여 컴포지션에 추가하여 우주 느낌을 나타냅니다.

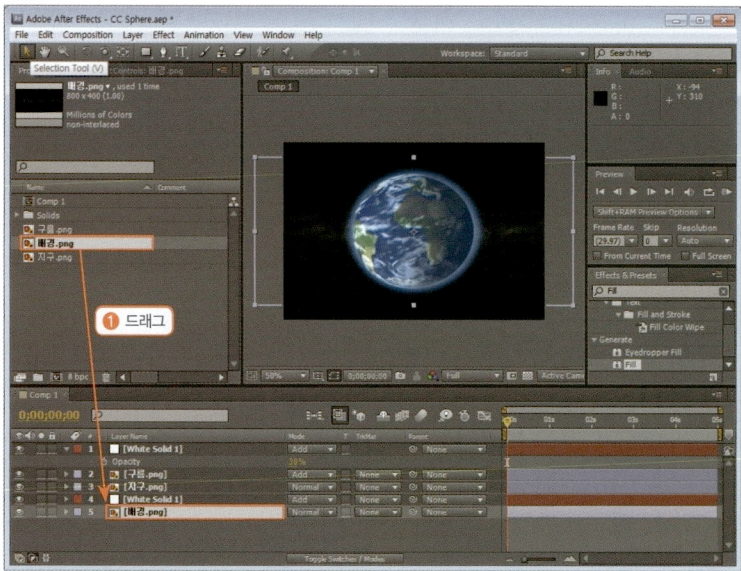

01 이번에는 CC Sphere 이펙트를 이용하여 3D 입체감이 나는 와이어 형태의 지구를 만들어 보겠습니다. 메뉴 바에서 [Layer]−[New]−[Solid Layer](Ctrl+Y)를 선택해서 검정색 새로운 Solid Layer를 만듭니다.

Pixel Aspect Ratio : Di/DV NTSC(0.91)　|　**Color** : 000000

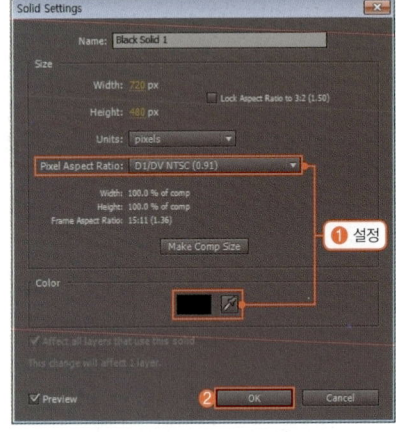

02 [Timeline] 패널에서 'Black Solid 1' 레이어를 선택하고 [Effects & Presets] 패널에서 Grid 이펙트를 검색하여 찾은 후, 더블클릭하여 'Black Solid 1' 레이어에 적용합니다.

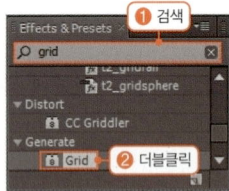
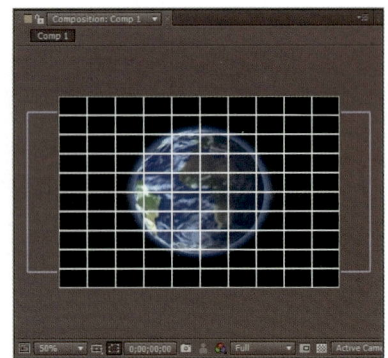

03 'Black Solid 1' 레이어를 선택하고 [Effects & Presets] 패널에서 CC Sphere 이펙트를 검색하여 찾은 후, 더블클릭하여 적용합니다.

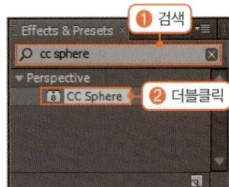
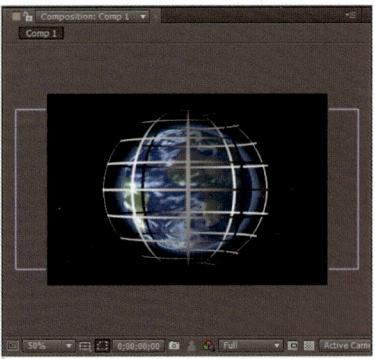

04 [Effect Controls] 패널에서 Grid 이펙트의 Border 값을 '2.0'로 낮춰서 둘레의 굵기를 좀 더 연하게 하고, CC Sphere 이펙트의 Radius 값을 '180.0'으로 설정하여 지구를 좀 더 자연스럽게 둘러싸게 만듭니다.

> Grid의 Border : 2.2
> CC Sphere의 Radius : 180.0

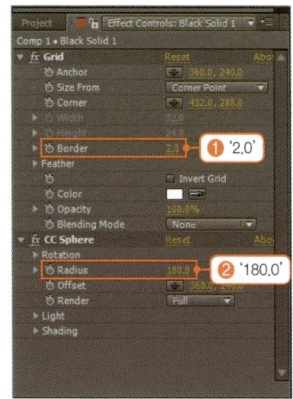
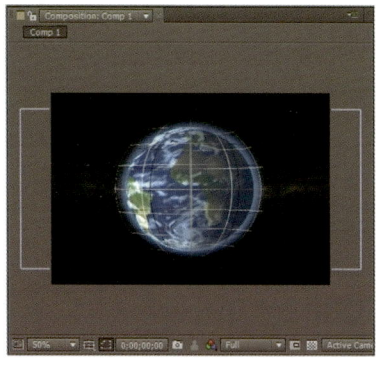

05 Grid 이펙트에서 Color 속성을 선택하여 파란색(#00CCFF)으로 설정한 다음, 'Black Solid 1' 레이어의 Mode의 내림 버튼을 클릭하여 'Add'로 설정합니다.

06 지구가 돌아가는 듯한 느낌의 입체 영상이 완성되었습니다.

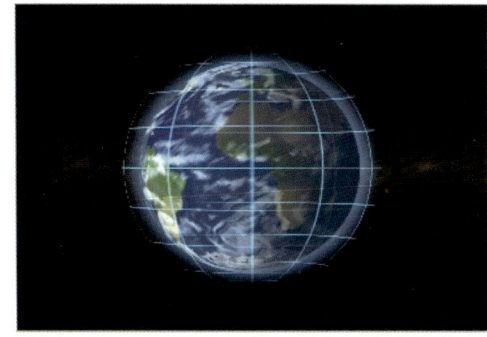

3차원 막대 그래프 만들기

section 05

After Effects의 3D 공간을 이용하여 막대 그래프를 만들어 보겠습니다. 예제를 활용하여 다양한 느낌의 막대 그래프를 만들 수 있습니다.

Preview

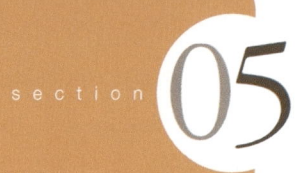

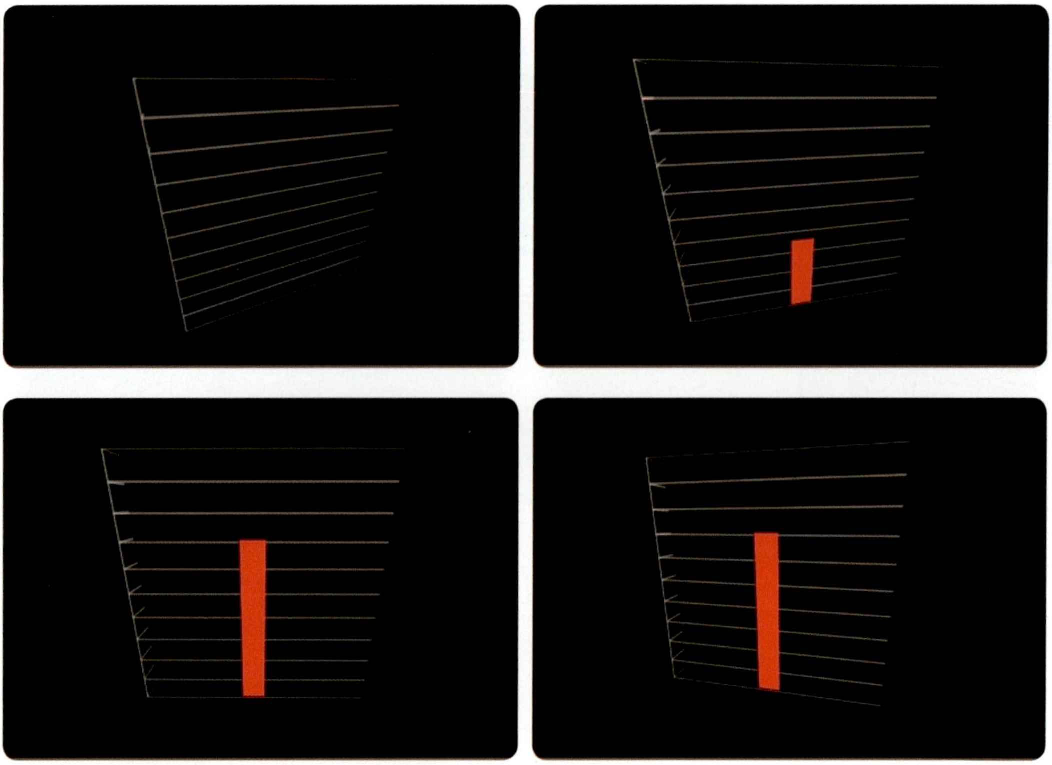

배우는 기능	Solid Layer 활용하기 | Grid 이펙트 적용하기
완성파일	부록CD\Sample\Part02\05\Graph_final.aep

01 메뉴 바에서 [Composition]-[New Compositon]([Ctrl]+[N])을 선택하고 [Compositon Settings] 대화상자에서 Pixel Aspect Ratio의 내림 버튼을 클릭하여 Square Pixels을 선택하고 [OK] 버튼을 클릭하여 새로운 컴포지션을 만들어 줍니다.

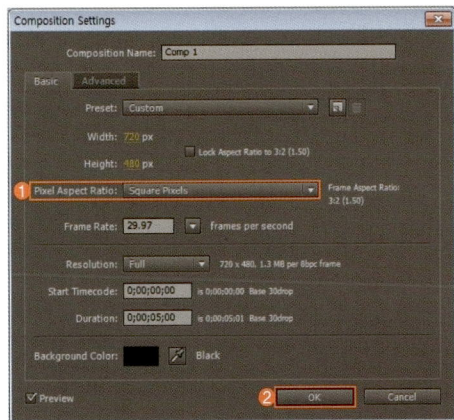

02 메뉴 바에서 [Layer]-[New]-[Solid...]([Ctrl]+[Y])를 선택하고 [Solid Settings] 대화상자에서 다음과 같이 설정하여 Solid Layer를 만듭니다.

Width : 500 | **Height** : 50 | **Pixel Aspect Ratio** : Square Pixels | **Color** : #002958

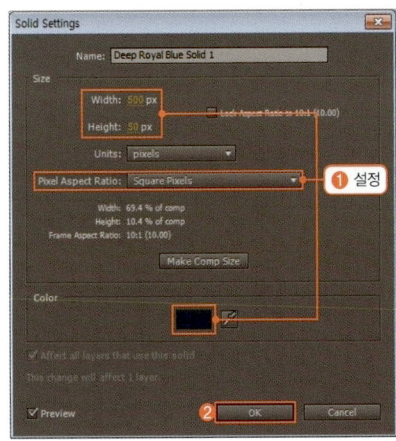
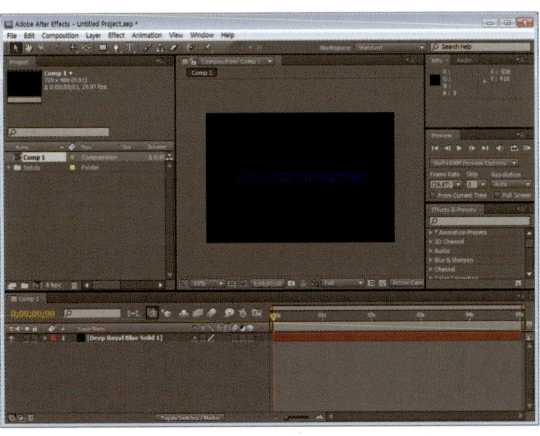

03 Solid Layer를 3D 레이어로 변환하기 위해 레이어 옆에 있는 3D Layer(■) 스위치를 클릭합니다. 'Deep Royal Blue Solid 1' 레이어의 옵션 버튼을 클릭하고, Transform 옵션 버튼을 눌러 속성 값을 다음과 같이 설정합니다.

Anchor Point : 0.0, 25.0, 0.0 | **Position** : 110.0 430.0, 0.0 | **X Rotation** : +90.0 | **Opacity** : 50%

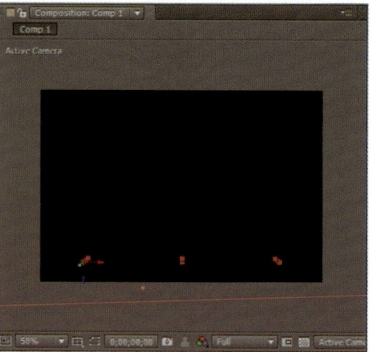

04 Solid Layer를 선택하고, 레이어를 복제하는 단축키 Ctrl + D 키를 눌러 레이어를 복제한 후, 위쪽에 새로 생성된 1번 Solid Layer를 선택하고 단축키 R 키를 클릭하여 Y Rotation 값을 '−90.0°'로 설정합니다.

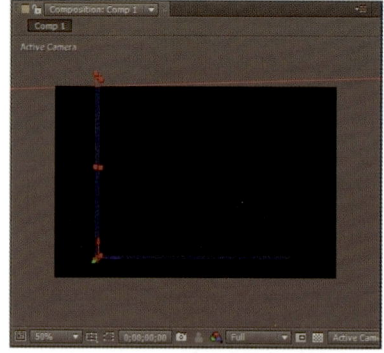

05 2번 Solid Layer를 선택하고, 단축키 Ctrl + D 키를 눌러 레이어를 복제하고 새로 생성된 레이어를 다음과 같이 설정합니다.

Anchor Point : 0.0, 0.0, 0.0 | **Orientation** : 90.0°, 0.0°, 0.0° | **X Rotation** : 90.0°

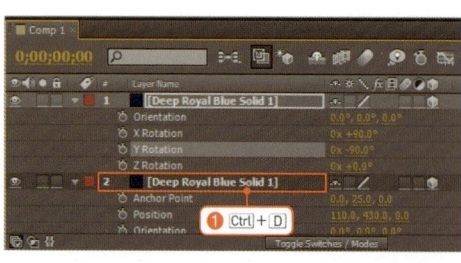

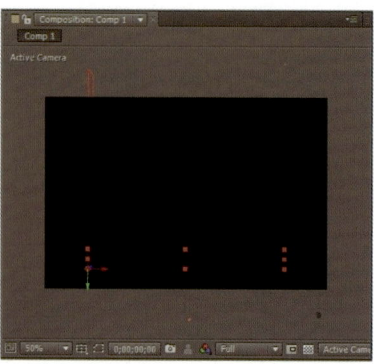

TIP 레이어를 복제하면 복제한 레이어 위에 새로운 레이어가 생성됩니다.

06 05번에서 복제한 2번 레이어를 선택하고, 메뉴 바에서 [Layer]−[Solid Setting](Ctrl+Shift+Y)을 선택합니다. [Solid Setting] 대화상자에서 Name을 'Deep Royal Blue Solid 4'로 설정하고, Height 값을 '500px'로 설정하고 [OK] 버튼을 클릭합니다.

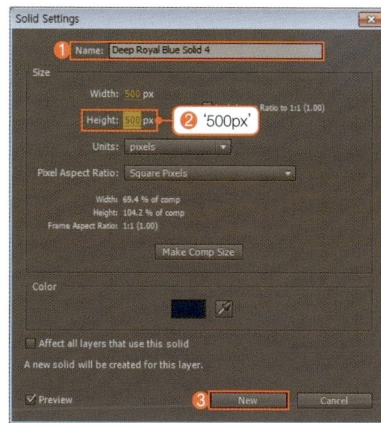
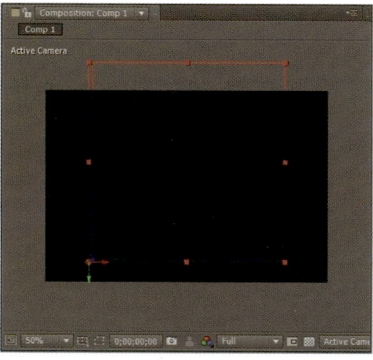

07 'Deep Royal Blue Solid 4' 레이어를 선택하고 [Effects & Presets] 패널에서 Grid 이펙트를 검색하여 찾은 다음, 더블클릭하거나 레이어에 드래그하여 이펙트를 적용합니다.

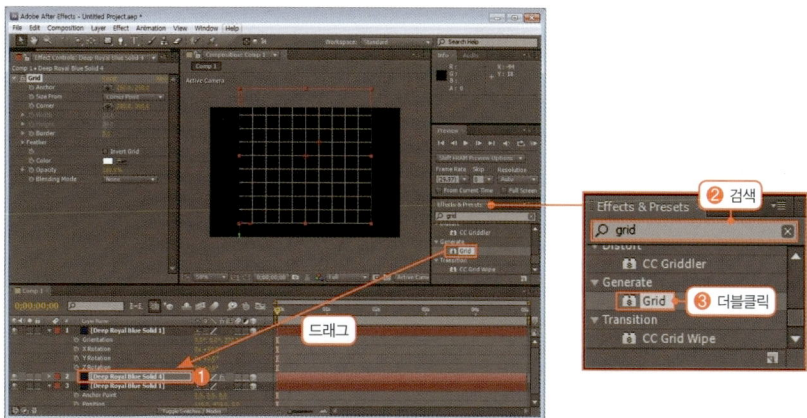

08 [Effect Controls] 패널에서 Grid이 펙트의 속성을 다음과 같이 설정합니다.

Anchor : 0.0, 250.0 | **Corner** : 505.0, 300.0

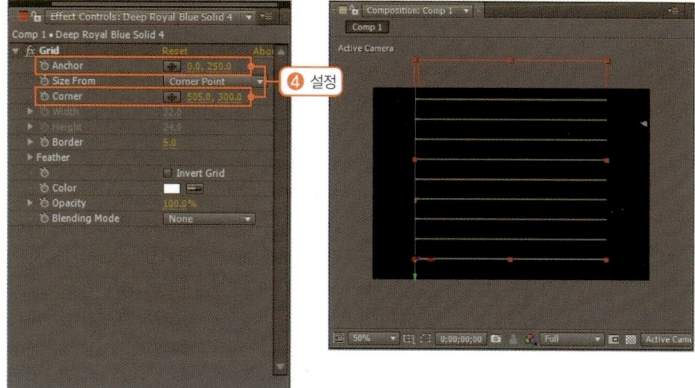

09 1번 레이어에도 Grid 이펙트를 적용하겠습니다. 1번 레이어를 선택하고 [Effects & Presets] 패널에서 검색한 Grid 이펙트를 더블클릭하여 적용한 다음, [Effect Controls] 패널에서 Grid 속성값을 다음과 같이 설정합니다.

Anchor : 250.0, 0.0 | **Corner** : 300.0, 55.0

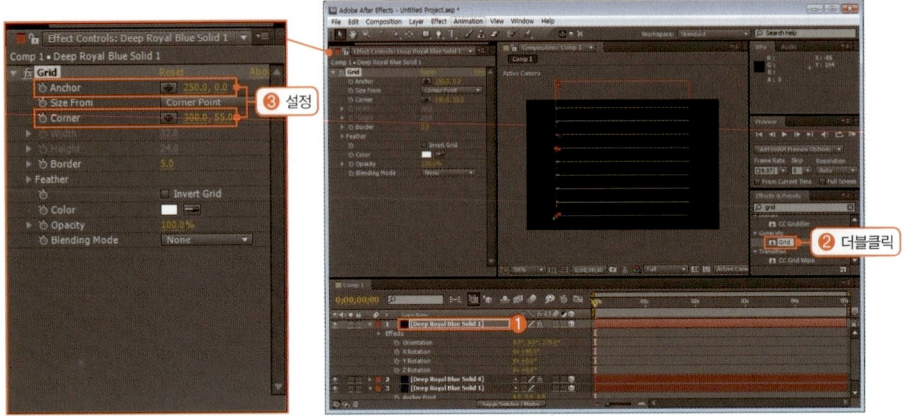

막대 그래프 만들기 Step 02

01 이제 그래프를 만들겠습니다. 메뉴 바에서 [Layer]-[New]-[Solid...]((Ctrl)+(Y))를 선택하고 [Solid Settings] 대화상자에서 다음과 같이 설정하여 새로운 Solid Layer를 만듭니다.

Width : 50px | **Height** : 100px | **Color** : 빨간색(#FA0101)

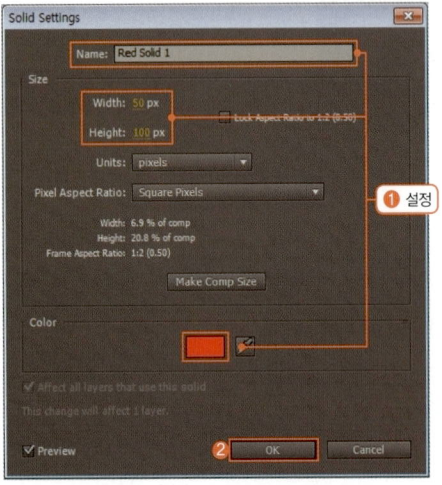

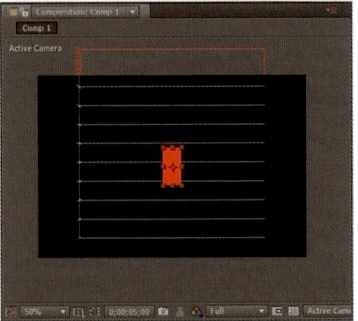

02 'Red Solid 1' 레이어를 3D 레이어로 변환하기 위해 레이어 옆에 있는 3D Layer(⬚) 스위치을 클릭합니다. 'Red Solid 1' 레이어의 속성값을 설정하기 위해 단축키 A키를 눌러 Anchor Point 값을 설정하고, Shift키를 누른 상태로 단축키 P키를 눌러 Position 값을 다음과 같이 설정합니다.

Anchor Point : 25.0, 100.0, 0.0 | **Position** : 360.0, 425.0, 0.0

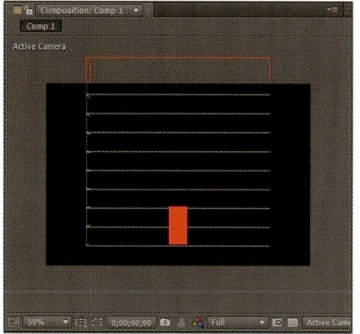

03 레이어의 Scale에 애니메이션을 적용하면 그래프가 생성되는 애니메이션을 만들 수 있습니다. [Timeline] 패널에서 Current Time Indicator(🔻)를 드래그하여 0초 위치에 놓고 'Red Solid 1' 레이어를 선택하고, 단축키 S키를 눌러 Scale의 stop watch(⏱) 버튼을 클릭하여 키프레임을 만듭니다. Scale 속성 중에서 Y Scale 값만 설정해야하기 때문에 Constain Proportions(🔗)를 클릭해서 해제한 다음 Y Scale 값을 '0.0'으로 설정합니다.

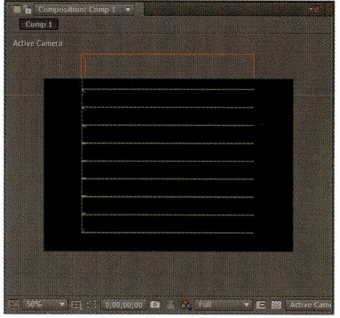

04 Current Time Indicator(🔻)를 2초로 이동시키고, Y Scale 값을 '350.0'으로 설정합니다.

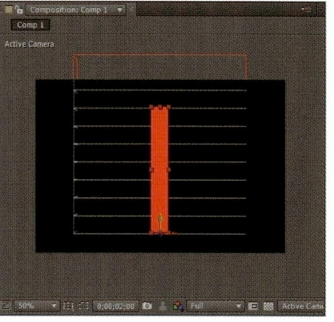

05 메뉴 바에서 [Layer]-[New]-[Camera...]([Ctrl]+[Alt]+[Shift]+[C])를 선택하고 [Camera Settings] 대화상자에서 다음과 같이 설정하여 Camera Layer를 만듭니다.

Preset : 15mm | Enable Depth of Field : 체크 표시

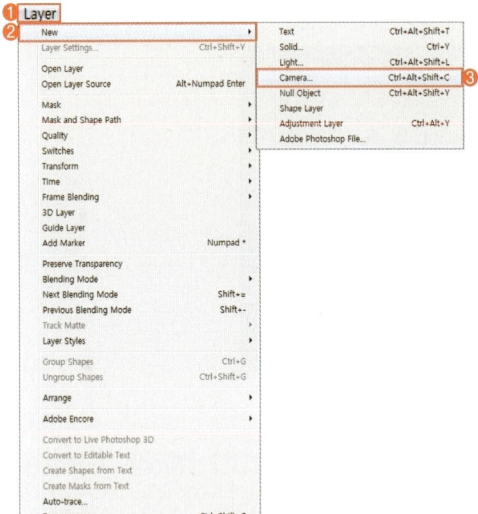

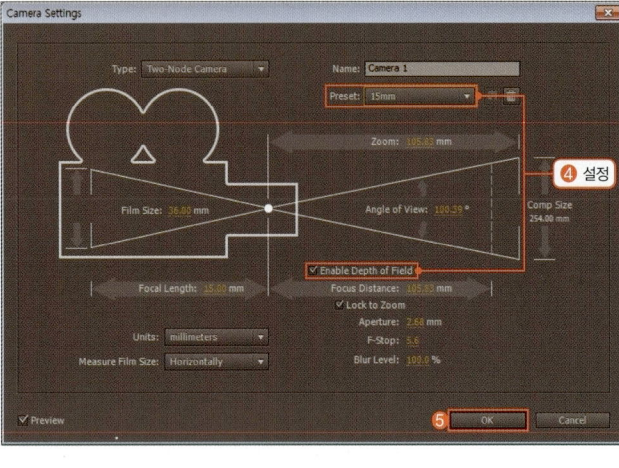

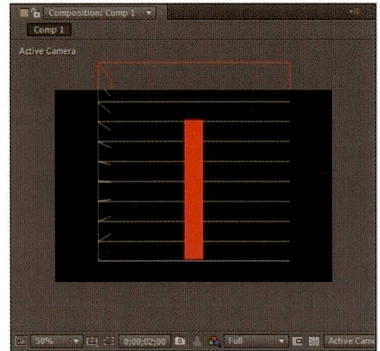

06 'Camera 1' 레이어를 선택하고, 단축키 [P]키를 눌러 Position 속성을 활성화하고, [Shift]키를 누른 상태로 단축키 [A]키를 클릭하여 Point of Interest 속성을 활성화합니다.

07 Current Time Indicator(![])를 0초로 위치하고, 'Camera 1' 레이어의 Position 속성과 Point of Interest 속성의 stop watch(![])버튼을 클릭하여 키프레임을 만들어 애니메이션을 시작한 다음, 다음과 같이 설정한 후 [Tool] 패널에서 Camera 툴(![])을 선택합니다.

 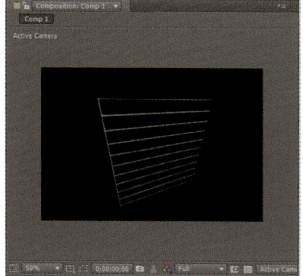

Point of Interest : 250.0, 60.0, −100.0 | **Position** : 150.0, −65.0, −355.0

08 이제 Current Time Indicator(![])를 드래그하여 3초로 이동하고, 'Camera 1' 레이어의 Point of Interest와 Position 속성값을 다음과 같이 설정합니다.

Point of Interest : 433.0, 128.0, −145.0 | **Position** : 485.0, 60.0, −430.0

09 [Preview] 패널에서 Play를 해서 애니메이션을 확인합니다. 3차원으로 움직이는 막대 그래프가 완성되었습니다.

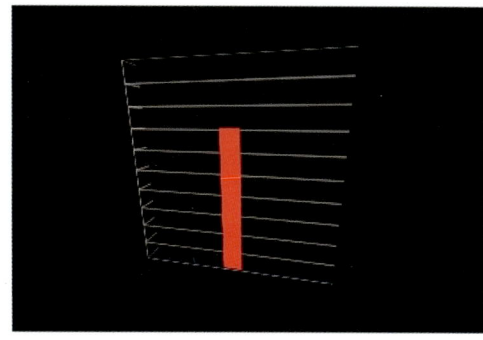

카메라가 밀림을 뚫고
지나가는 영상 만들기

포토샵에서 만든 PSD 파일을 After Effects에 3D 레이어로 배치하고, Camera를 만들어서 밀림을 지나가는 영상을 만들어 보겠습니다. 그리고 서드 파티 플러그인 Optical Flare 이펙트를 적용하여 아름다운 영상을 만들겠습니다.

● P r e v i e w ●

미리 알아두기	PSD 파일을 3D 공간 배치하기 ｜ Camera 제어하기 ｜ Optical Flare 이펙트 적용하기
예제파일	부록CD\Sample\Part02\06\jungle.psd
완성파일	부록CD\Sample\Part02\06\jungle_final.aep

01 [Project] 패널에서 빈 공간을 더블클릭하여 [부록CD\Sample\Part02\06\jungle.psd] 파일을 선택하여 [열기] 버튼을 클릭하면 [jungle.psd] 대화상자가 나타납니다. 다음과 같이 설정하고 [OK] 버튼을 클릭하여 파일을 불러옵니다.

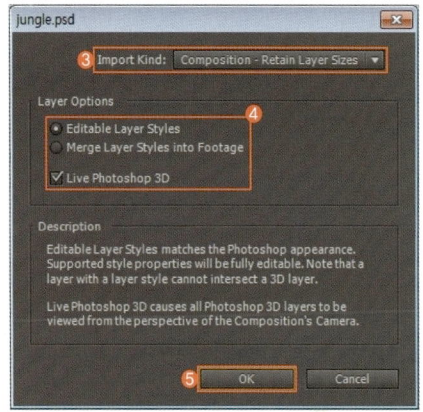

> **TIP**   [jungle.psd] 대화상자에서 Live Photoshop 3D에 체크 표시를 해야 합니다.

02 [Project] 패널에 import한 jungle 컴포지션을 더블클릭하여 활성화합니다.

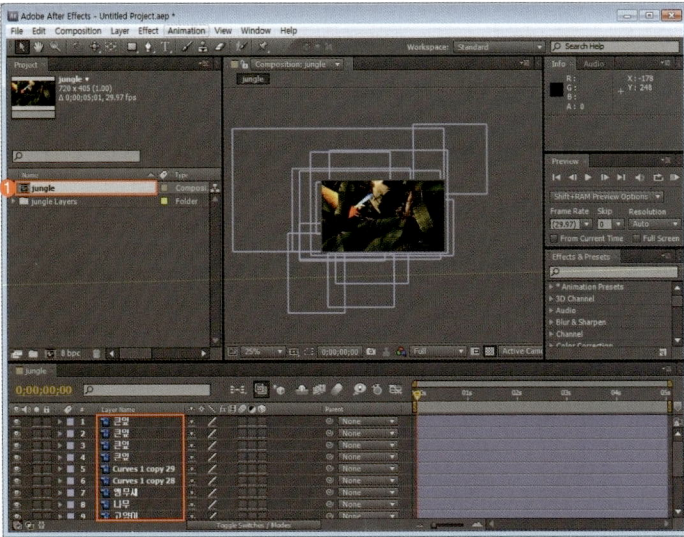

03 [Timeline] 패널에 있는 레이어를 Ctrl 키를 누르고 모두 선택한 후, 3D 레이어로 변환하기 위해 레이어 옆에 있는 3D Layer(⬛) 스위치를 클릭하여 3D 레이어로 변환합니다.

TIP 3D Layer(⬛) 스위치가 보이지 않을 때에는 단축키 F4 키를 누릅니다.

04 레이어가 모두 선택된 상태에서 각각 선택하여 단축키 P 키를 눌러 Position 속성을 활성화한 다음, 레이어 각각의 Position 값을 다음과 같이 설정하여 위치를 배치합니다.

Position

1번 큰잎 : 229.0, 296.0, −260.0

2번 큰잎 : 540.0, 98.0, −180.0

3번 큰잎 : 50.0, 5.0, −172.0

4번 큰잎 : 620.0, 420.0, −160.0

5번 Curves 1 copy 29 : 764.0, 410.0, 200.0

6번 Curves 1 copy 28 : 80.0, 320.0, 240.0

7번 앵무새 : −600.0, 156.0, 410.0

8번 나무 : 875.0, −44.0, 790.0

9번 고양이 128.0, 480.0, 468.0

10번 호랑이 : 554.0, 427.0, 180.0

11번 숲 : 133.0, 248.0, 500.0

12번 숲 : −436.0, 200.0, 1100.0

13번 숲 : −700.0, 345.0, 1238.0

14번 큰부리새 : 450.0, 270.0, 610.0

15번 폭포 : 360.0, 200.0, 1100.0

TIP Tab 키를 누르면 설정 값 간의 이동이 가능하여 좀 더 편리하게 값을 설정할 수 있습니다.

TIP [부록CD\Sample\Part02\06\jungle_start.aep] 파일을 열면 Position 값을 위와 같이 설정한 파일이 있습니다.

05 [Composition] 패널 하단에 있는 3D View Popup(Active Camera ▼)의 내림 버튼을 클릭하여 Custom View1를 선택하면 다음과 같이 배치된 것을 확인할 수 있습니다.

06 Ctrl 키를 누른 상태로 11번~13번 '숲' 레이어를 모두 선택하고 단축키 S 키를 눌러 Scale 속성을 활성화한 후, 다음과 같이 Scale 값을 설정하여 크기를 조절합니다.

11번 숲 레이어 : 250.0, 250.0, 250.0% | **12번 숲 레이어** : 300.0, 300.0, 300.0% | **13번 숲 레이어** : 400.0, 400.0, 400.0%

07 16번 '폭포' 레이어를 선택하고 단축키 S 키를 눌러 Scale 값을 '500.0, 500.0, 500.0%'로 설정합니다.

08 메뉴 바에서 [Layer]−[New]−[Camera...](Ctrl + Alt + Shift + C)를 선택하여 [Camera Settings] 대화상자가 나타나면 Type의 내림 버튼을 클릭하여 'One Node Camera'을 선택하고, Preset의 값을 '15mm'로 선택하여 카메라 렌즈를 광각으로 설정하여 Camera Layer를 만듭니다.

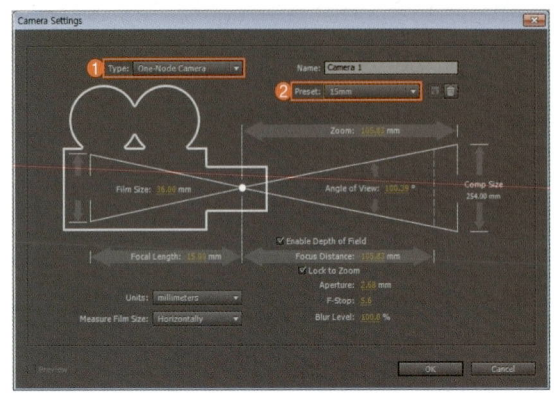

> **TIP** 카메라 렌즈를 광각을 사용하면, 표준 렌즈에 비해 넓은 화면을 보여주기 때문에 3D 레이어 간의 간격이 좁아도 편리합니다. 단, 화각이 넓은 만큼 왜곡 현상이 발생하므로 보통은 30mm 이내로 설정하는 것이 좋습니다.

09 [Timeline] 패널에서 'Camera 1' 레이어를 선택하고, 단축키 P 키를 눌러 Position 값을 '360.0, 200.0, −270.0'으로 설정합니다.

10 [Timeline] 패널에서 Current Time Indicator( )를 드래그하여 0초에 갖다놓고, 'Camera 1' 레이어의 속성인 Position 앞에 있는 stop watch( )버튼을 클릭하여 키프레임을 만들고 애니메이션을 시작합니다.

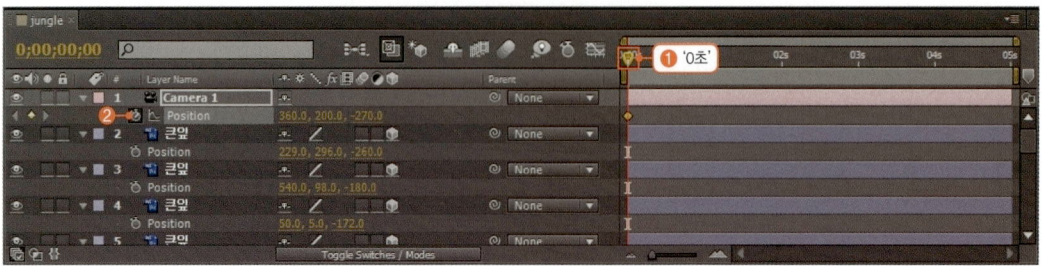

11 단축기 [End]키를 클릭하여 Current Time Indicator(👃) 위치를 Timeline 마지막 프레임으로 이동한 다음, Position 값을 '360.0, 200.0, 440.0'으로 설정합니다.

12 [Preview] 패널에서 Ram Preview(▶)를 클릭하면, 카메라가 밀림을 뚫고 지나가는 애니메이션이 완성되었습니다.

카메라가 내려갔다 올라오는 영상 만들기   Step 02

01 카메라의 움직임이 단조로우므로 카메라가 아래쪽으로 내려갔다가 다시 올라가는 애니메이션을 만들겠습니다. 'Camera 1' 레이어의 Current Time Indicator(👃)를 2초 15프레임으로 이동한 다음, Position 값을 '360.0, 380.0, 85.0'으로 설정합니다.

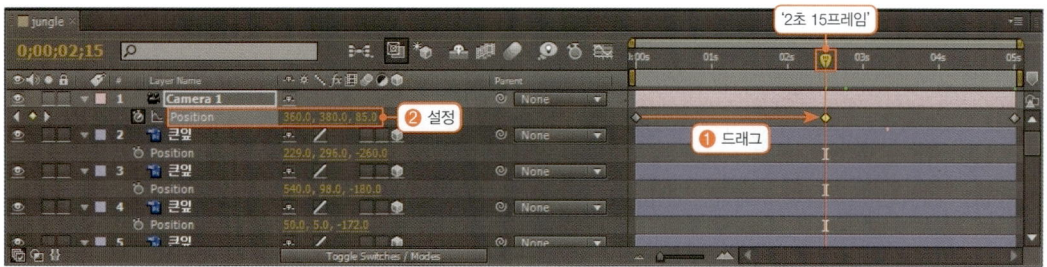

Position : 360.0, 380.0, 85.0

02 8번 '앵무새' 레이어를 선택하고 Current Time Indicator()를 0초로 이동한 후, 단축키 P키를 클릭하여 Position 속성 앞에 있는 stop watch( ) 버튼을 클릭하여 애니메이션을 시작합니다.

03 Current Time Indicator( )를 2초로 이동하고 Position 속성의 X 값을 '960.0'으로 설정합니다.

04 Current Time Indicator( )를 1초로 이동하고, Position 속성의 Y 값을 '330.0'으로 설정하여 이동하게 합니다.

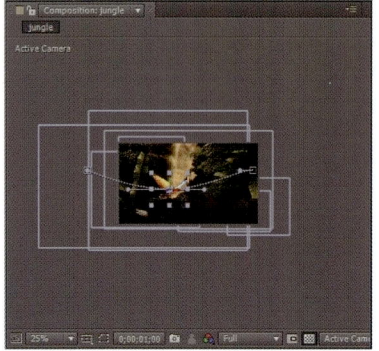

05 11번 '호랑이' 레이어에도 애니메이션을 주겠습니다. '호랑이' 레이어를 선택하고 단축키 P키를 눌러 Position 속성을 활성화한 다음, Current Time Indicator(🔆)를 '0'초에 갖다놓고, stop watch(🕙)버튼을 클릭하여 애니메이션을 시작합니다. Current Time Indicator(🔆)를 3초로 드래그한 다음 Position 속성의 X 값을 '−110.0'으로 설정하여 적용합니다.

06 색상을 보정하겠습니다. 우선 11번 '호랑이' 레이어가 너무 어둡기 때문에, 11번 '호랑이' 레이어를 선택하고 [Effects & Presets] 패널에서 Exposure 이펙트를 검색하여 찾은 후, 더블클릭하거나 레이어로 드래그하여 적용합니다.

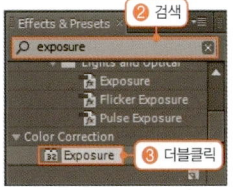

TIP Exposure 이펙트는 이미지나 영상에 밝기를 조절해 주는 기능을 합니다.

07 [Timeline] 패널에서 Current Time Indicator(🔆)를 드래그하여 1초로 이동하여, 호랑이를 보이게 한 다음, [Effect Controls] 패널에서 Exposure 값을 '2.50'로 설정합니다.

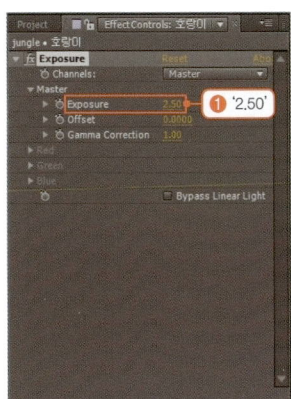

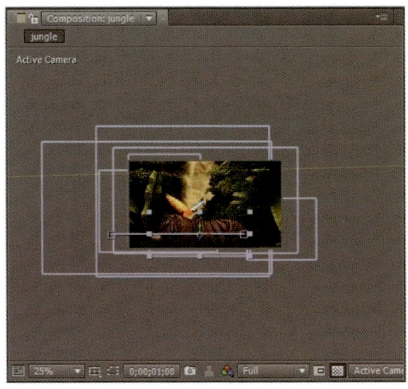

08 전체적인 색상을 보정하겠습니다. [Composition] 패널에서 마우스 오른쪽 버튼을 클릭하여 [New]−[Adjustment Layer]를 선택하여 Adjustment Layer를 만듭니다.

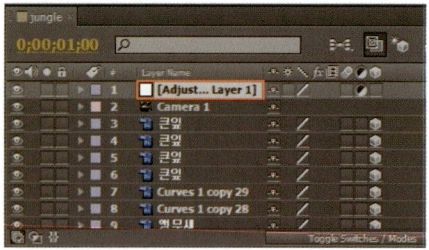

09 [Effects & Presets] 패널에서 Curves 이펙트를 검색하여 찾은 후, Adjustment Layer를 선택한 상태에서 더블클릭하여 적용한 다음, Adjustment Layer의 Mode의 내림 버튼을 클릭하여 'Add'로 설정하면 Composition이 전체적으로 밝아집니다.

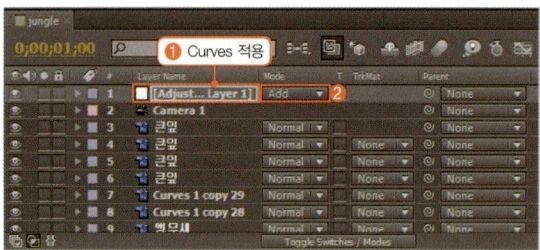
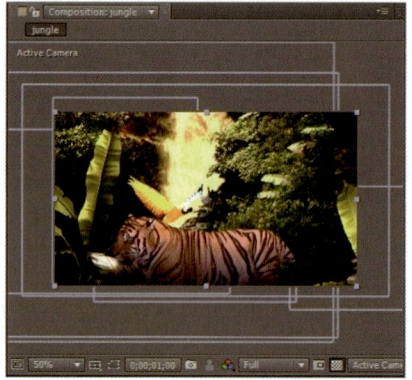

10 이번에는 [Effects & Presets] 패널에서 CC Radial Fast Blur 이펙트를 검색하여 찾은 후, Adjustment Layer를 선택한 상태에서 더블클릭하여 적용하면 모션 블러가 적용된 듯한 효과가 나타납니다.

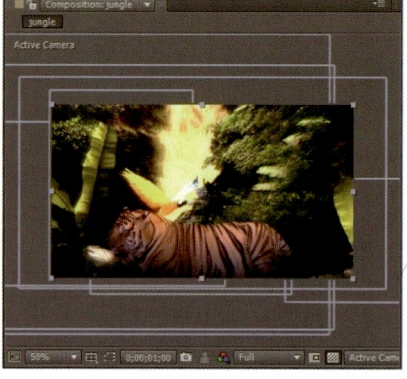

TIP 이미지가 너무 밝게 되었을 경우에는 Adjustment Layer의 Opacity 값을 낮춰줍니다.

11 카메라가 밀림을 뚫고 지나가면서 정글 속의 아름다운 모습이 담긴 영상을 완성하였습니다.

서드 파티 플러그인인 Optical Flares 이펙트를 적용 Step 03

01 완성된 영상에 After Effects의 서드 파티 플러그인인 Optical Flares 이펙트를 적용하면 좀 더 아름다운 영상을 만들 수 있습니다. 우선 메뉴 바에서 [Layer]−[New]−[Solid…](Ctrl + Y)를 선택하여 검은색의 Solid Layer를 만듭니다.

TIP Optical Flare 이펙트는 http://www.videocopilot.net에서 구입할 수 있습니다.

02 [Timeline] 패널에서 'Black Solid 1' 레이어를 선택하고 [Effects & Presets] 패널에서 Optical Flares 이펙트를 검색하여 찾은 후, 더블클릭하여 적용합니다.

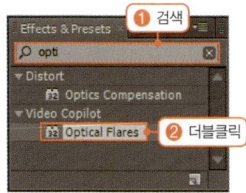

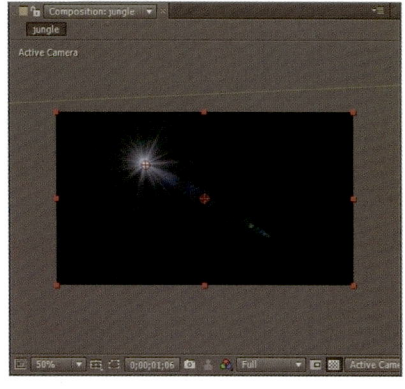

03 Optical Flares 이펙트의 Light Effect 옵션을 설정하겠습니다. [Effect Controls] 패널에서 Options을 클릭하여 [Optical Flares Options] 대화상자가 나타나면, 대화상자의 오른쪽에 있는 Broswer를 클릭하고 Show 의 Basic에서 Hoop와 Multi Iris를 클릭하여 추가한 다음, [OK] 버튼을 클릭합니다.

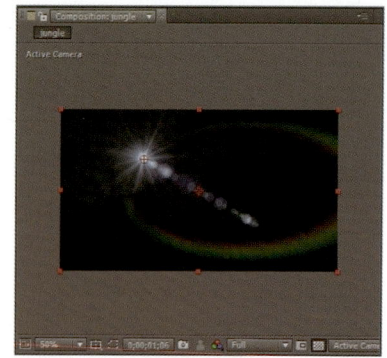

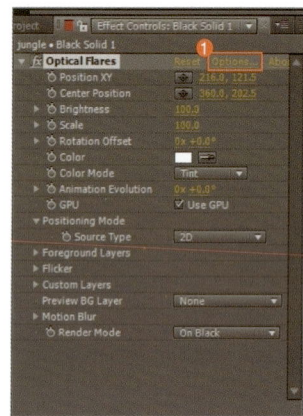
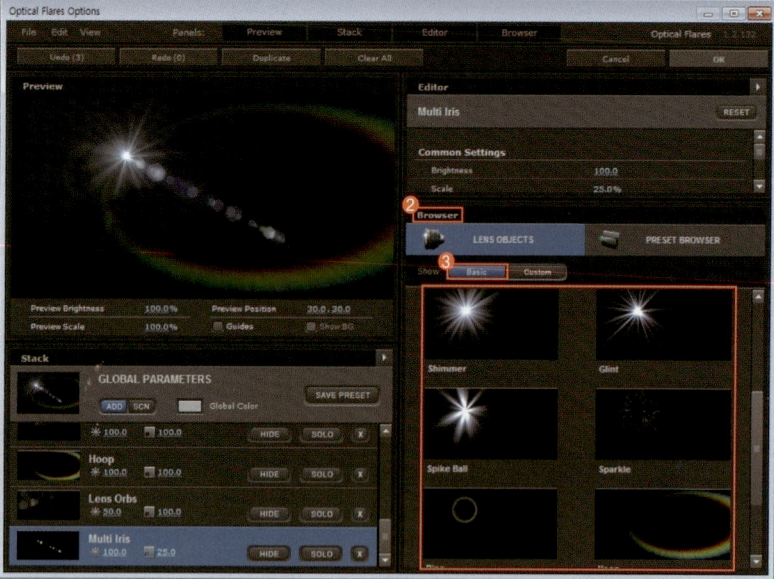

04 'Black Solid 1' 레이어를 선택하고 [Effect Controls] 패널에서 Optical Flares 이펙트의 Render Mode를 'On Transparent'로 선택하면 아래 이미지들과 합성이 됩니다.

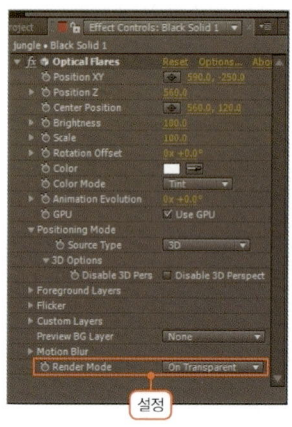

TIP 'Black Solid 1' 레이어의 Mode의 내림 버튼을 클릭하여 'Add'로 설정해도 됩니다.

05 [Effect Controls] 패널에서 Positioning Mode의 옵션 버튼을 클릭하고 Source Type의 내림 버튼을 클릭하여 '3D'로 설정한 다음, 다른 속성값도 다음과 같이 설정 합니다.

Source Type : 3D | **Position XY** : 590.0, −250.0 | **Position Z** : 560.0 | **Center Position** : 560.0, 120.0

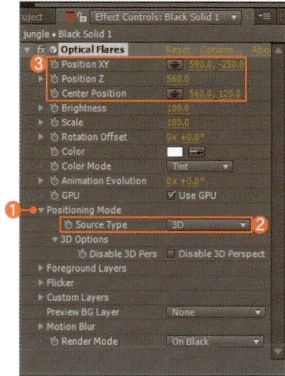 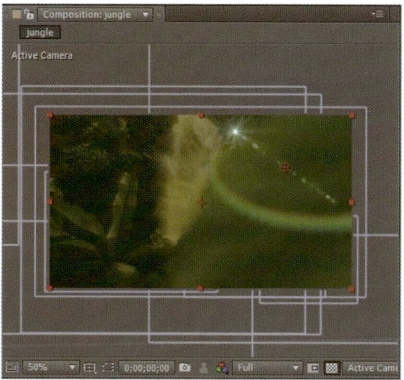

06 영상의 첫 프레임은 나뭇잎으로 가려져 있으므로 Current Time Indicator(🔧)를 드래그하여 2프레임으로 이동시킨 다음, 'Black Solid 1' 레이어를 선택하고 단축키 [I]키를 클릭해서 2프레임부터 'Black Solid 1' 레이어가 시작되도록 합니다.

07 정글 속의 화려한 모습이 담긴 영상을 완성하였습니다.

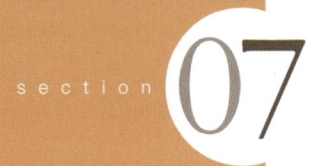

박스가 열리는 애니메이션 만들기

section 07

3D 레이어를 이용해서 입체적인 정육면체 Box를 만들고, 박스가 열리면서 글자가 나타나는 애니메이션을 만들어보겠습니다. Box를 만드는 다양한 방법을 배워서 활용하고, Light 기능을 이용하여 좀 더 화려한 애니메이션을 만들겠습니다.

Preview

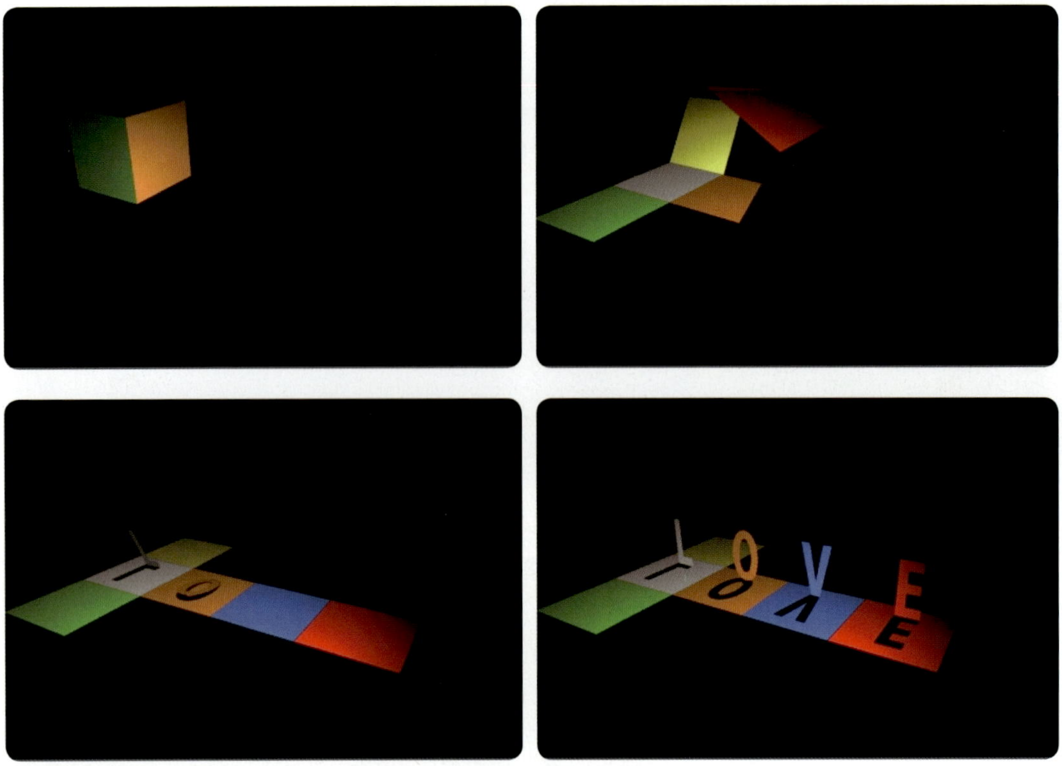

배우는 기능	Solid Layer와 Null Object Layer로 정육면체 만들기 | 텍스트 입체로 만들기
예제파일	부록CD\Sample\Part02\07\Box_B_start.aep
완성파일	부록CD\Sample\Part02\17\Box_B_final.aep

정육면체 만들기   Step 01

01 메뉴 바에서 [Composition]−[New Composition]([Ctrl]+[N])을 선택하고 [Compositon Settings] 대화상자에서 Pixel Aspect Ratio를 Square Pixels로 설정합니다.

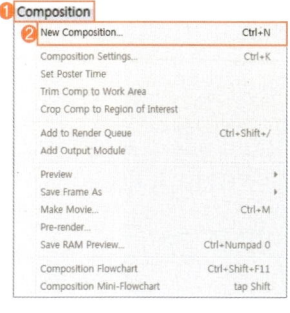

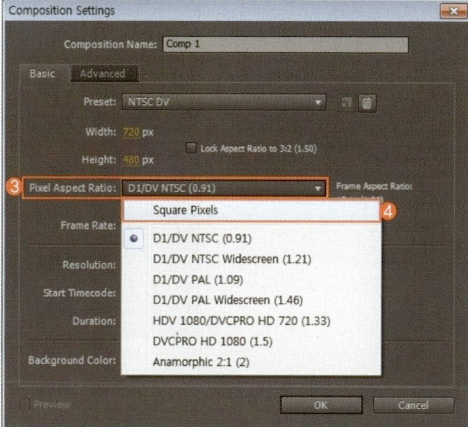

Pixel Aspect Ratio : Squre Pixels
Duration : 0 ; 00 ; 00 ; 05.00

TIP   NTSC DV로 컴포지션을 설정하면, aspect ratio가 0.91이기 때문에 정육면체로 이루어진 Box를 만들기가 쉽지 않습니다.

02 Box의 면이 될 Solid Layer를 만들겠습니다. 메뉴 바에서 [Layer]−[New]−[Solid...]([Ctrl]+[Y])를 선택하여 [Solid Settings] 대화상자에서 Width 값은 '100px', Height 값은 '100px', Pixel Aspect Ratio는 'Square Pixels'로 설정합니다.

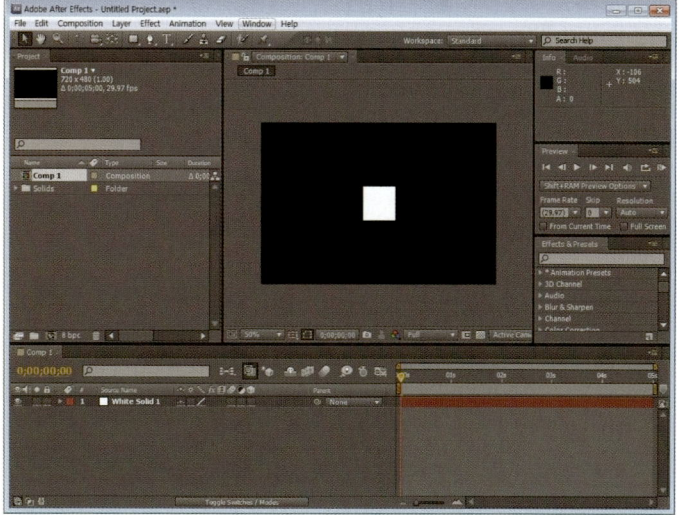

03 2D 레이어를 3D 레이어로 변환하기 위해서 [Timeline] 패널에서 3D 레이어(⬛) 스위치를 클릭합니다. 'White Solid 1' 레이어를 선택하고, 단축키 P 키를 클릭하여 Position 속성을 확인하면, X축, Y축에 Z축이 추가되었습니다. [Composition] 패널에도 레이어에 3D 축이 나타난 것을 확인할 수 있습니다.

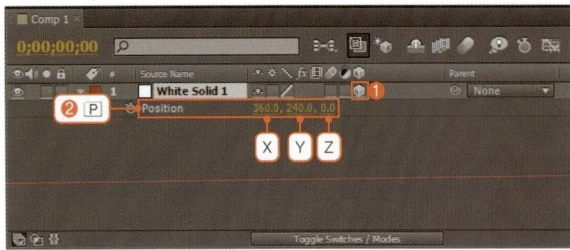
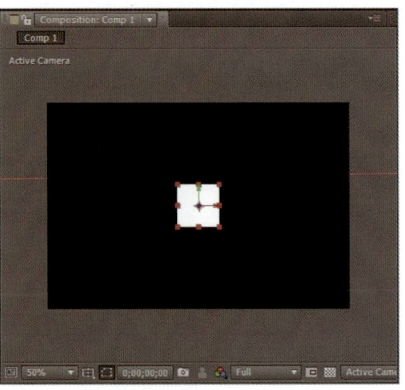

04 Box를 만들기 위해 오른쪽 그림처럼 Box 전개도 형태로 Solid Layer를 복사하여 배치하는 방법으로 알아보겠습니다.

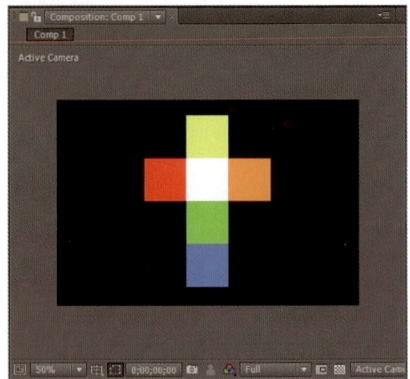

05 [Timeline] 패널에서 'White Solid 1' 레이어를 선택하고, Enter 키를 눌러 레이어의 이름을 '바닥'으로 바꾸고, Enter 키를 한 번 더 눌러 입력을 완료합니다. 6개의 레이어를 만들 때, 현재의 Solid Layer 위치에서 복사하게 되면 [Composition] 패널에서 보이지 않을 수도 있으므로 Position 값을 '360.0, 186.0, 0.0'으로 설정합니다.

06 '바닥' 레이어를 선택하고, 단축키 Ctrl + D키를 클릭하여 레이어를 복제(Duplicate)한 다음, 이름을 '옆면1'로 설정합니다.

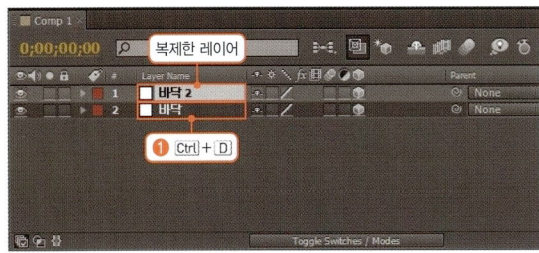
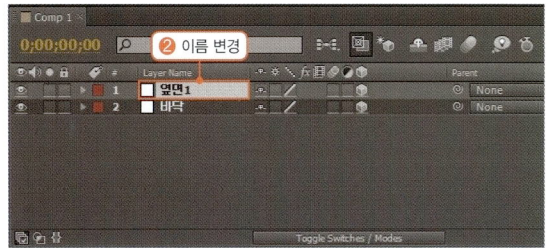

07 레이어가 헷갈리지 않도록 레이어의 색상을 바꾸겠습니다. '옆면1' 레이어를 선택하고, 메뉴 바에서 [Layer]−[Solid Settings…]를 선택해서 [Solid Settings] 대화상자가 나타나면 Color를 '#FF0000'로 설정하여 빨간색의 레이어로 바꿉니다.

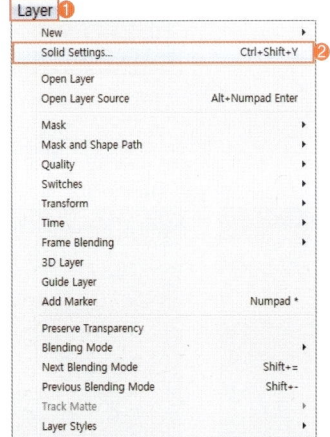
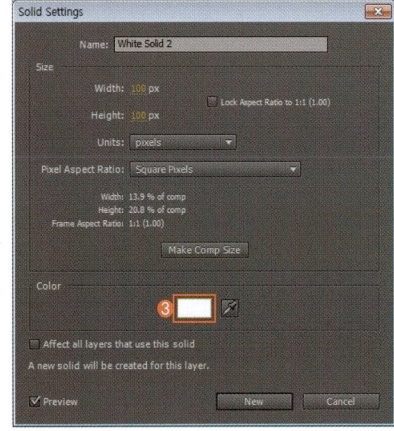

08 이제 '옆면1' 레이어를 '바닥 레이어의 왼쪽으로 이동하겠습니다. '옆면1' 레이어를 선택하고 단축키 A키를 클릭하여 Anchor Point 속성을 보이게 하고, Shift키를 누른 상태로 단축키 P키를 클릭하여 Position 속성도 같이 보이게 합니다.

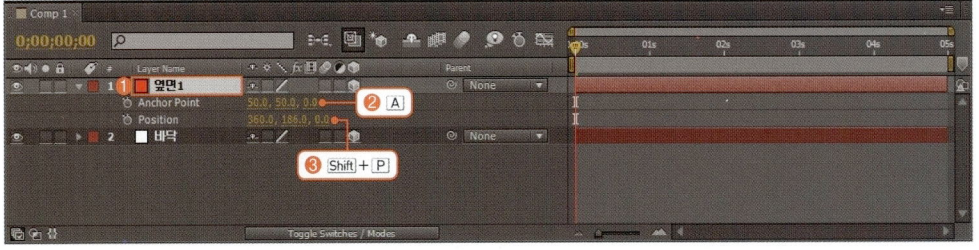

TIP '옆면1' 레이어를 이동시킬 때, Position만 이동하게 되면 나중에 Box를 만들 때 Rotation을 시켜야 합니다. 그때 Rotation의 중심축이 되는 Anchor Point을 옮겨주게 되면 Position 위치가 움직이게 되어 Position 값을 다시 설정해야 합니다. 그래서 먼저 Anchor Point 값을 설정하여 옮겨준 다음에 Position 위치를 설정하여 이동시키겠습니다.

09 '옆면1' 레이어를 '바닥' 레이어의 왼쪽으로 이동시키겠습니다. 레이어의 크기가 100이기 때문에 Anchor Point는 중심점에서 그 절반만큼만 이동시키면 됩니다. Anchor Point X 값을 '100.0'으로 설정하면, Anchor Point의 위치가 레이어의 우측으로 이동하면서 레이어의 Position도 50만큼 이동하였습니다.

 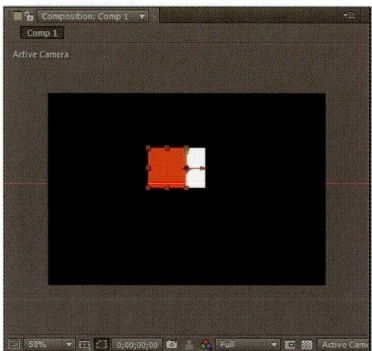

10 Anchor Point의 X 값이 50만큼 이동했으므로 Position X 값에 50만큼을 뺀 '310.0'을 설정합니다.

 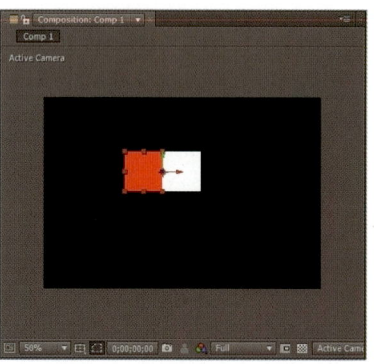

TIP X 값을 클릭한 후, '360-50'을 입력하면 계산이 편리합니다.

11 '바닥' 레이어를 선택하고, 단축키 Ctrl + D 키를 클릭하여 레이어를 복사하고, 레이어의 이름을 '옆면2'로 수정한 다음 레이어의 색상을 주황색 계열(#FF8A00)로 설정합니다. 단축키 A 키, Shift 키를 누르고 단축키 P 키를 클릭하여 Anchor Point의 X 값을 '0.0', Position의 X 값을 '410.0'으로 설정합니다.

 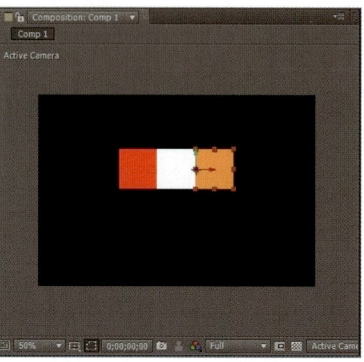

12 나머지 면들도 위와 같은 방식으로 '바닥' 레이어를 선택하여 단축키 [Ctrl]+[D]키를 눌러 레이어를 복제 (Duplicate)하고 다음과 같이 설정합니다.

옆면3 레이어	윗면 레이어	옆면4 레이어
Color : #FCFF00(노랑)	Color : #008AFF(파랑)	Color : #06FF00(녹색)
Anchor Point : 50.0, 100.0, 0.0	Anchor Point : 50.0, 0.0, 0.0	Anchor Point : 50.0, 0.0, 0.0
Position : 360.0, 136.0, 0.0	Position : 360.0, 336.0, 0.0	Position : 360.0, 236.0, 0.0

> **TIP** 마지막 윗면이 될 레이어는 '옆면4' 레이어를 복사하는 것이 좋습니다.

13 이제 각 면들을 회전시키겠습니다. [Timeline] 패널에서 Rotation 값을 직접 입력해도 되지만, 이번에는 [Tool] 패널의 Rotation 툴(◎)을 선택하여 설정하겠습니다. [Tool] 패널에서 Rotation 툴(◎)을 선택하고, [Timeline] 패널에서 '옆면1' 레이어를 선택한 다음 [Compositon] 패널에서 '옆면1' 레이어의 중심축의 Y축(녹색)으로 마우스 포인터를 움직이면 포인터 모양이 바뀝니다.

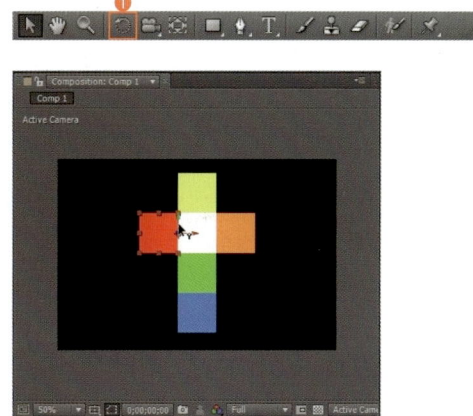

14 이때 마우스를 클릭한 상태로 우측으로 움직이면 레이어가 회전합니다. 회전할 때 [Shift]키를 누르면 45°씩 회전하게 됩니다. 90°로 회전시킨 후, 마우스 클릭을 해제합니다.

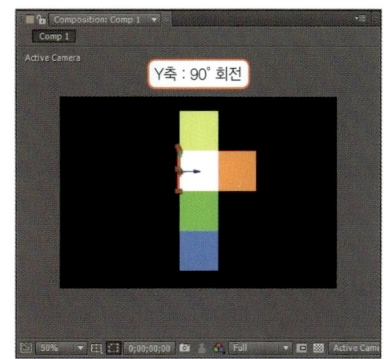

> **TIP** Rotation시킬 때에는 회전시키고 싶은 축을 선택하고 회전시킵니다.

15 '옆면2' 레이어와 '옆면3' 레이어도 위와 같은 방법으로 회전시킵니다. 단, '옆면3' 레이어는 X축 방향으로 회전시킵니다.

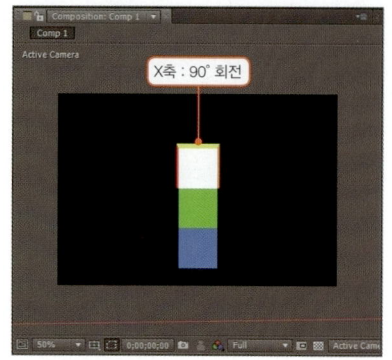

16 '옆면4' 레이어와 '윗면' 레이어의 경우에는 '윗면' 레이어가 '옆면4' 레이어와 함께 움직여야 하기 때문에 [Timeline] 패널에서 '윗면' 레이어의 pick whip(⊘) 아이콘을 클릭하여 '옆면4' 레이어와 연결(Parenting)합니다.

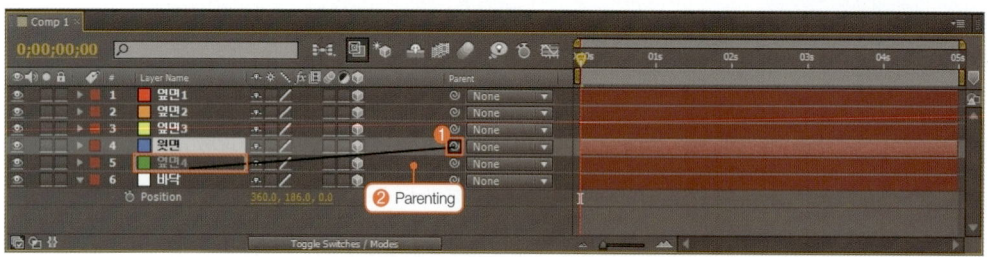

17 이제 '옆면4' 레이어를 회전시키면 '윗면' 레이어도 같이 회전하게 됩니다. 우선 '윗면' 레이어를 선택하고 X축 방향으로 90° 회전시킵니다. 그런다음, '옆면4' 레이어를 선택하고 X축 방향으로 90° 회전시킵니다.

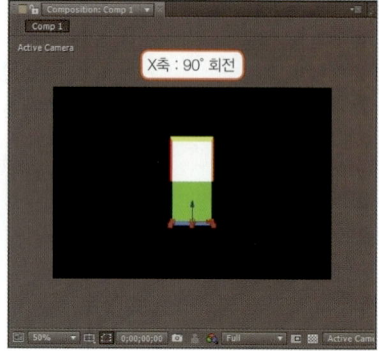
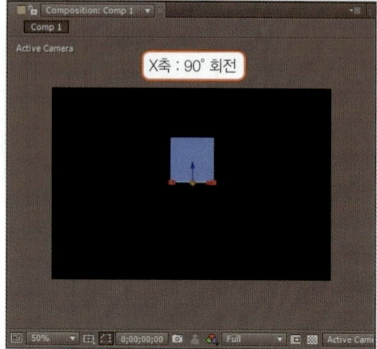

18 정육면체 Box가 완성되었습니다. [Com position] 패널에서 3D View Popup(Active Camera ▼)에서 Custom View1를 선택하면 Box가 제대로 만들어 졌는지 확인할 수 있습니다.

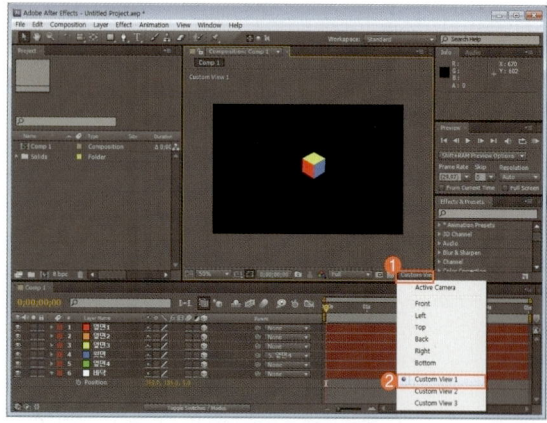

01 메뉴 바에서 [File]−[Project]([Ctrl]+[O])를 선택하여 [부록CD\Sample\Part02\07\Box_B_start.aep]에서 파일을 불러옵니다. 컴포지션에는 STEP 01 과 같은 방법으로 만든 상자가 있습니다. '옆면1' 레이어는 '윗면' 레이어를 Parenting, '윗면' 레이어는 '옆면2' 레이어를 Parenting 되어 있습니다.

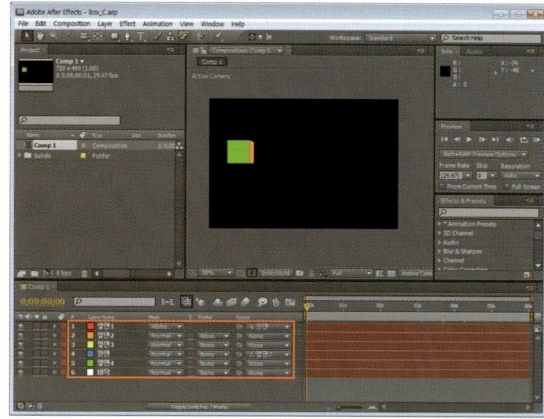

TIP   Box_B.aep 파일의 상자는 옆면 1 레이어가 윗면 레이어를 Parent, 위면 레이어는 옆면 2 레이어를 Parent되어 있습니다.

02 Box의 움직임을 제어할 때에는 Null Object Layer를 이용하면 편리합니다. [Composition] 패널에서 마우스 오른쪽 버튼을 클릭하여 Null Object Layer를 생성하고, [Timeline] 패널에서 'Null 1' 레이어 옆에 있는 3D Layer(⬛) 스위치를 클릭하여 3D 레이어로 변환합니다. 단축키 [P]키를 클릭해서 Position 값을 '63.9, 190.0, 183.0'으로 설정하여 Box쪽으로 배치합니다.

Position : 63.9, 190.0, 183.0

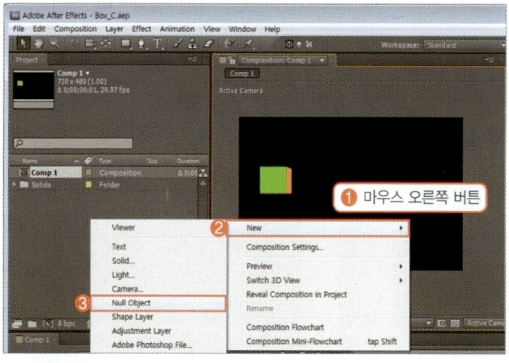

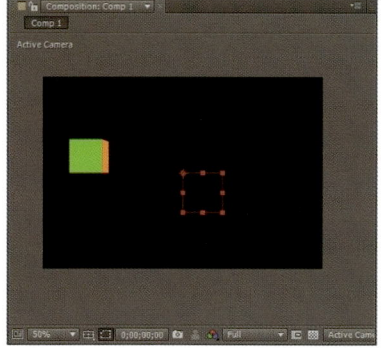

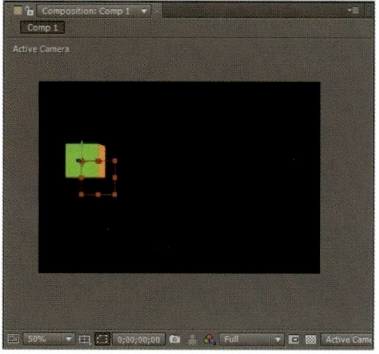

TIP   3D Layer(⬛) 아이콘이 보이지 않을 경우에는 단축키 [F4]키를 클릭하면 됩니다.

03 Box를 이룬 6개의 레이어 중에서 Ctrl키를 누른 상태로 '옆면2' 레이어, '옆면3' 레이어, '옆면4' 레이어, '바닥' 레이어를 선택한 다음 pick whip(◎) 아이콘을 클릭한 채로 드래그하여 Null Object Layer와 연결(Parenting)합니다.

 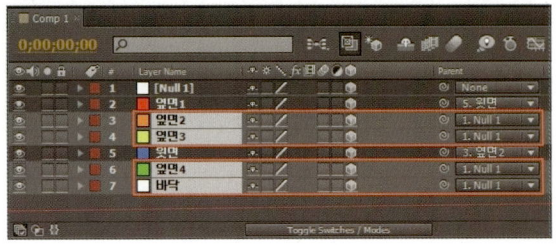

04 이제 'Null 1' 레이어의 Position 값을 설정하면 Box가 움직이게 됩니다. 0초에서는 컴포지션 바깥쪽에 배치되어 있다가 2초일 때 Box가 현재 위치에 있도록 애니메이션을 주겠습니다. [Timeline] 패널에서 Current Time Indicator(♀)를 애니메이션이 끝나는 시점인 2초로 이동하고, 'Null 1' 레이어를 선택하고 단축키 P키를 눌러 Position 속성의 stop watch(◎) 버튼을 클릭하여 키프레임을 만듭니다.

05 Current Time Indicator(♀)를 '0초'로 이동하고, Position 값을 '−451.0, 190.0, 183.0'으로 설정하여 [Composition] 패널 바깥쪽에 위치시킵니다.

 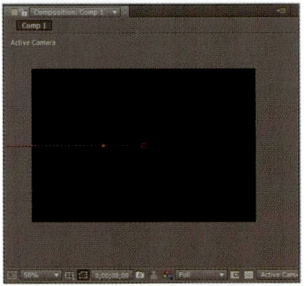

> **Position** : −451.0, 190.0, 183.0

06 Box가 나타날 때, 회전시켜보겠습니다. Current Time Indicator(♀)를 2초로 이동시키고, Null 1 레이어를 선택한 다음, 단축키 R키를 눌러 Rotation 속성을 활성화하고 Z Rotation 속성의 stop watch(◎) 버튼을 클릭하여 키프레임을 만들고 애니메이션을 시작합니다. Current Time Indicator(♀) 위치를 0초로 이동시키고 Z Rotation 값을 '−270°'를 입력하여 2초 동안 −270° 회전하면서 나타나게 합니다.

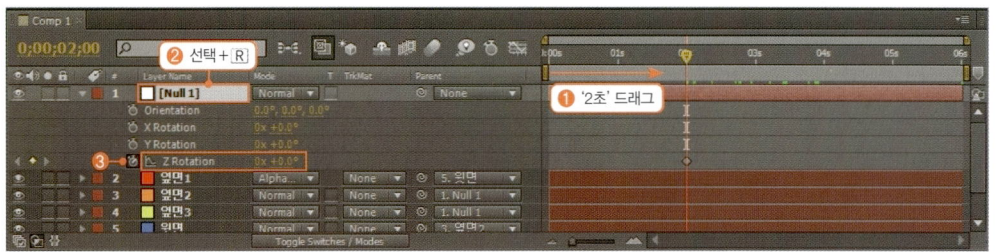

07 2초부터는 Box가 펼쳐지도록 애니메이션을 주겠습니다. Current Time Indicator(▯)를 2초로 이동한 다음, Box가 펼쳐지는 모습을 좀 더 정확하게 확인하기 위해 [Composition] 패널에서 3D View Popup (⌜Active Camera ▼⌟)을 Custom View1로 설정합니다.

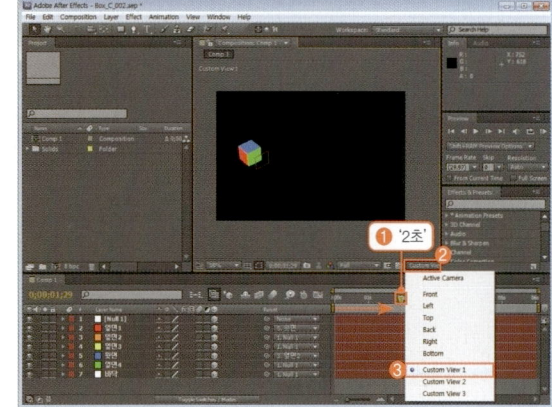

08 [Timeline] 패널에서 '옆면2' 레이어를 선택하고, 단축키 R키를 눌러 Rotation 속성을 활성화하고, Current Time Indicator(▯)의 위치가 2초인지 확인 한 후, Y Rotation 속성의 stop watch(⏱) 버튼을 클릭해서 키프레임을 만들고 애니메이션을 시작합니다.

09 Current Time Indicator(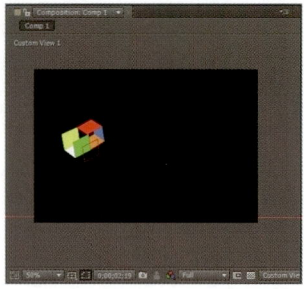)를 2초 20프레임으로 이동하고, Rotation 속성의 Y 값을 '-90.0°'로 설정하여 펼쳐지게 합니다.

10 '윗면' 레이어를 선택하고, 단축키 R키를 누르고 2초 20프레임에서 Y Rotation 속성의 stop watch(🕐) 버튼을 클릭해서 애니메이션을 시작하고, Y Rotation 값을 3초 10프레임에는 '90.0°'로 설정합니다.

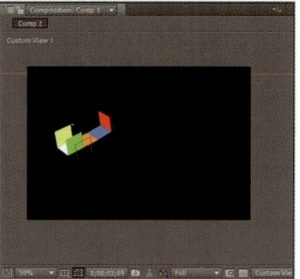

11 '옆면1' 레이어를 선택하고, 3초 10프레임에서 Y Rotation 속성의 stop watch(🕐)를 클릭해서 애니메이션을 시작하고, Y Rotation 값을 4초에서는 '-90.0°'로 설정합니다.

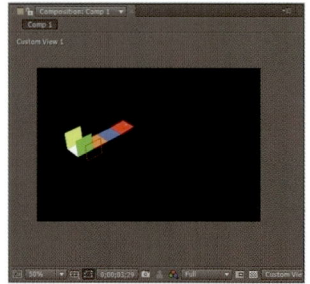

12 '옆면4' 레이어를 선택하고, X Rotation 값을 2초에서는 '0.°', '2초 20프레임'에서 '90.0°'을 설정하여 애니메이션을 만듭니다.

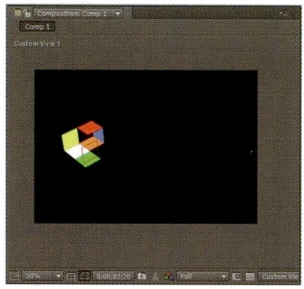

13 '옆면3' 레이어를 선택하고 X Rotation 값을 2초 20프레임에서는 '0.0°', 3초 10프레임에서 '−90.0°'로 설정하여 애니메이션을 만듭니다.

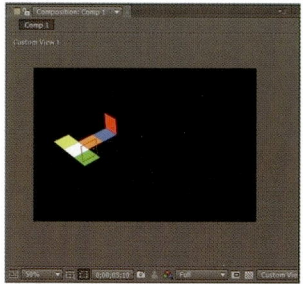

Box에 텍스트 만들기 Step 03

01 이제 펼쳐진 Box에 텍스트를 만들어보겠습니다. [Tool] 패널에서 Type 툴(**T**)을 더블 클릭하여 'L'를 입력한 후, Ctrl + Enter 키를 클릭해서 글자 입력을 완료하고, [Character] 패널의 속성값을 다음과 같이 설정합니다.

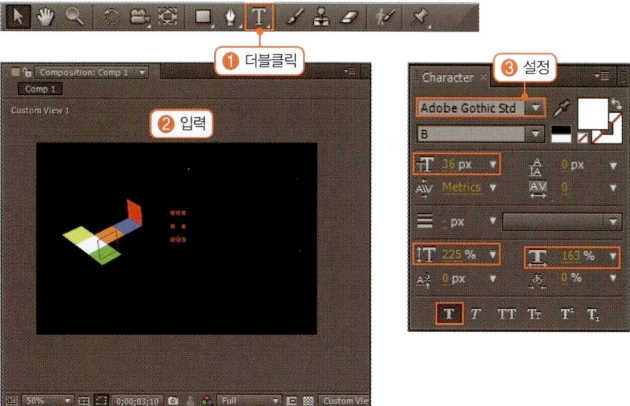

> **Set The Font Family** : Adobe Gothic Std |
> **Font Size** : 36 px | **Vertically Scale** : 225%
> **Horizontally Scale** : 163% | **Faux Bold** : 체크

02 [Timeline] 패널에서 Text Layer인 'L' 레이어를 선택하고 3D Layer(🔲) 스위치를 클릭해서 3D 레이어로 변환한 다음, 단축키 P키를 클릭하여 Position 값을 '60.0, 240.0, 268.0'으로 설정하여 글자의 위치를 '바닥' 레이어 위쪽으로 배치합니다.

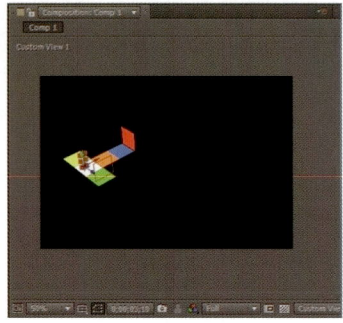

03 4초일 때부터 글자가 보이도록 Current Time Indicator(🔻)를 4초에 놓고 레이어가 4초부터 보이도록 단축키 I키를 눌러 레이어의 위치를 4초부터 시작되도록 수정합니다.

04 글자가 Box의 면에서 생성되도록 보이게 하기 위해서, Current Time Indicator(🔻)를 4초 20프레임에 위치하고 R키를 클릭하여 X Rotation의 stop watch(⏱)를 클릭해서 애니메이션을 시작합니다. Current Time Indicator(🔻)를 4초로 이동한 후에, X Rotation 값을 '90.0°'으로 설정합니다.

05 이제 Box의 면에서 글자가 생성될 때, 마치 종이 자르기를 한 것처럼 표현해보겠습니다. 'L' 레이어를 선택하고 단축키 Ctrl+D키를 눌러 복제(Duplciate)합니다.

06 복제해서 새로 생성된 'L2' 레이어를 선택하고 바닥 레이어 바로 위로 이동시킨 다음, 단축키 R키를 클릭하면 X Rotation에 애니메이션이 적용되어 있는데, Current Time Indicator(🔻)를 4초로 이동시킨 다음 X Rotation의 stop watch(🕐)를 클릭해서 애니메이션을 없앱니다.

07 이제 '바닥' 레이어를 선택하고, Track Matte의 내림 버튼을 클릭하여 Alpha Inverted Matted "L2"를 선택하여 조금 전에 만든 텍스트 레이어의 부분을 뺍니다. [Preview] 패널에서 Play(▶) 버튼을 클릭해서 확인합니다.

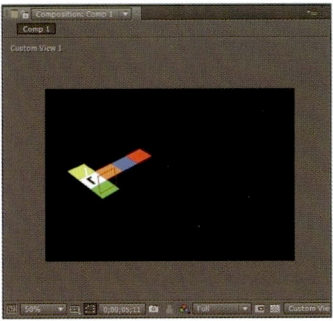

08 [Timeline] 패널의 'L' 레이어를 선택하고 단축키 Ctrl+D키를 눌러 레이어를 복사한 다음, 복사한 'L3' 레이어를 선택하여 단축키 P키를 눌러 Position 값을 '164.0, 240.0, 268.0'로 설정하여 옆면2 레이어 위로 배치합니다.

09 Current Time Indicator(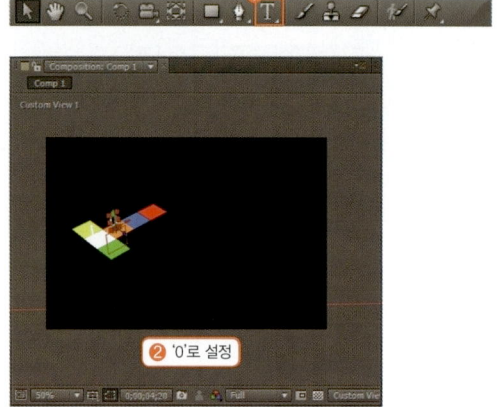) 위치를 4초 20프레임으로 이동해서 글자가 보이도록 한 다음, [Tool] 패널의 Type 툴(**T**)을 클릭하고 글자를 드래그해서 선택한 다음 'O'로 입력해서 수정하고 Ctrl + Enter 키를 눌러 완성합니다.

10 'L' 글자가 생성된 다음에 'O' 글자를 나타나게 하기 위해서, Current Time Indicator()를 4초 10프레임으로 이동시킨 다음, 'O' 레이어를 선택하고 단축키 [I] 키를 눌러 레이어의 위치를 4초 10프레임으로 이동하게 합니다.

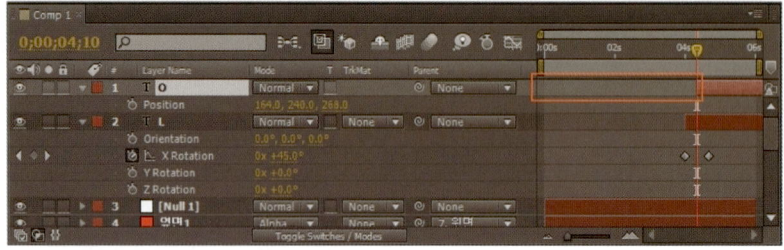

11 'O' 레이어의 색상을 '옆면2' 레이어에 맞추겠습니다. 'O' 레이어를 선택하고, [Characte] 패널에서 Color를 '#FF8A00'로 설정합니다.

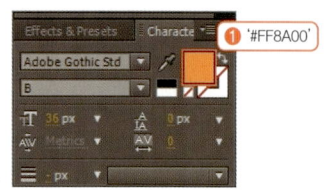

12 단축기 Ctrl + D 키를 클릭하여 'O' 레이어를 복제한 다음, 새로 생성된 'O2' 레이어를 '옆면2' 레이어 바로 위로 드래그하여 이동시킨 다음, '옆면2' 레이어의 Track Matte를 Alpha Inverted Matted "O2"로 설정합니다.

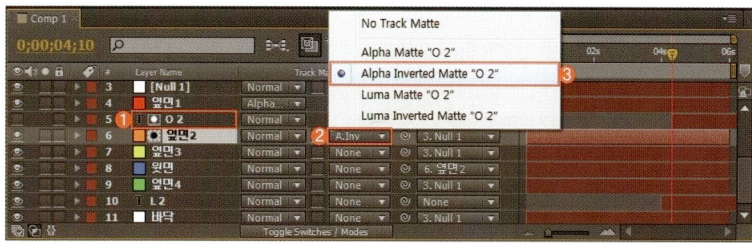
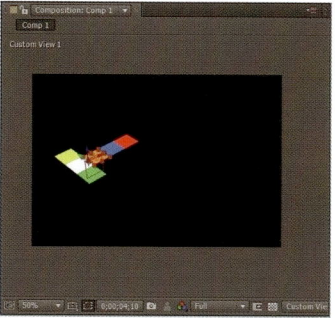

13 'O2' 레이어를 선택하고, 단축기 R 키를 클릭하여 Rotation 속성을 활성화하고, Current Time Indicator( )가 4초 10프레임인지 확인하고 X Rotation의 stop watch( )를 클릭해서 애니메이션을 해제합니다.

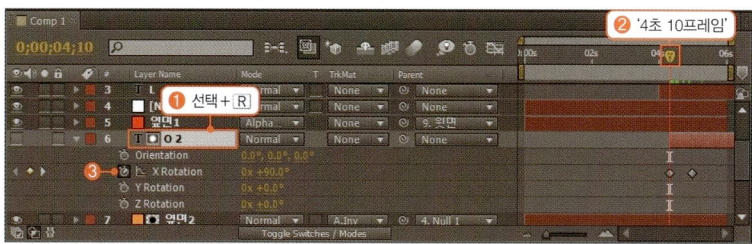
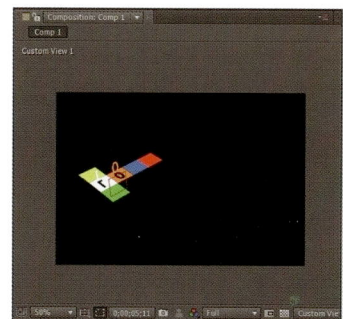

14 'O' 레이어를 선택하고 Ctrl + D 를 눌러 복제한 다음, 복제한 'O3' 레이어를 선택하고 P 키를 눌러 Position 값을 설정하여 윗면 레이어 위로 배치한 다음, [Tool] 패널의 Type 툴( )을 선택한 다음 글자를 'V'로 수정합니다.

Position : 262.0, 240.0, 268.0 | Color : #008AFF

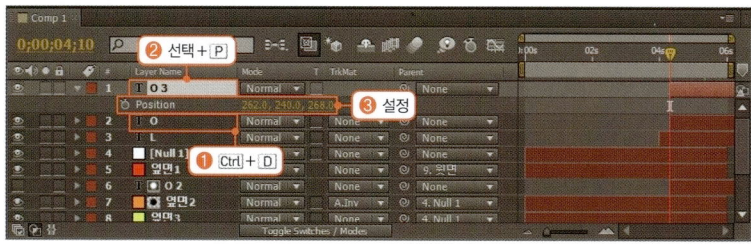
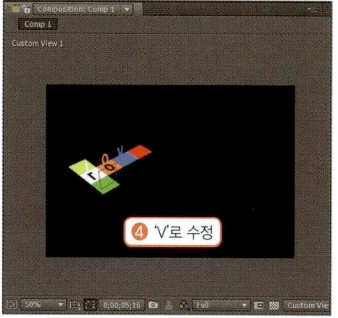

15 'O' 글자가 생성된 다음에 'V' 글자를 나타나게 하기 위해서, Current Time Indicator(🔔)를 4초 20프레임으로 이동시킨 다음, 'V' 레이어를 선택하고 단축키 I 키를 눌러 레이어의 위치를 4초 20프레임으로 이동하게 합니다.

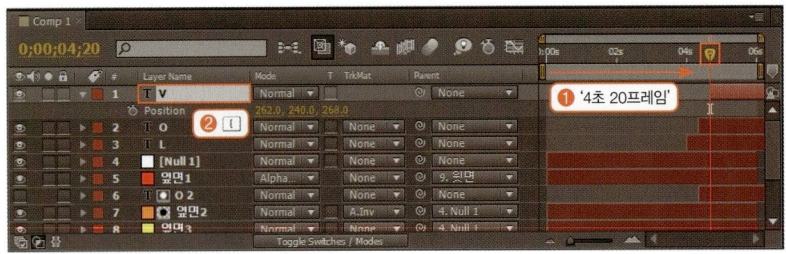

16 단축키 Ctrl + D 키를 클릭해서 'V' 레이어를 복사한 다음, 새로 생성된 'V2' 레이어를 '윗면' 레이어 바로 위로 이동시킨 다음, '윗면' 레이어의 Track Matte를 Alpha Inverted Matted "V2"로 설정합니다.

17 'V2' 레이어를 선택하고 단축키 R 키를 클릭해서 Rotation 속성을 활성화하고, Current Time Indicator(🔔)가 4초 20프레임인지 확인하고 X Rotation의 stop watch(⏱) 버튼을 클릭해서 애니메이션을 해제합니다.

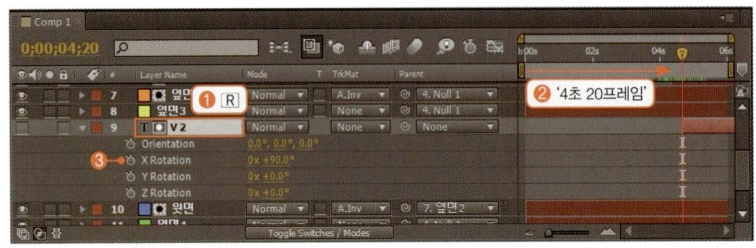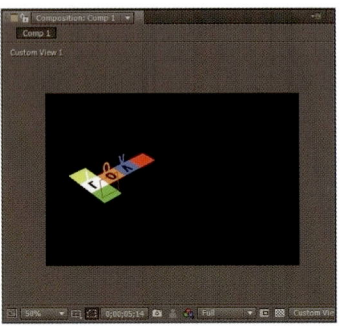

18 마지막으로 'V' 레이어를 선택하고 Ctrl + D 를 클릭해서 복제한 다음, [Composition] 패널에서 새로 만든 'V3' 레이어를 선택하고 P 키를 눌러 Position 값을 설정하고 '옆면1' 레이어 위로 배치한 다음, [Tool] 패널에서 Type 툴 (T)을 선택한 다음 글자 'E'로 수정합니다.

> **Position** : 367.0, 240.0, 258.0 | **Color** : #FF0000

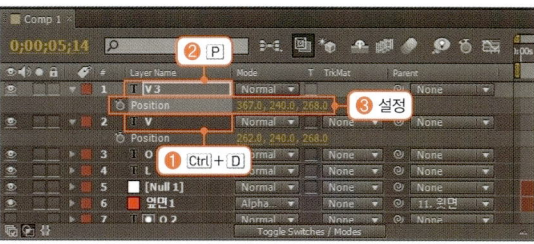
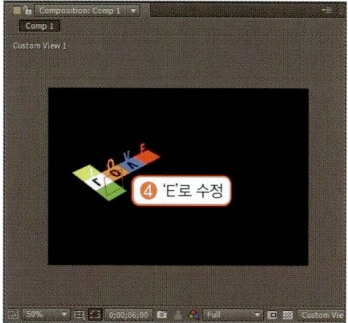

19 'V' 글자가 생성된 다음에 'E' 글자를 나타나게 하기 위해서, Current Time Indicator(🔦)를 5초로 이동시킨 다음, 'E' 레이어를 선택하고 Ⓘ 키를 눌러 Timeline 레이어의 위치를 5초로 이동합니다.

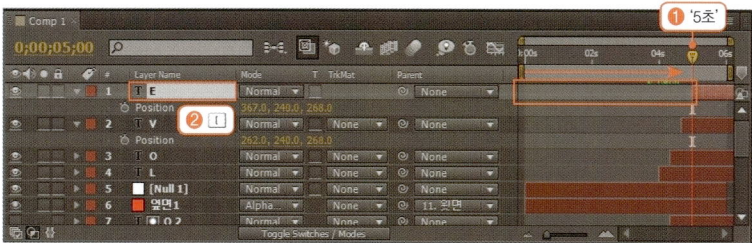

20 [Timeline] 패널에서 Ctrl + D 키를 클릭해서 'E' 레이어를 복사하여 새로 생성된 'E2' 레이어를 '옆면1' 레이어 바로 위로 이동시킨 다음, '옆면1' 레이어의 Track Matte를 Alpha Inverted Matted "E2"로 설정합니다.

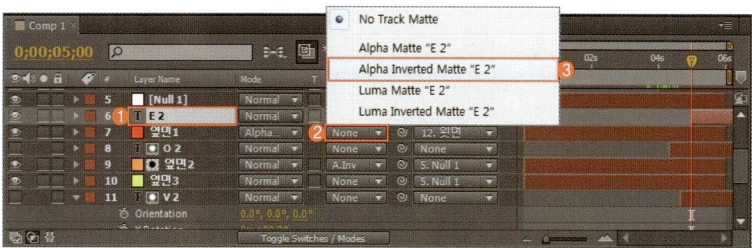

21 'E2' 레이어를 선택하고 Current Time Indicator(🔦) 위치가 5초인지 확인하고, X Rotation의 stop watch(⏱)를 클릭해서 애니메이션을 해제합니다.

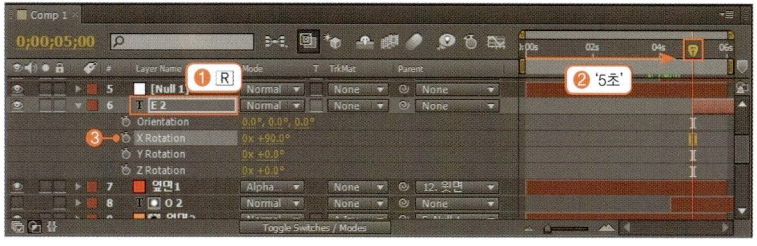
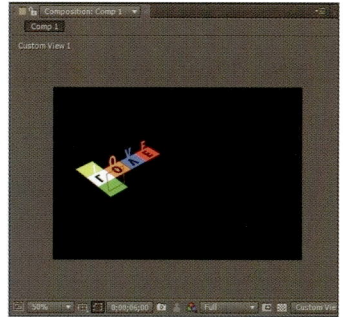

01 [Composition] 패널에서 마우스 오른쪽 버튼을 클릭하여 메뉴에서 [New]-[Light...]를 선택하고 다음과 같이 설정하여 Light Layer를 만듭니다.

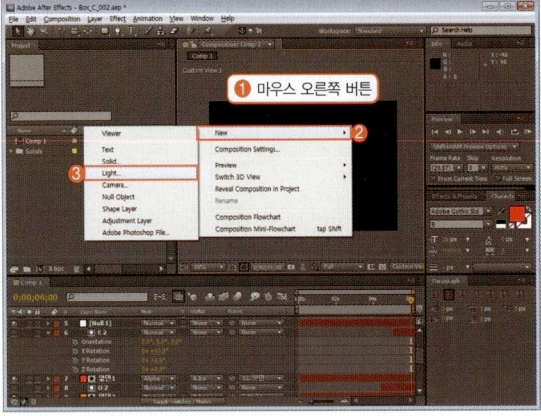 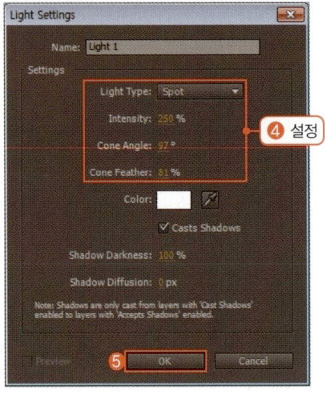

Light Type : Spot | **Intensity** : 250% | **Cone Angle** : 97˚ | **Cone Feather** : 81%

02 'Light 1' 레이어를 선택하고 단축키 [P]키를 눌러 Position 속성을 활성화하고, [Shift]키를 누르고 단축키 [A]키를 클릭해서 Point of Interest 속성도 같이 보이도록 한 다음, 다음과 같이 설정하여 Light의 위치를 조정합니다.

 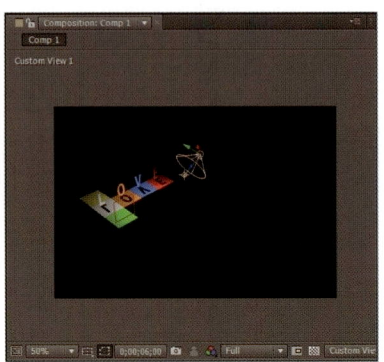

Point of Interest : 352.0, 120.0, 54.0 | **Position** : 408.0, 26.0, 14.0

03 [Composition] 패널에서 마우스 오른쪽 버튼을 클릭해서 [New]−[Camera...]를 선택하여 Camera Layer를 만듭니다. 'Camera 1' 레이어를 선택하고 다음과 같이 설정하여 Camera의 위치를 조정합니다.

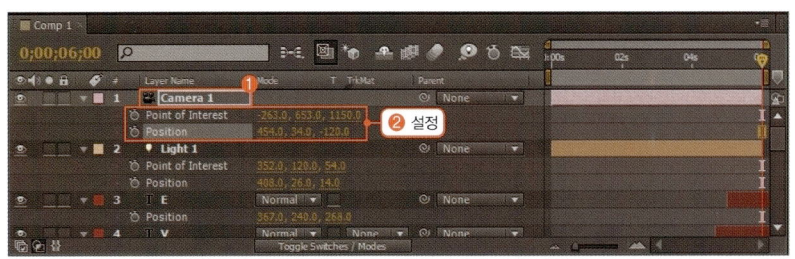

TIP Camara는 기본 설정 값을 사용합니다.

Point of Interest : −263.0, 653.0, 1150.0 | **Position** : 454.0, 34.0, −120.0

04 [Composition] 패널 하단에 있는 3D View Popup (Active Camera ▼)의 내림 버튼을 클릭하여 Custom View1을 'Camera1'로 설정합니다.

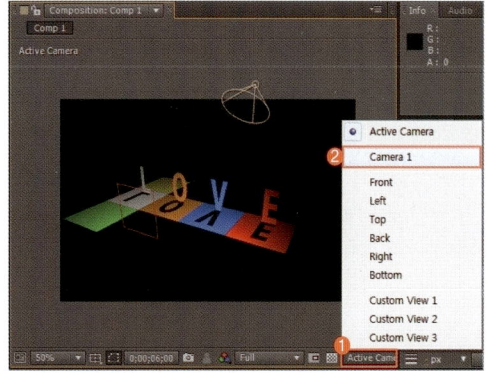

05 상자가 펼쳐지면서 글자가 나오는 애니메이션이 완성되었습니다.

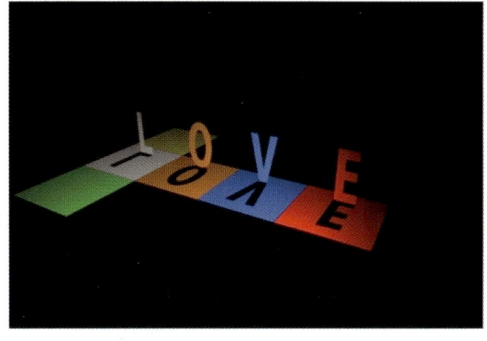

01 이번에는 Null Object Layer를 이용해서 Box를 만들어보겠습니다. 메뉴 바에서 [Composition]−[New Composition]를 선택하여 새로운 컴포지션을 만듭니다.

Preset : NTSC ┃ **Pixel Aspect Ratio** : Square Pixel

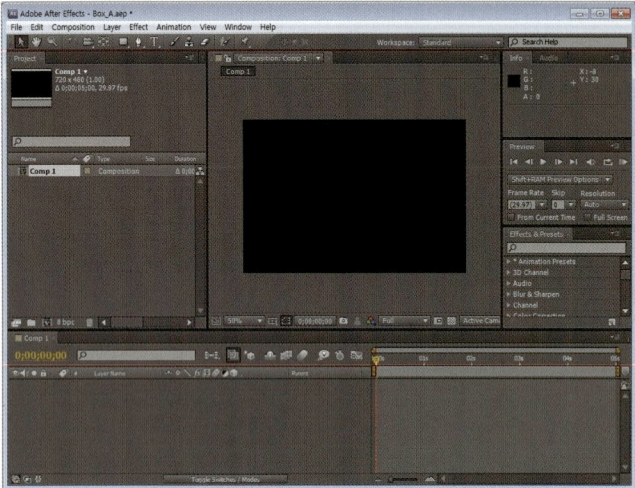

02 단축키 Ctrl + Y 키를 클릭해서 새로운 Solid Layer를 만듭니다.

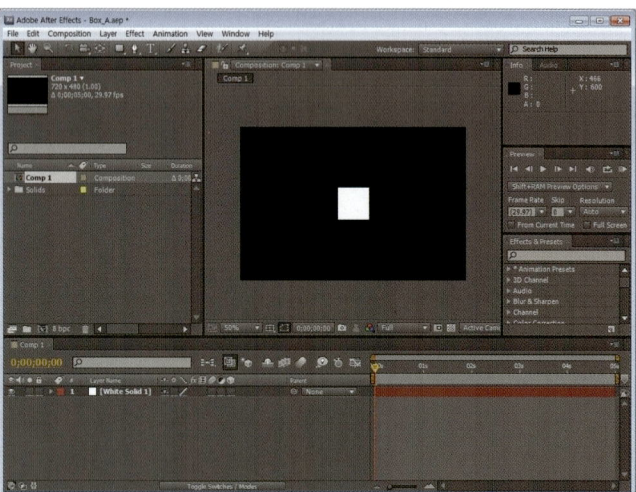

Width : 100 ┃ **Height** : 100 ┃ **Pixel Aspect Ratio** : Square Pixel ┃ **Color** : #FFFFFF

03 [Composition] 패널에서 마우스 오른쪽 버튼을 클릭하여 [New]−[Null Object]를 선택하여 Null Object Layer를 만듭니다.

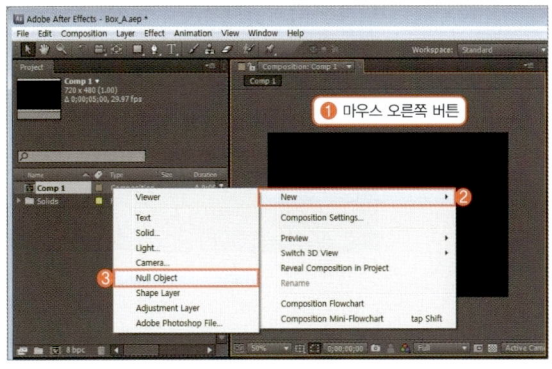 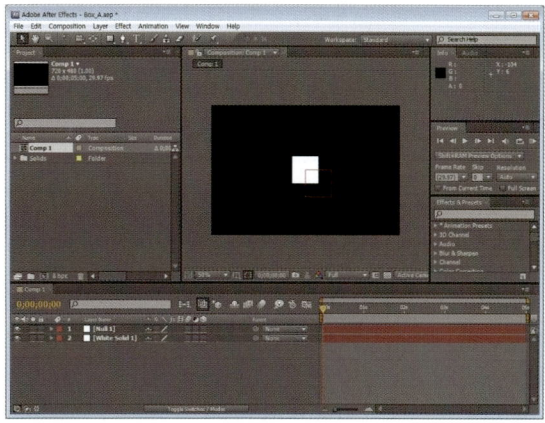

04 [Timeline] 패널에서 Null Object Layer와 Solid Layer 옆에 있는 3D Layer(🟦) 스위치를 클릭하여 3D 레이어로 변환합니다.

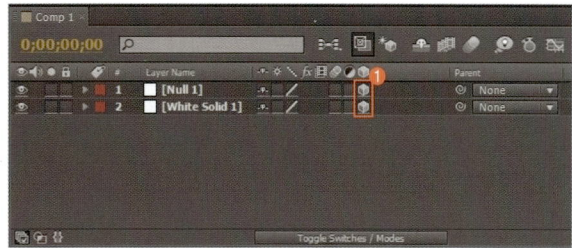

05 'White Solid 1' 레이어를 선택하고, 단축키 P 키를 눌러 Position의 Z 값에 '50.0'을 입력해서 Z축으로 50만큼 뒤로 이동시킵니다.

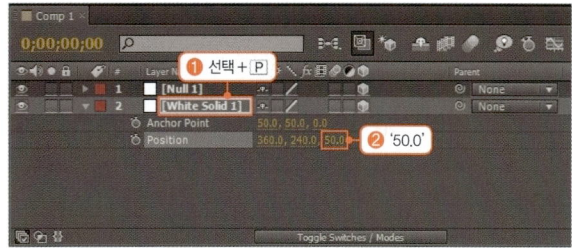

06 'White Solid 1' 레이어를 선택하고 단축키 Ctrl + D 키를 눌러 레이어를 복사한 다음, 새로 생성된 레이어의 pick whip(◎) 아이콘을 클릭한 채로 드래그하여 Null Object 레이어에 연결(Parent)시켜줍니다.

07 작업이 진행되는 상황을 좀 더 자세히 확인하기 위해서 [Composition] 패널의 3D View Popup(Active Camera ▼)의 내림 버튼을 클릭하여 Custom View1을 선택하여 뷰를 바꿔보겠습니다.

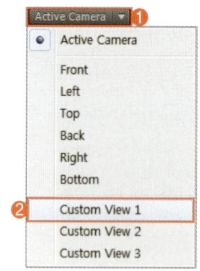

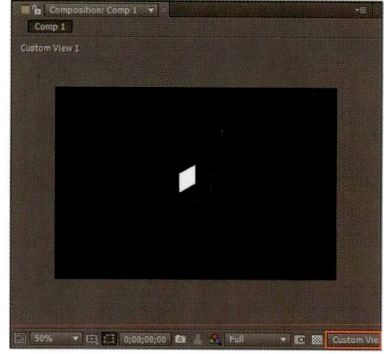

08 'Null 1' 레이어를 선택하고, R키를 클릭해서 Rotation 속성을 연 다음, Orientation의 Y 값을 '180.0°'로 설정하여 회전시키면 Parent로 연결된 Solid Layer가 회전됩니다.

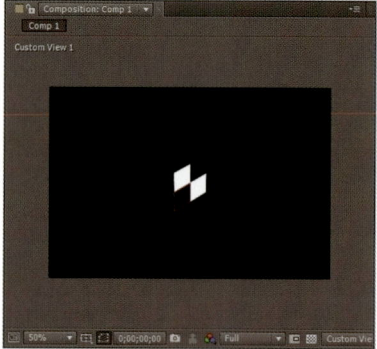

09 이제 Parent 되어 있는 Solid Layer의 연결을 해제하겠습니다. Ctrl키를 클릭한 채 pick whip(◎) 아이콘을 클릭하면 해제됩니다.

10 [Timeline] 패널에서 Solid Layer 2개를 선택하고, 단축키 Ctrl + D 키를 눌러 복사합니다. 헷갈리지 않도록 새로 생성된 2개의 레이어 앞에 있는 Label을 마우스 오른쪽 버튼으로 클릭하여 Label 색상을 정할 수 있습니다.

Label : Yellow

TIP 메뉴 바에서 [Edit]–[Label]를 선택하여 Label 색상을 변경할 수도 있습니다.

11 새로 생성된 2개의 Solid Layer를 'Null 1' 레이어에 Parenting 시켜줍니다.

12 'Null 1' 레이어를 선택하고 단축키 R키를 클릭하여 Y Rotation 값을 '90.0°'로 설정하여 회전시킨 다음, Ctrl키
를 클릭한 채 pick whip( )을 클릭하여 Parent를 해제합니다.

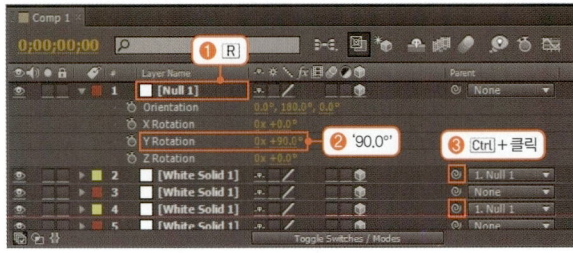 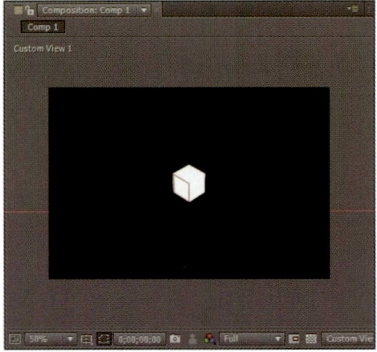

13 Solid Layer 중 노란색 Label의 레이어 2개를 다시 선택하고, 단축키 Ctrl + D를 클릭해서 레이어를 2개 더 복제
합니다. 이번에는 Label의 색상을 'Aqua'로 선택합니다.

14 Aqua 색상의 Solid Layer 2개를 선택하여 Null 1 레이어에 Parenting 시켜줍니다.

15 이제 Null Obejct Layer의 Orientation의 Z 값을 '90.0°'로 설정하여 Aqua 레이어를 회전시킵니다.

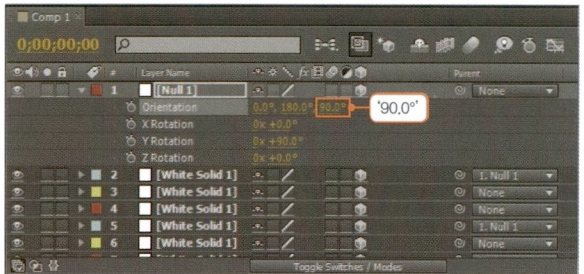

16 Null Obejct Layer로 만든 박스가 완성되었습니다.

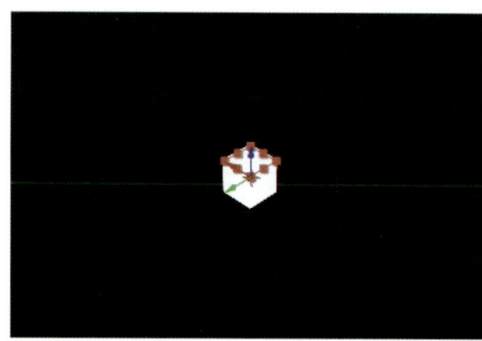

CINEMA 4D와
After Effects 연동하기

3ds max나 Maya에서 카메라 및 오브젝트의 값을 After Effects로 가져오는 것도 가능하지만, 3D 프로그램 중에서 After Effects와 가장 궁합이 잘 맞는 프로그램은 CINEMA 4D로, CINEMA 4D를 이용하면 훨씬 쉽고 빠르게 작업이 가능합니다. 3D 프로그램인 CINEMA 4D에서 작업한 카메라의 위치 정보 값과 라이트, 위치 값 등을 After Effects로 가져와서 사용하는 방법에 대해 알아보겠습니다.

● P r e v i e w ●

배우는 기능	CINEMA 4D 활용하기 ｜ 3D 데이터 불러오기 ｜ Fractal, Exposure 이펙트 적용하기
예제파일	부록CD\Sample\Part02\08\C4D_start\C4D_start.aep ｜ 부록CD\Sample\Part02\08\비행선.c4d
완성파일	부록CD\Sample\Part02\08\C4D_start\C4D_final.aep

01 CINEMA 4D에서 파일을 불러오겠습니다. CINEMA 4D의 메뉴 바에서 [File]—[Open](Ctrl + O)를 선택하여 [부록CD\Sample\Part1\08\비행선.c4d] 파일을 열면, 건물 사이로 비행선이 지나가는 애니메이션 씬이 있습니다. CINEMA 4D에서 카메라 정보 값, 라이트, 오브젝트 버퍼 등의 데이터를 After Effects로 간단하게 넘길 수 있습니다. 지금부터 카메라의 위치 정보 값과 비행선에 배치되어 있는 라이트, 그리고 간판의 위치 값 등을 After Effects와 연동 해보겠습니다.

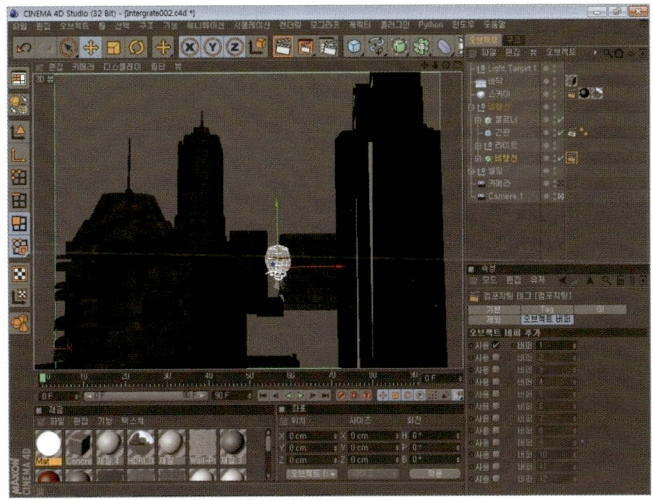

> **TIP** http://www.maxon.net에서 트라이얼 버전으로 CINEMA 4D 프로그램을 다운로드할 수 있습니다.

02 비행선 아래쪽에 있는 간판 부분을 Solid Layer 형태로 After Effects와 연동하겠습니다. After Effects로 보내기 위해서는 간판 오 브젝트에 [외부컴포지팅] 태그를 추가해줘야 합니다. [오브젝트] 패 널에서 '간판'을 선택하고 마우스 오른쪽 버튼을 클릭하여 [CINEMA 4D 태그]—[외부 컴포지팅] 태그를 선택합니다.

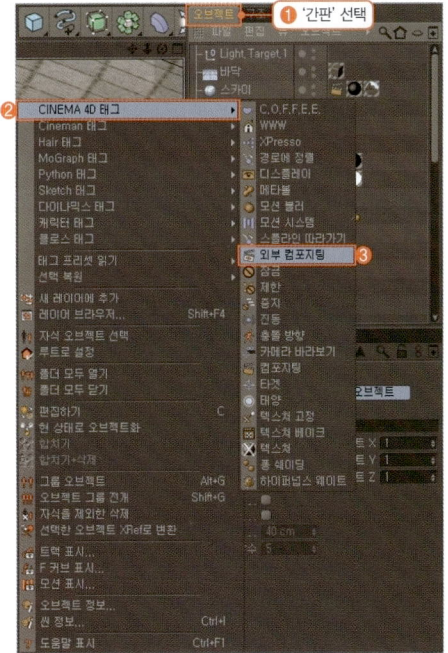

03 [오브젝트] 패널에서 외부 컴포지팅 태그를 선택하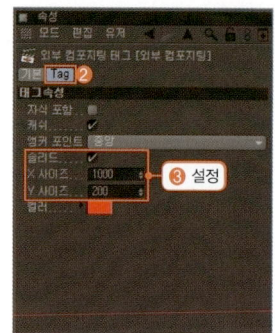
고 [Tag] 탭을 선택하여 솔리드에 체크 표시를 하고, 간
판 사이즈인 X 사이즈는 '1000'으로, Y 사이즈는 '200'으
로 설정합니다.

04 이번에는 비행선의 오브젝트 ID를 추출해보겠습니다. [오브젝트] 패널에서 비행선을 선택하고 마우스 오른쪽 버
튼을 클릭한 다음, [CINEMA 4D 태그]−[컴퍼지팅] 태그를 선택하여 적용합니다.

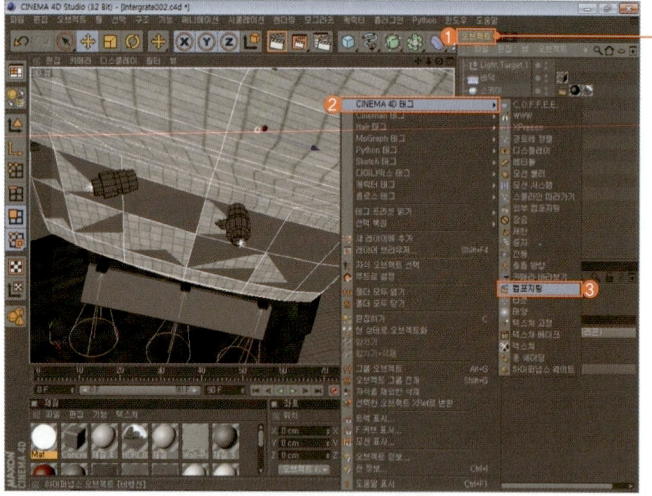 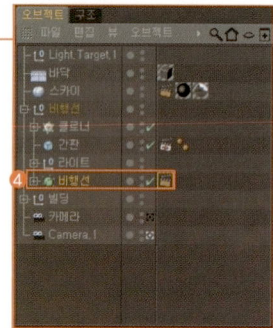

05 컴포지팅 태그를 선택하고, 오브젝트 버퍼를 선택하고 첫 번째 사용에 체크 표시를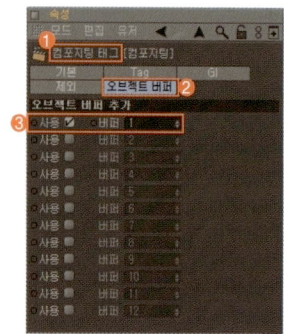
하여 버퍼1을 선택합니다.

06 이제 기본적인 설정이 다 되었으므로 렌더링 설정을 하겠습니다. 상단 메뉴 바에서 렌더 설정(🎬) 아이콘을 클릭
하면 [렌더 설정] 대화상자가 나타납니다.

07 [랜더 설정] 대화상자의 [출력] 탭에서 렌더링 걸 크기를 설정합니다. 프리셋에서 320×240 사이즈가 선택되어 있고, 프레임 범위는 0F부터 90F까지로 설정되어 있습니다.

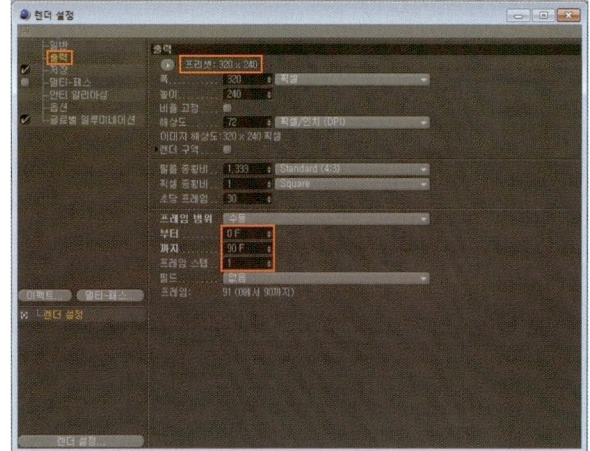

08 오브젝트 버퍼를 같이 출력하기 위해서 멀티-패스에서 오브젝트 버퍼를 선택합니다.

09 오브젝트 버퍼가 추가되었습니다. 멀티 패스에 체크 표시하여 선택합니다.

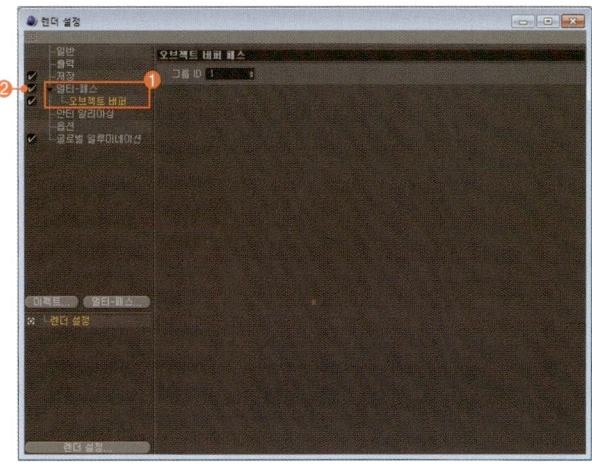

TIP 오브젝트 ID가 씬에서 2개 이상일 경우에는 오브젝트 버퍼를 추가적으로 선택해야 합니다.

10 이제 [저장] 탭을 선택하고, 파일이 저장될 위치를 정하고 파일 포맷은 알파 채널을 저장할 수 있는 'PNG'로 설정하고, 알파 채널과 스트레이트 알파에 체크 표시하여 설정합니다.

이제 After Effects로 카메라와 3D 데이터를 넘기기 위해서 다시 [저장] 탭에서 컴포지팅 프로젝트 파일을 엽니다. 저장을 선택하면 After Effects 프로젝트 파일로 저장됩니다. 응용 프로그램 지정에서 After Effects를 선택합니다. 상대적에 체크 표시하고, 3D 데이터 포함에 체크 표시하면 라이트와 카메라 값이 넘어갑니다. 그리고 프로젝트 파일 저장 버튼을 클릭하여 저장될 컴포지팅 파일명을 '비행선'으로 정합니다.

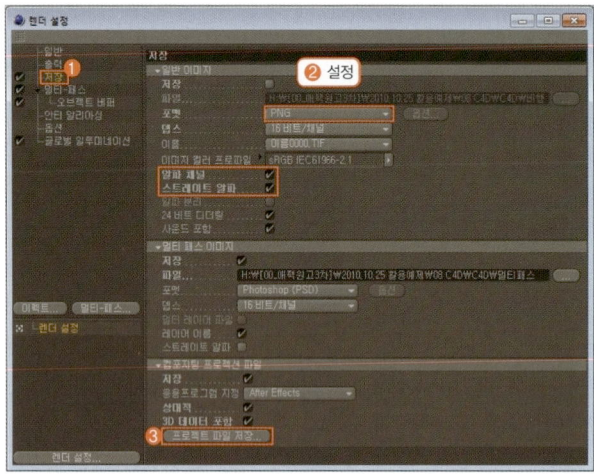

Special Note

❶ **일반 이미지** : 일반 이미지가 렌더링이 됩니다.
❷ **멀티 패스 이미지** : 오브젝트 버퍼 이미지가 저장됩니다.
❸ **컴포지팅 프로젝트 파일** : CINEMA 4D의 3D 데이터(카메라, 라이트 등)를 저장합니다.

11 설정이 완료되었으면 [렌더 설정] 대화상자를 닫고, 렌더링을 진행하겠습니다. 상단 메뉴 바에서 렌더 설정(🎬) 아이콘을 클릭하면 [픽쳐 뷰어] 대화상자가 나타나고 렌더링이 진행되는 것을 확인할 수 있습니다.

 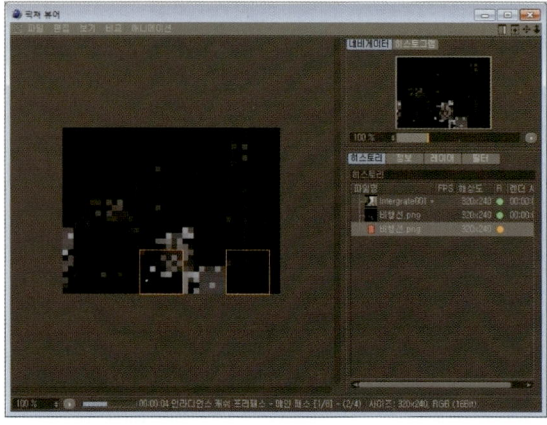

12 렌더링이 모두 완료되면 지정한 저장 경로 폴더에 '비행선.aec' 파일이 하나 생성되어 있습니다.

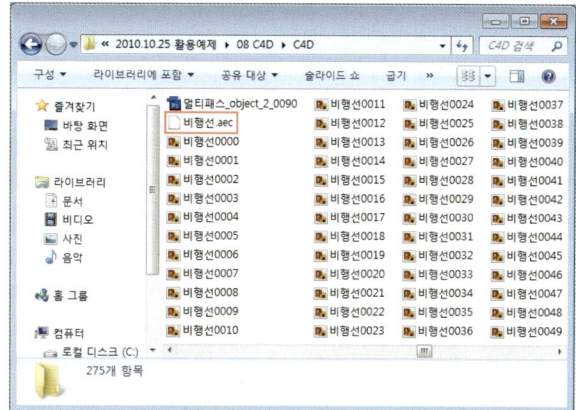

CINEMA 4D와 연동을 위한 플러그인 설치 방법

After Effects에서 CINEMA 4D에서 작업한 파일을 불러오려면 플러그인을 설치해야 합니다. CINEMA 4D 프로그램 폴더 안에 Exchanged Plug-in 폴더을 열어 After Effects CS5용 플러그인을 복사해서 Adobe After Effects CS5 – Supports 폴더를 찾아 Plug-ins 폴더 안에 넣습니다.

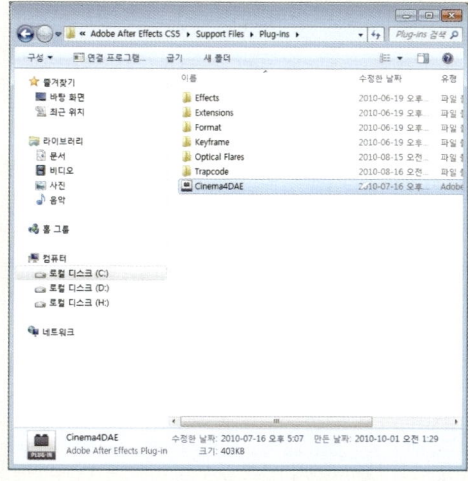

01 CINEMA 4D와 연동을 위해 플러그인을 복사하였으면, After Effects를 실행합니다. 메뉴 바에서 [File]−
[Import]−[File]을 선택하여 STEP 01 에서 만든 파일을 불러옵니다. [Project] 패널로 '비행선.aec' 파일을 Import하
면 컴포지션 형태로 불러오고, [Project] 패널에서 [Intergrate002.c4d] 컴포지션을 더블클릭하여 엽니다.

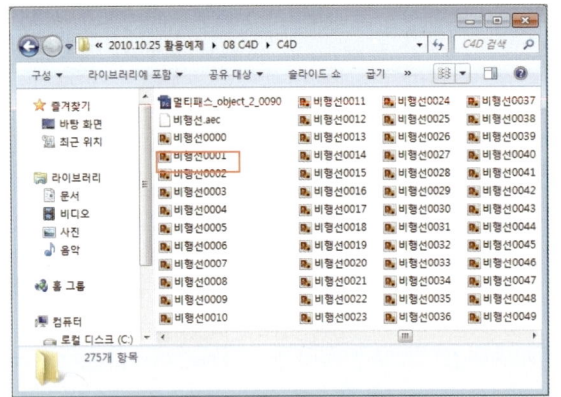 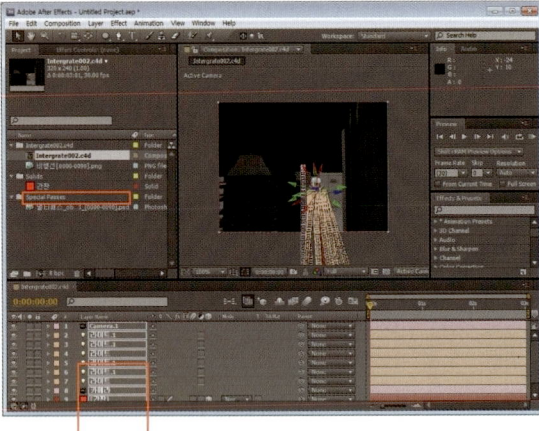

TIP CINEMA 4D에서 렌더링한 파일은 [부록CD\Sample\Part02\08\C4D_start.aep] 파일에 포함되어 있습니다.

02 [Timeline] 패널에 CINEMA 4D에서 만들었던 라이트들이 그대로 불러와졌고, Camera Layer도 생성되어 카메
라 값도 가져왔습니다. 빨간색으로 표시되어 있는 간판이 Solid Layer로 있습니다.

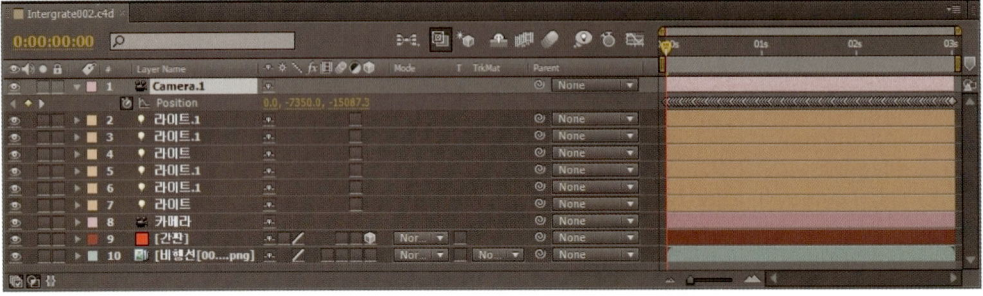

03 간판을 다른 이미지로 바꿔보겠습니다. 메뉴 바에서 [Composition]−[New Compositon]([Ctrl]+[N])을 선택하고 다음과 같이 설정하여 새로운 컴포지션을 만듭니다.

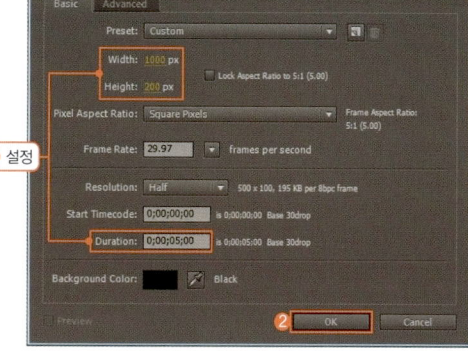

Width : 1000px | Height : 200 | Duration : 0;00;05;00

04 [Tool] 패널에서 Type 툴([T])을 선택하여 Text Layer를 만들고, 텍스트에 'After Effects CS5'를 입력합니다. 메뉴 바에서 [Window]−[Character]를 선택하여 [Character] 패널을 열어 다음과 같이 설정합니다.

Font : Adobe Gothic Std | Font Size :72px | Vertically Scale : 225% | Horizontally Scale : 163%

05 [Composition] 패널에서 [Intergrate002. C4d] 컴포지션을 클릭한 다음, [Timeline] 패널에서 '간판' 레이어를 선택하고, [Project] 패널에서 조금 전에 만든 [Comp 1] 컴포지션을 선택하여 [Alt]키를 누른 상태로 드래그해서 '간판' 레이어로 옮겨 넣으면 레이어가 교체됩니다.

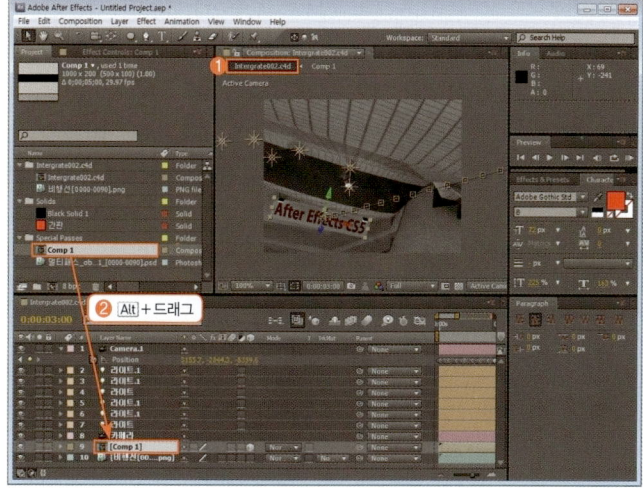

06 [Preview] 패널에서 Play (▶) 버튼을 클릭하여 보면 글자가 비행선에 정확하게 붙어 함께 움직이는 것을 확인할 수 있습니다.

 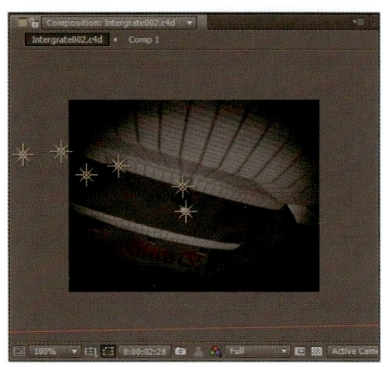

07 이번에는 오브젝트 버퍼를 이용해 보겠습니다. [Project] 패널에서 Special Passes 폴더를 더블클릭하여 열어 그 안에 있는 멀티 패스 이미지를 선택하여 [Timeline] 패널의 1번 레이어인 'Camera.1' 레이어 아래로 드래그하여 추가합니다.

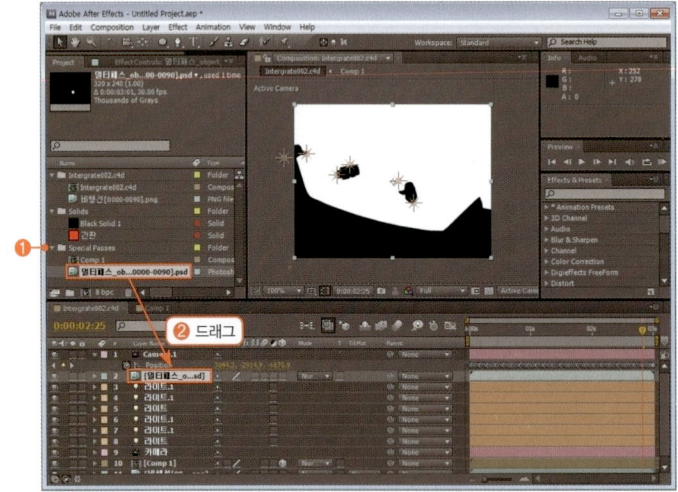

08 멀티 패스 이미지는 CINEMA 4D에서 비행선 부분에 적용했던 오브젝트 버퍼 태그로 생성된 것입니다. [Timeline] 패널에서 11번 '비행선' 레이어를 선택하고 레이어를 복제하는 단축키 Ctrl+D 키를 눌러 복제한 다음, 2번 '멀티 패스' 레이어 아래로 드래그하여 이동합니다.

09 2번 '비행선' 레이어의 Track Matte의 내림 버튼을 클릭하여 'Luma Matte'를 선택하여 적용합니다. 이제 Matte가 적용되어서 배경이미지 없이 비행선만 보이게 되었습니다.

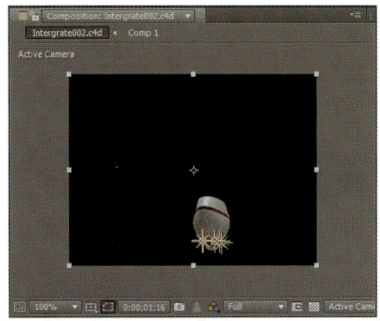

10 12번 비행선 레이어를 선택하고 [Effects & Presets] 패널의 검색창에서 Exposure 이펙트를 검색하여 찾은 후 더블클릭하여 적용한 다음, [Effect Controls] 패널에서 Exposure 값을 '−1.85'로 설정하여 어둡게 만듭니다.

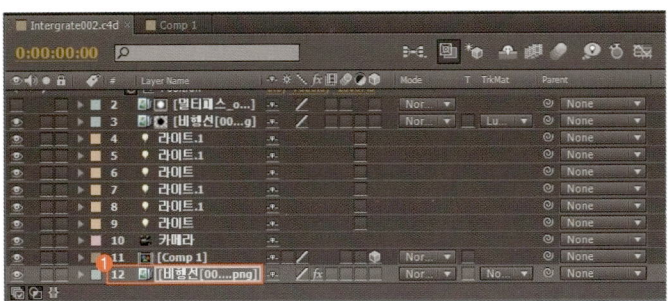

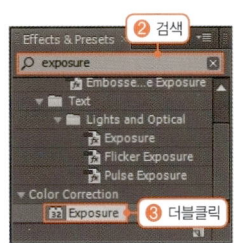

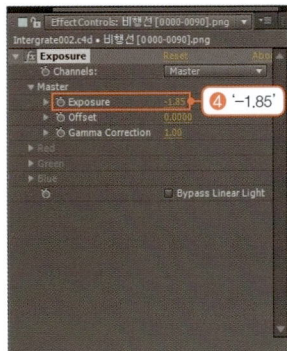

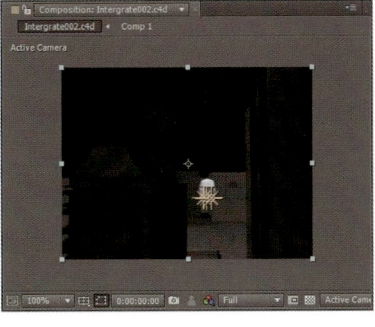

11 단축키 Ctrl + Y 키를 눌러 컴포지션과 같은 크기의 Solid Layer를 만듭니다. [Effects&Presets] 패널에서 Fractal Noise 이펙트를 검색하고 더블클릭하여 'Black Solid 2' 레이어에 적용한 다음, [Effect Controls] 패널에서 다음과 같이 설정하여 구름 모양을 만들고, 드래그하여 12번 레이어 위로 이동합니다.

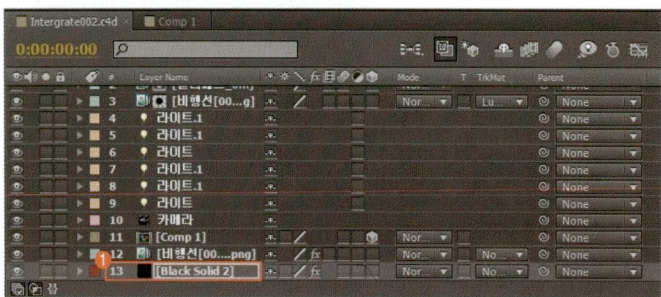
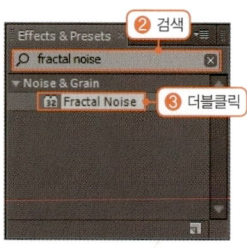

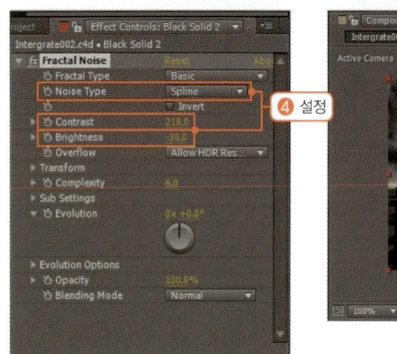

Noise Type : Spline | Contrast : 218.0 |
Brightness : −30

12 12번 레이어인 '비행선' 레이어를 선택하고 [Effects&Presets] 패널에서 Fast Blur 이펙트를 검색하여 더블클릭하여 적용한 다음, [Effect Controls] 패널에서 Blurirness 값을 '2.0'으로 설정하고, Repeat Edge Pixels에 체크 표시하여 배경을 흐리게 표현합니다.

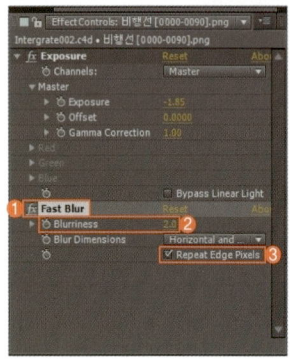

13 단축키 Ctrl + Y 키를 눌러 검정색인 새로운 Solid Layer를 만들고, [Tool] 패널에서 Rectangle 툴(▭)을 길게 클릭하여 Ellipse 툴(⬭)을 선택한 다음 더블클릭하여 Mask를 적용하고, 단축키 F 키를 눌러 Mask Feather 값을 '74.0'으로 설정하고 Inverted에 체크 표시하여 테두리 부분을 어둡게 해서 영상에 집중할 수 있게 만듭니다.

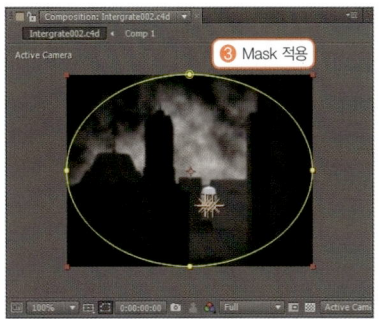

14 단축키 Ctrl + Alt + Y 키를 클릭하여 새로운 Adjustment Layer를 만들고, [Effects & Presets] 패널에서 Photo Filter 이펙트를 검색하고 더블클릭하여 적용한 다음, Filter의 속성을 'Warming Filter (81)'로 설정하여 영상 전체에 색상을 적용하여 전체 룩을 바꿔서 영상을 완성합니다.

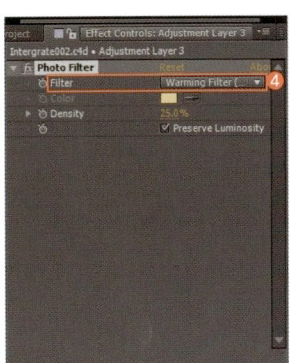

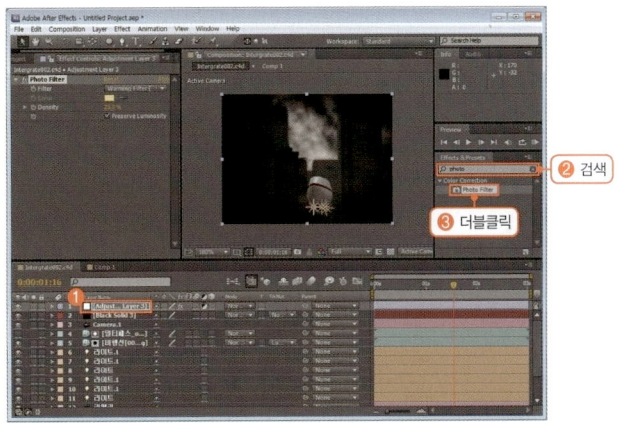

15 CINEMA 4D와 연동하여 3D 영상을 완성하였습니다.

아트웍 애니메이션 만들기

마스크와 이펙트를 이용해서 아트웍 애니메이션을 만들어 보겠습니다. 마스크를 이용해서 텍스트가 자연스럽게 나타나는 애니메이션을 만들고 Rump와 Curves 이펙트를 적용하여 느낌이 있는 애니메이션을 만들겠습니다.

배우는 기능	Mask 애니메이션 만들기 ｜ Ramp, Curves 이펙트 적용하기
예제파일	부록CD\Sample\Part02\09\Lime_start.aep
완성파일	부록CD\Sample\Part02\09\Lime_final.aep

01 메뉴 바에서 [File]−[Open Project]를 선택하여 [부록CD\Sample\Part02\09\Lime_start.aep]에서 파일을 불러오면 컴포지션에 7개의 레이어가 있습니다. [Timeline] 패널에 배치되어 있는 레이어는 일러스트레이터에서 작업한 파일을 import해서 Mask 툴을 이용해 분리시켜서 배치해 놓은 것입니다.

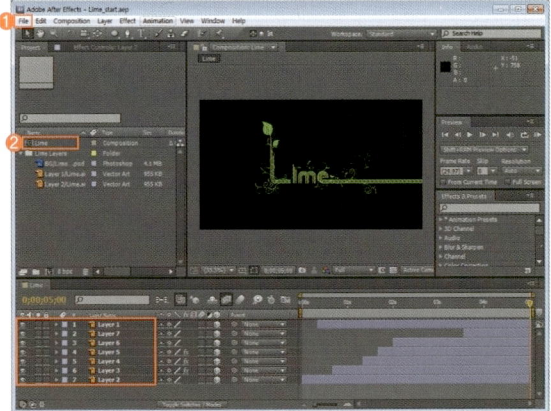

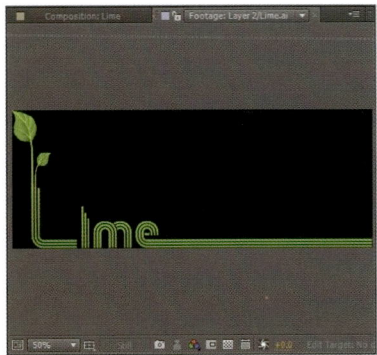
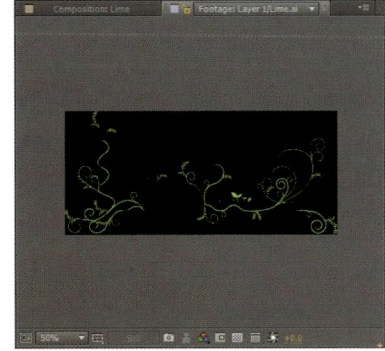

02 [Timeline] 패널에서 'Layer 2' 레이어를 선택하고, 단축키 M 키를 눌러 적용되어 있는 Mask 속성을 활성화합니다.

> **TIP** 작업을 효율적으로 하기 위해서 'Layer 2' 레이어의 Solo(◉) 스위치를 클릭하여 'Layer 2' 레이어만 보이게 합니다.

03 'Layer 2' 레이어의 0초에는 Mask가 없다가 20프레임에서 나타나는 애니메이션을 만들기 위해 Current Time Indicator()를 20프레임으로 이동한 다음, Mask Path의 stop watch(🕐) 버튼을 클릭하여 키프레임을 만들고 애니메이션을 시작합니다.

04 단축키 Home 키를 눌러 0프레임으로 Current Time Indicator(🕐)를 이동시키고, [Tool] 패널에서 Selection 툴 (🔲)을 선택하고 [Compositon] 패널에서 마스크의 왼쪽 두 포인트를 드래그하여 선택한 후 오른쪽으로 드래그하여 보이지 않게 합니다.

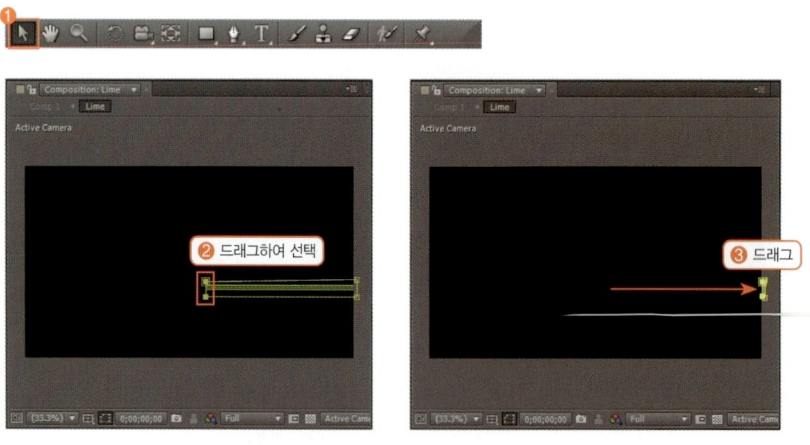

05 [Timeline] 패널에서 'Layer 3' 레이어를 선택하고, 단축키 F3 키를 클릭하여 [Effect Controls] 패널을 활성화하면 Radial Wipe 이펙트가 적용되어 있습니다.'

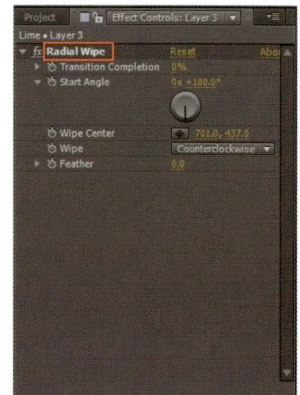

TIP 'Layer 2' 레이어의 Solo(⚪)를 클릭하여 6번과 7번 레이어가 보이도록 합니다.

06 'Layer 3' 레이어의 이미지는 둥근 형태이므로 Radial Wipe 이펙트를 이용하면 애니메이션을 쉽게 적용할 수 있습니다. Current Time Indicator(🔦)를 1초 10프레임으로 이동한 다음, [Effect Controls] 패널에서 Transition Completion 속성의 stop watch(⏱) 버튼을 클릭하고 '25%'로 적용합니다.

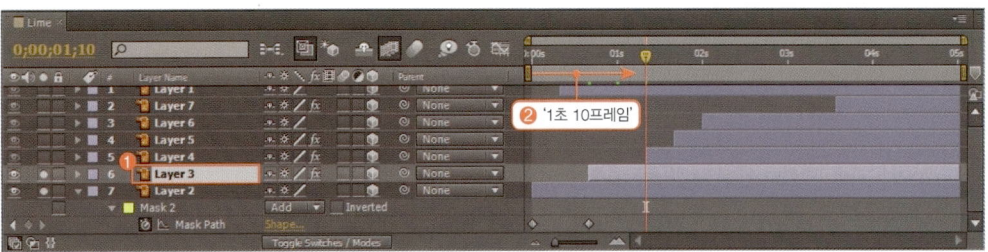

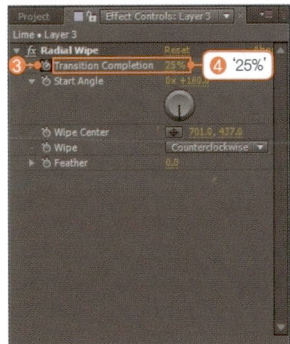

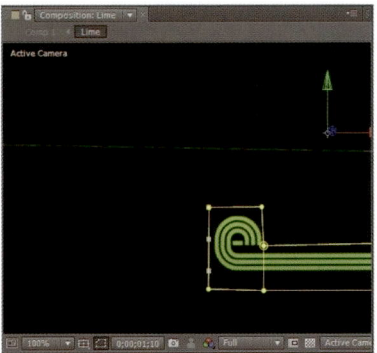

07 Current Time Indicator(🔦)를 20프레임으로 이동하고 Transition Completion 값을 '100%'로 설정하여 애니메이션이 되도록 합니다.

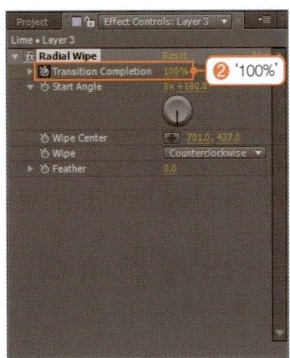

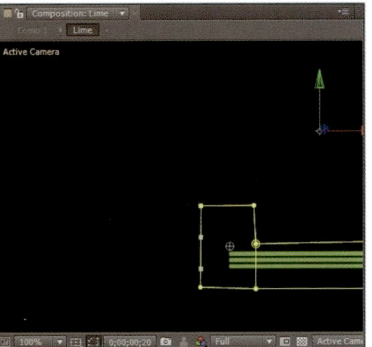

08 'Layer 4' 레이어를 선택하여 [Effect Controls] 패널을 보면 마찬가지로 Radial Wipe 이펙트가 적용되어 있습니다. Current Time Indicator(🔻)를 1초 10프레임으로 이동한 다음, Radial Wipe의 Transition Completion의 stop watch(🕑) 버튼을 클릭하여 애니메이션을 시작하고, Transition Completion 값을 '100%'으로 설정합니다. 2초로 Current Time Indicator(🔻)를 이동하고, Transition Completion 값을 '0%'로 설정합니다.

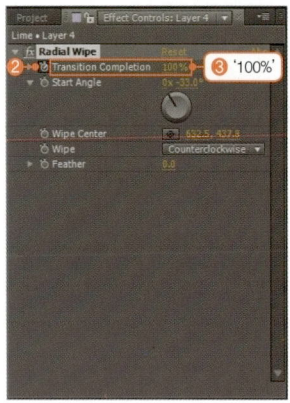 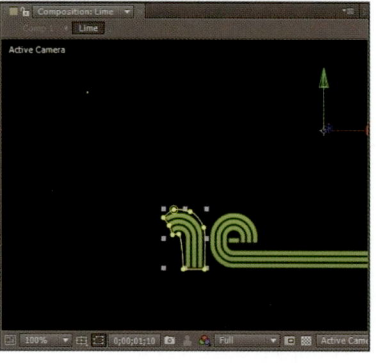 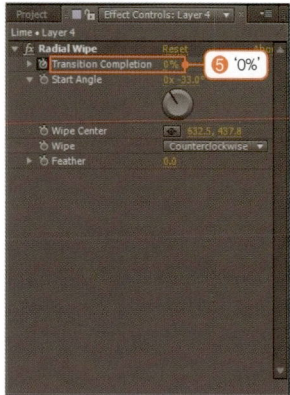

▲ ①1초 10프레임일 때   ▲ ④2초일 때

09 'Layer 5' 레이어를 선택하고, Current Time Indicator(🔻)를 1초 20프레임으로 이동한 다음 Transition Completion의 stop watch(🕑)를 클릭해서 '100%'로 애니메이션을 시작하고, 2초 20 프레임으로 이동해서 '0%'로 설정합니다.

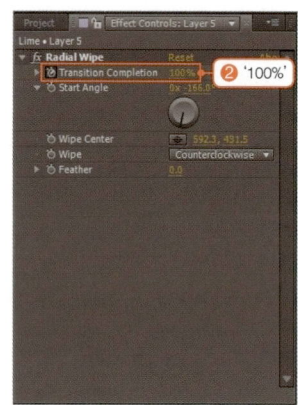 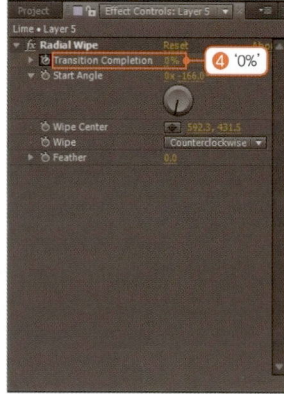

▲ ①1초 20프레임일 때   ▲ ③2초 20프레임일 때

10 [Timeline] 패널에서 'Layer 6' 레이어를 선택하고 단축키 M키를 클릭하여 보면 Mask 3개 적용되어 있습니다.

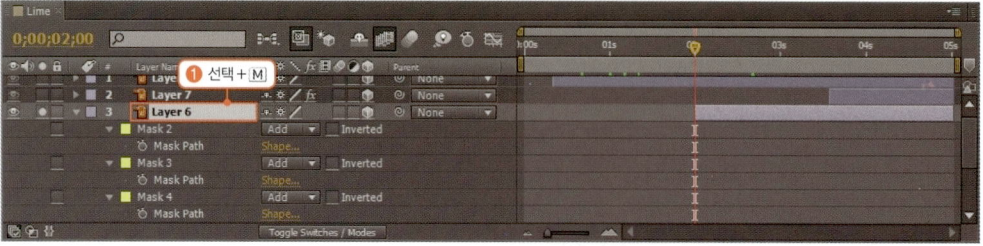

11 'Layer 6' 레이어 속성의 'Mask 2'를 선택하고, Current Time Indicator()를 2초 28프레임 위치로 드래그한 다음, Mask Path의 stop watch(🕙) 버튼을 클릭하여 애니메이션을 줍니다. Current Time Indicator(🕙) 2초로 이동하고 [Tool] 패널에서 Selection 툴(▶)을 선택하여 Mask의 위쪽 포인트 2개를 드래그하여 선택한 후, 드래그하여 아래쪽으로 이동합니다.

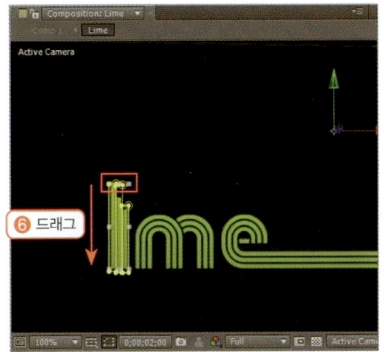
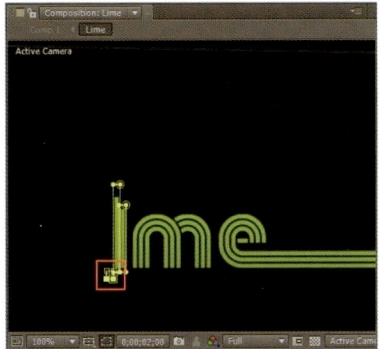

12 'Layer 6' 레이어의 Mask 3과 Mask 4도 **11**번과 동일한 방법으로 2초 28프레임과 2초에 키프레임을 만들어 애니메이션을 줍니다.

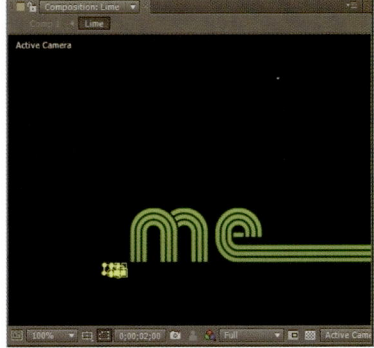

13 그런 다음, Mask 2와 Mask 3에 생성된 키프레임의 시작 위치를 이동하여 순서대로 만들어지는 느낌을 만들겠습니다. Mask 2에 적용된 2개의 키프레임을 마우스로 드래그하여 모두 선택한 다음, 드래그하여 첫 번째 키프레임의 위치를 2초 20프레임으로 옮기고, Mask 3의 2개의 키프레임을 2초 10프레임으로 이동합니다.

14 'Layer 7' 레이어를 선택하고, [Tool] 패널에서 Selection 툴(▶)을 선택한 후, 각 프레임 위치에서 마스크의 포인트를 선택하여 움직여 다음과 같이 설정하여 마스크 애니메이션을 만듭니다.

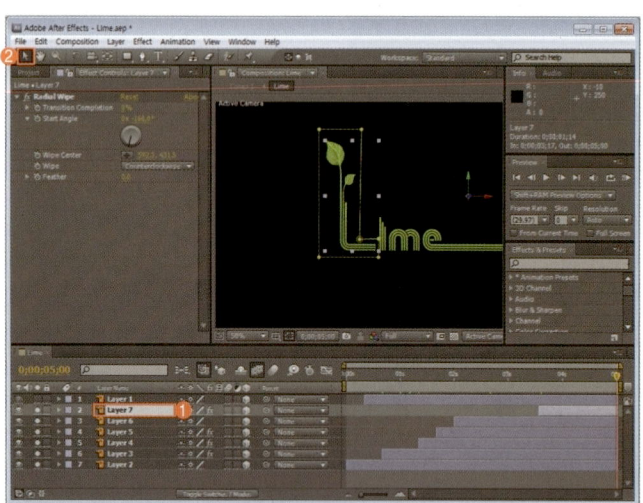

▲ 5초

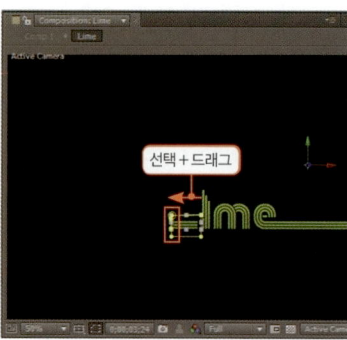

▲ 3초 24프레임

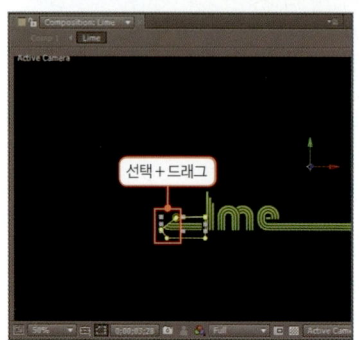

▲ 3초 28프레임

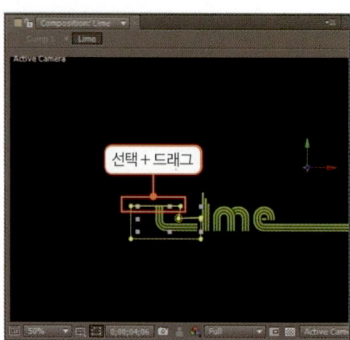

▲ 4초 06프레임

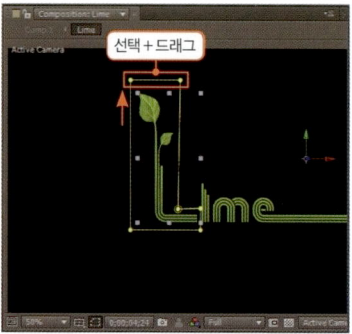

▲ 4초 24프레임

15 'Layer 1' 레이어를 선택하고 단축키 M 키를 두 번 눌러보면 7개의 마스크가 적용되어 있는 것을 확인할 수 있습니다. 2~7번 레이어가 생성될 때 나무 잎사귀들이 나타나는 애니메이션을 만들겠습니다.

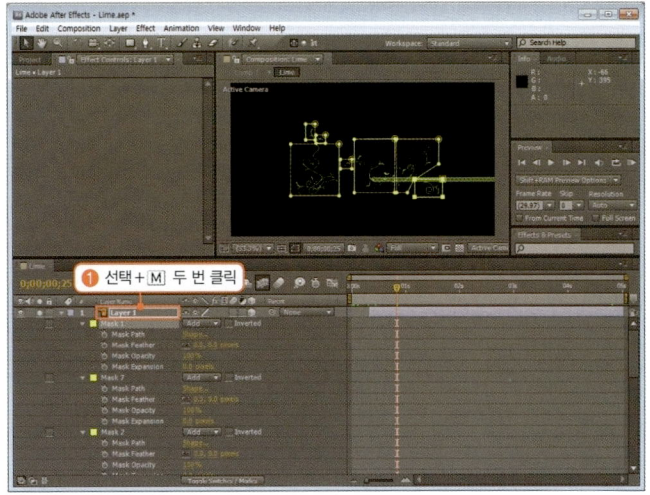

16 'Layer 1' 레이어의 Mask 1을 선택하고 Current Time Indicator(🔻)를 10프레임으로 이동하고, Mask Opacity의 stop watch(🕐) 버튼을 클릭하여 애니메이션을 시작하고 Mask Opacity 값을 '0%'로 설정합니다. Current Time Indicator(🔻)를 20프레임으로 이동하고 '100%'로 설정하여 Mask가 생성되는 애니메이션을 만듭니다. Layer 1 레이어에 적용되어 있는 6개의 Mask 속성에도 다음과 같이 설정합니다.

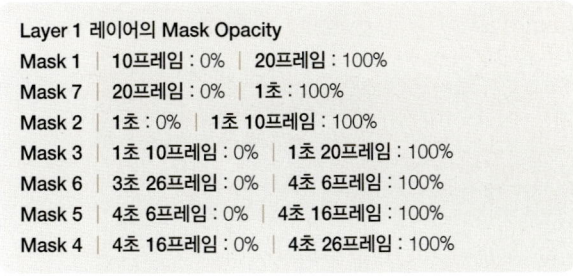

Layer 1 레이어의 **Mask Opacity**		
Mask 1	**10프레임** : 0%	**20프레임** : 100%
Mask 7	**20프레임** : 0%	**1초** : 100%
Mask 2	**1초** : 0%	**1초 10프레임** : 100%
Mask 3	**1초 10프레임** : 0%	**1초 20프레임** : 100%
Mask 6	**3초 26프레임** : 0%	**4초 6프레임** : 100%
Mask 5	**4초 6프레임** : 0%	**4초 16프레임** : 100%
Mask 4	**4초 16프레임** : 0%	**4초 26프레임** : 100%

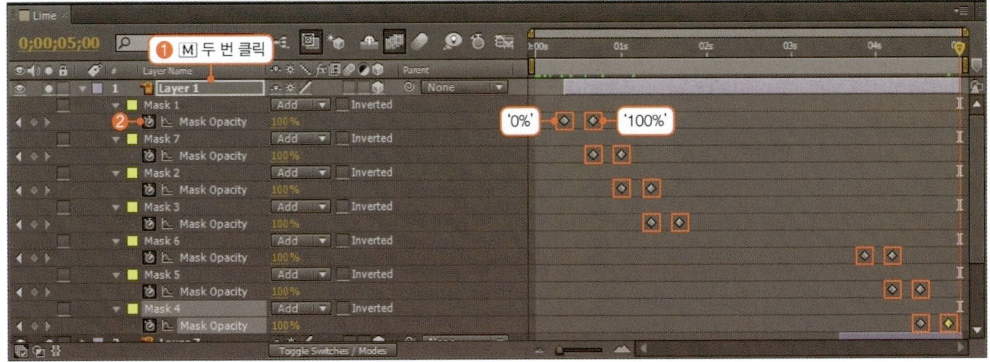

TIP Mask Opacity만 보이게 하고 싶을 때는 단축키 T 키를 두 번 누릅니다.

17 이제 글자가 생성되는 애니메이션이 완성되었습니다.

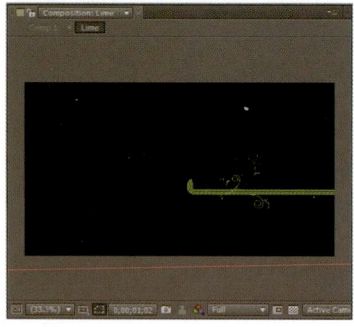 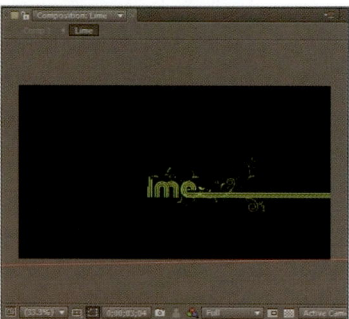 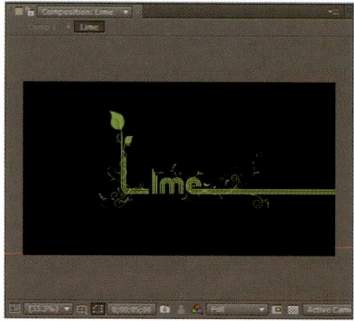

배경 만들기

01 단축키 Ctrl + N 키를 눌러 새로운 컴포지션을 만들고 다음과 같이 설정합니다.

> **Preset** : NTSC DV | **Duration** : 0;00;05;00

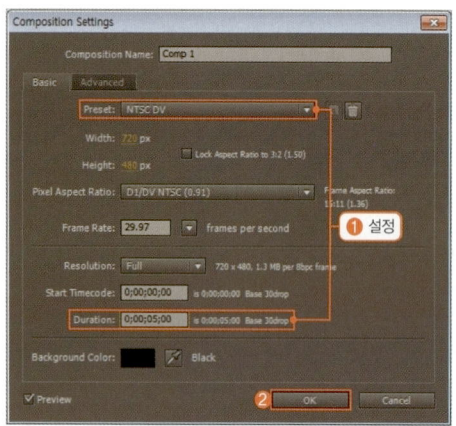 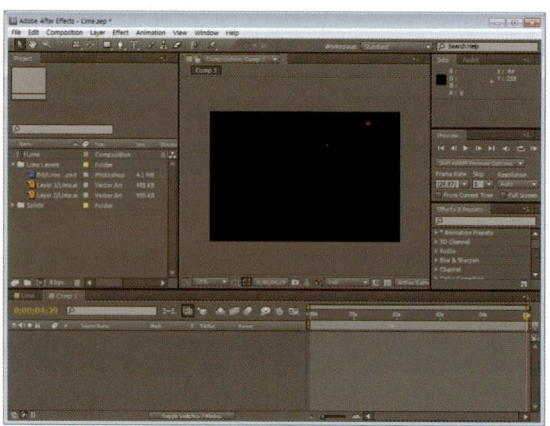

02 [Project] 패널에서 Lime 컴포지션을 선택해서 [Timeline] 패널로 드래그하여 넣고, Lime Layers 폴더 안에 있는 BG/Lime_final.psd 파일을 [Timeline] 패널에 드래그하여 'Lime' 레이어 밑에 배치합니다.

03 [Timeline] 패널의 'BG/Lime_final.psd' 레이어를 선택하고 단축키 ⑤ 키를 눌러 Scale 값을 '160%'로 입력하고, ⑤hift 키를 누른 상태로 단축키 ℙ 키를 눌러 Position 값을 '360.0, 284.0'로 설정하여 배치합니다.

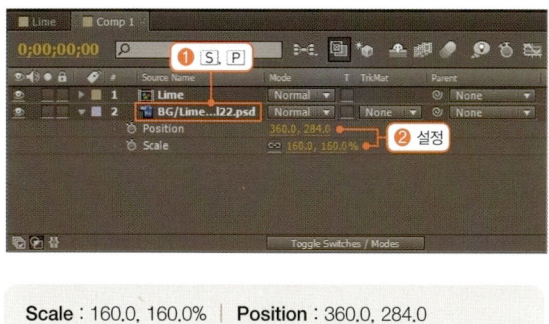 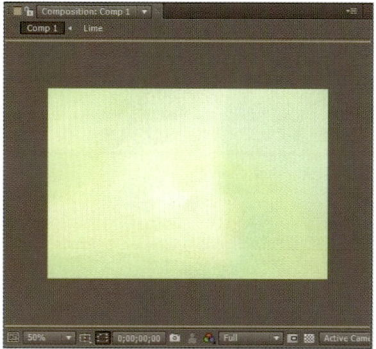

Scale : 160.0, 160.0% | **Position** : 360.0, 284.0

04 Lime 레이어를 선택하여 **03**번과 같이 단축키를 클릭하여 Scale 값을 '72.0%'로 설정하여 사이즈를 조절하고, Position 값을 '342.0, 266.0'으로 설정하여 위치를 배치합니다.

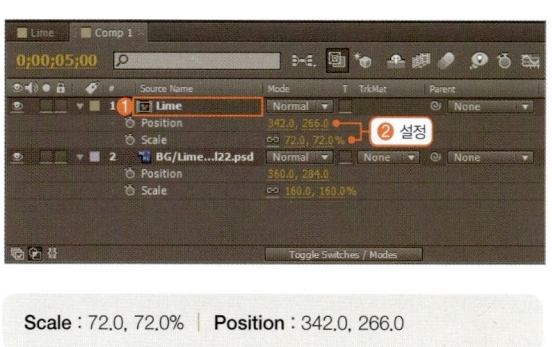 

Scale : 72.0, 72.0% | **Position** : 342.0, 266.0

05 단축키 ℝ 키를 클릭하여 'Lime' 레이어의 Rotation 값을 '−16.0°'으로 설정해 회전하게 하여 구도를 바꿉니다.

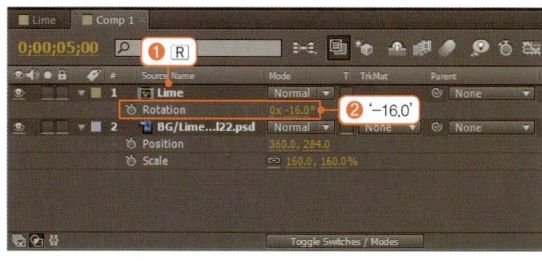 

06 이제 색상을 보정하겠습니다. [Composition] 패널에서 마우스 오른쪽 버튼을 클릭하여 [New]−[Adjustment Layer]를 선택하여 Adjustment Layer를 만듭니다. 'Adjustment Layer 1' 레이어를 선택하고 [Effects & Presets] 패널에서 Ramp를 검색해 찾아 더블클릭하여 레이어에 적용하고 [Effect Controls] 패널에서 다음과 같이 속성을 설정합니다. 그리고 Mode를 Multiply로 설정합니다.

Start Color : #8B9371 | End Color : #FFFFFF

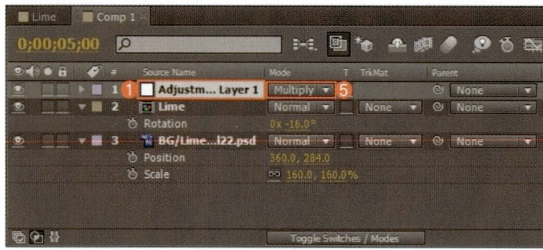

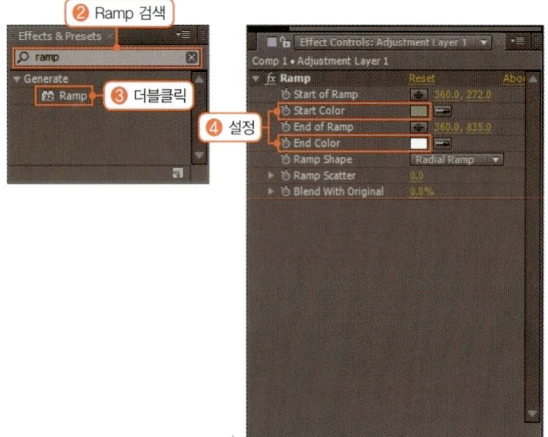

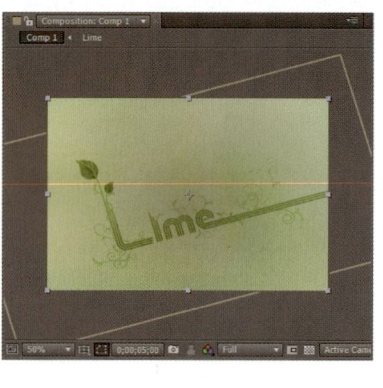

07 [Timeline] 패널에서 'Adjustment Layer 1' 레이어를 선택하고, [Tool] 패널에서 Rectangle 툴(□)을 길게 클릭하여 Ellipse 툴(○)선택한 다음, 더블클릭하여 레이어에 적용합니다. 단축키 F 키를 클릭하여 Mask의 Mask Feather 값을 '116.0, 116.0pixels'로 설정하고, Inverted에 체크 표시합니다.

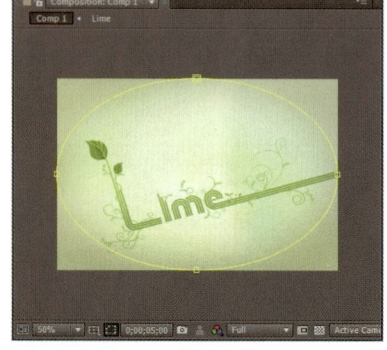

08 [Composition] 패널을 마우스 오른쪽 버튼으로 클릭하여 [New]−[Adjustment Layer]를 선택하여 Adjustment Layer를 하나 더 만듭니다. [Effects & Presets] 패널에서 Curves를 검색하여 찾은 다음, 더블클릭하여 Adjustment Layer에 적용하고 [Effect Controls] 패널에서 Curves 속성을 다음과 같이 조절합니다.

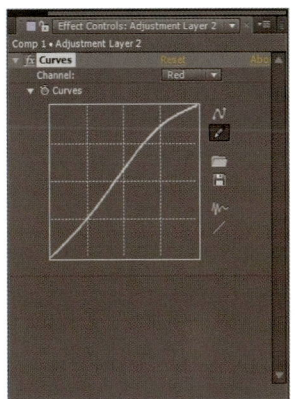

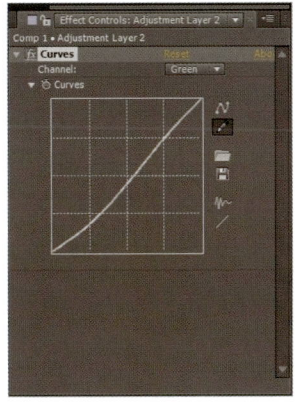

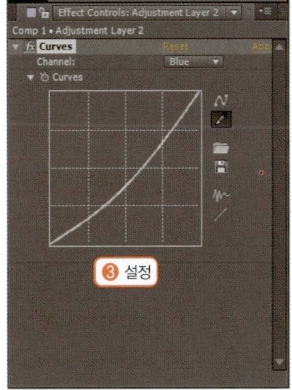

09 자연스럽게 글자가 나타나는 애니메이션 영상이 완성되었습니다.

Stop—Motion
애니메이션 만들기

After Effects에 많이 사용되는 Trapcode사의 Particular 이펙트는 파티클 입자를 만드는 서드 파티 플러그인입니다.
Paticular를 이용하여 Stop—Motion 애니메이션을 만들어보겠습니다.

● **P r e v i e w** ●

배우는 기능	Particular 이펙트 적용하기 │ Mask 영상에 활용하기
예제파일	부록CD\Sample\Part02\10\Match_start.aep
완성파일	부록CD\Sample\Part02\10\Match_final.aep

01 메뉴 바에서 [File]-[Open Project]를 선택하여 [부
록CD\Sample\Part02\10\Match_start.aep]에서 파일
을 불러옵니다. [Project] 패널에서 성냥개비 컴포지션을
[Timeline] 패널로 드래그합니다.

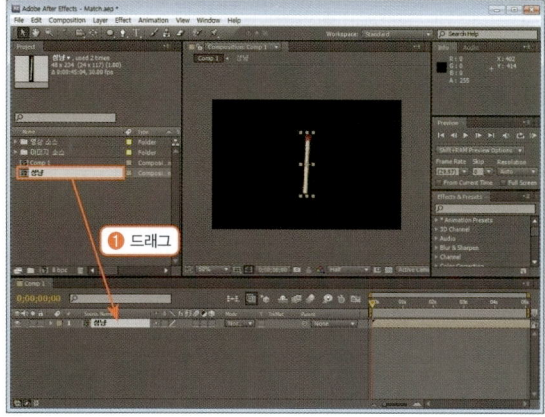

> **TIP** Trapcode사의 Particular 이펙트는
> http://www.redgiantsoftware.com/downloads/trial-versions/
> 에서 다운로드할 수 있습니다.

02 메뉴 바에서 [Layer]-[New]-[Solid Layer](Ctrl + Y)를 선택하여 [Solid Settings] 대화상자에서 Pixel Aspect
Ratio를 Sguare Pixels로 설정하여 Solid Layer를 만듭니다.

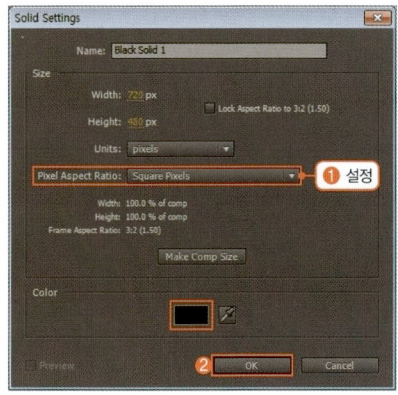

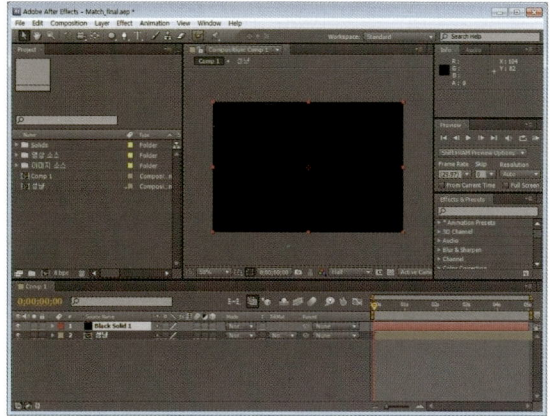

03 Particular 이펙트를 적용하겠습니다.
[Timeline] 패널에서 'Black Solid 1' 레이어를 선
택한 다음, 메뉴 바에서 [Effect]-[Trapcode]-
[Particular]를 선택하여 레이어에 Particular 이
펙트를 선택하여 적용합니다.

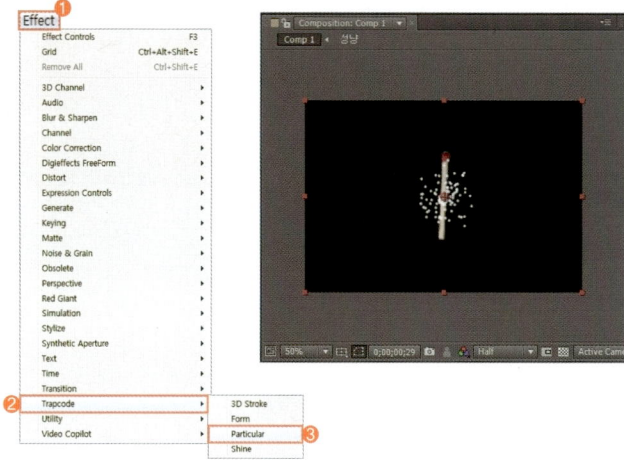

04 [Project] 패널에서 영상 소스 폴더의 옵션 버튼을 클릭하여 폴더 안에 있는 Mask_[00000−00142].png 시 퀀스 파일을 선택해 [Timeline] 패널에 드래그하여 제일 아래쪽에 배치합니다.

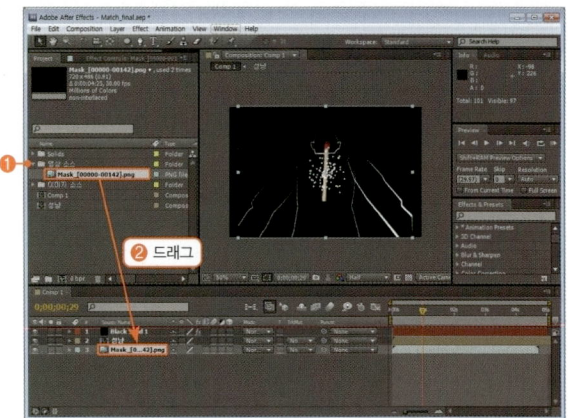

TIP 작업 시에 사용할 영상 소스를 동영상 파일로 렌더링할 때 렌 더링 도중에 에러가 날 경우, 렌더링을 처음부터 다시 해야 하는 문 제가 발생합니다. 이럴 때, 시퀀스 파일을 사용하면 렌더링에 문제가 발생하기 전까지의 이미지는 사용할 수 있기 때문에 시퀀스 파일을 많이 선호하는 편입니다.

움직이는 성냥개비 만들기   Step (02)

01 이제 성냥개비를 파티클로 만든 다음, Mask 영상에 성냥개비들이 나타나도록 하겠습니다. 먼저, 'Black Solid 1' 레이어를 선택하고, 3D Layer(⬛) 스위치를 클릭해서 3D 레이어로 변환합니다. 단축키 F3키를 클릭하여 [Effect Controls] 패널을 열어 Particular 이펙트 속성값을 다음과 같이 설정합니다.

Emitter Emitter Type : Layer | **Layer Emitter** : 3. Mask 레이어

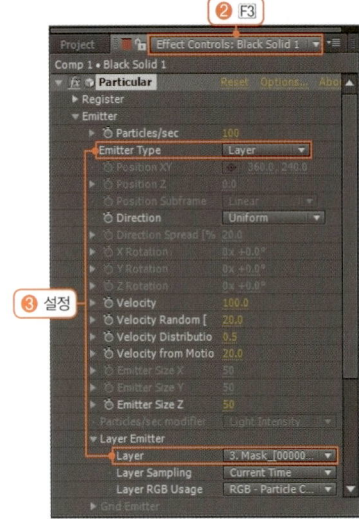

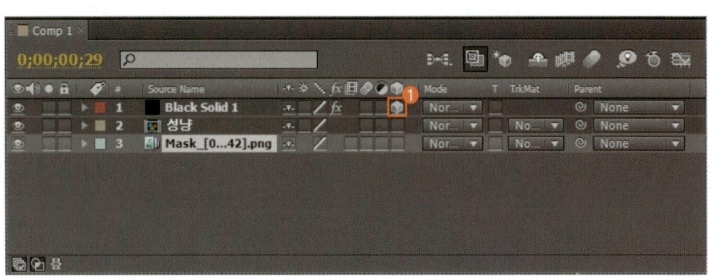

TIP Particular가 적용되는 레이어는 3D 레이어 상태여야 합니다.

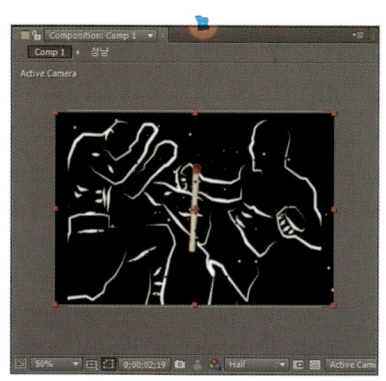

02 파티클들이 'Mask' 레이어의 이미지를 Emitter로 인식하여 'Mask' 레이어의 하얀 부분의 이미지에서 파티클들이 방출됩니다.

03 파티클 모양을 성냥개비로 대체하겠습니다. [Effect Controls] 패널에서 Particle의 옵션 버튼을 클릭하여 Particle Type을 Sprite로 설정합니다. Texture의 옵션 버튼을 클릭하여 Layer를 '2.성냥'으로 선택하여 설정합니다.

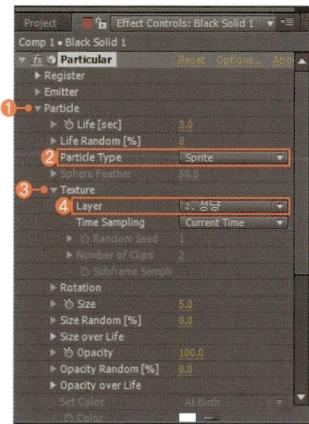

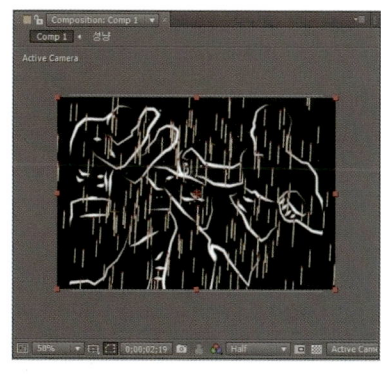

04 이제 파티클 모양이 성냥개비로 바뀌어서 Mask 레이어의 영상에서 방출됩니다. 하지만 성냥개비들이 한쪽 방향만 바라보므로 [Effect Controls] 패널에서 Particle → Rotation의 옵션 버튼을 차례로 눌러 Random Rotation 값을 '90.0°'로 설정하여 랜덤하게 배치합니다.

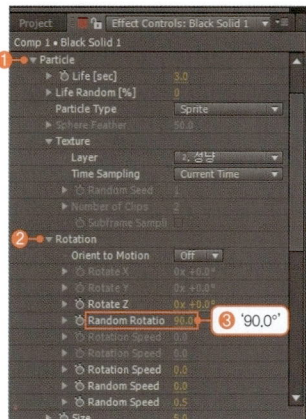

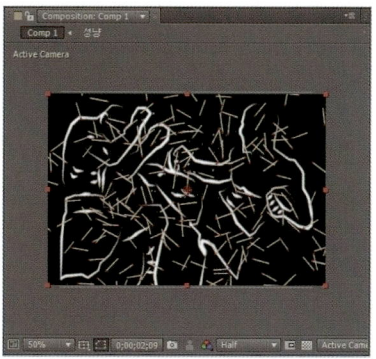

05 좀 더 디테일하게 Particular를 설정해보겠습니다. 파티클 수를 늘리기 위해서 Emitter의 옵션 버튼을 클릭하여 Particles/sec 값을 '5500'으로 설정합니다. 파티클들이 사방으로 퍼져나가지 않고 한 자리에 머물게 하기 위해서 Velocity, Velocity Random, Velocity from Motion 속성값을 '0'으로 설정합니다.

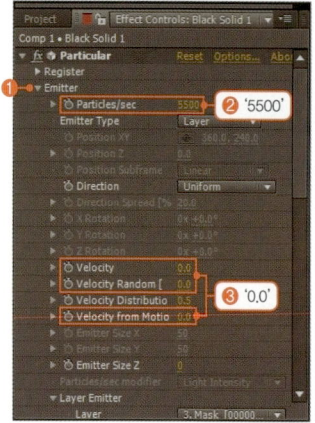

06 Stop Motion 느낌을 만들어보겠습니다. 먼저 Mask 레이어는 보이지 않게 video(👁) 스위치를 클릭해서 비활성화합니다.

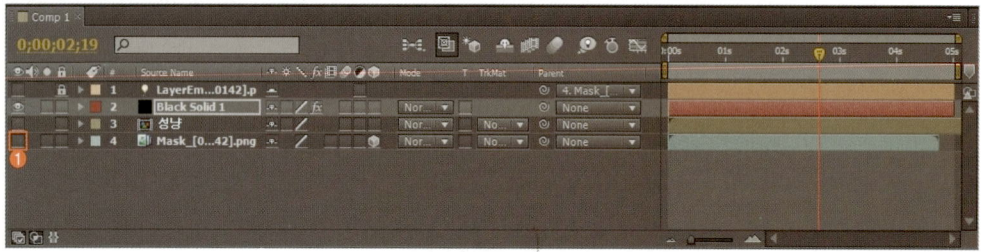

07 [Project] 패널에서 [Comp 1] 컴포지션을 선택하여 [Project] 패널 하단에 있는 Create a new Composition(🎬)에 드래그하여 놓으면, 새로운 컴포지션 안에 넣습니다.

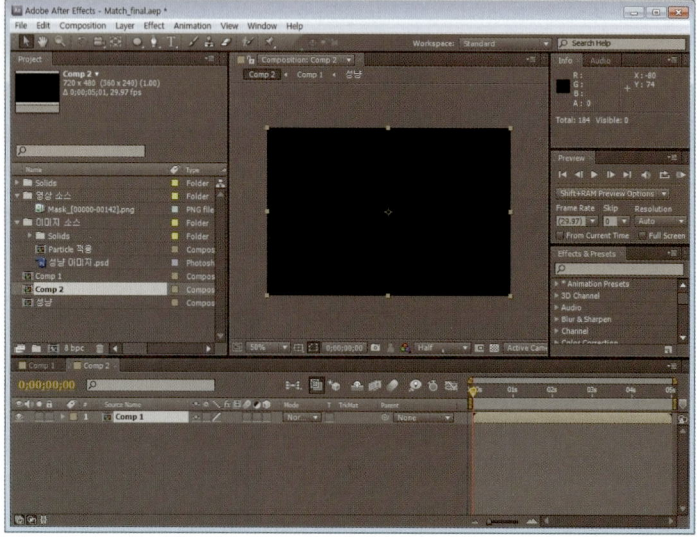

08 이제 [Timeline] 패널에서 'Comp 1' 레이어를 선택하고, [Effects & Presets] 패널에서 Posterize Time 이펙트를 검색하여 찾은 후, 더블클릭하거나 레이어로 드래그하여 레이어에 적용합니다. [Effect Controls] 패널에서 Posterize Time의 Frame Rate 값을 '2.0'으로 입력합니다.

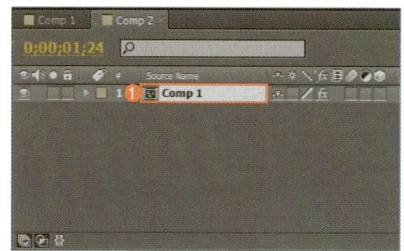

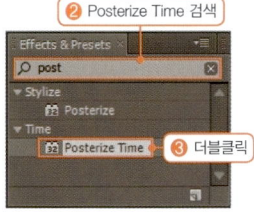

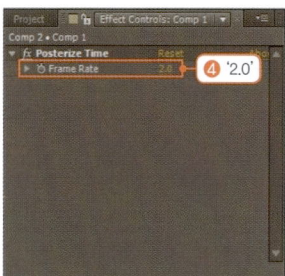

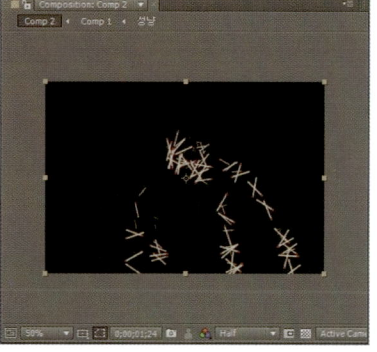

09 배경으로 책상 이미지를 설정하겠습니다. [Project] 패널에서 이미지 소스 폴더의 옵션 버튼을 클릭하여 폴더 안에 있는 Desk_Texture.jpg를 [Timeline] 패널로 드래그합니다.

10 그림자를 추가하여 좀 더 리얼한 영상을 만들어보겠습니다. [Timeline] 패널에서 Comp 1 레이어를 선택하고, [Effects & Presets] 패널의 검색창에서 Drop Shadow 이펙트를 검색하여 찾은 다음, 더블클릭하여 이펙트를 적용해 그림자를 만들어줍니다.

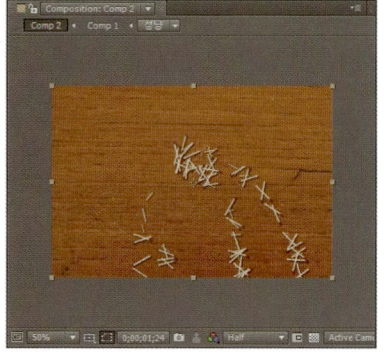

11 메뉴 바에서 [Layer]−[New]−
[Adjustment Layer](Ctrl+Alt+Y)
를 선택하여 Adjustment Layer를 만들
고, 전체 색상을 조정하기 위해서 Curves
이펙트를 적용하겠습니다. [Effects
& Presets] 패널에서 Curves를 검색
해 더블클릭하여 적용합니다. [Effect
Controls] 패널에서 Curves 속성값을 다
음과 같이 설정하여 적용합니다.

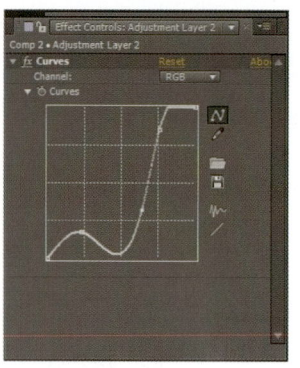

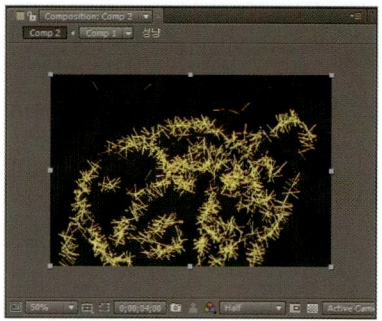

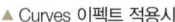
▲ Curves 이펙트 적용시

12 [Tool] 패널에서 Rectangle 툴(■)을 길게 클릭하여 Ellipse 툴(●)을 선택한 다음 더블클릭하여 Mask를 적용하
고, 단축키 F 키를 눌러 Mask Feather 값을 '330.0, 330.0pixels'로 설정합니다.

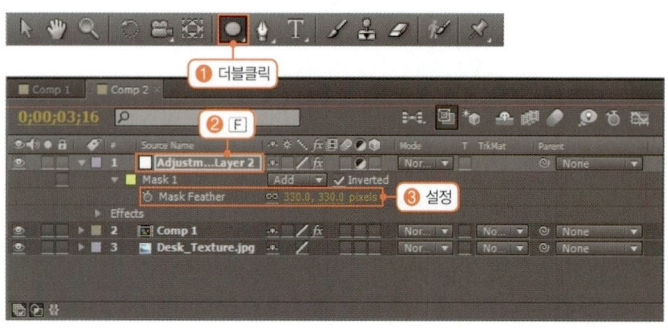

13 성냥개비들이 움직이는 애니메이션이 완성되었습니다.

Index

3:2 풀다운   66
3D Layer   221
3D space   221
3D Views   225

A

Active Camera   226
Add Vertex Tool   136
Adjustment Layers   38, 68
Animation   87
Adobe Bridge   176, 291
Align & Distribuite   167
Alpha channels   123
Alpha Matte   155
Ambient Lights   239, 244
Anchor Point   90, 177, 184
Animation Presets   172, 176
Animator   177, 181
Audio   172
Auto Bezier   96, 99
Auto-Orientation   236
Auto Save   43

B

Background color   62
Baseline shift   170
Blend Mode   140
Blur   178, 265
Brainstorm   291, 333
Brush Panel   267
Brush Tool   21

C

Camera   198, 228, 232
Channels   123
Character Panel   168
Clone Stamp Tool   278
Codec   51
Collapse   27
Comp Marker   174
Composition Flowchart   25
Composition Panel   24
Composition Settings   61
Continuous Bezier keyframe   95
Convert Vertex Point   137
Current Time Indicator   70

D

Delete Vertex Tool   136, 138
Drop Shadow   78, 206
Duplicate   73
Duration   62
DV   58, 62, 65

E

Easy Ease   104, 105
Effect Controls Panel   287
Effects & Presets Panel   290
Ellipse Tool   128
Enable Per-character 3D   177
Erase Tool   268
Export   295, 302
Expression controls   354
Expresson   209
Extract Work Area   77

F

Files format   48, 64
First Vertex Point   151
Footage   44
Frame Rate   62
Free Transform Points   130

G

Graph Editor   107
Guide Layer   22

H

Hand Tool   20
Hide Shy Layers   24
Hold keyframes   113
Hold Interpolation   113

I

Illustrator   24
Import   44
Increment and Save   60
In point   70
Interpolation   113
Interpret Footage   54

K

Kerning   169
Keyframe Assistants   169
Keying   254
KeyLight   255

L

Layer	67
Lift Work Area	77
Light	237
Linear Keyframe	77
Live Photoshop 3D	379
Local Axis Mode	224
Looing	56

M

Marker	174
Mask	126
Matte	154
Mini–Flowchart	41
Motion Path	92
Motion Sketch	116
Motion Tracking	251
Mute Audio	84

N

Nesting	204
New Composition	61
NTSC	62
Null Object Layer	196

O

Opacity	94
Orbit Camera Tool	232
Output Module Settings	64

P

Paint	267
Paragraph Panel	166
Paragraph Text	164
Parenting	191
Pen Tool	136
Per–character 3D	187
Photoshop	295
pick whip tool	297
Pixel Aspect Ratio	62, 129
Pixel Motion	217

Play/Pause	84
PNG Files	48, 309
Point Light	239
Polygon Tool	128
Position	91
Pre–Comps	204
Preview	84
Preview Panel	84
Project Panel	21
Puppet Tool	280

R

RAM Preview	84
Rectangle Tool	126
Region of Interest	26
Render	302
Render Queue Panel	302
Render Settings	303
Resolution	62
Rotation	93
RoboBezier	141
RotoBrush	34, 260
Rounded Rectangle Tool	127

S

Save	60
Scale	94
Selection Tool	22
Shadow	241
Shape Layer	79, 139
Shape Tool	216
Shy	25
Silhouette	80, 82
Slider Control Effect	354
Smoother	120
Solid	68
Solo	75
Sound	172
Spot Light	239
Stabilize	247

T

Text	161
Text Animator	177
Timeline Panel	26
Time Remapping	218
Time Reverse	117
Time Stretch	80, 216
Tracker Control	249
Track Matte	154
Transform	87
Transparency	256
Trapcode	441
Trim Comp to Work Area	77
Type Tool	161

U

Undo	89, 284
Unified Camera Tool	232

V

Value Graph	108
Video	24, 47
View Axis Mode	224
View Popup	232

W

Wiggle	352, 253
Wiggler	116
Work Area	146
Workspace	40, 168
World Axis Mode	224
X/Y/Z	221
Zoom Tool	22